Hans-Peter Musahl, Thomas Eisenhauer (Hrsg.)
Psychologie der Arbeitssicherheit 10

Hans-Peter Musahl, Thomas Eisenhauer (Hrsg.)

Psychologie der Arbeitssicherheit

Beiträge zur Förderung von Sicherheit und Gesundheit in Arbeitssystemen

10. Workshop 1999

Asanger Verlag Heidelberg • Kröning

Die Herausgeber
Thomas Eisenhauer, M.A., Jahrgang 1956, ist Leiter der Aus- und Weiterbildung im Geschäftsbereich Prävention der Berufsgenossenschaft Nahrungsmittel und Gaststätten in Mannheim.
Hans-Peter Musahl, Priv.Doz. Dr. rer. nat., Jahrgang 1940, ist Leiter des Fachgebiets Methodologie und Arbeitspsychologie im Fachbereich 2 – Psychologie – der Gerhard-Mercator-Universität Duisburg.

Die Deutsche Bibliothek – CIP-Einheitsaufnahme

Ein Titeldatensatz für diese Publikation ist bei der Deutschen Bibliothek erhältlich

Satz und Layout: Katharina Gerwens
Umschlaggestaltung: Doris Bambach
Printed in Germany

ISBN 3-89334-356-3

Inhalt

Vorwort der Herausgeber 1

Geleitwort zum Bericht über den 10. Workshop „Psychologie der Arbeitssicherheit“ 5

Vorträge im Plenum

Gabriele Crass
Nachruf für Prof. Dr. Friedhelm Burkardt 9

Klaus Scheuermann
Trends und Aktivitäten in der ergonomischen Normung 11

Dieter Bonitz und Fritz Bindzius
Verhütung arbeitsbedingter Gesundheitsgefahren am Beispiel des Integrationsprogramms Arbeit und Gesundheit von Unfallversicherung und Krankenkassen (IPAG) 15

Wolfhard Kohte
Neue Entwicklungen im Arbeits- und Umweltschutz der Klein- und Mittelbetriebe in der internationalen Arena 22

Friedhelm Nachreiner
Normung im Bereich der Psychische Belastung und Beanspruchung – Probleme und Zusammenhänge mit dem Arbeits- und Gesundheitsschutz 31

I. Kopp und R. Wieland
Innovative Konzepte und Projekte zum Arbeits- und Gesundheitsschutz für die Arbeit von morgen 41

Vorträge in den Arbeitskreisen

Arbeitsgruppe 1: Arbeitsbedingte Gesundheitsgefahren

K. Steinberg
Beurteilung von Hebe- und Tragetätigkeiten in ausgewählten Betrieben verschiedener Branchen 47

Karl Th. Wenchel
Gesundheitsberichterstattung in Kleinbetrieben des Metallgewerbes........50

Uta Sailer und Marc Hassenzahl
Entwicklung eines Fragebogens zur Erfassung von Gestörtwerden durch Lärm am Büroarbeitsplatz 58

Simo Salminen und Antero Johansson
The Safety of finnish- and swedish speaking Workers in Finland............70

Rainer Miller und Bernhard Wilpert
Störfallanalyse in KMU - Anwendung eines Analyseverfahrens in der chemischen Industrie........79

Klaus Mehl und Marc Schütte
Über erste Ergebnisse einer Nutzung von Simulatoren als Analyseinstrument menschlicher Unzuverlässigkeit........86

Dieter Bonitz, Renate Hanßen und Wolfgang Bödeker
Zur Bewertung psychischer Belastungen anhand von Arbeitsunfähigkeitsdaten........92

D. Zapf, C. Seifert, H. Mertini, C. Vogt, M. Holz, E. Vondran, A. Isic und B. Schmutte
Emotionsarbeit in Organisationen und psychische Gesundheit 99

André Büssing, Jürgen Glaser und Thomas Höge
Erfassen und Bewerten psychischer Belastungen in der stationären Pflege. Zwischenergebnisse eines Forschungsprojektes der BAuA..........107

Gabriele Richter
Gefährdungsbeurteilung und Dokumentation psychischer Belastungen im stationären Pflegedienst........114

Armin Windel, Dagmar C. Wolf und Christoph Teichert
Gruppenarbeit im Gesundheitswesen (GIG) – Auswirkungen verschiedener Pflegesysteme auf die Gesundheit des Personals und die Pflegequalität........121

Gabriele Biernath und Hubert Blanz
Belastungsfaktoren der Servicetätigkeit im Gastgewerbe: Vorstellung einer Präventionsmaßnahme........127

Armin Windel, Lars J. Adolph und Elmar Kronz
Soziale Konflikte als Belastung in Arbeitsgruppen........136

Dieter Zapf
Mobbing – eine extreme Form sozialer Belastungen in Organisationen...142

Wolfgang Römer
Arbeitsbedingte Gesundheitsgefahren – Chance für die Prävention........150

W. Slesina
Zur Evaluation betrieblicher Gesundheitszirkel..............................156

A. Seeber, E. Kiesswetter und B. Sietmann
Erleben arbeitsbezogener Beschwerden: Begründung durch chemische Exposition oder durch Persönlichkeitsmerkmale?...............161

Ernst Kiesswetter und Andreas Seeber
Expositionsrisiken und individuelle Risikobewertung: Problem darstellung am Beispiel der „Multiplen Chemischen Sensitivität“..........174

Michaela Zupanic, Christoph van Thriel, Bruno Sietmann, Peter Demes und Andreas Seeber
Die Messung psychologischer Effekte nach Einwirkungen von Lösungsmitteln: Ergebnisvergleich bei Berücksichtigung aktueller oder langzeitiger Toluolexposition..180

M. Meyer-Baron und A. Seeber
Übersicht zu verhaltenstoxikologischen Ergebnissen bei beruflicher Bleiexposition...186

Arbeitsgruppe 2:
Sicherheit und Gesundheitsschutz in kleinen und mittleren Unternehmen

Corinna Wiegratz
Inner- und überbetriebliche Koordination des Arbeits- und Umweltschutzes in kleinen und mittleren Betrieben.........................195

Astrid Basten und Ulrich Faber
Sicherheitsinformationen durch den Hersteller – Unterstützung kleiner und mittlerer Unternehmen durch das Produktsicherheitsrecht....202

Christine Fromm und Ulrich Pröll
Konzeptionelle Überlegungen zur Prävention in kleinen Unternehmen...208

Ferdinand Gröben
Stand betrieblicher Gesundheitsförderung in Hessen und Thüringen......214

Thomas Langhoff
Der Gesundheitsdialog zwischen Betroffenen und Experten – Nicht nur das Messen zählt, auch wie etwas erlebt wird! 220

Uta Buchmann
Führung und Qualifizierung im Handwerk: Entwicklung von Qualifizierungskonzepten aus Gesundheitsberichten im Dachdeckerhandwerk 225

Rainer Dierks und Renate Wachsmuth
Modellgeleitete und beteiligungsorientierte Unterweisung und Gefährdungsbeurteilung in der Praxis 226

Lutz Packebusch
Laufbahngestaltung als Beitrag zum Arbeits- und Gesundheitsschutz in Kleinbetrieben 238

Ellen Voullaire
Gefahrstoffe in Kfz-Betrieben – Mobilisierung überbetrieblicher Unterstützung am Beispiel des Kraftfahrzeuggewerbes 244

Christoph-Johannes Kirchner
Betreuungsmodell der Berufsgenossenschaft Nahrungsmittel und Gaststätten für Kleinbetriebe 256

Annette Baumeister und Andrea Landgraf-Rötten
Gesundheit, Sicherheit und Qualität in der Gastronomie – Eine Region wird aktiviert 262

Wolfgang Hien
Arbeit und Gesundheit im Kleinbetrieb – Probleme der Thematisierung von Arbeits- und Gesundheitsschutz in handwerklichen Milieus 263

Arbeitsgruppe 3:
Auswirkungen neuer Arbeits- und Organisationsformen auf den Arbeits- und Gesundheitsschutz

Rainer Wieland
Forschungsprojekt „gesina“ Gesundheit und Sicherheit in neuen Arbeits- und Organisationsformen“ 273

Margarete Edelmann, Dorothea Benz und Karlheinz Sonntag
Belastungen, Beanspruchungen und Ressourcen bei innerbetrieblichen Veränderungsprozessen 282

Klaus Kipfmüller
Zukünftige Anforderungen an den betrieblichen Arbeits- und Gesundheitsschutz bei arbeitsorganisatorischen Veränderungen 286

Anja Gerlmaier
Möglichkeiten der Förderung von Sicherheit und Gesundheit bei Outsourcing-Prozessen 290

Cornelia Kleindienst, Andreas Pohlandt, Christin Löster und Wolfgang Quaas
Hilfsmittel für einen beteiligungsorientierten Arbeits- und Gesundheitsschutz (AGS) bei neuen Arbeits- und Organisationsformen 298

Udo Konradt und Andreas Wilm
Gesundheitszirkel in der Telearbeit Stressoren und Umgang mit Stressoren in der Telearbeit 304

Karin Scherrer und Rainer Wieland
Psychische Beanspruchung von Call Center Tätigkeiten 311

Barbara Weißgerber
Leiharbeit – Psychologische Aspekte 319

P. Grüne und R. Wieland
Leiharbeit – für die Zukunft effizient gestalten 326

H.-Peter Musahl und Michael Schuppin
Zur Ganzheitlichkeit von Arbeits-, Gesundheits- und Umweltschutz – die Sicht von Mitarbeitern 332

Gabriele Elke
Lernende Organisationen: Neue Chancen für Sicherheit und Gesundheit am Arbeitsplatz? 338

Albrecht Lillie
Gesundheits- und Sicherheitsförderung durch Organisationsentwicklung 344

Boris Ludborzs
Teilautonome, selbststeuernde Arbeitsgruppen und Sicherheit und Gesundheitsschutz. Erfahrungen aus der chemischen Industrie 354

H.-Peter Musahl, Stephan Hinrichs und Sascha Harden
Partizipatives Sicherheitsmanagement Idealbild oder „praktisch"? 355

Bernhard Zimolong
Managementsysteme im Arbeitsschutz 362

Gabriele Elke
GAMAGS – Feldstudie: Gegenstand und Methodik 367

Gabriele Elke und Bernhard Zimolong
Personal- und Informationsmanagement 372

Marc Stapp
Bewertungsindikatoren für Sicherheits- und Gesundheitsleistungen 377

Franz Ruppert
Sicherheits- und Gesundheitskultur – Faktoren eines ganzheitlichen Verständnisses von Sicherheit und Gesundheit im Betrieb 383

Peter Stadler und Brigitte Beer
Integration von Arbeits- und Gesundheitsschutzzielen in der Anlagenplanung 390

Arbeitsgruppe 4:
Weiterbildungsmaßnahmen im AGU-Bereich und deren Evaluation

Helmut Bienek
Effizienzsteigerung bei der Fort- und Weiterbildung im Arbeitsschutz durch neue Seminarform 399

Isabel Dienstbühl
Sicherheit, Gesundheit und Hygiene für Auszubildende kleiner und mittelgroßer Unternehmen der Gastronomie bei gleichzeitiger Förderung der fachpraktischen Qualifikation 405

Barbara Schlote
Erlebnisorientierte Hautschutzschulung 410

Sabine Gregersen
Gesundheit als Führungsaufgabe – Seminare für das obere Management 418

Gudrun Strobel, Karl-Heinz Noetel, Petra Jackisch und Friederike Koschel
Lifelong Learning – Neue Wege zur Förderung von Sicherheit und Gesundheit 428

Udo Keil
Sozial-kognitive Lernprozesse zur Arbeitssicherheit 433

Erdmuthe Hemmann, Heike Merboth und Peter Richter
Sicherheitsrelevante Gestaltungserfordernisse müssen erst einmal erkannt werden – Ergebnisse einer Feldstudie mit Instandhaltern.........442

Uwe Nickel und Karl-Thomas Wenchel
Entwicklung eines videogestützten Lehrkonzeptes: „Gesund und sicher am Arbeitsplatz"..456

Harald Beck
Vorbereitende Maßnahmen zur Referentenqualifizierung im Rahmen der Neukonzeption der Ausbildung von Fachkräften für Arbeitssicherheit..461

Peter Börmann und Rainer Hering
Gefahrenkenntnis in der betrieblichen Praxis.................................466

Dietmar Bratge und Uwe Gerber
Evaluation des Ausbildungskonzeptes im Unternehmermodell..............479

Martina Lasser
Empirische Untersuchungen zur Qualität der berufsgenossenschaftlichen Ausbildung...486

Bruno Rüttinger und Bettina S. Wiese
Dienstleistungsqualität von Trainingsmaßnahmen...........................491

Frank Kalfhues
Buch oder CD-ROM? – Eine Vergleichsstudie.................................496

Arbeitsgruppe 5:
Integrierte betriebliche Verkehrssicherheit

Michael Geiler und Marc Ohlmann
Berufsgenossenschaftliche Wegeunfallstatistiken: Großer Aufwand – geringer Erkenntnisgewinn.................................505

Hartmut O. Genz
Berufsgenossenschaftliche Maßnahmen zur Integration von Arbeits organisation und Arbeits- und Gesundheitsschutz/Verkehrssicherheit.....511

Bruce Kirkcaldy und Rüdiger Trimpop
Arbeitsstreß und Unfälle..517

R. Oberkötter, A. Kalveram und R. Trimpop
Ergebnisse der Wirkungsmessung im Ereignisfeld (Infotainment zur Sicherheitsarbeit in der Automobilindustrie)............................523

A. B. Kalveram, R. Oberkötter. und R. Trimpop
Integrativ-partizipative AVGU-Workshops als Instrument zur Einstellungs- und Verhaltensbeeinflussung 532
Rüdiger Trimpop
Verkehrssicherheit und betriebliche Organisation 539
Rainer Lenz
Innovative Trainingskonzepte zu Sicherheit und Gesundheit 545
H. Stricker
Betriebliche Erfahrungen mit dem SIC 549
A. B. Kalveram, P. Oberkötter und R. Trimpop
Ergebnisse der Wirkungsmessung im Sicherheits-Info-Center SIC 551

Arbeitsgruppe 6:
Psychologische Unfallnachsorge

Rüdiger M. Trimpop
MARUS: Umfassende Rehabilitation und Unfallprävention 555
Christian G. Nentwig, Wilhelm H. M. Castro und M. Becke
Psychologische Ursachen für Beschwerden nach Auffahrunfällen 561
Edith Grzesitza
Betreuung nach belastenden Ereignissen – das Programm der Deutschen Bahn AG 565

Bilanz

H.-Peter Musahl
15 Jahre „Psychologie der Arbeitssicherheit“: Bilanz – Veränderungen – Perspektiven 571

Vorwort der Herausgeber

Die Veranstaltungsreihe der Workshops „Psychologie der Arbeitssicherheit" ist eine traditionsreiche Institution geworden – so erlebten es die Veranstalter und die Teilnehmer des 10. Workshops, der vom 10. bis zum 12. Mai 1999 im Fortbildungszentrum der Berufsgenossenschaft Nahrungsmittel und Gaststätten in Mannheim stattfand. Sein offizieller Untertitel lautete: „*Beiträge zur Förderung der Sicherheit und Gesundheit in Arbeitssystemen*" und kennzeichnete damit den Wandel des Interesses von der Arbeitssicherheit zu dessen umfassendem Anspruch im Sinne des auf der Grundlage der europäischen Rahmenrichtlinie formulierten Begriffs des „Arbeits- und Gesundheitsschutzes" als einer Einheit.

Der Workshop begann mit einem passenden Signal: Schweißarbeiten lösten einen Feueralarm aus, trieben alle Teilnehmer – wie in einem von langer Hand geplanten „happening" – aus dem Gebäude hinaus und gaben uns Veranstaltern die Möglichkeit, dieses unerwartete Störungsereigniss flugs als Ergebnis unserer geschickten Tagungsdramaturgie auszugeben. Allerdings: Unvorsichtige Hinweise bei der Eröffnung waren geeignet, diese Legende umgehend zu zerstören. Denn wir hofften zu diesem Zeitpunkt, dass der 10. Workshop noch andere Höhepunkte und erinnernswerte Momente zeitigen würde.

Über 160 Teilnehmer, 6 Plenarvorträge und 83 Beiträge in 15 Arbeitskreisen kennzeichneten den formalen Rahmen des 10. Workshops. Gastgeber war die *Berufsgenossenschaft Nahrungsmittel und Gaststätten*, kurz die BGN. Und das paßte gut zu einem der zentralen Thema des Workshops, der „Ganzheitlichkeit" von Arbeits-, Gesundheits- und Umweltschutz; sagt doch eine alte Volksweisheit: „Essen und Trinken halten Leib und Seele zusammen!".

Der Gastgeber hat auch diesmal, wie andere BGN bei früheren Workshops, nicht nur als großzügiger Freund und Gastgeber sein Haus und Hof geöffnet, er hat auch eigene Interessen angemeldet: Das kommt zum einen im Untertitel zum Ausdruck, zum anderen in der Betonung von Aufgaben des Arbeits- und Gesundheitsschutzes in kleinen und mittleren Unternehmen, den sog. KMU. Denn ein Interessenschwerpunkt dieses Workshops ergibt sich aus der Struktur der Versicherten der BGN: 93% der Betriebe sind Unternehmen mit bis zu 10 Mitarbeitern. Da ist der Begriff des Kleinbetriebs schon fast eine Übertreibung. Das Gros der Versicherten arbeitet in Kleinbetrieben – für uns Menschen aus dem Ruhrgebiet heißt das: Es handelt sich hier nicht um die großen Schachtanlagen und Hüttenwerke, sondern eher um die ‚Trinkhallen' und Kioske daneben.

Beide Aspekte haben die Themen der Arbeitsgruppen mitbestimmt: Im jeweiligen Themenbereich besonders ausgewiesene Fachkollegen organisierten als Leiter der Arbeitsgruppen die entsprechenden Arbeitskreise, die ihrerseits in der Gestaltung große Freiheit haben sollten. Welche Einzelthemen behandelt, ob diese in Referaten vorgetragen, als Poster präsentiert und erläutert oder zentrale Untersuchungsvorhaben oder Ergebnisse in Kurzvorträgen dargestellt und anschließend ausführlich diskutiert wurden, lag ausschließlich in den Händen der Arbeitsgruppen und Arbeitskreise.

Diese übergeordneten Themen der *Arbeitsgruppen* und deren Leiter waren:

1. Arbeitsbedingte Gesundheitsgefahren, Leitung Prof. Dr. D. Zapf (J.W. Goethe-Universität Frankfurt am Main),
2. Sicherheit und Gesundheitsschutz in kleinen und mittleren Unternehmen, Leitung Prof. Dr. B. Zimolong (Ruhr-Universität Bochum),
3. Auswirkungen neuer Arbeits- und Organisationsformen auf den Arbeits- und Gesundheitsschutz (Prof. Dr. R. Wieland, Universität Wuppertal)
4. Weiterbildungsmaßnahmen im AGU-Bereich und deren Evaluation, Leitung Prof. Dr. B. Rüttinger (Technische Hochschule Darmstadt),
5. Integrierte betriebliche Verkehrssicherheit mit einem Arbeitskreis und zusätzlichen „Events" während des Workshops, Leitung PD Dr. R. Trimpop (Universität Jena) sowie
6. Pychologische Unfallnachsorge, Leitung Prof. Dr. C. G. Nentwig (G.M. Universität Duisburg).

Referenten und Teilnehmer gaben in den Arbeitskreisen dieser Arbeitsgruppen mit ihren „Werkstücken", ihren Anregungen, Fragen und Diskussionsbeiträgen das Leben, durch den der Workshop seinen besonderen Charakter erhielt. Ihnen ist an dieser Stelle nochmals herzlich zu danken. Sie sind das tragende Gerüst des Ganzen, das es ohne diese eigentümliche Wechselwirkung nicht gibt.

Besonderer Dank gilt den Mitgliedern des mit diesen Workshop erstmals etablierten wissenschaftlichen Beirats: Prof. Dr. C. Graf Hoyos, Dr. P. Bärenz, Prof. Dr. H. v. Benda, Dr. D. Bratge, Prof. Dr. B. Rüttinger, Frau Dipl.Psych. Gries, Dipl.Psych. B. Ludborzs, PD Dr. R. Trimpop, PD Dr. G. Wenninger, Prof. Dr. R. Wieland, Prof. Dr. D. Zapf und Prof. Dr. B. Zimolong. Sie alle haben wichtige Beiträge bei der Entwicklung der inhaltlichen Schwerpunkte und der formalen Struktur des Workshops geleistet und die verantwortlichen Organisatoren damit entscheidend unterstützt und entlastet.

Ohne das beständige „Controlling“ der laufenden organisatorischen Prozesse am Ort des Geschehens und das vorausschauende Management neuer Entwicklungen kann ein Workshop nicht gelingen. Eine wesentliche Hilfe war uns dabei Frau Dipl.Psych. Silke Tiedemann hier in der Fortbildungsstätte der BGN – herzlichen Dank dafür. Ein ebenso herzlicher Dank gilt meiner Mitarbeiterin Silke Gürsch und den vielen studentischen Mitarbeitern aus Duisburg, deren Arbeit lange vor dem Workshop begann und erst mit der Abgabe der Manuskripte für diesen Workshopband endet; dies waren insbesondere Sebastian Craney, Stephan Hinrichs, Marc Ohlmann, Michael Schuppin, Heiko Rinke und Lothar Wormuth.

Und den Mitarbeiterinnen und Mitarbeiter der Fortbildungsstätte sei schließlich für ihre Geduld und ihren Einsatz gedankt, mit dem sie zum Gelingen des 10. Workshops beigetragen haben.

Dank gilt auch dem Verlag Roland Asanger, der erneut die Herausgabe dieses Bandes besorgte, und insbesondere Gerd Wenninger, dessen Mitarbeit an dieser Workshop-Reihe nun um eine weitere Facette bereichert ist, diejenige des aktiven Mitgestalters und Verlegers des Workshopbands.

Der nächste Workshop wird von den Kollegen Trimpop und Zimolong gemeinsam mit Herrn Faulenbach von der MaschBG in deren Bildungsstätte in Nümbrecht organisiert werden. Wir freuen uns auf ein Wiedersehen und auf einen erfolgreichen Workshop im Jahre 2001.

Thomas Eisenhauer und H.-Peter Musahl

Geleitwort zum Bericht über den 10. Workshop „Psychologie der Arbeitssicherheit"

Gern komme ich der Bitte des Herausgebers des vorliegenden Berichtsbandes nach, zu diesem Bericht ein Geleitwort zu schreiben. Kollege Musahl äußerte diese Bitte in liebenswürdiger Anerkennung der Tatsache, daß meine Mitarbeiter und ich 1984 diese Reihe der Workshops „Psychologie der Arbeitssicherheit" ins Leben gerufen haben. Dieser Workshop hat nun zum 10. Mal stattgefunden und damit eine solide Lebensfähigkeit bewiesen. Darauf können alle Akteure stolz sein. Wie es nicht anders sein kann, haben die Workshops mit der Zeit ihre Thematik verändert und erweitert, immer mit der Zielsetzung, Fachvertreter verschiedener Disziplinen, besonders aber Ingenieure und Psychologen, an einen Tisch zu bringen. Zehn Workshops „Psychologie der Arbeitssicherheit" – der 11. Workshop befindet sich in Planung – zeigen die bleibende Aktualität des Themas „Arbeitsschutz", das ja selbst immer wieder neue Facetten zeigt, und das bleibende Interesse von Praktikern und Wissenschaftlern, die in gewohnter Manier eine Vielzahl von Aspekten, wie sie dieser Berichtsband dokumentiert, diskutierten, d.h. nicht einfach Reihen von Vorträgen abspulten. Die Herausforderungen, die der „Arbeitsschutz" stellt, richten sich ja heute nicht mehr ausschließlich, ja sogar nur noch zu einem geringeren Teil an die Technik, sondern – nach übereinstimmender Meinung der Sicherheitsexperten – mehr und mehr an die Verhaltenswissenschaften, die aber, wie die Grundintention der Workshops zeigt, nicht isoliert, sondern nur in Kooperation mit den Ingenieuren und anderen Fachkräften für Arbeitssicherheit, mehr und mehr auch mit Betriebsärzten, an die Probleme herangehen können. Auch der 10. Workshop, wie die Mehrzahl seiner Vorgänger, hat in Vorträgen und Arbeitsgruppen dem Umstand Rechnung getragen, dass vielfältige Rechtsgrundlagen den Arbeits- und Gesundheitsschutz normieren, insbesondere Rechtsgrundlagen auf europäischer Ebene.

Auch wissenschaftliche Veranstaltungen, insbesondere solche, die sich vornehmlich dem Erfahrungsaustausch widmen, leben von den Umgebungen, in denen sie stattfinden. Auch der 10. Workshop profitierte von der Gastfreundschaft und der Infrastruktur eines berufsgenossenschaftlichen Bildungszentrums; dieses Mal waren wir im Bildungszentrum der BG Nahrungsmittel und Gaststätten in Mannheim zu Gast, freundlich empfangen und geleitet durch Herrn Eisenhauer. Gerade das Engagement der Berufsgenossenschaften bei der Ausrichtung der Workshops zeigt die Einbindung des gemeinsamen Themas in den Prozess der Förderung von Sicherheit und Gesundheit.

Um die Gestaltung der Programme der Workshops „Psychologie der Arbeitssicherheit“ haben sich regelmäßig Hochschullehrer der Psychologie bemüht. Der 10. Workshop stand unter der umsichtigen Leitung von Herrn PD Dr. Hans-Peter Musahl von der Universität Duisburg. In zwei Programmsitzungen gelang es ihm, die durchaus erfreuliche Fülle der Referatsangebote – zusammen mit einem Programmkomitee – zu sichten und zu strukturieren. Das zu Papier gebrachte Ergebnis kann in diesem Berichtsband in Augenschein genommen werden. Es hat zeitweise so ausgesehen, als sei das Interesse der Institute für Psychologie an Themen des Arbeits- und Gesundheitsschutzes, das zwar nie besonders groß war, weitgehend erloschen. Erfreulicherweise haben gerade für den 10. Workshop jüngere Kollegen die Initiative ergriffen und einzelne Arbeitsgruppen organisiert, bzw. Vorträge gehalten. Diese Entwicklung gibt Hoffnung für eine erfolgreiche Fortsetzung der Workshops „Psychologie der Arbeitssicherheit“.

Carl Graf Hoyos *März 2000*

Vorträge im Plenum

Gabriele Crass

Nachruf für Prof. Dr. Friedhelm Burkardt

Zu Beginn des 10. Workshops „Psychologie der Arbeitssicherheit“ gedachten wir unseres Mitstreiters, Mitbegründers und Förderers Herrn Prof. Dr. Friedhelm Burkardt. Er verstarb unerwartet im November 1998 in seinem geliebten Urlaubsdomizil in Kenia. Er wäre im August 1999 70 Jahre alt geworden.

Ich kannte Herrn Prof. Burkardt aus meiner Studienzeit bei ihm in Frankfurt in den frühen 80er Jahren. Er war im Institut für Psychologie ein machtvoller Streiter für die Belange der Arbeits- und Verkehrspsychologie. Zur Vorbereitung auf diesen Nachruf sprach ich auch mit Kommilitonen aus früheren Semestern.

Wer die Uni Frankfurt etwas kennt, weiß, daß dort zu Zeiten der Studentenbewegung (und auch später noch) der Schwerpunkt bei der psychoanalytischen Lehre lag. Prof. Burkardt brachte in dieses „System“ frischen Wind. Er war ein Dozent, der aus der Praxis kam.

Seine berufliche Erfahrung, die er sich an unterschiedlichen Stellen erwarb, floß in seine Vorlesungen und Seminare ein. Auch das Institut gestaltete er durch seine Entscheidungen als Dekan und als geschäftsführender Direktor.

Sein Werdegang führte ihn vor seiner Berufung in den Frankfurter Lehrstuhl zum TÜV Essen. Uns Studenten erzählte er später von „Untersuchungen zur Auswirkung von Alkohol auf die Fahrleistungen“. Da wurden richtige „Trinkversuche“ durchgeführt.

Bei der Salzgitter AG war er Hauptabteilungsleiter Arbeitsschutz und knüpfte Kontakte zu den „Arbeitsschützern“ der ersten Stunde.

Bei der Ruhrkohle AG war er als Psychologe Leiter der Abteilung Arbeitsmedizin. Die Kontakte zur Ruhrkohle bestanden auch über seine Tätigkeit hinaus und führten für die Studenten zu herrlichen Exkursionen „unter die Erde“

Nach einem Zwischenaufenthalt als Honorarprofessor an der Universität Göttingen übernahm er 1973 die Professur in Frankfurt am Institut für Psychologie.

Für uns Studenten weckte er durch seinen Praxisbezug und seine Menschlichkeit das Interesse an der Arbeits- und Betriebspsychologie. Er zeigte uns die Vielfalt dieser Richtung und motivierte uns trotzdem, über den „Tellerrand" hinweg zu schauen, sprich z. B. Vorlesungen der Betriebswirtschaft zu besuchen. Er empfahl uns auch, auf zwei beruflichen Beinen zu stehen. Mich persönlich motivierte er dazu, die Ausbildung zur Sicherheitsfachkraft unmittelbar an mein Studium anzuschließen.

Ähnliche Werdegänge oder gar Promotionen können viele meiner Kommilitonen aufweisen. Prof. Burkardt schaffte es, durch seinen Praxisbezug und seine Projekte, uns die Arbeit in Betrieben und Unternehmen nahe zu bringen. Dabei vergaß er auch nie, daß Praktikanten auch essen und trinken müssen. Die Projektmitarbeit wurde immer finanziert. Der Funke der Begeisterung sprang über. Viele seiner Absolventen sind heute in mittelgroßen und großen Unternehmen, auch in leitenden Positionen tätig.

Die Personen aus der Industrie, mit denen Prof. Burkardt auf zahlreichen Kongressen und bei Projekten zu tun hatte, waren von ihm begeistert, weil er psychologische Zusammenhänge in die Sprache der betrieblichen Praktiker transformieren konnte und damit verständlich und anwendbar machte. Er bekam als Psychologe, den man verstehen konnte, viel Anerkennung von betrieblichen Führungskräften, auch auf den unteren Ebenen. Seine Modelle und Beispiele überzeugten die Praktiker.

Die Wirtschaft profitierte auch durch die umfangreiche Gremienarbeit von Prof. Dr. Burkardt. Er war in internationalen Standardorganisationen tätig. Er führte in diesem Zusammenhang Untersuchungen in England, Holland und Asien durch, deren Ergebnisse in die Normenausschüsse einflossen.

Für Sie als Workshopteilnehmer war Prof. Burkardt als Mitbegründer dieser Reihe, der 2. Workshop fand 1985 an der Uni in Frankfurt statt, neben Prof. Graf Hoyos eine Koryphäe auf dem Gebiet des psychologischen Arbeitsschutzes. Er war aktiv als Veranstalter und Leiter von Arbeitskreisen und prägte die Diskussionen mit seinen Ideen und Beiträgen und förderte so den Begriff der „Psychologischen Arbeitssicherheit". Auch seine Studenten bereicherten mit Vorträgen die Veranstaltungen.

Herr Burkardt verstarb viel zu früh nach seiner Emeritierung im Oktober 1995 in seinem geliebten Haus und Garten in Kenia. Die Urlaube dort waren ihm wichtig. Die Zeit dafür nahm er sich trotz vieler laufender Projekte. Die Daheimgebliebenen erhielten zur Unterstützung Post, die manchmal etwas abrupt abbrach mit seinem Hinweis: „Ich muß schließen. Gerade läuft eine Herde Elefanten durch meinen Garten."

In der Erde von Kenia ist er begraben.

Klaus Scheuermann

Trends und Aktivitäten in der ergonomischen Normung

1. Einführung

Das Gesetz über die Durchführung von Maßnahmen des Arbeitsschutzes zur Verbesserung der Sicherheit und des Gesundheitsschutzes der Beschäftigten bei der Arbeit - kurz *Arbeitsschutzgesetz* genannt - vom 7. August 1996 regelt die grundlegenden Anforderungen an die Gestaltung von Arbeitsplätzen und Arbeitsmitteln. Anders als bei den Anforderungen nach Artikel 137 (ex 118 A), der die Mindestanforderungen beschreibt und diese in die Verantwortung des Nationalstaates stellt, gelten die ergonomischen Gestaltungsgrundsätze für Maschinen und Anlagen nach Artikel 95 (ex 100 A) zwingend in der Europäischen Union. Danach hat der Konstrukteur oder eine ihm gleichgestellte Person die grundsätzlichen Anforderungen nicht nur hinsichtlich der bestimmungsgemäßen Bedienung, sondern diese auch bei Errichtung, Einbau, Wartung, Reinigung, Reparatur und Transport zu gewährleisten. Damit ist erreicht, daß für neue oder wesentlich geänderte Maschinen und Anlagen die ergonomischen Belastungen am Arbeitsplatz reduziert werden.

Die Beachtung ergonomischer Grundsätze bei der Gestaltung von Arbeitsplätzen erhöht die Sicherheit, verbessert die Arbeitsbedingungen und wirkt nachteiligen Auswirkungen auf die Gesundheit und die Leistungsfähigkeit der Beschäftigten entgegen. Durch eine gute ergonomische Gestaltung werden sowohl das gesamte Arbeitssystem als auch die Zuverlässigkeit der menschlichen Leistung günstig beeinflußt.

2. Anwendung ergonomischer Grundlagen im Gestaltungsprozeß

Ergonomie ist eine wissenschaftliche Disziplin, die sich mit dem grundlegenden Verständnis der Wechselwirkung und anderen Elementen des Systems befaßt und auch mit der Anwendung von geeigneten Methoden, Theorien und Daten um das Wohlbefinden des Menschen und der Leistung des Systems im allgemeinen zu verbessern.

Bei der Gestaltung von Arbeitsplätzen nach ergonomischen Grundsätzen sind folgende Aspekte zu beachten:

- Ergonomische Festlegungen,
- Ergonomische Analysen,
- Ergonomische Bewertungen.

Die Maßnahmen wiederholen sich in offener Folge mit unterschiedlichem Detaillierungsgrad und zunehmend konkreteren Ergebnissen. Die jeweils relevanten ergonomischen Aspekte sind innerhalb dieser Arbeitsschritte sind beim Ausarbeiten technischer, informatorischer und organisatorischer Maßnahmen sachkundig wahrzunehmen. Bei Anwendung ergonomischer Grundsätze in der Gestaltung von Arbeitssystemen ist es wichtig, die menschlichen Fähigkeiten, Fertigkeiten, Grenzen und Bedürfnisse zu berücksichtigen, wenn das Zusammenwirken zwischen Mensch, Technologie und Arbeitsumgebung untersucht wird. Das Arbeitssystem wird von einem Konzept abgeleitet, das Operatoren, Arbeitsmittel (einschließlich Maschinen), Arbeitsplatz, Arbeitsumgebung, Arbeitsablauf, Arbeitsaufgabe, Management und Organisation sowie die Wirkzusammenhänge zwischen ihnen miteinander verbindet. Die Komplexität eines Arbeitssystems reicht von einer Werkstatt mit einem einzigen Arbeiter, der handgeführte Maschinen bedient, bis hin zu einer Fertigungsanlage und ihrem Bedienpersonal.

3. Gestaltung von Arbeitsmitteln

Arbeitsmittel sind lediglich eine Komponente des Arbeitssystems und sollten nicht isoliert betrachtet werden. Die gute Gestaltung des Arbeitsmittels geht vom Bediener aus und berücksichtigt das zu erwartende Zusammenwirken des Bedieners mit dem Arbeitsmittel und wie die Arbeitsmittel sich in das System als Ganzes einfügen. Dieses ist insbesondere wichtig, je größer die gegenseitige Abhängigkeit zwischen Arbeitsmitteln und anderen Komponenten des Systems ist. Bei Betätigung eines Werkzeuges oder einer Maschine wird der Mensch zum aktiven Teil eines in sich geschlossenen Systems, des sogenannten Mensch-Maschine-Systems.

Die große Bedeutung für die Anwendung ergonomischer Grundsätze bei der Gestaltung von Arbeitsmitteln wurde im Rahmen des neuen Harmonisierungskonzeptes erkannt und entsprechende Schutzziele wurden in den europäischen Richtlinien formuliert. Zur Konkretisierung dieser Forderungen wurde das CEN/TC 122 „Ergonomics“ beauftragt, unter dem Mandat der Kommission ergonomische Normen zu erarbeiten. Obwohl diese Normen keinen rechtsverbindlichen Charakter besitzen, kann der Hersteller bei An-

wendung dieser die Vermutungswirkung mit der Konformität der für sein Produkt verbindlichen Richtlinien nachweisen.
Weitere Angaben über ergonomische Gestaltungsgrundsätze sind in folgenden Europäischen Normen enthalten:

- DIN EN 614-1 „Ergonomische Gestaltungsgrundsätze -Begriffe und allgemeine Leitsätze",
- prEN 614-2 „Ergonomische Gestaltungsgrundsätze - Wechselwirkungen zwischen der Gestaltung von Maschinen und den Arbeitsaufgaben",
- prEN ISO 10075-1 „Ergonomische Grundlagen bezüglich psychischer Arbeitsbelastung - Allgemeines und Begriffe".

Den ergonomische Normen werden Grenzen durch die Komplexität der Betrachtungseinheiten gesetzt. Es ist schwierig, aufgabenorientierte Vorgaben zu machen, die allgemeingültig sind. Die ergonomischen Normen nehmen deshalb auch Abstand davon, soziale, kulturelle oder organisatorische Zusammenhänge zu regeln. Trotz dieser Schwierigkeiten werden in diesen Normen hochgesteckte Ziele gesetzt wie:

- Arbeitswissenschaftliche Erkenntnisse unter Berücksichtigung von Erfahrungen aus der Praxis vermitteln.
- Anregungen und Lösungen unter Beachtung menschengerechter, technischer und wirtschaftlicher Bedingungen geben.
- Praxisnahe Aufbereitung von arbeitswissenschaftlichen Erkenntnissen aus den Bereichen Arbeitsmedizin, Arbeitsphysiologie, Arbeitspsychologie Ingenieurwissenschaften u. w. Disziplinen.
- Folgen einer psychischen Belastung beschreiben.
- Nachteilige Auswirkungen auf Gesundheit und Leistungsfähigkeit entgegenwirken und dadurch das Befinden des Menschen im Arbeitssystem günstig beeinflussen.

Bei der Gestaltung von Arbeitsmitteln sind die ergonomischen Grundsätze deshalb nicht nur für den Betrieb, sondern auch für die Aufstellung, den Einbau, das Einrichten, die Wartung, die Reinigung, die Reparatur, den Transport und die Entsorgung von Arbeitsmitteln anzuwenden.

4. Zusammenfassung

Zusammenfassend kann gesagt werden, daß Ergonomie die Anwendung wissenschaftlicher Grundsätze, Methoden und Daten verschiedener Disziplinen sind, um die Entwicklung von technischen Systemen, in denen der Mensch eine wichtige Rolle spielt, zu ermöglichen.

Zu den Grunddisziplinen gehören Psychologie, kognitive Erkenntnisse, Physiologie, Biomechanik, Anthropometrie und Ingenieurwissenschaften. Die Anwendung ergonomischer Grundsätze reicht von einfachen Werkzeugen bis zu komplizierten Mechanismen. Ergonomie kann sich auch definieren als Anwendung menschlicher Charakteristiken für eine geeignete Gestaltung der Lebens- und Arbeitswelt. Ihr Hauptziel ist, daß bei allen Geräten, Ausrüstungen, Maschinen auch in Verbindung mit der Umwelt direkt oder indirekt die Sicherheit, die gute Durchführbarkeit der Arbeitsaufgabe und das Wohlbefinden des Benutzers gewährleistet ist. Mit anderen Worten: Eine Aufgabe zur Humanisierung der Arbeit.

Ergonomen nehmen Einfluß auf die Gestaltung und Beurteilung von Aufgaben, Tätigkeitsfeldern, Produkten, Arbeitsumgebung und Systemen, um sie mit den Bedürfnissen, Fähigkeiten und auch mit den Grenzen des Menschen in Einklang zu bringen.

Ziel ist die Verbesserung der Sicherheit und Gesundheit der Arbeitnehmer, wobei „die Verbesserung insbesondere der Arbeitsumwelt" zu fördern ist. Der Begriff der „Arbeitsumwelt" wurde aufgrund einer dänischen Initiative in die Rechtsakte aufgenommen. Der Begriff umfaßt nicht nur die Sicherheit und Gesundheit am Arbeitsplatz, sondern auch ergonomische Maßnahmen, die Organisation der Arbeitsabläufe, den Umgang mit Arbeitsmitteln und die psycho-sozialen Beziehungen der Arbeitnehmer untereinander.

Dieter Bonitz und Fritz Bindzius

Verhütung arbeitsbedingter Gesundheitsgefahren am Beispiel des Integrationsprogramms Arbeit und Gesundheit von Unfallversicherung und Krankenkassen (IPAG)

1. Einleitung

Die Verhütung arbeitsbedingter Gesundheitsgefahren macht die Zusammenarbeit von Unfall- und Krankenversicherung erforderlich. Die gesetzlichen Grundlagen dazu wurden im Sozialgesetzbuch festgeschrieben. In § 20 Abs. 1 SGB V heißt es: „Die Krankenkassen arbeiten bei der *Verhütung arbeitsbedingter Gesundheitsgefahren* mit den Trägern der gesetzlichen Unfallversicherung zusammen und unterrichten diese über die Erkenntnisse, die sie über die Zusammenhänge zwischen Erkrankungen und Arbeitsbedingungen gewonnen haben." In § 14 Abs. 1 SGB VII wurden die Aufgaben für die gesetzliche Unfallversicherung (GUV) im Rahmen der Prävention festgelegt: „Die Unfallversicherungsträger haben mit allen geeigneten Mitteln für die *Verhütung von* Arbeitsunfällen, Berufskrankheiten und *arbeitsbedingten Gesundheitsgefahren* und für eine wirksame Erste Hilfe zu sorgen. Sie sollen dabei auch den Ursachen von arbeitsbedingten Gefahren für Leben und Gesundheit nachgehen." Weiter heißt es in § 14 Abs. 2 SGB VII: „Bei der *Verhütung arbeitsbedingter Gesundheitsgefahren* arbeiten die Unfallversicherungsträger mit den Krankenkassen zusammen." Somit besteht für beide Zweige der Sozialversicherung eine symmetrische Verpflichtung zur Zusammenarbeit bei der Verhütung arbeitsbedingter Gesundheitsgefahren.

Schon vor der Verabschiedung des SGB VII und des Beitragsentlastungsgesetzes waren die Krankenkassen gehalten, bei der Verhütung arbeitsbedingter Gesundheitsgefahren mit den Trägern der GUV zusammenzuarbeiten. Näheres wurde in einer Empfehlungsvereinbarung geregelt. Auf der Basis der neuen gesetzlichen Regelung verabschiedeten die Spitzenverbände Ende 1997 eine Rahmenvereinbarung, die das Handlungsfeld dieser jetzt verpflichtenden Zusammenarbeit absteckt. Unter anderem wird darin als Ziel formuliert, Erkenntnisse über Zusammenhänge zwischen Arbeitsbedingungen und deren gesundheitlichen Auswirkungen zu gewinnen und im Hinblick auf den Handlungsbedarf zu beurteilen. Die Zusammenarbeit soll dabei auf verschiedenen Ebenen erfolgen: der Betriebe, der Branchen, der Innungen sowie der Spitzenverbände.

Perspektivisch sollen Methoden einer abgestimmten Datenerhebung und Datenpflege, Verfahren zur Ableitung von Präventionskonzepten sowie kompatible Schlüsselsystematiken entwickelt werden.

Diesem Ziel entsprechend wird nun mit dem Projekt „Integrationsprogramm Arbeit und Gesundheit von Unfallversicherung und Krankenkassen (IPAG)“ die Zusammenarbeit zwischen GKV und GUV bei der Verhütung arbeitsbedingter Gesundheitsgefahren weiter vertieft und ausgebaut.

2. Projektorganisation

Unter der Leitung des Hauptverbandes der gewerblichen Berufsgenossenschaften (HVBG) und in Zusammenarbeit mit allen Spitzenverbänden der Träger der gesetzlichen Unfallversicherung und der Krankenkassen (Tab. 1) sollen von IPAG Methoden und Instrumente entwickelt werden, die eine systematische Kooperation von Krankenkassen, Unfallversicherungsträgern, Betrieben, Branchen und anderen Dienstleistungsanbietern im Arbeitsschutz erlauben. Das Projekt wird durch das Bundesministerium für Arbeit und Sozialordnung (BMA) im Rahmen des Modellvorhabens zur Bekämpfung arbeitsbedingter Erkrankungen vom 1. Juli 1998 bis 30. Juni 2001 gefördert.

Unfallversicherung	**Krankenkassen**
Hauptverband der gewerblichen Berufsgenossenschaften (HVBG)	AOK Bundesverband
Bundesverband der landwirtschaftlichen Berufsgenossenschaften (BLB)	BKK Bundesverband
Bundesverband der Unfallkassen (BUK)	Bundesverband der landwirtschaftlichen Krankenkassen (BLK)
	IKK Bundesverband
	Verband der Angestellten-Krankenkassen/Arbeiter-Ersatzkassen-Verband (VdAK/AEV)

Tabelle 1:
Kooperationspartner der gesetzlichen Unfall- und Krankenversicherung

Der HVBG wird seitens der einzelnen Spitzenverbände durch Koordinatoren unterstützt, die unter anderem die Kontakte zu den jeweiligen Trägern der gesetzlichen Unfallversicherung und zu den Krankenkassen vermitteln. Für die Projektarbeiten steht ein interdisziplinäres wissenschaftliches Team mit einem Arbeitsmediziner, einem Epidemiologen, einem Arbeitspsychologen, einer Arbeitswissenschaftlerin, einer Sozialwissenschaftlerin, einem Wirtschaftswissenschaftler sowie einem EDV-Koordinator zur Verfügung.

Ein Projektbeirat soll das Projekt begleiten und fördern. Ihm werden je ein Arbeitnehmer- und ein Arbeitgebervertreter aus den Selbstverwaltungen von Unfallversicherung und Krankenkassen angehören sowie Vertreter des Zentralverbandes des Deutschen Handwerks, des Verbandes Deutscher Sicherheitsingenieure, des Verbandes Deutscher Revisionsingenieure, der Deutschen Gesellschaft für Arbeitsmedizin und Umweltmedizin und des Verbandes Deutscher Betriebs- und Werksärzte. Die Bundesanstalt für Arbeitsschutz und Arbeitsmedizin wird mit Gaststatus ebenfalls vertreten sein.

3. Zielsetzungen

Im Arbeitspaket 1 von IPAG sollen regionale Strukturen entwickelt werden, die für die Verhütung arbeitsbedingter Gesundheitsgefahren geeignet sind. Zunächst im Bereich des Kfz-Gewerbes und im Fleicherei-Gewerbe, die durch handwerkliche Strukturen geprägt sind, wird in jeweils einer Region die Zusammenarbeit zwischen Innungskrankenkasse, Berufsgenossenschaft, staatlichem Arbeitsschutz und der zuständigen Innung entwickelt, um die verfügbaren Daten zur Arbeits- und Gesundheitssituation der Beschäftigten auszuwerten und für Präventionskonzepte zu nutzen. Eine Übertragung der Vorgehensweise auf Orts-, Ersatz- und Betriebskrankenkassen und andere Branchen mit ihren besonderen Institutionen ist geplant (Arbeitspaket 1).

Auf der Basis der branchenbezogenen Kooperationsstrukturen sollen ausgehend von bekannten Gesundheitsgefahren und Präventionsmöglichkeiten für ausgewählte Beschäftigtengruppen praktische Maßnahmen zur Verhütung arbeitsbedingter Gesundheitsgefahren entwickelt werden. Dabei soll gerade kleinen und mittleren Betrieben der Zusammenhang zwischen gesundheitsgerechten Arbeitsbedingungen und wirtschaftlichem Erfolg deutlich gemacht werden (Arbeitspaket 2).

Vor dem Hintergrund der Wahlfreiheit zwischen den Krankenkassen gewinnt eine Krankenkassenarten übergreifende Zusammenarbeit zunehmend an Bedeutung. Die Arbeitsunfähigkeitsdaten (AU-Daten) verschiedener Krankenkassenarten sollen daher branchenbezogen zusammengeführt und ausgewertet werden. Dafür sind die methodischen und datentechnischen Voraussetzungen zu prüfen und modellhaft umzusetzen (Arbeitspaket 3).

Neben den AU-Daten und den Unfalldaten werden von den Krankenkassen und den Trägern der gesetzlichen Unfallversicherung weitere Daten vorgehalten: Verordnungen von Arzneimitteln, Gutachten des medizinischen Dienstes der Krankenkassen (MDK), Verordnungen von Heil- und Hilfsmitteln, Daten zur Erwerbs- und Berufsunfähigkeit sowie Daten zur Rehabilitation. Diese Datenbestände sollen daraufhin geprüft werden, ob und wie sie für die Gewinnung von Erkenntnissen über Zusammenhänge zwischen Arbeitsbedingungen und Erkrankungen genutzt werden können. Exemplarisch soll dies in zwei Teilprojekten im Bereich der Metallverarbeitung und in der Landwirtschaft erprobt werden. (Arbeitspaket 4).

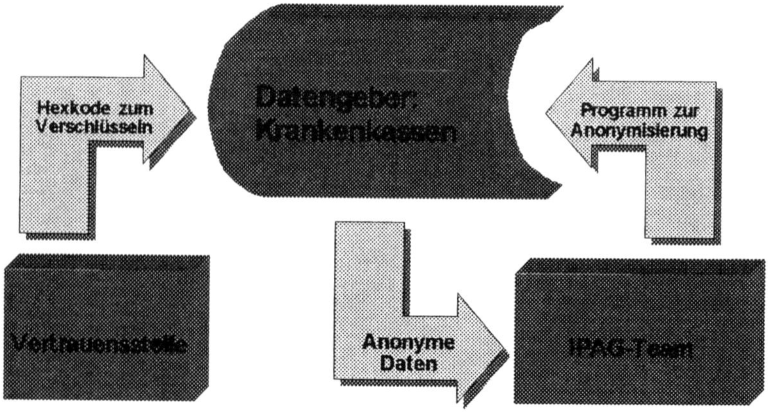

Bild 1:
Anonymisierung nach dem Datenschutzkonzept

Die notwendige Zusammenführung verschiedener Datenkreise kann nur über eine eindeutige und einheitliche Individuenkennzeichnung, wie die Rentenversicherungs- oder Krankenversicherungsnummer vorgenommen werden. IPAG verwendet dafür grundsätzlich keine personenbezogenen Daten. Die entsprechenden Kennziffern werden statt dessen schon bei den Datenhaltern anonymisiert, wobei der Anonymisierungsschlüssel von einer unabhängigen Vertrauensstelle festgelegt und verwaltet wird (Bild 1). So wird den Belangen des Datenschutzes umfassend und hinreichend Rechnung getragen.

4. Untersuchungsansatz

Der Untersuchungsansatz für das Arbeitspaket 3 zur Kassenarten übergreifenden Analyse von AU-Daten baut auf Erfahrungen mit dem bereits abgeschlossenen Projekt „Kooperationsprogramm Arbeit und Gesundheit (KOPAG)" (BKK Bundesverband & HVBG 1998) auf. Das Ziel dieses Arbeitspaketes ist die Erstellung eines branchenbezogenen Gesundheitsberichtes, der nach Arbeitsplatztypen und nach Belastungsmerkmalen differenziert. Damit wird das Ziel verfolgt, die AU-Daten um arbeitsplatzbezogene Gefährdungs- und Belastungsinformationen zu ergänzen. Ohne diese Zusatzinformationen könnten daraus keine Erkenntnisse über Zusammenhänge zwischen Arbeitsbedingungen und Erkrankungen gewonnen werden. Erst das Bilden belastungshomogener Arbeitsplatztypen und die Ermittlung der entsprechenden Gefährdungs- und Belastungsprofile sowie die Berücksichtigung möglicher konfundierender Faktoren wie z.B. Alter, Geschlecht, Stellung im Beruf etc. ermöglicht das Erkennen arbeitsbedingter Gesundheitsgefahren mit Hilfe von AU-Daten.

Für die Bildung der Arbeitsplatztypen kann der dreistellige Tätigkeitsschlüssel der Bundesanstalt für Arbeit verwendet werden, der in den Mitgliederdaten der Krankenkassen geführt wird. Dieser differenziert zwar zwischen Ärzten, Krankenpflegern, Pflegehelfern und anderen Tätigkeiten in Büro und Verwaltung. Eine Differenzierung von Pflegekräften nach dem medizinischen Fachbereich ist damit jedoch nicht möglich, wobei gerade hier Belastungsunterschiede vermutet werden und untersucht werden sollten. Um dies tun zu können, wurden anhand des Krankenhausadreßbuches solche Krankenhäuser ausgewählt, die nur über einen bedeutsamen medizinischen Fachbereich verfügen. Auf diese Weise konnte eine Zuordnung und Differenzierung des Pflegepersonals nach medizinischen Fachbereichen erreicht werden. Die AU-Daten sollen dann anhand der Arbeitgebernummern, die ebenfalls in den Mitgliederdaten geführt werden, in den Krankenkassen selektiert und anonymisiert an IPAG weitergegeben werden. Dann werden die so gebildeten Arbeitsplatztypen hinsichtlich des AU-Geschehens miteinander verglichen, um Hinweise auf Erkrankungsschwerpunkte zu erhalten. Um in einem weiteren Analyseschritt auch bedeutsame Belastungsmerkmale ermitteln zu können, werden für jeden Arbeitsplatztyp anhand einer Prüfliste zu Ermittlung arbeitsbedingter Gesundheitsgefahren Tätigkeitsmerkmale erhoben und von Experten (Technische Aufsichtspersonen der beteiligten Träger der gesetzlichen Unfallversicherung) in Zusammenarbeit mit dem IPAG-Team eingestuft. Eine Auswahl von Merkmalen und das Antwortfor-

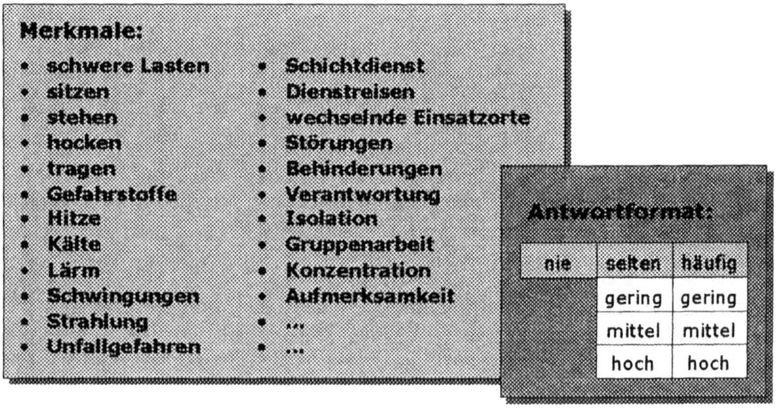

Bild 2:
Prüfliste zur Ermittlung arbeitsbedingter Gesundheitsgefahren

mat der Prüfliste wird in Bild 2 gezeigt. Neben solchen Merkmalen, die körperliche Anforderungen wie das Tragen schwerer Lasten, Hocken oder Stehen und die Umweltbedingungen wie Lärm, Klima und Beleuchtung betreffen, werden in wesentlich stärkerem Maße als bisher Merkmale der psychischen Belastung wie Verantwortung, Schichtarbeit, Störungen und Konzentrationsanforderungen erhoben. Die Einstufung der Belastungen erfolgt dabei in zwei Stufen. Im ersten Schritt wird die Häufigkeit beurteilt, mit der ein Belastungsfaktor in der Arbeitstätigkeit vorkommt: nie, selten oder häufig. Kommt er selten oder häufig vor, wird zusätzlich die Intensität beurteilt, die in der Prüfliste jeweils auf den drei Stufen gering, mittel und hoch genauer beschrieben ist.
Über die Verknüpfung Expertenurteile mit den Arbeitsplatztypen lassen sich die Versichertendaten somit auch nach der Häufigkeit und Intensität verschiedener Belastungsdimensionen einteilen und wiederum hinsichtlich des AU-Geschehens miteinander vergleichen. Daraus können weitere Hinweise zur Bedeutsamkeit verschiedener Belastungsfaktoren abgeleitet werden, die wiederum zur Planung von Maßnahmen zur Verhütung arbeitsbedingter Gesundheitsgefahren herangezogen werden können.

5. Fazit

Das Integrationsprogramm Arbeit und Gesundheit von Unfallversicherung und Krankenkassen (IPAG) ist ein Gemeinschaftsvorhaben der Spitzenverbände der Träger gesetzlichen Unfallversicherung und der Krankenkassen, um Routinedaten und weitere Informationen beider Sozialversicherungsträger für die Suche nach arbeitsbedingten Gesundheitsgefahren nutzbar zu machen und in Zusammenarbeit mit Institutionen und Verbänden auf der Ebene einzelner Branchen zur Entwicklung geeigneter Maßnahmen zur Verhütung arbeitsbedingter Gesundheitsgefahren zu verwenden.

Literatur

BKK Bundesverband & HVBG (1998). Erkennen und Verhüten arbeitsbedingter Gesundheitsgefahren. Essen: BKK Bundesverband.

Wolfhard Kohte

Neue Entwicklungen im Arbeits- und Umweltschutz der Klein- und Mittelbetriebe in der internationalen Arena

1. Grundzüge des europäischen Arbeitsschutzes

Vor fast auf den Tag genau 10 Jahren hat der Ministerrat der EG die Richtlinie 89/391 über die Durchführung von Maßnahmen zur Verbesserung der Sicherheit und des Gesundheitsschutzes der Arbeitnehmer bei der Arbeit beschlossen, die bis 1992 zu einem einheitlichen arbeitsschutzrechtlichen Fundament in den Mitgliedsstaaten führen sollte (ABl EG 1989 L183/1 ff). Diese Richtlinie dokumentiert, daß das früher traditionell nationalstaatlich angelegte Arbeitsschutzrecht heute grenzüberschreitend zu verstehen und notwendigerweise in den europarechtlichen Bezügen einzuordnen ist. Dieses Fundament erfordert eine einheitliche Rechtssetzung für alle Gruppen von Beschäftigten, so daß auf diese Weise in Deutschland erstmals ein umfassendes und einheitliches Arbeitsschutzgesetz kodifiziert werden konnte.

Zu den wesentlichen Neuerungen gehört weiter, daß eine einheitliche Sicherheitsphilosophie – das Leitbild der Arbeitsumwelt – formuliert worden ist (dazu Kohte 1994, 84, 90), das präventive und organisatorische Regelungen fördern und zugleich eine ganzheitliche Arbeitsschutzpolitik (dazu Kohte 1998, 32 ff.) anstoßen und stützen soll.

Eine präventive und ganzheitliche Arbeitsschutzpolitik kann sich nicht erschöpfen oder konzentrieren in der hergebrachten Subsumtion technischer Normen, die im jeweiligen Betrieb durch Sicherheitsfachkräfte exekutiert und durch Aufsichtsbeamte überwacht werden sollen. Eine präventive Gestaltung setzt vielmehr voraus, daß die jeweiligen Gefahrenlagen konkret und betriebsbezogen ermittelt und im Hinblick auf mögliche Maßnahmen bewertet werden. Dabei können sich die Gefahrenlagen nicht nur aus sicherheitstechnischen Kategorien der Arbeitsstätte und der Arbeitsmittel ergeben, sondern auch aus der Arbeitsorganisation sowie aus dem Grad der Qualifikation oder Unterweisung der Beschäftigten (§ 5 Abs. 3 Nr. 5 ArbSchG).

Damit eng verbunden ist eine andere Stellung der Beschäftigten im heutigen Arbeitsschutzrecht. An die Stelle einer paternalistischen Arbeitsschutzpolitik soll eine partizipative Kooperation der Beschäftigten treten, die es ermöglicht, das Erfahrungswissen der Beschäftigten in die alltägliche Präventionsarbeit einzubeziehen. Damit gehört die Notwendigkeit einer betriebsorientierten Sicherheitskommunikation zu den Eckpfeilern der heutigen europarechtlich formulierten Arbeitsschutzpolitik, die im folgenden näher erläutert werden soll.

2. Innovationen im europäischen Umweltrecht

Im Arbeitsschutzrecht und in den klassischen Institutionen des Arbeitsschutzes hat es wenig Aufmerksamkeit gefunden, daß sich im Umweltrecht in den letzten 15 Jahren eine vergleichbare Entwicklung vollzogen hat. Wesentliche Anforderungen der materiellen Umweltpolitik – von der Verbesserung der Gewässerqualität bis zur Neuorganisation des Abfallrechts – sind inzwischen durch die Richtlinien des europäischen Rechts geprägt. Noch wichtiger ist, daß neue Verfahren installiert worden sind, weil das europäische Recht Transparenz durch Einsicht in Umweltinformationen sowie eine umfassende Umweltverträglichkeitsprüfung (UVP) durch Beteiligung aller Betroffenen vorschreibt.

Die ganzheitliche Perspektive des europäischen Umweltrechts wird vor allem in der Störfallrichtlinie (RL 82/501), der „Seveso“ – Richtlinie verdeutlicht. Diese verlangt in Übereinstimmung mit dem Arbeitsumweltrecht eine präventive Politik, die darauf abzielt, Störfälle zu vermeiden oder zumindest zu begrenzen. Aus diesem Grund wird in der Richtlinie die Erstellung betrieblicher Gefährdungsanalysen angeordnet und eine Beteiligung der Beschäftigten an den Ermittlungen verlangt.

Die Notwendigkeit eines integrierten Arbeits- und Umweltschutzmanagements ist bei der Überarbeitung der Störfallrichtlinie, die 1996 durch die RL 96/82 abgelöst wurde (Abl. EG 1997 L 10/S.13ff), bekräftigt und verdeutlicht worden. In den Erwägungsgründen dieser Richtlinie wird hervorgehoben, daß schwere Unfälle in der Regel durch Management- bzw. organisatorische Mängel verursacht wurden, so daß deshalb auf Gemeinschaftsebene grundlegende Prinzipien für präventive und integrierte Managementsysteme festzulegen seien. Nach Art. 7 RL 96/82 ist in den Gesetzen der Mitgliedsstaaten festzulegen, daß die Betreiber störfallrelevanter Anlagen verpflichtet sind, ein Konzept zur Verhütung schwerer Unfälle auszuarbeiten, das durch geeignete Mittel, Organisation und Managementsysteme ein hohes Schutzniveau für Mensch und Umwelt sicherstellt, und dessen ordnungsgemäße Umsetzung zu gewährleisten. In Anhang III der RL 96/82 werden die wesentlichen Themen genannt, die in einem solchen Sicherheitsmanagementsystem zu regeln sind. Diese sind aus den bekannten arbeitspsychologischen Untersuchungen zu den ganzheitlichen Managementsystemen im Arbeits- und Gesundheitsschutz bekannt (Zimolong 1998; Elke 1998) und betreffen Organisation und Personal, deren Aufgaben und Verantwortungsbereiche, Qualitätssicherung und Fortbildung, Ermittlung und Bewertung der Risiken schwerer Unfälle sowie Betriebskontrolle und Überwachung. Die Einführung solcher Systeme wird mit Umsetzung der Richtlinie als Rechtspflicht zu verankern sein.

Diese Richtlinie war in allen Mitgliedsstaaten bis Anfang 1999 umzusetzen. In Deutschland ist die StörfallV bisher noch nicht erneuert worden. Damit setzt sich die Serie der Verspätungen, die von der Rahmenrichtlinie im Arbeitsschutz bis zu den konkreten Richtlinien z.B. zur Bildschirmarbeit und zur Arbeit auf Baustellen reichte, in unrühmlicher Weise fort. Es gibt aber eine plausible Erklärung, denn z. Zt. schwebt noch das Verfahren Rs. C 192/97 am Europäischen Gerichtshof (http://www.eugh.curia.eu.int), das die Kommission gegen die Bundesrepublik Deutschland wegen unzureichender Umsetzung der alten Richtlinie (RL 82/501) eingeleitet hatte. Nachdem der Generalanwalt bereits im Januar 1999 eine Verurteilung der Bundesrepublik Deutschland vorgeschlagen hatte, ist es beim jetzigen Stand der Verspätung zweckmäßig, die Entscheidung/Verurteilung abzuwarten, um eine umfassende Nachbesserung vornehmen zu können.

Präventions- und kommunikationsorientiert ist vor allem ein neues Instrument, die Öko-Audit-VO (1836/93), die 1993 erstmals normiert wurde und die 1999 wesentlich ausgebaut und konsolidiert werden soll. Dieses Verfahren dient der indirekten Steuerung, indem Unternehmen ihre bisherigen Umweltaktivitäten überprüfen, ein eigenständiges Umweltprogramm und Umweltmanagementsystem formulieren und ihre Tätigkeiten einer Umweltbetriebsprüfung (Auditing) unterziehen, deren Ergebnisse wiederum mit handlungsorientierter Perspektive diskutiert werden. Im Rahmen der Revision dieser Verordnung wird sowohl die bessere Verknüpfung zum Arbeitsschutz als auch eine stärkere Einbeziehung der Beschäftigten angestrebt. An dieser Stelle sind nähere Einzelheiten nicht von Bedeutung, sondern nur die beachtlichen Parallelen der Rechtsstruktur und der Methode, denn diese erleichtern die notwendige Kooperation und Verbindung zwischen Arbeits- und Umweltschutz.

3. Rechtsregeln der Sicherheitskommunikation

Die mit dem neuen Recht verbundene Betriebsorientierung des Arbeitsschutzes entspricht der heutigen Tendenz zur Differenzierung und Individualisierung der Arbeitsbedingungen; sie enthält damit zugleich ein ehrgeiziges Programm, das kleine und mittlere Unternehmen nachhaltig herausfordert, denn die für den jeweiligen Betrieb spezifisch durchzuführende Gefährdungsbeurteilung kann nicht ohne fachlichen Sachverstand vorgenommen werden. In §§ 3 Abs. 1 g, 6 Abs. 1 e ASiG ist 1996 folgerichtig eingefügt worden, daß Betriebsärzte und Sicherheitsfachkräfte den Arbeitgeber bei der Gefährdungsbeurteilung „beraten" – damit ist zugleich verdeutlicht worden, daß es unzulässig wäre, die Gefährdungsbeurteilung an diese Fachkräfte zu „delegieren" (Kittner/Pieper 1999, ArbSchG § 5 Rz. 16).

In kleineren Unternehmen fehlt in der Regel eine solche interne professionelle Sicherheitsorganisation. Daher sieht Art. 7 der RL 89/391 vor, daß sämtliche Arbeitgeber, die nicht über die erforderliche Sachkunde verfügen, den Sachverstand extern zu erlangen haben, indem sie entsprechende Beratungsverträge abschließen. Im früheren deutschen Arbeitssicherheitsrecht existierte eine solche Pflicht nicht; Kleinbetriebe waren vom Geltungsbereich der maßgeblichen Unfallverhütungsvorschriften weitgehend ausgenommen. Dieser unbefriedigende Zustand konnte nicht aufrecht erhalten werden; in der Neufassung der VBG 122 (Fachkräfte für Arbeitssicherheit) und der VBG 123 (Betriebsärzte) sind diese Regelungen korrigiert. Unsere Gastgeber, die BGN, sehen seit dem 1.1.1999 vor, daß in allen Betrieben mit wenigstens 10 Beschäftigten eine regelmäßige Betreuung durch einen externen sicherheits-technischen bzw. arbeitsmedizinischen Dienst erfolgt. In kleineren Betrieben können die Unternehmer zwischen verschiedenen auf ihre Situation zugeschnittenen Angeboten wählen (vgl. Anzinger/Bieneck 1998 ASiG § 5 Rz. 37 ff.).

Unsere bisherigen Untersuchungen zeigen, daß ein gezieltes Auswahlverhalten der einzelnen Arbeitgeber, die sich aus verschiedenen Dienstleistungsangeboten die für sie passende Beratungsorganisation bzw. die passende Kombination verschiedener Beratungsdienste auswählen, noch weitgehend fehlt. Beratung und Aufsicht erscheinen oft noch eng verknüpft, zumal die neuere Gesetzgebung die Beratungsaufgabe der Gewerbeaufsicht und der Berufsgenossenschaften bekräftigt und verdeutlicht hat. Hier droht jedoch die Gefahr einer Kategorienverwechslung, denn die unverzichtbare und wichtige allgemeine Beratung durch die Aufsicht kann nicht die konkrete Beratung durch externe Experten bei der Erstellung einer Gefährdungsbeurteilung ersetzen.

Gerade für die kleinen Unternehmen ist jedoch die gesetzliche Rollenverteilung, die die Experten nur als „Berater" bei der Gefährdungsbeurteilung einstuft, hervorzuheben. Maßgeblich sind in erster Linie die unmittelbaren Erfahrungen aus eigener Tätigkeit und Betroffenheit, so daß Vorgesetzte und Beschäftigte hier eine zentrale Rolle spielen (müssen). Die Erfahrungen der Beschäftigten gehören zu den wichtigsten Ressourcen für die Erstellung einer Gefährdungsbeurteilung und die daraus abzuleitenden Konsequenzen, so daß die Beteiligung der Arbeitnehmer und ihrer Repräsentanten zu den Schlüsselfragen einer verläßlichen Gefährdungsbeurteilung gehören. In § 8 Abs. 1 S. 2 der BioStoffV ist daher in diesem Jahr (BGBl I 1999 S. 50) hervorgehoben worden, daß der Betriebsrat an der Gefährdungsbeurteilung zu beteiligen ist. Die Materialien weisen aus, daß damit nicht auf Besonderheiten biologischer Stoffe reagiert, sondern aus gegebenem Anlaß ein allgemeiner Grundsatz klargestellt werden sollte. Dies stimmt überein mit der überwiegenden Gerichtspraxis, die dem Betriebsrat bei allgemeinen Regelungen zur Gefährdungsbeurteilung – also bei der Wahl der Methoden und Schwerpunkte – ein Mitbestimmungsrecht einräumt (so zuletzt LAG Baden-Württemberg, Kammern Mannheim – 14 TaBV 3/99 vom 4. Mai 1999; vorher ArbG Mannheim BB 1998, 1795).

Für betriebsratslose Betriebe ist von Bedeutung, daß nach dem neuen Recht seit 1996 in allen Unternehmen mit mehr als 20 Beschäftigten Sicherheitsbeauftragte zu bestellen sind und daß diese Pflicht unabhängig von der Existenz eines Betriebsrats ist (§ 22 SGB VII). In weitgehender Übereinstimmung sieht § 11 ASiG vor, daß in Betrieben mit mehr als 20 Beschäftigten ein Arbeitsschutzausschuß zu bilden ist. Mit diesen Regeln wird auch für kleinere und mittlere Betriebe ein organisatorischer Rahmen vorgeschrieben, in dem die Verfahren der Gefährdungsbeurteilung zu erörtern sind. Hier ist z. B. zu beraten, welche Form von Fragebögen und Checklisten ausgewählt werden sollen, in welcher Weise die Ermittlung psychischer Belastungen bei Bildschirmarbeit erfolgen soll und welche externen Experten zur Beratung heranzuziehen sind. Damit ist für die kleineren Betriebe ein Instrumentarium entwickelt worden, mit dem diese die für ihren jeweiligen Betrieb passende Gefährdungsbeurteilung und Beratung sicherstellen können.

4. Beispiele aus unseren Nachbarstaaten

Ein kurzer Blick auf einige Nachbarstaaten verdeutlicht die Tendenz, daß die rechtliche Regulierung im Arbeitsschutzrecht von der direkten Steuerung, mit der in rechtsförmiger Weise Grenzwerte, Sicherheitsabstände und Verhaltensgebote normiert werden, zur indirekten Steuerung, die Verfahren und Kommunikationsregeln normiert, übergeht (Faber 1998, 203, 210). In den Niederlanden war die Pflicht zur Gefährdungsbeurteilung bereits in dem 1981 erlassenen Gesetz über die Arbeitsbedingungen (Arbo-Wet) statuiert worden. Im Rahmen der Umsetzung des europäischen Rechts wurde diese Pflicht organisatorisch weiter ausgestaltet. Es wurde vor allem verdeutlicht, daß die Beschäftigten und ihre Repräsentanten an der Erstellung der Gefährdungsbeurteilung zu beteiligen sind und daß jeder einzelne Schritt im Dialog zwischen Arbeitgeber und Betriebsrat/Arbeitsschutzausschuß zu entfalten ist. Interessierten Beschäftigten steht das Recht zu, Einsicht in die Ergebnisse der Evaluation nehmen zu können. Diese Ergebnisse sind in einer handlungsorientierten Form in einen Jahresplan aufzunehmen, der die nächsten konkreten Maßnahmen zu Verbesserung der Arbeitsumwelt im nächsten Jahr aufführt. Bericht und Plan sind wiederum den Beratern und den Betriebsräten zugänglich zu machen; schließlich sind diese Berichte auch der Aufsicht mitzuteilen (Kohte, 1999, S. 85, 102). Diese Regeln sind zusätzlich nach Betriebsgrößen und -risiken differenziert; gerade für die kleineren Betriebe sind die Regeln zur Beteiligung der Beschäftigten im Arbeitsschutz in letzter Zeit mehrfach modifiziert und konkretisiert worden.

Ein anderes interessantes Beispiel für die organisatorische Vielfalt des europäischen Arbeitsumweltrechts ist dem schwedischen Recht zu entnehmen. In Schweden ist bereits 1975 ein Arbeitsumweltgesetz geschaffen worden, das zu den Vorbildern des europäischen Arbeitsrechts zählt (dazu Bükker/Feldhoff/Kohte 1994 Rz. 224 ff). Dieses auf Prävention und Selbsthilfe angelegte Recht ist in den letzten Jahren – vor allem nach dem Beitritt zur Europäischen Gemeinschaft – nachhaltig fortentwickelt worden. Eine wichtige Rolle spielen hier die Sicherheitsbeauftragten aus dem Kreis der Beschäftigten. In kleinen Betrieben ist diese Organisationsform nicht hinreichend effektiv, so daß durch Tarifvertrag für Kleinbetriebe – zunächst in der Bau- und Forstwirtschaft, später auch in anderen Branchen – ein Netz von regionalen Sicherheitsbeauftragten geschaffen wurde, die für sämtliche Kleinbetriebe eines Ortes oder Landkreises zuständig sind. Damit ist ein hinreichend flexibles System geschaffen worden, das in der Lage ist, an der vor Ort durchzuführenden individuellen Gefährdungsbeurteilung sachkundig mitzuwirken (dazu ausführlich Vogel, 1998, S. 72 ff). Ähnliche Tarifverträge sind in den letzten Jahren auch in Italien abgeschlossen worden. Einen näheren Überblick vermittelt die Europäische Agentur für Gesundheit und Sicherheit in Bilbao, die als Koordinierungs- und Kommunikationszentrum wirkt (http://www.eu-osha.es).

5. Perspektiven grenzüberschreitender Kommunikation und Beratung

Die Beispiele aus unseren Nachbarstaaten zeigen, daß durch die Vorgaben des europäischen Rechts inzwischen vergleichbare Grundregeln in den verschiedenen Staaten bestehen, die jedoch in unterschiedlicher Weise ausgestaltet sind. Gerade diese Vielfalt ist ein Anlaß zu grenzüberschreitender Kommunikation und Beratung. Ein wichtiger Katalysator bei diesem Prozeß kann der Europäische Betriebsrat sein, der als ein Organ der Information und Konsultation konstituiert ist, in dem die Kommunikation zwischen den jeweiligen Arbeitnehmervertretern aus den verschiedenen Staaten wenigstens den selben Stellenwert hat wie die Kommunikation mit dem Arbeitgeber. Hier hat sich in letzter Zeit das Thema der Arbeitssicherheit als ein wichtiges Querschnittsthema erwiesen, das eine Kommunikation über die unterschiedliche betriebliche Umsetzung der im Kern einheitlichen rechtlichen Anforderungen betrifft. Aus dieser Kooperation dürften mittelfristig auch gemeinsame arbeitswissenschaftliche Erkenntnisse hervorgehen, die den bisherigen vorrangig nationalstaatlich geprägten Rahmen überschreiten.

Für kleine und mittlere Unternehmen stellt sich die Möglichkeit grenzüberschreitender Kommunikation in erster Linie bei der Suche nach geeigneten externen Beratern. Was spricht dagegen, daß z.B. ein Betrieb in Aachen als überbetrieblichen sicherheitstechnischen Dienst nach § 19 ASiG einen niederländischen Anbieter mit einem multidisziplinären Angebot gewinnt, der bereits seit fast 20 Jahren Erfahrungen mit dem Konzept der Arbeitsumwelt, der Gefährdungsbeurteilung und der Bewertung psychischer Belastungen hat? Die Dienstleistungsfreiheit nach Art. 59 EGV gebietet, daß solchen Anbietern dieselben Rechte wie nationalen Anbietern zustehen (Kohte 1999, S. 85, 115 f.); restriktive Tendenzen in der Genehmigungspraxis würden spätestens am Europäischen Gerichtshof in ähnlicher Weise scheitern, wie die Versuche, grenzüberschreitende Dienstleistungen in der Pflege- und Krankenversicherung pauschal zu untersagen (EuGH NJW 1998, 1771 = NZS 1998, 280).

Grenzüberschreitende Kommunikation und Beratung ist aber nicht nur auf grenznahe Regionen beschränkt. Nachdem in anderen Dienstleistungsberufen, z.B. bei Wirtschaftsprüfern und in der Anwaltschaft, Anbieter aus verschiedenen Staaten sich zu gemeinsamen Organisationen zusammengeschlossen haben, ist zu erwarten, daß auch im Bereich der betrieblichen Gesundheitsberatung solche Kooperationen und transnationalen Organisationsbildungen erfolgen. Auf diese Weise könnte der Transfer der unterschiedlichen Erfahrungen zwischen den einzelnen Staaten nachhaltig gefördert und ein Schritt auf dem Weg zu einem gemeinsamen Markt für Gesundheitsleistungen (dazu v. Maydell 1999) zurückgelegt werden. Gerade die Arbeitspsychologie, die traditionell bereits im Rahmen ihrer akademischen Ausbildung die Erkenntnisse aus anderen Staaten rezipiert, könnte als Katalysator bei solchen Verbindungen wirken.

Literatur

Anzinger, R./Bieneck, H. J. (1998): *Arbeitssicherheitsgesetz*. Heidelberg: Recht und Wirtschaft

Bücker, A./Feldhoff, K./Kohte, W. (1994): *Vom Arbeitsschutz zur Arbeitsumwelt*. Neuwied: Luchterhand

Elke, G. (1998): Merkmale eines erfolgreichen Informationsmanagements des betrieblichen Arbeits- und Gesundheitsschutzes in: H. von Benda und D. Bratge (Hrsg.). *Psychologie der Arbeitssicherheit*. 9. Workshop 1997. S. 53-57. Heidelberg: Asanger

Faber, U. (1998): Das betriebliche Arbeits- und Gesundheitsschutzrecht der Bundesrepublik nach der Umsetzung der Europäischen Arbeitsumweltrichtlinien – ein Rechtsgebiet im Wandel. *Arbeit* 1998. S. 203–217

Kittner, M./Pieper, R. (1999): *Arbeitsschutzrecht*. Frankfurt/M.: Bund

Kohte, W. (1994): Vom Arbeitsschutz zur Arbeitsumwelt – Europäische Herausforderungen und Chancen in: F. Burkardt und C. Winklmeier (Hrsg.). *Psychologie der Arbeitssicherheit*. 7. Workshop 1993. S. 84-93, Heidelberg: Asanger

Kohte, W. (1998): Ganzheitlicher Gesundheitsschutz nach dem neuen Arbeitsschutzgesetz in: H. von Benda und D. Bratge (Hrsg.). *Psychologie der Arbeitssicherheit*. 9. Workshop 1997. S. 32-39. Heidelberg: Asanger

Kohte, W. (1999): Die Umsetzung der Richtlinie 89/391 in den Mitgliedsstaaten der EU. *Zeitschrift für Ausländisches und Internationales Arbeits- und Sozialrecht*. 1999. S. 85 ff

Maydell, B. v. (1999): Auf dem Weg zu einem gemeinsamen Markt für Gesundheitsleistungen in der Europäischen Gemeinschaft, *VSSR* 1999, S. 3–19

Vogel, L. (1998): *Gefahrenverhütung am Arbeitsplatz*. Brüssel: TGB

Wlotzke, Otfried (1999): Ausgewählte Leitlinien des Arbeitsschutzgesetzes in: T. Klebe, P. Wedde, M. Wolmerath (Hrsg.). *Festschrift für Wolfgang Däubler*. Frankfurt/M.: Bund

Zimolong, B. (1998): Ganzheitliches Management des betrieblichen Arbeits- und Gesundheitsschutzes in: H. von Benda, D. Bratge (Hrsg.). *Psychologie der Arbeitssicherheit*. 9. Workshop 1997. S. 71–77. Heidelberg: Asanger

Friedhelm Nachreiner

Normung im Bereich der Psychische Belastung und Beanspruchung – Probleme und Zusammenhänge mit dem Arbeits- und Gesundheitsschutz

Die Arbeit an Ergonomie-Normen zum Thema Psychische Belastung und Beanspruchung begann in der BRD sehr bald nach Gründung des Normenausschusses Ergonomie in einem eigens dafür eingerichteten Arbeitsausschuß (AA5 Psychische Belastung) zu Beginn der 70er Jahre unter dem Vorsitz des Kollegen Bartenwerfer; aber erst 1987 – also nach knapp 15 Jahren – konnte die erste Norm zu diesem Thema, die DIN 33 405, verabschiedet werden. Gründe für diese langwierige Geburt waren in erster Linie sozialpolitische Querelen, und das zeigt, mit welcher sozial- und tarifpolitischen Bedeutung dieses Thema – auch und insbesondere heute – belegt ist. Die Vorbehalte gegen eine Norm in diesem Bereich reichten von 'das ufert aus', 'die Wissenschaftler sind sich ja nicht mal einig', über 'nicht abgrenzbar', 'nicht meßbar' bis zu 'nicht gestaltbar', 'nicht beeinflußbar' – Argumente, die auch heute nach nahezu 20-jähriger Normungsarbeit – im wesentlichen von Arbeitgeberseite – immer noch gegen Normen in diesem Bereich vorgetragen werden (für eine detailliertere Darstellung von Historie, Kontexten und Inhalten der Normung in diesem Bereich vgl. Nachreiner 1999)[1].

1. Terminologie und Konzepte

Das Ergebnis, die DIN 33 405, war schließlich eine Norm, die auf die Erläuterung der Terminologie und der Konzepte in diesem Bereich beschränkt war – als größter gemeinschaftlicher Nenner. Dabei lehnte sich die Norm eng an die Konzepte und Begriffe der DIN 33 400, der Grundnorm, an, um über eine konsistente Terminologie die etwas komplexeren Verhältnisse im Bereich der psychischen Belastung und Beanspruchung detaillierter zu erläutern. Dies erschien notwendig, weil im Bereich der psychischen Bela-

[1] Als Ergebnis der in der Zwischenzeit erfolgten Abstimmung bei CEN wird die ISO 10 075-2 als Europäische Norm EN ISO 10 075-2 übernommen und im Sommer dieses Jahres als DIN ISO 10 075-2 auch in das nationale deutsche Normenwerk übernommen.

stung, Beanspruchung und ihrer Folgen bei den interessierten Kreisen kaum genauere Vorstellungen vorhanden waren. Eine Terminologie-Norm wurde daher als brauchbar – und ausreichend – angesehen.

Auf der internationalen Ebene wurden dagegen – von anderen Ländern – bereits 1981 und nochmals forciert 1985 internationale Standards – insbesondere über Gestaltungsrichtlinien und Meßverfahren – gefordert, weil bei Konstrukteuren und Betreibern keine Vorstellungen über diesen als wichtig für die Gestaltung und den Betrieb von Arbeitsmitteln und -systemen betrachteten Bereich unterstellt werden konnten. 1986 fand daher eine erste Sitzung einer eigens dafür eingerichteten Arbeitsgruppe mit dem Input des Entwurfs der DIN 33 405 statt. Auch in dieser Arbeitsgruppe erfolgte zunächst die Einigung auf die Vordringlichkeit einer Terminologie-Norm, um den – auch heute noch – chaotischen Sprachgebrauch in diesem Gebiet zu vereinheitlichen. Bereits 1989 erfolgte, aufbauend auf der DIN 33 405, eine erste positive Abstimmung eines internationalen Normentwurfes, der nach den bei der ISO üblichen Abstimmungs- und Überarbeitungsprozeduren 1991 also ISO 10 075 veröffentlicht wurde. Abbildung 1 zeigt das dort vereinbarte Konzept mit der entsprechenden Terminologie.

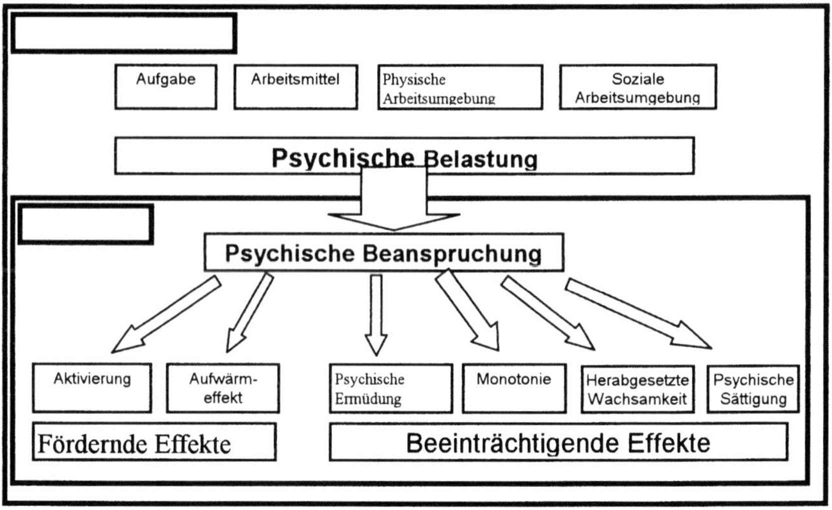

Abbildung 1:
Terminologie und konzeptuelle Zusammenhänge nach ISO 10 075

Damit sind die Begriffe und konzeptionellen Zusammenhänge im Kontext eines S-O-R Modells nun auch international festgelegt, wobei Belastung mit 'stress' und Beanspruchung mit 'strain' übersetzt werden.

Diese Konzeption hat Konsequenzen, insbesondere in Verbindung mit anderen Rechtsnormen, z.B. europäischen Richtlinien wie der Rahmenrichtlinie oder der Maschinenrichtlinie oder der Bildschirmrichtlinie und deren Umsetzungen in nationales Recht, wonach die psychische Belastung zu erfassen und durch Arbeitsgestaltungsmaßnahmen so zu beeinflussen ist, daß keine die Sicherheit und / oder die Gesundheit beeinträchtigenden Folgen resultieren. Die Merkmalsträger der psychischen Belastung liegen nach dieser Konzeption außerhalb des Individuums und sind unabhängig von diesem – was entscheidende Vorteile für die Gestaltungsaspekte hat: es geht danach nicht darum, am Individuum und seinen Wahrnehmungs- und Bewältigungsstrategien anzusetzen, sondern an den konkreten Arbeitsbedingungen. Ziel ist damit die Gestaltung der Arbeitsbedingungen, nicht die Veränderung der Person. Der Nachteil einer solchen Konzeption ist ihr eher unbefriedigender theoretischer Status, aber Normen werden nicht für theoretisch adäquate Konzeptualisierungen gemacht, sie haben vielmehr praktische Relevanz. Darin liegt dann auch der Vorteil einer derart vereinfachenden Konzeption: das Konzept läßt sich relativ leicht in handlungsleitende Vereinbarungen – zur Gestaltung der Arbeitsbedingungen – umsetzen, während theoretisch befriedigendere und erklärungsstärkere Modelle sich erheblich schwerer, und z.T. mit dem Nahelegen einfacherer, kostengünstigerer Maßnahmen, wie Selektion und Training, umsetzen lassen.

Ein solches Modell hat natürlich auch Konsequenzen für die Erhebung oder Erfassung der psychischen Belastung. Nicht (objektiv erhobene) subjektive Daten aus der Innensicht des Individuums sind daher (primär) gefragt, da nicht das Individuum Merkmalsträger ist, sondern die Arbeitssituation, unabhängig vom Individuum. Dabei ist mit dem Modell verträglich, daß dieselben Belastungsbedingungen bei unterschiedlichen Individuen unterschiedliche Beanspruchungsreaktionen und unterschiedliche Beanspruchungsfolgen hervorrufen. Erforderlich sind also unabhängig vom betroffenen Individuum erhobene 'objektive' Merkmale und nicht deren subjektive Repräsentation (diese läßt sich auch durch andere als arbeitsgestalterische Maßnahmen verändern, wie sich am Beispiel der Arbeitszufriedenheit leicht zeigen läßt). In diesem Zusammenhang helfen auch Mittelwertsbildungen über Individuen oder Gruppen nicht viel weiter, weil dann gemittelte subjektive Repräsentationen erhoben werden; die Mittelwertbildung hilft bekanntlich nur gegen Zufallsfehler, systematische (Urteils-) Verzerrungen (z.B. auch intentionalen Ursprungs) lassen sich dadurch nicht ausgleichen. Die Variablen haben theoretisch (und insbesondere auch praktisch) schlichtweg einen unterschiedlichen Stellenwert (s. a. Algera, 1990, S. 314).

Daß objektive und subjektive Arbeitsanalysedaten nicht übereinstimmen (müssen) ist zwar nicht neu (z.B. Algera, 1990), scheint in der Arbeitspsychologie aber immer wieder einmal in Vergessenheit zu geraten, weil Befragungen (der Betroffenen) erheblich weniger aufwendig sind als systematische Beobachtungen (und offensichtlich dem gängigen verkürzten Verständnis von Psychologie als überwiegend mit der Innensicht der Betroffenen beschäftigter Disziplin eher entsprechen). So konnte Demerouti (1999) kürzlich zeigen, daß die Ergebnisse objektiver und (bereits gemittelter) subjektiver Arbeitsanalysen zwar korrelieren, derartige (z.T. sogar negative) Korrelationen aber als Reliabilitätskoeffizienten nicht akzeptabel wären; wobei über Sensitivität und Diagnostizität subjektiver Daten kaum etwas bekannt ist. Vielleicht ist das ja auch einer der Gründe dafür, warum im Zusammenhang mit der Erfassung der psychischen Belastung so häufig für subjektive Befragungen mit einigen wenigen Fragen plädiert wird.

Der Status der Norm auf europäischer Ebene (inhaltlich identisch mit der ISO 10 075) ist tendenziell positiv; die erste Abstimmung hat eine Mehrheit für die Übernahme der Norm ergeben, zur Zeit läuft die Endabstimmung. Wird die Norm als europäische Norm (EN ISO 10 075-1) übernommen, muß DIN 33 405 zurückgezogen und die europäische Norm ins deutsche Normenwerk übernommen werden. Dies bedeutet jedoch keine gravierenden Änderungen.

Änderungen sind eher von der Revision der Norm auf internationaler Ebene zu erwarten (in die die europäischen Änderungswünsche eingebaut werden sollen). Probleme bestehen hier in der Parallelität der Definitionen und der Konzepte in der Revision der ISO 6385. So ist zur Zeit nicht absehbar, ob das Belastungs-Beanspruchungs-Konzept dort weiter aufrechterhalten wird oder nicht. Dies müßte Konsequenzen für die ISO 10 075 haben. Ein anderes Problem ist die Definition von 'workload', die bisher fehlt, sowie die Aufnahme von 'Streß' im Sinne einer Beanspruchungsfolge oder -reaktion. Neben der Aufnahme von 'Streß' als beeinträchtigender Beanspruchungsfolge, die jetzt wohl – insbesondere auf internationalen Druck hin – durchsetzbar sein dürfte, muß über die Aufnahme langfristiger Folgen, wie etwa Burnout, oder positiver Beanspruchungsfolgen, wie die Verbesserung der Leistungsvoraussetzungen durch Training nachgedacht werden.

2. Gestaltungsleitsätze

Parallel zu den Abstimmungen zur Terminologienorm, die nach ihrer Revision bzw. auf europäischer Ebene zu Teil 1 wird, wurden auf internationaler Ebene und ohne nationale Vorarbeiten die Arbeiten an einer Norm zur Arbeitsgestaltung unter dem Aspekt der psychischen Belastung aufgenommen. Diese Norm ist als ISO 10 075-2: 1996 (= Teil 2) relativ rasch und mit großer Zustimmung (92%) verabschiedet worden. Sie richtet sich an den Konstrukteur bzw. Hersteller, wie an den Betreiber von Arbeitsmitteln und Arbeitssystemen und hat die Optimierung – und nicht die Minimierung – der psychischen Belastung (im oben definierten Sinne) zum Ziel, und zwar unter dem Aspekt effektiver und effizienter Arbeit wie unter dem des Arbeits- und Gesundheitsschutzes.

Da es sich um eine internationale Norm handelt, ist Teil 2 bisher nicht in das deutsche Normenwerk aufgenommen worden (eine deutsche Fassung ist jedoch im Zusammenhang mit der europäischen Abstimmung erstellt worden). Wird diese Norm als EN ISO 10 075-2 (inhaltlich identisch mit ISO 10 075-2) ins europäische Normenwerk übernommen, muß sie auch in das deutsche Normenwerk übernommen werden – und könnte in Verbindung mit anderen Regelungen zum Arbeits- und Gesundheitsschutz, wie den oben angesprochenen europäischen Richtlinien, Wirkung zeigen, weil damit per Konsens Regeln der Technik als state of the art festgeschrieben wurden, die zur Umsetzung der o.a. Regelungen herangezogen werden könnten oder auf deren Einhaltung, z.B. nach §§ 90/91 BetrVerfG, gedrungen werden könnte.

Obwohl die Norm mit deutscher Zustimmung verabschiedet wurde, haben sich bei der europäischen Abstimmung einige Besonderheiten ergeben, die etwas von der politischen Bedeutsamkeit von Normen erkennen lassen. Da mit einer solchen Norm natürlich Gestaltungsmängel belegbar sind, kann dies im Betrieb zu unliebsamen Diskussionen führen und es könnte der Anspruch erhoben werden, die Arbeitsbedingungen nach diesen akzeptierten Regeln zu gestalten. Daher hat es im Vorfeld und im Zusammenhang mit der Entscheidung über das deutsche Votum zu einer erheblichen Zahl von (zum großen Teil wortgleichen) Einsprüchen gegen diese Norm gegeben (ausgelöst von einem Großunternehmen der Elektro-Industrie in Zusammenarbeit mit Gesamtmetall und der Bundesvereinigung der Deutschen Arbeitgeberverbände). Grundtenor dabei ist, daß die Norm schädlich, weil kostentreibend, ist (weil neue Gestaltungsanforderungen ins Spiel gebracht werden und angeblich jetzt jeder Kleinstbetrieb einen eigenen Arbeitspsychologen braucht); sie ist danach überflüssig, weil bisher schon alles notwendige getan wird, es sich um nicht normungsfähige oder -würdige Tatbestände handelt (was man an den unterschiedlichen Konzeptionen und der fehlenden Meßbarkeit ablesen könne) und die Materie z.T. als 118a-Materie anders geregelt gehöre bzw. geregelt sei. Da der DGB sich, trotz erheblicher Bedenken (dem DGB sind die Festlegungen nicht weitreichend genug), für die Norm ausgesprochen hat, hat sich Deutschland bei der ersten Abstimmung, bei der sich eine Mehrheit für die Annahme der Norm ergeben hat, enthalten (müssen) und wird dies auch bei der Endabstimmung, die jetzt eingeleitet wurde, tun. Der Ausgang dieser Abstimmung ist ungewiß und bleibt abzuwarten. Aber auch bei einem negativen Ausgang der Abstimmung auf europäischer Ebene, der wegen entsprechender politischer Aktivitäten nicht auszuschließen ist, bleibt die ISO 10 075-2 als internationale Norm davon unberührt und kann weiterhin angewandt werden.

Dabei ist der Inhalt der Norm für Arbeitspsychologen eigentlich kaum aufregend. Nach einer kurzen Einführung in allgemeine Prinzipien der Arbeitsgestaltung unter dem Aspekt der psychischen Belastung, Beanspruchung mit dem Ziel der Vermeidung beeinträchtigender Beanspruchungsfolgen und der Verbesserung der Effizienz und Zuverlässigkeit der Systemleistung werden in Form von Leitsätzen Hinweise für eine beanspruchungsoptimierende Gestaltung von Arbeitsaufgaben, -mitteln, -systemen und -umwelten gegeben. Diese richten sich einmal auf die Beeinflussung der Intensität der Belastung, zum anderen auf die der Extensität oder den zeitlichen Verlauf der Belastung. Geordnet sind die Leitsätze nach dem in Teil 1 vorgestellten Konzept beeinträchtigender Beanspruchungsfolgen, d.h. zunächst werden Leitsätze zur Vermeidung psychischer Ermüdung dargestellt, gefolgt von Leitsätzen zur Vermeidung von Monotonie, herabgesetzter Wachsamkeit und psychischer Sättigung. Emotional wirksame Belastungskomponenten sind wegen der engen Kopplung an Teil 1 nur zu einem geringen Teil enthalten und nur soweit sie durch arbeitsgestalterische Maßnahmen beeinflußbar sind (z. B. unklare Handlungsfolgen, Konsequenzen von Fehlern, Aufgabengestaltung).

Die Leitsätze zur Vermeidung von Ermüdung sind gegliedert nach dem Prinzip der Informationsverarbeitung in Mensch-Maschine-Systemen und beziehen sich auf die einzelnen Verarbeitungsphasen, z.B. Wahrnehmung, Gedächtnis, Umsetzung. Die Leitsätze zur Monotonie und Vigilanz beziehen sich auf bekannte monotoniefördernde bzw. vigilanzmindernde Arbeitsbedingungen und deren Vermeidung, die Leitsätze zur psychischen Sättigung heben insbesondere auf eine arbeitspsychologisch angemessene Gestaltung der Arbeitsaufgaben ab. Für eine detailliertere Darstellung fehlt hier leider der Raum, daher muß hier auf die Norm selbst verwiesen werden. Obwohl die Norm als Leitsatznorm für Konstrukteure und Betreiber (und nicht als technische Spezifikationsnorm) entwickelt wurde, liegt der Gedanke nahe, diese Norm zur Überprüfung legaler oder quasi-legaler Vorgaben zur Gestaltung im Hinblick auf psychische Belastung heranzuziehen. Der Vorteil einer solchen Vorgehensweise bestünde darin, sich auf international akzeptierte Konzepte und Merkmale zur psychischen Beanspruchung stützen zu können – im Gegensatz etwa zu theoretisch eher idiosynkratischen Konzeptionen und Methoden, wie sie auf dem Psychomarkt zur Bildschirmarbeit zu finden sind (und im wesentlichen subjektive Repräsentationen von psychischer Belästigung abfragen). In einer von uns durchgeführten Machbarkeitsstudie (Nachreiner et al., 1998) haben wir zeigen können, daß die Entwicklung eines auf dieser Norm basierenden Verfahrens für mit Konzepten der psychischen Belastung vertraute Fachleute durchaus möglich erscheint, während dies für Sicherheitsfachkräfte, zumindest bei dem derzeitigen Stand der Ausbildung, eher unwahrscheinlich bzw. ausgesprochen aufwendig erscheint. Dies mag damit zusammenhängen, daß für eine valide Beurteilung der psychischen Belastung oder Beanspruchungswirksamkeit Kenntnisse der relevanten Konzepte und Zusammenhänge unabdingbar sind, die jedoch weder bei arbeitspsychologischen Laien noch bei den Betroffenen selbst vorausgesetzt werden können.

3. Erfassung und Messung psychischer Belastung und Beanspruchung

Seit etwa 1995 wird aufbauend auf einem japanischen Vorschlag auf internationaler Ebene an einem dritten Teil der Norm, der sich mit der Erfassung und Messung psychischer Belastung, Beanspruchung und Beanspruchungsfolgen beschäftigt, gearbeitet (ISO 10 075-3 (WD)). Dies dürfte sicher der schwierigste Teil werden, und sicher ist hier auch mit sozialpolitisch begründeten Widerständen zu rechnen (so wird dieser Komplex von einigen Kreisen für nicht normungsfähig oder -geeignet gehalten).

Dabei kann es nicht darum gehen, einzelne Verfahren oder Methoden normativ festzuschreiben, das ist bei subjektiven Verfahren schon aus sprachlichen und kulturellen Gründen völlig unmöglich, erscheint aber auch bei nicht sprachlich gebundenen Verfahren nicht empfehlenswert. Beabsichtigt ist vielmehr, Anforderungen an Verfahren festzulegen, die diese erfüllen müssen, wenn sie zur Erfassung oder Messung psychischer Belastung, Beanspruchung oder deren Folgen herangezogen werden sollen. Damit soll für potentielle Anwender transparent werden, wie gut und wie genau ein Verfahren was erfaßt oder mißt. Daher soll zunächst festgelegt werden, daß der beanspruchte Gültigkeitsbereich (z.B. Belastung, Beanspruchung, Ermüdung, Monotonie etc.) eines Verfahrens spezifiziert werden muß (es sollte also klar gemacht werden, ob Belastung oder deren subjektive Repräsentation erfaßt wird). Ferner soll die Spezifikation der Gütekriterien (Objektivität, Reliabilität, Validität, Sensitivität, Diagnostizität) und deren Ermittlung gefordert werden, damit die Eignung des Verfahrens für den vom Anwender geplanten Einsatzzweck (und die Methode der Überprüfung der Kennwerte) beurteilt werden können.

Vorgesehen ist, vergleichbar etwa wie bei Schallmessungen, Güteklassen der Messung zu definieren und dafür die erforderlichen Kennwerte zu spezifizieren, u.a. auch in Verbindung mit den beim Anwender für die Anwendung erforderlichen Kompetenzen. So erscheinen etwa für eine orientierende Messung mit Hilfe eines standardisierten Fragebogens (einschließlich standardisierter Auswertung und Interpretationshilfe) übliche Management-Skills ausreichend, während für präzisere Messungen, z.B. im Zusammenhang mit Entscheidungen für Gestaltungsalternativen komplexer Systeme oder einer gerichtlichen oder tariflichen Auseinandersetzung, arbeitspsychologische Expertise unverzichtbar sein dürfte.

Wichtig erscheint auch die Spezifikation prozeduraler Anforderungen. Ein Blick in die Beschreibung der Entwicklung von Verfahren zur Erfassung psychischer Belastung (oder was auch immer die Autoren darunter verstehen) überzeugt sehr schnell, daß hier klare Vorgaben erforderlich sind. Das gilt für Fragebogen-, Beobachtungs- wie für psychophysiologische Verfahren. So ist etwa der Nachweis einer ausgesprochen hohen personenbezogenen Reliabilität der Herzfrequenzarrhythmie wenig hilfreich, wenn es darum geht Belastungsbedingungen (unabhängig von den Personen) zu beurteilen, und die Reliabilität (und Validität) dieser bedingungsbezogenen Messung deutlich geringer ausfällt (vgl. Eilers, 1999). Es scheint manchmal selbst für ausgebildete Arbeitspsychologen schwer zu differenzieren, was eigentlich der (theoretisch geforderte und der tatsächliche) Meßgegenstand und wer Merkmalsträger ist und wie eine angemessene Überprüfung psychometrischer Gütekriterien zu erfolgen hätte.

Ziel der Norm ist damit auch, die derzeitig auf dem Psychomarkt in diesem Bereich zu beobachtende Scharlatanerie zu unterbinden und für klarere Verhältnisse zu sorgen. Es sollte klar sein, was Meßverfahren messen (wie immer ihre Autoren das auch nennen, das soll ihnen unbenommen bleiben), wie genau und wie gut sie das tun. Die Norm soll damit für die Anwender Transparenz und Beurteilungsmöglichkeiten schaffen, den Entwicklern von Verfahren soll sie Standards vorgeben, wie die Verfahren zu prüfen sind und welche Gütekriterien für welchen Zweck gefordert werden.

Die Norm soll also niemandem vorschreiben wann wer welche Verfahren einzusetzen hat. Derartige Befürchtungen sind nach dem Stand der Diskussion unbegründet. Sie soll vielmehr dazu führen, daß für den jeweiligen Zweck geeignete Verfahren entwickelt und ausgewählt werden können. Dabei kann es sich dort, wo direkte Messungen unmöglich sind, durchaus als notwendig erweisen, rückschließend vorzugehen, also von sauber erfaßten Beanspruchungsfolgen auf die Beanspruchung zu schließen, oder von der Beanspruchung auf die Belastung. Denn auch dies ist ein Vorteil des Modells: dort wo eine funktionale Beziehung zwischen zwei Konstrukten, z.B. Beanspruchung = f (Belastung, personale Leistungsvoraussetzungen) postuliert wird, sollte sich auch eine Umkehrfunktion finden lassen, die eine Rückrechnung von den abhängigen auf die unabhängigen Bedingungen erlaubt. Bei gegebenen und üblichen Leistungsvoraussetzungen läßt sich damit durchaus von Beanspruchungsmessungen auf die Belastung (und deren ggf. gegebene arbeitsgestalterische Veränderungsnotwendigkeit) schließen.

Der Einsatz ungeeigneter oder zweifelhafter Verfahren – auch wenn das manchen Entwicklern und Anwendern manchmal anders erscheint – könnte sonst langfristig der Dignität der Konzepte aus dem Bereich der psychischen Belastung, Beanspruchung und ihrer Folgen erheblich schaden. Das kann weder im Interesse der Arbeitspsychologie, des Arbeitsschutzes noch der betroffenen Mitarbeiter liegen. Im Gegensatz zur Argumentation in den Einsprüchen zu Teil 2 könnte man durchaus der Auffassung sein, daß in diesem Bereich noch viel zu tun ist – das ließe sich leicht mit geeigneten Verfahren feststellen. Verfahren, die das ver- statt aufdecken können langfristig, insbesondere unter der Perspektive effektiver und effizienter Arbeit, auch nicht im Interesse der Unternehmen liegen.

Literatur

Algera, J. (1990): The job characteristics model of work motivation revisited. In: Kleinbeck, U., Quast, H., Thierry, H. Häcker H (eds.): Work motivation. Hillsdale: Erlbaum

Demerouti, E. (1999): Burnout. Eine Folge konkreter Arbeitsbedingungen bei Dienstleistungs- und Produktionstätigkeiten. Frankfurt: Lang

DIN 33 400: 1975: Gestalten von Arbeitssystemen nach arbeitswissenschaftlichen Erkenntnissen. Beuth: Berlin

DIN 33 405: 1987: Psychische Belastung und Beanspruchung; Allgemeines, Begriffe. Berlin: Beuth

Eilers, K. (1999): Herzfrequenz und Herzfrequenzvariabilität als Indikatoren psychischer Beanspruchung. Zur Reliabilität und Validität von Herzfrequenz- und Herzfrequenzvariabilitätsmaßen als Indikatoren psychischer Beanspruchung bei Daueraufmerksamkeitsbelastungen. Frankfurt: Lang

ISO 6385: 1981: Ergonomic principles in the design of work systems. Genf: ISO

ISO 10 075: 1991: Ergonomic principles related to mental work-load. General terms and definitions. Genf: ISO

ISO 10 075-2: 1996: Ergonomic principles related to mental work-load. Part 2: – Design principles. Genf: ISO

ISO 10 075 – 3: 1999: Ergonomic principles related to mental workload – Part 3: – Assessment and measurement of mental work-load. (unpublished Working Draft (WD)):

Nachreiner, F. (1999): International standards on mental work-load – the ISO 10 075 series -. Industrial Health, 37, 125–137

Nachreiner, F., Meyer, I., Schomann, C., Hillebrand, M. (1998): Überprüfung der Umsetzbarkeit der Empfehlungen der ISO 10 075-2 in ein Beurteilungsverfahren zur Erfassung der psychischen Belastung. Schriftenreihe der Bundesanstalt für Arbeitsschutz und Arbeitsmedizin – Forschung – Fb 799. Bremerhaven: Wirtschaftsverlag NW

I. Kopp und R. Wieland

Innovative Konzepte und Projekte zum Arbeits- und Gesundheitsschutz für die Arbeit von morgen

Während der Laufzeit der FuE-Programme „Humanisierung des Arbeitslebens“ und „Arbeit und Technik“ wurde eine Vielzahl von Projekten zum Arbeits- und Gesundheitsschutz gefördert, die mit dazu beigetragen haben, daß die Potentiale, die der Arbeitsschutz für Innovationen birgt, erkannt und genutzt werden. Ausgangspunkt für die Förderung war schon früh ein ganzheitliches Innovationsverständnis, das von den Projekten forderte, die Aspekte Technik, Organisation, Gesundheit und Qualifizierung gemeinsam zu betrachten. Eine solche Sichtweise setzt eine umfassende Bearbeitung der anstehenden Thematiken voraus. Für den Arbeitsschutz bedeutete dies, ihn auf ein breites Fundament zu stellen, das sich deutlich von der klassischen Arbeitsschutzforschung, die die Lösung einzelner Probleme sowie die Arbeitsschutzexperten in den Mittelpunkt ihres Handelns stellte, abhob. Projekte zum Arbeits- und Gesundheitsschutz setzten daher zunehmend an seiner Organisation, insbesondere seiner Verortung im Unternehmen an und bezogen alle betroffenen Akteure ein. So spielte - ausgehend von den Erfahrungen aus Projekten zur Arbeitsorganisation und Arbeitsgestaltung - in den ersten Projekten zu Beginn der achtziger Jahre die Beteiligung der Beschäftigten eine herausragende Rolle. Die bekanntesten Beispiele hierzu sind die Projekte zur Entwicklung und Einführung von Gesundheitszirkeln sowie zu Problemlösungsgruppen auf der ausführenden Ebene. Stand bisher die Zuständigkeit des Arbeitgebers für den Arbeits- und Gesundheitsschutz im Vordergrund (die Beschäftigten hatten eine eher passive Rolle inne), so wurde mit diesen Projekten der Weg zu einer innerbetrieblichen Partnerschaft bereitet. Diese Partnerschaft entbindet den Arbeitgeber nicht von seiner Fürsorgepflicht und Verantwortung für den Arbeitsschutz, sie ermöglicht es aber, optimale Lösungen mit einer erheblichen Umsetzungsrelevanz zu entwickeln. Die Projekte zur Entwicklung und Erprobung von Gesundheitszirkeln und Problemlösungsgruppen wurden in früheren Veranstaltungen dieser Workshopreihe intensiv vorgestellt, zahlreiche Veröffentlichungen, und hier seien insbesondere die Schilderungen erfolgreicher Anwendungen in Unternehmen erwähnt, haben dazu beigetragen, daß diese Ansätze heute weit verbreitet sind und auch weiterhin an sich ändernde Bedingungen angepaßt werden. Entgegen der immer wieder geäußerten Kritik über zu geringe Transferaktivitäten des HdA/AuT-Programms weisen diese Projekte einen dauerhaften Erfolg der Forschungsförderung mit hoher Breitenwirkung aus.

Die Entwicklungen in Unternehmen, insbesondere Ansätze zu einer ganzheitlichen Unternehmenskultur, wurden auch von der Förderung aufgegriffn. Neben Projekten zum Abbau arbeitsbedingter Gesundheitsrisiken wurden Projekte gefördert, die präventive umfassende Lösungsansätze als Antwort für die sich ändernden Arbeitsbedingungen mit ihren komplexen Belastungen und Beanspruchungen entwickeln sollten. Diese Projekte bauten auf fortschrittliche Ansätze auf, die das Unternehmen als lebendige, sich wandelnde Organisation betrachten. Ziel dieser Forschung war es, den Arbeits- und Gesundheitsschutz als selbstverständlich zu berücksichtigende Größe bei allen betrieblichen Belangen zu verankern bis hin zu einem ganzheitlichen betrieblichen Sicherheitsmanagement. Hierfür steht die Förderung des Verbundprojekts GAMAGS -Prävention im Arbeits- und Gesundheitsschutz durch ein ganzheitliches Sicherheitsmanagement, dessen vielfältige Ergebnisse in etlichen Veranstaltungen vorgestellt und diskutiert wurden und werden. Leitidee dieses Vorhabens war die Überzeugung, daß Arbeitsschutz nur dann wirklich erfolgreich sein kann, wenn er auf allen Ebenen im Unternehmen gelebt wird, was voraussetzt, daß er in die Unternehmensphilosophie eingebettet ist. Die Bedeutung des Verbundprojekts GAMAGS liegt neben den vielfältigen Erkenntnissen und Ergebnissen zu einem ganzheitlichen Sicherheitsmanagement darin begründet, daß es eine Plattform für den Dialog der verschiedenen Arbeitsschutzakteure war. Auf zahlreichen Veranstaltungen konnten Themen wie der Beitrag des betrieblichen Arbeits- und Gesundheitsschutzes für den Unternehmenserfolg, mögliche neue Maßnahmen zur Verbesserung von Arbeitsschutzhandeln, die Bedeutung eines auf Prävention ausgerichteten Arbeitsschutzhandelns usw. diskutiert werden. Angestrebt wurden hiermit auch die gegenseitige Information, ein besseres Verständnis zwischen Praktikern, Wissenschaftlern und Verbandsvertretern und das voneinander Lernen.

Mitte der neunziger Jahre wurde die Arbeitsschutzforschung fokussiert auf Fragestellungen zur Prävention im Arbeits- und Gesundheitsschutz. Im Mittelpunkt stehen seither Fragestellungen zur Organisation des Arbeits- und Gesundheitsschutzes unter der Berücksichtigung einer sich wandelnden Arbeitswelt. So steigt die Bedeutung der Dienstleistungsarbeit mit noch nicht bekannten psychischen Belastungen und Beanspruchungen und deren

Folgen weiterhin an, durch das Aufbrechen der Betriebsstrukturen und die Schaffung neuer Arbeitsformen wachsen neuartige Bereiche heran, die sich dem verregelten Arbeitsschutz entziehen. Die bestehenden Arbeitsschutzinstitutionen wie auch die Unternehmen sind daher gefordert, sich auf diese Entwicklungen einzustellen.

Wie aber muß ein moderner präventiver Arbeits- und Gesundheitsschutz aussehen? Wie können die verschiedenen Arbeitsschutzakteure ihre auseinanderdriftenden Zielgruppen auch in Zukunft erreichen und wie sehen diese Zielgruppen aus? Welches Wissen wird von wem gebraucht oder erwartet? Was kann der Einzelne tun? Antworten auf diese und weitere Fragen werden von dem Verbundprojekt gesina – „Gesundheit Um und Sicherheit in neuen Arbeits- und Organisationsformen" erwartet. Die Prioritäre Erstmaßnahme „Schlüsselinnovationen für Präventionsdienstleistungen im Arbeits- und Gesundheitsschutz" trug mit dazu bei, daß der Gedanke der Dienstleistung in der Diskussion um einen zukunftsgerichteten Arbeits- und Gesundheitsschutz vorangetrieben wurde. Nach diesem neuen Verständnis orientiert sich der Präventionsdienstleister am Bedarf des Kunden, der Arbeitsschutzexperte wandelt sich vom Kontrolleur zum Berater. Durch die Förderung der Prioritären Erstmaßnahme verfügt der Arbeitsschutz über ein gutes Detailwissen bezüglich seiner Kunden mit ihren sehr unterschiedlichen Bedürfnissen. Die Forschungsergebnisse zu den Schlüsselinnovationen Kundenkommunikation und Mediennutzung, Wissensmanagement und Kooperationsmanagement weisen dem potentiellen Präventionsberater den Weg zur Erlangung von Fähigkeiten, die zukünftig neben dem Fachwissen von wachsender Bedeutung sein werden.

Neue Wege gehen heißt auch Nutzen der Möglichkeiten, die die Informations- und Kommunikationstechnik bietet. Von herausragender Bedeutung ist das Verbundprojekt „Prävention online", das einen Internetmarktplatz zum Arbeits- und Gesundheitsschutz aufbaut. Prävention online versteht sich dabei als Mittler, das heißt, es stellt eine Plattform zur Verfügung, die den Nutzern den Zugang zu dem bei den verschiedenen Institutionen vorhandenen Wissen ermöglicht. Voraussetzung für das Gelingen ist eine intensive Kooperation aller Beteiligter und ein hoher Nutzen für die Anwender.

Die Arbeitsforschung muß sich auch in Zukunft an den aktuellen Entwicklungen orientieren. Angesichts der neuen Herausforderungen im Arbeitsleben startet das Bundesministerium für Bildung und Forschung daher - anknüpfend an den Ergebnissen des Programms „Arbeit und Technik" - etwa Mitte des Jahres 2000 mit dem Rahmenkonzept „Innovative Arbeitsgestaltung - Zukunft der Arbeit“ eine neue Förderkonzeption, die die relevanten Themen und Rahmenbedingungen für eine innovative Gestaltung der Veränderungsprozesse aufgreift. Mit der Entwicklung und Erprobung innovativer Lösungen soll sie zur menschengerechten Gestaltung von Arbeit beitragen und helfen, Beschäftigungsmöglichkeiten zu erhalten bzw. zu erschließen. Ausgangspunkt ist auch in diesem neuen Programm ein umfassendes Innovationsverständnis. Demnach beinhalten Innovationen technische, organisatorische, wirtschaftliche, soziale und humane Aspekte. Neben der Berücksichtigung von Arbeitsschutzinhalten in den vielfältigen Förderfeldern werden auch zukünftig Verbundprojekte zum präventiven Arbeits- und Gesundheitsschutz gefördert. Zu bearbeitende Themenfelder sind:

- Weiterentwicklung und Erprobung von Konzepten zur Integration des Arbeits- und Gesundheitsschutzes in Managementkonzepte
- Entwicklung und Erprobung von Konzepten für neue Formen der Zusammenarbeit von Arbeitsschutzakteuren
- Aufbau neuer Präventionsdienstleistungsangebote
- Untersuchung der Auswirkungen neuer Arbeitsformen auf die Beschäftigten.

Die Förderung erfolgt auf der Basis von Bekanntmachungen, die die jeweiligen Förderinhalte und Rahmenbedingungen aufzeigen. Von zunehmender Bedeutung ist die Zusammenarbeit verschiedener Disziplinen sowie die Kooperation aller am Thema Beteiligten.

Arbeitsgruppe 1

Arbeitsbedingte Gesundheitsgefahren

K. Steinberg

Beurteilung von Hebe- und Tragetätigkeiten in ausgewählten Betrieben verschiedener Branchen

Die Verordnung über Sicherheit und Gesundheitsschutz bei der manuellen Handhabung von Lasten bei der Arbeit (LastenhandhabV) wurde am 4. Dezember 1996 in Kraft gesetzt (BGBl. I S. 1841). Da bisher keine nationalen staatlichen Vorschriften über den Umgang mit Lasten (Ausnahme MuSchG) existierten, stellt sich zum einen die Frage nach einer praktikablen Methode der Beurteilung von Lastenhandhabungsvorgängen und zum anderen interessiert die Frage nach dem Kenntnisstand der Unternehmer zum Inhalt dieser neuen Verordnung.

Die Gewerbeaufsichtsämter Halberstadt, Stendal, Naumburg und Dessau setzen dazu die von der BAuA entwickelte Leitmerkmalmethode ein, die als orientierendes Verfahren es zuläßt, Belastungen am Arbeitsplatz durch Hebe- und Tragetätigkeiten zu beurteilen, Gestaltungsdefizite zu erkennen und präventiv tätig zu werden. Die Lastenhandhabung wurde anhand von Leitmerkmalen wie Zeit, Körperhaltung und Ausführungsbedingung an 57 Arbeitsplätzen beurteilt. An 48 dieser Arbeitsplätze erfolgte darüber hinaus eine Einschätzung zur Einhaltung der Unternehmerpflichten.

Die Tabelle zeigt die Einstufung von Arbeitsplätzen nach Branchengruppen anhand der Leitmerkmalmethode.

Die Auswertung zeigt, speziell bei der Belastung von Pflegepersonal in Krankenhäusern (Branche Gesundheitswesen), daß in den vergangenen Jahren viele Maßnahmen zur Minimierung der Arbeitsschwere durchgeführt wurden. Neue Technik ist teilweise in der Erprobung. Es kann festgestellt werden, daß zwar zum Teil noch hohe Belastungsspitzen auftreten, der Anteil der Lastenhandhabung an der Arbeitszeit bei dem Pflegepersonal jedoch relativ gering ist, so daß aufgrund der Zeitwichtung in der Regel nur der Risikobereich 2 erreicht wird (Diese Aussagen gelten nicht für das Personal in der Krankenpflege außerhalb der Krankenhäuser).

Der durchschnittliche Risikobereich von 3 im Handel repräsentiert überwiegend die Beurteilung der Lastenhandhabung in Baumärkten und ist nicht für den gesamten Handel repräsentativ. In diesem Bereich werden hauptsächlich Männer beschäftigt, so daß trotz hoher bewegter Lasten die Lastrichtung nur bei Faktor 2 bis 4 liegt, der hohe Zeitwichtungsfaktor (häufiges

Risikobereich	Punktwert	Beschreibung	Gesundheitswesen	Handel	Industrie	Nahrungsgüter	Summe
1	< 10	Geringe Belastung, Gesundheitsgefährdung durch körperliche Überbeanspruchung ist unwahrscheinlich	3		3	2	8
2	10 < 25	Erhöhte Belastung, eine Überbeanspruchung ist bei vermindert belastbaren Personen[1] möglich. Für diesen Personenkreis sind Gestaltungsmaßnahmen sinnvoll.	14	3	4	8	29
3	25 < 50	Wesentlich erhöhte Belastung, körperliche Überbeanspruchung ist auch für normal belastbare Personen möglich. Gestaltungsmaßnahmen sind angezeigt.[2]	2	8	6	1	17
4	≥ 50	Hohe Belastung, körperliche Überbelastung ist wahrscheinlich. Gestaltungsmaßnahmen sind dringend.	2	1			3

Tabelle 1:
Bewertungsergebnisse in ausgewählten Branchen

	ja	nein	teilweise
LastenhandhabV bekannt	18	28	2
org.-techn. Maßnahmen getroffen (§ 2)	28	7	13
Beurteilung der Arbeitsbedingungen vorgenommen	31	11	6
Körperliche Eignung berücksichtigt (§ 3)	40	4	4
Unterweisung erfolgt (§ 4)	26	17	5

Tabelle 2:
Befragungsergebnisse

[1] Vermindert belastbare Personen sind in diesem Zusammenhang Beschäftigte, die älter als 40 oder jünger als 21, „Neulinge“ im Beruf oder durch Erkrankungen leistungsgemindert sind.

[2] Gestaltungserfordernisse lassen sich anhand der Punktwerte der Tabellen ermitteln. Durch Gewichtsverminderung, Verbesserung der Ausführungsbedingungen oder Verringerung der Belastungszeiten können erhöhte Beanspruchungen vermieden werden.

Wiederholen kurzer Hebe- und Tragevorgänge) jedoch zu einer Gesamteinschätzung im Risikobereich 3 führt. In der sonstigen Industrie lassen sich keine allgemeingültigen Aussagen treffen. Eine größere Stichprobe würde weitere Ergebnisse erwarten lassen.

In der Tabelle ist das Ergebnis der Befragung nach der Einhaltung der vorgegebenen Arbeitgeberpflichten dargestellt. Mit Ausnahmen der überprüften Krankenhäuser, in denen speziell die Sicherheitsfachkräfte sehr gut über die Lastenhandhabungsverordnung informiert waren, kannten die Unternehmer die Rechtsgrundlagen kaum. Das heißt aber nicht, daß in den Unternehmen nicht die erforderlichen Maßnahmen zur Minimierung der körperlichen Belastung und zum Einsatz geeigneter Beschäftigter (körperliche Konstitution und Kondition) eingeleitet worden sind. Es gab keine Korrelation in der Richtung, daß die körperliche Belastung in den Unternehmen, in denen die LastenhandhabV gut bekannt ist, geringer wäre.

Vielen Unternehmern, Sicherheitsfachkräften u. a., aber auch Arbeitnehmern wurde durch diese Kontrolle erstmalig das Bewußtsein für den Umgang mit Lasten geschärft. Gleichzeitig konnten die Mitarbeiter der Gewerbeaufsichtsämter ihren Zweck für die Beurteilung der körperlichen Arbeitsschwere verbessern und ihrem neu definierten Beratungsauftrag nachkommen.

Karl Th. Wenchel

Gesundheitsberichterstattung in Kleinbetrieben des Metallgewerbes

1. Zielsetzung

In Kooperation mit dem Ministerium für Arbeit, Soziales und Gesundheit, Rheinland-Pfalz wurde in den Jahren 97/98 ein Modellprojekt zur Gesundheitsberichterstattung in Kleinbetrieben des Metallhandwerkes realisiert. Auf der Grundlage der AU-Daten von Betrieben bis 30 Mitarbeiter im Bundesland Rheinland-Pfalz wurden folgende Ziele verfolgt:

Ermöglichung eines Gesundheitsberichtes für Kleinbetriebe des Metallhandwerkes.

Aufgrund der geringen Beschäftigtenzahlen ist es diesen Betrieben nicht möglich, Gesundheitsberichte über die Krankenkassen erstellen zu lassen. Erst wenn die Daten vieler vergleichbarer Betriebe zusammengefaßt werden, ist aufgrund der breiteren Datenbasis eine entsprechende Analyse im statistischen wie im datenschutzrechtlichen Sinne möglich.

Realisierung eines Kooperationsprojektes mit Krankenkassen.

Gesundheitsberichterstattung in Kleinbetrieben ist nur möglich, wenn AU-Daten mehrerer Betriebe zusammengefaßt werden. Diese AU-Daten werden von folgenden Krankenkassen im Rahmen der Kooperation beigesteuert: AOK Rheinland-Pfalz; IKK Rheinland-Pfalz; GEK (Gmünder Ersatzkasse). Grundlage der Kooperation mit Krankenkassen ist § 20 SGB V und § 14.2 SGB VII.

Ableitung von Präventionsschwerpunkten für diese Betriebe.

Im Rahmen der Prävention arbeitsbedingter Gesundheitsgefahren können neue Erkenntnisse gewonnen werden. Auf dieser Grundlage ist die Entwicklung weiterer Maßnahmen zur Verbesserung des Arbeits- und Gesundheitsschutzes möglich. Die Durchführung des Projektes und insbesondere die Auswertung der Daten wurde vom *Institut für Gesundheits- und Sozialforschung GmbH Berlin (IGES)* realisiert.

2. Vorgehensweise

Schwerpunkte der Berichterstattung sind die Gefährdungen und Belastungen folgender Berufsgruppen:

- *Zerspanungsmechaniker* – Tätigkeitsgruppen der spanabhebenden Berufe
- *Schweißer* – metallverbindende und -trennende Tätigkeiten
- *Klempner* – Tätigkeitsgruppen der Metall- und Metallblechbearbeitung
- *Stahlbauschlosser* – Metallbearbeitung auf Baustellen

Diese Berufsgruppen sind vorwiegend in Schlossereien, mechanischen Werkstätten und in Werkzeug- und Formbaubetrieben anzutreffen.

Wie in der folgenden Abbildung ersichtlich, werden zu den typischen Arbeitstätigkeiten der vier Berufsgruppen arbeitsbedingte Gesundheitsgefahren erfaßt, indem tätigkeitsbezogene Gefährdungs-/Belastungsprofile erstellt werden. Aufgrund dieser Profile können hypothetisch Schwerpunkte von Erkrankungen und Unfällen abgeleitet werden, die mit der empirisch vorgefundenen Morbidität verglichen werden.

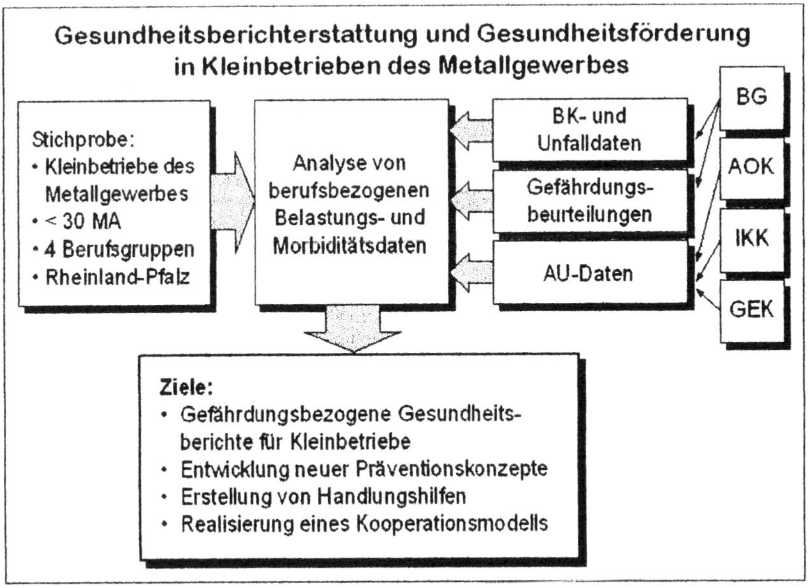

Abbildung 1:
Vorgehensweise des Modellprojektes

Das Konzept des Gesundheitsberichtes stellt somit einen engen Bezug zwischen den vorherrschenden arbeitsbedingten Gesundheitsgefahren und den tatsächlich auftretenden Gesundheitsstörungen her.

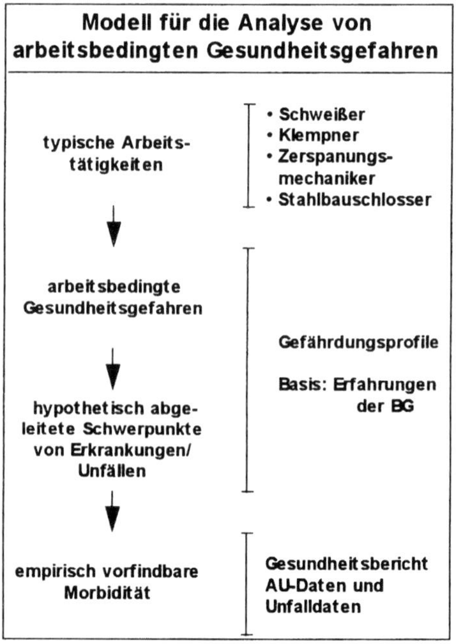

Abbbildung 2:
Modell für die Analyse von arbeitsbedingten Gesundheitsgefahren und tätigkeitsspezifischen Risiken

3. Arbeitsbedingte Gesundheitsgefahren am Beispiel von Zerspanungsmechanikern

In der folgenden Abbildung sind wichtige Gefährdungen und Belastungen von Zerspanungsmechanikern im Zusammenhang mit möglichen gesundheitlichen Folgen dargestellt:

Nur ein Teil der hier genannten Erkrankungen können auf die Arbeitsbedingungen, wie z. B. Kontakt mit Kühlschmierstoffen, zurückgeführt werden. Andere Erkrankungsrisiken werden besonders in einer Kombination aus Bedingungen am Arbeitsplatz und außerbetrieblichen Bedingungen und Verhaltensweisen wichtig.

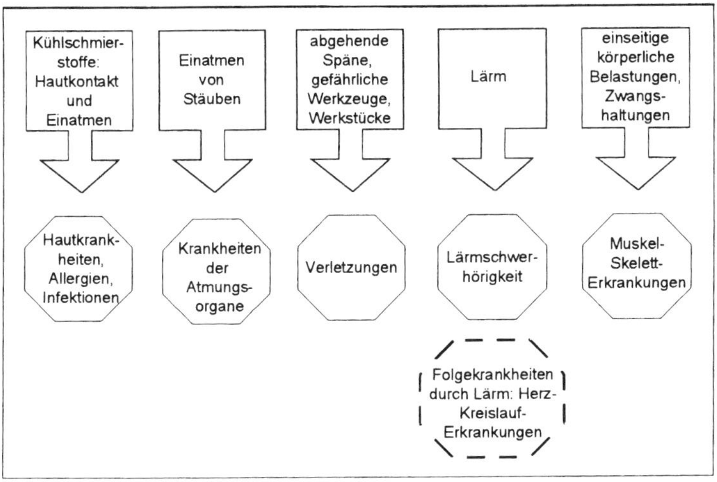

Abbildung 3:
Zerspanungsmechaniker: Gefährdungen und mögliche gesundheitliche Folgen

So können z. B. Atemwegserkrankungen auch eine Folge des Rauchens sein. Ausgehend von den besonderen Gefährdungen und Belastungen dieser Berufsgruppe wurden folgende fünf Krankheitsgruppen für die eingehendere Analyse ausgewählt:

1. Erkrankungen der Atmungsorgane
2. Muskel-Skelett-Erkrankungen, differenziert nach Gelenkerkrankungen
3. Verletzungen der Kopfes, der Extremitäten und des Rumpfes
4. Herz-Kreislauf-Erkrankungen, Alkohol- und Medikamentenabhängigkeit sowie psychische Erkrankungen und psychosomatische Reaktionen
5. Hauterkrankungen

In Abbildung 4 ist dargestellt, welches Volumen an AU-Tagen die gefährdungsbezogenen Krankheitsgruppen sowie sonstige Erkrankungen bei den Zerspanungsmechanikern und in der Vergleichsgruppe aufweisen.

Die Vergleichsgruppe besteht aus ca. 19 000 Versicherten der Gmünder Ersatzkasse in der gleiche oder ähnliche Berufsgruppen, wie in der untersuchten Sichtprobe, nicht enthalten sind.

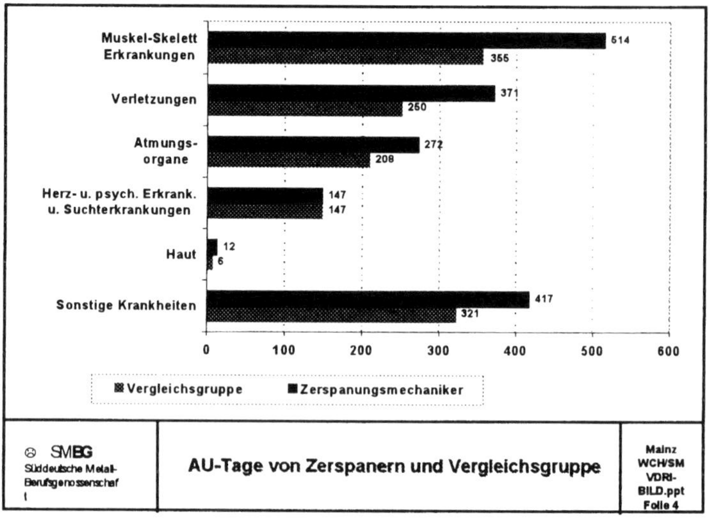

Abbildung 4:
AU-Tage von Zerspanern und Vergleichsgruppe in den gefährdungsbezogenen definierten Krankheitsgruppen (standardisierte Werte; AU-Tage/100 Versichertenjahre)

Quelle: Berechnungen des IGES mit Daten der AOK Rheinland-Pfalz, IKK Rheinland Pfalz, Gmünder Ersatzkasse

4. AU-Geschehen der vier Berufsgruppen

Krankenstand

Für die Beschäftigten in den Metallberufen und in der Vergleichsgruppe zeigt sich folgendes Muster: In den Altersgruppen bis 40 ist ein leichter Anstieg über alle vier o. g. Berufsgruppen zu verzeichnen.

Der altersabhängige Verlauf der Krankenstände ist als typisch anzusehen und findet sich in nahezu allen Branchen in ähnlicher Weise.

AU-Fälle

Der Kennwert AU-Fälle informiert über die Häufigkeit von Arbeitsunfähigkeitsfällen. Er wird vor allem durch die Zahl von kurz dauernden Krankheitsfällen beeinflußt und liegt typischerweise in den jüngsten Altersgruppen am höchsten.

Dieser Altersverlauf findet sich auch bei den hier analysierten Gruppen, wobei die Fallzahl teilweise in der höchsten Altersgruppe wieder leicht ansteigt.

Zusammen mit den in Abbildung 5 dargestellten Krankenstandswerten ergibt sich also das Muster einer in den jüngeren Altersgruppen erhöhten Fallzahl bei eher niedrigen Krankenständen, wogegen es in den höheren Altersgruppen umgekehrt ist.

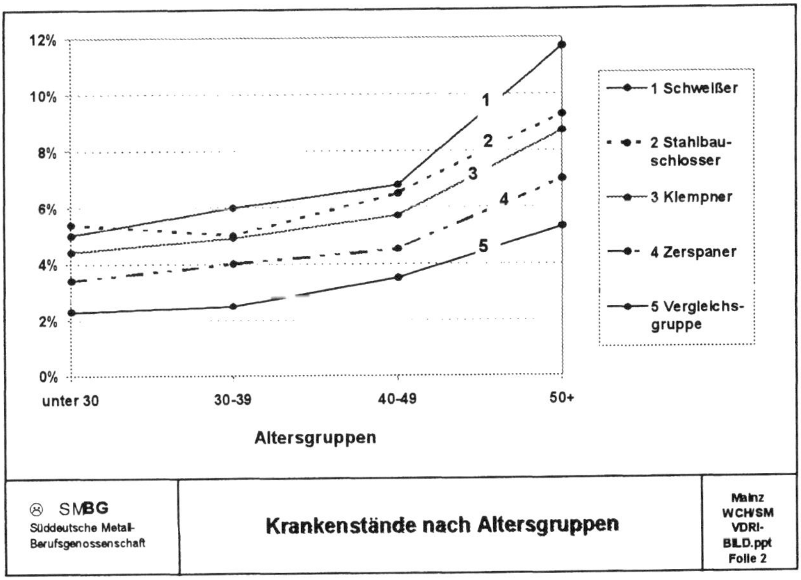

Abbildung 5:
Krankenstände nach Altersgruppen

Quelle: Berechnungen des IGES mit Daten der AOK Rheinland-Pfalz, IKK Rheinland Pfalz, Gmünder Ersatzkasse.

Krankenstand aufgrund von Langzeit-AU-Fällen

Die bereits beschriebenen Alterseffekte beim AU-Geschehen zeigen sich besonders deutlich bei Betrachtung des Krankenstandes aufgrund von Langzeit-AU-Fällen (mehr als 42 Tage Dauer).

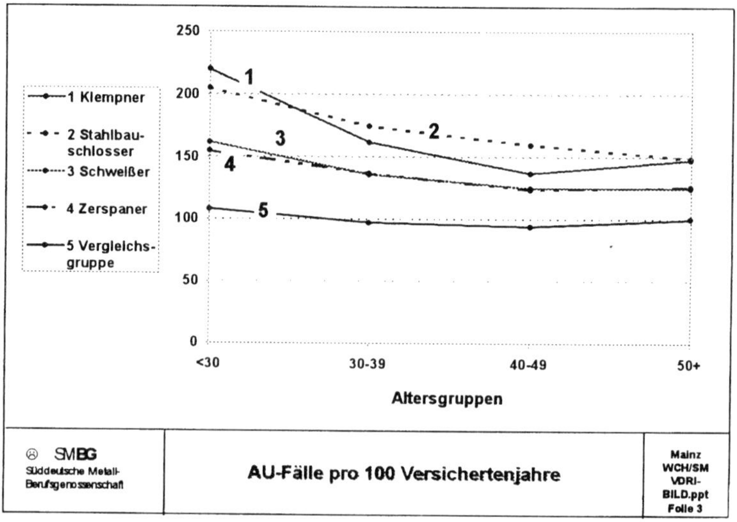

Abbbildung 6:
AU-Fälle/100 Versichertenjahre nach Altersgruppen

Quelle: Berechnungen des IGES mit Daten der AOK Rheinland-Pfalz, IKK Rheinland Pfalz, Gmünder Ersatzkasse.

5. Fazit des Modellprojektes

Aus der Sicht der Projektpartner hat das Modell folgendes gezeigt:

1. Das Konzept einer gefährdungsbezogenen Analyse von Arbeitsunfähigkeitsdaten liefert aufschlußreichere Informationen als betriebliche Gesundheitsberichte, da die Ergebnisse in stärkerem Maße auf arbeitsbedingte Gesundheitsgefahren zurückzuführen sind.
2. Die durchgeführten Analysen haben gezeigt, daß die vier ausgewählten Berufsgruppen in der Tat gesundheitlich stärker belastet sind. Die Krankenstände liegen über den im kleinbetrieblichen Bereich zumeist beobachteten Werten.
3. Die Analyse nach Krankheitsgruppen hat eine bemerkenswerte Übereinstimmung mit den aufgrund der Gefährdungsprofile entwickelten Hypothesen zu Morbiditätsschwerpunkten der jeweiligen Berufsgruppe gezeigt.

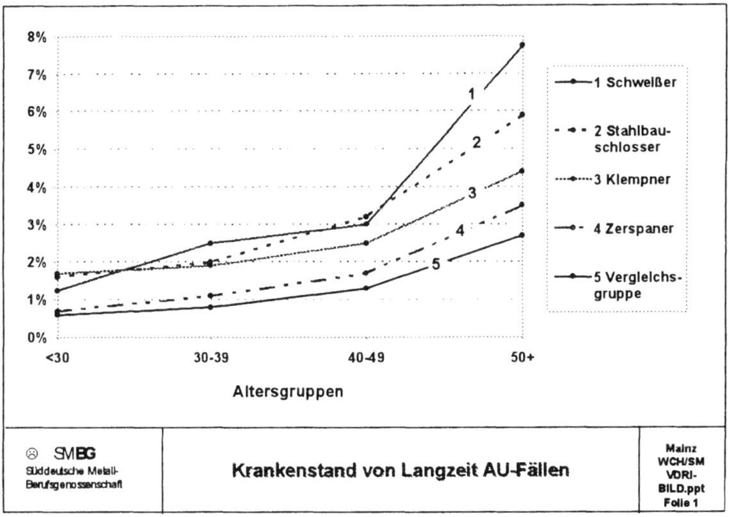

Abbildung 7:
Krankenstand aufgrund von Langzeit-AU-Fällen nach Altersgruppen

Quelle: Berechnungen des IGES mit Daten der AOK Rheinland-Pfalz, IKK Rheinland Pfalz, Gmünder Ersatzkasse.

6. Ausblick

Auf der Grundlage der Erfahrungen dieses Modellprojektes wurde eine Handlungshilfe für Unternehmer kleiner Betriebe konzipiert. Wesentlicher Inhalt dieser Handlungshilfe sind praktikable Hilfen zum sicherheits- und gesundheitsgerechten Management in Klein- und Kleinstbetrieben.

Literatur

HVBG Hauptverband der gewerblichen Berufsgenossenschaften (1994): Arbeitssicherheit und Gesundheitsschutz St. Augustin, HVBG

Ministerium für Arbeit, Soziales, Familie und Gesundheit in Rheinland-Pfalz (Hrsg.) (1993): Gesundheitsberichterstattung in Rheinland-Pfalz Konzeption und Umsetzung, Schriftenreihe Gesundheitswesen/Gesundheitsberichterstattung, Mainz

Süddeutsche Metall-Berufsgenossenschaft, Ministerium für Arbeit, Soziales und Gesundheit (MASG) (1998): Gesundheitsberichterstattung und Gesundheitsförderung in Kleinbetrieben des Metallgewerbes; Fachbericht, Berlin, IGES

Uta Sailer und Marc Hassenzahl

Entwicklung eines Fragebogens zur Erfassung von Gestörtwerden durch Lärm am Büroarbeitsplatz

1. Einleitung

Nach der EG-Rahmenrichtlinie „Arbeitsschutz" vom 4.12.1996 ist der Arbeitgeber verpflichtet, Arbeitsplätze hinsichtlich möglicher Gesundheits- und Sicherheitsgefährdungen zu beurteilen, Gefährdungen zu dokumentieren und zweckdienliche Maßnahmen zur Ausschaltung der festgestellten Gefahren zu treffen (§ 5 Arbeitsschutzgesetz, § 3 Bildschirmarbeitsverordnung). Auch Lärm am Arbeitsplatz kann eine solche Gefährdung darstellen. Obwohl die in Büros vorherrschenden Geräuschpegel in der Regel nicht zu Gehörschädigung führen, kann Lärm auch auf niedrigem Pegel störend wirken und sich so negativ auf Konzentration, Produktivität, Arbeitskapazität und Unfallgefahr auswirken (Kjellberg & Landström 1994).

In Deutschland wird der sogenannte Beurteilungspegel (L_r) als Maß der Störwirkung eingesetzt. Nach der UVV (Unfallverhütungsvorschrift) Lärm gilt dabei folgende Definition: „Der Beurteilungspegel [...] kennzeichnet die Wirkung eines Geräusches auf das Gehör. Er ist der Pegel eines achtstündigen konstanten Geräusches oder, bei zeitlich schwankendem Pegel, der diesem gleichgesetzte Pegel". Er setzt sich zusammen aus dem Dauerschallpegel (L_{eq}) und den Zuschlägen für Impulshaltigkeit und Tonhaltigkeit für deutlich aus dem Geräusch hervortretende Einzeltöne. Für das Zusammenwirken dieser einzelnen Komponenten vgl. Abbildung 1 (in Anlehnung an Kjellberg und Landström 1994).

An Büroarbeitsplätze sollte der Schallpegel im Büro 55 dB(A) nicht überschreiten (ArbStättV, §15; VDI 2058/3). Studien zeigen, daß die subjektive Störwirkung von Lärm mit dem Schallpegel zunimmt (z.B. Debus & Klein 1984, Kryter 1985). Bei niedrigeren Schallpegeln können allerdings zunehmend andere Faktoren bestimmen, ob ein Geräusch als störend empfunden wird oder nicht (Kjellberg & Landström 1994). Diese Faktoren werden durch den Beurteilungspegel nicht abgedeckt, was auf wesentliche Nachteile des Beurteilungspegels als objektivem Maß der Störwirkung hinweist:

(1) Der Zusammenhang zwischen objektiver Lautstärke und subjektiver Störwirkung ist gerade bei niedrigem Schallpegel eher gering. In Studien

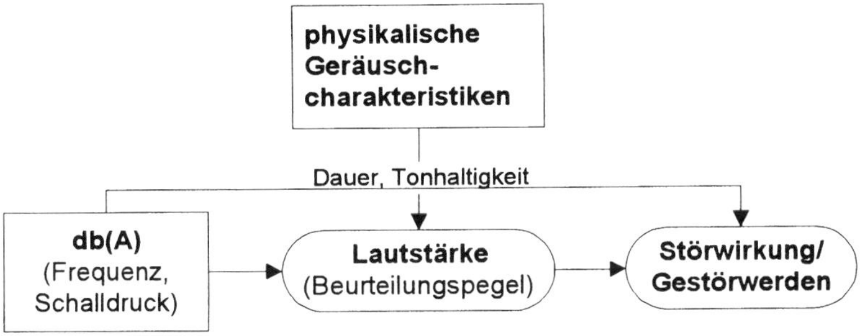

Abbildung 1:
Arbeitswissenschaftliche Perspektive der Störwirkung

werden durch den L_{eq} lediglich 20% (Job 1988) bis 25% (Landström et al. 1995) der Varianz der Störwirkung erklärt.

(2) Der Beurteilungspegel stellt eine grobe Vereinfachung des Phänomens „Störwirkung" dar, das neben dem Schallpegel auch von anderen Faktoren abhängt. Dazu gehören Charakteristiken des Geräuschs, der Aufgabe und des Individuums (Kjellberg et al. 1996; siehe auch Abbildung 2).

Die Erhebung des Beurteilungspegels L_r (ebenso wie des Dauerschallpegels L_{eq}) trägt wenig zur Feststellung der *Ursachen* der Störwirkung bei. Dies ist allerdings unbedingt erforderlich, wenn es um konkrete Arbeitsplatzgestaltung geht. Auch wenn der L_{eq} manchmal ein guter Prädiktor für Störwirkung ist (Kuwano & Namba. 1984, S. 182), erlaubt die alleinige Erhebung des L_{eq} lediglich standardisierte Verbesserungsvorschläge, die nicht an den aktuellen Arbeitsplatz angepaßt sind.

In vorwiegend experimentellen Studien wurden eine ganze Reihe störwirkungsrelevanter Geräuschcharakteristiken identifiziert. Tabelle 1 nennt diese Charakteristiken, illustriert sie anhand von Beispielen, und führt relevante Studien an, in denen diese untersucht wurden.

Die vorangehenden Überlegungen bilden den Ausgangspunkt zur Entwicklung des im folgenden vorgestellten Fragebogens zur „**S**ubjektiven **E**inschätzung von **G**eräuschcharakteristiken am **A**rbeitsplatz" (SEGA). Dieser soll einerseits die Störwirkung direkt am Arbeitsplatz erfassen und andererseits die zugrundeliegenden Ursachen erkennbar machen. Da der Sinn einer Arbeitsplatzanalyse die nachfolgende Verbesserung des Arbeitsplatzes ist, muß der Fragebogen konstruktiv sein, d.h. konkret auf Verbesserungsvorschläge hinweisen. Daher soll er sichtbar machen, welche Charakteristiken eines Geräuschs für seine Störwirkung verantwortlich sind. Folglich muß der Fragebogen alle Geräuschcharakteristiken erfassen, von denen derzeit ein Einfluß auf das subjektive Gestörtwerden bekannt ist (vgl. Tabelle 1). Der Beschäftigte beurteilt dann die Geräuschsituation an seinem Arbeitsplatz im Hinblick auf diese Geräuschcharakteristiken.

Im folgenden werden die allgemeine Konzeption des Fragebogens und ein Anwendungsbeispiel vorgestellt.

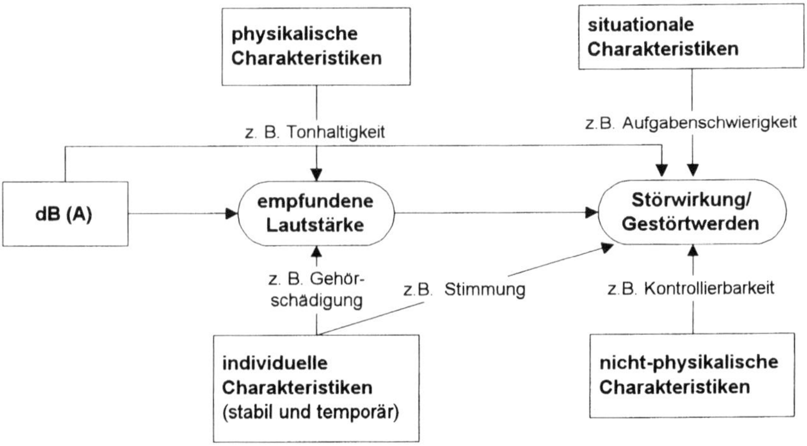

Abbildung 2:
Psychologische Perspektive der Störwirkung (nach Kjellberg & Landström 1994)

2. Konzeption des Fragebogens

Entsprechend der aus der Literatur ermittelten relevanten Faktoren für die Entstehung von Störwirkung (vgl. Tabelle 1) wurden die Skalen des Fragebogens SEGA entwickelt.

Aufgabe des Beschäftigten ist es, *ein* Geräusch an seinem Arbeitsplatz im Hinblick auf diese Skalen zu beurteilen Wir nehmen an, daß dieses sogenannte „*Referenzgeräusch*" als repräsentativ für die ganze Arbeitssituation verstanden werden kann. Entsprechend sollte eine Reduzierung bzw. Veränderung allein der störenden Charakteristiken des Referenzgeräuschs bereits zu einer maßgeblichen Verbesserung der Geräuschsituation führen.

Als Referenzgeräusch soll das subjektiv lauteste am Arbeitsplatz gewählt werden. Dies hat mehrere Gründe: Da Lautstärke als „subjektive Intensität eines Geräuschs" definiert werden kann (Molino 1979), werden bei der Wahl des jeweiligen lautesten Geräuschs auch dessen Eigenschaften als häufig und/oder störend einfließen. Darüber hinaus ist der Begriff „lautestes Geräusch am Arbeitsplatz" eindeutig und gut verständlich. Unter dem Konzept der Lautstärke scheinen mehr Leute dasselbe zu verstehen als unter der Störwirkung eines Geräuschs. Außerdem scheint der Begriff „laut" auf eine größere Anzahl von Geräuschen zu passen als der Begriff „störend". So schreibt z. B. Zheng (1996) als Ergebnis einer Klassifikation von Geräuschen und Begriffen: „It seems that the word 'loud' can be used to evaluate any sounds, but the words 'noisy' and 'annoying' mainly to evaluate noise" (S. 268).

Als ein Hauptergebnis des Fragebogens SEGA erhält man ein *Geräuschprofil.* Dieses setzt sich aus den Mittelwerten der einzelnen Skalen zusammen. Es soll Schlüsse auf eventuelle Gestaltungsansätze möglich machen (für ein Anwendungsbeispiel vgl. Abschnitt 3.

Ergebnisse zur Konstrukt- und Kriteriumsvalidierung des Fragebogens liegen vor und können positiv bewertet werden (Sailer 1998).

Charakteristik	*Beschreibung*	*Beispiel*	*Studien*
physikalisch			
Schallpegel	Physikalischer Schallpegel	50 dB(A)	Kryter (1985) Landström, Kjellberg & Söderberg (1991) Schultz (1978)
Frequenz	Schwingungszahl von Wellen in der Sekunde	50 Hz	Molino (1979) Møller (1987) Persson-Waye (1995)
Tonhaltigkeit	Existenz deutlich aus dem Geräusch hervortretender Einzeltöne	Pfeifen einer Klima anlage	Hellman (1982) Landström et al. (1995) Pearson, Bishop, & Horonjeff (1969)
Zeitliche Variabilität	Regelmäßigkeit des Geräuschs (wechselnde Lautstärke, wechselnde Frequenz)	alle 10 Minuten vorbeifahrender Zug; Tennisplatz nebenan	Öhrström, Rylander, & Björkman (1988) Schulz & Schönpflug (1982) Teichner, Arees, & Reilly (1963)

Charakteristik	*Beschreibung*	*Beispiel*	*Studien*
Signal-Rausch-Abstand / Anzahl Geräuschquellen	Geräuschpegel relativ zum Hintergrundpegel / Vorherrschen mehrerer ebenso lauter bzw. ebenso störender Geräusche	Tropfendes Wasser in absolut ruhigem Raum	Keighley (1966) Björkman (1991) Tandara (1989)
nicht-physikalisch			
Informationsgehalt	Verständlichkeit (bei Gesprächen)	Kollege in 2m Abstand telefoniert, ohne die Stimme zu senken	Belojevic et al. (1992) Jones (1990) Purcell & Thorne (1977)
Kontrollierbarkeit	Wahrgenommene Möglichkeit, selbst Einfluß auf das Geräusch zu nehmen (z.B. es leiser stellen können)	Fenster kann geschlossen werden, sobald Schulkinder auf Pausenhof lärmen	Glass, Singer, & Friedman (1969) Kjellberg et al. (1996) Schönpflug & Schulz (1979, zitiert in Sust 1987)
Vorhersehbarkeit	Möglichkeit, den Zeitpunkt des Auftretens des Geräuschs vorherzusehen	Warnlicht signalisiert Beginn des Lärms	
Einstellung zum Geräusch / zur Geräuschquelle	Affektive Einstellung gegenüber dem Geräusch oder der Geräuschquelle (dem Verursacher). Dazu zählt auch die Einschätzung des Geräuschs als gesundheitsschädlich	Leidenschaftlicher Tennisspieler fühlt sich von Geräuschen des angrenzenden Tennisplatzes weniger gestört als jemand, der nicht Tennis spielt.	Cederlöf, Jonsson, & Kajland (1963) McKennel (1980) Sader (1966)

Charakteristik	*Beschreibung*	*Beispiel*	*Studien*
Funktionalität	Bewertung des Geräuschs als - im beurteilten Kontext - nützlich, üblich, notwendig	Operateur einer Maschine kann an ihrem Geräusch erkennen, ob sie richtig läuft. Er fühlt sich von diesem Geräusch wenig gestört.	Bradley (1993) Graeven (1975) Molino (1979)
Erlebte Klangqualität	subjektive Empfindung des Geräuschs in bezug auf extreme Frequenzen und Tonhaltigkeit	Türklingel wird als schrill empfunden	Berglund et al. (1986) Holmberg (1997) Guski et al. (1978)
Geschätzte Reduzierbarkeit	Einschätzung, wie schwierig bzw. leicht das Geräusch durch Verantwortliche beeinflußt werden kann	„Der Besitzer eines Einfamilienhauses wird durch Geräusche seiner Zentralheizung gestört. Er glaubt, diese Geräusche seien durch Montagefehler verursacht. Als er jedoch von einem Fachmann erfährt, daß derartige Geräusche unvermeidlich seien, stören sie von Stund an nicht mehr." (Sader 1966, S.132)	Borsky (1980) Borsky (1961) Jonah, Bradley & Dawson (1981) Kjellberg et al. (1992, zitiert in Kjellberg & Landström 1994)

Tabelle 1:
Übersicht der Geräuschcharakteristiken

3. Ein Anwendungsbeispiel: Gestaltungsanregungen auf der Basis von Geräuschprofilen

Der Fragebogen kann auf verschiedenen Ebenen angewendet und ausgewertet werden: für einzelne Arbeitsplätze (z. B. wenn wiederholt Beschwerden einzelner Beschäftigter laut werden) oder für ganze Gruppen, etwa im Rahmen einer Arbeitsplatzanalyse.

Im folgenden soll eine Gruppenanalyse dargestellt werden. Die Daten stammen aus einer Untersuchung mit insgesamt 116 Beschäftigten, die zum Großteil aus der Universität München und einer Bank im Ruhrgebiet stammen. Bei den untersuchten Arbeitsplätzen handelte es sich ausschließlich um Büroarbeitsplätze. Die meisten Mitarbeiter der Bank arbeiteten in einem Großraumbüro. Der Median des Beurteilungspegels liegt für die gesamte Stichprobe bei 49,4 dB(A) (min=36,5 dB(A); max=57,9 dB(A); N=91).

Zum besseren Verständnis werden die Beschäftigten der verschiedenen Organisationen für das folgende Beispiel zu einer Gruppe zusammengefaßt.

Verbesserungsvorschläge auf Grundlage eines „Geräuschprofils"

Abbildung 3 zeigt die Profile der Geräuschkategorien „Kollegen" und „Bürogeräte", die in ihrer Störwirkung von den Befragten ungefähr gleich eingeschätzt wurden. Die Abbildung ist so zu verstehen, daß hohe Werte jeweils hohe Störwirkung ausdrücken.

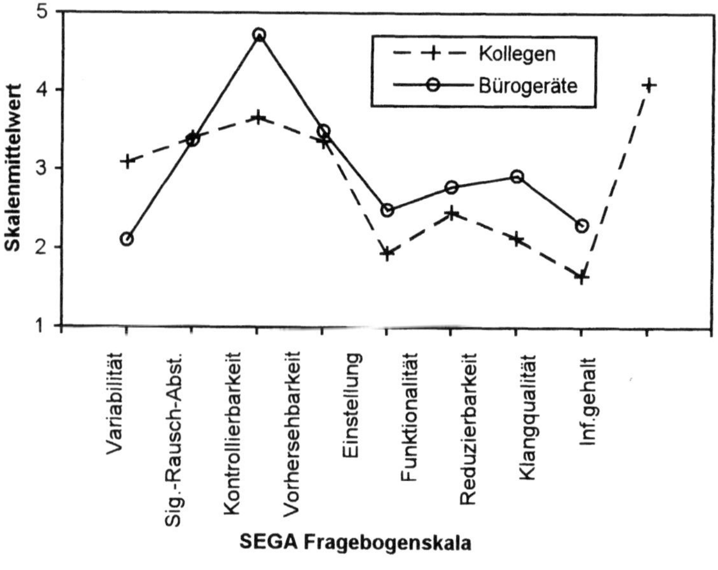

Abbildung 3:
Geräuschprofil der beiden Geräuschkategorien „Kollegen" und „Bürogeräte" (Informationsgehalt wurde bei „maschinellen" Geräuschen nicht erhoben)

Abbildung 3 zeigt, daß der problematischste Aspekt von Bürogeräten ihre fehlende Kontrollierbarkeit darstellt, gefolgt von ihrer schweren Vorhersehbarkeit. Dies impliziert, daß dieses Geräusch weder abgestellt noch leiser gestellt werden kann. Bei den Kollegen ist der hohe Informationsgehalt der problematischste Aspekt, gefolgt von niedriger Kontrollierbarkeit. Bei diesen am schlechtesten beurteilen Merkmalen sollte man auch für eventuelle Gestaltungsvorschläge ansetzen.

Da unter dem Begriff „Bürogeräte“ verschiedene Arten von Geräten zusammengefaßt sind, müssen unterschiedliche Strategien entwickelt werden. So wäre es z.B. bei eher selten benutzten Geräten wie dem Aktenvernichter denkbar, die Benutzung auf einen bestimmten Zeitraum zu beschränken, was durch die Steigerung der Vorhersehbarkeit den Beschäftigten ein Gefühl der Kontrolle vermitteln kann.

In einer von uns untersuchten Organisation waren die Kopierer in den Sekretariaten aufgestellt, so daß dort häufig Personen zum Kopieren ein- und ausgehen. Die Sekretariatsangestellten gaben an, sich durch den so entstehenden regen Durchgangsverkehr gestört zu fühlen. Hier wäre - wie auch für den Aktenvernichter - eine Lösung, diese Geräte in einem Raum aufzustellen, der kein Arbeitsplatz und für alle zugänglich ist. Diese Maßnahme verbessert natürlich nicht nur der Aspekt der Kontrollierbarkeit, sondern entfernt die Geräuschquelle insgesamt von den betroffenen Arbeitsplätzen.

Bei einem Faxgerät scheint es schwierig, etwas an seiner Kontrollierbarkeit zu verändern, da kein Einfluß auf den Absender ausgeübt werden kann. Eine mögliche Lösung wäre hier die Anschaffung eines Faxgeräts, das ankommende Nachrichten elektronisch speichert und diese nur auf Bedarf ausdruckt - sofern es ein derartiges Gerät überhaupt gibt. Es wäre auch denkbar, die geringe Kontrollierbarkeit durch Aufwertung anderer Aspekte, beispielsweise erlebte Klangqualität, zu kompensieren. Eventuell fällt bei einem etwas weniger ratternden Gerät auch seine niedrige Kontrollierbarkeit nicht mehr so ins Gewicht.

Bei den Kollegen bzw. Vorgesetzten ist der am problematischsten beurteilte Aspekt die Verständlichkeit der Gespräche, die diese mit anderen Personen führen (Informationsgehalt). Gerade in kleinen Büros, wo Beschäftigte unmittelbar nebeneinander sitzen, ist es nicht leicht, bei Gesprächen der anderen einfach „wegzuhören“. Hier ist es schwierig, Abhilfe zu schaffen. Empfehlenswert sind natürlich Büros mit möglichst wenigen Mitarbeitern, damit zumindest die Zahl der verständlichen Gespräche reduziert wird. In größeren Büros wird in diesen Fällen manchmal eine Art „künstliche

Maskierung" eingeführt, d.h. der Raum wird mit einem gleichmäßigen Geräusch beschallt, damit sich Gespräche nicht so von ihrem Hintergrund abheben und dadurch weniger störend wirken. Es ist allerdings fraglich, ob nicht ein solches Hintergrundgeräusch an sich bereits als störend empfunden wird (vgl. Kjellberg & Landström 1994). Es ist weiterhin denkbar, daß der Informationsgehalt durch Verbesserung des Aspekts der Kontrollierbarkeit kompensiert werden kann. Dies könnte erreicht werden, indem unter den Beschäftigten für mehr Rücksichtnahme geworben wird, oder durch die Einführung bestimmter Strategien, z.B. Privatgespräche auf Zeiten zu legen, in denen der Kollege abwesend ist, oder deutliches Signalisieren von Gestörtwerden (z.B. mit Hilfe vorher vereinbarter Zeichen).

Selbstverständlich müßten die jeweils zu ergreifenden Lösungsvorschläge auf die analysierte Organisation sowie die Arbeitsaufgaben angepaßt werden. Ihre Ermittlung sollte idealerweise in Zusammenarbeit mit den betroffenen Beschäftigten erfolgen.

4. Schluß

Störwirkung bzw. Gestörtwerden ist ein komplexes, psychologisches Problem, das nicht unterschätzt werden darf. Die Messung eines Beurteilungspegels alleine wird ihm nicht gerecht. In der vorliegenden Arbeit wurde ein Ansatz vorgestellt, der es ermöglicht, Gestörtwerden und seine Ursachen differenzierter zu erfassen.

Der Fragebogen SEGA stellt sich als vielversprechendes Instrument dar: einerseits ist er ökonomisch - das Ausfüllen benötigt ca. 15 Minuten -, andererseits lassen sich konkrete Hinweise zur Formulierung von Gestaltungsvorschlägen ableiten.

Es ist wünschenswert, daß dem Phänomen der Störwirkung und ihrer unterschiedlichen Bedingtheit bei der Analyse und Gestaltung von Arbeitsplätzen größere Bedeutung beigemessen wird.

Literatur

Belojevic, G./Öhrström, E./Björkman, M./Skånberg, A.-B./Rylander, R. (1992): Effects of noise on work performance with regard to subjective noise sensitivity, Rapport 10/91, University of Gothenburg, Department of Environmental Medicine

Berglund, B./Berglund, U./Preis, A./Rankin, K. (1986): Does Equal Loudness Mean Equal Annoyance? In A. Schick, H. Höge, & G. Lazarus-Mainka (Hrsg.), Contributions to Psychological Acoustics. Results of the Fourth Oldenburg

Symposium on Psychological Acoustics, 145–152. Oldenburg: Bibliotheks- und Informationssystem der Universität Oldenburg

Björkman, M. (1991): Community noise annoyance: importance of noise levels and the number of noise events. Journal of Sound and Vibration, 151, 497–503

Borsky, P.N. (1961): Community reactions to air force noise, WADD Technical Report, Chicago, Illinois

Borsky, P.N. (1980): Review of community response to noise. In J.V. Tobias, G. Jansen, & W.D. Ward (Hrsg.), Proceedings of the Third International Congress on Noise as a Public Health Problem, 453–474. Rockville, Maryland: American Speech-Language-Hearing Association

Bradley, J.S. (1993): Disturbance caused by residential air conditioner noise. Journal of the Acoustical Society of America, 93, 1978–1986

Cederlöf, R./Jonsson, E./Kajland, A. (1963): Annoyance reactions to noise from motor vehicles: An experimental study. Acustica, 13, 270–279

Debus, G./Klein, L. (1984): Erlebte Dauer von Lärm in Abhängigkeit von Intensität und Kontrollierbarkeit. In A. Schick & K.P. Walcher (Hrsg.), Beiträge zur Bedeutungslehre des Schalls: Ergebnisse des 3. Oldenburger Symposions zur Psychologischen Akustik, 233–242. Bern: Lang

Glass, D.C./Singer, J.E./Friedman L.N. (1969): Psychic cost of adaptation to controllable and uncontrollable noise. Journal of Personality and Social Psychology, 12, 200–210

Graeven, D.B. (1975): Necessitiy, control and predictability of noise as determinants of noise annoyance, Journal of Social Psychology, 95, 86–90

Guski, R./Wichmann, U./Rohrmann, B./Finke, H.-O. (1978): Konstruktion und Anwendung eines Fragebogens zur sozialwissenschaftlichen Untersuchung der Auswirkungen von Umweltlärm, Zeitschrift für Sozialpsychologie, 9, 50–65

Hellman, R.P. (1982): Loudness, annoyance, and noisiness as a function of tone location within the noise spectrum. Journal of the Acoustical Society of America, 72, 62–73

Holmberg, K. (1997): Critical Noise Factors and their Relation to Annoyance in Working Environments. Dissertation. Umeå: National Institute for Working Life

Job, R.F.S. (1988): Community response to noise: a review of factors influencing the relationship between noise exposure and reaction. Journal of the Acoustical Society of America, 83, 991–1001

Jonah, B.A./Bradley, J.S./Dawson, N.E. (1981): Predicting individual subjective responses to traffic noise. Journal of Applied Psychology, 66, 490–501

Keighley, E.C. (1966): The determination of acceptability criteria for office noise. Journal of Sound and Vibration, 4, 73–87

Kjellberg, A./Landström, U. (1994): Noise in the office: Part II – The scientific basis (knowledge base) for the guide. International Journal of Industrial Ergonomics, 14, 93–118

Kjellberg, A./Landström, U./Tesarz, M./Söderberg, L./Akerlund, E. (1996): The effects of nonphysical noise characteristics, ongoing task and noise sensitivity on annoyance and distraction due to noise at work. Journal of Environmental Psychology, 16, 123–126

Kryter, K.D. (1985): The Effects of Noise on Man. New York: Academic Press

Kuwano, S./Namba, S. (1984): Physiological study on the validity of Leq as a measure of loudness of various kinds of noises. In P. Lang (Hrsg.), Beiträge zur Bedeutungslehre des Schalls: Ergebnisse des 3. Oldenburger Symposions zur Psychologischen Akustik, 173–182. Bern: Lang

Landström, U./Kjellberg, A./Söderberg, L. (1991): Spectral character, exposure levels and adverse effects of ventilation noise in offices. Journal of Low Frequency Noise and Vibration, 10, 83–91

Landström, U./Kjellberg, A./Tesarz, M./Åkerlund, E. (1995): Exposure levels, tonal components and noise annoyance in working environments. Environment International, 21(3), 265–275

McKennel, A.C. (1980): Annoyance from Concorde flights around Heathrow. In J.V. Tobias, G. Jansen, & W.D. Ward (Hrsg.), Proceedings of the Third International Congress on Noise as a Public Health Problem, 562–566. Rockville, MD: American Speech-Language-Hearing Association

Molino, J.A. (1979): Annoyance and Noise. In C.M. Harris (Hrsg.), Handbook of noise control, 16:1–16:9. New York: McGraw-Hill

Møller, H. (1987): Annoyance of audible infrasound. Journal of Low Frequency Noise and Vibration, 6, 1–17

Öhrström, E./Rylander, R./Björkman, M. (1988): Effects of night time road traffic noise - an overview of laboratory and field studies on noise dose and subjective noise sensitivity. Journal of Sound and Vibration, 127(3), 441–448

Pearson, K.S./Bishop, D.E./Horonjeff, R.D. (1969): Judged noisiness of modulated and multiple tones in broad-band noise. Journal of the Acoustical Society of America, 45, 742–750

Persson-Waye, K. (1995): On the effects of environmental low frequency noise. Dissertation. University of Gothenburg, Department of Environmental Medicine

Purcell, A.T./Thorne, R.H. (1977): An alternative method for assessing the psychological effects of noise in the field. Journal of Sound and Vibration, 55, 533–544

Sader, M. (1966): Lautheit und Lärm. Gehörpsychologische Fragen der Schall-Intensität. Göttingen: Hogrefe

Sailer, U. (1998): Entwicklung eines Fragebogens zur subjektiven Einschätzung von Geräuschcharakteristiken am Arbeitsplatz (SEGA). Unveröffentlichte Diplomarbeit, Ludwig-Maximilians-Universität, München

Schultz, T.J. (1978): Synthesis of social surveys on noise annoyance. Journal of the Acoustical Society of America, 64, 377–406

Schulz, P./Schönpflug, W. (1982): Regulatory activity during states of stress. In H.W. Krohne & L. Laux (Hrsg.), Achievement, Stress, and Anxiety, 51–73. New York: Hemisphere

Sust, C. (1987): Geräusche mittlerer Intensität - Bestandsaufnahme ihrer Auswirkungen (Fb Nr. 497). Dortmund: Bundesanstalt für Arbeitsschutz

Tandara, V. (1989): The noise of compressors. Journal of Low Frequency Noise and Vibration, 8, 16–21

Teichner, W.H./Arees, E./Reilly, R. (1963): Noise and human performance: a psychophysiological approach. Ergonomics, 6, 83–97

VDI 2058/3. (1981): Beurteilung von Lärm am Arbeitsplatz unter Berücksichtigung verschiedener Tätigkeiten, 04

Simo Salminen und Antero Johansson

The Safety of finnish- and swedish speaking Workers in Finland

1. Introduction

5.7% of the population of Finland (a total of 5.1 million) speak Swedish as their mother tongue (Statistics Finland, 1997). The Swedish-speaking population inhabits particularly the southern and western coasts of Finland. Surprisingly, the most Swedish-speaking municipality in the world is situated in Finland, because in Korsnäs 97.6% of population speak Swedish as their mother tongue.

Finland was a part of Sweden for over 600 years. In 1809 Finland was connected to Russia, from which it separated as an independent state in 1917. As the Swedish-speaking population came to Finland several hundreds of years ago, it can now be considered as a part of the original population.

A cross-cultural comparison of occupational accident rates is difficult because of differences in accident registration, the definition of accidents, etc. A detailed comparison of fatal accidents during 1980-1989 showed that the fatality rate was highest in Finland (4.2 deaths/100,000 workers), slightly lower in Norway (3.9), and considerably lower in Denmark (3.0) and Sweden (2.9) (Matthiasen, Jörgensen, Mikkola, Warren, Hagevik, Broberg & Malmros, 1993). The difference in death rate between Finland and Sweden was 31%. Comparison of furniture factories of the same size, type of production, and geographic area, showed that the accident rate in the Finnish factories was twice that of the Swedish and Norwegian rates (Söderqvist, Rundmo & Aaltonen, 1990). In the international comparisons, however, the Nordic countries were among the safest countries in the world (National Safety Council, 1995).

2. Theoretical background and hypothesis

This study belongs to a series of comparative studies on the behaviour of speakers of Finnish and Swedish. Based on the theory of symbol systems (Strømnes, 1973, 1974a) it has been shown that the lexical markers in the Finnish (case endings) and Swedish languages (prepositions) refer to totally different structural relations in space (Strømnes, 1973, 1974c). The relations are overlearned by speakers of the respective languages (Strømnes, 1974c). There are predictable differences in the use of language between the speakers of these languages (Strømnes, 1974b) and also systematic differences in the structure of productions filmed by the respective language groups (Strømnes, Johansson & Hiltunen, 1982). All these studies show consistently that the Swedes, who speak an Indo-European language, form mental models that concentrate on continuous movement in a three-dimensional space, whereas the Finns, who speak a Urail-Altaic language, form mental models that concentrate on the relations of entities that are more static.

Based on the earlier studies by Strømnes, it was hypothesized that the differences in the rate of occupational accidents between Finnish- and Swedish-speaking groups are due to differences in the mental models that affect behaviour. Therefore the hypothesis of the study was that the difference in accident rates between Finnish- and Swedish-speaking populations in Finland would parallel that found between Finland and Sweden.

3. Analysis of statistical data sets

The aim of this study was to examine the differences in occupational accident frequency between Finnish- and Swedish-speaking workers in Finland. The examination was based on three statistical data sets, and it focused on those parts of Finland where there are most Swedish-speaking people. Both language groups live together under the same conditions of nature, the same technology, and the same laws and regulations.

3.1 Materials and methods

The first data set came from the Farmers' Pension Institute (1992) which kept official statistics on farmers' occupational accidents in Finland. The data set consisted of 699 accidents in 1991 in the province of Uusimaa, 2,227 accidents in the province of Turku and Pori, and 2,932 accidents in the province of Vaasa. For each insured farmer there was a named agent in the Farmers' Pension Institute who filled out the compensation claim. The agents of the Finnish-speaking farmers spoke Finnish, and the agents of the Swedish-speaking farmers Swedish.

The second data set came from the National Board of Labour Protection (1991), which kept the official statistics on industrial accidents that caused at least three days of absence from work. The statistics were based on the compensation decisions made in the insurance companies. The compensation claims were filled out by the foreman of the accident victim. The mother tongue of the victims of occupational accidents in the province of Vaasa in 1990 (n=6,991) was checked from the Population Register Center of Finland.

The third data set was based on an interview study with a representative sample of the Finnish population in 1988 by Statistics Finland (Heiskanen, Aromaa, Niemi, Ruusinen & Sirén, 1991). The sample consisted of 14,905 persons of whom 12,934 (87%) were interviewed. The subjects were asked to report all their accidents during the past 12 months. The number of occupational accidents for the whole Finnish population was calculated by Statistics Finland using weighted coefficients.

Province	Finish-speaking	Swedish-speaking	Difference %
Province of Uusimaa			
Number of insured farmers	7.360	2.966	
Occupational diseases	5.2	2.4	53.9*
Occupational accidents	65.4	39.5	39.6 ***
Total	77.6	43.2	44.3 ***
Province of Turku and Pori			
Number of insured farmers	28.955	911	
Occupational diseases	3.1	1.1	64.5
Occupational accidents	65.3	46.1	29.4*
Total	75.3	50.5	32.9 **
Province of Vaasa			
Number of insured farmers	24.061	7.764	
Occupational diseases	4.2	1.7	59.5
Occupational accidents	88.3	56.7	35.8***
Total	100.7	61.6	38.8***

Table 1:
The accident frequency (accidents per 1,000 employees) of farmers by mother tongue in 1991[1]

3.2 Results

Table 1 shows that the accident frequency (accidents per 1,000 employees) of Swedish-speaking farmers was lower than that of Finnish-speaking farmers in all three provinces, both as regards occupational accidents and diseases. The differences were statistically significant, except for the occupa-

[1] Z-test for the difference between proportions: * = $p<0.05$, ** = $p<0.01$, *** = $p<0.001$

tional diseases in the province of Turku and Pori, where the number of Swedish-speaking farmers was small. The ratio between the language groups was 1:2 for the Swedish-speaking population in the province of Uusimaa, and 2:3 in the province of Turku and Pori, and 3:5 in the province of Vaasa.

In the whole data set from the National Board of Labour Protection (1991), the accident frequency of Swedish-speaking workers was 40% lower than that of Finnish-speaking workers (Table 2). This was true for all other economic branches except financing and insurance, government and national defence, and the organisational and religious sectors. There were, however, very few accidents in these economic branches, so that the result may depend on chance.

Economic branch	Finish-Speaking (n=150.930)	Swedish-Speaking (n=43.423)	Difference %
All branches together	39.5	23.7	40.0***
Agriculture	8.4	6.5	22.6*
Manufacturing	84.9	54.0	36.4***
Construction	104.5	74.7	28.5***
Trade	21.3	14.3	32.9***
Transport	53.1	40.7	23.3*
Financing and insurance	3.9	4.1	-3.7
Government and national defence	10.9	11.0	-0.6
Health and social services	16.0	11.1	30.6***
Organisational a. religious sectors	10.1	14.5	-30.1

Table 2:
The accident frequency of Finnish- and Swedish-speaking workers by selected economic branch of activity in the province of Vaasa in 1990[2]

The accident frequencies in the data set from Central Statistical Office of Finland (Table 3) were considerably higher than in the data set from the National Board of Labour Protection (Table 2), because the former included also injuries causing less than three days of absence. The accident frequency of Swedish-speaking workers was lower than that of Finnish-speaking workers in all three provinces. In the province of Uusimaa, the Swedish-speaking population had 54% less occupational accidents than the Finnish-

[2] Z-test for the difference between proportions: * = p<0.05, ** = p<0.01, *** = p<0.001

speaking population. In the provinces of Turku and Pori, and Vaasa the rate was 3:5 in favour of the Swedish-speaking workers.

Province	Finish-speaking	Swedish-speaking	Difference %
Uusimaa	87.2	39.8	54.4
Turku and Pori	132.9	77.7	41.5
Vaasa	106.7	66.2	38.0

Table 3:
The accident frequency of Finnish- and Swedish-speaking workers in the data set from the Central Statistical Office of Finland in 1988
Estimates by Statistics Finland. Significances could not be calculated.

4. The field study in the province of Vaasa

The aim of this field study was to confirm the lower accident frequency of Swedish-speaking workers in Finland on the company level. That is why we compared pairs of Finnish- and Swedish-speaking companies that were as identical as possible, so that the language used in the company was the only factor separating the pairs. Thus the pairs were selected so that the number of workers, sales income, branch of industry, and the products were as similar as possible. The companies were small and medium-sized enterprises because only among them were there purely Swedish-speaking companies.

In addition, two bilingual companies, where both Finnish and Swedish were used as working languages, participated in this study because we wanted also to examine the problems of bilingual companies. The two bilingual companies were very similar. Both manufactured machines. In the first one the language of the management was Finnish and in the second one it was Swedish. Based on the previous results we hypothesized that in the bilingual companies the Swedish-speaking workers would have less occupational accidents than the Finnish-speaking ones.

4.1 Material and methods

Fourteen small and medium-sized manufacturing companies participated in this study. The language spoken in six of the companies was Finnish, and in six others Swedish. Both Finnish and Swedish were used together in two companies. Eight of the companies were metal factories, two were sawmills, two furniture factories, and two dairies. There were 322 Finnish- and 228 Swedish-speaking workers in these companies.

The companies reported their accidents for the the past six years (1990-1995) partly based on the compensation claims to insurance companies and partly based on their own records. The companies also reported the number of employees in each year. The accident frequency was calculated by dividing the number of accidents by the number of workers and multiplying the result by 1000.

4.2 Results

There were altogether 257 occupational accidents in the companies participating in the study during the six-year period. There were 2,812 work years in the same period, and the accident frequency (accidents per 1,000 workers) was 91.39.

Language	Companies	Accidents	Work-years	Frequency
Finnish	6	108	1.293	83.53
Swedish	6	71	1.075	66.05
Bilingual	6	78	444	175.68

Table 4:
The accident frequency by the language used in the company

Table 4 shows the number of companies, accidents, work-years in the companies in the three language groups, and the accident frequency based on this information. The difference between Finnish- and Swedish-speaking companies was not significant ($z = 1.60$, n.s.) although the accident frequency of the Swedish-speaking companies was 21% lower than that of the Finnish-speaking companies. The accident frequency of the bilingual companies, however, was twice that of the Finnish- ($z = 5.42$, $p<0.001$) and the Swedish-speaking ($z = 6.53$, $p<0.001$) companies.

Both bilingual companies were metal factories, where the accident frequency is usually rather high (Federation of Accident Insurance Institutions, 1995). That is why we have to compare bilingual companies to Finnish- and Swedish-speaking metal factories. The accident frequency of the bilingual metal factories (175.68) was twice that of the Swedish-speaking metal factories (78.83, $z = 4.87$, $p<0.001$) and considerably higher than that of the Finnish-speaking metal factories (123.55, $z = 2.22$, $p<0.05$). The accident frequency of the Swedish-speaking metal companies was 36% lower than that of the Finnish-speaking companies ($z = 2.54$, $p<0.01$).

There were slightly more Swedish-speaking than Finnish-speaking workers in the bilingual companies (Table 5). The accident frequency of the

Swedish-speaking workers was 44% lower than that of the Finnish-speaking workers in these companies ($z = 2.76$, $p<0.01$).

Bilingual companies (n=2)	Finnish-speaking workers	Swedish-speaking workers
Number of accidents	49	29
Number of work-years	216	228
Accident frequency	226.85	127.19

Table 5:
The accident frequency by language group in the bilingual companies

5. Discussion

The most important result of this study was the consistency of the results. Three independent statistical data sets showed that the accident frequency of Swedish-speaking workers was about 40% lower than that of Finnish-speaking workers. A field study in the province of Vaasa indicated that the accident frequency of Swedish-speaking companies was 21% lower than that of Finnish-speaking workers. In line with these results, the Nordic comparison showed that the fatality rate in Sweden was 31% lower than in Finland (Matthiasen et al., 1993). The conclusion is that under the same circumstances and the same legislation the Swedish-speaking population can live considerably more safely than the Finnish-speaking population.

The field study showed that the accident frequency of bilingual companies was higher than that of Finnish- and Swedish-speaking companies. One possible explanation is the use of two languages in these companies, which could lead to disturbances in the flow of information, thus increasing the risk of accidents (Saari, 1984). The number of bilingual companies in this study, however, was so small that the result requires confirmation from other studies.

The accident frequency of Swedish-speaking workers in bilingual companies was lower than that of Finnish-speaking workers. This result points in the direction of individual differences rather than in the direction of circumstances, as the circumstances were the same for both language groups. This result, also, needs confirmation from other studies.

The results of these two studies were in line with the hypothesis drawn from the theory of symbol systems (Strømnes, 1973, 1974 a, b, c). There may be more differences in thinking between people speaking different languages than we have hitherto known. This possibility should be of concern for those dealing with minorities and multinational enterprises where people from different language communities work side by side, as for example here in Germany.

References

Farmers' Pension Institute. (1992): *MATA-tilastovuosi 1991* [Statistical yearbook of Farmers' Accident Insurance Systems 1991]. Espoo: Valtion painatuskeskus. (In Finnish)

Federation of Accident Insurance Institutions (1995): *Työtapaturma- ja ammattitautitilasto 1993* [Statistics on occupational accidents and diseases in 1993]. Helsinki: Tapaturmavakuutuslaitosten Liitto. (In Finnish)

Heiskanen, M./Aromaa, K./Niemi, H./Ruusinen, A./Sirén, R. (1991): *Accidents and violence 1988.* (National Research Institute of Legal Policy, Publication No. 108). Helsinki: Central Statistical Office of Finland

Matthiasen, L./Jörgensen, K./Mikkola, K./Warren, S./Hagevik, M./Broberg, E./Malmros, E. (1993): *Fatal accidents at work. Fatal accidents in the Nordic countries over a ten-year period.* Copenhagen: Arbejdstilsynet

National Board of Labour Protection. (1991): *Industrial accidents 1990.* (SVT Labour market 1991:23). Tampere: Työsuojeluhallitus. (In Finnish)

National Safety Council. (1995): *International accident facts.* Itasca, IL: Author

Saari, J. (1984): Accidents, and disturbances in the flow of information. *Journal of Occupational Accidents, 6*, 91–105

Statistics Finland. (1997): *Statistical yearbook of Finland 1997.* Helsinki: Karisto

Strømnes, F.J. (1973): A semiotic theory of imagery processes with experiments on an Indo-European and a Ural-Altaic language: Do speakers of different languages experience different cognitive worlds? *Scandinavian Journal of Psychology, 14*, 291–304.

Strømnes, F.J. (1974a): Memory models and language comprehension. *Scandinavian Journal of Psychology, 15*, 26–32

Strømnes, F.J. (1974b): To be is not always to be. The hypothesis of cognitive universality in the light of studies on elliptic language behaviour. *Scandinavian Journal of Psychology, 15*, 89–98

Strømnes, F.J. (1974c): No universality of cognitive structures? Two experiments with almost-perfect one-trial of translatable operators in a Ural-Altaic and an Indo-European language. *Scandinavian Journal of Psychology, 15*, 300–309

Strømnes, F.J./Johansson, A./Hiltunen, E. (1982): *The externalised image.* (Planning and Research Department No. 21/1982). Helsinki: The Finnish Broadcasting Company.

Söderqvist, A./Rundmo, T./Aaltonen, M. (1990): Costs of occupational accidents in the Nordic furniture industry (Sweden, Norway, Finland). *Journal of Occupational Accidents, 12,* 79–88.

Rainer Miller und Bernhard Wilpert

Störfallanalyse in KMU – Anwendung eines Analyseverfahrens in der chemischen Industrie

1. Störfallanalyse

Zur Gewährleistung eines sicheren und störungsfreien Ablaufs von Produktionsprozessen existieren eine große Anzahl unterschiedlicher Verfahren und Methoden. Idealerweise sind diese Verfahren in einem Sicherheitsmanagementsystem miteinander verknüpft. So lassen sich z. B. potentielle Risiken und Gefährdungen schon vorab durch Gefährdungs- und Sicherheitsanalysen bestimmen (z. B. PAAG in der chemischen Industrie; ISSA-AISS-IVSS, 1990). Falls aber wider Erwarten doch eine sicherheitsrelevante Störung des Produktionsablaufs eintritt, so können durch geeignete Analyseverfahren die Ursachen der Störung ermittelt werden. Ziel dieser Analyseverfahren ist es, durch die Ermittlung der Ursachen von Störungen sicherheitsrelevante Schwachstellen zu identifizieren und daran anschließend Maßnahmen zur Bekämpfung dieser Schwachstellen zu ergreifen.

2. Theoretischer Hintergrund

2.1 Ereignisentstehung und Human Factors

Die Entstehung von sicherheitsrelevanten Ereignissen (Störungen, Störfälle, Unfälle) läßt sich in sicherheitskritischen Produktionssystemen nach Reason (1990) als zufälliges Zusammenspiel von Schwachstellen in den gestaffelten Sicherheitsbarrieren des Systems beschreiben. (Abb. 1: Ereignisentstehung) Diese Schwachstellen sind die zum Ereignis *beitragenden Faktoren*. Dabei wird von der Annahme ausgegangen, daß zur Verhinderung von Ereignissen mehrere Sicherheitsbarrieren existieren. Diese können *technische* Sicherheitseinrichtungen, *personelle* Maßnahmen (z. B. Einsatz von speziell geschultem Personal) oder *organisatorische* Vorkehrungen (z. B. Prozeduren, Regelungen etc.) sein. Ein Ereignis tritt nur dann ein, wenn mehrere Sicherheitsbarrieren Schwächen aufweisen. Die Barrieren können zeitlich oder räumlich unterschiedlich weit vom Ereignis entfernt sein. Analog dazu gibt es *direkt beitragende Faktoren*, die z. B. als Auslöser eines Ereignisses

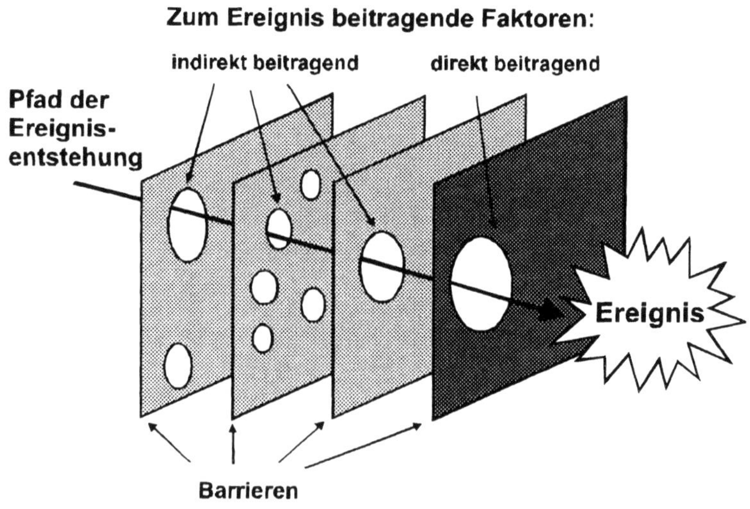

Abbildung 1:
Ereignisentstehung und beitragende Faktoren

eng mit diesem verbunden sind, und *indirekt beitragende Faktoren*, die zeitlich und räumlich weit vom Ereignis entfernt sind.

Human Factors sind diejenigen Faktoren, die den Menschen bei der Interaktion mit der Technik beeinflussen: die Technik, das Individuum (z. B. individuelle Fähigkeiten), die Arbeitsgruppe (z. B. Gruppenfaktoren), die Organisation (z. B. Regelungen und Prozeduren) und auch die Organisationsumwelt (z. B. Fremdfirmen). Die Ereignisanalyse ist eine Methode, um ein Ereignis umfassend zu rekonstruieren und direkt und indirekt beitragende Faktoren zu identifizieren.

2.2 Organisationales Lernen

Werden durch die Analyse einer Störung Probleme identifiziert und gegebenenfalls wichtige Veränderungen angeregt, dann sollte dieses Wissen möglichst allen Mitarbeitern des Unternehmens zugänglich gemacht werden. Die Störfallanalyse stellt eine wichtige Quelle für sicherheitsrelevantes Wissen in der Organisation dar. Oftmals bleibt dieses Wissen aber nur bei denjenigen, die die Analyse durchführen (z. B. bei Mitarbeitern der Sicherheitsabteilung). *Organisationales Lernen* bedeutet nach Pautzke (1989) der Übergang von individuellem Wissen zu Wissen, das von allen Organisationsmitgliedern geteilt wird. Theorien zum Organisationalen Lernen beschreiben die Bedingungen, wie die Verbreitung dieses individuellen Wissens in der gesamten Organisation ermöglicht werden kann. So identifiziert Nonaka (1994) die Interaktion und den Dialog im *Team* als Kernprozeß des Organisationalen Lernens. Die Mitglieder dieses Teams sollten möglichst aus verschiedenen Abteilungen des Unternehmens kommen, um unterschiedliche Perspektiven einzubringen.

3. Probleme bei der Störfallanalyse

3.1 Übergreifende Probleme

Die Analyse von Ereignissen läßt sich allgemein als rückwärts gerichteter Problemlöseprozeß verstehen, bei dem auf der Basis vorhandener (oft unvollständiger) Information Schlüsse über Hergang und Ursachen gezogen werden. Auf die Analyse von Ereignissen lassen sich eine Reihe von psychologischen Befunden und Theorien anwenden (Fahlbruch, Miller & Wilpert; 1998; Fahlbruch & Wilpert, 1997).

- Personen tendieren dazu, vorschnell Hypothesen über mögliche Ursachen zu bilden. Bei der weiteren Informationssammlung in Zusammenhang mit einer Störfallanalyse kann es zu einer Bestätigungstendenz (confirmation bias) kommen, d.h. es werden nur noch Fakten gesucht, die diese Hypothese unterstützen.
- Hypothesen über mögliche Ursachen werden oft aufgrund der aktuell verfügbaren Informationen gebildet. Es ist also eine Tendenz zur Konzentration auf die sichtbaren, in der Ereignissituation vorhandenen direkt beitragenden Faktoren zu verzeichnen und eine Vernachlässigung der indirekt beitragenden Faktoren.
- Es ist eine generelle Tendenz beim Menschen zu beobachten, monokausal zu denken (Dörner, 1989). Shaklee & Fischhoff (1982) konnten nachweisen, daß bei der Suche nach Ursachen oft eine verkürzte Suchstrategie angewendet wird. Nach der Identifizierung einer Ursache wird die Suche vorzeitig abgebrochen wird, ohne nach weiteren Ursachen zu forschen.
- Bei Praktikern ist bei der Suche nach Ursachen einer Störung oft die Tendenz zu beobachten, daß „maßnahmenorientiert" gesucht wird (Carroll, 1995). Ursachen, für die aktuell keine Abhilfemaßnahmen verfügbar sind, werden bei der Analyse ignoriert.

- Der Einsatz einer Störfallanalyse zur Suche nach „Schuldigen“ führt unweigerlich dazu, daß von den Betroffenen wichtige Informationen zurückgehalten werden, aus Angst, verantwortlich gemacht zu werden.

3.2 Spezifische Praxisprobleme in KMU

Die Analyse von Störfällen in KMU ist durch eine Reihe von Spezifika geprägt, die bei der Entwicklung und Anwendung eines Verfahrens zur Störfallanalyse zu berücksichtigen sind.

So ist davon auszugehen, daß sich in einem KMU nur wenige Störfälle ereignen. Bei der Planung zur Einführung eines Verfahrens zur Störfallanalyse ist zu berücksichtigen, daß es sich um die Vorbereitung auf Ausnahmefälle handelt, die wahrscheinlich innerhalb eines überschaubaren Zeitraums nicht eintreten. Damit zusammenhängend ist auch davon auszugehen, daß in den Unternehmen - wenn überhaupt - nur geringe Expertise und praktische Erfahrung in Störfallanalyse vorhanden ist. Dies gilt verstärkt für den Bereich der Erfassung von Human Factors; auch hier ist davon auszugehen, daß keine oder nur geringe Expertise vorhanden ist.

Für die Aktivität einer Störfallanalyse sind im Betriebsalltag in der Regel keinerlei Ressourcen freigehalten. Die Analyse ist somit eine zusätzliche Aufgabe, die es zu bearbeiten gilt. Die Motivation der Mitarbeiter im Zusammenhang mit Störfallanalyse ist äußerst unterschiedlich. Aus oben genanntem Punkt läßt sich vermuten, daß die Bereitschaft zu einer tiefgreifenden Analyse erstmal gering ist. Bei Vorhandensein eines ansprechenden Instrumentariums kann sich die Motivlage positiv verändern.

4. Anforderungen an ein Verfahren zur Störfallanalyse

Aus den in Kapitel 3 genannten Problemen ergeben sich für ein Verfahren zur Analyse folgende Anforderungen. Das Verfahren muß vor monokausalem Denken schützen, durch seinen Ablauf vor vorzeitigem Abbruch der Analyse bewahren und die Identifikation von indirekt beitragenden Faktoren unterstützen.

Um den unter 3.2. genannten Praxisproblemen gerecht zu werden, sollte das Verfahren nicht nur auf Störfallanalyse, sondern möglichst auch auf andere Einsatzbereiche anzuwenden sein (z. B. auf Qualität, Produktion). Vorhandene betriebliche Strukturen (z. B. Qualitäts-Zirkel) sollten genutzt werden können und das Verfahren muß einfach zu schulen und anzuwenden sein (vor allem auch für nicht Human Factors Experten). Um Akzeptanz bei den Anwendern zu finden, muß das Verfahren für die Mitarbeiter motivierend ist, so daß sie ihr Wissen und ihre Erfahrung in die Analyse einbringen.

5. SOL - Sicherheit durch Organisationales Lernen

Von der FSS - Forschungsstelle Systemsicherheit der Technischen Universität Berlin wurde ein Verfahren zur Analyse sicherheitsrelevanter Ereignisse entwickelt. Das Verfahren „SOL – Sicherheit durch Organisationales Lernen“ ist so gestaltet, daß es für Betriebspraktiker einfach anzuwenden ist und die oben beschriebenen Anforderungen erfüllt. (Für eine nähere Beschreibung von SOL siehe Wilpert, Miller, v. Geymüller, Uhlemann & Ninov, 1998; Miller & Wilpert, 1997). Eine Ereignisanalyse mit SOL ist in drei Schritte gegliedert:

1. Situationsbeschreibung
2. Identifikation beitragender Faktoren
3. Ereignisdokumentation

Im ersten Schritt werden wichtige Informationen zum Ereignishergang gesammelt. In dieser Stufe der Analyse werden nur objektiv erfaßbare Daten berücksichtigt. Danach wird das Ereignis in einzelne Handlungen zerlegt und eine *Situationsbeschreibung* erstellt. Erst in der nächsten Stufe, der *Identifikation beitragender Faktoren,* werden Ursachen eines Ereignisses zu ermitteln versucht. Durch diese strikte Trennung von Datensammlung und Analyse werden die negativen Effekte verfrühter Hypothesen vermieden. Die Identifikation beitragender Faktoren wird durch eine *Identifikationshilfe* unterstützt: eine Sammlung von möglichen Problembereichen als direkt und indirekt beitragende Faktoren, die durch zahlreiche Beispiele näher erläutert werden. Durch die Beispiele werden auch Anwender ohne spezielle Human Factors Kenntnisse in die Lage versetzt, Probleme außerhalb technischer Gegebenheiten zu identifizieren. Der Anwender wird durch Verweise von direkten auf indirekte Faktoren so durch die Analyse geführt, daß ein vorzeitiger Abbruch weitgehend vermieden werden kann. Als Erleichterung der Analyse und Dokumentation wird eine Software auf MS Windows-Basis entwickelt (Maimer, Baggen & Szameitat, 1999).

SOL kann von den Mitarbeitern eines Unternehmens direkt vor Ort nach einer entsprechenden Schulung eingesetzt werden. Eine detaillierte Anleitung unterstützt dabei den Prozeß der Analyse. Eine Analyse sollte immer in einer Gruppe stattfinden, an der am Ereignis beteiligte Mitarbeiter und gegebenenfalls auch Mitarbeiter der Sicherheitsabteilung teilnehmen. Durch die Beteiligung der Mitarbeiter verlieren Analysen den Charakter eines „Tribunals“ und es lassen sich offene Fragen direkt bei der Analyse klären.

6. Erprobung von SOL

Das Verfahren SOL wurde umfangreichen Erprobungen durch unterschiedliche Zielgruppen unterzogen. Einerseits wurde SOL experimentellen Erprobungen, andererseits einem eingehenden Praxistest unterzogen.

Die experimentellen Untersuchungen zeigten, daß Störfallanalysen, die in Kleingruppen durchgeführt wurden, durchschnittlich mehr Faktoren ergaben, als von Einzelpersonen analysierte Störungen. Weiterhin wurden bei einer Analyse mit SOL signifikant mehr Faktoren als bei dem Vorgehen nach einer Checkliste gefunden. Ein Hauptproblem der Anwendung von Checklisten, der frühzeitige Abbruch einer Analyse nach den ersten gefundenen Faktoren, konnte mit Hilfe von SOL vermieden werden (Fahlbruch, Miller & Wilpert, 1998).

Im Praxistest untersuchten Ingenieure eines TÜV die Zweckdienlichkeit und Anwendbarkeit des Verfahrens genauso wie Produktionsmitarbeiter eines Betriebs von Hoechst Marion Roussel (HMR). Beide Anwendergruppen erklärten, daß die Anwendung des Verfahrens im eigenen Arbeitsbereich gut vorstellbar ist. SOL wird als sehr praxistauglich beurteilt und gut handhabbar beurteilt. Der Arbeitsaufwand mit SOL ist in Anbetracht der Ergebnisse angemessen, d.h., daß das Verfahren ökonomisch ist. Die Analyse führt zu einer Verbesserung der Datenqualität und ermöglicht die Gewinnung neuer Erkenntnisse zur Optimierung der Sicherheit.

In einer detaillierten Bewertung durch die Sicherheitsabteilung von HMR wurde SOL als systematisch und gut geeignet für die Störfallanalyse bezeichnet. Die Anwendung des Verfahrens durch eine Gruppe von Produktionsmitarbeitern direkt im Betrieb wird als sehr positiv bewertet: Im Vergleich zu einer Analyse durch externe Sachverständige führt die Analyse im Betrieb zu besseren Ergebnissen und ist letztendlich deutlich kostengünstiger. Äußerst positiv wirkt sich eine Analyse mit SOL auf die Motivation der Mitarbeiter aus. Durch die Analyse im Team wird der Erfahrungsaustausch zwischen den Mitarbeitern verbessert, was zu einer Überwindung der Betriebsblindheit bei der Analyse von Ereignissen führt und die sicherheitsgerichtete Aufmerksamkeit spürbar steigert (Miller, Ninov & Wilpert, 1998).

Literatur

Carroll, J. S. (1995): Incident Reviews in High-Hazard Industries: Sense Making and Learning Under Ambiguity and Accountability. *Industrial and Environmental Crisis Quarterly, 9(2),* 175

Fahlbruch, B./Wilpert, B. (1997): Event analysis as problem solving process. In A. Hale, B. Wilpert, & M. Freitag (Eds.), *After the event: From accident to organisational learning* (pp. 113–129) Oxford: Pergamon

Fahlbruch, B./Miller, R./Wilpert, B. (1998): Sicherheit durch Organisationales Lernen: Das Lernen aus Ereignissen und Beinahe-Ereignissen. *atw, 43 (11),* 699–703

Dörner, D. (1989): *Die Logik des Mißlingens.* Reinbek: Rowohlt

ISSA-AISS-IVSS. (1990): *PAAG-Verfahren (HAZOP). Risikobegrenzung in der Chemie* (ISSA Prevention Series No. 2002). Heidelberg: IVSS Internationale Vereinigung für Soziale Sicherheit Berufsgenossenschaft der chemischen Industrie

Maimer, H./Baggen, R./Szameitat, S. (1999): *Computerized event analysis and the SOL concept.* Paper prepared for ESREL '99 International Conference on Safety and Reliability. Munich - Garching 13.–17.9.1999

Miller, R./Ninov, E./Wilpert, B. (1998): Lernen aus Erfahrung: Analyse sicherheitsrelevanter Ereignisse. *Chemie Technik, 27,* 22–25

Miller, R./Wilpert, B. (1997): SOL – Sicherheit durch Organisationales Lernen. Ereignisanalyse in der verfahrenstechnischen Industrie. In VDI-Gesellschaft Systementwicklung und Projektgestaltung (Hrsg.), *Zuverlässige Technik ist planbar* (S. 163–171). Düsseldorf: VDI.-Verlag

Nonaka, I. (1994): A dynamic theory of organizational knowledge creation. *Organization Science, 5 (1),* 14–37

Pautzke, G. (1989): *Die Evolution der organisatorischen Wissensbasis: Bausteine zur einer Theorie des organisatorischen Lernens.* Herrsching: Kirsch

Reason, J. (1990): *Human Error.* Cambridge: Cambridge University Press

Shaklee, H./Fischhoff, B. (1982): Strategies of information search in causal analysis. *Memory & Cognition, 10,* 520–530

Wilpert, B./Miller, R./Geymüller, C./Uhlemann, F./Ninov, E. (1998): *Analyse von sicherheitsrelevanten Ereignissen in verfahrenstechnischen Anlagen* (UBA Texte 79/98) Berlin: Umweltbundesamt

Klaus Mehl und Marc Schütte

Über erste Ergebnisse einer Nutzung von Simulatoren als Analyseinstrument menschlicher Unzuverlässigkeit

Versteht man Psychologie (auch) als die Suche und Beschreibung einer „logischen“ Struktur des „Psychischen“, dann sind naturgemäß Ereignisse von einem besonderen Interesse, die allem Anschein nach willkürlich oder regellos auftreten. Handlungsfehler, verstanden als unbeabsichtigte Abweichung vom einem intendierten Handlungsverlauf, gehören zweifellos in diese Kategorie. Sie sind, so betrachtet, aus einer psychologischen Perspektive „windows on the mind“ (vgl. etwa Reason, 1979).

Doch nicht nur aus dieser psychologischen Perspektive heraus sind Handlungsfehler hochinteressante und bedeutende Studienobjekte. Differenzierte Analysen von Stör- und Unfällen zeigen immer wieder die dominante Bedeutung des Faktors „menschliches Handeln“. Häufig enden diese Analysen jedoch mit der Feststellung „human error“ (menschliches Versagen) im Sinne eines „fail“ or „break down“ einer begonnenen Handlungsausführung.

Wie wir an anderer Stelle bereits ausführlich dargelegt haben, versuchen wir mit Hilfe von Daten aus einem Radarschiffsführungssimulator (siehe unten) und einem (hier nicht näher dargestellten) Instrumentenflug-Verfahrenstrainer für ein- und zweimotorige Flugzeuge, ein vertieftes Verständnis über die Ursachen menschlichen Fehlhandelns zu gewinnen. Im Gegensatz zu anderen Forschungsgruppen, wie bspw. der Gruppe um Dörner (siehe Dörner & Staudel, 1979) beschäftigen uns dabei die Entstehungsbedingungen von Fehlern in relativ einfachen, klar strukturierten und wenig belastenden Handlungssituationen.

In unserer Arbeit gehen wir von einer begrenzten Anzahl verschiedener Fehlerarten respektive Verursachungsmechanismen aus, die sozusagen Genotypen des Fehlergeschehens bilden. Mit Hilfe der uns zur Verfügung stehenden Simulatoren soll exemplarisch ein bereits durch einige Arbeiten der Forschungsgruppe um Kurt Lewin (siehe Barker, Dembo & Lewin, 1941) postulierter und in ersten Ansätzen untersuchter Zusammenhang aufgegriffen werden: Regression bzw. Retroregression, verstanden als Reduktion und Einengung der Variabilität des Handlungsgeschehens aufgrund von – manchmal kaskardenartig – auftretenden Handlungsbarrieren.

1. Regression als Genotyp von Operateur-Fixierungen

In der einschlägigen Literatur (vgl. Woods, 1988) wird diese Konstellation als „Operateur-Fixierung“ beschrieben. Fixierung liegt demnach vor, wenn die Revision einer frühen Situationseinschätzung trotz vorhandener Gegenanzeigen unterbleibt. Zahllose Berichte von kritischen Ereignissen und Unfällen können belegen, daß es sich hierbei um ein ernstzunehmendes Problem in der Sicherheit von technischen Arbeitssystemen handelt. Gemeinhin wird das Phänomen in Verbindung mit der Komplexität der Systeme gesehen. Indessen legen sowohl theoretische Überlegungen, wie auch experimentelle Ergebnisse eine weitere Sichtweise nahe: Die Annahme scheint plausibel und hinreichend begründet, daß kohärentes, „zielgerichtetes“ Handeln eine funktionale Geschlossenheit in den Wechselwirkungen zwischen dem Handelnden und der Umwelt impliziert. Neisser (1976) hat beispielsweise die Wahrnehmung als einen zyklischen Prozeß (perceptual cycle) auf der Basis von gedächtnismäßigen Antizipationen interpretiert. Ähnlich beschreibt auch die Idee des Gestaltkreises (v. Weizsäcker, 1947) eine kreisartige Verbindung von Organismus und Umwelt, von Wahrnehmung und Handeln. Eng mit solchen Vorstellungen über die psychische Struktur von Handlungen verknüpft sind unserer Überlegungen zum Fixierungs-Problem, die den (dynamischen) Zusammenhang von Frustration und Regression im Verhalten thematisieren. Diesen Zusammenhang hat neben anderen die Lewin-Schule formuliert und bspw. durch die affektive Entstehung von Ärger (Dembo, 1931) näher untersucht. Dabei ergab sich, daß eine Barriere im beabsichtigten Weg der Zielerreichung eine kognitive Umstrukturierung hin zu einer veränderten anschlußfähigen Struktur benötigt. Im Zuge der mehr oder weniger subpersonalen Anpassungsprozesse ist diese Situation gekennzeichnet durch eine Verminderung der Varibilität von Handlungs- und Wahrnehmungsmustern (verminderte Antizipation, geringere Konstruktivität des Verhaltens).

Im folgenden soll von dem Versuch berichtet werden, diesen Genotyp in einem nautischen Radar- und Navigationssimulator exemplarisch zu reproduzieren und experimentell zu analysieren.

2. Evozierung von Regression in einer simulierten Schiffsführungsaufgabe

In dem Simulationslauf haben drei, jeweils von einer Brücken-Mannschaft geführte „Eigenschiffe“ (ES1-3) die Aufgabe: Ansteuerung des Flusses Ems aus der Deutschen Bucht – mit dem niederländischen „Eemshaven“ als gedachtes Ziel. Die Simulation der Fahrprozesse und damit die Aufgabenbewältigung der Mannschaften setzen nach einer Briefing- und Vorbereitungsphase nördlich der Insel Borkum ein, ausgehend von festgelegten Positionen für die experimentelle Selektion. Die Schiffsführungsaufgabe ist unter den Bedingungen „Nacht und Nebel“ zu absolvieren. Wichtigster topographischer Faktor in dem Seegebiet ist ein Verkehrstrennungsgebiet, welches den erheblichen Schiffsverkehr in der Deutschen Bucht in zwei Einbahnwege teilt. Die drei Eigenschiffe, die das Trennungsgebiet queren müssen, sind gehalten, einer besonderen Sorgfaltspflicht bezüglich einer sicheren Passage nachzukommen. Dazu muß u.U. durch Geschwindigkeitsreduktion oder Kursänderung auf andere querlaufende Schiffe reagiert werden.

Diese in den Kontext des Szenarios natürlich eingebettete, „ökologische“ Barriere wird im Übungsverlauf experimentell herausgearbeitet und in ihren Auswirkungen auf vorliegende Dispositionen der Schiffsbesatzungen zum sozialen und/oder aufgabenbezogen-professionellen Handeln analysiert. Eine konsistente Zuordnung der ES in die Vergleichsgruppen des Experiments wird dabei durch die Startpositionen erreicht. In der Regel gelangt das ES1 immer ungestört durch das Gebiet, wohingegen das ES3 bei diesem Unterfangen immer gestört wird. Um darüber hinaus die interne Validität der Untersuchung zu steigern, wurde im besonderen eine suboptimale Grundeinstellung für das Radar gewählt. Zum einen stellt diese Maßnahme auf eine Gleichverteilung der anfallenden Belastung beim Erkennen und Verfolgen der Radarsignale ab. Zum anderen können etwa vorausschauend agierende unter den Besatzungen, sich nicht frühzeitig auf kommende Situationen einstellen. Aufgrund der realisierten Kontrollmaßnahmen erscheint es gerechtfertigt, den Schluß von den Veränderungen der abhängigen Variablen auf die unabhängige Variable zu vollziehen. Die Hypothese, deren Überprüfung ansteht, lautet: gibt es einen Effekt der Barriere im Sinne einer Regression des Leistungsverhaltens der Operateure? Nach einer relativ anforderungslosen Reisephase stellen im weiteren Verlauf der Simulation sowohl die Ansteuerung als auch das Befahren des mit Tonnen abgegrenzten, relativ engen Fahrwassers der Westerems erneut schwierige Fahrsituationen dar, die den Operateuren auf der Brücke eine gewisse Koordinationsleistung abverlangen und anhand derer eine Abschätzung des postulierten Zusammenhangs vorgenommen werden soll.

3. Erste Ergebnisse

Für die Überprüfung des Effekts empfiehlt sich ein mehrdimensionaler Meßansatz. Innerhalb des Simulationslaufs erfolgt eine Registrierung von aktiven Eingriffen der Bediener in den physikalischen Fahrprozeß mit 1Hz. (z.B. Kurs, Geschwindigkeit, aktuelle Position auf Längen- und Breitengrad), es werden Video- und Tonaufzeichnungen von der sozialen Interaktion auf der Brücke angefertigt und schließlich findet ein einfaches Instrument zur Erhebung der situationalen Aufmerksamkeit und der erlebten Beanspruchung Verwendung. Als ein vielversprechender Weg der Datenauswertung sei hier, in Form einer eher knappen Skizze, exemplarisch die Frequenzanalyse von ausgewählten Fahrabschnitten anhand von Daten, die im Rahmen einer Pilotstudie mit 23 studentischen Besatzungen gewonnen wurden, weiter vertieft.

Die Frequenzanalyse ist eine Methode zur Untersuchung der Variabilität und Periodizität als Kennzeichen einer Zeitreihe. Wir wendeten sie bei der Analyse eines Kurswechsels an, der für alle Eigenschiffe in der Testphase der Simulation verbindlich ist (beim Einlaufen in das Fahrwasser) und der eine Radarantwortbake als zentralen Bezugspunkt hat. Im Hinblick auf diesen äußerst starken Attraktor im Wahrnehmungsfeld der Nautiker wurde aus dem Fahrprozeß (Zeitreihen von Kurs und Geschwindigkeit) jener Anteil, der das Kurswechselmanöver repräsentiert, herauspartialisiert und in zwei Abschnitte gleicher Länge aufgeteilt – jeder 500 Sekunden lang und mit der Bake als Angelpunkt. Nach einer Mittelwertbereinigung der Zeitreihen, die individuell erfolgte, wurden die Varianzspektren der Zeitreihen bestimmt. Das Varianzspektrum bringt, ohne näher darauf einzugehen, die Ausprägung der einzelnen Frequenzkomponenten in einer Zeitreihe zum Ausdruck. Zum besseren Verständnis vielleicht der Hinweis: Hohe Frequenzen sind ein Indiz für einen schellen, wechselhaften Prozeß; niedrige Frequenzen gehen einher mit einem langsamen, gleichmäßigen Prozeß.

Im nächsten Schritt wurde die Kovariation oder Kohärenz der homologen Zeitreihen bestimmt. Wir berechneten dafür die Korrelations-Koeffizienten der homologen Zeitreihen von Kurs und Geschwindigkeit für jedes Schiff in der Untersuchung. Ähnlich dem EEG wurden die Korrelationen nicht über die gesamten Frequenzen gleichzeitig, sondern innerhalb von drei Bändern bestimmt („niedrig“: 0.-.16; „mittel“: .17-.33; „hoch“: .34-.5). Dies erfolgte, um interpretierbare Ergebnisse zu erhalten. Das Ergebnis ist für die beiden Variablen im folgenden grafisch dargestellt. Die Ergebnisse stellen Mittelwerte der Korrelationen dar, die wir unter beiden Versuchsbedingungen erhalten haben. Um die mittleren Korrelationen für gestörte und nicht gestörte Schiffe zu berechnen, wendeten wir z-Transformation und -Rücktransformation an.

Ungleiche Fallzahlen gehen zurück auf konstante Zeitreihen bezogen auf die Geschwindigkeit von 4 Schiffen (N=23)

Wir interpretieren das Ergebnis in drei Schritten entsprechend den drei unterschiedenen Frequenzbändern: (1) Die übereinstimmend hohe Kohärenz im niedrigen Frequenzbereich ist ein topologischer Faktor. Es ist der ballistische Anteil des Manövers, die Ortsbewegung um die Tonne herum. (2) Umgekehrt ist die niedrige Kohärenz im Bereich der hohen Frequenzen bei allen Schiffen am besten als Rauschen bedingt durch Wind- und Strömungswechsel zu erklären. (3) Für den Unterschied, der sich jedoch in der Kohärenz mittlerer Frequenzen deutlich abzeichnet ist eine mit unserer Hypothese konforme Erklärung bei der Hand. Durchschnittlich höhere Korrelationen in diesem Frequenzbereich sind ein Indikator dafür, daß das Steuerverhalten „starrer", weniger situationsangepaßt ist. Mit anderen Worten: Während die Fahrprozesse der nicht gestörten Mannschaften einen gleichmäßigen, angepaßten Verlauf nehmen, sind die Prozesse der gestörten Mannschaften „eckig und kantig" (was sich an der Oberfläche bspw. durch eine erhöhte Kollisionsrate dieser Schiffe zeigt). Dies wäre in der Tat ein starkes Argument für die Regression des Verhaltens als ein Folge des Anstoßens an eine Barriere und als ein Genotyp für „Fixierungen" des Bedienungspersonals technischer Arbeitssysteme. Und nicht zuletzt bezeugt es den Nutzen von Simulatoren als Analyse- und Trainingsinstrumente menschlicher (Un)Zuverlässigkeit.

Literatur

Barker, R.G./Dembo, T./Lewin, K. (1941): *Frustration and regression. An experiment with young children.* University of Iowa Studies: Studies in Child Welfare 18 (1) = Studies in Topological an Vector Psychology 2

Dembo, T. (1931): *Der Ärger als dynamisches Problem.* Psychologische Forschung, 15, 1–144

Doerner, D./Staudel, T. (1979): Planen und Entscheiden in sehr komplexen Systemen. In H. Eckensberger (ed.), *Bericht über den 31. Kongress der Deutschen Gesellschaft fuer Psychologie in Mannheim.* Göttingen: Hogrefe

Neisser, U. (1976): *Cognition and Reality.* San Francisco: Freeman

Reason, J. (1979): Little slips and big disasters. *Interdisciplinary Science Reviews 9,* 2, 179–189

Weizsäcker, V.v. (1947): *Der Gestaltkreis*. Stuttgart: Thieme
Woods, D. D. (1988): Coping with complexity: the psychology of human behavior in complex systems. In L. P. Goodstein, H.B. Andersen & S. E. Olsen (eds.), *Tasks, Errors and Mental* 128–148. London, New York and Philadelphia: Taylor & Francis

Dieter Bonitz, Renate Hanßen und Wolfgang Bödeker

Zur Bewertung psychischer Belastungen anhand von Arbeitsunfähigkeitsdaten

1. Einleitung

Arbeitsunfähigkeitsdaten (AU-Daten) von Krankenkassen stellen seit langem eine wichtige Informationsquelle dar, um das Krankheitsgeschehen national, branchenbezogen oder betriebsbezogen zu untersuchen. Um sie zur Ermittlung arbeitsbedingter Gesundheitsgefahren nutzen zu können, ist es notwendig, sie in einen Bezug zu verläßlichen Informationen über das jeweilige Gefährdungs- und Belastungsgeschehen zu setzen. Neben den Belastungen durch die Umweltbedingungen (Lärm, Klima, Schmutz und Gefahrstoffe) und die körperlichen Anforderungen (Heben und Tragen) spielen psychische Merkmale des Arbeitsinhalts und der Arbeitsorganisation eine wachsende Rolle als Belastungsfaktoren. Zur Beurteilung psychischer Belastungen werden einerseits Expertenbefragungen und andererseits Mitarbeiterbefragungen eingesetzt. In der Arbeitspsychologie werden diese Methoden als objektive oder subjektive Verfahren der Arbeitsanalyse gekennzeichnet (vgl. Gablenz-Kolakovic et al. 1981). Zur Frage, welche der beiden Ansätze besser geeignet ist, um psychische Belastungen und damit verbundene Gesundheitsgefahren vorherzusagen, gibt es eine Reihe von Argumenten (vgl. Zapf 1989). Selten besteht die Möglichkeit, beide Methoden an einer gemeinsamen Stichprobe hinsichtlich der Beanspruchungsfolgen zu vergleichen.

In dem Kooperationsprogramm Arbeit und Gesundheit (KOPAG), einem Projekt des BKK Bundesverbandes und des Hauptverbandes der gewerblichen Berufsgenossenschaften (HVBG), das vom 1.1.1995 bis 31.12.1997 durch das Bundesministerium für Arbeit und Sozialordnung (BMA) gefördert worden war, sind Arbeitsunfähigkeitsdaten der Beschäftigten aus fünf Unternehmen des Einzelhandels und der Metallverarbeitung verwendet worden (BKK Bundesverband & HVBG 1998).

Neben Arbeitsunfähigkeitsdaten wurden Daten aus einer Mitarbeiterbefragung, einer betriebsärztlichen Basisuntersuchung und einer Gefährdungsermittlung verwendet, um nach arbeitsbedingten Gesundheitsgefahren zu suchen und im Falle des Vorliegens entsprechender Erkenntnisse Ansätze zur Prävention zu entwickeln. Damit lagen in dieser Studie für ein Teilkollektiv der Versicherten nicht nur Informationen zur subjektiven Bewertung der Arbeitssituation auf Grund einer Mitarbeiterbefragung, sondern auch objektive Bewertungen der Arbeitsbedingungen auf Grund von Expertenbefragungen vor. Aufgrund der gegebenen Möglichkeiten sollte der Frage nachgegangen werden, ob die subjektive Belastung tatsächlich eine höhere Vorhersagekraft für das AU-Geschehen hat als eine quasi objektive Belastungseinschätzung auf der Basis von Arbeitsplatztypen.

2. Methodik

Das Gesamtkollektiv der im KOPAG-Projekt berücksichtigten Versichertendaten umfaßte etwa 49.500 Beschäftigte, überwiegend aus dem Einzelhandel (Verkauf, Lager, Verwaltung) und aus der Metallverarbeitung. Um den Bezug zur Arbeitswelt herzustellen, wurden die Versichertendaten insgesamt 78 belastungshomogenen Arbeitsplatztypen zugeordnet, die auf der Basis von Kostenstelleninformationen in den Personaldaten der Unternehmen gebildet worden waren. Für jeden Arbeitsplatztyp wurde von Arbeitsschutzexperten der Betriebe und der Berufsgenossenschaft ein Gefährdungs- und Belastungsprofil erstellt. Eingesetzt wurde dafür eine standardisierte Checkliste mit 70 Merkmalen, von denen 10 Items psychische Belastungen beinhalteten (Bonitz 1997). Die Antwortstufen (nie, selten, häufig) wurden numerisch mit 1, 2 und 3 kodiert. Drei der Items wurden als Summenscore zum Merkmal „objektiver Handlungsspielraum" aggregiert (Tabelle 1).

Eine Mitarbeiterbefragung in den fünf beteiligten Unternehmen erzielte einen Rücklauf von 1860 Beschäftigten, die sich darin zu ihren Arbeitsbedingungen sowie zu ihrem körperlichen und psychischen Befinden äußerten. Die 45 Items zu den Arbeitsbedingungen mit den Antwortstufen „kommt nicht vor" oder „belastet mich selten/manchmal/häufig" wurden ebenfalls numerisch kodiert. Um den Belastungsfaktor „subjektiver Handlungsspielraum" zu konstruieren wurden ebenfalls drei Items für einen Summenscore verwendet (Tabelle1).

Für eine Schnittmenge von 864 Personen konnten die AU-Daten und die Gefährdungsprofile über ein anonymes Personenkennzeichen zu den Befragungsdaten eindeutig zugeordnet werden. Dieses Kollektiv wurde dann mit Hilfe der Rank-Prozedur von SAS auf der Basis des Summenscores jeweils in vier Quartile sowohl für den subjektiven als auch für den objektiven Handlungsspielraum gruppiert. Auf diese Weise wurden jeweils vier gleich große Gruppen gebildet, die sich in der Weite des Handlungsspielraums unterscheiden, einerseits auf der Basis von Aussagen der Betroffenen, andererseits auf der Basis von Expertenurteilen über den jeweiligen Arbeitsplatztyp des Befragten.

Prüfliste der Experten	**Fragebogen der Mitarbeiter**
nur ausführende Arbeiten	die Arbeit nicht einteilen können
keine Variationsmöglichkeiten	monotone Arbeit
ständige Wiederholungen	Akkordarbeit
= objektiver Handlungsspielraum	= subjektiver Handlungsspielraum

Tabelle 1:
Items zur Bildung der Summenscores für objektiven und subjektiven Handlungsspielraum

Um die jeweils vier Gruppen mit sehr engem, eher engem, eher weitem und sehr weitem Handlungsspielraum hinsichtlich der damit verbundenen Beanspruchungsfolgen zu vergleichen, dienten die Anzahl der Krankmeldungen (AU-Fälle) und die Anzahl der Krankheitstage (AU-Tage) pro 100 Versichertenjahre als Morbiditätsindikatoren. Die AU-Fälle und AU-Tage jeder Gruppe wurden direkt nach Alter und Geschlecht auf alle pflichtversicherten Mitglieder der Betriebskrankenkassen der Bundesrepublik Deutschland standardisiert und ins Verhältnis zu den Fallzahlen und den krankheitsbedingten Abwesenheitstagen dieses Kollektivs gesetzt. Für diese standardisierten Ratenverhältnisse (standardized rate ratio = SRR) wurden zudem die 95%-Konfidenzintervalle berechnet. Aus den SRR-Werten kann man praktisch die prozentuale Abweichung des AU-Geschehens von der Referenzpopulation ablesen.

3. Ergebnisse

In den folgenden Bildern sind die Auswertungen der AU-Daten bezogen auf die gebildeten Vergleichsgruppen dargestellt. Bild 1 zeigt die standardisierten Ratenverhältnisse für die AU-Häufigkeit im Vergleich der Belastungshöhe auf Grund der Expertenurteile. Mitarbeiter, deren Arbeitsplatztyp als durch ausschließlich ausführende Arbeiten, ohne Variationsmöglichkeiten bei häufigen Wiederholungen eingestuft worden war (sehr enger Handlungsspielraum), waren etwa 50 Prozent häufiger arbeitsunfähig erkrankt als die Vergleichsgruppe aller BKK-Mitglieder, deren Niveau durch den Skalenwert 1,0 markiert wird. Beschäftigte mit weitem Handlungsspielraum sind dagegen sogar 5 Prozent weniger häufig erkrankt als die Vergleichsgruppe. Betrachtet man die Konfidenzintervalle, so zeigt sich, daß in den unteren

Gruppen eine weitgehende Überlappung festzustellen ist, die Gruppe mit sehr engem Handlungsspielraum davon aber deutlich abgesetzt ist.

In Bild 2 ist ebenfalls die standardisierte AU-Häufigkeit dargestellt, aber nun im Vergleich der nach dem subjektiven Handlungsspielraum gebildeten Gruppen. Die Gruppe mit dem subjektiv sehr engen Handlungsspielraum liegt noch 40 Prozent über dem Niveau der Vergleichsgruppe. Allerdings fallen die Unterschiede zwischen den Gruppen weniger stark aus als beim objektiven Handlungsspielraum.

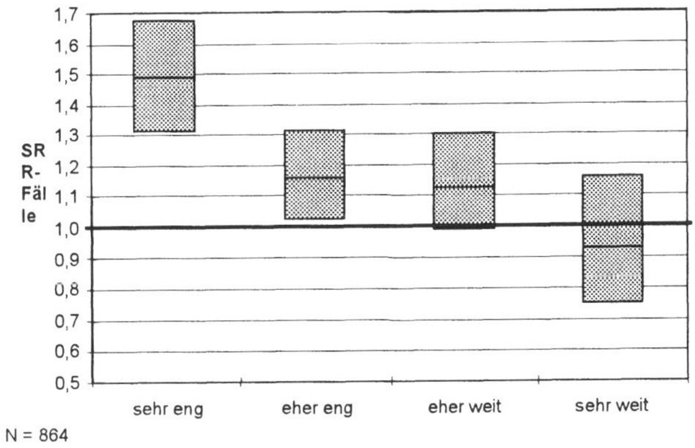

Abbildung 1:
Standardisierte AU-Fälle nach objektivem Handlungsspielraum

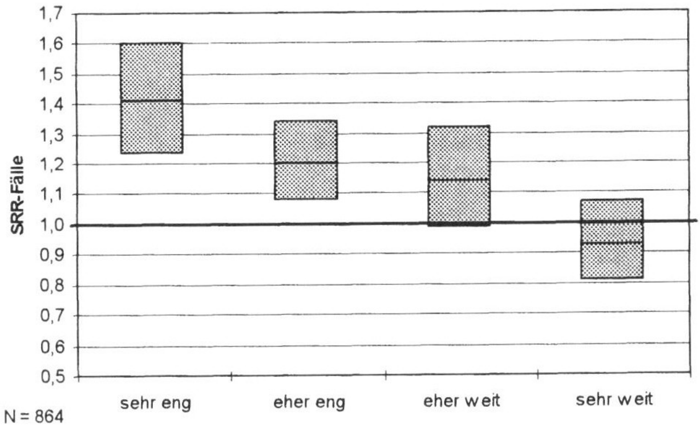

Abbildung 2:
Standardisierte AU-Fälle nach subjektivem Handlungsspielraum

Die gleiche Auswertung und Darstellung wie für die AU-Fälle wurde auch für die AU-Tage vorgenommen. Bild 3 zeigt den Gruppenvergleich hinsichtlich der AU-Tage auf Grundlage des objektiven Handlungsspielraumes. Die Beschäftigten mit einem sehr engen Handlungsspielraum weisen 25 Prozent mehr Krankheitstage im Jahr auf als die Vergleichsgruppe. Der Unterschied zur Referenzpopulation ist bei den Tagen daher geringer als bei den Fällen. Andererseits ist der Unterschied zwischen den Gruppen noch wesentlich deutlicher. Beschäftigte mit einem sehr weiten Handlungsspielraum hatten nämlich 45 Prozent weniger Krankheitstage als die Vergleichsgruppe.

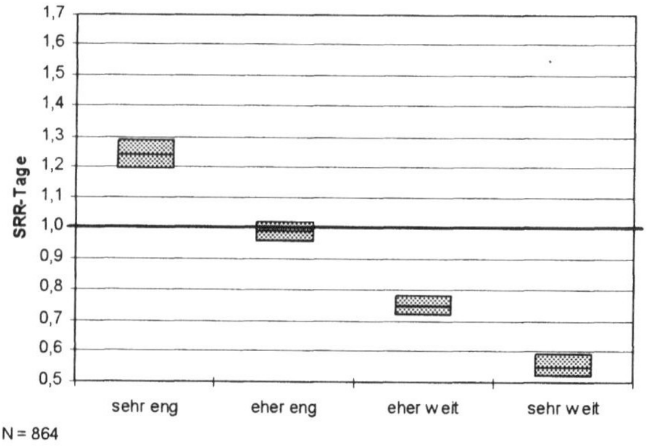

Abbildung 3:
Standardisierte AU-Tage nach objektivem Handlungsspielraum

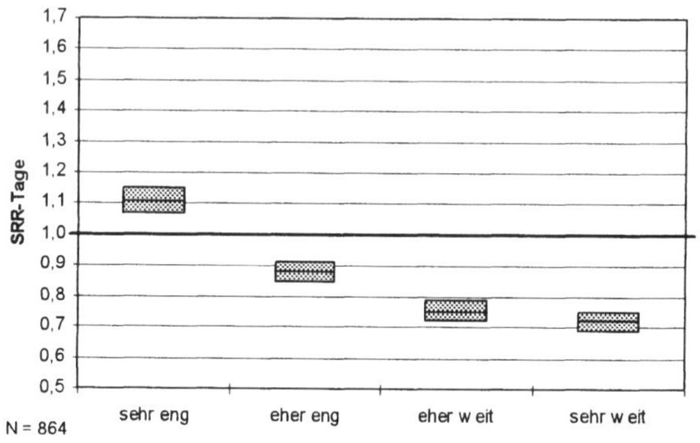

Abbildung 4:
Standardisierte AU-Tage nach subjektivem Handlungsspielraum

Vergleicht man nun die Gruppen, die auf Basis des subjektiven Handlungsspielraumes gebildet worden sind, hinsichtlich der standardisierten AU-Tage miteinander (Bild 4), so zeigt sich, daß die Extremgruppen mit subjektiv sehr weitem und sehr engem Handlungsspielraum weniger stark von der Vergleichspopulation abweichen, als beim objektiven Handlungsspielraum. Die Gruppe mit sehr engem Handlungsspielraum liegt nur 10 Prozent über und die Gruppe mit sehr weitem Handlungsspielraum nur 27 Prozent unter dem Vergleichswert.

4. Diskussion

Die Ergebnisse sind insofern überraschend, als man zunächst davon ausgehen konnte, daß eine individuelle Beurteilung des Handlungsspielraumes durch den Beschäftigten zuverlässiger ist als eine Fremdbeurteilung durch teilweise externe Experten, die zudem noch die Gefahr einer Fehlklassifikation auf Grund der Arbeitsplatztypisierung beinhaltete.

Daß die Differenzierung auf Grund des objektiven Handlungsspielraumes in dieser Untersuchung deutlichere Unterschiede im AU-Geschehen zeigte als die Differenzierung nach dem subjektiven Handlungsspielraum, kann zwei Ursachen haben:

1. Die Items der Prüfliste waren wesentlich treffender als die der Mitarbeiterbefragung, um das Konstrukt der psychischen Belastung durch einen engen Handlungsspielraum abzubilden.
2. Für das AU-Geschehen ist weniger die empfundene Belastung durch einen engen Handlungsspielraum maßgeblich als vielmehr die objektiven Arbeitsbedingungen, die sich besser durch Experten einschätzen lassen.

Bisher wurde meist versucht, die Validität von Beobachtungs- und Befragungsdaten zur psychischen Belastung anhand von Befindensäußerungen der Beschäftigten zu überprüfen. Dadurch wird jedoch der Zusammenhang zwischen Belastung und Beanspruchungsfolge in der Regel überschätzt, weil die Befragten ihre Arbeitsbedingungen vor dem Hintergrund ihres Befindens beurteilen. Diese Gefahr besteht bei AU-Daten als Validitätskriterium nicht. Darin besteht der besondere Wert dieses Ansatzes.

Angesichts dieser Ergebnisse spricht einiges dafür, die Arbeitsbedingungen nicht ausschließlich über Mitarbeiterbefragungen, sondern auch anhand objektiver Analyseverfahren zu ermitteln.

Literatur

Bonitz, D. (1997): Analyse psychischer Belastungen im Kooperationsprogramm Arbeit und Gesundheit. In BKK Bundesverband & HVBG (Hg.), Ermittlung Psychischer Belastungen. Essen: BKK Bundesverband

Gablenz-Kolavic, S./Krogoll, T./Oesterreich, R./Volpert, W. (1981): Subjektive oder objektive Arbeitsanalyse. Zeitschrift für Arbeitswissenschaft, 35, 217–220

BKK Bundesverband & HVBG (1998): Erkennen und Verhüten arbeitsbedingter Gesundheitsgefahren. Essen: BKK Bundesverband

Zapf (1989): Selbst- und Fremdbeobachtung in der psychologischen Arbeitsanalyse. Göttingen: Hogrefe

D. Zapf, C. Seifert, H. Mertini, C. Vogt, M. Holz, E. Vondran, A. Isic und B. Schmutte

Emotionsarbeit in Organisationen und psychische Gesundheit

1. Einleitung

Dienstleistungsberufe sind in der Arbeits- und Organisationspsychologie bislang als Thema stark vernachlässigt worden (Nerdinger, 1994). Erst in jüngster Zeit wird dem Rechnung getragen, daß in den meisten europäischen Ländern inzwischen mehr als 50% der Beschäftigten diesem Bereich zugehören (Paoli, 1997). Das spezifische an Dienstleistungsberufen sind die Interaktion mit Kunden und die entsprechenden Arbeitsanforderungen, die sich daraus ergeben. Diese sind nicht nur kognitiver, sondern vor allem auch sozialer und emotionaler Natur. Was allgemein für die Arbeits- und Organisationspsychologie gilt, gilt im speziellen auch für die psychologische Belastungsforschung. Auch hier sind soziale und emotionale Belastungen, die sich aus dem Umgang mit Kunden ergeben könnten, bislang vollständig vernachlässigt worden. Emotionen bzw. Konzepte, die man darunter fassen könnte, sind in der Streß- oder Belastungsforschung bislang als abhängige Variablen betrachtet worden, z.B. Angst, Ärger, Depression, Frustration oder Zufriedenheit (z.B. Kahn & Byosiere, 1992). Bislang noch kaum in Erwägung gezogen wurden Emotionen hingegen als unabhängige Variable. Die grundlegende Überlegung hierzu ist, daß bei Arbeitsaufgaben im Dienstleistungsgewerbe nicht nur die Regulation von Kognitionen, sondern auch die *Regulation von Emotionen erforderlich* ist und es zu den Arbeitsanforderungen gehört, mit Emotionen umgehen, z.B. in der Form, persönliche Zuwendung zu zeigen (Zapf, in Druck). Arlie Hochschild (1990) hat dazu das Konzept der Emotionsarbeit eingeführt und erstmals an Flugbegleiterinnen bei Delta-Airlines untersucht. Flugbegleiterinnen und Flugbegleiter sind normalerweise sehr aufmerksam und freundlich zu den Fluggästen. In der Regel bedienen sie die Fluggäste mit einem Lächeln im Gesicht. Hochschild hat nun argumentiert, daß dieses Lächeln und diese Freundlichkeit nicht ein Produkt eines individuellen Arbeitsstils ist, sondern daß dieses Lächeln im Interesse des Unternehmens erbracht und vom Unternehmen gefordert wird. Das Zeigen vor allem von positiven Emotionen wird vom Unternehmen erwartet und gleichbleibende Freundlichkeit wird somit zu einer

Arbeitsanforderung und nicht zu etwas, was im freien Ermessen des Arbeitnehmers liegt.

Der emotionale Bereich ist allerdings als Streßreaktion oder Beanspruchungsfolge unter dem Stichwort „Burnout“ untersucht worden (Büssing & Schmitt, 1998; Maslach & Leiter, 1997; Schaufeli & Enzmann, 1998). Burnout bezeichnet das Gefühl des „Ausgebranntseins“. In dem am weitesten verbreiteten Konzept von Maslach und Leiter beinhaltet Burnout drei Komponenten: 1) emotionale Erschöpfung, d.h. wenn man das Gefühl hat, so richtig ausgelaugt zu sein; 2) Depersonalisation: damit ist gemeint, daß man sich innerlich von den Menschen, mit denen man berufsmäßig zu tun hat, also den Patienten, Schülern, Kindern etc., innerlich distanziert und sie wie Objekte behandelt; und schließlich 3) das Gefühl reduzierten Leistungsvermögens und reduzierter Erfüllung, d.h. man bekommt immer mehr das Gefühl, nicht mehr so richtig leistungsfähig zu sein und den gestellten Ansprüchen nicht zu genügen. Etwaige Anforderungen an das Zeigen von Gefühlen werden in der Regel in Burnoutuntersuchungen nicht erhoben, sondern diese werden implizit vorausgesetzt, indem man Berufsgruppen untersucht, bei denen diese als gegeben angenommen werden können. Nun ist es keineswegs untypisch, Belastungen über die Erhebung einer Beanspruchungsfolge zu erfassen (z.B. Richter & Hacker, 1998). Das Problem ist jedoch, daß man nicht genau angeben kann, was die negativen Beanspruchungsfolgen ausgelöst hat. In einer Metaanalyse von Lee und Ashforth (1996) zeigte sich, daß in den meisten Studien zu Burnout eher klassische Stressoren erhoben wurden, besonders häufig Rollenüberlastung, Rollenambiguität und Rollenkonflikt, also unklare und widersprüchliche Arbeitsanforderungen, die nach den Ergebnissen der Metaanalyse auch am stärksten mit Burnout zusammenhängen. Welche Aspekte des Zeigens bzw. Umgehens mit Emotionen aber belastend sind, kann auf diese Weise nicht erhoben werden.

2. Das Konzept Emotionsarbeit

Hochschild (1990) hat den Begriff Emotionsarbeit oder „emotional labor“ definiert als die bezahlte Arbeit, bei der ein Management der eigenen Gefühle erforderlich ist, um nach außen in Mimik, Stimme und Gestik ein bestimmtes Gefühl zum Ausdruck zu bringen, unabhängig davon, ob dies mit den inneren Empfindungen übereinstimmt oder nicht. Solche Emotionsarbeit ist Bestandteil in vielen Dienstleistungsberufen (Nerdinger, 1994). Man stelle sich etwa eine Krankenschwester, Altenpflegerin oder Erzieherin vor, die sich den Kranken, Alten oder Kindern gegenüber gefühlskalt wie ein

Roboter verhält und würde versuchen, die Arbeitstätigkeit ausschließlich in Begriffen der Informationsverarbeitung zu beschreiben. Man würde sicherlich zu dem Ergebnis kommen, daß das Arbeitsergebnis, das so erzeugt würde, nicht den Erwartungen der Kunden entspricht und bei gegebener „Kundenorientierung" des Unternehmens auch nicht den Erwartungen seitens der Organisation. Wenn man krank ist, dann erwartet man, daß die Krankenschwester von einem nicht als „die Leber auf Zimmer 223" spricht und stumm irgendwelche Verrichtungen am Patienten vornimmt. Vielmehr besteht die Erwartung, einfühlsam behandelt zu werden, daß die Schwester Verständnis zeigt und vielleicht auch einmal ein paar freundliche aufmunternde Worte für den Patienten hat.

In Hochschilds (1990) Arbeiten besteht die Arbeitsanforderung darin, in anderen Menschen (Kunden, Patienten, Klienten, Gästen) bestimmte – in der Regel – positive Gefühlszustände zu erzeugen, was – wiederum in der Regel – dadurch erreicht wird, daß der oder die Arbeitende solche positiven Emotionen sichtbar zeigt. Als eine Quelle von Streß wird gesehen, daß die zu zeigenden Emotionen nicht mit der aktuellen tatsächlichen Gefühlslage übereinstimmen.

Allerdings gibt es nur wenige empirische Untersuchungen, in denen Emotionsarbeit als Stressor betrachtet und entsprechende Streßreaktionen untersucht worden sind (zusammenfassend Zapf, in Druck). Hochschild selber (1990) hat in qualitativen Untersuchungen bei Flugbegleitern und Fahrkartenkontrolleuren gefunden, daß Emotionsarbeit mit Substanzmißbrauch, Kopfschmerzen, Absentismus und sexuellen Störungen verbunden war.

3. Unterschiedliche Aspekte von Emotionsarbeit

Hochschild (1990) hat Emotionsarbeit als ein unidimensionales Konstrukt betrachtet. Je stärker Emotionsarbeit ausgeprägt ist, desto negativer sind die Folgen. Empirische Untersuchungen konnten dies aber so nicht belegen (Zapf, in Druck). Vielmehr zeigten sich in Untersuchungen sowohl positive als auch negative Auswirkungen von Emotionsarbeit. Morris und Feldman (1996) haben deshalb vorgeschlagen, unterschiedliche Aspekte von Emotionsarbeit zu differenzieren.

In Anlehnung an die Arbeiten von Adelmann (1995), Hochschild (1990), Morris und Feldman (1996) und Riggio (1986) haben wir in unseren eigenen Arbeiten die in Tabelle 1 dargestellten Aspekte von Emotionsarbeit unterschieden (Zapf, Vogt, Seifert, Mertini & Isic, 1999).

Ausdruck positiver Gefühle	*Itembeispiel:* „Kommt es bei Ihrer Tätigkeit vor, daß Sie angenehme Gefühle gegenüber Kunden zum Ausdruck bringen müssen?" (selten – sehr oft).
Ausdruck negativer Gefühle, Umgang mit negativen Gefühlen	*Itembeispiel:* „Kommt es bei Ihrer Tätigkeit vor, daß Sie unangenehme Gefühle gegenüber Kunden zum Ausdruck bringen müssen?" (selten – sehr oft)
Wahrnehmung von Gefühlen anderer (Sensitivitätsanforderungen)	*Itembeispiel:* „Ist es für Ihre Tätigkeit von Bedeutung zu wissen, wie sich Kunden momentan fühlen?"(selten – sehr oft)
Interaktionsspielraum: Einfluß auf die Interaktion mit dem Kunden/Klienten	*Itembeispiel*: „Können sie selbst entscheiden, wann sie ein Gespräch mit einem Kunden beenden?"
Emotionale Dissonanz: man drückt (positive) Gefühle aus, obwohl man gar nichts oder etwas anderes empfindet	*Itembeispiel:* „Wie oft kommt es an Ihrem Arbeitsplatz vor, daß man nach außen hin angenehme Gefühle (z.B. freundlich lächeln) zeigen muß, während man innerlich gleichgültig ist?" *Itembeispiel:* „Wie oft kommt es bei Ihrer Tätigkeit vor, daß man nach außen hin Gefühle zeigen muß, die nicht mit dem übereinstimmen, was man momentan gegenüber dem Kunden fühlt?"

Tabelle 1:
Aspekte der Emotionsarbeit

Ein wichtiger Aspekt ist die Häufigkeit des Ausdrucks von Emotionen. Dabei hat sich gezeigt, daß es für einige Berufszweige sinnvoll ist, zwischen dem Ausdrücken von positiven und negativen Emotionen zu unterscheiden. Für Erzieher ist es selbstverständlich, daß sie auch negative Emotionen ausdrücken müssen, um das Verhalten der Kinder zu steuern. Die Anforderung, negative Emotionen auszudrücken, ist hier deswegen nicht unbedingt negativ zu sehen und hat auch nur wenig negative gesundheitliche Folgen (vgl. Tabelle 2). In anderen Berufen wie im Bank- und Hotelgewerbe ist das Ausdrücken negativer Emotionen ungewöhnlich und eher ein Zeichen mißlungener Interaktion oder sonstiger Probleme mit den Klienten. In diesen Bereichen hängt das Ausdrücken negativer Emotionen auch mit negativen gesundheitlichen Folgen zusammen. Ein weiterer Aspekt von Emotionsarbeit ist das Wahrnehmen der Gefühle des Interaktionspartners. Sofern die sozialen Interaktionen im Kundenkontakt nicht routinehaft ablaufen, ist es immer erforderlich, die Gefühle des anderen wahrzunehmen, um die eigenen Gefühle danach zu richten. Je höher die Sensitivitätsanforderungen sind, desto anspruchsvoller dürfte die zugrunde liegende soziale Interaktion mit den Klienten sein und desto mehr kann sich, wie Tabelle 2 zeigt, ein Gefühl der Leistungserfüllung einstellen. Ein klarer Belastungsfaktor ist dagegen, wenn es zum Widerspruch zwischen ausgedrückten und empfundenen Gefühlen kommt. Das wird als *Emotionale Dissonanz* bezeichnet. Man muß zum Beispiel positive Gefühle ausdrücken, obwohl man gar nichts empfindet oder man drückt positive Gefühle aus, obwohl man eigentlich negative Emotionen verspürt.

4. Emotionsarbeit und Burnout

Wie in Tabelle 2 ersichtlich, zeigen Auswertungen an fünf unterschiedlichen Stichproben (Mitarbeiter/innen in einem Jugendheim, im Hotelgewerbe und an Call-Center-Arbeitsplätzen (Zapf, Vogt et al., 1999), sowie im Bankgewerbe (Schmutte, 1999) und in Kindertagesstätten (Zapf, Holz & Vondran, 1999), daß praktisch alle Aspekte der Emotionsarbeit mit emotionaler Erschöpfung einher gehen, daß aber andererseits insbesondere die Häufigkeit des Zeigens positiver Gefühle sowie Sensitivitätsanforderungen mit dem positiven Gefühl der Leistungserfüllung einher gehen. Die deutlichsten negativen Effekte finden sich erwartungsgemäß für die emotionale Dissonanz. Sie führt zu emotionaler Erschöpfung und Depersonalisation, trägt aber wenig zu dem Gefühl bei, etwas leisten zu können. Zudem gibt es deutliche Zusammenhänge mit psychosomatischen Beschwerden und einen negativen Zusammenhang mit Arbeitszufriedenheit (weitere Einzelheiten in Zapf, Vogt et al.,1999. Eine Übersicht über weitere Untersuchungen zu Emotionsarbeit und Burnout in Zapf, in Druck).

Weiterhin ist den Daten zu entnehmen, daß Emotionsarbeit sowohl positive als auch negative Auswirkungen hat. Aus diesem Grund ist es wichtig, die einzelnen Aspekte von Emotionsarbeit, die in den beiden Tabellen aufgeführt sind, zu unterscheiden. Es zeigt sich auch, daß die Variablen der Emotionsarbeit in Analysen zusammen mit aufgabenbezogenen, organisationalen und sozialen Stressoren einen eigenständigen Beitrag in der Vorhersage psychischer Beeinträchtigungen zu leisten vermögen (Zapf, Seifert, Mertini, Holz, & Schmutte, 1999). In einer Untersuchung von Büssing und Glaser (1999) wurde in einem Krankenhaus eine erfolgreiche Restrukturierungsmaßnahme durchgeführt, die es dem Pflegepersonal ermöglichte, mehr Zeit mit den Patienten zu verbringen, d. h., mehr Emotionsarbeit zu leisten. Dies wiederum ging mit einer Erhöhung von Burnout einher. Diese Ergebnisse verweisen darauf, daß bei Arbeits- und Organisationsgestaltungsmaßnahmen Emotionsarbeit mitbedacht werden muß. Es ist deshalb für die Analyse von Dienstleistungsberufen von großer Bedeutung, die existierenden Instrumente zur Messung psychischer Belastungen durch Instrumente zur Messung von Emotionsarbeit zu ergänzen.

		Positive Emotionen	Negative Emotionen	Sensitivitätsanforderungen	Interaktionsspielraum	Emotionale Dissonanz
Emotionale Erschöpfung	E	.25 *	.37 **	.24 *	-.14	.42 **
	H	.09	.21 **	.27 **	-.02	.33 **
	C	.15 *	.15 *	.22 **	-.19 **	.48 **
	B	.06	.10	.14	.07	.21 *
	K	.11 *	.18 **	.11 **	-.17 **	.33 **
Depersona-li-sation	E	.12	.18	.02	.01	.31 **
	H	.07	.41 **	.19 *	.06	.37 **
	C	.13 *	.19 **	.17 **	-.14 *	.40 **
	B	.15	.27 **	.27 **	.15	.33 **
	K	.04	.14 **	.12 **	-.07	.29 **
Persönliche Leistungserfüllung	E	.38 **	.43 **	.39 **	.00	-.11
	H	.44 **	.11	.44 **	-.02	.26 **
	C	.28 **	.09	.16 **	.03	-.10
	B	.42 **	.38 **	.37 **	.08	.18 *
	K	.29 **	.22 **	.30 **	.11 **	.05

Anmerkungen: E: Erziehungsheim (N=83); H: Hotelgewerbe (N=175); C: Call-Center (N=250); B: Bankgewerbe (N=113); K: Kindertagesstätten (N=611); ** p<.01 * p<.05

Tabelle 2:
Zusammenhänge zwischen Aspekten der Emotionsarbeit und Burnout

Literatur

Adelmann, P. K. (1995): Emotional labor as a potential source of job stress. In S. L. Sauter, & L. R. Murphy (Hrsg.), *Organizational risk factors for job stress* (S. 371–381). Washington, DC: American Psychological Association

Büssing, A./Glaser, J. (1999): Work stressors in nursing in the course of redesign: Implications for burnout and interactional stress. *European Journal of Work and Organizational Psychology, 8*

Büssing, A./Schmitt, S. (1998): Arbeitsbelastungen als Bedingungen von Emotionaler Erschöpfung und Depersonalisation im Burnoutprozeß. *Zeitschrift für Arbeits- & Organisationspsychologie, 42*, 76–88

Hochschild, A. R. (1990): *Das gekaufte Herz. Zur Kommerzialisierung der Gefühle.* Frankfurt/M.: Campus

Kahn, R. L./Byosiere, P. (1992): Stress in organizations. In M. D. Dunnette & L. M. Hough (Hrsg.), *Handbook of industrial and organizational psychology* (Bd. 3, S. 571–650). Palo Alto, CA: Consulting Psychologists Press (2nd ed.)

Lee, R. T./Ashforth, B. E. (1996): A meta-analytic examination of the correlates of the three dimensions of job burnout. *Journal of Applied Psychology, 81*, 123–133

Maslach, C./Leiter, M. P. (1997): *The truth about burnout.* San Francisco: Jossey-Bass

Morris, J. A./Feldman, D. C. (1996): The dimensions, antecedents, and consequences of emotional labor. *Academy of Management Journal, 21*, 989–1010

Nerdinger, F. W. (1994): *Zur Psychologie der Dienstleistung.* Stuttgart: Schäffer-Poeschel

Paoli, P. (1997): *Second European survey on the work environment 1995.* Dublin: European Foundation for the Improvement of Living and Working Conditions

Richter, P./Hacker, W. (1998): *Belastung und Beanspruchung. Streß, Ermüdung und Burnout im Arbeitsleben.* München: Asanger

Riggio, R. E. (1986): Assessment of basic social skills. *Journal of Personality and Social Psychology, 48*, 649–660

Schaufeli, W. B./Enzmann, D. (1998): *The burnout companion to study and practice: a critical analysis.* London: Taylor & Francis

Schmutte, B. (1999): *Emotionsarbeit und ihre Konsequenzen bei Bankmitarbeitern.* Unveröff. Diplomarbeit: J. W. Goethe-Universität Frankfurt, Institut für Psychologie

Zapf, D. (in Druck): Emotion work and psychological strain. A review of the literature and some conceptual considerations. *Human Resource Management Review*

Zapf, D./Holz, M./Vondran, E. (1999): *Psychische Belastungen in Kindertagesstätten.* Unveröff. Bericht: Institut für Psychologie, J. W. Goethe-Universität Frankfurt

Zapf, D./Seifert, C./Mertini, H./Holz, M./Schmutte, B. (1999): *On the interaction between job stressors and emotion work and their effects on burnout*. Manuscript, submitted for puplication. J. W. Goethe University: Department of Psychology

Zapf, D./Vogt, C./Seifert, C./Mertini, H./Isic, A. (1999): Emotion work as a source of stress. The concept and development of an instrument. *European Journal of Work and Organizational Psychology*, *8*, 371–400

André Büssing, Jürgen Glaser und Thomas Höge

Erfassen und Bewerten psychischer Belastungen in der stationären Pflege. Zwischenergebnisse eines Forschungsprojektes der BAuA

1. Zielsetzungen des Forschungsvorhabens

Der Arbeits- und Gesundheitsschutz (AuG-Schutz) betreibt in erster Linie arbeitsmedizinische und sicherheitstechnische Maßnahmen zum Schutz der Arbeitnehmer vor berufsbedingten Gefahren und schädigenden Einflüssen, die zu Arbeitsunfällen, Berufserkrankungen und Frühinvalidität führen können (Skiba, 1997). Damit ist der AuG-Schutz bislang vor allem auf die negativen Folgen von Arbeitsschutz- und Arbeitssicherheitsmängeln ausgerichtet. In diesem Sinn muß AuG-Schutz als vornehmlich reaktiv, kurativ und korrektiv bezeichnet werden (Hoyos & Wenninger, 1995)

Im Unterschied zur traditionellen Sichtweise orientiert sich das Arbeitsschutzgesetz von 1996 an einem modernen Arbeitsschutzbegriff und verlangt neben einer Verhütung von Unfällen und der Beseitigung arbeitsbedingter Gesundheitsgefahren auch Maßnahmen einer gesundheitsgerechten Gestaltung von Arbeit sowie die Berücksichtigung psychischer Belastungen. Die Umsetzung des Arbeitsschutzgesetzes, insbesondere die neu verankerte Dokumentationspflicht zur Arbeits- und Gesundheitsschutzlage der Beschäftigten, stellt die Betriebe jedoch vor eine schwer zu bewältigende Aufgabe. Denn es besteht ein Mangel an geeigneten, überprüften Methoden, die es betrieblichen Experten ermöglichen, eigene Analysen und Bewertungen der Arbeits- und Gesundheitsschutzsituation unter Berücksichtigung psychischer Belastungen durchzuführen.

In dem von der Bundesanstalt für Arbeitsschutz und Arbeitsmedizin (BAuA) geförderten Projekt „Erfassen und Bewerten psychischer Belastungen bei Beschäftigten in der stationären Pflege“ werden zwei zentrale Anliegen verfolgt, die sich aus den Forderungen des Arbeitschutzgesetzes ableiten lassen. Zum einen dient das Projekt der Weiterentwicklung und Erprobung praxisnaher Methoden zur Erfassung der psychischen Belastungen, denen das Krankenpflegepersonal in der täglichen Arbeit im Krankenhaus ausgesetzt ist. Zum anderen soll auf dieser methodischen Basis der AuG-Schutz am Arbeitsplatz „Krankenhaus“ detailliert untersucht werden. In verschiedenen Beiträgen werden die vielfältigen physischen und psychische Belastungen und deren Auswirkungen auf betriebliche Fehlzeiten und Arbeitsunfähigkeitsdaten aufgezeigt (vgl. Hofmann, 1994)

Konkret lassen sich die Ziele des Projekt wie folgt zusammenfassen: (1) Es ist ein Screeningverfahren zu entwickeln, das es betrieblichen Experten erlaubt, die psychischen Belastungen sowie die gesundheitsförderlichen Anforderungen und Ressourcen im Krankenhaus ökonomisch zu analysieren, zu bewerten und zu dokumentieren. (2) Die Screeningmethode soll ein Verfahrensmodul beinhalten, das Aspekte der Ergonomie und betriebliche Maßnahmen zum AuG-Schutz umfaßt und somit auch herkömmliche Bereiche von AuG-Schutz abdeckt. (3) Auf der Basis der gewonnenen empirischen Ergebnisse zur psychischen Belastung und Beanspruchung in der Krankenpflege ist ein Gestaltungsleitfaden zu erarbeiten, der auf eine Umsetzung belastungsminimierender Arbeitsgestaltungsmaßnahmen in der stationären Krankenpflege abzielt. (4) Ergänzend soll eine Pilotstudie zur Anwendbarkeit der neu entwickelten Methoden im Feld der ambulanten Pflege durchgeführt werden.

2. Entwicklung des Screeningverfahrens

Die Kernaufgabe der ersten Projektphase bestand in der Entwicklung eines Screeningverfahrens unter den oben dargestellten Zielvorgaben sowie in einer ersten empirischen Erprobung zur Bestimmung von Reliabilität und Validität. Bei der Entwicklung des Screeningverfahrens konnte mit dem Tätigkeits- und Arbeitsanalyseverfahren für das Krankenhaus (TAA-KH) von Büssing und Glaser (1999a, 1999b) auf ein theoretisch fundiertes und wissenschaftlich überprüftes Instrument zur Analyse von Anforderungen, Belastungen und Ressourcen in der Krankenpflege zurückgegriffen werden. Das TAA-KH eignet sich aufgrund seiner Differenziertheit und dem damit verbundenen Aufwand im Hinblick auf Schulung, Durchführung und Auswertung jedoch nur eingeschränkt für einen routinemäßigen Einsatz durch betriebliche Experten. Das auf Konzepten der psychologischen Handlungsregulationstheorie basierende, bedingungsbezogene Verfahren umfaßt eine Selbstbeobachtungsversion (TAA-KH-S) sowie eine Fremdbeobachtungsversion (TAA-KH-O).

Die Screeningentwicklung erfolgt auf der Grundlage der Selbstbeobachtungsversion (TAA-KH-S). Diese gliedert sich in fünf Verfahrensbereiche, die einerseits sowohl eine Analyse von Tätigkeitserfordernissen und Qualifikation (Verfahrensbereich S.1), von Transparenz, Tätigkeitsspielräumen und Partizipationsmöglichkeiten (S.2) und von personellen, materiellen und sozialen Ressourcen (S.3) ermöglichen, andererseits eine detaillierte Diagnose psychischer Belastungen im Sinne organisationaler und sozialer Stressoren (S.4) sowie widersprüchlicher Anforderungen in der Arbeit (S.5) ermöglichen. Die „Vollversion“ des TAA-KH-S besteht aus 62 Skalen mit insgesamt 442 Items (Büssing & Glaser, 1999c).

Bei der Reduktion des TAA-KH-S zu einem in der Praxis angemessen handhabbaren Screeningverfahren wurden sowohl empirisch-psychometrische als auch inhalt-theoretische Kriterien berücksichtigt. So wurden solche Items für das Screening ausgewählt, die über gute psychometrische Kennwerte (z. B. Trennschärfe) verfügten und das zugrunde liegende arbeitspsychologische Konstrukt inhaltlich treffend abbilden. Dazu wurden einige Items reformuliert und einige neue Items entwickelt. Die nach der Selektion resultierende vorläufige Screeningversion bestand schließlich aus 158 Items. Die o.g. fünf Verfahrensbereiche blieben bei dieser Reduktion in ihrer Struktur vollständig erhalten. Die Anzahl der untersuchten arbeitspsychologischen Konstrukte verringerte sich hingegen von 62 in der Langversion auf 41 in der Screeningversion. Fünf Merkmale, die in der Langversion noch durch Skalen repräsentiert sind, werden in der Screeningversion durch Einzelitems erfaßt. Damit wurde gewährleistet, daß trotz einer erheblichen Verringerung der Itemzahl ein vergleichsweise geringer Verlust an Breite und Tiefe bei der Analyse gegenüber der Vollversion des TAA-KH-S resultiert.

In Ergänzung zur Screeningversion des TAA-KH-S wurde ein Modul zur Analyse der Ergonomie und von Maßnahmen des AuG-Schutzes neu entwickelt. Die Ergonomie war bislang im TAA-KH-S nur in Ansätzen vertreten, so etwa mit Aspekten wie Lärm, Beleuchtung, lange Wege, Heben und Tragen etc. Auf der Grundlage von Literaturrecherchen wurde ein Itempool generiert, der gängige Themen von Ergonomie und AuG-Schutz im Krankenhaus angemessen abbildet. Dazu zählen insbesondere Strahlenexposition, Infektionsgefahren, Belastungen des Stütz- und Bewegungsapparates, die Gefahr von Stich- und Schnittverletzungen, Dermatosegefährdung durch Feuchtarbeit, Kontakt mit allergenen Stoffen (z.B. Verwendung von Latexhandschuhen).

Neben diesen gängigen Themen der Ergonomie und des AuG-Schutzes im Krankenhaus wurden weitere Aspekte in das Screening aufgenommen, die bisher in Studien zu Arbeitsbelastungen in der Krankenpflege selten oder überhaupt nicht berücksichtigt wurden. So beinhaltet dieser Itempool auch Items zur ergonomischen Gestaltung von Bildschirmarbeitsplätzen auf der Station, zur AuG-Kultur auf der Station, zum Führungsverhalten der Stationsleitungen im Hinblick auf eine Förderung und Überwachung von Maßnahmen des AuG-Schutzes sowie Fragen zur Teilnahme an Veranstaltungen zur Gesundheitsförderung.

3. Empirische Überprüfung des Screeningverfahrens

Die erste Erprobung des Screeningverfahrens erfolgte auf zehn Stationen eines Krankenhauses der Maximalversorgung. Mit der Wahl eines Krankenhauses der Maximalversorgung sollte gewährleistet werden, daß die Screeningversion in allen Fachdisziplinen von Krankenhäusern überprüft und zum Einsatz kommen kann. Bei der Auswahl der Stationen wurde dem spezifischen Leistungsprofil des Krankenhauses Rechnung getragen. Insgesamt nahmen 120 Krankenpflegekräfte (3-jährig examiniert) an der Untersuchung teil. Die durchschnittliche Teilnahmequote lag bei 80.3%, wobei für alle Stationen (Teilnahmequoten meist deutlich über 60%) von hinreichend repräsentativen Ergebnissen ausgegangen werden kann. Das Durchschnittsalter der Befragten lag bei 34 Jahren und 6 Monaten; das durchschnittliche Dienstalter in der Krankenpflege betrug 13 Jahre und 4 Monate, die Dauer der Berufstätigkeit auf den untersuchten Stationen 7 Jahre und 4 Monate.

Die Datenerhebung wurde in einem Zeitraum von drei Wochen unter standardisierten Bedingungen in Räumen auf dem Klinikgelände in Gruppen durchgeführt. Zu jedem der Befragungstermine bearbeiteten rund 10 Pflegekräfte von unterschiedlichen Stationen den Fragebogen unter Anleitung eines Projektmitarbeiters.

4. Ergebnisse zur Güte des Screeningverfahrens

Um die Reliabilität der Screeningversion zu überprüfen, wurde zunächst für alle 36 Skalen des Screeningverfahrens die interne Konsistenz (Cronbach´s alpha) ermittelt. Als Maß zur Schätzung der Reliabilität bei bedingungsbezogenen Arbeitsanalyseverfahren gelten für die interne Konsistenz zwar gewisse Einschränkungen (vgl. Büssing, Glaser & Höge, 1999a), doch kann sie wichtige Hinweise liefern, inwieweit die Items einer Skala ein Konstrukt homogen repräsentieren. Werte unter .60 erzielten lediglich sechs Skalen, die angesichts der unzureichenden Homogenität den methodischen Ansprüchen noch nicht genügen können. Für alle anderen 30 Skalen der Screeningversion kann hingegen die interne Konsistenz mit Werten von .60 bis .89 als bereits hinreichend bis gut beurteilt werden (ausführlicher Büssing, Glaser & Höge, 1999b).

Da die erhebliche Verkürzung des TAA-KH-S um rund 64% seines ursprünglichen Umfangs nur in geringem Maße auf eine Einschränkung der Breite an relevanten Arbeitsbedingungen, sondern vielmehr auf die systematische Verkürzung der Skalen zurückzuführen ist, sind diese Ergebnisse zur Reliabilität der Skalen sehr positiv zu bewerten. Denn eine derartig drastische Skalenverkürzung birgt immer auch die Gefahr einer erheblich niedrigeren Homogenität der verbleibenden Items.

Die neu entwickelten 61 Items der Verfahrensmodule zur Ergonomie und zu Maßnahmen des AuG-Schutzes wurden auf der Basis von faktorenanalytischen Ergebnissen zu acht Skalen zusammengefaßt. Dabei handelt es sich um die Skalen „Strahlenexposition", „Infektionsgefahren", „Wissen über Gefahrenstoffe", „Ergonomische Gestaltung von Bildschirmarbeitsplätzen", „Prävention beim Heben, Tragen, Lagern", „Teilnahme an Veranstaltungen zur Gesundheitsförderung", „AuG-Kultur der Station" und „AuG-orientierte Führung". Die Berechnung der internen Konsistenzen (Cronbach's alpha) führte zu befriedigenden bis guten Werten von .74 bis .89.

Zur Überprüfung der differentiellen Validität der Screeningversion des TAA-KH-S und der Verfahrensmodule zu Ergonomie und Maßnahmen des AuG-Schutzes wurden die Ergebnisse von jeweils zwei Intensivstationen, zwei chirurgischen und zwei internistischen Stationen miteinander verglichen. Dabei wurde davon ausgegangen, daß sich die unterschiedlichen Arbeitsbedingungen dieser Disziplinen, d.h. die spezifischen personellen, räumlichen und materiellen Bedingungen, das unterschiedliche Patientenklientel und die differierenden Arbeitsaufgaben in den Ergebnissen des Screenings widerspiegeln. Die Ergebnisse zu den untersuchten Anforderungen und Ressourcen sowie den psychischen Belastungen weisen voneinander signifikant abweichende Profile auf (Büssing, Glaser & Höge, 1999b). Insbesondere beurteilten die befragten internistischen Krankenpflegekräfte im Vergleich zu ihren Kollegen/-innen auf den chirurgischen und den Intensivstationen die personellen Ressourcen, die Tätigkeitsspielräume und die Angemessenheit der Qualifikation auf ihren Stationen als deutlich geringer. Dies geht einher mit erheblich höheren Belastungen durch Über- oder Fehlbelegungen, durch Zeitdruck und widerprüchliche Arbeitsziele. Außerdem beurteilten die Beschäftigten auf den internistischen Stationen die kognitive

und emotionale Überforderung durch die Patienten höher als die Krankenpflegekräfte der anderen zwei Disziplinen.
Weiterhin zeigte sich, daß „Unterbrechungen durch Personen" erwartungsgemäß eine Form der psychischen Belastung darstellt, die als besonders typisch für den gesamten Bereich der stationären Krankenpflege im untersuchten Krankenhaus gelten kann. Hingegen spielen „Unterbrechungen durch Funktionsstörungen" nur im hochtechnisierten Intensivbereich eine relevante Rolle. Auch diesbezüglich konnten mithilfe des Screeningverfahrens die jeweils charakteristischen Besonderheiten der Stationen abgebildet werden, die auch im Rahmen begleitender Ganzschichtbeobachtungen und Interviews mit den Pflegekräften objektiviert werden konnten.

Ebenso konnten mit dem Verfahrensmodul zur Ergonomie und zu Maßnahmen des AuG-Schutzes bedeutsame Unterschiede zwischen den drei medizinischen Bereichen ermittelt werden. So resultierten z.B. für den Intensivbereich deutlich höhere Werte hinsichtlich der Strahlenexposition und der Infektionsgefahren, während auf den internistischen Stationen die Maßnahmen zur „Prävention beim Heben, Tragen, Lagern" signifikant ungünstiger als auf den chirurgischen Stationen und den Intensivstationen beurteilt wurden.

Insgesamt zeigte sich bei dem Vergleich der Arbeitssituation in den verschiedenen Fachdisziplinen, daß das Screening und die neuentwickelten Verfahrensmodule zur Ergonomie und zu Maßnahmen des AuG-Schutzes über eine ausreichende Sensitivität und Differenzierungsfähigkeit verfügen, um innerhalb eines Krankenhauses die Anforderungs- und Belastungssituation auf verschiedenen Stationen differentiell bewerten zu können.

5. Ausblick

Im Anschluß an die Fragebogenerhebung auf den untersuchten Stationen mit dem hier vorgestellten Screeningverfahren des TAA-KH-S wurden ergänzende Ganzschichtbeobachtungen und Interviews mit Pflegekräften und Stationsleitungen mit dem TAA-KH-O zur Validierung der Fragebogenergebnisse durchgeführt. Weiterhin soll eine Validierung des Screeningverfahrens in bezug auf Anforderungen, Belastungen und Ressourcen in der pflegerischen Arbeit und im Hinblick auf Aspekte der psychophysischen Gesundheit der Pflegekräfte erfolgen. Diese wurden im Rahmen der Fragebogenerhebung bereits miterhoben. Auf der Basis dieser empirischen Ergebnisse zur Reliabilität und Validität wird derzeit eine Überarbeitung und Weiterentwicklung des Screeningverfahrens vorgenommen, das dann in einem zweiten Krankenhaus der Maximalversorgung in Kürze erneut zur Überprüfung kommt.

Von dem endgültigen Screeningverfahren zur Analyse und Bewertung von Anforderungen, Belastungen und Ressourcen erwarten wir, daß es für das „Krankenhaus" und seine praktischen Belange ein aussagekräftiges und gestaltungsorientiertes Instrument zur Analyse und Dokumentation der Arbeitssituation in der stationären Krankenpflege darstellt. Es könnte somit dazu beisteuern, den Anforderungen eines modernen Arbeits- und Gesundheitsschutzes in einem wachsenden Feld der Humandienstleistung Rechnung zu tragen.

Literatur

Büssing, A./Glaser, J. (1999a): Das Tätigkeits- und Arbeitsanalyseverfahren für das Krankenhaus (TAA-KH). In H. Dunckel (Hrsg.), *Psychologische Arbeitsanalyseverfahren* (S. 465–494). Zürich: vdf

Büssing, A./Glaser, J. (1999c): *Das Tätigkeits- und Arbeitsanalyseverfahren für das Krankenhaus – Selbstbeobachtungsversion (TAA-KH-S)* -(Organisation und Medizin). Göttingen: Verlag für Angewandte Psychologie (in Druck)

Büssing, A./Glaser, J./Höge, T. (1999a): Entwicklung und Überprüfung eines arbeitspsychologischen Screeningverfahrens für die stationäre Krankenpflege. *Zeitschrift für Arbeitswissenschaften* (eingereicht)

Büssing, A./Glaser, J./Höge, T. (1999b): *Erfassen und Bewerten psychischer Belastungen im Pflegebereich. Erster Projektbericht mit Zwischenergebnissen* (Bericht Nr. 49 aus dem Lehrstuhl für Psychologie). München: Technische Universität, Lehrstuhl für Psychologie

Hofmann, F. (1994): *Arbeitsbedingte Belastungen des Pflegepersonals*. Landsberg: ecomed

Hoyos, C.G./Wenninger, G. (Hrsg.): (1995). *Arbeitssicherheit und Gesundheitsschutz in Organisationen*. Göttingen: Hogrefe

Skiba, R. (1997): *Taschenbuch Arbeitssicherheit* (9. Aufl.). Bielefeld: Erich Schmidt

Gabriele Richter

Gefährdungsbeurteilung und Dokumentation psychischer Belastungen im stationären Pflegedienst

Der Bedarf an Pflegeleistungen hat in den letzten Jahren ständig zugenommen. Gründe dafür sind z. B. im demographischen Wandel und in technisch-medizinischen Fortschritten zu sehen.

1. Gesetzliche Grundlagen

- Der Begriff Pflegebedürftigkeit wird im Pflegeversicherungsgesetz (Pflege-VG) vom 26. Mai 1994 erläutert:
  Zweites Kapitel, Leistungsberechtigter Personenkreis, § 14, Begriff Pflegebedürftigkeit: „(1) Pflegebedürftig im Sinne dieses Buches sind Personen, die wegen einer körperlichen, geistigen oder seelischen Krankheit oder Behinderung für die gewöhnlichen und regelmäßigen wiederkehrenden Verrichtungen ... in erheblichem und höherem Maße (§ 15) der Hilfe bedürfen. ... (4) Gewöhnliche und regelmäßig wiederkehrende Verrichtungen im Sinne des Absatzes 1 sind: 1. im Bereich der Körperpflege das Waschen, Duschen, Baden, die Zahnpflege, das Kämmen, Rasieren, die Darm- und Blasenentleerung, 2. im Bereich der Ernährung das mundgerechte Zubereiten oder die Aufnahme der Nahrung, 3. im Bereich der Mobilität das selbständige Aufstehen und Zu-Bett-Gehen, An- und Auskleiden, Gehen, Stehen, Treppensteigen ...".
- Psychosoziale Leistungen:
  BGBl. vom 26. Mai 1994, Zweiter Teil, Änderung des Sozialgesetzbuches, Artikel 9, Änderung des Bundesversorgungsgesetzes § 26c oder Artikel 18, Änderung des Bundessozialhilfegesetzes § 68: „(5) ... Um der Gefahr der Vereinsamung der Pflegebedürftigen entgegenzuwirken, sollen bei der Leistungserbringung auch die Bedürfnisse des Pflegebedürftigen nach Kommunikation berücksichtigt werden."
  Erstes Gesetz zur Änderung des Elften Sozialgesetzbuches vom 14. Juni 1996; 29. § 82, Abs. 1, Satz 2: „... Die Pflegevergütung umfaßt bei stationärer Pflege auch die medizinische Behandlungspflege und die soziale Betreuung."

2. Pflegetätigkeit

Das Besondere der Pflegetätigkeit besteht in der Arbeit der Pflegekräfte mit Pflegebedürftigen. Der Arbeitsgegenstand ist ein kranker, behinderter oder älterer Mensch. Folgende Aufgaben sind von den Pflegekräften zu erfüllen:

- die Grundpflege *(Aufnahme, Entlassung, Betten, Lagern, Körperpflege, Füttern)*;
- die Behandlungspflege *(Fieber messen, Wundversorgung, Tabletten geben)*;
- die psychosoziale Betreuung *(beruhigen, trösten, Mut zusprechen)*;
- Verwaltungsaufgaben *(Krankentageblatt, Statistiken)* und
- Aufgaben, die der Erhaltung der Sauberkeit auf Station und der Hygiene der Pflegebedürftigen dienen.

3. Psychische Belastungen

Obwohl Pflegekräfte in der Regel über ein hohes Engagement verfügen, halten viele dem Druck der vielfältigen psychischen und physischen Belastungen nicht stand. Die Pflegekräfte befinden sich dabei in einer sog. Sandwich-Position. Sie müssen den Anforderungen der Organisation „Krankenhaus“ und den Bedürfnissen der Pflegebedürftigen genügen. Vier Aspekte der Arbeit werden immer wieder von den Pflegekräften als besonders schwierig genannt, die sie psychisch *überfordern*:

1. der Arbeitsumfang und die Arbeitsverteilung, *z. B. Zeitdruck, die Verteilung der Arbeitsaufgaben über die Schichten (Ca. 30 % der täglich anfallenden Arbeiten auf Station werden in der Zeit von 6.45 bis 9.30 Uhr erfüllt.), ständige Unterbrechungen (durch Vorgesetzte, Telefonate, andere Patienten), widersprüchliche Anweisungen, unklare Zuständigkeiten, zu hohe Verantwortung*;
2. Arbeitsklima, *z. B. Konflikte mit Kollegen und Vorgesetzten, zu wenig Anerkennung, schlechte Kooperation zwischen ärztlichem und Pflegepersonal, Konflikte mit Patienten oder deren Angehörigen*;
3. Leid und Tod von Patienten, *z. B. eigene Betroffenheit, zu wenig Zeit für Gespräche*;
4. Qualifikationsdefizite, *z. B. unzulängliche kommunikative Kompetenzen.*

Auch die *Arbeitsbedingungen* werden von den Pflegekräften als defizitär erlebt. Beispiele sind ungünstige Arbeitszeiten, Unvereinbarkeit von Familie und Beruf, die technische Ausstattung der Station, die Beengtheit der Räume, die schlechte Luft in den Räumen, kein Einzelzimmer für Sterbende, die Entlohnung.

Erschwerungen der Arbeit ergeben sich auch daraus, daß „leichtere" Fälle immer seltener werden, da der Anteil pflegeintensiver Patienten ständig zunimmt und die Liegezeiten weiter abnehmen; Personal aus verschiedenen Gründen knapp ist; die Pflegekräfte häufig lange stehen müssen bzw. lange Wege auf den Stationen zurücklegen.

Die Pflegetätigkeit enthält aber auch Merkmale, die die Pflegekräfte psychisch *unterfordern*. Dazu zählen geringe Tätigkeitsspielräume, einförmige und häufig wiederkehrende Tätigkeitswechsel *(starke Routine beim Handeln trotz wechselnder Patienten)*, geringe Möglichkeiten für eigene Entscheidungen.

4. Burnout

Die bekannteste Folge der hohen psychosozialen Belastungen der Pflegetätigkeit besteht im Erleben von Burnout. Burnout wird auch als Ausgebranntsein bezeichnet, das aus einem Syndrom emotionaler Erschöpfung, Depersonalisierung und reduzierter Leistungsfähigkeit besteht. Burnout ist bereits nach vier Jahren Berufsausführung nachweisbar.

Burnout ist ein schleichend beginnender Prozeß, der verschiedene Verlaufsphasen hat. Mögliche *Symptome* sind (Burisch, 1994):

1. Warnsymptome der Anfangsphase
   - vermehrtes Engagement für Ziele: erhöhte Begeisterung, Gefühl der Unentbehrlichkeit, Verleugnung eigener Bedürfnisse, Verdrängung von Mißerfolgen; Erschöpfung: chronische Müdigkeit, Energiemangel, erhöhte Unfallgefahr;
2. Reduziertes Engagement
   - für Klienten, Patienten und die Arbeit; Partnerschaftsprobleme, Konflikte mit den eigenen Kindern;
3. Emotionale Reaktionen, Schuldzuweisungen
   - Depression (Selbstmitleid, Humorlosigkeit, Bitterkeit, Hilflosigkeit) und Aggression (Launenhaftigkeit, Reizbarkeit);
4. Abbau der Leistungsfähigkeit, der Motivation und der Kreativität;
5. Verflachung des emotionalen Lebens, des sozialen Lebens und des geistigen Lebens;
6. Psychosomatische Reaktionen, Auswirkungen auf die Gesundheit (Schwächung des Immunsystems, Atembeschwerden, Übelkeit);

7. Verzweiflung, Gefühl der Hoffnungslosigkeit.

Burnout wird begleitet von erhöhten Fehlzeiten und Fluktuation. Das Auftreten von Arbeitsunfällen ist wahrscheinlich.

Oppolzer (1999) hat innerhalb eines Gesundheitsförderungsprojektes den *Krankenstand* von drei Hamburger Krankenhäusern mit dem Durchschnitt des Krankenstandes gesetzlich Krankenversicherter verglichen. Dabei stellte er fest, daß der Krankenstand in den drei Krankenhäusern deutlich über dem Durchschnitt gesetzlich Krankenversicherter lag.

Herrschbach (1991) hat verschiedene Studien zur *Fluktuation* von Krankenpflegekräften ausgewertet. Die Fluktuation im Sinne von jährlichen Abgangsquoten relativ zum Personalbestand schwankte danach zwischen 13,4 % und 15 % (deutsche Veröffentlichungen). Die meisten Kündigungen erfolgten in größeren Kliniken und in größeren Gemeinden. Zum Zeitpunkt der Kündigung waren viele Pflegekräfte 4 bis 7 Jahre im Beruf. Nur 56 % waren nach der Kündigung wieder als Schwester oder Pfleger tätig, 23 % wandten sich anderen Berufen zu, und 21 % waren nicht mehr berufstätig bzw. Hausfrauen.

Die Zahl der gemeldeten *Arbeitsunfälle* von Kliniken ist 1997 im Vergleich zu 1996 deutlich gesunken. Dennoch nehmen die gemeldeten Arbeitsunfälle von Kliniken 1997 (Quelle: BGW, Jahresberichte 1996 und 1997) den zweiten Platz nach den gemeldeten Arbeitsunfällen von Heimen ein.

Ein Rückschluß auf die hohen psychischen Belastungen der Pflegekräfte ist wie bei den Fehlzeiten nicht fehlerfrei möglich, weil die Daten der Pflegekräfte nicht extra aufgeführt werden.

5. Gefährdungsbeurteilung und Dokumentation

Die Maßnahmen des Arbeitsschutzes zielen darauf ab, sowohl Arbeitsunfälle als auch krankheitsbedingte Arbeitsausfälle zu vermeiden. Voraussetzung dafür ist eine *Gefährdungsbeurteilung und Dokumentation.* Die BGW hat für die bei ihnen versicherten Gewerbezweige Hefte mit dem Titel „Grundlagen der Prävention" herausgegeben, die die Gefährdungsbeurteilung und Dokumentation unterstützen sollen. Mit den enthaltenen Arbeitsblättern ist formal eine Hilfe bei der Gefährdungsbeurteilung und Dokumentation gegeben.

Um die Beurteilung psychischer Belastungen der Pflegekräfte im Rahmen der Gefährdungsbeurteilung zu unterstützen, hat die BAuA ein Forschungsprojekt mit dem Titel „Erfassen und Bewerten psychischer Belastungen bei Beschäftigten im Pflegebereich“ vergeben. Das Projekt wird vom Institut für Psychologie der TU München unter der Leitung von Prof. Büssing bearbeitet. Wesentliche Ergebnisse des Projektes sollen darin bestehen, daß

- ein handhabbares Screening-Verfahren entwickelt wird, das später auch von SIFA's eingesetzt werden kann;
- die ermittelten Ergebnisse auch für die Dokumentation der Gefährdungen und der erforderlichen Maßnahmen des AS nutzbar sind;
- mögliche technisch-organisatorische und personenbezogene Maßnahmen in einem Empfehlungskatalog zusammengestellt werden.

Die *Maßnahmen des Arbeitsschutzes* sollten dabei immer an den Ursachen ansetzen, z. B.:

- Probleme des Arbeitsumfangs und der Arbeitsverteilung können mit Hilfe arbeitsorganisatorischer Gestaltungsmaßnahmen abgebaut werden.
- Probleme des Arbeitsklimas werden z. B. mit Schulungen der Führungskräfte entschäft.
- Beim Umgang mit dem Leid oder Tod von Patienten oder bei Qualifikationsdefiziten sind personenbezogene Maßnahmen der Weiterbildung und Schulung vorzuschlagen. Wittkowski (1999) hat auf der Basis der Theorie zur Entstehung von Emotionen von Lazarus ein Mehr-Ebenen-Modell der Sterbebegleitung für Pflegekräfte entwickelt. Pflegekräfte wären besser in der Lage, auf die Bedürfnisse Sterbender einzugehen und ihre eigenen Defizite und Grenzen in einer solchen Situation zu erkennen.
- Zur Beseitigung ungünstiger Arbeitsbedingungen sind vorrangig technische und organisatorische Maßnahmen zu ergreifen.
- Dem Erleben psychischer Unterforderung könnte durch die Einführung von Gruppenpflege vorgebeugt werden, da vollständige Arbeitstätigkeiten geschaffen werden (Glaser, Büssing, 1997). Weitere Vorteile der Gruppenpflege bestehen darin, daß die Pflegekräfte besser informiert sind und mehr Zeit für die psychosoziale Betreuung der Patienten haben. Außerdem klagen die Pflegekräfte weniger über Rückenschmerzen (BAuA, Fb 824).

6. Ausblick

Nach Beendigung des Forschungsprojektes sollte eine Evaluierungsstudie zur Verständlichkeit und Handhabbarkeit des Screening-Verfahrens und des Empfehlungskataloges durchgeführt werden.
Ein weiterer Schwerpunkt wird zukünftig in der Untersuchung der psychischen Belastungen der Pflegekräfte in ambulanten Diensten sein. Es soll geprüft werden, ob das entwickelte Screening-Verfahren an die ambulante Pflege angepaßt werden kann.

Literatur

Burisch, M. (1994): *Das Burnout-Syndrom – Theorie der inneren Erschöpfung* (2. Auflage). Heidelberg: Springer-Verlag

Erstes Gesetz zur Änderung des Elften Sozialgesetzbuches vom 14. Juni 1996; 29. § 82 Abs. 1, Satz 2, BGBl. S. 830–865

Glaser, J./Büssing, A. (1997): Ganzheitliche Pflege und Arbeitsbelastungen. In: Büssing, A. (Hrsg.): *Reorganisation von Dienstleistungsprozessen im Krankenhaus*. Göttingen: by Hogrefe-Verlag, S. 301–328

Grundlagen der Prävention: *Ermittlung und Beurteilung von Gefährdungen.* Krankenhäuser, Kliniken, ... Hamburg: BGW, Ausgabe Februar 1998

Hendel-Kramer, A./Stößel, U/Krumm, S. (1998): *Moderne Pflegemethoden und rückengerechtes Arbeiten – Machbarkeitsstudie zur Bewertung präventiver Effekte*. Bremerhaven: Wirtschaftsverlag NW. (Schriftenreihe der BAuA, Fb 824)

Herrschbach, P. (1991): *Psychische Belastung von Ärzten und Krankenpflegekräften.* Weinheim: VCH Verlagsgesellschaft mbH

Horn, U./Elbe, T. (1996): *Emotionale Verausgabung und psychische Belastungen, speziell solche, die aus dem Beziehungsaspekt resultieren.* Fachhochschule Frankfurt am Main (Diplomarbeit)

Jahresbericht '96. Berufsgenossenschaft für Gesundheits- und Wohlfahrtspflege. Hamburg: Haase Druck, 1997

Jahresbericht '97. Berufsgenossenschaft für Gesundheits- und Wohlfahrtspflege. Hamburg: Marx & Wilh. Haase GmbH, 1998

Keel, P. (1993): Psychische Belastung durch die Arbeit: Burnout-Syndrom. In: *Soz Präventivmed*, Suppl 2, S. 131–132

Oppolzer, A. (1999): Betriebliche Gesundheitsförderung im Krankenhaus. In: *„Die BG", Heft Januar*, S. 28–36

Pflegeversicherungsgesetz (Pflege-VG) vom 26. Mai 1994. BGBl. vom 28. Mai 1994, S. 1013–1071

Richter, P./Hacker, W. (1998): *Belastung und Beanspruchung – Streß, Ermüdung und Burnout im Arbeitsleben.* Heidelberg: Roland Asanger Verlag

Wittkowski, J. (1999): Umgang mit Sterben und Tod: Wie lassen sich die Ergebnisse der Grundlagenforschung in der Praxis umsetzen?. In *Report Psychologie*, 2/99, S. 114–120

Armin Windel, Dagmar C. Wolf und Christoph Teichert

Gruppenarbeit im Gesundheitswesen (GIG) – Auswirkungen verschiedener Pflegesysteme auf die Gesundheit des Personals und die Pflegequalität

1. Theoretischer Hintergrund des Projektes GIG

Das Forschungsprojekt Gruppenarbeit im Gesundheitswesen (GIG) wurde am Lehrstuhl der Arbeits- und Organisationspsychologie der Ruhr Universität Bochum mit Förderung der Berufsgenossenschaft für Gesundheitsdienst und Wohlfahrtswesen durchgeführt. Die zentrale Fragestellung des Projektes ist die nach den Auswirkungen verschiedener Pflegesysteme auf die beteiligten MitarbeiterInnen und auf die Pflegequalität.

In der bundesdeutschen Krankenhausrealität ist eine Vielzahl von Bezeichnungen für die jeweils praktizierten Pflegesysteme vorzufinden. Glaser und Büssing (1996) haben ein Modell zur Klassifizierung entwickelt, das sowohl die inhaltliche Ausrichtung (das Pflegeprinzip) als auch die organisatorische Gestaltung und Zuständigkeit (Pflegeorganisationsform) erfaßt. Bei näherer Betrachtung der Pflegesysteme sind zwei Extreme vorzufinden: Klassische Funktionspflege auf der Seite der arbeitsteilig, tätigkeitsorientiert arbeitenden Pflegesysteme und ganzheitliche Bezugspflege, die die drei Kriterien der *Patientenorientierung*, der *Umsetzung des Pflegeprozeßmodells* und der *Durchführung vollständiger Pflegeaufgaben* erfüllt. In der pflegerischen Praxis liegt häufig eine breite Spanne zwischen der Bezeichnung des jeweiligen Pflegesystems und der Durchführung vor Ort. Ebenso ist erkennbar, daß nur in vereinzelten Fällen die Pflegesysteme in ihrer „Reinform“ vorzufinden sind. Die Mehrheit bewegt sich in einem „Mischbereich“.

In der theoretischen Diskussion werden eine Vielzahl positiver Auswirkungen der ganzheitlichen Bezugspflege beschrieben. Empirisch sind allerdings kaum krankenhausübergreifende Befunde für diese Hypothesen vorzufinden.

2. Untersuchungshypothesen

Ziel ist eine krankenhausübergreifende Prüfung der folgenden Hypothesen:

1. Pflegekräfte aus ganzheitlichen Pflegesystemen berichten von
   a) positiven Auswirkungen auf ihren Arbeitsalltag
   b) einem höheren Wohlbefinden und geringeren psychosomatschen Beschwerden
2. Patienten, die in ganzheitlichen Pflegesystemen versorgt werden, bewerten die pflegerische Dienstleistungsqualität höher.

3. Erhebungsmethodik

Das GIG Projekt startete im Frühjahr 1998 mit der Entwicklung der Meßinstrumente sowie der Krankenhaus-Akquisition. Die Datenerhebung erfolgte von Oktober 1998 bis Januar 1999, wobei die Datenerhebung pro Station ca. eine Woche betrug. Drei der sieben beteiligten Krankenhäuser sind Krankenhäuser der Maximalversorgung. Die restlichen vier Krankenhäuser zählen zu der Gruppe der Regelversorgung. Die Stichprobe umfaßt 18 Stationen, wobei insgesamt 172 Pflegekräfte und 95 Patienten teilnahmen.

3.1 Darstellung der verwendeten Meßinstrumente

Ausgehend von den in der Literatur beschriebenen Charakteristika der Pflegesysteme wurden verschiedene Verfahren zur *Erhebung des praktizierten Pflegesystems* eingesetzt: In einem standardisiertem Interview mit der Stationsleitung oder einer Bezugspflegekraft wurden die organisatorischen Rahmenbedingungen der Station (z. B. Schichtbesetzung, Dienstplanerstellung) erfaßt. Im Rahmen der Arbeitsplatzanalyse mit dem Verfahren SIGMA (Windel u.a., 1997) begleitete jeweils eine geschulte Beobachterin eine Pflegekraft und erhob Tätigkeiten, Abläufe und resultierende Belastungen. Abschließend wurden Controllingdaten (z. B. Verweildauer, Bettenanzahl) mittels eines standardisierten Formblatts erhoben.

Die Verfahren zur Erfassung der *Auswirkungen* wurden im Sinne eines erweiterten Belastungs-Beanspruchungsmodells ausgewählt: Die Effekte auf die Tätigkeit der Pflegekräfte wurde mittels des neu entwickelten *Fragebogens zur Einschätzung des Pflegesystems* (FEP) erhoben. Anlehnend an Hackers Konzept der vollständigen Tätigkeit (1986) sind Aussagen zum Alltag der Pflegekräfte mit den Dimensionen „Anforderungsvielfalt & Ganzheitlichkeit“; „Entscheidung & Verantwortung“; „Lern- & Entwicklungsmöglichkeiten“ sowie „Soziale Interaktion mit den Patienten“ enthalten. Kurz-, mittel- und langfristiges Beanspruchungserleben wurden in dem Fragebogen zur Beanspruchung und Gesundheit (State-Skala des STAI von Spielberger et al. (1981), Skala zur Gereiztheit und Belastetheit von Mohr (1986), modifizierte Freiburger Bescherdenliste (Fahrenberg, 1975) erhoben. Zusätzlich wurde der in diesem Band von Windel beschriebene Fragebogen zu arbeitsbezogenen Konflikten in Teams (FAKT, 1999) eingesetzt.

Die Auswirkungen auf die Patienten wurden mit dem neuentwickelten Fragebogen BESD *(Beurteilung der stationären Dienstleistungsqualität aus der Sicht der Patienten)* erfaßt. Dieser Fragebogen stützt sich auf ein von Zeithaml et al. (1992) beschriebenes Konzept zum Qualitätsservice und setzt sich aus den drei Bereichen pflegerische Dienstleistungsqualität, ärztliche Dienstleistungsqualität sowie Beurteilungen der Hotelaspekte zusammen.

3.2 Klassifikation der Pflegesysteme und Einordnung der Stationen

Die beteiligten Stationen wurden in mehreren Datenreduktionsschritten den unterschiedlichen Pflegesystemen zugeordnet. So konnten für jede Station Kriterien extrahiert werden, die eine Klassifikation der untersuchten Stationen erlaubten. Die Erfüllung der Klassifikationskriterien führt auf dem Kontinuum der Pflegesysteme zu einer Einstufung in die Gruppe der „ganzheitlichen Bereichs- oder Bezugspflege“, die Nichterfüllung führt zu einer Einstufung in Richtung „klassischer Funktionspflege“. Aufgrund der Komplexität wird die Systematik an anderer Stelle beschrieben (Windel, Wolf und Teichert, i. Vorb.) und kann von den Autoren bezogen werden. In der nachfolgenden Ergebnisdarstellung wird aus Gründen der Übersichtlichkeit eine Einteilung in drei Kategorien gewählt: Neben den beiden oben genannten wurde ein „Mischbereich“ gebildet, der die nicht zu einem der anderen beiden Kategorien zuzuordnenden Pflegesysteme zusammenfaßt.

Von den 18 untersuchten Stationen wurden drei als arbeitsteiligen, klassischen Funktionspflege klassifiziert. Eine Station praktizierte das Pflegesystem der ganzheitlicher Bezugspflege, zwei weiteren Stationen hatten eine ganzheitliche Bereichspflege eingeführt. Die restlichen 12 Stationen zählen zum Mischbereich.

4. Ergebnisse

Alle Ergebnisse basieren auf hierarchischen Varianzanalysen, in denen Effekte von soziodemographischen Variablen als Einfluß auf die abhängigen Variablen kontrolliert wurden.

Hinsichtlich der Auswirkungen des praktizierten Pflegesystems auf den *Arbeitsalltag* der Pflegekräfte konnte ein eindeutiger Einfluß auf die Tätigkeit der Mitarbeiter nachgewiesen werden. Für die *Anforderungsvielfalt und Ganzheitlichkeit* gilt, daß das Kriterium ausgehend von der arbeitsteiligen, klassischen Funktionspflege in Richtung ganzheitlicher Bereichs- und Bezugspflege zunimmt (F=36,641; df=2; p=.000), d. h. die Arbeitsaufgabe wird abwechslungsreicher, sie umfaßt zunehmend mehr Handlungsschritte. Auch die *Entscheidung und Verantwortung* der Pflegekräfte nimmt in Richtung ganzheitlicher Bereichs- und Bezugspflege hin zu (F=8,002; df=2; p=.000). Die klassische Funktionspflege und der Mischbereich weisen hier gleiche Mittelwerte auf. In der ganzheitlichen Bereichs- und Bezugspflege haben die Pflegekräfte einen größeren Spielraum, in dem sie eigenständig Entscheidungen treffen. Gleichsam steigt auch das Maß ihre Entscheidungen und Tätigkeiten zu verantworten. Die *Soziale Interaktion mit dem Patienten* weist sowohl in der arbeitsteiligen, klassischen Funktionspflege, als auch in der ganzheitlichen Bereichs- und Bezugspflege annähernd gleiche Mittelwerte auf. Jedoch besteht ein signifikanter Unterschied (F=6,506; df=2; p=.002) zu dem Mischbereich. Hier ist die Möglichkeit der Pflegekräfte mit den Patienten zu kommunizieren eingeschränkt. In der Dimension *Lern- und Entwicklungsmöglichkeiten* gab es keine Unterschiede.

Hinsichtlich der Auswirkungen auf das *Wohlbefinden und die Gesundheit* der Mitarbeiter wurde in der untersuchten Stichprobe ebenfalls kein signifikanter Effekt nachgewiesen. Lediglich die Tendenz, daß das Wohlbefinden der Mitarbeiter in dem Mischbereich etwas geringer als in den beiden anderen Pflegesystemen ist, läßt sich erkennen. Die entsprechende Hypothese (siehe Abschnitt 2) kann also nicht bestätigt werden. Es ist davon auszugehen, daß nicht allein das Pflegesystem eine Auswirkung auf die Beanspruchung und Gesundheit der Mitarbeiterinnen und Mitarbeiter hat, sondern daß andere organisationale Aspekte in dem Unternehmen Krankenhaus einen wesentlich bedeutsameren Einflußfaktor darstellen. Hier ist etwa an die stark hierarchischen Strukturen zu denken, die nach wie vor im Krankenhaus anzutreffen sind und zu denen die Einführung ganzheitlicher Pflegesysteme, die dem Gedanken der Handlungs- und Entscheidungsautonomie folgen, nicht recht zu passen scheinen. Aus der Verankerung teilautonomer Arbeitssysteme in einer zentralistischen, stark separierten Organisation können letztlich Reibungspotentiale resultieren, die auf Seiten der Mitarbeiter zu qualitativ veränderten – u. U. jedoch ebenso dysfunktionalen – Beanspruchungen und Beanspruchungsfolgen führen.

Klare Auswirkungen des Pflegesystems sind auf die *Pflegerische Dienstleistungsqualität* aus der Sicht der Patienten nachzuweisen. Die Differenzen zwischen den Pflegesystemen (F=5,948; df=2; p=.004) sind hoch signifikant. Sie bestätigen die Hypothese, daß Patienten, die in ganzheitlichen Pflegesystemen versorgt werden, die *Pflegerische Dienstleistung* durchgehend besser beurteilen, als jene Patienten, die auf einer Station mit klassischer Funktionspflege versorgt werden. Für diese Interpretation spricht, daß Unterschiede zwischen den Pflegesystemen weder für die *Ärztliche Dienstleistung* noch für die *Hotelaspekte* festzustellen sind. Die bessere Bewertung bezieht sich somit nicht generell auf die Krankenhäuser mit Bereichs- oder Bezugspflege, sondern ist spezifisch für die praktizierte Pflege.

5. Übergreifende Diskussion und Implikationen für die Praxis

Gerade vor dem Hintergrund der aktuell geführten Diskussion um Qualitätssicherung im Gesundheitswesen sehen immer mehr Krankenhäuser die Notwendigkeit zu nicht nur wirtschaftlich bedingten Umstrukturierungen. Zur Erreichung eines höheren Wettbewerbsvorteils bietet sich Krankenhäusern die Möglichkeit der Steigerung der Kundenorientierung. Wie die vorliegende Untersuchung zeigt, scheint die Einführung ganzheitlicher Pflegesysteme hierzu ein sinnvolles Instrument zu sein. Ferner wird deutlich, daß die Einführung ganzheitlicher Pflegesysteme günstige Auswirkungen auf die Mitarbeiter hat. Jedoch reicht dies allein zur Steigerung der Gesundheit und des Wohlbefindens der Mitarbeiter nicht aus. Hier bedarf es weiterer organisationaler Veränderungen, da die Implementierung teilautonomer Arbeitssysteme einer komplexen Abstimmung der Bereiche Technik, Organisation und Personal bedarf. Aus den vorliegenden Daten kann geschlossen werden, daß – ähnlich wie bei der Gruppenarbeit in der Industrie – die gesamte Organisation in den Veränderungsprozeß mit einbezogen werden muß, damit die Einführung von ganzheitlichen Pflegesystemen nicht zur Implementierung einer langfristig frustrierenden Insellösung wird.

Literatur

Bundesministerium für Arbeit und Sozialordnung [BMAS] (Hrsg.) (1981): *Qualitätssicherung und Qualitätskontrolle pflegerischer Arbeit im Krankenhaus* (Bericht Nr. 271). Bonn: BMAS

Büssing, A. (Hrsg.) (1997): *Von der funktionalen zur ganzheitlichen Pflege – Reorganisation von Dienstleistungsprozessen im Krankenhaus.* Göttingen: Verlag für angewandte Psychologie

Büssing, A./Glaser, J. (1996): *Bereichspflege: Analyse und Bewertung ganzheitlicher Pflegestrukturen.* Berichte aus dem Lehrstuhl für Psychologie der TU München, Bericht Nr. 25

Fahrenberg, J. (1975): *Die Freiburger Beschwerdenliste* (FBL). Zeitschrift für klinische Psychologie, 4, S. 49–100

Laux, L./Glanzmann, P./Spielberger, C. D. (1981): *Das State-Traite-Angst-Inventar: Theoretische Grundlagen und Handlungsanweisungen.* Weinheim: Beltz

Mohr, G. (1986): *Die Erfassung psychischer Befindensbeeinträchtigungen bei Arbeitern.* Frankfurt / Main: Peter Lang

Prognos (Hrsg.) (1998): *Patientenorientierung – eine Utopie?* Stuttgart: Gustav Fischer

Ulich, E. (1994): *Arbeitspsychologie.* Zürich: Verlag der Fachvereine

Windel, A./Salewski-Renner, M./Hilgers, S./Zimolong, B: (1997): *Das Screening-Instrument zur Bewertung und Gestaltung von menschengerechten Arbeitstätigkeiten* (SIGMA). Ruhr-Universität Bochum: Unveröffentlichtes Erhebungsinstrument

Windel, A./Adolph; L. J./Kronz, E./Zimolong, B. (1999): *Fragebogen zu arbeitsbezogenen Konflikten in Teams (FAKT).* Ruhr-Universität Bochum: Bochumer Berichte zur Angewandten Psychologie

Windel, A./Wolf, D.C./Teichert, C. (in Vorbereitung): *Gruppenarbeit im Gesundheitswesen (GIG).* Unveröffentlichter Abschlußbericht der Ruhr-Universität Bochum

Windel, A./Zimolong, B. (1997): *Gruppenarbeit und Leistung in der betrieblichen Praxis*, Gruppendynamik, 28 (4), S. 333–350

Zeithaml, V./Parasuraman, A./Berry L. (1992): Qualitätsservice – Was Ihre Kunden erwarten – was Sie leisten müssen. New York: Campus Verlag

Gabriele Biernath und Hubert Blanz

Belastungsfaktoren der Servicetätigkeit im Gastgewerbe: Vorstellung einer Präventionsmaßnahme

Einleitung

Dienstleistende Arbeit nimmt insgesamt einen immer größeren Stellenwert ein. In den Betrieben des Gastgewerbes findet sich klassischerweise die Dienstleistung am Gast, die wohl auch eine der ältesten ist. Wir werden ihnen eine Präventionsmaßnahme der Berufsgenossenschaft Nahrungsmittel und Gaststätten vorstellen. Es handelt sich um ein Seminarkonzept mit dem Titel „Immer nur lächeln?! Selbstsicher und kundenorientiert mit Gästen und Kollegen umgehen." Wir werden Ihnen darlegen, vor welchem Hintergrund wir dieses Seminarkonzept entwickelt haben, welche Ziele und Methoden sich damit verbinden und welche Erfahrungen bisher damit vorliegen.

1. Rahmenbedingungen der Servicetätigkeit

Die Belastungsfaktoren der Arbeit im Gastgewerbe ergeben sich aus den Rahmenbedingungen des Arbcitsablaufs und aus dem Umgang mit Gästen.

- *Dauer und Lage der Arbeitszeiten* sind belastend (Nacht- und Wochenendarbeit; Arbeitszeiten von 10 Stunden oder mehr.)
- Der *Mangel an qualifizierten Arbeitskräften* führt dazu, daß vermehrt mit Aushilfskräften gearbeitet wird und i.d.R. vergleichsweise viel Arbeit für jeden einzelnen anfällt. Auszubildende werden häufig als billige Arbeitskräfte mißbraucht.
- Das *Entlohnungssystem* fördert Konkurrenz und Einzelkämpfertum statt Zusammenarbeit und Kooperation (Geringer Grundlohn plus Umsatzbeteiligung /Trinkgeld).
- *Körperlichen Belastungen* finden sich insbesondere durch schlechte Luft, das Heben von schwerem Geschirr, vor allem bei langen Wegen mit zahlreichen Hindernissen, wie Treppen, Türen, etc.
- Der *Arbeitsablauf* ist geprägt durch *Stoßzeiten mit Hektik und Phasen der Unterforderung*. Pausen finden, wenn überhaupt, unregelmäßig statt.

Ein weiterer Belastungsfaktor, liegt in der Interaktion der Servicekraft mit den Gästen. Diese sind immer zuvorkommend und freundlich zu behandeln, die Servicekraft soll sich auf deren Wünsche einstellen. Schwierig wird dies z. B. wenn eigene Bedürfnisse zurückgestellt werden müssen, Gäste sich schlecht benehmen, angetrunken sind oder auch einfach eine persönliche Antipathie erlebt wird. Dabei ist diese Dienstleistungsinteraktion durch 5 wesentliche Besonderheiten gekennzeichnet, die den Kontakt zu Gästen zur Belastung machen können.

- Der *Berufsstatus* ist gering, d.h. die Servicekraft wird oft nicht als Person behandelt, sondern despektierlich und unhöflich. Es werden z.B. grundsätzliche Regeln der Höflichkeit, wie „Bitte-Danke-Sagen" oder das Anschauen beim Sprechen nicht befolgt (Nerdinger, 1994; Durst, 1993; Gerst, 1996).
- Die Servicekraft hat eine Vermittlerfunktion z.B. zwischen Gast und Küche und befindet sich dadurch in einer „Sandwichposition" (v. Sassen, 1994). Sie ist für beide Stellen gleichermaßen Ansprechpartner und hat Prozeßergebnisse zu vertreten, die sie selbst nur begrenzt beeinflussen kann. Sie muß u.U. gleichzeitig gegensätzliche Interessen vertreten.
- *Rollenkonflikte* entstehen durch die Anwesenheit ganz verschiedener Gäste, die gleichzeitig *unterschiedliche Erwartungen an die Servicekraft* herantragen, wie z.B. ein Gast der möglichst rasch bedient werden möchte, ein anderer, der gerne noch „ein Schwätzchen" halten würde (Shamir, 1980). Die gleichzeitige Erfüllung solcher gegensätzlicher Erwartungen wird erwartet, ist praktisch aber ausgeschlossen.
- Der Begriff *„Interaktionsstreß"* beschreibt Streß, der entsteht, wenn Gefühle präsentiert werden sollen, die so in diesem Moment nicht erlebt werden (Badura, 1990). Freundlichkeit zu zeigen und freundlich zu sein, wenn die Servicekraft aber tatsächlich abgespannt und erschöpft ist oder eine starke Antipathie erlebt, kann dauerhaft eine große Belastung darstellen (Hochschild, 1990).
- Die *soziale Interaktion und Kommunikation mit Gästen* ist in der Regel durch ein ungleiches Machtverhältnis zu lasten der Servicekraft gekennzeichnet (Nerdinger, 1994; Shamir, 1980). Damit ist das Verhaltensrepertoire der Servicekraft im Vergleich zur Alltagsinteraktion deutlich eingeschränkt – vorausgesetzt diese möchte nicht „aus ihrer Rolle fallen".

Es bleibt festzuhalten, daß die Tätigkeit der Servicekraft im Gastgewerbe unter Bedingungen stattfindet, die insbesondere in ihrer Kombination sowohl körperlich als auch psychisch als belastend betrachtet werden müssen.

Was weiß man bislang über die Folgen für die Gesundheit der in diesem Bereich Beschäftigten?

2. Gesundheit und Wohlbefinden bei Servicekräften im Gastgewerbe

Detailliertes empirisches Wissen in Form von epidemiologisch-medizinischen Daten oder Längsschnittuntersuchungen fehlen für diese Berufsgruppe bisher weitgehend. Deutliche Hinweise auf gesundheitlich negative Auswirkungen ergaben sich unter anderem bei einer 1997 abgeschlossenen Studie (Biernath, 1997). Hier zeigten sich signifikante Zusammenhänge zwischen Belastungsausmaß und psychischem Befinden und eine überdurchschnittliche Befindensbeeinträchtigung durch psychosomatische Beschwerden.

3. Ansätze der Prävention im Gastgewerbe

Eine wesentliche Aufgabe präventiver Arbeit besteht darin, Bedingungen so zu gestalten, daß von vorneherein möglichst wenig Belastungen entstehen. Weiterhin sind Mensch und Arbeitsorganisation so aufeinander abzustimmen, daß Ressourcen für den Umgang mit nicht abzubauenden Belastungen bestehen (Mohr, 1990). Unter Ressourcen versteht man dabei Bedingungen oder Eigenschaften in der Person oder in der Umwelt, die die Ursache-Wirkungs-Beziehung zwischen Stressor und Streßfolgen positiv beeinflussen (Frese & Semmer, 1991). Daraus ergeben sich zwei Ansatzpunkte für präventive Strategien: der Belastungsabbau und der Ressourcenaufbau. Im Gastgewerbe fällt der Belastungsabbau schwer im Hinblick auf die Faktoren Arbeitszeitlage, Hektik und Stoßzeiten oder die Gastinteraktion, die allesamt wesentlicher Bestandteil der Tätigkeit sind. Vor diesem Hintergrund ist nach sinnvollen und machbaren Alternativen zu suchen, wie man die Gesundheit dieser Beschäftigten im Gastgewerbe aktiv fördern und aufrechterhalten kann.

Unseres Erachtens sind wesentliche Ressourcen für Gesundheit und Wohlbefinden von Servicekräften in der einzelnen Person zu finden. Merkmale und Fähigkeiten wie Freundlichkeit, Sensibilität, Auftreten, Selbstbewußtsein, etc. treten hier im Hinblick auf die Arbeitstätigkeit vergleichsweise stärker in den Mittelpunkt. Im Falle der Dienstleistung ist „Menschliche Arbeit ... nicht bloß ein Kostenfaktor der Produktion, sondern ....Element des Produktes selber." (Littek, 1991, S.266)

Der Aufbau von individuellen Ressourcen erscheint uns als ein sinnvoller, erfolgversprechender und pragmatischer Weg, weil Wohlbefinden und Gesundheit der Servicekraft gefördert werden und gleichzeitig die Fähigkeit im Umgang mit den Bedürfnissen anderer, auch Gästen und Kollegen , verbessert wird. Somit wird auch die Qualität der Dienstleistung verbessert.

4. Das Seminar „Immer nur lächeln?! Selbstsicher und kundenorientiert mit Gästen und Kollegen umgehen": Eine Präventionsmaßnahme der BGN

Eingebettet in die Präventionsstrategie der BGN führten die bisher dargestellten Überlegungen 1998 zu der Entwicklung zahlreicher verschiedener Seminarangebote für die versicherten Betriebe und werden derzeit im Rahmen verschiedener regionaler Modellprojekte zur Förderung von Qualität und Gesundheit im Gastgewerbe in den Regionen Brandenburg und Nordosthessen durchgeführt. Unter dem Oberbegriff „Aktive Streßbewältigung" wird auch dieses Seminar angeboten und richtet sich sowohl an Auszubildende als auch an ausgebildete Fachkräfte, Restaurant- und Hotelfachkräfte bzw. alle Servicekräfte, die in Betrieben des Gastgewerbes tätig sind. An dem Seminar nehmen in der Regel 8 - 12, maximal 15 Personen teil. Die Dauer des Seminars ist für einen Tag angelegt, entsprechend der Zielgruppen finden die Seminare vor Ort statt.

5. Ziele und Methoden des Angebots

Wie bereits dargestellt handelt es sich bei der Tätigkeit als Dienstleister um eine Tätigkeit, die in besonderer Weise durch den Umgang mit Menschen geprägt ist. Die Servicekraft ist für andere da, soll deren Bedürfnisse und Wünsche mit einem freundlichen Lächeln in den Vordergrund stellen und die eigenen weitestgehend außen vor lassen. Vor dem Hintergrund der dargestellten Arbeitssituation wird deutlich, daß eigene physiologische Bedürfnisse verdrängt und übergangen werden müssen. Servicekräfte werden also leicht zu „Verdrängungskünstlern" und daraus ergibt sich möglicherweise auch ein wenig sensibler Umgang mit der eigenen Gesundheit. Tatsächlich arbeiten aber gerade die Servicekräfte unter Rahmenbedingungen, die auch körperlich nicht ohne weiteres verkraftbar sind, wenn nicht ausreichend für

Ausgleich und Entspannung gesorgt wird. Mit dem Seminar verbinden sich zwei grundsätzliche Zielsetzungen: die Vermittlung von Wissen und positive Anstöße für die persönliche Entwicklung des Einzelnen zu geben. Die persönlichen Ressourcen, deren Entwicklung wir mit diesem Seminar fördern und unterstützen wollen, bestehen zum einen aus Wissen über Kommunikation, Interaktion und Gefühle. Durch das möglichst praxisnahe Vermitteln solchen Wissens werden Denkmodelle vermittelt, mit denen Situationen im Alltag beschreibbar und somit auch beherrschbarer werden. Zum anderen werden die Teilnehmer angeregt, sich selbst in ihrer Berufsrolle und auch als Persönlichkeit zu reflektieren insbesondere auch im Hinblick auf ihre eigenen Fertigkeiten und bereits vorhandene Ressourcen , die ausgebaut werden können. Für das Vorgehen im Seminar haben sich folgende Inhalte ergeben:

- Am Anfang steht die aktive Auseinandersetzung mit der eigenen Berufsrolle als Servicekraft. Dabei wird deutlich differenziert, daß Servicekräfte sich in ihrer Tätigkeit durch fachliche Kompetenzen aber auch und vor allen Dingen durch soziale Kompetenzen auszeichnen. Aus den Antworten der Teilnehmer auf die Fragen: *„Was sollte eine gute Servicekraft leisten?“ und „Wodurch zeichnet sich eine gute Servicekraft aus?“* wird dies deutlich. Im Vordergrund steht „auf Gäste zugehen“, „hilfsbereit“ bzw. „zuvorkommend gegenüber dem Gast“, aber auch die „Gäste einschätzen können“ und „das eigene Verhalten anpassen“, „Schauspielern“, „small talk“ oder „unaufdringlich“.
- Im nächsten Schritt werden diese allgemeinen Erwartungen und Anforderungen der Gäste an die Servicekraft von den einzelnen Teilnehmern hinterfragt. Kann ich das leisten?, *Was fällt mir leicht und schwer?*, welche Situationsvariablen sind hier von Belang? Inwieweit sind diese Ansprüche alltagstauglich und inwieweit möchte und kann ich sie erfüllen? Dieses Hinterfragen bedeutet methodisch, einen Prozeß zu initiieren, in dessen Folge die Teilnehmer dazu angeregt werden, sich mit der eigenen Person auseinanderzusetzen, insbesondere mit den eigenen Fähigkeiten und Fertigkeiten. Das übergeordnete Ziel besteht darin, Selbstkompetenz zu entwickeln und zu festigen. Dazu gehören das Selbstbewußtsein mit dem Bereich der Selbstwahrnehmung, Selbstakzeptanz sowie auch die Erkenntnis der Selbstwirksamkeit im Sinne Bandura's.
- Gute Servicekräfte sind immer auch Kommunikationsexperten, meist werden sie es mit der zunehmenden Erfahrung, selten hören sie während ihrer Ausbildung etwas darüber. Mit Hilfe des Kommunikationsmodells

Schulz von Thuns wird eine konstruktivistische Sichtweise vermittelt. Basierend auf der Feststellung, daß Kommunikation überwiegend durch die Beziehungsebene gesteuert wird, werden den Seminarteilnehmern Möglichkeiten zur Gestaltung der Interaktion mit dem Gast erschlossen, so daß sie die verschiedenen Kompetenzen (fachliche, soziale & Selbst-) für ihre Tätigkeit als Servicekraft auch individuell umsetzen können. Den Teilnehmern wird hier in einer weitere Differenzierung ihrer Berufsrolle deutlich, daß sie sehr viel auf der Beziehungsebene der Kommunikation arbeiten (Gäste sollen sich gut „fühlen".).

- Daran schließt sich das Thema „Gefühle" und der Umgang damit an. Ein weiteres und wichtiges Ziel des Seminars ist die Auseinandersetzung mit einem Thema über das man nicht oder kaum spricht, insbesondere nicht im Zusammenhang mit dem Arbeitsleben. Obwohl gerade die Arbeit im Gastgewerbe sehr viel mit Gefühlen zu tun hat (der Gast soll sich „gut fühlen", die Servicekraft soll „Freundlichkeit" und „Herzlichkeit" ausstrahlen, die Atmosphäre in einem Hotelbetrieb/einem Restaurant soll „angenehm" sein, etc...) ist das Thema beinahe so etwas wie ein Tabu. Obwohl es eine große Rolle spielt wird das Thema in der Ausbildung nicht berührt. Im Seminar wird im einzelnen thematisiert: die Funktionen von Gefühlen im Umgang mit sich und anderen, Emotionsarbeit mit ihren Möglichkeiten und Gefahren, der Zusammenhang von Gesundheit und Gefühlen, Umgang mit Gefühlen bei einer Reklamation.

Die Servicekraft steht mit ihrem Wohlbefinden im Mittelpunkt des Seminars. Ziel der abschließenden Gruppenarbeit ist deshalb auch, Möglichkeiten zu sammeln, was jeder einzelne für sich tun kann. Hiermit wird auch für die Teilnehmer der Zusammenhang zwischen persönlichem Wohlbefinden und Gesundheit deutlich und weiterhin, daß sie selbst für das eigene Befinden, die eigenen Bedürfnisse und letztendlich für die eigene Gesundheit die Verantwortung übernehmen können und müssen. Zielsetzungen bestehen auch hier wieder auf zwei Ebenen. Zum einen geht es inhaltlich um die Förderung individueller Ressourcen, indem verschiedene Möglichkeiten für Zufriedenheitserlebnissen als Ausgleich zu den beruflichen Belastungen (Ausgleichssport, Musik, Freunde,...) gesammelt werden und andererseits darum deutlich zu machen, daß die eigene Befindlichkeit und die Rahmenbedingungen beeinflußbar sind.

Generell, aber auch aufgrund des beschränkten zeitlichen Rahmens, sind die Möglichkeiten Veränderungen mit Hilfe eines solchen Seminars zu erreichen begrenzt. Die übergeordnete Zielsetzung ist es daher, Prozesse anzuregen und Denkanstöße zu geben. Um unter diesen Voraussetzungen einen möglichst guten Transfer zu ermöglichen und sicherzustellen, daß die Teilnehmer die Inhalte an ihrem Erleben anknüpfen können, haben wir Methoden gewählt, die viel Information in kurzer Zeit vermitteln. Dies, indem die Seminarinhalte entweder gemeinsam erarbeitet werden oder im Anschluß an die Darstellung durch die Seminarleiter in Form von Kleingruppenarbeiten, Diskussionen und anhand von Beipielen praxisbezogen aufgearbeitet werden. Ergänzend dazu setzen wir praktische Übungen ein, die einen hohen Selbsterfahrungswert beinhalten um bspw. das Phänomen der Wirklichkeitskonstruktion zu verdeutlichen. Desweiteren achten wir darauf, den Teilnehmern die Möglichkeit des Austausches untereinander zu bieten. Hier können eigene Vorstellungen geäußert und Meinungen und Erfahrungen der anderen kennengelernt werden.

6. Bisherige Erfahrungen

Eine umfassende Auswertung der Seminarevaluation durch die Teilnehmer der ca. 26 bisher stattgefundenen Seminare zeigt ein ausgesprochen positives Bild. In den offenen Antworten sind die folgenden Aspekte positiv hervorgehoben worden:

- daß nicht der Gast sondern sie selbst sowohl als Servicekraft als auch Privatperson im Mittelpunkt standen.
- die Auswahl der Themen
- der Aufbau des Seminars und dessen gemeinsame Ausarbeitung
- die Informationen zu verschiedenen Aspekten der Arbeit
- die ungezwungene, lockere Arbeitsatmosphäre
- die Möglichkeiten zum Erfahrungsaustausch
- den angenehmen Umgang miteinander
- das Erkennen eigener Stärken
- der angemessene Umgang mit Reklamationen

Nach den bisherigen Erfahrungen profitieren Auszubildende im dritten Ausbildungsjahr mehr von den dargebotenen Inhalten als solche im ersten oder zweiten, da letztere meist noch einen großen Bedarf im Erwerb fachlicher Kompetenzen (Tragetechnik, Getränkekunde, etc.) haben. Für das Thema „Emotionaler Streß" sind sie in der Regel noch nicht sehr aufgeschlossen. Im Gegensatz dazu können sich Auszubildende im dritten Lehrjahr, aufgrund ihrer bereits selbständigen Tätigkeit, sehr gut aktiv in das Seminargeschehen einbringen, was gewünscht und auch gefordert ist.

Die Rahmenbedingungen der Arbeit im Gastgewerbe sind nach wie vor kritisch zu betrachten und die alleinige Verantwortung für die Gesundheit am Arbeitsplatz dem Arbeitnehmer zu übertragen wäre falsch, da der Arbeitgeber nach wie vor die Verantwortung dafür hat, seinen Mitarbeitern Arbeitsbedingungen anzubieten unter denen sie gesund bleiben können. Um dieser im Gastgewerbe offensichtlich schwierigen Aufgabe nachzukommen, sind die verschiedenen Interessenvertreter, wie z.B. BGen, Krankenkassen, IHKen, Berufsschulen und Berufsverbände, aufgefordert, gemeinsame Lösungsstrategien zu entwickeln (s.a. Beitrag von Landgraf-Rütten und Baumeister in diesem Band).

Genauso deutlich wurde auf der anderen Seite, die besondere Bedeutung der eigenen Persönlichkeit in der Tätigkeit als Servicekraft, die sich einer „Gestaltung" durch den Arbeitgeber weitgehend entzieht und auch entziehen sollte, d.h. hier ist und bleibt das Individuum selbst gefordert und in diesem Sinn verstehen wir unser Konzept als einen Beitrag zur aktiven Gesundheitsprävention.

Literatur

Badura, B. (1990): Interaktionsstreß. Zum Problem der Gefühlsregulierung in der modernen Gesellschaft. Zeitschrift für Soziologie, 19(5), 317–328

Biernath, G. (1997): Dienstleistungsarbeit im Gastgewerbe: Der Einfluß von Ressourcen auf Belastungswahrnehmung und Befindlichkeit bei Servicekräften. Unveröff. Dipl.Arbeit, Universität Mannheim

Durst, A.(1993): Bedienen zwischen dienen und verdienen. Bielefeld: Kleine

Frese, M./Semmer, N. (1991): Stressfolgen in Abhängigkeit von Moderatorvariablen: Der Einfluß von Kontrolle und sozialer Unterstützung. In S. Greif, E. Bamberg & N. Semmer (Hrsg.), Psychischer Streß am Arbeitsplatz (S. 135–153). Göttingen: Hogrefe

Gerst, J. (1996): Streß im Servicebereich unter besonderer Berücksichtigung des Kundenkontakts. Unveröff. Dipl.Arbeit, Universität Mannheim

Hochschild, R.A.(1990): Das gekaufte Herz. Zur Kommerzialisierung der Gefühle. Frankfurt: Campus

Littek, W. (1991): Was ist Dienstleistungsarbeit?. In W. Littek, U. Heisig & H.-D. Gondek (Hrsg.), Dienstleistungsarbeit. Strukturveränderungen, Beschäftigungsbedingungen und Interessenlagen (S. 265–282). Berlin: Edition Sigma

Mohr, G. (1990): Arbeit und Gesundheit. In R. Schwarzer (Hrsg.), Gesundheitspsychologie: ein Lehrbuch (S.229–244). Göttingen: Hogrefe

Nerdinger, F.W. (1994): Zur Psychologie der Dienstleistung. Theoretische und empirische Studien zu einem wirtschaftspsychologischen Forschungsgebiet. Stuttgart: Schaeffer-Poeschel

Sassen, H. von (1994): Die Bedeutung der Dienstleistung im menschlichen Zusammenleben. In F. Biehal (Hrsg.), Lean Service. Dienstleistungsmanagement der Zukunft für Unternehmen und Non-Profit-Organisationen (S.68-75.). Bern: Paul Haupt

Schulz von Thun, F.: Miteinander Reden – Störungen und Klärungen. Rowohlt Verlag

Shamir, B. (1980): Between Service and Servility: Role Conflict in Subordinate Service Roles. Human Relations, 33, 741–756

Armin Windel, Lars J. Adolph und Elmar Kronz

Soziale Konflikte als Belastung in Arbeitsgruppen

1. Einleitung

Das von der Deutschen Forschungsgemeinschaft geförderte Forschungsprojekt AVISTA bestand von Februar 1996 bis Dezember 1998 am Lehrstuhl für Arbeits- und Organisationspsychologie der Ruhr-Universität Bochum. Es wurden die Zusammenhänge zwischen verschiedenen Realisierungsformen von Gruppenarbeit, den damit verbundenen Belastungsfaktoren, insbesondere sozialen Konflikten, und resultierenden Beanspruchungen analysiert.

2. Hintergrund

Die wirtschaftliche Gesamtlage hat besonderes im ausklingenden Jahrzehnt zu einer Renaissance der Gruppenarbeit geführt. Im Mittelpunkt stehen aber nicht mehr Humanisierungsmaßnahmen, wie in den 60er und 70er Jahren, sondern mögliche Produktivitätsvorteile im Vergleich zur Einzelarbeit: Gruppenarbeit läßt sich nutzen, um Hierarchien abzuflachen, die Flexibilität der Arbeitsorganisation und die Kundenorientierung zu steigern. Diese Rationalisierungspotentiale sind auch heute im Kampf um die Position im Markt von besonderer Bedeutung - einer der Gründe, warum Gruppenarbeit nicht nur in Groß-, sondern auch in Klein- und Mittelbetrieben weit verbreitet ist (vgl. Woletz, in Vorb.).

Aus Kostengründen versuchen viele Unternehmen, maximalen Nutzen aus dem Konzept zu ziehen und den - vor allem finanziellen - Aufwand gleichzeitig zu minimieren. So ist die Implementierung von *teilautonomer* Gruppenarbeit zwar nach wie vor mit einem Bündel von technischen, organisatorischen und personellen Maßnahmen verbunden. Allerdings werden diese heute eher als eine Art Katalog verstanden, aus dem die für den jeweiligen Anwendungsfall (scheinbar) passenden Maßnahmen heraussucht werden.

In der Folge führt die Betrachtung der betrieblichen Realität zu der Erkenntnis, daß es nicht mehr sinnvoll ist, von *„der Gruppenarbeit"* zu sprechen. Vielmehr ist es notwendig, die verschiedenen Realisierungsformen zu differenzieren und den Gebrauch des Begriffs zu spezifizieren. Das von uns verwendete Klassifikationskonzept basiert auf den Ergebnissen des bis 1995 an der Ruhr-Universität Bochum bestehenden Sonderforschungsbereichs 187 und beruht auf sozialpsychologischen und arbeitspsychologischen Kriterien. Drei hierarchisch geordnete Formen von Gruppenarbeit werden unterscheidet (ausführlich in Zimolong & Sauerwein, 1995; zur Verbreitung der Formen siehe Windel und Zimolong, 1998).

Die einfachste und am häufigsten anzutreffende Form der Gruppenarbeit ist die *„Arbeitsgruppe im Raumverband" (AGIR)*. Von AGIR wird gesprochen, wenn drei oder mehr Mitarbeiter dauerhaft in einem räumlich zugeordneten Bereich tätig sind. Die Bezeichnung *„Teilautonome Arbeitsgruppe" (TAG)* wird vergeben, wenn drei weitere Kriterien erfüllt sind: die Gruppengröße ist auf 3 bis 15 Mitglieder begrenzt und es werden sowohl indirekt-produktive (Wartungs- und Instandhaltungsaufgaben; Qualitätssicherung) als auch dispositive Aufgaben (Terminplanung; Urlaubsregelung etc.) von der Gruppe übernommen. Zur weitreichendsten, aber sehr seltenen *„Qualifizierten, teilautonomen Gruppenarbeit" (QTAG)* gehört zusätzlich, daß Arbeitsaufgaben im Wechsel (Job Rotation) durchgeführt werden. Voraussetzung ist auch, daß die Gruppenmitglieder für die Tätigkeiten weitgehend gleich und hoch qualifiziert sind, so daß auf einen weisungsbefugten Vorgesetzten innerhalb der Gruppe verzichtet werden kann.

3. Zielsetzung

Verschiedentlich wurde berichtet, daß Gruppenarbeit mit neuartigen Anforderungen in Form von Kommunikations- oder Abstimmungsprozessen an die Mitarbeiter verbunden ist. Diese bergen die Gefahr von Mißverständnissen, Spannungen oder Unstimmigkeiten. Belastungen dieser Art, die sich sowohl hinsichtlich der Qualität als auch der Quantität deutlich von den Belastungen in herkömmlicher Einzelarbeit unterscheiden (vgl. Windel, 1996), können langfristig auch das Leistungsergebnis gefährden.

Es stellt sich die Frage, ob ein Zusammenhang zwischen der jeweiligen Realisierungsform von Gruppenarbeit und diesen neuen Belastungen besteht. Die Zielsetzung des Projekts AVISTA lag somit im Vergleich der Realisierungsformen hinsichtlich der Zusammenarbeit der Gruppenmitglieder, deren Belastungs- und Beanspruchungserleben sowie der Produktivität der Gruppe. Ein besonderer Schwerpunkt war die Entwicklung und testtheoretischen Absicherung eines Fragebogens zur Analyse sozialer Konflikte in Arbeitsgruppen und deren detaillierter Beschreibung im Zeitverlauf.

4. Erhebungsmethodik im Überblick

Die Felduntersuchungen wurden in Kooperation mit sechs Unternehmen unterschiedlicher Branchen durchgeführt. Die Datenerhebungen fanden von Februar 1997 bis Februar 1998 statt. Insgesamt 22 Arbeitsgruppen mit 212 Mitarbeiterinnen und Mitarbeiter der ausführenden Ebenen sowie 25 Führungskräfte nahmen an der Datenerhebung teil. Wie aufgrund der Ergebnisse zur Verteilung der verschiedenen Realisierungsformen zu erwarten war, war die Kategorie AGIR mit 11 Gruppen und insgesamt 138 Mitarbeitern am häufigsten anzutreffen. In die Kategorie TAG wurden vier Gruppen mit insgesamt 37 Mitarbeitern eingeordnet und die Kategorie QTAG war mit drei Gruppen und 21 Mitarbeitern am schwächsten besetzt. Vier Gruppen (16 Personen) wurden keiner der drei Kategorien zugeordnet, da sie nicht den Minimalkriterien für Gruppenarbeit (s.o.) entsprachen.

Hinsichtlich des Designs wurde die Felduntersuchung als *Querschnittanalyse* zum Vergleich der verschiedenen Realisierungen von Gruppenarbeit konzipiert. Um die Ausprägungen der Konflikte im Zeitverlauf analysiert zu können, wurden alle Arbeitsgruppen nach einem Zeitraum von etwa sechs Monaten erneut untersucht. 170 der 212 Personen (80%) konnten auch für diese *Längsschnittanalysen* gewonnen werden.

Die Fragestellung des Projektes AVISTA wurde anhand verschiedener methodischer Zugangsweisen bearbeitet (vgl. Windel, Adolph, Kronz & Zimolong, 1998). Im Rahmen des vorliegenden Beitrags ist insbesondere der neu entwickelte Fragebogen zu arbeitsbezogenen Konflikten in Teams (FAKT) von Bedeutung.

Soziale Konflikte werden im Rahmen des Forschungsprojektes AVISTA als interindividuelle Phänomene verstanden, die entweder offene Antagonismen mit konkret beobachtbaren Verhaltensweisen darstellen (vgl. Mack und Snyder, 1957) oder als zwischenmenschliche Beziehungen beschrieben werden können, die durch unvereinbare Ziele und Gegensätzlichkeiten gekennzeichnet sind (Dahrendorf, 1961). Psychische Konflikte, bei denen der intraindividuelle Aspekt im Vordergrund steht, werden nur insofern berücksichtigt, als intrapsychische Konflikte die Grundlage für soziale Konflikte in der Arbeitsgruppe bilden können.

Der Fragebogen FAKT wurde anhand der Methode der Critical Incidents konstruiert. Es werden Standardsituationen vorgegeben, die jeweils einen bestimmten Konflikttyp beschreiben. Der Fragebogen besteht aus insgesamt 108 Aussagen, deren Zutreffen von den Befragten beurteilt werden soll. Dabei erfragen 54 Items die Auftretenshäufigkeiten (sogenanntes Konflikterleben) von 18 potentiellen Konflikttypen und weitere 54 Items die Reaktionen der Untersuchungspartner auf diese Situationen (sogenannte Konfliktwirkung). Eine genaue Beschreibung des Fragebogens sowie dessen teststatistische Überprüfung findet sich bei Windel, Adolph, Kronz und Zimolong (1999).

5. Ergebnisse

Zum Querschnittvergleich der drei Realisierungsformen wurden hierarchischen Varianzanalysen, in denen Effekte von soziodemographischen Variablen als Einfluß auf die abhängigen Variablen kontrolliert wurden, berechnet. Über alle 18 Konflikttypen erbringen die Analysen einen signifikanten Effekt für die Art der Realisierungsform. Dies gilt sowohl für das Konflikterleben (N= 188, df = 2; F = 4,912; p = .008) als auch für die Konfliktwirkung (N= 188, df = 2; F = 3,598; p = . 029). Die Mittelwerte verdeutlichen, daß die qualifizierte Gruppenarbeit jeweils die niedrigste, die einfache Arbeitsgruppe im Raumverband die höchste Konfliktausprägung aufweist.

Die Analyse des sechsmonatigen Längsschnitt zeichnet für die drei Realisierungsformen ein detaillierteres Bild. Besonders aufschlußreich ist die Betrachtung der drei Konfliktdimensionen des FAKT, die auf den Ebenen des Individuums, der Gruppe und der Organisation ansetzen:

Auf individueller Ebene können Konflikte entstehen, weil die „Chemie zwischen manchen Mitarbeitern" nicht stimmt. Solche *sozialen Unverträglichkeiten* hängen von der Zusammensetzung der Gruppe ab und sind, wie die univariaten Varianzanalysen mit Meßwiederholung zeigen, unabhängig von der Realisierungsform (N=153, df=2, Pillais=2,996, p=.053). Viele Unternehmen setzten darauf, daß sich Animositäten zwischen den Mitarbeitern und Rivalität mit der Zeit legen werden. Die Ergebnisse stützen diese Hoffnung jedoch nicht. Im Gegenteil: Konflikte, die aus persönlichen Antipathien resultieren, bleiben im Zeitverlauf konstant bzw. steigen tendenziell, d.h. diese Konflikte „nerven" nach und nach alle Mitarbeiter der Arbeitsgruppe.

Interne Regulationsprobleme (Gruppenebene) treten auf, weil man stärker miteinander kooperieren muß. Hierbei entstehen Mißverständnisse, so daß sich z.B. einzelne Mitarbeiter übergangen fühlen. Zwischen den drei Arbeitsorganisationsform bestehen hier deutliche Unterschiede: In QTAG gibt es mit großem Abstand die wenigsten, in TAG bereits deutlich mehr und in den AGIR die meisten Konflikte auf Gruppenebene (N=153, df=2, Pillais=3,382, p=.037). Ferner weisen die abnehmenden Mittelwerte für alle drei Realisierungsformen darauf hin, daß sich Prozesse der Selbstregulation mit der Zeit einspielen.

Die *externen Koordinationsprobleme* verursachen bei allen drei Arbeitsorganisationsformen die meisten Konflikte. Sie setzten auf der Organisationsebene an und resultieren aus einer unzureichenden Anpassung der Betriebsorganisation an die Erfordernisse der Gruppenarbeit. Typische Beispiele sind Lieferengpässe von Material, knappe Verfügbarkeiten von Maschinen oder Werkzeugen und Abstimmungsprobleme mit vor- und nachgelagerten Unternehmensbereichen sowie Führungsprobleme. Wie im Bereich der internen Regulationsprobleme haben AGIR deutlich mehr dieser Dimension zuzuschreibende Konflikte als die beiden anderen Gruppenformen (N=153, df=2, Pillais=15,658, p=.000). Die Betrachtung des Längsschnitts läßt zudem erkennen, daß zum zweiten Zeitpunkt nur die QTAG eine geringere Konfliktbelastung aufweisen. In den einfachen AGIR und auch den TAG nehmen die Konflikte innerhalb des sechsmonatigen Zeitraum sogar leicht zu. Hier scheinen die qualifizierten Arbeitsgruppen am ehesten das Potential zu besitzen, um externe Koordinationsprobleme im Zeitverlauf nicht zu massiven Konflikten werden zu lassen.

6. Diskussion und Implikationen

Die Untersuchung belegt, daß unterschiedliche Formen von Gruppenarbeit mit unterschiedlichen Problembereichen verknüpft sind. Während die Arbeitsgruppen im Raumverband - quasi das Sparmodell der Gruppenarbeit - mit deutlichen Konflikten in nahezu allen Bereichen dieser Untersuchung einher gehen, bereiten TAG und QTAG - nach anfänglich sicherlich höherem Planungs- und Kostenaufwand bei der Implementierung - vergleichsweise weniger Probleme. Da nicht alle Unternehmen TAG oder QTAG einführen können, stellt sich die Frage, welche Maßnahmen des organisatorischen, technischen und personellen Managements auch AGIR so unterstützen, daß die Konfliktbelastung sinkt und die Gruppe optimal auf eine Zielerreichung im Sinne der Unternehmensleitung ausgerichtet wird.

Literatur

Dahrendorf, R. (1961): *Gesellschaft und Freiheit*. München: Pieper

Kronz, E. (1998): *Erfassung sozialer Konflikte und ihrer Auswirkungen in industriellen Arbeitsgruppen*. Ruhr-Universität Bochum, Fakultät für Psychologie: Unveröffentlichte Diplomarbeit

Mack, R. W./Snyder R. C. (1957): *The analysis of social conflict – toward and overview and synthesis*. Journal of Conflict Resolution, 1, 212–248

Regnet, E. (1992): *Konflikte in Organisationen. Formen Funktion und Bewältigung*. Göttingen: Verlag für Angewandte Psychologie

Windel, A. (1996): *Gruppenarbeit im Büro: Vergleich des Beanspruchungserlebens bei arbeitsteiligen Organisationsstrukturen und teilautonomer Gruppenarbeit*. Münster: Waxmann

Windel, A./Zimolong, B. (1998): *Nicht zum Nulltarif: Erfolgskonzept Gruppenarbeit*. Rubin, Ruhr-Universität Bochum, Wissenschaftsmagazin, 2 (8), 46–51

Windel, A./Adolph; L. J./Kronz, E./Zimolong, B. (1998): *Abschlußbericht des Projektes AVISTA*. Ruhr-Universität Bochum: Unveröffentlichter Bericht

Windel, A./Adolph; L. J./Kronz, E./Zimolong, B. (1999): *Fragebogen zu arbeitsbezogenen Konflikten in Teams (FAKT)*. Ruhr-Universität Bochum: Bochumer Berichte Nr.16 zur Angewandten Psychologie

Woletz, N. (in Vorb.): *Industrielle Gruppenarbeit: Betriebliche Strukturmerkmale und betriebswirtschaftliche Kenngrößen*. Ruhr-Universität Bochum, Fakultät für Psychologie: Unveröffentlichte Diplomarbeit

Zimolong, B./Sauerwein, R. G. (1995): Maschinenbau zwischen CIM und Gruppenarbeit. Zeitschrift für Arbeitswissenschaft, 49 (4), 226–232

Dieter Zapf

Mobbing – eine extreme Form sozialer Belastungen in Organisationen

1. Zum Mobbingbegriff

Im neuen Arbeitsschutzgesetz von 1996 sind psychische Belastungen am Arbeitsplatz zum ersten mal ausdrücklich verankert. Allerdings ist in dem Gesetz inhaltlich nicht ausgeführt, was psychische Belastungen im einzelnen beinhalten könnten. In der Praxis werden in der Regel aufgaben- und organisationsbezogene Aspekte darunter verstanden, wie z. B. Zeitdruck oder Konzentrationsanforderungen. Soziale Belastungen sind dagegen noch wenig im Blickfeld. Dies spiegelt sich auch in der Forschung wider. In einer kürzlich erschienenen Übersicht über Längsschnittstudien über Arbeitsstreß (Zapf, Dormann & Frese, 1996) konnten nur zwei Studien gefunden werden, die auch Konflikte mit Kollegen als potentielle Streßfaktoren erhoben. Als Gegenbeispiel sei eine Studie von Schwartz und Stone (1993) aufgeführt. Die Autoren fanden in einer Tagebuchstudie, in der täglich das jeweils am meisten belastende Tagesereignis zu protokollieren war, daß negative emotionale Interaktionen mit Arbeitskollegen, Vorgesetzten und Kunden mit 15% die zweithäufigste Kategorie überhaupt darstellte. Sie stellten mit Abstand die häufigsten belastenden Ereignisse dar, die sich auf das Arbeitsleben bezogen. Was für soziale Stressoren im allgemeinen gilt, gilt für Mobbing im besonderen. Mobbing kann als eine extreme Form sozialer Stressoren verstanden werden (Knorz & Zapf, 1996). Der Ursprung liegt in den sozialen Beziehungen am Arbeitsplatz. Zu Mobbing werden soziale Stressoren zum einen durch ihre Häufigkeit und Dauer. Leymann (1993) hat für Mobbinghandlungen für wissenschaftliche Zwecke die Abgrenzungskriterien "mindestens einmal pro Woche" und "mindestens über sechs Monate" vorgeschlagen, welche auch in vielen Untersuchungen verwendet werden. Vereinzelte Angriffe oder Beleidigungen fallen nicht unter den Mobbingbegriff. Ein weiteres Abgrenzungskriterium ist die Systematik und die Gerichtetheit von negativen Handlungen auf eine einzelne Person, welches mit einem Machtgefälle oder einem sich entwickelnden Machtgefälle einhergeht. Wenn Mobbing beginnt, können die beteiligten Personen durchaus in einem gleichberechtigten Verhältnis gegenüberstehen. Im Laufe der Zeit jedoch kommt die gemobbte Person in eine unterlegene Position, die es ihr zunehmend schwerer macht, sich zu wehren. Die Unterlegenheit läßt sich so spezifizieren, daß es der betroffenen Person in der Regel nicht – zumindest nicht ohne fremde Hilfe – gelingt, dem Mobbing ein Ende zu bereiten und einen Zustand herzustellen, der weitgehend dem Zustand vor dem Mobbing entspricht. Eine an Einarsen und Skogstad (1996), Leymann (1993, 1996) und Niedl (1995) angelehnte Definition lautet: „Mobbing beinhaltet, daß jemand am Arbeitsplatz von Kolleg/Innen, Vorgesetzten oder Untergebenen schikaniert, belästigt, drangsaliert, beleidigt, ausgegrenzt oder beispielsweise mit kränkenden Arbeitsaufgaben bedacht wird und der oder die Mobbingbetroffene unterlegen ist. Wenn man etwas als Mobbing bezeichnen möchte, dann muß dies häufig und wiederholt auftreten (z. B. mindestens einmal pro Woche) und sich über einen längeren Zeitraum erstrecken (mindestens ein halbes Jahr). Es handelt sich nicht um Mobbing bei einmaligen Vorfällen. Es handelt sich auch nicht um Mobbing, wenn zwei etwa gleich starke Parteien in Konflikt geraten" (Zapf, 1999a, S. 3. Zur ausführlicheren Diskussion von Mobbingdefinitionen vgl. Neuberger, 1999 und Niedl, 1995).

2. Deskriptive Ergebnisse der Mobbingforschung

Häufigkeit von Mobbing. Die Studien zur Häufigkeit von Mobbing schwanken sehr stark in ihren Befunden, wofür unterschiedliche Erhebungsstrategien und Selektionseffekte verantwortlich gemacht werden können (Zapf, 1999a). Realistische Ergebnisse zur Häufigkeit von Mobbing dürften die Studien von Einarsen und Skogstad (1996) (1,2%) und Leymann (1993, 1996) (3,5%) liefern, da sie auf beachtlichen Stichprobengrößen basieren (N = 7787 bzw. 2438). Eine kürzlich in Deutschland durchgeführte Studie (von Mackensen & Morfeld, 1999) kam zu einer Mobbinghäufigkeit von 2,9% (N=1995). Wenn ein relativ striktes Kriterium für Mobbing angelegt wird, wie es der Fall ist, wenn man obengenannte Definition verwendet, dann dürfte eine Prävalenzrate von Mobbing zwischen 1,2 und 3,5% für Mittel- und Nordeuropa realistisch sein.

Dauer von Mobbing. Die Dauer des Prozesses ist ein wichtiges Unterscheidungskriterium zwischen alltäglichen Reibereien und Mobbing. In den Studie von Leymann (1993) ergab sich eine durchschnittliche Mobbingdauer von 15 Monaten, bei Einarsen und Skogstad (1996) eine durchschnittliche Mobbingdauer von 18 Monaten. In Studien von Zapf (1999a), in denen Mobbingopferstichproben untersucht wurden, die überwiegend über Zeitungsannoncen und Selbsthilfegruppen gewonnen wurden, war die durchschnittliche Mobbingdauer über drei Jahre. Ähnliches ergab eine Studie von

Leymann und Gustafsson (1996) bei einer Stichprobe an Patienten einer Mobbingklinik. Diese Zahlen belegen, daß Mobbing keine kurze vorübergehende Episode, sondern einen jahrelangen, zermürbenden Prozeß darstellt.

Geschlechtsspezifisches Mobbing. Häufig wird angenommen, daß Frauen aufgrund ihrer Sozialisation häufiger zu Mobbingopfern werden als Männer. Empirische Untersuchungen sprechen aber nicht unbedingt dafür. Obwohl in vielen Untersuchungen etwa zwei Drittel der befragten Mobbingbetroffenen Frauen sind, ist zu bedenken, daß bei einigen Untersuchungen auch in den jeweiligen Grundgesamtheiten mehrheitlich Frauen vertreten waren. Darin spiegelt sich wider, daß in bestimmten Branchen mit hohem Frauenanteil, wie zum Beispiel dem Gesundheitswesen, Mobbing häufiger ist. Zudem ist aus der Streßforschung bekannt, daß Frauen eher bereit sind, gesundheitliche Probleme zuzugeben und daher eventuell auch eher an einer Mobbingstudie teilnehmen (Zapf, 1999a).

Häufigkeit in unterschiedlichen Branchen. In Untersuchungen an fast 400 Mobbingbetroffenen (Zapf, 1999a) zeigte sich für Deutschland relativ große Unterschiede in der Häufigkeit von Mobbing in einzelnen Branchen. Mobbingopfer waren im Gesundheits- (im Verhältnis 7:1) und im Erziehungsbereich (3:1), sowie in der öffentlichen Verwaltung (3,5:1) und dem Kreditgewerbe (etwa 3:1) deutlich überrepräsentiert, in den Bereichen Verkehr und Handel, Gaststättengewerbe, im Baugewerbe, Energie/Wasser sowie in der Landwirtschaft sind Mobbingopfer hingegen unterrepräsentiert.

Betriebliche Stellung der Mobber. Vergleicht man die Häufigkeit der Beteiligung von Vorgesetzten, Kollegen und Untergebenen bei Mobbing, dann zeigt sich, daß mit Ausnahme der Leymannstudie (1993) in allen europäischen Untersuchungen stets in über 50% aller Fälle, im deutschsprachigen Raum sogar in über 70% Vorgesetzte am Mobbing beteiligt sind (Zapf, 1999a). Das Vorgesetztenverhalten scheint also insgesamt für das Mobbinggeschehen von zentraler Bedeutung zu sein. Mobbing durch Untergebene, vor allem ausschließlich durch Untergebene, kommt hingegen insgesamt seltener vor, da ihnen unter anderem die formalen und rechtlichen Möglichkeiten gegenüber den Vorgesetzten fehlen.

3. Mobbingstrategien

Man kann einerseits ganz allgemein von Mobbing oder Mobbinghandlungen sprechen. Es gibt aber auch eine Reihe von Studien, die versucht haben, einzelne Mobbingstrategien zu unterscheiden (z. B. Einarsen, Raknes & Matthiesen, 1994; Zapf, Knorz & Kulla, 1996). In diesen Studien werden relativ übereinstimmend folgende Strategien gefunden: Mobbing über organisationale Maßnahmen (z. B. über Zuteilung bestimmter, zum Beispiel sinnloser, Arbeitsaufgaben, Kompetenzentzug), soziale Isolierung (z. B. keine Kommunikation, Meiden und Ausgrenzen der Person), Angriff auf die Person und ihre Privatsphäre (z. B. eine Person lächerlich zu machen), verbale Aggression (z. B. verbale Drohungen, Demütigungen), Androhung oder Ausübung körperlicher Gewalt und schließlich Gerüchte. Gerüchte bilden dabei die am häufigsten verwendete Strategie, während Angriffe auf die Privatperson selten und körperliche Angriffe sogar kaum vorkommen. Auch ein vermuteter Zusammenhang zwischen Mobbing und sexueller Belästigung läßt sich durch die z. Z. vorliegenden Daten nicht bestätigen.

4. Mobbingursachen

Zur Klärung der Ursachen von Mobbing liegen z. Z. praktisch noch keine methodisch strengen empirischen Studien vor. Die möglichen Ursachen müssen jedoch in den Faktoren Organisation, Gruppe, Täter und Opfer gesucht werden (Einarsen, 1999b; in Druck; Zapf, 1999a, 1999b).

Verschiedene Untersuchungen zeigen, daß Mobbingbetroffene unter schlechteren Arbeitsbedingungen arbeiten (Einarsen et al., 1994; Vartia, 1996). Sie haben mehr Belastungen am Arbeitsplatz, weniger Handlungsspielraum und weniger soziale Unterstützung. Obwohl nicht ausgeschlossen werden kann und es sogar eher wahrscheinlich ist, daß dies auch eine Folge von Mobbing sein kann – wenn man z. B. als Mobbinghandlung eine Person nicht mehr informiert, kann dies zu allerlei Arbeitsproblemen führen – so ist doch unwahrscheinlich, daß in *allen* Fällen die schlechten Arbeitsbedingungen eine Folge von Mobbing sind. Auch die ungleiche Verteilung von Mobbing in bezug auf unterschiedliche Branchen läßt vermuten, daß *organisationale Gründe* eine Rolle spielen.

Weiterhin gibt es verschiedene Hinweise auf die Bedeutung des *sozialen Systems*. In mehreren Studien wird Neid als eine wichtige Ursache für Mobbing genannt, so etwa in 63% der Fälle in der Untersuchung von Vartia (1996). Wettbewerb um die Gunst des Vorgesetzten und anders zu sein, als die anderen waren weitere wichtige Gründe für Mobbing nach Selbstaussagen. Auch an Außenseiter- und Sündenbockphänomene ist hier zu denken (Schuster, 1996; Thylefors, 1987). So legt die social identity-Theorie von Tajfel und Turner (1986) nahe, daß Personen, die sich von ihren Arbeitskollegen unterscheiden, stärker mobbinggefährdet sind. In Übereinstimmung damit waren in einer Untersuchung von Leymann (1993) mehr als fünfmal soviele Behinderte wie Nichtbehinderte und etwa doppelt so viele („untypische") männliche Kindergärtner wie weibliche Kindergärtnerinnen von Mobbing betroffen. In einer Untersuchung von Zapf und Bühler (1998) unterschieden sich Mobbingbetroffene stärker von ihren Arbeitskollegen als eine Vergleichsgruppe.

Während Leymann (1993) einen Zusammenhang zwischen Mobbing und der *Persönlichkeit des Opfers* immer aufs heftigste bestritten hat, legen Untersuchungen aus dem Schulbereich (Olweus, 1991) nahe, daß es durchaus bestimmte Opfercharakteristika gibt (Einarsen, in Druck). Sie werden als ängstlich und unsicher, vorsichtig, sensibel und ruhig beschrieben. Es gibt Hinweise darauf, daß Neurotizismus und ein geringes Selbstwertgefühl mit Mobbing zusammenhängen (Einarsen et al., 1994; Gemzøe Mikkelsen & Einarsen, 1999; Vartia, 1996, Zapf, 1999b). Zapf und Bühler (1998) fanden geringe soziale Kompetenz, aber auch erhöhte Leistungsbereitschaft und Gewissenhaftigkeit bei den Mobbingbetroffenen.

Den Selbstaussagen der Opfer zufolge gehört die *Person des Täters* zu den Hauptursachen von Mobbing (Zapf, 1999b). Empirisch gesichert ist dabei, daß die Täter überdurchschnittlich häufig Männer in Vorgesetztenpositionen sind (Leymann, 1993; Zapf, 1999a). Von ihnen kann angenommen werden, daß sie aufgrund der betrieblichen Machtposition häufig von Mobbing profitieren. In den britischen Untersuchungen (Hoel, Rayner & Cooper, 1999; Rayner, 1997) dominiert sogar die Anschauung, daß der Täter und dessen Charakteristika eine wesentliche Rolle bei Mobbing spielen. Hier wird auch vielfach davon ausgegangen, daß der Täter ein Vorgesetzter ist, der seine Mitarbeiter schikaniert. Inkompetenz, Feindseligkeit und Konkurrenz werden dabei als Ursachen angegeben. Hierzu sei angemerkt, daß es sich äußerst schwierig gestaltet, Daten direkt von den Tätern zu erhalten. Es spricht vieles dafür, daß alle angesprochenen Ursachen eine Rolle spielen. Entscheidend ist vor allem, daß nicht alle Mobbingfälle über einen Kamm geschert werden können, da einmal die eine und einmal die andere Ursache überwiegt. Dies ist entscheidend für Präventions- und Interventionsmaßnahmen.

5. Mobbingauswirkungen

Untersuchungen zeigen, daß Mobbing zu extremen gesundheitlichen Auswirkungen führen kann. Es treten verschiedene psychosomatische Beschwerden, depressive Verstimmungen und Angststörungen auf. Dabei findet man meist wesentlich höhere Werte als in anderen Stichproben, bei denen auch hohe Arbeitsbelastungen angenommen werden dürfen (Zapf et al., 1996). Entsprechend hat sich die überwiegende Zahl der Mobbingopfer im Laufe ihres Mobbingfalles in ärztliche Behandlung gegeben. Umstritten ist derzeit noch, ob Mobbing zu einem posttraumatischen Streß-Syndrom (PTSD) führen kann. Dies hängt daran, ob man die sich ja meist über eine längere Zeit hinstreckenden Mobbinghandlungen als eine Traumasituation auffassen kann. Wenn psychometrische Instrumente angewandt werden, zeigen jedenfalls die existierenden empirische Untersuchungen, daß Mobbingbetroffene die PTSD-Symptomatiken sogar in sehr ausgeprägtem Maße aufweisen (Einarsen, 1999a; Leymann & Gustafsson, 1996). Viele Mobbingbetroffene berichten, daß sie ständig an die Mobbinggeschehnisse denken müßten. Damit einher gehen häufige Schlafprobleme und eine ständige hohe Anspannung. Insgesamt weisen Mobbingbetroffene für Streß typische Symptome in sehr ausgeprägtem Maße auf.

6. Schluß

Zusammenfassend läßt sich sagen, daß Mobbing eine nicht zu vernachlässigende Extremform sozialer Stressoren darstellt, die für die Betroffenen ausgesprochen negative Wirkungen hat. Eine Reihe von Firmen haben das Problem inzwischen anerkannt und haben, wie zum Beispiel die Volkswagen AG, Betriebsvereinbarungen zur Verhinderung von Mobbing abgeschlossen. Aus der Sicht der Arbeitsschutzes stellen sich verschiedene Probleme: Zuerst einmal kann man feststellen, daß Mobbing unter den Begriff der psychischen Belastungen fällt und sich damit aus dem Arbeitschutzgesetz der Auftrag ergibt, Mobbing zu verhindern. Im Gegensatz zu aufgaben- und organisationsbezogenen psychischen Belastungen ist bei Mobbing aber immer die Frage der Selbstbeteiligung zu klären. Aus den Überlegungen zu den Ursachen von Mobbing ergibt sich, daß manche Opfer völlig unverschuldet Mobbing ausgesetzt sind, andere dagegen einen erheblichen Eigenanteil haben und – wie für die Konfliktforschung typisch – einzelne Ursachen gar nicht klar voneinander getrennt werden können. Dies sowie die Tatsache, daß viele Mobbinghandlungen sehr subtil und nur schwer nachzuweisen sind, hat bislang dazu geführt, daß aus der Sicht der Opfer Arbeitsgerichtsprozesse nicht sehr günstig verlaufen sind. Schließlich gilt für Mobbing wie für soziale Stressoren allgemein, daß bei Prävention und Intervention die herkömmliche Konzeption des Arbeitsschutzbeauftragten auf ihre Grenzen stößt. Da solche Maßnahmen in das soziale Gefüge einer Organisation eingreifen, fallen sie auch unter die Zuständigkeit der jeweiligen Vorgesetzten sowie der Personal und Organisationsentwicklungsabteilungen. Um mit Problemen wie Mobbing in Organisationen umzugehen, ist deshalb ein umfassendes Gesundheitsmanagement erforderlich.

Literatur

Einarsen, S. (1999a): Symptoms of post-traumatic stress among victims of bullying at work. *Symposium on „Mobbing". 9th European Congress on Work and Organizational Psychology, 12.–15.5.99.* Helsinki, Finland

Einarsen, S. (1999b): The nature and causes of bullying. *International Journal of Manpower, 20*, 16–27

Einarsen, S. (in Druck): Harassment and bullying at work: A review of the Scandinavian approach. *Aggression and Violent Behavior*

Einarsen, S./Skogstad, A. (1996): Prevalence and risk groups of bullying and harrassment at work. *European Journal of Work and Organizational Psychology, 5*, 185–202

Einarsen, S./Raknes, B. I./Matthiesen, S. B. (1994): Bullying and harassment at work and their relationships to work environment quality. An exploratory study. *The European Work and Organizational Psychologist, 4*, 381–401

Gemzøe Mikkelsen, E./Einarsen, S. (1999): *The role of victim personality in workplace bullying.* Unpublished manuscript: Psykologisk Institut, Risskov, Dänemark

Hoel, H./Rayner, C./Cooper, C. L. (1999): Workplace bullying. In C. L. Cooper & I. T. Robertson (Hrsg.): *International review of industrial and organizational psychology* (Bd. 14). Chichester: Wiley

Knorz, C./Zapf, D. (1996): Mobbing – eine extreme Form sozialer Stressoren am Arbeitsplatz. *Zeitschrift für Arbeits- und Organisationspsychologie, 40*, 12–21

Leymann, H. (1993): *Mobbing – Psychoterror am Arbeitsplatz und wie man sich dagegen wehren kann.* Reinbeck: Rowohlt

Leymann, H. (1996): The content and development of mobbing at work. *European Journal of Work and Organizational Psychology, 5*, 165–184

Leymann, H./Gustafsson, A. (1996): Mobbing and the development of post-traumatic stress disorders. *The European Journal of Work and Organizational Psychology, 5*, 251–276

Mackensen, S. von/Morfeld, M. (1999): The impact of mobbing on well-being and health-related quality of life of office workers. *Symposium on „Mobbing". 9th European Congress on Work and Organizational Psychology, 12.-15.5.99.* Helsinki, Finland

Neuberger, O. (1999): *Mobbing. Übel mitspielen in Organisationen (3. Aufl.).* München und Mering: Rainer Hampp Verlag

Niedl, K. (1995): *Mobbing/Bullying am Arbeitsplatz. Eine empirische Analyse zum Phänomen sowie zu personalwirtschaftlich relevanten Effekten von systematischen Feindseligkeiten*. München: Hampp

Olweus, D. (1991): Bulying/victim problems among school children. In I. Rubin & D. Pepler (Hrsg.): *The development and treatment of childhood aggression* (S. 411–447). Hillsdale, NJ: Erlbaum

Rayner, C. (1997): The incidence of workplace bullying. *Journal of Community & Applied Social Psychology*, *7*, 199–208

Schwartz, J. E./Stone, A. A. (1993): Coping with daily work problems. Contributions of problem content, appraisals, and person factors. *Work & Stress*, *7*, 47–62

Tajfel, H./Turner, J. (1986): The social identity theory of intergroup behavior. In S. Worchel & W. G. Austin (Hrsg.), *Psychology of intergroup relations*. Chicago: Nelson

Vartia, M. (1996): The sources of bullying - psychological work environment and organizational climate. *The European Journal of Work and Organizational Psychology*, *5*, 203–214

Zapf, D. (1999a): Mobbing in Organisationen. Ein Überblick zum Stand der Forschung. *Zeitschrift für Arbeits- & Organisationspsychologie*, *43*, 1–25

Zapf, D. (1999b): Organizational, work group related and personal causes of mobbing/bullying at work. *International Journal of Manpower*, *20*, 70–85

Zapf, D./Bühler, K. (1998): *Exclusion and stigmatization at work*. J. W. Goethe-University Frankfurt: Department of Psychology

Zapf, D./Dormann, C./Frese, M. (1996): Longitudinal studies in organizational stress research: A review of the literature with reference to methodological issues. *Journal of Occupational Health Psychology*, *1*, 145–169

Zapf, D./Knorz, C./Kulla, M. (1996): On the relationship between mobbing factors, and job content, the social work environment and health outcomes. *European Journal of Work and Organizational Psychology*, *5*, 215–237

Wolfgang Römer

Arbeitsbedingte Gesundheitsgefahren – Chance für die Prävention

1. Was sind arbeitsbedingte Gesundheitsgefahren?

Unter dem Begriff arbeitsbedingte Gesundheitsgefahren sollen zunächst einmal alle Einflüsse bei der Arbeit verstanden werden, die den Eintritt einer Beeinträchtigung der Gesundheit (Erkrankung) zur Folge haben können. Angesprochen sind dabei sowohl die körperliche als auch die seelische Gesundheit.

2. Was ist eine Gesundheitsgefahr?

Der Mensch steht in einer intensiven Interaktion mit seiner Umgebung. Um gesund bleiben zu können, benötigt er nicht nur Licht, Luft und Nahrung, sondern auch die verschiedensten Umweltreize. Es ist daher nicht möglich, Umwelteinflüsse generell in gesund und schädlich einzuteilen. Vereinfacht kann man sagen: „Die Dosis macht das Gift". Das heißt, von Gesundheitsgefahren ist dann auszugehen, wenn der menschliche Körper nicht mehr in der Lage ist, mit seinen im Laufe der Evolution erworbenen Fähigkeiten angemessen auf Umweltreize zu reagieren, also wenn das Reizantwortverhalten des Organismus überfordert ist. So benötigt die menschliche Wirbelsäule um gesund zu bleiben, ein gewisses Maß an Belastungen. Wird dieses langfristig überschritten, besteht die Gefahr von Schäden und es droht der Eintritt einer bandscheibenbedingten Wirbelsäulenerkrankung. Schäden drohen aber auch bei zu wenig Bewegung, insbesondere durch Zwangshaltungen. Gleiches gilt für Streß. Zuviel Streß, z.B. durch dauernden Lärm, ist der menschlichen Gesundheit in vielfältiger Weise abträglich. Zuwenig Streß, z. B. eine ausgeprägte Monotonie am Arbeitsplatz, kann ebenfalls nachteilige Folgen für den Organismus haben.

Dabei ist zu beachten, daß die Schwelle zwischen schädlich und gesund sowohl zwischen den Individuen verschieden ist, als auch zu verschiedenen Zeiten beim gleichen Individuum. Um Schäden sicher auszuschließen, müssen evtl. Grenzwerte diese Schwankungsbreiten berücksichtigen.

3. Was ist eine arbeitsbedingte Gesundheitsgefahr?

Als arbeitsbedingte Gefahren können im weitesten Sinne alle Umwelteinflüsse bezeichnet werden, denen ein Arbeitnehmer bei seiner Arbeit ausgesetzt ist und die allein oder in Kombination mit außerberuflichen Einflüssen oder körpereigenen Anlagen zu Erkrankungen führen können. Schätzungen zufolge sind 20-30 % aller Erkrankungen arbeitsbedingt (vgl. hierzu und zu den verschiedenen Definitionen zum Begriff arbeitsbedingte Erkrankungen Blome, Arbeitsbedingte Erkrankungen – § 3BKV, ErgoMed 1998, 276-282). Beschäftigt man sich näher mit dem Begriff *arbeitsbedingt* stößt man schnell auf Grauzonen, in denen die Zurechnung schwer fällt. So ist z.B. Alkohol- und Nikotingenuß während der Arbeit sicherlich im weitesten Sinne arbeitsbedingt, dennoch fällt es schwer, hier von typisch arbeitsbedingten Gesundheitsgefahren zu sprechen. Für die Frage des Gesundheitsschutzes sollte dies jedoch nebensächlich sein, denn aus Sicht der medizinischen Prävention muß versucht werden, am Arbeitsplatz positiv auf das Verhalten des Versicherten einzuwirken. Betrachtet man Prävention nur unter dem Gesichtspunkt, wer für bestimmte Gefahren verantwortlich ist oder für die späteren nachteiligen Folgen einzustehen hat, so werden sicherlich wertvolle Chancen vertan. Werden an den Begriff der *arbeitsbedingten* Gesundheitsgefahren oder Erkrankungen jedoch *rechtliche Folgen*, also Rechte (z.B. auf Entschädigung) und Pflichten (z.B. auf Unterlassung eines bestimmten Verhaltens) geknüpft, so ist es notwendig, die rechtlichen Grundlagen dieser Rechte und Pflichten näher zu betrachten und ihre Tragweite auszuloten.

4. Was sind die rechtlichen Grundlagen?

Der Begriff *arbeitsbedingte Erkrankungen* wurde zum ersten Mal in das deutsche Arbeits- und Sozialversicherungsrecht durch das Arbeitssicherheitsgesetz (ASiG) 1973 eingeführt. Nach § 3 Abs. 1 Nr. 3 c ASiG hat der Betriebsarzt die Ursachen von arbeitsbedingten Erkrankungen, also arbeitsbedingte Gesundheitsgefahren, zu untersuchen und Maßnahmen zur Verhütung vorzuschlagen. 1988 verpflichtete der Gesetzgeber durch das Gesundheitsreformgesetz die Krankenkassen, Leistungen zur Verhütung von Krankheiten zu gewähren und insbesondere bei der Verhütung *arbeitsbedingter Gesundheitsgefahren* mit den Unfallversicherungsträgern zusammenzuarbeiten. Im Zuge der Sparmaßnahmen entfiel durch das Beitragsentlastungsgesetz 1996 zwar die Möglichkeit der Finanzierung präventiver

Maßnahmen durch die Krankenkassen, aber die Pflicht zur Zusammenarbeit blieb bestehen.

1997 wurde im Rahmen der Neukodifizierung des Rechts der gesetzlichen Unfallversicherung im Sozialgesetzbuch VII (SGB VII) in den §§ 1 und 14 SGB VII der Präventionsauftrag der gesetzlichen Unfallversicherung auf *arbeitsbedingte Gesundheitsgefahren* erweitert. Hierdurch hat der Gesetzgeber die Aufgaben der UV-Träger in der Prävention im Interesse einer Verbesserung des betrieblichen Gesundheitsschutzes erheblich erweitert. Neu ist auch die Verpflichtung in § 14 Abs. 1 Satz 2 SGB VII, den Ursachen von arbeitsbedingten Gefahren für Leben und Gesundheit durch Forschung nachzugehen.

Entsprechend den *Kausalitätsprinzipien* der gesetzlichen Unfallversicherung fallen unter diesen Präventionsauftrag nur solche Gesundheitsgefahren, die ihre alleinige oder *rechtlich wesentliche (Teil-) Ursache in der versicherten Tätigkeit haben*, wie z. B. Schwere der Arbeit, klimatische Verhältnisse am Arbeitsplatz, Exposition gegenüber Gefahrstoffen usw. (vgl. Kranig/Waldeck in Hauck SGB VII § 14 Rz 32). Demnach fallen nicht beruflich bedingte Einflüsse, wie z. B. der eigene Nikotingenuß am Arbeitsplatz, aus dem Präventionsauftrag heraus.

Durch die Wahl des Begriffes *Gefahr* machte der Gesetzgeber zudem deutlich, daß die Unfallversicherungsträger nicht allen arbeitsbedingten Belastungen oder entfernten theoretischen Möglichkeiten von Gesundheitsschäden nachzugehen haben, sondern nur solchen, bei denen sich deutliche Ursache-Wirkungs-Beziehungen zu Gesundheitsschäden im Sinne eines „nicht akzeptablen Risikos“ abzeichnen (vgl. Kranig/Waldeck in Hauck SGB VII § 14 Rz 30).

Durch diese Erweiterung des Präventionsauftrages hat sich allerdings der *Entschädigungsrahmen* der gesetzlichen Unfallversicherung *nicht erweitert.* Nur Opfer von Arbeitsunfällen und Berufskrankheiten haben Anspruch auf Leistungen durch die gesetzliche Unfallversicherung.

Diese Abgrenzung kann wie folgt verdeutlicht werden. Eine Untermenge aller Gesundheitsgefahren sind die arbeitsbedingten Gesundheitsgefahren. Diese sind evtl. zusammen mit allgemeinen Gesundheitsgefahren und der genetischen Disposition des Einzelnen die Ursache von arbeitsbedingten Erkrankungen. Arbeitsbedingte Erkrankungen wiederum können bei Vorliegen bestimmter Voraussetzungen durch Rechtsverordnung der Bundesregierung als *Berufskrankheiten* bezeichnet und in die Liste der Berufskrankheiten aufgenommen werden. Hierzu ist die Bundesregierung nach § 9 Abs. 2 SGB

VII ermächtigt, wenn diese Erkrankungen nach den Erkenntnissen der medizinischen Wissenschaft durch besondere Einwirkungen verursacht sind, denen bestimmte Personengruppen durch ihre versicherte Tätigkeit in erheblich höherem Grade als die übrige Bevölkerung ausgesetzt sind. Zusätzlich kann bestimmt werden, daß die Erkrankungen nur dann Berufskrankheiten sind, wenn sie durch Tätigkeiten in bestimmten Gefährdungsbereichen verursacht sind, oder wenn sie zur Unterlassung aller Tätigkeiten geführt haben, die für die Entstehung, Verschlimmerung oder das Wiederaufleben der Krankheit ursächlich waren oder sein können. Die Berufskrankheiten sind damit wieder eine Untermenge der durch arbeitsbedingte Gesundheitsgefahren hervorgerufenen arbeitsbedingten Erkrankungen. Nur für diese Berufskrankheiten und um deren Eintritt oder deren Verschlimmerung zu verhüten (§ 3 Berufskrankheitenverordnung = BKV), kann die Unfallversicherung Entschädigungsleistungen erbringen, also z.B. die Heilbehandlung übernehmen oder Geldleistungen (Verletztengeld, Rente) zahlen.

5. Wer ist für die Prävention und die Rehabilitation zuständig?

Die primäre Pflicht zum Schutz der Arbeitnehmer vor Gefahren für Gesundheit und Leben (*Prävention*) obliegt dem Arbeitgeber auf Grund der im Arbeitsverhältnis verankerten Fürsorgepflichten. Aber auch den Arbeitnehmern obliegen auf Grund des Arbeitsvertrages entsprechende Sorgfaltspflichten gegenüber Arbeitskollegen sowie die Pflicht, Weisungen des Arbeitgebers, insbesondere auch soweit sie sich auf den Arbeitsschutz beziehen, zu befolgen.

Aufgabe der Unfallversicherungen ist es, durch Information, Aufklärung, Beratung, Überwachung, Schulung, Motivation usw. dafür zu sorgen, daß diese Pflichten umgesetzt werden (vgl. Kranig/Waldeck in Hauck SGB VII § 14 Rz 15 ff.). Arbeitgeber und gesetzliche Unfallversicherung sind damit gemeinsam für die Prävention arbeitsbedingter Gesundheitsgefahren zuständig, die Krankenkasse wurde durch das Beitragsentlastungsgesetz aus diesem Aufgabenbereich entlassen.

Die *Rehabilitation* arbeitsbedingter Erkrankungen, die nicht Berufskrankheiten sind oder der Eingriffsschwelle des § 3 BKV (vgl. hierzu Römer in Hauck SGB VII K § 9 Anh. § 3 BKV Rz 11) genügen, erfolgt durch Krankenkasse, Rentenversicherung und Bundesanstalt für Arbeit. Leistungen für Arbeitsunfälle und Berufskrankheiten erbringt ausschließlich die gesetzliche Unfallversicherung. Eine Überschneidung der Zuständigkeitsbereiche gibt es im Rahmen der Leistungen nach § 3 BKV. Der Unfallversicherungsträger hat hier das Recht und die Pflicht Leistungen zu erbringen, wenn er im konkreten Einzelfall die Pflichtleistungen der Krankenkasse nicht für ausreichend hält, um ein Eintreten einer Berufskrankheit wirkungsvoll zu verhindern.

6. Was ist die Chance?

Aus dem bereits Gesagten lassen sich die Chancen für Arbeitnehmer, Unfallversicherung und Unternehmer leicht erkennen.

Eine wirkungsvolle Prävention arbeitsbedingter Gesundheitsgefahren hilft dem *Arbeitnehmer* gesund zu bleiben und spart ihm indirekt Beiträge für sonst notwendige Leistungen der Sozialversicherungsträger.
Der *Unfallversicherungsträger* spart Kosten für die Entschädigung von Berufskrankheiten bzw. für Präventionsleistungen nach § 3 BKV.

Der *Unternehmer* kann sich über eine gesunde und motivierte Belegschaft freuen und davon ausgehen, daß Krankenstand und Fluktuationsrate sinken. Gleichzeitig spart er Kosten für Lohnfortzahlung und Lohnnebenkosten, da die betroffenen Sozialversicherungsträger für gesunde Arbeitnehmer weniger Leistungen erbringen müssen.

7. Was kann der Unfallversicherungsträger tun?

Wie bereits ausgeführt, ist primär für den Gesundheitsschutz am Arbeitsplatz der Arbeitgeber zuständig. Aber auch die Unfallversicherung ist gefordert, mit *allen geeigneten Mitteln* arbeitsbedingten Gesundheitsgefahren entgegenzuwirken. Dabei ist allerdings zu beachten, daß die eingesetzten Mittel dem grundsätzlichen Charakter der Prävention durch die gesetzliche Unfallversicherung im Sinne einer Steuerungsaufgabe entsprechen müssen. Es ist nicht Aufgabe der Unfallversicherung, im einzelnen Betrieb anstelle des Unternehmers tätig zu werden und z.B. Sicherheitseinrichtungen zu installieren oder Körperschutzmittel (Helme, Gehörschutz usw.) zu stellen.

Die Unfallversicherung steuert und unterstützt aber die Präventionsarbeit des Unternehmers durch:

- Forschung (Ermittlung und Beurteilung von Gefährdungen und Ursachen arbeitsbedingter Erkrankungen),
- den Einsatz des gesamten Arbeitsschutzinstrumentariums (Information, Aufklärung, Beratung, Motivation, Unfallverhütungsvorschriften und Überwachung).

Hierzu ist es für die Unfallversicherung wichtig, mit allen Beteiligten im Betrieb intensiv zusammenzuarbeiten, insbesondere den Erfahrungsschatz der im Betrieb für den Gesundheitsschutz Tätigen zu nutzen, um gemeinsam mit dem Arbeitgeber für möglichst gesunde Arbeitsplätze zu sorgen.

W. Slesina

Zur Evaluation betrieblicher Gesundheitszirkel

1. Ausgangspunkt und Grundlage

Gesundheitszirkel dienen der Unterstützung des Gesundheitsschutzes und der Gesundheitsförderung im Betrieb, d. h. der gesundheitlichen Verbesserung von Arbeitsbedingungen, Arbeitsmitteln, Arbeitsorganisation, Arbeitsverhalten und der Stärkung gesundheitlicher Ressourcen. Ihre wesentliche Grundlage ist das Erfahrungswissen von Beschäftigten über ihre Arbeitsbelastungen und -beanspruchungen, ergänzt um den Sachverstand von betrieblichen Arbeitsschutzexperten, Vorgesetzten und Betriebsrat. Die Arbeit von Gesundheitszirkeln gliedert sich idealtypisch in die

- Phasen der Identifizierung wichtiger Arbeitsbelastungen, Belastungsursachen und belastungsbedingter Beanspruchungen,
- Erarbeitung gesundheitspositiver/-protektiver Änderungsvorschläge,
- Umsetzung von Änderungsvorschlägen.

Vorliegende Daten über die Verbreitung von Gesundheitszirkeln sind nicht mehr auf dem aktuellen Stand (Slesina 1996).

Die Forderung des Qualitätsnachweises und der Qualitätssicherung im Gesundheitswesen gilt auch für Instrumente und Verfahren der betrieblichen Prävention und Gesundheitsförderung, einschließlich der Gesundheitszirkel. Bisherige Evaluationen erbrachten positive Ergebnisse zum Gesundheitszirkelprozeß und z. T. auch zur Wirksamkeit von Gesundheitszirkeln. Die bislang umfangreichste Evaluationsstudie ermittelte positive Effekte in den Zielbereichen Belastungsabbau, Beschwerdenverringerung, Arbeitszufriedenheitssteigerung und - potentiell - Krankenstandssenkung (Sochert 1998).

Dieser Beitrag formuliert zunächst einige methodische Überlegungen zur Evaluation von Gesundheitszirkeln. Darauf folgen einige Resultate aus der Evaluation von Gesundheitszirkeln in fünf Unternehmen: 16 Gesundheitszirkeln in einem Stahlwerk, 3 in einem Großflughafen, 2 bei einem Automobilhersteller, 3 in der Postzustellung und ein Zirkel in einem Telekommunikationsbetrieb. Die Gesundheitszirkel wurden extern moderiert. In der Stahlwerksstudie waren die Moderationskosten BMFT-finanziert (Pilotprojekt, s. Slesina et al. 1998). Die anderen Gesundheitszirkel wurden von den Unternehmen selbst finanziert. Der Durchführungszeitraum erstreckte sich von 1985 – 1990 (Stahlwerk) und 1990 – 1997 (andere Betriebe). Frühestens 3 Monate bis maximal 18 Monate nach Ende der Zirkelarbeit wurden die Zirkelteilnehmer, soweit erreichbar, mit einem strukturierten Fragebogen schriftlich über die Gesundheitszirkelarbeit befragt. In einem Betrieb wurden zusätzlich die Beschäftigten des Interventionsbereichs vor Beginn und 3 Monate nach Ende des Gesundheitszirkelprojekts über beanspruchende Arbeitsbedingungen und gesundheitliche Beschwerden befragt. Ergänzend fanden getrennt nach den verschiedenen Teilnehmergruppen mündliche Befragungen, meist als Gruppen-, teils als Einzelinterviews, statt. Die Ergebnisdarstellung beruht auf den schriftlichen Befragungen. Jeder Betrieb geht mit gleichem Gewicht in die folgenden Ergebnisse ein, unabhängig von der Zahl der Zirkel.

2. Methodische Überlegungen

1. Die Evaluation von Gesundheitszirkeln gliedert sich, Donabedian folgend, in die Struktur-, Prozeß- und Ergebnisbewertung:

Die *Strukturbewertung* prüft Aspekte wie: Anzahl, Dauer, Frequenz der Zirkeltreffen, Struktur des Teilnehmerkreises (Repräsentanz relevanter Positionen, Teilnehmerkompetenz), Moderatorenkompetenz, Verfügbarkeit von Arbeitsmitteln, finanzielle Ressourcen für Änderungsmaßnahmen.

Die *Prozeßbewertung* bezieht sich zum einen auf die Zusammenarbeit im Zirkel: die Regelmäßigkeit der Teilnahme, das Teilnehmerverhalten, Inhalte und Qualität der Problemanalyse, Art und Anzahl identifizierter Belastungen und Belastungsursachen, Art und Anzahl von Änderungsvorschlägen; sie bezieht sich zum andern auf die erfolgten Änderungsmaßnahmen und Gesundheitsangebote: die Art und Anzahl realisierter Vorschläge, die Adäquanz der Vorschlagsrealisierung, erzielte Belastungsverringerungen, erzielte Ressourcenverbesserungen.

Die *Ergebnisbewertung* prüft die Veränderungen in den gesundheitlichen Zielgrößen wie den arbeitsbedingten Beanspruchungen, gesundheitlichen Beschwerden, AU-Raten, Arbeitszufriedenheit usw. in ihrem Zusammenhang mit den durch Gesundheitszirkel bewirkten Änderungsmaßnahmen. Außer den Veränderungen in den gesundheitsbezogenen Zielvariablen könnten auch weitere (erwünschte oder unerwünschte) Wirkungen eines Gesundheitszirkels untersucht werden.

2. Für die Struktur-, Prozeß- und Ergebnisevaluation sind geeignete *Indikatoren* zu bilden. Struktur- und Prozeßaspekte der Gesundheitszirkelarbeit können am besten durch Befragung der Beteiligten und zusätzlicher Perso-

nen erhoben werden. Indikatoren für die Ergebnisevaluation können unaufwendig vor allem durch Befragung der Beschäftigten (über wahrgenommene Arbeitsbelastungen, beanspruchende Arbeitsaspekte, gesundheitliche Beschwerden, psychisches Befinden, Zufriedenheit, verfügbare Ressourcen), ferner durch Nutzung von Prozeßdaten des Betriebs und der Krankenversicherung (Fehlzeitenstatistik, betriebsärztlich dokumentierte Daten, Arbeitsunfähigkeitsdaten usw.) gewonnen werden.

3. Die möglichen Formen der *Ergebnisevaluation* reichen von experimentellen Designs über die Ex-post-facto-Methode bis zur retrospektiven Vorher-/Nachheruntersuchung (s. Rossi et al. 1988, S.113). Die Voraussetzungen eines klassischen experimentellen Designs sind bei Gesundheitszirkelevaluationen nicht erfüllbar. Retrospektive Vorher-/Nachherbefragungen leiden unter unzureichender methodischer Stringenz. Als Standard künftiger Gesundheitszirkelevaluation wäre wünschenswert (Abb. 1): eine möglichst objektivierende Erhebung der unabhängigen Variablen (Arbeitsbelastungen, Ressourcen u. a.) zu mindestens zwei Meßzeitpunkten (vorher und nachher); zeitlich parallel hierzu Erhebung mehrerer Zielvariablen (Beschwerden, Erkrankungsrate u. a.); Vergleich der Ergebnisse mit einer Referenzgruppe bzw. Referenzwerten; Kontrolle wichtiger Randbedingungen. Vorliegende Evaluationen entsprechen diesen Anforderungen nur begrenzt oder unterschritten sie sogar deutlich, mit der Folge eines unzureichend gesicherten Zusammenhangs zwischen den durchgeführten Änderungsmaßnahmen und den Veränderungen bei den outcome-Variablen. Hingegen wirft die Ermittlung der Strukturqualität und Prozeßqualität von Gesundheitszirkeln keine vergleichbaren methodischen Probleme auf.

← t_0 (vorher) t_1 (nachher) → t_2 →

Determinanten: Arbeitsbelastungen (Messung, , Beobachtungsinterviews, Befragung)
Arbeitsbeanspruchungen (Messung, Befragung)
Arbeitsverhalten (Beobachtung, Befragung)
↓
Zielgrößen: Wohlbefinden, Zufriedenheit (Befragung)
Beschwerdenzahl (generell oder bei der Arbeit) (Befragung)
medizinische Befunde (Dokumentenanalyse, Screening)
AU-Erkrankungsrate (Sekundärdatenanalyse)

Abbildung 1:
Datenerhebung zu Zielvariablen und hypothetischen Determinanten

3. Exemplarische Ergebnisse

Die in den Gesundheitszirkeln mitwirkenden Beschäftigten und die weiteren Mitglieder äußerten sich mehrheitlich positiv oder sehr positiv zu Aspekten der Struktur- und Prozeßqualität der Gesundheitszirkel wie: angemessene Zusammensetzung des Gesundheitszirkels, Möglichkeit offener Kommunikation über Belastungen und Verbesserungsmöglichkeiten, Besprechung wichtiger Belastungen, Qualität der Verbesserungsvorschläge, durchgeführte Änderungsmaßnahmen, Belastungsänderung. Den konkreten durchgeführten Änderungsmaßnahmen schrieben die Beschäftigten eine teils größere, teils geringere entlastende Wirkung zu. Eine Verbesserung der Arbeitsbedingungen infolge der Gesundheitszirkel wurde insbesondere bei körperlichen Belastungen, dem Verhältnis zu Kollegen und Vorgesetzten sowie dem Betriebsklima gesehen (Abb. 2). Das Gesamtergebnis der Zirkelarbeit fand bei den Beschäftigten überwiegend, bei den weiteren Teilnehmern fast durchgängig eine positive Bewertung.

Für einen der fünf Betriebe liegen *vor* und *nach* dem Gesundheitszirkelprojekt erhobene Angaben der Belegschaft über beanspruchende Arbeitsbedingungen und gesundheitliche Beschwerden vor. Demzufolge waren nach Projektende die Beschäftigten signifikant seltener ($p < 0{,}05$) durch fehlende Information, durch fehlende Einweisungen, durch Nichtgewähren von freien Tagen bei persönlichen Anlässen, durch die Qualität der Stühle und die Qualität der Bildschirme beansprucht, jedoch stärker durch mangelnde Sauberkeit des Pausenraums. Nacken-, Schulter- und Kreuzschmerzen wurden nach Projektende erheblich seltener als vor dem Projekt genannt, während andere Beschwerden wie Fuß-, Beinschmerzen und Müdigkeit/Zerschlagenheit etwas öfter mitgeteilt wurden. Aber keiner der Unterschiede war signifikant. Methodisch ist zu beachten, daß lediglich ca. die Hälfte der Anfangskohorte an der Schlußbefragung teilnahm.

4. Zusammenfassung

Die Ergebnisse der referierten Studien sowie anderer Evaluationsstudien deuten auf eine gesundheitspositive Wirkung (outcomes) von Gesundheitszirkeln hin. Jedoch bedürfen die gesundheitlichen Effekte im Zusammenhang mit den durchgeführten Änderungsmaßnahmen künftig noch der vertiefenden Analyse.

Wenn durch den Zirkel die Arbeitsbedingungen der Beschäftigten verbessert wurden: Was wurde verbessert?						
	Beschäftigte			weitere Teilnehmer		
	stark %	etwas %	kaum/ gar nicht %	stark %	etwas %	kaum/ gar nicht %
	v e r b e s s e r t					
Körperliche Belastungen [1) 6)]	25	32	43	21	58	20
Arbeitsumwelt [2) 7)]	0	4	96	7	49	44
Geistig-nervliche Belastungen [3) 8)]	0	18	82	3	37	60
Verhältnis zu Kollegen und Vorgesetzten [4) 9)]	26	31	43	7	62	27
Betriebsklima [5) 10)]	8	49	43	0	41	59

Abbildung 2:
Angaben der Mitglieder der Gesundheitszirkel über erzielte Verbesserungen

Beschäftigte: [1)] n = 19, [2)] n = 19, [3)] n = 19, [4)] n = 12, [5)] n = 12
weitere Teilnehmer: [6)] n = 25, [7)] n = 25, [8)] n = 25, [9)] n = 15, [10)] n = 15

Literatur

Donabedian, A. (1966): Evaluating the quality of medical care. Milbank Memorial Fund Quarterly, 44, 166–203

Rossi, P. H./Freeman, H. E./Hofmann, G. (1988): Programm-Evaluation, Stuttgart: Enke

Slesina, W./Beuels, F. R./Sochert, R. (1998): Gesundheitsförderung im Betrieb, Weinheim: Juventa

Slesina, W. (1996): Betriebliche Gesundheitszirkel – Eine Zwischenbilanz. In: Brandenburg, U., Kuhn, K. Marschall, B., Verkoyen, C. (Hrsg.), Gesundheitsförderung im Betrieb, Bremerhaven: Wirtschaftsverlag NW, 361–374

Sochert, R. (1998): Gesundheitsbericht und Gesundheitszirkel, Bremerhaven: Wirtschaftsverlag NW

A. Seeber, E. Kiesswetter und B. Sietmann

Erleben arbeitsbezogener Beschwerden: Begründung durch chemische Exposition oder durch Persönlichkeitsmerkmale?

Publikationen zu Umweltgiften, zu Giften in Wohnräumen oder an Arbeitsplätzen enthalten Listen von körperlichen und psychischen Beschwerden, die infolge des Umganges mit toxischen Stoffen entstehen können (Hartmann, 1988). Zum Beispiel werden Kopfschmerz, Schwindel, Niedergeschlagenheit oder Konzentrationsstörungen wiederholt genannt. Das kann als Anzeichen neurotoxischer Wirkungen von organischen Lösungsmitteln oder Schwermetallen durchaus zutreffen. Zum Beispiel enthält die Begründung der Berufskrankheit 1317; Polyneuropathie und Encephalopathie nach Einwirkung von Lösungsmitteln, solche Angaben (HVBG 1999). Das kann aber nicht generalisiert werden. Vielmehr ist das Auftreten von Symptomen dosisabhängig zu sehen, und es muß im Kontext zahlreicher anderer Bedingungen der Symptomentstehung bewertet werden. Im folgenden werden ein neurotoxischer Weg der Symptomentstehung und ein Persönlichkeitsbezogener Weg der Symptomentstehung gegenübergestellt und mit Ergebnissen epidemiologischer Studien begründet.

1. Zur neurotoxischen Begründung von Symptomangaben

Annahme des neurotoxischen Weges der Symptomentstehung ist, daß infolge einer definierten stofflichen Einwirkung eine ZNS-Wirkung auftritt. Diese ist dann trotz Berücksichtigung verschiedener Konfounder oder Moderatoren (Alter, Geschlecht, Persönlichkeitsmerkmale) auf die Dauer und Höhe der speziellen Exposition zurückzuführen. Zwei typische Beispiele seien dazu angeführt.

In einer Studie bei 360 Malern und deren 189 Kontrollpersonen wurden zwei Verfahren eingesetzt, Informationen über erlebte Beschwerden einzuholen, ein schwedischer Fragebogen zur Erfassung von Lösungsmitteleffekten (Q 16) und die Befindlichkeits-Skala nach Zerssen (Bf-S) (Triebig, Dietz, 1998). Die Exposition wurde definiert über einen Expositionsindex, der die verwendeten Substanzen, die eingesetzten Technologien der Lösungsmittelanwendung, die verwendeten Schutzmaßnahmen u. a. berücksichtigt. Signifikante Korrelationen zu einem „chronischen Expositionsindex" konnten für den Fragebogen Q 16 gezeigt werden ($r = 0{,}24$; $p < .001$), nicht aber für die Beschwerdenskala Bf-S ($r = 0{,}04$). Die Autoren schlußfolgern, daß die neurotoxisch orientierte Beschwerdenerhebung mittels Q 16 der Fragestellung angemessen ist, während die Beschwerdenerhebung mittels Bf-S offenbar nicht spezifisch ist.

In einer anderen Arbeit zu Lösungsmitteleffekten wurden 55 nachweislich Exponierte gegenüber einem Lösungsmittelgemisch und 70 nicht/gering Exponierte als Vergleichsgruppe gegenübergestellt (Seeber, 1998a). Nach Beantwortung des Psychologisch Neurologischen Fragebogens (PNF), eines Fragebogens zur Erfassung typisch neurotoxischer Beschwerden, wurden die Personen den beiden Gruppen zugeordnet. Medianhalbiert waren niedrige Punktwerte häufiger bei den nicht/gering Exponierten und hohe Punktwerte häufiger bei den Exponierten festzustellen ($Chi^2=9{,}2$, $p<0{,}05$). Bei einer Untergruppe wurde ein Expositionsindex ermittelt, indem die 11 Komponenten des Lösungsmittelgemischs an den Arbeitsplätzen über mehrere Jahre ermittelt wurden. Somit konnte die individuelle Exposition (arbeits)lebenslang geschätzt werden. Die ermittelte durchschnittliche Konzentration gegenüber dem Gemisch organischer Lösungsmittel korrelierte partiell $r_{xy.z} = .42$ (Korrektur Alter und verbale Intelligenz, $n = 42$, $p<0.05$) mit der Summe der Beschwerden im PNF (Seeber et al., 1996).

Beide erwähnten Erhebungen entsprechen somit den Erwartungen, daß mit zunehmender Exposition gegenüber Lösungsmittelgemischen die Angabe von körperlichen und psychischen Beschwerden kovariiert.

Verallgemeinernd wurden in einer Übersicht zu Symptomen von Arbeitsstoffwirkungen 28 Arbeiten analysiert (DFG, 1997). Bei den Studien, die (1) akute Expositionswirkungen erfaßten, waren die Symptome „Ermüdung/ körperliche Müdigkeit", „Schwindel" sowie „Irritationen im Auge-, Nase-, Respirationsbereich" diejenigen, die am häufigsten signifikant trennten zwischen Exponierten und Kontrollpersonen. Die Exponierten hatten jeweils stärkere Ausprägungen. Die Symptome „Kopfschmerz", „Übelkeit", „Intoleranz gegen Belastung" trennten überwiegend nicht zwischen Exponierten und Kontrollen. Bei den Arbeiten, die (2) chronische Expositionen untersuchten, waren „Schläfrigkeit", „Ermüdung/körperliche Müdigkeit", „Passivität", „Intoleranz gegen Belastung", „Schwindel", „Übelkeit", „Schwierigkeiten bei der Atmung", „gestört, trunken fühlen" „Irritationen....." die häufigst trennenden Symptome, während wiederum „Kopfschmerz" häufiger nicht trennte zwischen den Gruppen. Der Umfang an Beschwerden tritt in Studien zu chronischen Expositionen offenbar deutlicher hervor als in Studien, die nach akuten Expositionen angesetzt wurden.

In einer anderen Übersicht zu Lösungsmittel(gemisch)effekten wurden 13 Arbeiten analysiert (Baker, 1994). Symptomnennungen wurden bei 6 dieser Studien expositionsbezogen festgestellt, bei 3 Studien nicht verifiziert und bei den restlichen Arbeiten nicht dargestellt. Daraus wurde geschlußfolgert, daß persistente Symptome immer nur dann expositionsbezogen nachgewiesen werden konnten, wenn hohe Expositionen in der Vergangenheit vorgelegen hatten oder wenn inadäquate Expositionskontrollen vorlagen. Bei Unterschreiten der erlaubten (arbeitsplatzbezogenen) Grenzwerte seien keine expositionsbezogenen Symptome festzustellen.

Wenn auch hier nur kursorisch referiert, Belege über expositionsbezogene Symptomentstehungen sind zweifellos zu erbringen. Wie eine altersbezogene Darstellung von Punktwerten des PNF zeigte, scheint im Bereich niedrigerer Expositionskennwerte aber der Nachweis expositionsbezogener Beschwerden nicht zweifelsfrei möglich zu sein (Kiesswetter et al., 1997). In dieser Übersicht zu 361 Anwendungen des schon erwähnten PNF bei Exponierten, bei (sehr) gering Exponierten und bei nicht exponierten Kontrollpersonen wurde gezeigt, daß Beschwerdeerleben bei den Exponierten erst oberhalb des Alters von 45 Jahren in besonderem Umfang darstellbar ist.

2. Exposition und die Entstehung von Besorgnis

Erweitert man die Frage nach expositionsbezogenen Beschwerden auf expositionsbedingt veränderte Persönlichkeitsmerkmale, dann werden neben anderen Veränderungen auch Angstreaktionen angenommen (Bowler, Schwarzer, 1991). Die Autoren leiten aus dem MMPI eine allgemeine Angstskala ab. Es wird in zwei Studien an Exponierten und deren Kontrollen gezeigt, daß biserial (exponiert/nicht exponiert) der Angstscore mit r = .68 bzw. r = .51 mit dem Faktor Exposition kovariiert. Die erste Angabe bezieht sich auf 278 Personen in einem Betrieb der Mikroelektronik. Die zweite Angabe bezieht sich auf 547 Personen, die Arbeiter in einer Pumpenreinigungsfirma waren und deren Anwohner, die als „Exponierte“ angesehen wurden sowie auf Bewohner der Region, die als Kontrollen galten. Die Expositionsbedingungen sind in der Arbeit nicht genauer dargestellt. Eine Dosis-Wirkungs-Beziehung zwischen Stärke der Exposition und Angstscore wurde nicht gesucht. Aus diesem Ergebnis wurde von den Autoren dennoch geschlußfolgert, daß die Angstwerte als Folge der Exposition anzusehen seien.

Daran anknüpfend wurde von den Autoren eine Skala zur Umweltbesorgnis entwickelt. Sie soll die Besorgnis als kognitive Komponente der Ängstlichkeit erfassen. Diese wird neben der emotionalen Komponente als wesentlicher Teil der expositionsbezogenen Ängstlichkeit gesehen. Diese Skala korreliert gleichermaßen biserial bei der Stichprobe der 547 Personen mit dem Faktor Exposition r=.37 (17 Items) bzw. r=.46 (8 Items). Die Autoren schlußfolgern in einem LISREL-Modell, daß die aktuelle Exposition Umweltbesorgnis hervorruft. Diese wiederum würde Intentionen erzeugen, Chemikalien zu vermeiden. Vermeidungsverhalten gegenüber Chemikalien sei also indirekt mit dem Faktor Exposition über die Besorgnis verbunden.

Dieser Zusammenhang erscheint plausibel, er wurde aber allein belegt über das Vorhandensein oder über die räumliche Nähe zu einer möglichen Exposition, nicht über eine Messung der Exposition. Damit bleibt die Frage offen, ob die Stärke der Exposition eine Beziehung zu den genannten Zusammenhängen aufweist oder ob nicht allein ein kognitiver Faktor die Umweltbesorgnis auslöste.

Modelle zur Umweltangst, Umweltbesorgnis oder Ökopsychosomatik bieten Erklärungen für mögliche Symptomentwicklungen an, die nach dem dargestellten Muster auf expositionsbedingten Attribuierungen beruhen. Die Verarbeitung von Umweltbelastungen wird im Sinne einer Streßwirkung gesehen. Objektivierbare Bedingungen der Exposition werden dabei nicht betont. Vielmehr ist kennzeichnend für diesen Erklärungsansatz, daß der (neuro)toxische Nachweis der Symptomentstehung nicht als bedeutsam angesehen wird.

3. Exposition und psychologische Mechanismen als Begründung für Symptomangaben

Eine ausführlichere Gegenüberstellung beider Betrachtungen, der (neuro)-toxisch expositionsbezogenen gegenüber der persönlichkeitsbezogenen, wird von Spurgeon et al. (1996) vorgenommen. Diese Autoren sprechen von einem direkten physikochemischen und von einem psychologischen Mechanismus. Ungeachtet verschiedenster Ursachen würden gleichartige Symptome berichtet werden, deren Begründung auf einem toxischen Weg kaum möglich wäre. Zitiert werden Untersuchungen, die die Verunreinigung von Grundwasser, die Verunreinigung einer Gegend mit Tankeröl, das Auftreten des Sick Building Syndroms, die Nutzung von Bildschirmarbeitsplätzen, Nähe zu elektromagnetischen Feldern oder zu Organophosphat-Kontaminationen betreffen. Die Autoren beklagen, daß in epidemiologischen Studien der physikochemische Weg ausführlich behandelt, der psychologische Weg aber nicht ausreichend berücksichtigt würde, obwohl Wissen dazu vorläge. Dabei wird insbesondere auf eine Darstellung von Cox (1993) verwiesen. Dieser gehe davon aus, daß Angst und Stress den psychophysiologischen Weg modifizieren, was sich in unspezifischen Symptomangaben manifestieren würde.

Diese Anregungen stimmen überein mit eigenen Erfahrungen, daß bei möglicherweise neurotoxisch bedingten Veränderungen des Befindens keineswegs nur Art und Intensität der Exposition bedeutsam sind. Auch Personmerkmale, zum Beispiel der Copingstil, können eine Rolle spielen. So wurde in einer Arbeit zum Sick Building Syndrom gezeigt (Seeber et al. 1998b), daß bei individueller Fallbetrachtung ein „problemorientiertes" Coping gegenüber chemischen Umwelteinwirkungen mit höheren Beschwerdensummen assoziiert ist als ein „emotionsorientiertes" Coping. Als problemorientiert wurden die Personen klassifiziert, die aktiv Ursachen für die Beschwerden suchten, dabei beharrlich Veränderungen in ihren Umgebungsbedingungen anstrebten. Als emotionsorientiert wurden solche Personen klassifiziert, die eher passiv mit dem Problem umgingen und Wege der Vermeidung und Unterdrückung von Streßwirkungen suchten. Im erwähnten Psychologisch Neurologischen Fragebogen, PNF, wurde eine signifikant höhere Beschwerdensumme bei den problemorientierten Personen gezeigt. Zur Klärung der Hypothese einer neurotoxischen Beschwerdenentstehung sei hinzugefügt, daß für die betroffenen Personen beider Gruppen keine bedeutsamen neurotoxischen Expositionsbedingen eruierbar waren, die das Ausmaß der Beschwerden als Sick Building Syndrom nachvollziehbar gemacht hätten.

Auch das Persönlichkeitsmerkmal Ängstlichkeit oder eine selbsteingeschätzte chemische Empfindlichkeit gegenüber Umweltreizen können mit der Angabe von Beschwerden assoziiert sein, obwohl deren Begründung eher mit der Einwirkung von Arbeitsstoffen verbunden wurde. Am Beispiel zweier epidemiologischer Querschnittstudien soll das genauer erläutert werden.

4. Expositionsstärke und Persönlichkeitsmerkmale in ihrem Einfluß auf Beschwerdenangaben

Lösungsmittelgemische und Dioxine als Expositionen

Eine erste Studie betrifft Lösungsmittelgemische bei der Farbenherstellung. Für 43 Beschäftigte wurde nach Berufsanamnese und Auswertung von personenbezogenen Messungen an den Arbeitsplätzen der individuelle, langjährige Umgang mit halogenierten Kohlenwasserstoffen ermittelt. Diese gelten als neurotoxische Arbeitsstoffe. Ein Expositions-Index LWAE (Lifetime Weighted Average Exposure) wurde für jede Person berechnet (Seeber et al., 1996). Im vorliegenden Fall wurden 11 Stoffe bewertet, unter anderem Styrol, Xylol, Toluol, Trichlorethen, Ethylbenzol und Trimethylbenzol. Zur Bewertung der Exposition sei auf den HE-Index (Hygienic Effect) der Lösungsmittelgemische an den untersuchten Arbeitsplätzen hingewiesen. Der HE-Index bewertet summativ die Einzelkomponenten eines Gemisches im Hinblick auf den jeweiligen Komponenten-Grenzwert. Die Werte lagen bei den analysierten Arbeitsplätzen zwischen HE = 0.2 bis 1.1, durchschnittlich bei 0.7. Das bedeutet, daß an den Arbeitsplätzen nachweislich Expositionen vorlagen, die unterhalb der kritischen Schwelle von HE = 1.0 lagen. Im letzteren Fall wären die Konzentrationen der additiv verarbeiteten Gemischkomponenten auf einem Niveau, das gerade noch einem (fiktiven) Grenzwert für das Gemisch entspricht.

Eine zweite epidemiologische Studie betrifft den Kontakt zu Rauchgasen, der mit Expositionen gegenüber Dioxinen und Furanen einhergehen kann. Brandversuche zur Materialprüfung wurden in kleinen Öfen oder in Großlabors durchgeführt. Die mögliche Exposition von 60 Beschäftigten wurde als Exositionsindex definiert über 3 Kriterien, die Intensität der möglichen Rauchbelastung, die Dauer möglicher Expositionen sowie die Zeit seit dem letzten Brandversuch. Die Einzelkriterien wurden für jede Person von Experten als „gering“; „mittel“; „hoch“ beurteilt und zu einem Index verarbeitet, der wie ein LWAE statistisch verwertet wurde. Um eine Aussage über die real vorhandene Exposition zu erhalten, wurden Expositionsmessungen in Materialproben und über Analysen im Blutfett vorgenommen. In Materialproben wurden polychlorierte und polybromierte Dibenzodioxine und Dibenzofurane sowie polycyclische aromatische Kohlenwasserstoffe gemessen. Direkt an den Brandstellen sowie in den Abgasrohren und -schächten waren entsprechende Substanzen nachweisbar, ohne jedoch als Belastung der Atemluft quantifiziert werden zu können. Zum biologischen Nachweis wurden polychlorierte Dibenzodioxine (PCDD) und Dibenzofurane (PCDF) im Blutfett bestimmt bei den 10 Personen, die den höchsten Index in den genannten 3 Kriterien aufwiesen und deshalb als Gruppe „Exposition wahrscheinlich“ bezeichnet wurden. Es ergaben sich jedoch keine Anhaltspunkte für erhöhte Konzentrationen im Blutfett, gemessen an den Referenzwerten der Normalbevölkerung. Das gilt auch für 2,3,7,8-TCDD, das am besten untersuchte Isomer mit der vermutlich höchsten Toxizität. Auch die Untersuchung des Blutes auf die Schwermetalle Chrom, Blei und Cadmium ergab Konzentrationen gemäß Referenzwerten unbelasteter Personen. Aus den Ergebnissen wurde der Schluß gezogen, daß eine Exposition gegenüber Dioxinen und Furanen zwar möglich, aber biologisch nicht nachweisbar war (Golka et al., 1998).

Somit kann die erste Studie als Beispiel angesehen werden, daß Expositionen gegenüber neurotoxisch wirksamen Stoffen bei den Untersuchungspersonen vorlagen. In der zweiten Studie wurde ein solcher Nachweis nicht erbracht, die Vermutung darüber lag aber bei den Untersuchungspersonen vor.

Ängstlichkeit und Sensitivität gegenüber Umweltreizen als Merkmale der Personen

Die angewendete Skala zur Trait-Angst entstammt dem State-Trait-Angstinventar (Laux et al., 1981). Ängstlichkeit wird angenommen als individuelle Neigung zu Angstreaktionen. Sie werden operationalisiert über Selbstvertrauen, Sorgen-Machen, Bewältigen von Schwierigkeiten, aber auch über Stimmungen und Nervosität. Die Reteststabiliät dieses Konzeptes wird mit $r_{tt} = .77$ bis $r_{tt} = .90$ angegeben. Es ist festzuhalten, daß die Items ohne Bezug zu Umweltproblemen und zu deren individueller Wirkung formuliert sind. Die im Kontext der Ängstlichkeit zu erwartende Neigung zur Anspannung, Besorgtheit, Nervosität und inneren Unruhe wird als Hintergrund einer Neigung zu körperlichen oder psychischen Beschwerden in (vermeintlich) bedrohlichen Situationen verstanden.

Die angewendete Skala zur Sensitivität gegenüber Umweltreizen betrifft Reaktionen auf Gerüche, Geschmack, Geräusche, Licht, Farben, Hitze, Kälte sowie Wirkungen aufregender Situationen. Die Skala ist validiert und mit einer Halbierungszuverlässigkeit von $r_{tt} = .87$ ausgewiesen (Kiesswetter et al., 1999). Konzeptuell wird angeknüpft an die Annahme, daß unabhängig von bestimmten Umwelteinflüssen ein zeitstabiles Merkmal vorliegt, mit negativen Reaktionen Umweltreize zu erleben (Steinheider, Winneke 1993).

In unseren Untersuchungen wurden Korrelationen zwischen Ängstlichkeit und Sensitivität von $r = .49$ (152 Patienten), $r = .53$ (36 Lösemittelexponierte) und $r = .50$ (40 Büroangestellte) gefunden. Sie weisen auf etwa 25% gemeinsame Varianz zwischen beiden Konstrukten hin.

Beschwerdenangaben als Reaktion auf Expositionen

Als Ausdruck möglicher Expositionswirkungen wurden in beiden Studien Angaben zu langzeitigen Beschwerden erfragt. Sie werden gemessen mit dem Psychologisch Neurologischen Fragebogen (PNF, Kiesswetter et al., 1997). Er enthält 42 Fragen auf 6 Skalen zu chronischen neurotoxisch bedingten Beschwerden (z. B. Psycho- und neurovegetative Beschwerden, Neurologische Beschwerden). Im folgenden wird allein die Beschwerdensumme betrachtet. Eine Reteststabilität von $r_{tt} = .82$ wurde dafür ermittelt.

Zur Abhängigkeit der Beschwerdenangaben von Exposition und Persönlichkeitsmerkmalen

Tabelle 1 zeigt die adjusierten Mittelwerte der Untergruppen in den Studien. Bei den Lösungsmittelexponierten ist eine Zunahme der Beschwerdenangaben mit zunehmender Exposition festzustellen. Dies entspricht der Hypothese einer neurotoxisch begründeten Veränderung des Befindens. Bei den Per

	Exposition nicht / kaum vorhanden	Exposition niedrig	Exposition deutlich vorhanden	Ancova Exposition F	Sensitivität F	Ängstlichkeit F
			Lösungsmittelstudie			
N	12	14	14			
Exposition LWAE (ml/m³)	1,4	7,5	18,7			
Summe Beschwerden adjustiert	13,7	18,7	25,8	4,9*	7,9**	7,7 **
			Rauchgasstudie			
N	30	20	10			
Expositionsindex	0	2,7	5,3			
Summe Beschwerden adjustiert	22,2	20,7	28,2	1,8	6,7*	23,7***

Tabelle 1:
Stichprobenangaben sowie Häufigkeit von Beschwerden (Summe PNF) nach Umgang mit Lösungsmittelgemischen und mit Rauchgasen; adjustierte Mittelwerte [1)] *sowie F-Werte aus Covarianzanalysen. (*Adjustierung betrifft Sensitivität, Ängstlichkeit, verbale Intelligenz, Alter und langzeitigen Alkoholkonsum (Carbohydrate Deficient-Transferrin [p < 0.05; ** p < 0.01; *** p < 0.001])

sonen mit Rauchgaskontakt und vermuteter Dioxinexposition ist eine signifikante Abhängigkeit der Beschwerdensumme von der Exposition nicht festzustellen. Das entspricht der Annahme, weil keine biologischen Expositionsnachweise in dieser Personengruppe zu finden waren.

Bemerkenswert ist in beiden Studien, daß der (statistische) Einfluß der Sensitivität sowie der Ängstlichkeit auf die Beschwerdenangaben stärker ist als derjenige der Exposition. Er stimmt für die Sensitivität in beiden Studien etwa überein, variiert aber beträchtlich für das Merkmal Ängstlichkeit. Bei den Personen, die Dioxinexposition annehmen, ist letzterer dominant bei der Varianzaufklärung der Beschwerdenangaben, bei den Lösungsmittelexponierten ist der Einfluß geringer (Abb. 1). Dies gilt, obwohl sich die Mittelwerte in der Skala Ängstlichkeit in den Stichproben beider Studien nicht bedeutsam unterscheiden (34 ± 8 versus 36 ± 7). Es sei hinzugefügt, daß das Merkmal Ängstlichkeit nicht korreliert mit den Expositionsmaßen beider Studien ($r_{xy} = .21$ in der Lösungsmittelstudie, $r_{xy} = .01$ in der Rauchgasstudie, jeweils $p > .05$). Hingegen betragen dic cntsprcchcnden Korrelationen zu den Beschwerdenmaßen $r_{xy} = .65$ und $r_{xy} = .74$ (jeweils $p < 0.05$).
Damit ist erkennbar, daß Ängstlichkeit, assoziiert mit Besorgnis über eine mögliche Expositionseinwirkung, Beschwerdenangaben „induzieren" kann. Möglicherweise führte die Annahme, Dioxin-exponiert zu sein, bei den ängstlichen Personen zu erhöhtem Beschwerdeniveau. Wenn aber Exposition zum täglichen Arbeitsgeschehen gehört und auch bedeutsam an der Beschwerdenrate beteiligt ist, dann ist der aufklärende Anteil der Ängstlichkeit geringer. Diese Annahme wurde regressionsanalytisch geprüft und in Abbildung. 1 zusammengefaßt. In der Lösungsmittelstudie werden 41% der Varianz der Beschwerdensumme durch die Ängstlichkeit aufgeklärt, 14% durch die Exposition. In der Rauchgasstudie sind die Anteile 49% für Ängstlichkeit gegenüber 1% für Exposition.

Diese Zusammenhänge wurden noch einmal geprüft in zwei Studien mit experimenteller Exposition gegenüber Lösungsmitteln. Nicht die Beschwerdensumme, sondern das aktuelle Erleben von „Lästigkeit der Exposition" wurde dabei getestet. Bei signifikanter Expositionswirkung von Styrol auf das Lästigkeitserleben (19% aufgeklärte Varianz) spielt Ängstlichkeit nur eine untergeordnete Rolle (3%). Bei unbedeutsamer Expositionswirkung von Ethanol auf das Lästigkeitserleben (2%) spielt die Ängstlichkeit eine dominante Rolle (15%) für das Lästigkeitsurteil (Seeber et al.1 998c). Das Ergebnis, daß deutlicheres Expositionserleben verbunden ist mit einem geringeren

Einfluß der Ängstlichkeit auf die erlebte Expositionswirkung, läßt sich also in anderem Zusammenhang replizieren.

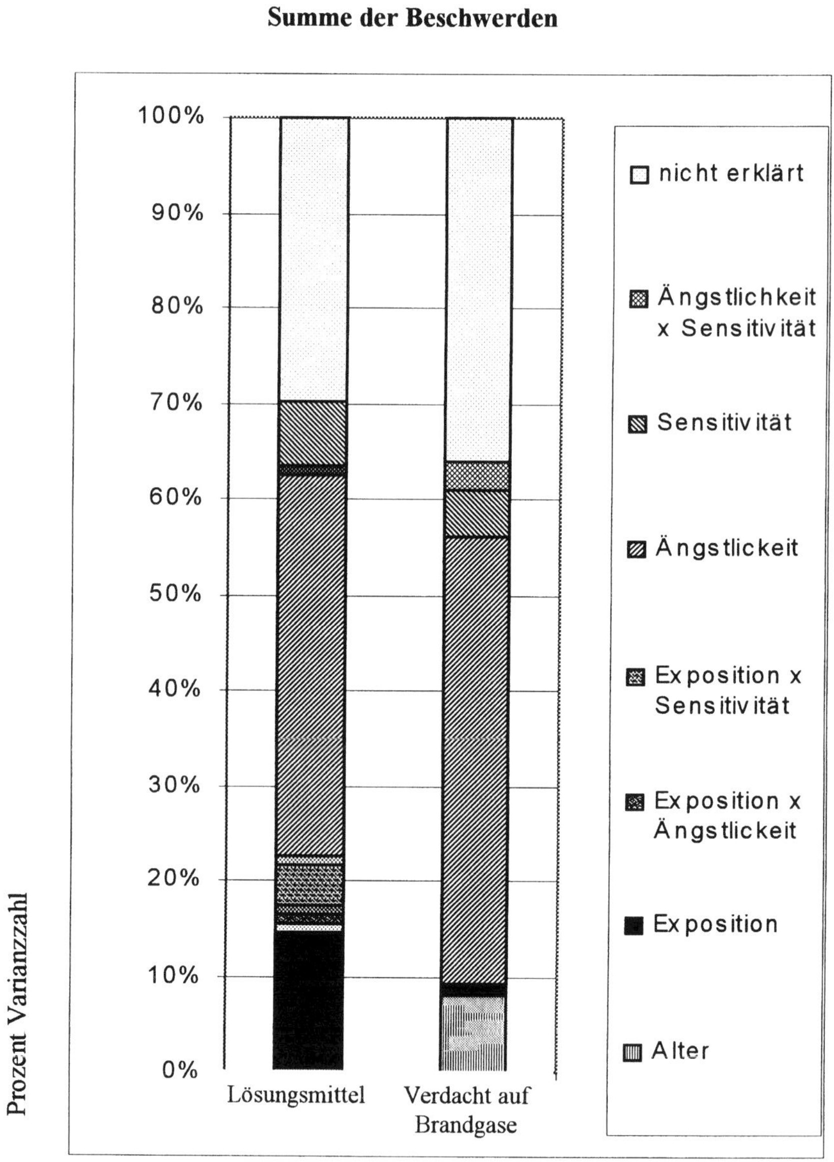

Abbildung1:
Varianzaufklärung (in Prozent) von erlebten Beschwerden in zwei Studien

5. Schlußfolgerung

In epidemiologischen oder experimentellen Studien, aber auch bei Einzelfallbetrachtungen ist die Analyse expositionsbezogener Beschwerden kritisch zu sehen. Es genügt offenbar nicht, mit standardisierten Methoden Symptomhäufigkeiten unter bestimmten Expositionsbedingungen zu erheben. Vielmehr ist jeweils zu klären, in welchem Ausmaß mögliche chemische Einwirkungen oder Bedingungen der Person für den Beschwerdenumfang verantwortlich sind.

Die dargestellten Studien sprechen dafür, nicht nur im allgemeinen einen additiven Einfluß von Expositionsbedingungen und von Personmerkmalen auf das Beschwerdeerleben anzunehmen. Vielmehr ist eine Wirkungsabhängigkeit der beiden Faktoren voneinander zu bedenken. Wenn das Persönlichkeitsmerkmal Ängstlichkeit in die Analyse einbezogen wird, ist festzustellen: Bei deutlichem Expositionseinfluß, der wahrnehmbar und bewußt ist, bleibt der varianzaufklärende Anteil der Ängstlichkeit auf das Beschwerdeerleben geringer als bei unklarem Expositionseinfluß. Im letzteren Fall variiert das Beschwerdeerleben expositionsabhängig nicht bedeutungsvoll, es entsteht vielmehr personabhängig als Ausdruck der Stärke einer individuellen Besorgtheit, die aus der Ängstlichkeit resultiert.

Die Untersuchungen belegen nicht, daß Ängstlichkeit eine Konsequenz der Exposition ist. Dosisabhängige Ausprägungen der Ängstlichkeit konnten in unseren Untersuchungen nicht gefunden werden. Die Untersuchungen sprechen eher dafür, daß Besorgtheit in Verbindung mit der Ängstlichkeit unspezifisches Beschwerdenerleben verstärkt oder induziert. Es sind jeweils erhebliche Korrelationen der erlebten Beschwerden zur Ausprägung der Ängstlichkeit festzustellen.

Publikationen über expositionsbezogene Beschwerden, ob im Arbeits- oder im Umweltbereich, können mit methodischen Restriktionen behaftet sein. Gerade im Niedrigdosis-Bereich und im Bereich unklarer Expositionen sind personbezogene Faktoren bedeutungsvoll. Präzise Darstellungen über Varianzaufklärungen der expositions-attribuierten Beschwerden helfen, eine sachliche Auseinandersetzung mit Expositionsfolgen zu unterstützen und voreilige Expositionsbegründungen von Beschwerdenangaben zu reduzieren.

Literatur

Baker, E. L. (1994): A review of recent research on health effects of human occupational exposure to organic solvents. J. Occup. Med. 36 S. 1079–1092

Bowler, R. M./Schwarzer, R. (1991): Environmental Anxiety: Assessing emotional distress and concerns after toxinb exposure. Anxiety Research, 4, 167–180

Cox, T. (1993): Stress research and stress management, Sudbury, HSE Books

DFG: Seeber, A./Bolt,H. M./Gelbke, H.-P. u.a. (Arbeitsgruppe „Verhaltenstoxikologie" der DFG-Senatskommision zur Prüfung gesundheitsschädlicher Arbeitsstoffe) (1997): Verhaltenstoxikologie und MAK-Grenzwertfestlegungen. Wiley-VCH

Golka, K./Kieper, H./Kiesswetter, E./Blaszkewicz, M./Hallier, E./Thier, R./Sietmann, B./Bolt, H.M./Seeber, A. (1998): Psychological Effects upon Exposure to Polyhalogenated Dibenzodioxins and Dibenzofurans. Organohalogen Compounds, Vol 37, 125–128

Hartman, D.E. (1988): Neuropsychological toxicology. Identification and assessment of human neurotoxic syndromes. Pergamon Press, Oxford

HVBG: Hauptverband der gewerblichen Berufsgenossenschaften (Hrsg.) (1999): Bk-Report 3/99, Bk 13 17 Polyneuropathie oder Encephalopathie durch organische Lösungsmittel oder deren Gemische, Sankt Augustin

Kiesswetter, E./Sietmann, B./ Seeber, A: (1997): Standardization of a Questionnaire for Neurotoxic Symptoms. Environmental Research, 73, 73–80

Kiesswetter, E./Sietman, B./Zupanic, M./van Thriel, C./Golka, K./Seeber, A. (1999): Verhaltenstoxikologische Aspekte der Prävalenz und Ätiologie „multipler chemischer Sensitivität" Allergologie, 22, 12/1999, 719–735

Laux L./Glanzmann P./Schaffner P./Spielberger, C. D. (1981): Das State-Trait-Angstinventar (STAI) Weinheim, Beltz Testgesellschaft

Seeber, A./Sietmann, B./ Zupanic, M. (1996): In search of dose-response relationships of solvent mixtures to neurobehavioural effects in paint manufacturing and painters. Food and Chemical Toxicology 34, 1113–1120

Seeber, A./Kiesswetter, E./Sietmann, B./Blaszkewicz, M./Golka, K./Bolt, H.M. (1998c): Beschwerdenangaben nach Arbeitsstoffexposition: Wechselwirkungen mit dem Persönlichkeitsmerkmal Ängstlichkeit 38. Jahrestagung der Deutschen Gesellschaft für Arbeitsmedizin und Umweltmedizin, Wiesbaden, 11.–14.Mai 1998, S.381–384 (1998)

Seeber, A./Kiesswetter, E./Meyer-Baron, M./Müller, M./Vangala, R. R./Zupanic, M. (1998b): Das Sick Building Syndrom als psychologisches Problem. Allergologie 21, 5/1998, 209–219

Seeber, A. (1998a): Grundlagen der Verhaltenstoxikologie. Arbeitsmed. Sozialmed. Umweltmed., Sonderheft 25, 6–14

Spurgeon A./Gompertz, D./Harrington, J. M. (1996): Modifiers of non-specific Symptoms in occupational and environmental syndromes, Occupational and Environmental Medicine, 53, 361–366

Steinheider, G./Winneke, G. (1993): Industrial odors as environmental stressors: Exposure – annoyance association and their modification by coping, age, and perceived health, J. Environmental Psychology, 13, 353–363

Triebig, G./Dietz, M. (1998): Neurologische, psychiatrische und psychologische Auswirkungen von Lösungsmittel-Expositionen und deren Erfassung, Arbeitsmedizin, Sozialmedizin, Umweltmedizin, Sonderheft 25, 20–25

Ernst Kiesswetter und Andreas Seeber

Expositionsrisiken und individuelle Risikobewertung: Problemdarstellung am Beispiel der „Multiplen Chemischen Sensitivität“

1. Kontroverse Risikobewertung im Niedrigdosisbereich

Bewertungen chemischer Umweltbelastungen können auf der Basis unterschiedlicher ätiologischer Konzepte zu gegensätzlichen gesundheitlichen Risikohypothesen führen. Ein Konfliktthema, gutachterlich sowie in öffentlichen und wissenschaftlichen Diskussionen, ist die Risikobewertung im sogenannten „Niedrigdosisbereich“ chemischer Umweltbelastungen. Bezogen auf den „Niedrigdosisbereich“ scheinen einerseits Gesundheitsstörungen durch traditionelle toxikologische Dosis-Wirkungskonzepte nicht plausibel erklärbar und andererseits potentielle Sensitivitätskonzepte nicht genügend überprüft zu sein. Als Prototyp eines verhaltenstoxikologisch relevanten Bewertungsdilemmas wird im folgenden das Phänomen der „Multiplen Chemischen Sensitivität“ (MCS) dargestellt. Die Überlegungen stehen im Rahmen der Forderung moderner Schutzkonzepte, zur Vermeidung umwelt- bzw. arbeitsbezogener Gesundheitsbeeintächtigungen vulnerable Gruppen zu identifizieren (Sondergutachten, Bundesministerium Umwelt und Gesundheit 1999).

2. Subjektive Risikobewertung und Multiple chemische Sensitivität

Patienten mit selbstberichteter MCS sind überzeugt, daß ihre affektiven, kognitiven und organischen Beschwerden durch chemische Stoffe am Arbeitsplatz oder in der Umwelt verursacht sind. Als Auslöser der Beschwerden werden vornehmlich chemische Stoffe genannt, die den Stoffgruppen der Lösungsmittel und Pestizide zuzuordnen sind. Obwohl verschiedene Definitionen der MCS fordern, daß der Zusammenhang zwischen Exposition und Beschwerden objektiviert wird (z. B. Cullen 1987), werden MCS-Diagnosen lediglich auf der Basis des Verdachts einer Expositionsbelastung und der subjektiven Angaben des Patienten gestellt. Bei der MCS handelt es sich nach dem gegenwärtigen Wissensstand um keine ausreichend nosologisch oder ätiologisch definierte Erkrankung (Kiesswetter 1999). Dennoch existiert ein MCS-Modell, das eine chemische Verursachung postuliert und im folgenden dem Dosis-Wirkungsmodell der Toxikologie gegenübergestellt wird.

Dosis-Wirkungsannahme versus Auslösungsannahme

In toxikologischen *Dosis-Wirkungsmodellen* wird davon ausgegangen, daß neurotoxische Schädigungen ab einer bestimmten Minimaldosis in Abhängigkeit von Intensität und Dauer der Exposition zunehmen (Intensitätsmodell). Nur längerfristige Expositionen oberhalb eines definierten Grenzwertes (z. B. Maximale Arbeitsplatz Konzentration, MAK) werden als kritisch angesehen (Abb. 1). Die Expositionswirkungen werden stoffspezifisch formuliert und die Grenzwerte aufgrund der Ergebnisse tierexperimenteller und epidemiologischer Untersuchungen festgelegt. Bei normalem Arbeitszeitrahmen und normalen Arbeitsbedingungen werden auch bei langjähriger chemischer Exposition keine gesundheitlichen Beschwerden erwartet.

Das Sensitivierungsmodell (Antelman et al. 1980) sowie das später formulierte *MCS-Sensitivierungsmodell* (Bell et al. 1992) basieren auf tierexperimentellen Untersuchungen und postulieren die Auslösung einer vollwertigen Reaktion bei ungewöhnlich geringer chemischer Exposition weit unterhalb eines MAK-Wertes (Schwellenmodell, Triggermodell, Abb. 1). Im MCS-Modell wird ein Dosis-Zusammenhang explizit verneint. Die Reaktion wird als relativ stoffunspezifisch und generalisierend angesehen. Voraussetzung der Auslösbarkeit auf niedrigem Expositionsniveau ist eine vorherige Phase der Sensitivierung (Induktion).

Wissenschaftliche Kontroversen der Risikobewertung zur multiplen chemischen Sensitivität gehen auf Sichtweisen zurück, die ihre Wurzeln in den beiden unterschiedlichen Expositions-Wirkungsmodellen haben.

Die alternative Betrachtung beider Ansätze im Spiegel empirischer Daten ist Gegenstand der folgenden Darstellung.

Generalisierende Annahmen im Sensitivierungsmodell

Im MCS-Sensitivierungsmodell (Bell et al. 1992) wird eine Sensitivierung des limbischen Systems und eine vermittelnde Funktion olfaktorischer Prozesse postuliert. Die Sensitivierung (Tab. 1) wird im Tierversuch als zweiphasiger Prozeß modelliert. Typischerweise führen die in der Induktionsphase (I) intermittierend in größeren Zeitabständen dargebotenen Stimuli geringer Stärke zunächst zu keiner Reaktion, bis es spontan, ohne Dosis-

/Intensitätserhöhung, zu einer überschießenden Reaktion kommt. Nach der Induktionsphase lösen in der Testphase (II) selbst geringe Reize eine starke Reaktion aus. Unter Kreuzsensitivierung wird das Phänomen verstanden, daß nach Induktion durch einen Stimulus A (B) in der Testphase eine Sensitivität gegenüber einem Stimulus B (A) besteht. Kreuzsensitivierungen scheinen prinzipiell innerhalb und zwischen psychischen, physischen, physikalischen und chemischen Reizen möglich zu sein (Tab. 1).

Bei der Übertragung des Tiermodells auf MCS-Sensitivierungsprozesse werden drei generalisierende Annahmen gemacht, die in Analogie zur Multiplen Chemischen Sensitivität gesehen werden:

- Auslöser sind sehr geringe chemische Expositionen,
- die Reaktion ist unabhängig von der Dosis,
- Reaktionen sind ähnlich trotz unterschiedlicher chemischer Auslösung (Stoffklassen: Lösungsmittel, Pestizide) in Analogie zur Kreuzsensitivierung.

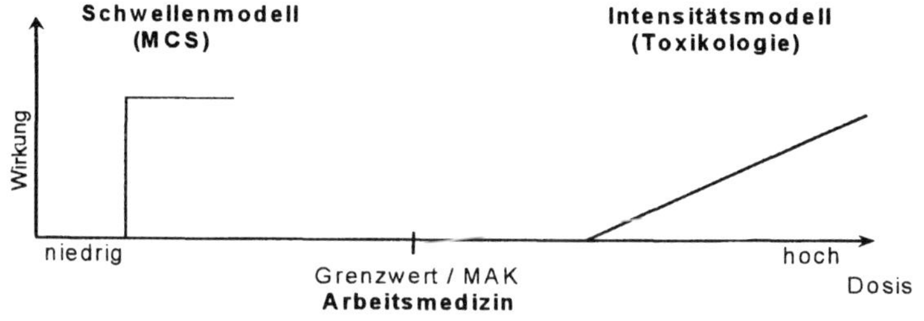

Abbildung 1:
Schwellen- und Dosiskonzept

Eine Detailanalyse tierexperimenteller Untersuchungen zum Sensitivierungsmodell zeigt aber, daß obige Annahmen beim gegenwärtigen Forschungsstand eine Übergeneralisierung darstellen: (a) Sensitivierungsexperimente basieren häufig auf hohen Dosisierungen, (b) Dosisunabhängigkeit wurde vielfach nicht untersucht bzw. das Gegenteil belegt und (c) Kreuzsensitivierungen sind nur in begrenztem Maße nachgewiesen (Tab. 1).

Eine weiteres Generalisierungsproblem ist darin zu sehen, daß in tierexperimentellen Untersuchungen motorisches Verhalten im Vordergrund steht

(Tab. 1), so daß eine Analogie zu systemübergreifenden MCS-Reaktionen (Emotion, Kognition, Organbeschwerden), wie sie von MCS-Patienten geklagt werden, nicht ohne weiteres möglich ist. Es ist festzustellen, daß es an Modelluntersuchungen mit relevanten Stoffen (Lösungsmitteln, Pestiziden) in adäquater Dosierung fehlt, da der ursprüngliche Modellansatz der Untersuchung von Psychose, Epilepsie und Drogenabusus diente.

Modell: Verhaltenssensitivierung / Tierexperimente

Induktion (A/B)	**Test (A/B)**	**Verhalten**	**Autoren**
Schmerzreiz Amphetamin (4-8 mg/kg)	Amphetamin (3-5 mg/kg) Schmerzreiz	Stereotypie Stereotypie	Antelman .('80)
Nahrungsdeprivation	Amphetamin (1mg/kg) Morphin	Lokomotion Lokomotion	Deroche... ('93)
Lindan (10 mg/kg)	elektr. Kindling Amygdala	Stereotypien, Krämpfe, EEG	Gilbert ... ('95)
elektr. Kindling	Lindan (-20 mg/kg) Endosulfan (-20 mg/kg)	Krämpfe, EEG	Gilbert ... ('95)
Formalindampf (11 ppm)	Cocain (15 mg/kg)	Lokomotion, high/low responder	Sorg .. ('96)

Tabelle 1:
Modell Verhaltenssensitivierung / Tierexperimente

MCS und Schwellenmodell

Nach der Schwellenhypothese des Sensitivierungsmodells sollte an industriellen Arbeitsplätzen mit chemischer Exposition die Prävalenz der MCS höher sein als an Arbeitsplätzen ohne chemische Exposition. In verschiedenen klinischen Studien wurden anfallende Gruppen von MCS-Patienten, die Expositionsangaben beruhen auf Schilderungen der Patienten, mit Kontrollpersonen verglichen. Ein Teilergebnis dieser Studien war, daß das MCS-Phänomen nicht mit Arbeitsplätzen hoher Exposition oder spezifischer Expositionsqualität assoziiert ist (z. B. Lax, Henneberger 1995, Davidoff, Keyl 1996). In einer Studie, die auf Zufallsstichproben industrieller Arbeiter und Expositionsmessungen basierte, zeigte sich keine erhöhte Prävalenz selbstberichteter Multipler Chemischer Sensitivität bei chemisch exponierten Arbeitern (Kiesswetter et al. 1999). Die Schwellenhypothese zur chemischen Sensitivität konnte nicht betätigt werden.

MCS und Dosismodell

Der Modellansatz, daß die Dosis in Zusammenhang mit dem MCS-Syndrom keine Rolle spielt, ist eine weitgehend ungeprüfte Annahme. Generalisierende Annahmen ohne Berücksichtigung der Dosis führen aber zu möglicherweise falschen Risikoeinschätzungen, was am Beispiel folgender Gegenüberstellung deutlich wird.

a) Bei Industriearbeitern konnte kein Zusammenhang zwischen der durchschnittlichen individuellen lebenszeitlichen Toluol-Dosis am Arbeitsplatz und der Ausprägung der Multiplen Chemischen Sensitivität (MCS) festgestellt werden (Kiesswetter et al. 1999). Die aktuellen Arbeitsplatz-Expositionen lagen deutlich unter 50 ppm (aktueller MAK).

b) In einer skandinavischen Sensitivierungs-Untersuchung wurden Ratten in der Induktionsphase gegenüber 80 ppm Toluol exponiert (1 Monat; 5 Tage pro Woche, 6 h/Tag). Die beobachtete Sensitvierungsreaktion war dosisabhängig und konnte auf einem Expositionsniveau von 40 ppm nicht beobachtet werden (von Euler et al. 1993).

c) MCS-Patienten klagen über Reaktionen im Niedrigdosisbereich, wie sie z. B. in Zusammenhang mit normalen Innenraumluftbelastungen oder nach Renovierungsarbeiten in Innenräumen auftreten. In der BRD gemessene Innenraumluftbelastungen liegen bei 0,016 - 0,020 ppm Toluol.

Aus den Dosis-Wirkungsbetrachtungen und bisherigen Human- und Tierstudien läßt sich somit, bezogen auf das Lösungsmittel Toluol, kein besonderes MCS-Risiko unter normalen Innenraumluftbelastungen (Dosis um Faktor 1000 geringer als im Sensitivierungsexperiment oder am Arbeitsplatz) ableiten. Sensitivierungsexperimente mit adäquater Dosierung fehlen.

Zusammenfassung

Die Risikobewertung im Rahmen einer angenommenen Vulnerabilität im Niedrigdosisbereich stellt ein offenes Problem dar. Die Darstellung am Beispiel der Multiplen Chemischen Sensitivität weist auf die geringe Anzahl adäquater empirischer Untersuchungen und den Forschungsbedarf sowohl unter Dosis- als auch Vulnerabilitäts-Gesichtspunkten hin. Die Kontroversen in der Risikobewertung resultieren schwerpunktmäßig aus der wissenschaftlichen Selektivität der Ansätze und aus der persönlichen Involviertheit bei den potentiell Betroffenen (Informationsselektion). Die Ergebnisdiskussion zeigt, daß sich Vulnerabilitätsbetrachtung und Dosisabschätzung auf dem Weg zu einer transparenten und empirisch fundierten Risikoabschätzung sinnvoll ergänzen können.

Literatur

Antelman, S. M./Eichler, A. J./Black, C. A./Kocan, D. (1980): Interchangeability of stress and amphetamine in sensitization. Science 207, 329–331

Bell, I. R./Miller, C. S./Schwartz, G. E. (1992): An olfactory-limbic model of multiple chemical sensitivity syndrome: possible relationships to kindling and affective spectrum disorders. Biol Psychiatry 32, 218–242

Davidoff, A. L./Keyl, P. M. (1996): Symptoms and health status in individuals with multiple chemical sensitivities syndrome from four reported sensitizing exposures and a general population comparison group. Arch Environ Health 51, 201–213

Gilbert, M. E. (1995): Repeated exposure to lindane leads to behavioral sensitization and facilitates electrical kindling. Neurotoxicol Teratol 17, 131–141

Gilbert, M. E./Mack, C. M. (1995): Seizure thresholds in kindled animals are reduced by the pesticides lindane and endosulfan. Neurotoxicol Teratol 17, 143–150

Kiesswetter, E. (1999): 'Multiple Chemical Sensitivity', the relevance of toxic, neurobiological and psychic effect mechanisms. Zentralbl Hyg Umweltmed 202, 191-205

Kiesswetter, E./Sietmann, B./Zupanic, M./van Thriel, Ch./Golka, K./Seeber, A. (1999): Verhaltenstoxikologische Aspekte der Prävalenz und Ätiologie „multipler chemischer Sensitivität". Allergologie 22, 719–735

Lax, M. B./Henneberger, P. K. (1995): Patients with multiple chemical sensitivities in an occupational health clinic: presentation and follow-up. Arch Environ Health 50, 425–431

Sorg, B. A./Willis, J. R./Nowatka, T. C./Ulibarri, C./See, R. E./Westberg, H. H. (1996): Proposed animal neurosensitization model for multiple chemical sensitivity in studies with formalin. Toxicology 111, 135–145

von Euler, G./Ogren, S. O./Bondy, S. C./McKee, M./Warner, M./Gustafsson, J. A./Eneroth, P./Fuxe, K. (1991): Subacute exposure to low concentrations of toluene affects dopamine- mediated locomotor activity in the rat. Toxicology 67, 333–349

Michaela Zupanic, Christoph van Thriel, Bruno Sietmann,
Peter Demes und Andreas Seeber

Die Messung psychologischer Effekte nach Einwirkungen von Lösungsmitteln: Ergebnisvergleich bei Berücksichtigung aktueller oder langzeitiger Toluolexposition

1. Einleitung

Toluol wird als Lösungsmittel für Farben in Tiefdruckereien verwendet. Der Wert der Maximalen Arbeitsplatzkonzentration (MAK) für Toluol in der BRD wurde 1994 auf 50 ppm gesenkt. Verhaltenstoxikologische Effekte durch langzeitige Wirkungen von Toluol können im Expositionsbereich unterhalb 50 ppm vermutet werden (Ørbæk & Nise, 1989). Mögliche langfristige Gesundheitsrisiken bei einem Expositionsniveau unterhalb des geltenden MAK-Wertes werden diskutiert.

Bei der hier vorgestellten Studie handelt es sich um den ersten Abschnitt einer epidemiologischen Langzeitstudie in deutschen Tiefdruckereien. Mögliche Veränderungen durch die Exposition werden mit standardisierten psychologischen Verfahren zu Leistungen und zum gesundheitlichen Befinden gemessen. Bei der Planung, Durchführung und Auswertung einer epidemiologischen Studie sind nach Wichmann et. al. (1992) einige mögliche Fehlerquellen zu beachten, die Studienergebnisse verfälschen können. Hierbei handelt es sich um Klassen von Bias (Verzerrungsmöglichkeiten), die im wesentlichen durch die Art ihrer Entstehung gekennzeichnet sind: 1.) *selection bias:* Die Auswahl der Teilnehmer kann die Vergleichbarkeit der Ergebnisse beeinträchtigen und zu einer systematischen Über- oder Unterschätzung des Expositionseffektes führen; 2.) *information bias:* Ungenaue Informationen können zur Fehlklassifikation der Einflußvariablen (Exposition) und der Zielvariablen (Parameter, der die zu untersuchende Wirkung der Einflußvariablen angibt) führen; 3.) *confounding bias:* Sämtliche bekannte Störvariablen oder Konfounder müssen berücksichtigt werden, da sie ebenfalls auf die Zielvariable wirken, und die Wirkung mit derjenigen der Einflußvariablen vermischt sein kann.

Anhand der Ergebnisse der Studie zu Toluolwirkungen soll gezeigt werden, welche Ergebnisvariationen erzeugt werden können, wenn diesen

Empfehlungen epidemiologischer Methodik gefolgt wird. Die Vor- und Nachteile dieses Vorgehens werden diskutiert.

2. Methoden

In Tiefdruckereien wurden 333 männliche Beschäftigte untersucht. Die Stichprobe setzt sich zusammen aus 181 Exponierten aus dem Tiefdruckbereich und 152 Kontrollen aus der Weiterverarbeitung. Exponierte und Kontrollen unterscheiden sich nicht in ihrer durchschnittlichen Beschäftigungsdauer (14 bzw. 13 Jahre). Die Langzeitexposition (Life Time Weighted Average Exposure, LWAE) und die aktuelle Exposition wurden individuell ermittelt. Exponierte und Kontrollen unterscheiden sich statistisch bedeutsam in ihrer langzeitigen Exposition (47 bzw. 9 ppm) und in ihrer aktuellen, deutlich niedrigeren Exposition (26 bzw. 3 ppm).

Mit psychologischen Leistungstests wurden mögliche Defizite der Geschwindigkeit und Genauigkeit der Informationsverarbeitung, des Kurzzeitgedächtnisses und der Sensomotorik ermittelt. Mögliche Veränderungen in körperlichen und psychischen Beschwerden sowie Persönlichkeitsmerkmale wurden mit standardisierten Verfahren erfaßt. Für die Ergebnisdarstellung wurde der Test *Wechselnde Aufmerksamkeit* (EURONES, Hooisma, 1992) gewählt, der sich als sensitiv für neurotoxisch bedingte Veränderungen erwiesen hat. Die bei diesem Test geforderten Reaktionen ergeben sich aus der Position des Reizes, aus der Richtungsangabe oder aus beiden Informationen im Wechsel (Mixed Version). Geteilte Aufmerksamkeit ist erforderlich für diese Leistung.

Die multiple Regressionsanalyse findet in der Epidemiologie Anwendung zur gemeinsamen Betrachtung bzw. Abgrenzung konkurrierender Einflußfaktoren. Der Zusammenhang zwischen Exposition und Wirkung wird beschrieben und der varianzaufklärende Anteil der expositionsbezogenen Variablen und der Konfounder von Leistungen ermittelt. Als unabhängige Variablen werden neben der Einflußvariablen Exposition (LWAE oder aktuelle Exposition) die möglichen Konfounder Alter, verbaler IQ, Ängstlichkeit, Gamma-Glutamyl-Transferase, γGT (Leberparameter, möglicher Alkoholmarker) und Tageszeit der Untersuchung verwendet. Die multiple Regression wurde auf drei Teilstichproben aus der Ausgangsmenge von 333 Teilnehmern angewendet:

Im *1. Modell* werden Teilnehmer ausgeschlossen, bei denen der verbale IQ als wichtiger Konfounder von Leistungen nicht erfaßt werden konnte. Es handelt sich um Teilnehmer mit einer anderen Muttersprache als deutsch.

Die Stichprobe reduziert sich dadurch auf 273 Teilnehmer (Verlust: 29 Exponierte und 31 Kontrollen).

Im *2. Modell* werden zusätzlich Teilnehmer ausgeschlossen, bei denen chronische Erkrankungen vorliegen (z.B. Diabetes mellitus, Lebererkrankungen, neurologische Erkrankungen), deren Effekte untrennbar von den zu untersuchenden expositionsbedingten Effekten sind. Die Stichprobe reduziert sich dadurch auf 220 Teilnehmer (Verlust: 23 Exponierte und 30 Kontrollen).

Im *3. Modell* werden zusätzlich Teilnehmer ausgeschlossen, die Extremwerte in den abhängigen und unabhängigen Variablen aufweisen, die als Fehlerquellen einen korrelativen Zusammenhang verfälschen können (Bortz, 1989). Die Stichprobe reduziert sich dadurch auf 196 Teilnehmer (Verlust: 10 Exponierte und 14 Kontrollen).

Insgesamt ist damit ein Verlust gegenüber der Ausgangsstichprobe nach Anwendung aller Selektionskriterien von 62 Exponierten und 75 Kontrollen zu verzeichnen. Dies entspricht einer Reduzierung der Stichprobe um etwa 40%.

3. Ergebnisse

In der untersuchten Leistungsvariable *Wechselnde Aufmerksamkeit* sind keine substanzbezogenen Effekte der *aktuellen Exposition* nachzuweisen. Dies gilt für Exponierte und Kontrollen bei den drei Regressionsmodellen. Das Alter (bis zu 20% Varianzaufklärung) und die verbale Intelligenz (bis zu 3%) klären als wichtigste Konfounder psychologischer Leistungen statistisch bedeutsame Varianzanteile auf. Mit höherem Alter und niedrigerem verbalen IQ sind längere Reaktionszeiten zu beobachten.

Bei der *langzeitigen Exposition* sind Expositionseffekte nachweisbar. Die Ergebnisse für die drei Regressionsmodelle sind in der Tabelle 1 aufgeführt.

Die Varianzaufklärung bei Leistungen durch die langzeitige Exposition (LWAE) erreicht nach Ausschluß der Teilnehmer ohne verbalen IQ (*1. Modell*) gerade die statistische Signifikanz. Mit einem höheren LWAE werden ungünstigere Ergebnisse mit längeren Reaktionszeiten erzielt. Nach Ausschluß von Teilnehmern mit Erkrankungen (*2. Modell*) und mit Extremwerten (*3. Modell*) erhöht sich der Anteil aufgeklärter Varianz, der Expositionseffekt wird deutlicher. Dies gilt jedoch nur für die Exponierten. Bei den Kontrollen ist kein Expositionseffekt nachweisbar.

Die Veränderungen vom 1. zum 2. Regressionsmodell sind geringfügig mit leichten Verschiebungen im varianzaufklärenden Anteil der unabhängigen Variablen. Die Veränderungen nach Ausschluß der Extremwerte im 3. Regressionsmodell sind deutlicher. Die Effekte von LWAE, Alter und verbalem IQ werden größer bei den Exponierten. Erstmalig sind geringfügige varianzaufklärende Anteile durch die unabhängigen Variablen Tageszeit und γGT (möglicher Alkoholeffekt) zu beobachten. Dies gilt für die Exponierten und die Kontrollen. In der Spätschicht werden günstigere Leistungen erzielt (kürzere Reaktionszeiten), mit höherer γGT etwas ungünstigere Leistungen. Die Gesamtaufklärung der Leistungsvarianz durch die unabhängigen Variablen verändert sich nach Anwendung der Selektionskriterien vom 1. bis zum 3. Modell. Bei den Exponierten ist eine Zunahme, bei den Kontrollen eine Abnahme in der Summe der aufgeklärten Varianz zu beobachten.

	1. Modell		*2. Modell*		*3. Modell*	
	Exponierte	Kontrollen	Exponierte	Kontrollen	Exponierte	Kontrollen
	n = 152	n = 121	n = 129	n = 91	n = 119	n = 77
LWAE	2.8*	0.1	3.4*	3.1	5.6*	0.1
Alter	16.2*		14.3*		20.7*	2.4
		18.5*		11.1*		
verbaler IQ	2.7*	1.3	2.8*	0.3	3.8*	0.5
Ängstlich.	0.1	1.3	0.1	2.2	0	4.2
γGT	0.1	1.1	0.3	2.4	2.0	
						8.6*
Tageszeit	0	0.8	0.1	0.1	2.0	0.5
Σ Var.aufklä.	21.9	23.1	24.4	19.2	34.1	16.3

Tabelle1:
Varianzaufklärung (Prozent) bei der Wechselnden Aufmerksamkeit durch die unabhängigen Variablen in Regressionsanalysen (= statistisch signifikante Varianzaufklärung)*

4. Diskussion

Die Anwendung von Selektionskriterien ist in epidemiologischen Studien üblich, muß jedoch sorgfältig dokumentiert und kritisch hinterfragt werden. Die Vorteile der Selektion sind: 1) Nach Definition von zusätzlichen Einflußgrößen werden diese in Analysen berücksichtigt und deren Bedeutung wird dokumentiert. 2) Der Zuwachs an Varianz der Einflußgröße dokumentiert die Minderung des Einflusses anderer Variablen. 3) Die Vergleichbarkeit zu anderen Studien wird verbessert, definierte Stichprobenkriterien mit zugehörigen Ergebnissen genau nachvollziehbar. 4) Die Interpretierbarkeit der Ergebnisse wird verbessert. Der Nachteil der Selektion ist die Minderung des Stichprobenumfangs mit Konsequenzen auf statistische Prüfungen. Die in dieser Studie angewendeten Selektionskriterien werden anhand von drei plausiblen Annahmen geprüft:

1. Die Selektion von Teilnehmern mit einer anderen Muttersprache als deutsch, könnte die Personen ausgeschlossen haben, die höher exponiert sind, weil von ihnen meist Reinigungsarbeiten geleistet werden. Bei der Überprüfung dieser Annahme zeigten sich gleiche durchschnittliche Werte für die langzeitige und die aktuelle Exposition gegenüber Toluol bei deutschen (LWAE 46.8 ppm, aktuelle Exposition 25.8 ppm) und nicht-deutschen Exponierten (LWAE 48.3 ppm, aktuelle Exposition 25.7 ppm).
2. Die Berücksichtigung von Personen mit Vorerkrankungen hätte dazu führen können, daß geminderte psychische Leistungen durch die Erkrankung und nicht durch die langzeitige Exposition begründet sind. Gegen diese Annahme spricht, daß sich nach Anwendung dieses Selektionskriterium (*2. Modell*) in der vorliegenden Stichprobe vergleichbare varianzaufklärende Anteile der langzeitigen Exposition bei der Leistung zeigten.
3. Die Berücksichtigung von sog. 'Ausreißern' hätte zu Über- oder Unterschätzungen von Variablenzusammenhängen führen können, je nach Positionierung der Daten im jeweiligen Zusammenhang. Diese Annahme kann in der vorliegenden Stichprobe nicht bestätigt werden. Der Effekt der langzeitigen Exposition wird deutlicher bei den Exponierten nach Herausnahme der statistischen Ausreißer. Andere unabhängige Variablen, die psychische Leistungen bedingen könnten, klären erst in der reduzierten Stichprobe Varianzanteile auf.

Die Darstellungen der Tabelle 1 zeigen, daß in dem hier untersuchten Datensatz unter allen Stichprobenbedingungen das Alter den stärksten Einfluß auf die *Wechselnde Aufmerksamkeit* als abhängige Variable ausübt. Der Einfluß ist etwa 5 mal stärker als derjenige, der von der verbalen Intelligenz bzw. von der langzeitigen Exposition anzunehmen ist. Diese Aussage wird durch das demonstrierte methodische Vorgehen präzisiert.

Die Ergebnisse veranschaulichen, daß mögliche Fehlerquellen oder Störvariablen in Regressionsanalysen berücksichtigt werden sollten, da sie deutlich mehr Varianz aufklären als die zu untersuchende Einflußvariable, die Exposition gegenüber Toluol. Außerdem ermöglicht diese Betrachtung, die Bedeutung der untersuchten Einflußvariablen im Vergleich zu anderen Bedingungen zu bewerten. In den noch folgenden Untersuchungen bei der hier dargestellten Stichprobe wird die Verallgemeinerungsfähigkeit der dargestellten Zusammenhänge weiterhin geprüft werden.

Literatur

Bortz, J. (1989): Statistik für Sozialwissenschaftler. 3. Auflage. Springer-Verlag

Hooisma, J.: Provisional EURONEST Battery -Version 1.0 – Manual. Concerted Action EURONEST of the EC, TNO Medical Biological Laboratory, Rijswik

Ørbæk, P./Nise, G. (1989): Neurasthenic complaints and psychometric function of toluene-exposed rotogravure printers. American Journal of Industrial Medicine, 16:67–77

Wichmann, H. E./Schlipköter, H.-W./Fülgraf, G. (1992): Handbuch der Umweltmedizin. Toxikologie, Epidemiologie, Hygiene, Belastungen, Wirkungen, Diagnostik, Prophylaxe. Landsberg/Lech: ecomed

M. Meyer-Baron und A. Seeber

Übersicht zu verhaltenstoxikologischen Ergebnissen bei beruflicher Bleiexposition

1. Fragestellung

Die gesundheitsschädlichen Wirkungen anorganischer Bleiexposition sind seit langem bekannt und umfangreich dokumentiert. Kontrovers wird diskutiert, ob unterhalb eines aktuellen Blutbleiwertes von 70 µg/100 ml (BAT-Wert seit 1980) Wirkungen auf psychische Funktionen nachzuweisen sind. Unsicherheiten bestehen außerdem in dem Punkt, wie die Relevanz auftretender Einschränkungen einzuschätzen ist. Während Ehle & McKee (1990) die Einschränkungen als Schwankungen im Normalbereich betrachten, werden von sie von Williamson & Teo (1986) als gewisse Einschränkungen, von Stollery et al. (1989) sogar als deutliche Einschränkungen interpretiert.

Im folgenden wird mittels statistischer Metaanalysen eine Zusammenfassung von verhaltenstoxikologischen Studien vorgenommen. Sie sollen eine nachvollziehbare, metrische Aussage über die Stärke der Effekte am Zentralen Nervensystem zulassen. Der Bezug zur altersbezogenen Testleistung soll darüber hinaus eine Bewertung der Bleieffekte ermöglichen.

Material und Methode

12 Studien aus den Jahren 1977–1997, die Wirkungen beruflicher Bleibelastung unterhalb von 70 µg/100 ml aktuellem Blutblei bei insgesamt 914 Exponierten und 743 Kontrollpersonen untersuchten, konnten in die Analyse einbezogen werden, da sie die erforderlichen Daten mitteilten (Chia et al. 1997, Lindgren et al. 1996, Maizlish et al. 1995, Parkinson et al. 1986, Williamson & Teo 1986, Jeyaratnam et al. 1986, Baker et al. 1984, Campara et al. 1984, Mantere et al. 1984, Haenninen et al. 1978, Valciukas et al. 1978, Repko et al. 1978). Ergebnisse zu 13 neuropsychologischen Testverfahren konnten ausgewertet werden. Die methodische Eignung der Studien wurde anhand von Kriterien überprüft, die zur Bewertung verhaltenstoxikologischer Studien empfohlen sind (Seeber et al. 1997).

Die eingesetzte Methode der Effektstärkeschätzung basiert auf dem Gruppenvergleich der Testleistungen von exponierten- und Kontrollpersonen. Bei der Schätzung der Effektstärke wurden die Reliabilität des betrachteten Testverfahrens, die Homogenität der Ergebnisse aus den einzelnen Studien, die unterschiedliche Größe der untersuchten Stichproben und die statistische Anforderung, nicht erwartungstreue Schätzer zu korrigieren, berücksichtigt. Die Methodik folgt dem Vorgehen von Fricke & Treinies (1985).

Ergebnisse

Abbildung 1 faßt die mittleren Effekte und Vertrauensintervalle für die einzelnen Testverfahren zusammen. Für die Testergebnisse mit *einem* Populationseffekt, stellt das Vertrauensintervall den Bereich dar, in dem mit einer Wahrscheinlichkeit von 95 % der mittlere Effekt liegt. Für die Testergebnisse mit *verschiedenen* Populationseffekten stellt das Vertrauensintervall den Bereich dar, in dem mit einer Wahrscheinlichkeit von 95 % der mittlere Populationseffekt liegt.

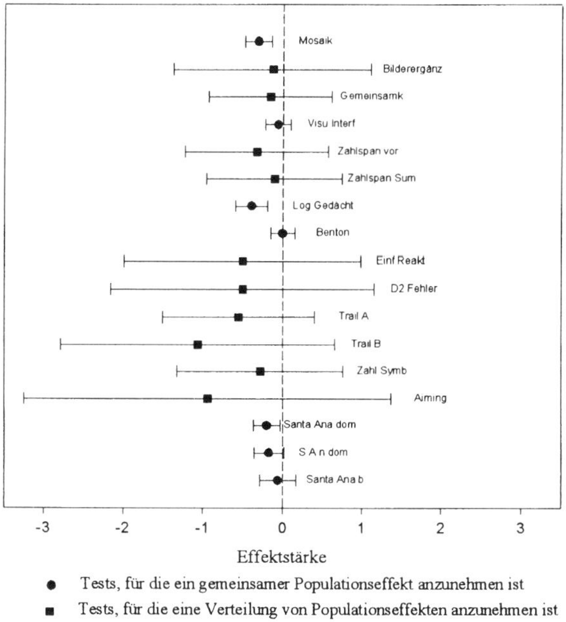

Abbildung 1:
Mittlere Effektstärken und Konfidenzintervalle (95%) für alle betrachteten Tests

Mit Ausnahme des Benton Tests ist die Unterlegenheit der bleiexponierten Gruppe gegenüber der Kontrollgruppe in allen Tests sichtbar. Für Mosaiktest, Logisches Gedächtnis und Santa Ana (dominante Hand) zeigen sich signifikante Effekte der Bleiexposition (d=-0.31, -0.39, -0.20). Bei den Tests, für die eine Verteilung von Populationseffekten anzunehmen ist, ist die Null zwar im Konfidenzintervall enthalten, dennoch ist die negative Tendenz des Bleieinflusses auch hier sichtbar. Die große Populationsvarianz dieser Tests zeigt die Notwendigkeit des Auffindens von Moderatoren der Testleistungen.

(1: Lindgren et al. 1996; 2: Maizlish et al. 1995; 8: Jeyaratnam et al. 1986; 12: Haenninen et al. 1978; 13: Valciukas et al. 1978; 14: Baker et al. 1984; 15: Campara et al. 1984; 22: Mantere et al. 1984; 18: Chia et al. 1997)

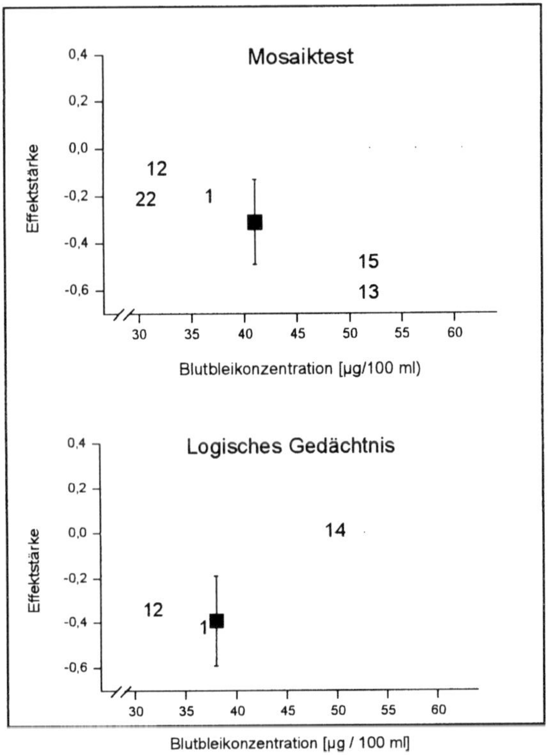

Abbildung 2:
Effekte der Einzelstudien und mittlerer Gesamteffekt mit Konfidenzintervall (95 %) in Bezug zum Expositionsniveau

Abbildung 2 veranschaulicht die signifikanten Effekte mit einem Expositionsbezug. Die Position der Nummern repräsentiert die Effektstärke der einzelnen Studie. Die durchschnittliche Effektstärke mit dem Vertrauensintervall wurde an dem Expositionsniveau, das als gewichteter Mittelwert der einbezogenen Studien ermittelt wurde, dargestellt.

Am Beispiel des Mosaiktests ist der Einfluß der Exposition am deutlichsten erkennbar: mit zunehmender Blutbleikonzentration wird die Differenz zwischen Exponierten und Kontrollpersonen größer.

2. Zusammenfassung und Diskussion

Für die Testverfahren Logisches Gedächtnis, Mosaiktest und Santa Ana (dominante Hand) konnten bereits bei mittleren Blutbleikonzentrationen von 38, 41 und 44 µg/100 ml übereinstimmende Expositionseffekte nachgewiesen werden.

Gemäß Konvention (Cohen 1977) können diese ausgewiesenen Effekte als „klein" bezeichnet werden (klein, mittel, groß: d=0.20, 0.50, 0.80). Bezieht man die Effektstärke des Mosaiktests (d=-0.31) jedoch auf eine altersbezogene Testleistung, entspricht dieser Effekt in der Altersgruppe 25-34 Jahre einer Testleistungsminderung, die bei einer Alterung um 10 Jahre zu erwarten wäre (bzw. in der Altersgruppe 35-44 Jahre um 20 Jahre). Inhaltlich bedeutet dies, daß die durchschnittliche exponierte Person im Alter von 40 Jahren die Testleistung erbringt, die von einer 60-jährigen nichtexponierten Person zu erwarten wäre.

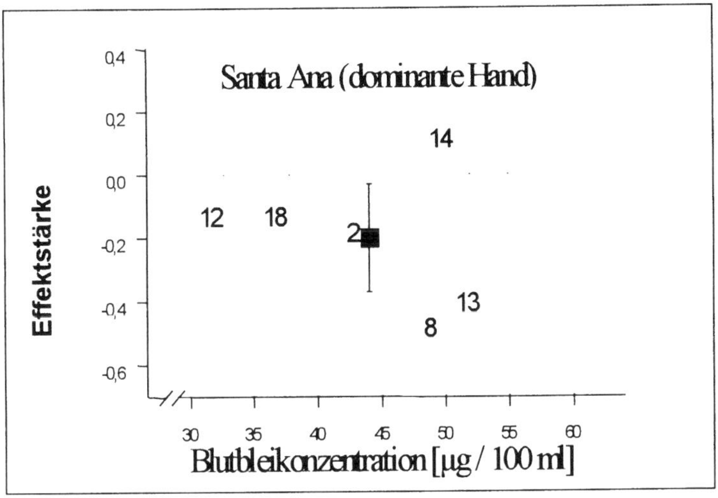

Auch für weitere Testverfahren liegen Hinweise auf negative Effekte der Bleiexposition vor. Die Heterogenität der Effekte erlaubte aber keine Wertung. Zusätzliche Moderatoren der Testleistung müssen gefunden werden, da die mitgeteilten Informationen die Varianz der Testleistungen nicht aufklären konnten.

Eine aktuelle Blutbleikonzentration von 70 µg/100 ml kann nach den vorliegenden Ergebnissen nicht als ausreichender Schutz vor Einschränkungen der Leistungsfähigkeit angesehen werden.

Literatur

Baker, E. L./Feldman, R. G./White et al. (1984): Occupational lead neurotoxicity: a behavioural and electrophysiological evaluation. Study design and year one results, Br J Ind Med 41, 352–361

Campara, P./D'Andrea, F./Micciolo, R. et al. (1984): Psychological performance of workers with blood-lead concentration below the current threshold limit value, Int Arch Occup Environ Health 53, 233–246

Chia, S. E./Chia, H. P./Ong, C. N. et al. (1997): Cumulative blood lead levels and neurobehavioral test performance, NeuroToxicology 18, 793–804

Cohen, J. (1977): Statistical power analysis for the behavioral sciences, New York: Academic Press

Ehle, A./McKee, D. C. (1990): Neuropsychological effect of lead in occupationally exposed worders: a critical review. Crit Rev Toxicol 20, 237–255

Fricke, R./Treinies, G. (1985): Einführung in die Metaanalyse, Bern: Huber

Haenninen, H./Hernberg, S./Mantere, P. (1978): Psychological performance of subjects with low exposure to lead, J Occup Med 20, 683–689

Jeyaratnam, J./Boey, K./Ong et al. (1986): Neuropsychological studies on lead workers in Singapore, Br J Ind Med 43, 626–629

Lindgren, K./Masten, V./Ford et al. (1996): Relation of cumulative exposure to inorganic lead and neuropsychological test performance, Occ Environ Med 53, 472–477

Maizlish, N./Parra, G./Feo, O. (1995): Neurobehavioral evaluation of Venezuelan workers exposed to inorganic lead, Occ Environ Med 52, 408–414

Mantere, P./Haenninen, H./Hernberg, S. et al. (1984): A prospective follow-up study on psychological effects in workers exposed to low levels of lead, Scand J Work Environ Health 10, 43–50

Parkinson, D./Ryan, C./Bromet et al. (1986): A psychiatric epidemiologic study of occupational lead exposure, Am J Epidemiology 123, 261–269

Repko, J. D./Corum, C. R./Jones et al. (1978): The effects of inorganic lead on behavioural and neurologic function (US Dept. of Health, Education, and

Welfare, National Institute for Occupational Safety and Health) . Cincinnatti: DHEW (NIOSH)

Seeber, A./Bolt, H. M./Gelbke, H. P./Miksche, L./Pawlik, K./Rüdiger H. W./Triebig, G./Ziegler-Skylakakis, K. (1997): Verhaltenstoxikologie und MAK-Grenzwertfestlegungen. Wissenschaftliche Arbeitspapiere, Deutsche Forschungsgemeinschaft (DFG), Weinheim: Wiley-VCH

Valciukas, J. A./Lilis, R./Eisinger, J. et al. (1978): Behavioural indicators of lead neurotixicity: results of a clinical field survey, Int Arch Occup Environ Health 41, 217–236

Williamson, A./Teo, R. (1986): Neurobahavioral effects of occupational exposure to lead, Br J Ind Med 43, 374–380

Arbeitsgruppe 2

Sicherheit und Gesundheitsschutz in kleinen und mittleren Unternehmen

Corinna Wiegratz

Inner- und überbetriebliche Koordination des Arbeits- und Umweltschutzes in kleinen und mittleren Betrieben

1. Einführung

In der Literatur werden kleine Betriebe als überschaubar und transparent im Hinblick auf die vorhandenen Sozial- und Raumstrukturen beschrieben. Die Arbeit in Klein- und Mittelbetrieben ist gekennzeichnet durch die große personale Nähe und Integration aller Mitarbeiter, jeder weiß wo er hingehört und was zu tun ist (Kotthoff & Riedl, 1990).

Die Koordination erfolgt durch unmittelbare persönliche Weisung oder Entscheidungsfindung. Das Zusammenkommen in Gremien und Ausschüssen, das Treffen von Entscheidungen auf dem Papierweg, wie es für große Unternehmen gang und gäbe ist, findet in kleinen und mittleren Unternehmen (KMU) zwischen Tür und Angel statt. Man trifft sich, bespricht die Dinge und wendet sich wieder seinen Aufgaben zu. Kotthoff (1990) beschreibt daher die personale Führung als wichtigste Ressource der Produktionssteuerung. Seinen Ergebnissen zufolge treten hierarchiebedingte Weisungsbefugnisse durch Vorgesetzte in den Hintergrund, vielmehr werden Vorgesetzte als Kooperationspartner mit Steuerungskompetenzen wahrgenommen.

Es stellt sich die Frage, ob sich die Führung in KMU von der in Großbetrieben unterscheidet. Weiterhin bleibt die Frage offen, welche Rolle der Einsatz von Instrumenten der Personalführung, wie u.a. Zielsetzung, Rückmeldung und Vorbildverhalten hat, oder ob nicht eher die personale Führung in KMU überwiegt. Bisher liegen diesbezüglich nur sehr wenige empirische Untersuchungen vor.

Es wird in der Literatur jedoch davon ausgegangen, daß knappe personelle und finanzielle Ressourcen in kleinen und mittleren Unternehmen andere Strategien zur präventiven Förderung von Arbeits- und Umweltschutz erfordern, als sie in Großunternehmen eingesetzt werden. Ohne die Unterstützung überbetrieblicher Akteure läßt sich in diesen Betrieben ein erfolgreicher Arbeits- und Umweltschutz nur schwer verwirklichen (Kliemt, 1997).

2. Das Forschungsprojekt IKARUS

Das Forschungsprojekt „Integrativer und kooperativer Arbeits- und Umweltschutz" (IKARUS) untersucht die unterschiedlichen Formen der betrieblichen und überbetrieblichen Integration und Koordination von Arbeitssicherheit und Umweltschutz in kleinen und mittleren Unternehmen der metallverarbeitenden Industrie. Es handelt sich um ein interdisziplinäres Kooperationsprojekt zwischen der Martin-Luther-Universität Halle/Wittenberg und der Ruhr-Universität in Bochum, in dem Juristen und Arbeits- und Organisationspsychologen zusammenarbeiten.

Fragestellungen des IKARUS-Projekts

Aus juristischer Sicht wird davon ausgegangen, daß das derzeitige Recht im Arbeits und Umweltschutz überwiegend auf die Belange und Möglichkeiten von Großbetrieben zugeschnitten ist. Eine rechtstatsächliche Erfassung der Umsetzung der Rechtsvorschriften soll die Benennung von Schwachstellen ermöglichen.

Aus psychologischer Sicht ist der erfolgreiche innerbetriebliche Arbeits-, Gesundheits- und Umweltschutz (AGU) von verschiedenen Faktoren abhängig, u.a. von der Qualifikation und Professionalität der innerbetrieblichen Funktionsträger des Arbeits-, Gesundheits- und Umweltschutzes; einer angemessenen Aufgaben- und Verantwortungsverteilung im Unternehmen, einer an den Bedürfnissen orientierten Information und Kommunikation aller Beteiligten sowie der Unterstützung, Kooperation und Kommunikation mit unterschiedlichen, überbetrieblichen Akteuren des AGU.

Das Unternehmen ist hinsichtlich vieler Aspekte eng mit der Umwelt verbunden. Zu nennen wären erst einmal die hoheitlich (z. B. Gesetze, Verordnungen oder Unfallverhütungsvorschriften) begründeten Kontrollen durch unterschiedliche Organe. Daneben gibt es zahlreiche weitere von außen wirkende Faktoren, wie die Sozialpartner und ihre Institutionen oder Selbstverwaltungsinstitutionen, die hinsichtlich ihrer Einflußnahme auf innerbetriebliche Vorgänge untersucht werden. Großen Stellenwert dürften weiterhin die Geschäftsbeziehungen des Betriebes, z. B. zu Abnehmern oder Lieferanten und überbetrieblichen Diensten haben, da hier die primären Ansprechpartner z. B. bei Problemen im Umgang mit Gefahrstoffen zu finden sind.

Vorgehen und Stichprobe

Die erste Phase des Projekts hat eine Analyse des Ist-Zustandes der Strukturen und Prozesse des AGU in KMU zum Ziel, um die internen und externen Koordinations- und Kommunikationsprozesse zu erfassen. Da die innerbetriebliche Organisation des Arbeits- und Umweltschutzes durch überbetriebliche Einflüsse geprägt werden kann, wird die Einbindung, Steuerung und Beratung kleiner und mittlerer Unternehmen durch die außerbetrieblichen Partner des Arbeits- und Umweltschutzes untersucht.

Im Rahmen von Interviews mit den betrieblichen und überbetrieblichen Akteuren des AGU werden anhand des Stoffstroms von Arbeitsstoffen (Beschaffung – Umgang – Entsorgung) Aspekte der Arbeitssicherheit und des Umweltschutzes untersucht. Weiterhin werden betriebsspezifische Daten, sowie die Qualifikation und Professionalität der Funktionsträger im Arbeits- und Umweltschutz und die innerbetriebliche Verantwortungsverteilung und der Informationsfluß erfragt. Einige Aspekte der innerbetrieblichen Aufgabenstrukturierung und des Dokumentationssystems werden anhand von Checklisten erhoben. Zur Erfassung des Führungsverhaltens und der Einstellung zum AGU wird in den Betrieben eine Mitarbeiter- und Vorgesetztenbefragung durchgeführt.

Die zweite Phase des Forschungsvorhabens sieht die Integration der juristischen und psychologischen Ergebnisse vor. Es sollen Handlungsanleitungen formuliert werden, die die kleinen und mittleren Unternehmen bei der Lösung bestimmter Probleme Anregungen bieten.

Geplant ist, insgesamt 30 Unternehmen, je zur Hälfte aus Nordrhein-Westfalen und Sachsen-Anhalt, zu untersuchen. Die Unternehmen rekrutieren sich aus dem Bereich der metallverarbeitenden Industrie und haben zwischen 20 und 200 Mitarbeiter.

3. Führung in KMU

Im Rahmen der Verhaltenssteuerung und Koordination in Unternehmen hat das Führungsverhalten von Vorgesetzten eine wichtige Rolle zu erfüllen.

Der Einsatz von Koordinationsinstrumenten, insbesondere von Führungsinstrumenten wie Zielsetzung, Vorbildverhalten und Partizipation mittels Zielvereinbarung, soll im Rahmen der Ikarus-Studie untersucht werden. Nachfolgend wird auf das Vorgehen und die Ergebnisse der Mitarbeiterbefragung eingegangen.

Methodik

Die Mitarbeiterbefragung wird mittels eines Fragebogens, dem Fragebogen zur Arbeitssicherheit und Gesundheit – FAGS – (Stapp, Elke & Zimolong, 1999), durchgeführt. Der FAGS besteht aus zwei unterschiedlichen Teilen. Zum einen wird das durch die Mitarbeiter wahrgenommene Führungsverhalten der Vorgesetzten im Hinblick auf den Arbeits- und Gesundheitsschutz erfragt, zum anderen werden Aspekte der persönlichen Einstellung zur Arbeitssicherheit und zum Gesundheitsschutz der Mitarbeitern erfaßt. Im Rahmen dieser Untersuchung wurde der FAGS um entsprechende Skalen zum Umweltschutz erweitert. Dem Fragebogen wurde eine Skala zur Erfassung der körperlichen Beschwerden, die Freiburger Beschwerdenliste von Fahrenberg – FBL – (1975) sowie die Skala „Gereiztheit und Belastetheit“ von Mohr (1986) beigefügt.

Dargestellt werden Ergebnisse der Mitarbeiterbefragungen aus den ersten neun Unternehmen. Bei dieser Teilstichprobe handelt es sich um fünf Unternehmen aus Nordrhein-Westfalen und vier Unternehmen aus Sachsen-Anhalt, wobei die sachsen-anhaltische Teilstichprobe unterteilt ist in Unternehmen mit Ost- bzw. West-Geschäftsführung (jew. zwei Unternehmen). Befragt wurden insgesamt 249 Beschäftigte (West=146; Ost=102). Der linke Teil der folgenden Abbildung stellt einen Vergleich zu den Ergebnissen der GAMAGS-Feldstudie (Stapp, 1999) her.

Ergebnisse

Das Führungsverhalten, wie es in den KMU wahrgenommen wird, ist geringer ausgeprägt, als in den Mittel- und Großbetrieben der GAMAGS-Feldstudie. Insbesondere die Teilstichprobe aus NRW liegt deutlich unter den GAMAGS-Mittelwerten, wobei hinsichtlich der Skala Motivation und Vorbild die Unterschiede am größten werden. Die auf das Führungsverhalten bezogenen IKARUS-Ergebnisse wurden varianzanalytisch abgesichert, auf allen drei Führungsskalen konnten zwischen den Teilstichproben statistisch signifikante Unterschiede (*Motivation*: F=20,955, df=1, p=.000; *Partizipation*: F=36,203, df=1, p=.000; *Zielsetzung*: F=27,084, df=1, p=.000) festgestellt werden. In den Unternehmen aus Sachsen-Anhalt wird im Hinblick auf sicherheitsgerechtes Verhalten wahrgenommen, daß die Führungskräfte aus Sicht ihrer Mitarbeiter nicht nur häufiger motivieren, sich sicherheitsgerecht zu verhalten, sondern daß sie auch häufiger Ziele setzen, diese überprüfen und die Ergebnisse zurückmelden. Zudem erhalten die Mitarbeiter subjektiv mehr Informationen und werden stärker in Entscheidungsprozesse einbezogen.

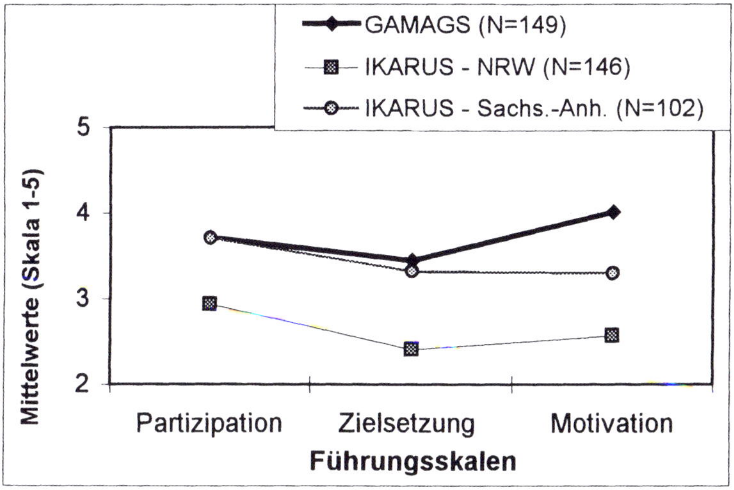

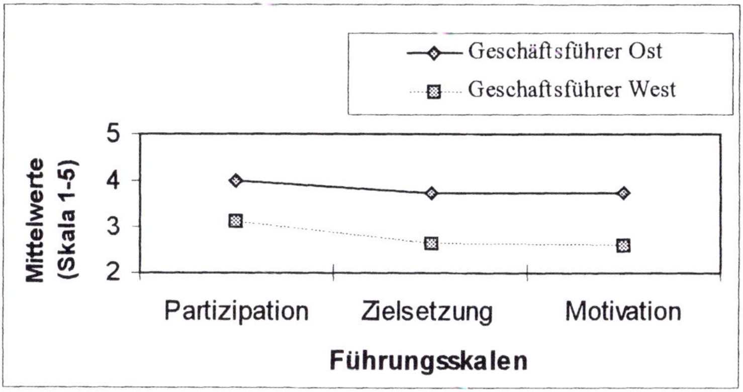

Abbildung 1:
Mittelwerte der Führungsskalen

Die Ausprägung variiert zudem in Abhängigkeit davon, ob in den Unternehmen aus Sachsen-Anhalt ein Geschäftsführer aus den neuen oder alten

Bundesländern kommt (untere Abbildung). Das Führungsverhalten in Bezug auf Arbeitssicherheit wird von den Beschäftigten in höherem Maße in Betrieben mit Ost-Geschäftsführer wahrgenommen, als in den Unternehmen, die von einem Geschäftsführer aus dem Westen geführt werden.

4. Diskussion der vorliegenden Ergebnisse

Das von den Mitarbeitern wahrgenommene Führungsverhalten in den kleinen und mittleren Unternehmen erreicht nicht das Niveau, wie es in der GAMAGS-Feldstudie in Unternehmen der chemischen Industrie erreicht wird (Stapp, 1999; Stapp, Elke, & Zimolong, 1999). Dies mag ein Indikator dafür sein, daß in den kleinen Unternehmen nicht im gleichen Umfang systematisch und kontrolliert Führungsinstrumente eingesetzt werden und daß die personale Führung einen größeren Einfluß hat (Domeyer & Funder, 1991; Frese, 1998). Zu erklären ist dies möglicherweise mit einer starken Fixierung der Kleinunternehmer auf das Tagesgeschäft, so daß längerfristige und überdauernde Anstrengungen in der Führungsarbeit, die von den Mitarbeitern dann wahrgenommen werden, nachrangig bleiben (MAGS, 1997; Pröll & Sczesny, 1991). Die deutlichen Unterschiede zwischen den Mittelwerten der Führungsskalen der beiden Bundesländern können zum bisherigen Zeitpunkt nur vor dem Hintergrund der gewonnenen Eindrücke und Literaturrecherchen interpretiert werden. Dabei zeigte sich, daß insbesondere in der DDR ein stark zentralistisches, aber gut durchorganisiertes Arbeitsschutzsystem bestand, welches eine hohe betriebliche Durchdringung hatte (Kochan, 1997). Da in den meisten von uns untersuchten Unternehmen aus Sachsen-Anhalt die Belegschaft aus dem gleichen Bundesland kommt, kann zunächst vermutet werden, daß sich hier eine unterschiedliche Sicherheitskultur niederschlägt. Differenzen treten auf, wenn andere Akteure, wie z. B. ein Geschäftsführer aus den alten Bundesländern, hinzukommen. Dieses Ergebnis wird dadurch unterstützt, daß in diesen Unternehmen bei den Beschäftigten ebenfalls eine geringere Identifikation mit den betrieblichen Normen zur Arbeitssicherheit festzustellen ist, der Aspekt der personalen Führung scheint also Auswirkungen zu haben. Ob sich diese Ergebnisse durch die Interviews und weiteren Untersuchungen stützen lassen, werden weitere Analysen und Auswertungen zeigen.

Literatur

Domeyer, V./Funder, M. (1991): *Kooperation als Strategie.* Sozialverträgliche Technikgestaltung, Materialien und Berichte, Band 19. Herausgegeben vom Ministerium für Arbeit, Gesundheit und Soziales des Landes NRW. Opladen: Westdeutscher Verlag

Fahrenberg (1975): Die Freiburger Beschwerdenliste. *Zeitschrift für Klinische Psychologie*, 49–100

Frese, M. (Hrsg.) (1998): *Erfolgreiche Unternehmensgründer: psychologische Analysen und praktische Anleitungen für Unternehmer in Ost- und Westdeutschland.* Göttingen: Verlag für Angewandte Psychologie

Kliemt, G. (1997): Neue Unterstützungskonzepte sind unerläßlich. In Bundesanstalt für Arbeitsschutz und Arbeitsmedizin (Hrsg.), *Gefahrstoffe in Klein- und Mittebetrieben (S. 5–20). Schriftenreihe der Bundesanstalt für Arbeitsschutz und Arbeitsmedizin, Tagungsbericht Nr. 75.* Bremerhaven: Wirtschaftsverlag NW

Kochan, F. (1997): Arbeitsschutz im Prozeß der deutschen Wiedervereinigung. In F. Kunz, J. Michas & F. Kochan, *Arbeitnehmerhaftung, Kündigung und Arbeitsschutz (S. 227–286). Beiträge zu den Berichten zum sozialen und politischen Wandel in Ostdeutschland, Bd. 6.2.* Opladen: Leske & Budrich

Kotthoff, H./Reindl, J. (1990): *Die soziale Welt kleiner Betriebe.* Göttingen: Schwartz

Ministerium für Arbeit, Gesundheit und Soziales des Landes NRW [MAGS] (Hrsg.) (1997): *Präventiver Arbeitsschutz in Klein- und Mittelbetrieben. Anforderungen, Probleme und Lösungskonzepte.* Düsseldorf: MAGS

Mohr, G. (1986): *Die Erfassung psychischer Befindensbeeinträchtigungen bei Industriearbeitern.* Frankfurt: Lang

Pröll, U./Sczesny, C. (1991): *Fachkräfte für Arbeitssicherheit in der betrieblichen Zusammenarbeit. Ergebnisse einer schriftlichen Befragung von Sicherheitsfachkräften im VDSI.* Dortmund: sfs

Stapp, M. (1999): *Der Fragebogen zum Arbeits- und Gesundheitsschutz (FAGS). Ein Instrument zur Bewertung des betrieblichen Arbeits- und Gesundheitsschutzmanagements in Industrieunternehmen.* Bochum. Unveröff. Dissertation an der Ruhr-Universität Bochum, Fakultät für Psychologie

Stapp, M./Elke, G./Zimolong, B. (1999): *Fragebogen zum Arbeits- und Gesundheitsschutz (FAGS).* Bochumer Berichte zur Angewandten Psychologie (Nr. 15). Bochum: Ruhr-Universität

Astrid Basten und Ulrich Faber

Sicherheitsinformationen durch den Hersteller – Unterstützung kleiner und mittlerer Unternehmen durch das Produktsicherheitsrecht

1. Einführung

Der kompetente Umgang mit Gesundheits- und Umweltgefahren setzt voraus, daß diese überhaupt wahrgenommen werden und bekannt ist, wie sie auszuschalten oder zu kontrollieren sind. Redet man über den betrieblichen Arbeits-, Gesundheits- und Umweltschutz (AGU) wird schnell deutlich, daß diese ebenso schlichte wie plausible Feststellung ein voraussetzungsvolles Programm beinhaltet, das praktisch nicht leicht umzusetzen ist. Die mit dem Betrieb einer komplexen Produktionsanlage verbundenen Unfall-, Gesundheits- und Umweltgefahren sind zumeist nicht ohne weiteres in ihrer ganzen Bandbreite erkennbar. Ähnliches gilt bei der Verwendung von Arbeitsstoffen. U.U. langjährige Latenzzeiten versperren hier leicht den Blick auf die realen Gefährdungslagen. Die Ermittlung, Beurteilung und Kontrolle derartiger Gefahren ist schon für große Unternehmen, die auf spezialisiertes Fachwissen im eigenen Hause zurückgreifen können, eine nur mit großen Kraftanstrengungen zu bewältigende Aufgabe. Ungleich schwieriger ist die Situation für kleine und mittlere Unternehmen (KMU), die nicht über spezialisierte z. B. Stabsabteilungen oder Labors verfügen. Dennoch treffen KMU rechtlich grundsätzlich die gleichen Pflichten wie große Unternehmen. Wenn das technische Sicherheitsrecht den Arbeitgeber oder den Betreiber einer Anlage in die Pflicht nimmt, erfolgt jedenfalls im Regelfall keine Differenzierung des Schutzniveaus nach der Betriebsgröße. Dies ist konsequent und folgerichtig, denn die aus Art. 2 Grundgesetz abzuleitende Pflicht des Staates, sich schützend vor das Leben seiner Bürger zu stellen, verträgt keine Differenzierung nach Betriebsgrößen. Es wäre in der Tat unerträglich, wenn das Leben eines Mitarbeiters in einem KMU geringere rechtlichen Schutz unterstellt würde, als das seines Kollegen im benachbarten Großbetrieb.

In der Praxis von KMU spielen augenscheinlich Geschäftskontakte eine wichtige Rolle bei der Ausfüllung der angedeuteten Informationslücken. So kaufen viele KMU nicht einfach nur ein Kühlschmiermittel bei einem Hersteller oder Händler. Einige Hersteller pflegen ihre Kundenbeziehung zugleich dadurch, daß sie z. B. über die Eigenschaften ihres Produkts informieren, Unterstützung bei der nach der TRGS (Technische Regeln für Gefahrstoffe) 611 erforderlichen Überwachung der Kühlschmiermittel anbieten oder Lösungen für die Entsorgung bzw. das Recycling offerieren. Verschiedene Untersuchungen belegen die erhebliche Bedeutung dieser Unterstützungsangebote für KMU (Kliemt, 1997; MAGS NRW, 1997). Die ersten Ergebnisse des IKARUS-Projekts bestätigen diese Befunde nachhaltig (allgemein zum IKARUS Projekt, Wiegratz, in diesem Band). Nachfolgend werden wir in Form einer Problemskizze die rechtliche Regulierung der produktbezogenen Sicherheitsinformation nachzeichnen. Unsere Kernthese geht dabei dahin, daß es sich hierbei um ein Set von Rechtsvorschriften handelt, das gerade die Bedürfnisse von KMU aufgreift und von dem diese demgemäß in besonderem Maße profitieren können.

2. Die Stationen produktbezogener Sicherheitsinformation

Die Verbesserung des AGU durch Sicherheitsinformationen setzt zweierlei voraus. Einerseits müssen – systematische gewonnene – Erkenntnisse über Produktrisiken verfügbar sein. Andererseits müssen diese Informationen bis zum Anwender des Produkts weitergegeben werden, damit dieser sein Verhalten entsprechend ausrichten kann. Hieraus ergeben sich die aus Abb. 1 ersichtlichen Stationen der produktbezogenen Sicherheitsinformation.

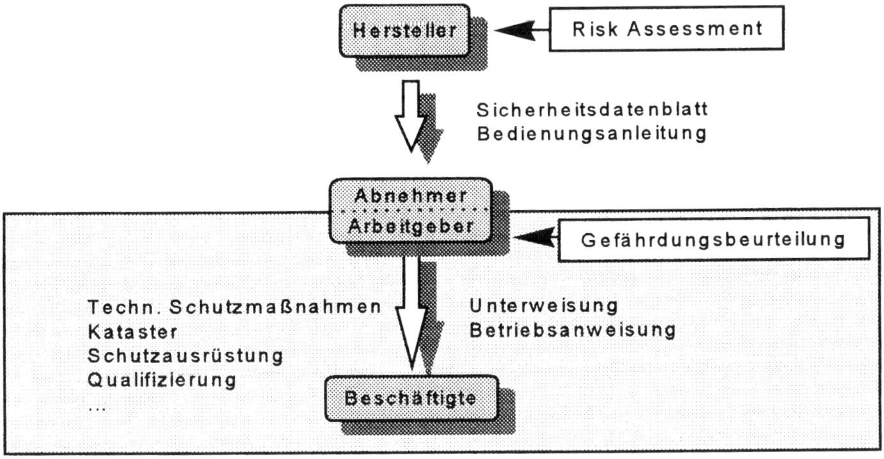

Abbildung 1:
Stationen produktbezogener Sicherheitsinformationen

3. Die Hersteller – Abnehmer – Beziehung

Nach einem allgemeinen Rechtsgrundsatz ist derjenige, der eine Gefahrenlage schafft, verpflichtet, alle geeigneten und ihm zumutbaren Maßnahmen zu ergreifen, um die Verwirklichung der Gefahr möglichst zu verhindern oder sie zumindest unter Kontrolle zu halten (BGH NJW 1990, S. 1236). Überträgt man dieses Prinzip auf die hier interessierenden Fälle des Vertriebs von Produkten wie z. B. Maschinen oder Arbeitsstoffen, öffnet sich der Blick auf das Leitbild des Rechts der produktbezogenen Sicherheitsinformation. Hersteller oder auch Händler müssen alles ihnen mögliche tun, damit die von ihnen vertriebenen Produkte keine Schäden verursachen. Doch was bedeutet dies konkret? Wir möchten vor diesem Hintergrund einige Aspekte des Maschinensicherheits- und Gefahstoffrechts beleuchten. Dies bietet sich auch deshalb an, weil für beide Bereiche in der jüngeren Vergangenheit Regelwerke geschaffen worden sind, die dem genannten allgemeinen Rechtsgrundsatz Konturen verliehen haben.

Primäres Ziel muß es natürlich sein, nur Produkte auf den Markt zu bringen, von denen keine Gefahren ausgehen. Ist dies nicht zu gewährleisten, sehen das Maschinensicherheitsrecht und das Gefahrstoffrecht obligatorisch Sicherheitsinformationen für den Kunden vor, die bestimmten Mindeststandards genügen müssen. So müssen Maschinen nach dem Anhang I der EU-Maschinenrichtlinie mit einer *Bedienungsanleitung* versehen sein, die z. B. Angaben über die gefahrlose Inbetriebnahme, Verwendung, Instandhaltung, Wartung und Störungsbeseitigung enthält. Erforderlichenfalls sind Hinweise zur Einarbeitung und über die sachwidrige Verwendung in die Bedienungsanleitung aufzunehmen. Schließlich sind Angaben über den von der Maschine ausgehenden Lärm zu machen. Hierbei muß der Hersteller angeben, welche Meßverfahren verwendet wurden und unter welchen Betriebsbedingungen die Messungen durchgeführt wurden.

Wichtigster Träger von Gefahrstoffinformationen ist das *Sicherheitsdatenblatt*, das in § 14 Gefahrstoffverordnung (GefStoffV) normiert ist. Es soll den Abnehmer in die Lage versetzen, die erforderlichen Maßnahmen zum Schutz der Beschäftigten und der Umwelt zu treffen (Falke, 1995). Eine praxisnahe Konkretisierung der insoweit einzuhaltenden Mindeststandards der Sicherheitsinformation findet sich in der TRGS 220. Neben Angaben zu den chemischen Eigenschaften müssen Sicherheitsdatenblätter z. B. Hinweise zur Handhabung, Ökologie, Toxikologie, zum Transport und zur Entsorgung enthalten.

Sicherheitsinformationen können nur kommuniziert werden, wenn die einem Produkt anhaftenden Gefahren bekannt sind. Es stellt sich deshalb die Frage, wieviel Produzenten wissen müssen. Auch insoweit sind Mindeststandards einzuhalten, die sich schlagwortartig mit dem Begriff *risk assessment* zusammenfassen lassen. Für die Konstruktion von Maschinen legt der Anhang I der EU-Maschinenrichtlinie fest, daß eine *Gefahrenanalyse* durchzuführen ist, um alle von der Maschine ausgehenden Gefahren zu ermitteln (hierzu Pickert & Scherfer, 1993). Die im Anhang I zusammengefaßten „grundlegenden Sicherheits- und Gesundheitsanforderungen" sind einerseits eine Hilfestellung für die sicherheitsgerechte Konstruktion. Es sind hierbei nicht nur die klassischen Unfallgefahren, sondern auch „Belästigungen, Ermüdung und psychische Belastung (Streß) des Bedienungspersonals" zu berücksichtigen. Andererseits bildet die Gefahrenanalyse die informatorische Basis für die Feststellung der Restgefahren, über die der Hersteller unterrichten muß.

Als Ausgangspunkt für die gefahrstoffrechtlichc Sicherheitsinformation können insbesondere Erkenntnisse aus dem chemikalienrechtlichen Anmeldeverfahren für neue Stoffe und Prüfungsergebnisse der Risikobewertung nach der EG-Altstoffverordnung herangezogen werden. Diese Daten resultieren aus einem chemikalienrechtlich im einzelnen ausgeformten standardisierten Prüfungsprogramm. Um eine Qualitätssicherung im Anmeldeverfahren zu erreichen, sind bei der Durchführung der Prüfungen nach §§ 19a ff. Chemikaliengesetz die „Grundsätze der Guten Laborpraxis" einzuhalten.

4. Die betriebliche Ebene

Die Informationen durch das Sicherheitsdatenblatt und die Bedienungsanleitung sind nur bedingt geeignet, die Beschäftigten über die mit ihrer Arbeit verbundenen Gefahren zu unterrichten. So erfordert z. B. die Interpretation einer Reihe von Angaben in Sicherheitsdatenblättern fundierte chemische und toxikologische Kenntnisse, über die KMU in der Regel nicht verfügen werden (Kliemt, 1997). Darüber hinaus müssen Herstellerinformationen bei Serienfertigung oder großem Abnehmerkreis, notwendigerweise von den tatsächlichen betrieblichen Einsatzbedingungen abstrahieren. Es ist daher notwendig, dic Sicherheitsinformationen mit Blick auf die realen betrieblichen Verhältnisse zu „übersetzen". Den rechtlichen Rahmen für diese „Übersetzung" bildet das betriebliche Arbeitsschutzrecht. Die wichtigsten Regelungen finden sich im Arbeitsschutzgesetz (ArbSchG), der Arbeitsmittelbenutzungsverordnung (AMBV) und in der GefStoffV, die den Unternehmer nunmehr nicht mehr als Abnehmer, sondern in seiner Funktion als Arbeitgeber in die Pflicht nehmen.

Zentrales Instrument zur betrieblichen Aufbereitung produktbezogener Sicherheitsinformationen ist die *Gefährdungsbeurteilung*. Nach §§ 5 ArbSchG, 16 GefStoffV dient sie der Ermittlung der betrieblichen Schutzmaßnahmen. Im vorliegenden Kontext steht die Frage im Zentrum, wie die betreffenden Produkte mit den gegebenen betrieblichen Bedingungen interagieren (z. B. Raumklima, Vorbelastung durch Umgebungslärm). Herstellerangaben sind dabei eine wertvolle informatorische Hilfe. Die GefStoffV verdeutlicht diesen Zusammenhang. Nach § 16 GefStoffV ist der Arbeitgeber von eigenen stoffbezogenen Ermittlungen weitgehend freistellt, sofern ihm nicht Erkenntnisse vorliegen, die von den Angaben des Sicherheitsdatenblatts oder der Sicherheitskennzeichnung abweichen (hierzu Faber, 1997). Diese Regelung führt zu erheblichen Erleichterungen, von denen insbesondere auch KMU profitieren können.

Nach dem Leitbild des ArbSchG kommt der betrieblichen *Sicherheitsinformation* und *Sicherheitskommunikation* ein hoher Stellenwert zu. Von besonderer Bedeutung sind Unterweisungen und Betriebsanweisungen, durch die ein kompetenter Umgang mit den betrieblichen Risiken gefördert werden soll (§§ 12 ArbSchG; 20 GefstoffV). Eine wichtige Funktion der Gefährdungsbeurteilungen liegt darin, eine Informationsbasis für die betriebliche Sicherheitskommunikation zu schaffen. *Unterweisungen* sind mehr als einseitige Kommunikation in Form von Belehrungen. Sie bilden vielmehr ein Forum für die aktive Beteiligung der Beschäftigten, auf dem durch wechselseitige Kommunikation nicht nur über Gefahren informiert wird, sondern gleichzeitig betriebliches Erfahrungswissen generiert und strukturiert wird. Deutlich wird dieser Anspruch in der TRGS 555, die praxisrelevante Hinweise für die Durchführung von Unterweisungen enthält. Danach sind lernpsychologische und arbeitspädagogische Erkenntnisse zu berücksichtigen und z. B. praktische Übungen durchzuführen oder Betriebserfahrungen zu besprechen (hierzu auch Kohte, 1998). Unterweisungen können dazu genutzt werden, die vorhandenen *Betriebsanweisungen* zu überprüfen und ggf. zu verbessern. Eine Anpassung kann notwendig werden, da die Betriebsanweisung Angaben über die bei der Benutzung eines Arbeitsmittels gewonnenen Erfahrungen enthalten muß (§ 6 AMBV). Das Beispiel verdeutlicht, daß Sicherheitskommunikation nach dem Leitbild des ArbSchG nicht folgenlos ist, sondern ein lebendiger Prozeß wechselseitigen Austausches angestoßen werden soll.

5. Fazit

Die rechtliche Regulierung der Sicherheitsinformation stellt u.E. einen erfolgversprechenden Ansatz zur Verbesserung des AGU in KMU dar. Allerdings ist der Informationsfluß in der Praxis keineswegs so glatt, wie er möglicherweise in der vorstehenden Skizze erscheinen mag. Erste vorläufige Ergebnisse des IKARUS-Projekts haben gezeigt, daß in vielen KMU erhebliche Unsicherheiten bestehen, wie etwa das Sicherheitsdatenblatt genutzt werden kann. Rechtspolitisch sind daher weitere Verdeutlichungen der Pflicht zur produktbezogenen Sicherheitsinformation wünschenswert.

Literatur

Faber, U. (1997): Die Gefahrstoffermittlungspflicht nach § 16 Abs. 1 Gefahrstoffverordnung. *Arbeitsrecht im Betrieb*, 18 (10), 573–580.

Falke, J. (1995): Informationspolitische Maßnahmen im Chemikalienrecht. In G. Winter (Hrsg.), *Risikoanalyse und Risikoabwehr im Chemikalienrecht. Interdisziplinäre Untersuchungen* (S. 65-114). Düsseldorf: Werner

Kliemt, G. (1997): Neue Unterstützungskonzepte sind unerläßlich. In BAuA (Hrsg.), *Gefahrstoffe in Klein- und Mittelunternehmen* (S. 5–20). Bremerhaven: Verlag für neue Wissenschaft

Kohte, W. (1998): Arbeitsschutzrahmenrichtlinie. In H. Oetker & U. Preis (Hrsg.), *Europäisches Arbeits- und Sozialrecht – EAS –* (B 6100). Stuttgart: Forkel

MAGS NRW (1997): *Präventiver Arbeitsschutz in Klein- und Mittelbetrieben. Anforderungen, Probleme und Lösungskonzepte*. Duisburg: WAZ-Druck

Pickert, K./Scherfer, E. (1993): Technische Sicherheit und Normung in Europa. *WSI Mitteilungen*, 46 (1), 35–42

Wiegratz, C. (2000): Inner- und überbetriebliche Koordination des Arbeits- und Umweltschutzes in kleinen und mittleren Unternehmen. In H.P. Musahl (Hrsg.), *Psychologie der Arbeitssicherheit. 10. Workshop 1999* (i.d.Bd.). Heidelberg: Asanger

Christine Fromm und Ulrich Pröll

Konzeptionelle Überlegungen zur Prävention in kleinen Unternehmen

1. Leitbild-Vakuum bei der Prävention im Kleinbetrieb

In der Bundesrepublik orientierten sich die Bemühungen zur Verbesserung von Gesundheit und Sicherheit bei der Arbeit bis weit in die achtziger Jahre hinein an den Bedarfen und Möglichkeiten großer Unternehmen. Die Wirksamkeit der Regeln, Instrumente, Organisationsmodelle usw. des Arbeits- und Gesundheitsschutzes ist daher in weiten Teilen an anspruchsvolle Bedingungen gebunden, die in Kleinbetrieben nicht vorausgesetzt werden können (entwickelte Industriebürokratie, betriebliche Expertensysteme, repräsentative Interessenvertretung, differenziertes Arbeits- und Personalmanagement usw.). Mit der Entwicklung spezifisch kleinbetrieblicher Konzepte mußte dagegen im Zuge der nationalen Implementierung der EU-Arbeitsschutzpolitik Anfang der neunziger Jahre begonnen werden, ohne daß praxistaugliche und hinreichend konsensgestützte Leitbilder von „Prävention im Kleinbetrieb" einen inhaltlichen Orientierungsrahmen und eine stabile Dialogplattform mit der kleinbetrieblichen Arbeitswelt und ihren Interessenverbänden hätten bieten können.

Im Forschungsbereich „Arbeit und Gesundheit" am Landesinstitut Sozialforschungsstelle Dortmund werden seit 1996 zwei Projekte durchgeführt, in denen sich Grundlagenforschung und anwendungsorientierte Modellentwicklung verbinden. Das Projekt „Gesundheitsförderliche Potentiale kleiner Betriebe als Ansatzpunkte spezifischer Präventionskonzepte" wird vom Projektträger „Arbeit und Technik" beim BMBF gefördert und befaßt sich mit Kleinstbetrieben der Sektoren Handwerk, Industrie, Handel und Dienstleistung. Das im Landesprogramm QUATRO von EU und NRW kofinanzierte und gemeinsam mit dem Umweltzentrum der Handwerkskammer Düsseldorf durchgeführte Projekt „ArGU!ment – Weiterbildungs- und Beratungssystem zum Arbeitsschutz im Handwerk" – zielt dagegen auf die Entwicklung geeigneter Konzepte und Maßnahmen speziell für das Handwerk. Untersuchungsleitende Hypothese in beiden Projekten ist, daß in der kleinbetrieblichen Arbeitswelt ein spezifisches soziales Bedingungsgefüge für die alltägliche „Herstellung" von Sicherheit und Gesundheit existiert, an das Präventionskonzepte systematisch anknüpfen können. Solche gesundheitsförderlichen Potentiale liegen einerseits in der kleinbetrieblichen Arbeits- und Sozialverfassung als typische Handlungsspielräume, Kompetenzstrukturen, Kooperationsmuster etc. begründet. Aber auch institutionelle Bindungen und zwischenbetriebliche Vernetzungen der Kleinunternehmen (Kammern, Verbände etc.) können präventive Funktionen tragen, indem sie einen Handlungsrahmen („setting") für Dialog, Motivation, Information und Beratung zum Thema Sicherheit und Gesundheit bieten. Die kleinbetriebliche Arbeitswelt wird also als Verschränkung von betrieblichem Arbeitsalltag und institutionellen, arbeitskulturellen und lokalen Prägungen als „präventives Milieu" gefaßt.

Auf dieser konzeptionellen Basis und auf der Grundlage umfangreicher Erhebungen (Intensiv-Fallstudien in sechs Betrieben verschiedener Gewerke, Expertengespräche in Kammern, Fachverbänden und Arbeitsschutzinstitutionen für die setting-Analyse und Bilanzierung der praktischen Erfahrungen aus ca. 30 Modellprojekten zu diesem Thema) wurde im Rahmen des ArGU!ment-Projekts als eines von fünf Systemmodulen ein Vorschlag für ein „Leitbild Gesundes Handwerk" ausgearbeitet, dessen Grundfunktionen und konzeptionellen Elemente im folgenden erläutert werden.

2. Leitbild „Gesundes Handwerk" – ein Diskussionsangebot

Unter einem Leitbild wird dabei ein Idealtypus reformierter Praxis verstanden, ein *Innovations-Szenario*, das allen Beteiligten hinreichend differenzierte Antworten und Orientierungen auf die Frage bietet, wie in Zukunft für Gesundheit und Sicherheit im Kleinbetrieb gesorgt und mit welchen Mitteln und auf welchen Pfaden dies erreicht werden soll. Es sollte zumindest vier Dimensionen enthalten:

- Eine *Leit- bzw. Werkidee*, die anschlußfähige Begründungen für mehr oder andere Prävention im Kleinbetrieb liefert und realistische Standards dafür formuliert.
- Ein *betriebliches Handlungs- bzw. Kooperationsmodell*, das die praktische Durchführung präventiver Aufgaben im Betrieb anleitet.
- Ein *Instrumentenkonzept* zur „technischen" Unterstützung bei der Erledigung dieser Aufgaben.
- Ein Konzept für Inhalt und Organisation von *Unterstützungsleistungen* durch externe Akteure.

Werkidee: „Gesundes Handwerk“ statt „mehr Arbeitsschutz“

Die gängigen Begründungen für ein „Mehr“, „Anders“ oder „Besser“ im Umgang mit Sicherheit und Gesundheit im Kleinbetrieb beschränken sich meistens auf Verweise auf neue rechtliche Rahmenbedingungen (EU-Harmonisierung, Umsetzung des Arbeitsschutzgesetzes) oder das Postulat der nachholenden Anpassung an großbetriebliche Standards, d.h. der Teilhabe auch der kleinen Unternehmen an den formalen Ressourcen und Praktiken des institutionellen Arbeitsschutzes (v.a. durch präventionsfachliche Betreuung durch Experten). Während im ersten Fall der Kleinbetrieb als Anwendungsfall der EU-Bürokratie adressiert wird, werden ihm im zweiten Fall strukturelle Defizite unterstellt. Beides wird im Handwerk außerordentlich kritisch gesehen bzw. mit erhöhten Begründungsanforderungen konfrontiert. Auch die gelegentlich ins Feld geführten Argumente der Reduzierung der statistisch mutmaßlich höheren Unfallgefährdung im Kleinbetriebssektor oder die Senkung von Krankenständen verfangen im Handwerk nicht: Für den einzelnen Kleinbetrieb ist der (schwere) Arbeitsunfall ein seltenes Ereignis und Krankenstände im Handwerk sind traditionell sehr niedrig.

Eine anschlußfähige Leitidee sollte dagegen positiv und milieuspezifisch sein. Sie könnte dabei anknüpfen an die intensiv geführte *Zukunftsdiskussion im Handwerk*: hier zeigt sich sehr deutlich, daß das Handwerk künftig noch mehr als heute von der *spezifischen Qualität seiner Humanressourcen* leben wird. Selbständigkeit, Qualifikation und Qualitätsbewußtsein, Sozialkompetenz, Leistungsbereitschaft und -fähigkeit, Kreativität, Innovations- und Arbeitsfreude von Mitarbeitern und Inhabern sind wesentliche Voraussetzungen für die Nutzung der sich abzeichnenden Zukunftsoptionen. Hier konvergiert der Zukunftsdiskurs im Handwerk mit einem modernen salutogenetischen Gesundheits- und Präventionsverständnis. „Gesundes Handwerk“ – Inbegriff präventiver Anstrengungen zur *Pflege der besonderen Humanressourcen als soziales und ökonomisches Innovationspotential des Handwerks* – an diesem semantischen Kern könnte eine tragfähige Leitidee ansetzen.

Betriebliches Handlungsmodell:
Vom „Unternehmermodell“ zum „Unternehmensmodell“

Das implizite Bild des Arbeitsschutzes vom Kleinbetrieb, an dem sich auch das sog. Unternehmermodell orientiert, neigt dazu, diesen auf ein besonders kompaktes Führungssystem zu reduzieren und die operativen Vorgesetzten-

Funktionen der Betriebsinhaber überzubetonen. Unterbelichtet bleibt das vergleichsweise hohe Maß, in dem handwerkliche Arbeit stillschweigend durch gewerkspezifische Deutungsmuster von guter Arbeit reguliert wird und wie *situative* Selbstorganisation der oft allein oder in kleinen Arbeitsgruppen agierenden Mitarbeiter die Arbeitsabläufe prägt (z.B. in den baustellen- und montageorientierten Gewerken). Operative Führung, wie sie das Unternehmermodell in den Vordergrund stellt, spielt dagegen eine eher untergeordnete Rolle, zumal sich der Schwerpunkt unternehmerischer Tätigkeit auch im Handwerk zunehmend in den Bereich der Akquisition, des Marketings und der Kundenpflege verlagert. Nur über die Nutzung und *Förderung des qualifizierten self-managements* seiner Mitarbeiter hat der Kleinunternehmer auch eine faire Chance, der häufig beklagten chronischen Überforderung zu entgehen.

Dieses hohe Qualifikations- und Handlungspotential der Beschäftigten ist eine *präventive Ressource par exellence.* Sie gilt es in einem arbeitsteiligen, betriebsgemeinschaftlichen Handlungsmodell komplementär zur unabdingbaren Gestaltungs- und Führungsverantwortung des Unternehmers, insbesondere bei der Betriebsgestaltung, stärker zu entfalten. Alle Mitarbeitergruppen sollten dabei entsprechend ihrem jeweiligen Handlungspotential in die „organisierte" betriebliche Verantwortung für Gesundheit und Sicherheit genommen werden. *Sicherheit und Gesundheit als betriebliche Gruppen- und Gemeinschaftsarbeit* könnte etwa das Motto lauten; der Ausbau des Unternehm*er*modells zum Unternehm*ens*modell wäre die plakative Devise.

Instrumente: „Innovationsdialog" als Rahmen für „Gefährdungsbeurteilung"

Eine wichtige instrumentell zu unterstützende Funktion ist die Selbstbeobachtung des betrieblichen *Präventionsstatus*, d. h. die Vergewisserung über die gesundheitlichen Risiken und die präventiven Ressourcen, die für deren Bewältigung zur Verfügung stehen. „Wie sicher und gesund ist unser Betrieb? Was machen wir gut? Was müssen wir besser machen?" Hier wäre sowohl die rechtlich verbindliche, inventarisierende Gefährdungsbeurteilung als Basis zielgerichteter Maßnahmen zu unterstützen als auch die *regelmäßige Selbstüberwachung* im Arbeitsalltag. Hinter dem Begriff Präventionsstatus steht dabei die Absicht, das einseitig auf Risiken und Belastungen orientierte sicherheitstechnisch-ergonomische Konzept der Gefährdungsanalyse um eine komplementäre Ressourcen-Perspektive zu erweitern. Der Hintergrund ist eminent praktisch: Sind die Aktivposten der betrieblichen Gesundheitskultur erst einmal zur Sprache und betrieblich zu Bewußtsein gekommen, haben sie größere Chancen, in künftigen Gestaltungsabwägungen als erhaltens-, pflege- und entwicklungsbedürftige Güter berücksichtigt zu werden.

Die in der Vergangenheit entwickelten Instrumente und Verfahren der Arbeits- und Gefährdungsanalyse sind überwiegend auf großbetriebliche Anwendungszusammenhänge zugeschnitten. Für Kleinunternehmen ohne systematische Arbeitsgestaltung, methodische Sicherheitsarbeit und sicherheitstechnisch-ergonomisch vorgebildetes Fachpersonal sind sie strukturell untauglich. Ein kleinbetriebsgeeignetes Verfahren müßte *thematisch integrativ, kommunikativ und beteiligungsorientiert* sein und von der *betrieblichen Alltagslogik* ausgehen. Anstelle des eindeutigen und eindimensionalen Themenbezuges auf Gesundheit und Sicherheit käme es darauf an, betriebspraktische Zusammenhänge von wertschöpfenden und vorsorgenden Funktionen, so wie sie sich in typischen Geschäftsprozessen und Arbeitsabläufen realisieren, stärker zu berücksichtigen. Die Systematik uns bekannter Gefährdungsbeurteilungsverfahren folgt durchweg einer wissenschaftlich-analytischen oder juristischen Sicht der betrieblichen Wirklichkeit, deren praktische Einheit in Belastungstaxonomien, Gefährdungstatbestände, Risikofaktoren oder einfach nur Rechtsmaterien des Arbeitsschutzes (Arbeitsstätten, Gerätesicherheit, Gefahrstoffe etc.) aufgelöst wird. Die kleinbetriebliche Alltagsperspektive ist dagegen nach anderen Erfahrungsfeldern und -tatbeständen organisiert: wiederkehrende Arbeitsroutinen und Auftragstypen, alltägliche Geschäftsabläufe, typische Entscheidungssituationen usw. Diese Alltagslogik sollte sich auch in der Systematik einer Selbstbeobachtung wiederfinden. In den Bauhandwerken ist z.B. die morgendliche gemeinsame Arbeitsvorbereitung eine solche Schlüsselsituation, da hier von der Personaleinteilung über die Wahl der Werkzeuge und Hilfsmittel bis zur Baustellenorganisation wichtige Sicherheits- und Gesundheitsparameter zur Sprache kommen.

Unterstützung: „Ausbau subsidiärer Netze“ statt „Kompetenzzentren“

Handwerker fragen Unterstützung zunächst im vertrauten lokalen Umfeld der Selbsthilfe- und Selbstverwaltungseinrichtungen des eigenen Gewerks bzw. des Handwerks nach. Innung, Innungsfachverband, Innungskrankenkasse, Kreishandwerkerschaft und Handwerkskammer sind die Organisationen, die dem Einzelunternehmen sozial und arbeitskulturell am nächsten stehen. Allesamt repräsentieren sie gemeinsame Normen und Werte, eine kollektive Identität, die *Institution Handwerk*.

Die niedrige Zugangsschwelle und vorhandene Basiskompetenz in Bezug auf die konkreten Betriebsverhältnisse und Arbeitsbedingungen der handwerklich-kleinbetrieblichen Arbeitswelt sind u.E. gewichtige Argumente dafür, präventionsfachliche Unterstützungsfunktionen möglichst in diesen zielgruppennahen Dienstleistungskontext zu integrieren. Aus der engen Bindung an das „setting Handwerk" resultiert eine praktische Kompetenz, die für eine integrative, verantwortungsvolle und angepaßte Einzelfallberatung eine mindestens ebenso entscheidende Grundlage darstellt wie hinreichendes Präventionsfachwissen. Viele Anzeichen deuten darauf hin, daß die Gliederungen und Verbände der Handwerksorganisation zunehmend bereit sind, das Thema Sicherheit und Gesundheit verstärkt in ihr Aufgaben- und Dienstleistungsverständnis zu integrieren. Die politischen Voraussetzungen für ein subsidiäres Betreuungskonzept können insofern als günstig betrachtet werden.

Diese konzeptionellen Überlegungen wurden in Abstimmung mit allen betroffenen Institutionen in einen anschaulichen Text „übersetzt" und als Broschüre gedruckt. Diese wird derzeit – mit erster positiver Resonanz – in die regionale Diskussion sowohl im Handwerk selbst als auch zwischen Handwerk und Arbeitsschutz eingebracht.

Ferdinand Gröben

Stand betrieblicher Gesundheitsförderung in Hessen und Thüringen

1. Einleitung

Das Institut für Sportwissenschaften der J. W. Goethe-Universität Frankfurt hat 1997/1998 mit maßgeblicher Unterstützung der Hans Böckler Stiftung eine Umfrage zur aktuellen Verbreitung und Perspektiven betrieblicher Gesundheitsförderung durchgeführt.

Ziel der Studie war es zu klären, ob Programme der betrieblichen Gesundheitsförderung die Modellphase hinter sich gelassen haben und ob sie Eingang in den betrieblichen Alltag gefunden haben. Untersucht wurde, welche strukturellen, organisatorischen oder personalen Faktoren die Einrichtung bzw. den Erfolg von Maßnahmen der betrieblichen Gesundheitsförderung behindern oder sicherstellen.

Die Daten wurden bei einer repräsentativen Zufallsstichprobe hessischer und thüringer Betriebe aus der Metallbranche und dem Dienstleistungsbereich mittels *telefonischer Interviews* erhoben. Befragt wurden Betriebsräte ebenso wie Unternehmensleitungen. Es wurde eine Stichprobenausschöpfung von 82,5% erreicht. Die Ergebnisse können auf die Gesamtpopulation übertragen werden.

Die vorliegenden *Ergebnisse* basieren auf den Angaben von 447 Betrieben. Fast die Hälfte der Stichprobe wird von kleineren und mittleren Unternehmen mit 50 bis 199 Mitarbeitern gestellt. Ein Viertel der Betriebe hat 200 bis 499 Beschäftigte. Die weiteren Firmen sind Großunternehmen. Zwei Drittel der befragten Betriebe haben ihren Standort in Hessen, ein Drittel in Thüringen. 53% der Betriebe kommen aus der Metallbranche und 47% sind, dem Bereich Handel, Banken und Versicherungen zuzuordnen.

2. Zentrale Befunde

Der Eingang der EU-Rahmenrichtlinie in die Gesetzgebung zum Arbeits- und Gesundheitsschutz hat den Gedanken der Prävention und der Förderung der Gesundheit in der Arbeitswelt gestärkt. Der Umsetzung des neuen ArSchG und insbesondere der dort festgeschriebenen Beurteilungen der Arbeitsbedingungen ist, auch im Zusammenhang mit betrieblicher Gesundheitsförderung ein hoher Wert beizumessen. Die gewonnenen Daten zeigen aber, daß die Mehrheit der Betriebe zentrale Bestandteile des Gesetzes noch nicht umgesetzt hat: Es ist davon auszugehen, daß nur in jedem fünften Betrieb bisher *Gefährdungsbeurteilungen* durchgeführt wurden. Dies ist um so bedauerlicher, da insgesamt ein hoher Versorgungsgrad in der betriebsmedizinischen und sicherheitstechnischen Betreuung der Unternehmen festzustellen ist.

Mit Maßnahmen der betrieblichen Gesundheitsförderung aus dem Bereich der *Verhaltensprävention*, wie sie bis Ende 1996 von Institutionen der Gesetzlichen Krankenversicherung durchgeführt werden konnten, hat fast jedes dritte Unternehmen bereits Erfahrungen gemacht. Aber auch jetzt planen weiterhin 18,6% der Betriebe, solche Maßnahmen anzubieten. Die Schwerpunkte der in Zukunft neu aufgelegten Angebote bilden Maßnahmen der Suchtprävention sowie Bewegungsprogramme.

Angebote der Krankenkassen, wie Führungskräfteschulungen, Gesundheitsberichte oder Gesundheitszirkel haben bis jetzt hingegen eine deutlich geringere Verbreitung gefunden. Führungskräfteseminare zur Gesundheitsförderung haben lediglich 15,7% aller Betriebe entweder schon einmal durchgeführt oder geplant. Zur Routine im Rahmen der Personalentwicklung gehören solche Seminare gar nur bei 2,9% der Firmen. Gesundheitsberichte nutzt annähernd jedes fünfte Unternehmen, feste Routine sind sie bei 7,2% der Betriebe. Gesundheitszirkel werden lediglich in jedem zehnten Unternehmen durchgeführt. Es ist aber abzuwarten, wie sich die Nutzung dieser Angebote angesichts der nunmehr geklärten zukünftigen Arbeitsteilung zwischen Krankenkassen und Berufsgenossenschaften entwickeln wird.

Fachgerechte, interdisziplinäre Gesundheitsförderung im Betrieb umfaßt aber neben den bereits erwähnten einzelnen Maßnahmen eine ganze Reihe weiterer Interventionsformen. Um das Niveau der betrieblichen Gesundheitsförderung in den untersuchten Unternehmen beurteilen zu können, wurden die Einzelbefunde zu über 30 verschiedenen Maßnahmen aus dem Feld Prävention und Gesundheitsförderung in ein *Beurteilungsraster für das Niveau der betrieblichen Gesundheitsförderung* übertragen. Das Raster erfaßt Angebote aus den Bereichen *Bedarfsanalysen, Verhaltensprävention und Verhältnisprävention*. Die ermittelten Werte wurden auf eine sechsstufige Notenskala übertragen. Die Daten zeigen, daß vereinzelte Maßnahmen der betrieblichen Gesundheitsförderung zwar in einer Vielzahl von Unternehmen vorzufinden sind. Es wird aber deutlich, daß eine Kultur betrieblicher Gesundheitsförderung nur in wenigen Unternehmen vorzufinden ist:

nur 12,3% der Betriebe erreichen einen ausreichenden, 2,9% einen befriedigenden und nur 0,2% der Firmen einen guten Wert bezüglich des Ausmaßes von betrieblicher Gesundheitsförderung (vgl. Abb. 1). Dies bedeutet, daß lediglich bei etwa 15% aller Unternehmen vom Bestehen einer betrieblichen Gesundheitsförderung gesprochen werden kann.

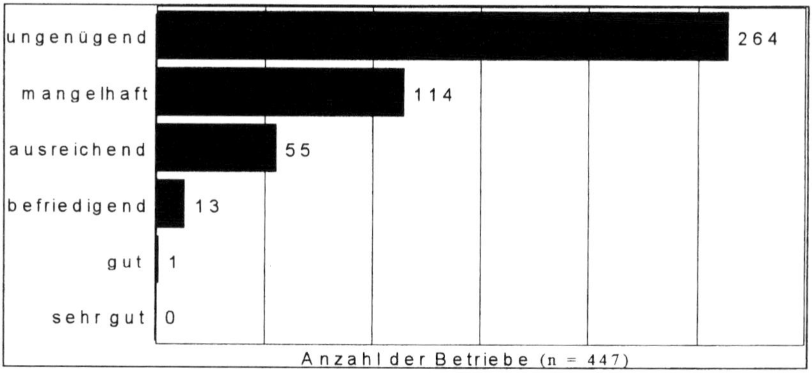

Abbildung 1:
Betriebliche Gesundheitsförderung nach dem Gesamtbeurteilungsindex

2.1 Einflußfaktoren

Die Analyse der *Einflüsse infrastruktureller, betrieblicher Gegebenheiten* auf das Ausmaß der Durchdringung von Unternehmen mit Maßnahmen der betrieblichen Gesundheitsförderung zeigt systematische Einflüsse der Betriebsgröße: Je größer die Betriebe desto eher werden Gesundheitsförderung angeboten. Die Branchenzugehörigkeit hat nur bei den kleinen Betrieben auffällige Einflüsse. Der oft postulierte Nachholbedarf des Dienstleistungsgewerbes bei der betrieblichen Gesundheitsförderung besteht nur in diesem Segment. Auch der Umfang von Schichtarbeit weist einen Zusammenhang, mit der Neigung von Unternehmen Gesundheitsförderung anzubieten, auf. Je mehr Mitarbeiter im Schichtbetrieb tätig sind desto eher werden auch Maßnahmen der Gesundheitsförderung angeboten.

Bei der Überprüfung der *behindernden und fördernden Faktoren auf der* Ebene von Strukturen, Organisation oder Personen bei Implementierung bzw. für den Erfolg von bestehenden Maßnahmen betrieblicher Gesundheitsförderung beeinflussen, zeigen sich einige Aspekte von zentraler Bedeutung. Auf der Ebene von Aufbaustruktur bzw. Ablauforganisation erweist sich das Ausmaß

- der *Mitarbeiterorientierung* als fördernder Faktor. Hinweise liefert hierbei zum Beispiel der positive Umgang der Unternehmen mit Betriebsvereinbarungen. Als gleichermaßen fördernd zeigt sich auch die Tatsache, für wie wichtig es ein Unternehmen hält,
- eine ausformulierte *Unternehmensphilosophie* zu haben und zu leben. Ebenfalls als einflußreich stellen sich
- die *Qualitätsorientierung* und
- die *Offenheit der Unternehmen für Restrukturierungen* heraus.

Entgegen dem oft gehörten Argument, daß wegen anstehender Umstrukturierungen Gesundheitsförderung erst einmal zurückstehen muß, erweist sich das Einbeziehen von Gesundheitsförderung in solche Umstrukturierungsprozesse offenbar eher als sinnvoll und erfolgversprechend.

Analysiert man die Ebene der handelnden *Personen,* so steht an erster Stelle der Einflußfaktoren für einen möglichen Erfolg von Gesundheitsförderung die dauerhafte Einbindung der Geschäftsleitung bzw. das *Commitment der Geschäftsführung* zu den Programmen der betrieblichen Gesundheitsförderung. Eine Delegation der Aufgaben an interne Experten bei gleichzeitigem Rückzug der Vorgesetzten erweist sich als eher negativ.

Bei weiterer Prüfung fördernder und hemmender Faktoren auf dieser Ebene zeigt sich, daß es offensichtlich nicht einzelne Faktoren sind, die dem Erfolg der betrieblichen Gesundheitsförderung im Wege stehen, sondern daß es sich vielmehr um ein ganzes Bündel von Ursachen handelt. Von Bedeutung erweisen sich dabei Einflußvariablen wie:

- ein mangelndes Interesse von Führungskräften und Mitarbeitern,
- ein nicht vorhandenes Engagement der Mitarbeitervertretung für Belange der Gesundheitsförderung,
- unklare Verantwortlichkeiten für den Arbeits- und Gesundheitsschutz
- und – dies vornehmlich bei kleineren Betrieben – auch die Kosten, die mit dem Einführen betrieblicher Gesundheitsförderung verbunden sind.

Darüber hinaus belegen die vorgefundenen Daten, daß vor allem *fehlende Informationen* über die mit betrieblicher Gesundheitsförderung zu erreichenden Effekte und fehlende Informationen darüber, wo Beratung in Fragen der Gesundheitsförderung eingeholt werden kann, ein Hindernis für den Erfolg von Gesundheitsförderung im Setting Betrieb darstellen. Deutlich wird, daß bei den betrieblichen Entscheidungsträgern nur unzureichend Informationen vorhanden sind, um sich mit Gesundheitsförderung im Betrieb angemessen auseinanderzusetzen.

203 Betriebe, das entspricht einem Anteil von 45,4% aller Unternehmen, die an der Erhebung teilgenommen haben, geben an in Fragen der betrieblichen Gesundheitsförderung, *Informations- und Beratungsbedarf* zu haben. Die herausragenden Probleme bestehen zunächst in den Bereichen:

- Gefährdungsbeurteilungen,
- ergonomische Maßnahmen,
- Bewegungsprogramme zur Prävention gegen Erkrankungen des Muskel- und Skelettapparates,
- Führungskräfteseminare zur Gesundheitsförderung sowie
- Suchtprävention.

Auf die Frage von wem Unternehmen Hilfe in der betrieblichen Gesundheitsförderung erwarten, werden an erster Stelle die Berufsgenossenschaften und die Krankenkassen genannt. Die Antwortenden gehen weiter davon aus, daß von den Arbeitsschutzbehörden Hilfe in Fragen der Gesundheitsförderung zu erwarten ist. Immerhin ein Drittel der Betriebe würde sich an diese Stelle wenden. Andere Institutionen spielen eine eher nachrangige Rolle. Die Daten zeigen, daß hierbei keine bedeutsamen Unterschiede zwischen den Ländern oder Branchen sowie der Betriebsgröße bestehen.

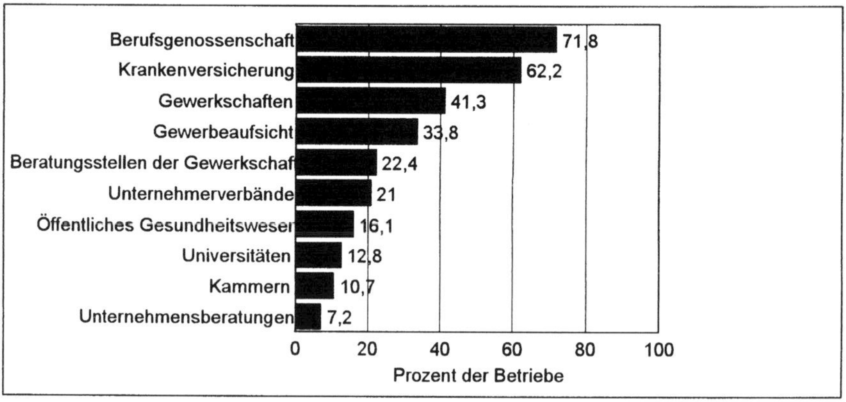

Abbildung 2:
Von wem erwarten Sie Hilfe? (Mehrfachnennung möglich) (n = 447)

2.1 Neue Unterstützungsangebote

Seit dem 1. Dezember 1998 ist im Rahmen des Internets im Sozialnetz Hessen ein Wegweiser mit Informationen zur betrieblichen Gesundheitsförderung verfügbar: Die *„infoline GESUNDHEITSFÖRDERUNG“* versteht sich an erster Stelle als Orientierungshilfe für alle im betrieblichen Arbeitsschutz, Gesundheitsschutz und der betrieblichen Gesundheitsförderung tätigen Personen und wendet sich an Arbeitgeber, Personalverantwortliche, Betriebsärzte, Fachkräfte für Arbeitssicherheit und Betriebsräte kleinerer und mittlerer Unternehmen.

„infoline GESUNDHEITSFÖRDERUNG" informiert die betrieblichen Akteure bezüglich der Fragen, bei welchen Anlässen betriebliche Gesundheitsförderung helfen kann, welche Probleme sich lösen lassen, welche Instrumente der betrieblichen Gesundheitsförderung existieren und wer bei welchen Problemen hilft.

Die „infoline GESUNDHEITSSCHUTZ" ist im Internet zu finden unter der Adresse: http://www.sozialnetz-hessen.de/infoline.

Literatur

Gröben, F./Bös, K. unter Mitarbeit von Dillmann, M und Schröder, R (1998): Betriebliche Gesundheitsförderung. Umfrage zur aktuellen Verbreitung und zu Perspektiven von betrieblichen Gesundheitsförderungsmaßnahmen in Unternehmen mit mehr als 50 Mitarbeitern in Hessen und Thüringen. Frankfurt Institutsbericht Nr. 59.

Weitere Literatur beim Autor

Thomas Langhoff

Der Gesundheitsdialog zwischen Betroffenen und Experten – Nicht nur das Messen zählt, auch wie etwas erlebt wird!

Das Inkrafttreten des Arbeitsschutzgesetzes und der auf diesem Gesetz basierenden Arbeitsschutzverordnungen sowie der Präventionsregelungen des Sozialgesetzbuches VII bietet die legitimatorische Grundlage Prävention, Beteiligung und Integration des Arbeitsschutzes zu entwickeln.

Die europäischen Arbeitsschutzregelungen und ihre nationale Umsetzung entsprechen einem insgesamt zu beobachtenden Paradigmenwechsel im Arbeitsschutz, der sich in den Industrienationen etwa wie folgt ausdrückt:

Prävention und Proaktivität vor Reaktion und Kuration (Salutogenese), Nachhaltigkeit, Einbettung in Strategie und Politik (Approach), Integration und Umsetzung in allen Strukturen und Abläufen (Deplopment), Beteiligungsorientierung statt Expertenorientierung und damit der Einbezug subjektiver Sichten (Stakeholder-Prinzip), Identifikation und Bewertung ökonomischer Nutzenpotentiale (Measurement/Assessment), kontinuierliche Verbesserung (Review & Improvement).

Wesentliche Anforderungen des Arbeitsschutzgesetzes sind die §§ 3, 4, 5 und 6. Darin wird die Verpflichtung des Arbeitgebers beschrieben für eine geeignete Arbeitsschutzorganisation zu sorgen, Grundsätze der Gefahrenverhütung zu befolgen sowie sämtliche Arbeitsbedingungen zu beurteilen und zu dokumentieren (Gefährdungsanalyse).

Hierfür wird ein Verfahren vorgestellt, daß den Prinzipien Prävention, Beteiligung und Integration gerecht wird und insbesondere einen zielorientierten, auf Konsens und Akzeptanz beruhenden Einbezug subjektiver Sichten ermöglicht (Gesundheitsdialog).

Betrachtet man das Modell des Arbeitssystems, so beschränken sich herkömmliche betriebliche Arbeitsschutzaktivitäten von Experten vorwiegend auf die Systemelemente Arbeitsgegenstand (z.B. Gefahrquellen), Arbeits- und Betriebsmittel (Ergonomie, Anthropometrik, Gefahrstellen) und Arbeitsumgebung (Gefahrstoffe, Lärm, Beleuchtung, Klima). Zu diesen Aspekten gibt es auch eine Vielzahl festgeschriebener normierter Schutzziele.

Das Systemelement Mensch (psychische/physische Belastung, Führung) sowie die Zweckgebundenheit des Arbeitssystems, die sich in der Gestaltung der Arbeitsaufgabe und der Arbeitsorganisation widerspiegeln, sind weniger im Zentrum betrieblicher Aktivitäten der Arbeitsschutzexperten. Insbesondere hierzu – aber nicht nur – ist das subjektive Erleben der Beschäftigten von zentraler Bedeutung. Darüber hinaus sei nur daran gedacht, daß etwas wie kombinierte Belastung oder Lärmbelastung als negativ erlebte Beanspruchung nicht von Fachkräften mit Meßgeräten gemessen werden kann.

Zur Erfassung des subjektiven Erlebens reicht es aber auch nicht, nur Fragebögen und Checklisten ausfüllen zu lassen. Entscheidend ist eine dialogfähig gestaltete Partizipation der Beschäftigten mit unterschiedlichen Gruppen in unterschiedlichen Strukturen.

Welche Anforderungen an die Implementierung dialogfähiger Strukturen zu stellen sind, zeigt beispielhaft Abb. 1:

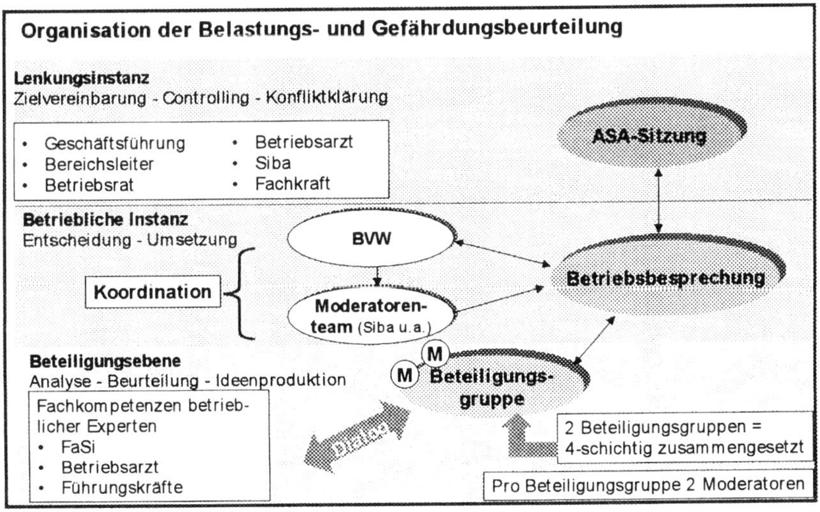

Abbildung 1:
Organisation der Belastungs- und Gefährdungsbeurteilung
(Quelle: ADAPT-Projekt HASWOD; Projektnehmer BIT e.V. und EBG GmbH)

Auf der Beteiligungsebene werden vor Ort in Gruppen Belastungen und Gefährdungen identifiziert, systematisch erfaßt, beurteilt und Maßnahmen zu deren Vermeidung/Minderung entwickelt. Die Gruppen werden moderiert von betrieblichen Multiplikatoren, die speziell für das Verfahren der beteiligungsgestützten Belastungs- und Gefährdungsanalyse geschult worden sind. Dieser Vorgehensweise liegt ein methodisch-didaktisches Konzept zugrunde, welches schrittweise qualifizierende und dialogfördernde Elemente enthält (siehe Abb. 2).

Methodisch-didaktische Anforderungen an die beteiligungsgestützte Vorgehensweise in der Gruppe

1) **Annähern**
- Einfacher Aufbau des Verfahrens und Ausrichtung auf die Betroffenen

2) **Bewußt werden**
- Abbau von Desillusionierung, resignativer Arbeitszufriedenheit, Abgestumpftheit und Betriebsblindheit im Erleben der Betroffenen

3) **Entwickeln und Verändern**
- Informierende, aufklärende und qualifizierende Inputs des Moderators
- Systematische und umfassende Ermittlung von Belastungen und Gefährdungen
- Gezielte Ideenproduktion für Gestaltungslösungen
- Freiräume im Rahmen der Sitzungen der Beteiligungsgruppe (z.B. Befragungen, Begehungen vor Ort)

4) **Überschauen**
- Ganzheitliche Betrachtung des Belastungs- und Gefährdungsspektrums wie auch des Arbeitssystems

5) **Akzeptieren und Verantworten**
- Zusammenführung der aggregierten subjektiv erlebten Erfahrungen vor Ort mit dem Expertenwissen der Arbeitsschutzakteure (Gesundheitsdialog)
- Akzeptanz und Verständnis für die jeweils andere Sicht (Konsensorientierung)
- Gemeinsame Ergebnisverantwortung durch Beteiligungsgruppe und Fachkraft für Arbeitssicherheit

Abbildung 2:
Methodisch-didaktische Anforderungen
(Quelle: ADAPT-Projekt HASWOD; Projektnehmer BIT e.V. und EBG GmbH)

Im Rahmen des methodisch-didaktischen Konzepts wird in den Beteiligungsgruppen nicht nur das Erfahrungswissen der Mitarbeiter abgeschöpft, sondern auch Wissen zur Analyse und Bewertung von Arbeit vermittelt (Beteiligungsqualifizierung). Ziel ist es bei den Beschäftigten eine Handlungskompetenz zur Gestaltung eigener Arbeitsbedingungen zu entwickeln und zu motivieren diese einzubringen.

Darüber hinaus wird durch die Zusammenführung der subjektiv erlebten Erfahrungen vor Ort mit dem Expertenwissen der Arbeitsschutzakteure ein „Gesundheitsdialog" initiiert und verstetigt (Verbetrieblichung des Arbeits- und Gesundheitsschutzes).

Produkte des Gesundheitsdialoges auf der Beteiligungsebene sind die Ergebnisprotokolle der Beteiligungsgruppen, die auf die nächst höhere Ebene der betrieblichen Instanz geleitet werden. Hierzu ist es wichtig, daß für den Prozeß der Gefährdungsbeurteilung nach ArbSchG keine eigenen, neuen Strukturen geschaffen werden, sondern daß vorhandene Strukturen genutzt werden. Dies gilt auch für die Ebene der Lenkungsinstanz. Im Modellvorhaben wurden hierfür die betrieblichen Strukturen der Betriebsbesprechung (gekoppelt mit BVW) und der Arbeitsschutzausschußsitzung genutzt. Die Form des Protokolls wurde von den geschulten Moderatoren zusammen mit den Arbeitsschutzexperten erarbeitet (siehe Abb. 3):

Ergebnisprotokoll der Beteiligungsgruppe zum Belastungs- und Gefährdungsfaktor:					
Betrieb:			**Anlage:**		
Belastung / Gefährdung	**Wirkungen im Erleben der Mitarbeiter / Folgen für den Betrieb**	**Mögliche Ursache der Belastung / Gefährdung**	**Nr.**	**Lösungsvorschlag / Gestaltungsidee**	**Relevanz**
Namen der Moderatoren: Datum der Übergabe: Unterschrift der Moderatoren:	Verteiler:		Relevanz: Höhe der Belastung und Gefährdung: A = hoch B = mittel C = gering Realisierungszeit 1 = max 6 Woche 2 = max 3 Monate 3 = max 1 Jahr		

Abbildung 3:
Ergebnisprotokoll
(Quelle: ADAPT-Projekt HASWOD; Projektnehmer BIT e.V. und EBG GmbH)

Dabei werden nicht nur negativ erlebte Beanspruchungsfolgen, sondern (aus Sicht der Gruppe) auch Folgen für den Betrieb, mögliche Ursachen, Lösungsideen sowie die Relevanz thematisiert. Der Verteiler sichert die Transparenz und die Informationszustellung im Betrieb. Durch das gesammelte Wissen werden auch weitreichende Ursache-Wirkungsgefüge sichtbar, die über die Bedeutung individueller Gesundheit hinausgehen und auch ökonomische Nutzenpotentiale und betriebliche Verbesserungen jedweder Art beinhalten. Kann seitens der Betriebsführung in der Betriebsbesprechung den Lösungsvorschlägen der Beteiligungsgruppen nicht gefolgt werden, muß dies zunächst betriebsöffentlich begründet werden. Eine endgültige Entscheidung trifft im Streitfall der Arbeitsschutzausschuß als Lenkungsinstanz.

Durch dieses Verfahren können sowohl horizontal wie auch vertikal dialogfähige Strukturen gebildet werden, die den Stellenwert von Arbeits- und Gesundheitsschutz im Betrieb nachhaltig verbessern und insgesamt einen organisationalen Lern- und Entwicklungsprozeß fördern.
Das Vorgehen/Verfahren wurde von BIT e.V. in dem ADAPT-Projekt „Health and Safety at Work and Organisational Development – HASWOD“ in einem betrieblichen Modellvorhaben entwickelt und erprobt. Hierzu gibt es auch zahlreiche einzelne Instrumente und Schulungsmaterial. Nähere Informationen sind bei BIT e.V. Bochum erhältlich.

Uta Buchmann

Führung und Qualifizierung im Handwerk: Entwicklung von Qualifizierungskonzepten aus Gesundheitsberichten im Dachdeckerhandwerk

Im Rahmen eines IKK-Projektes für Dachdecker wurde auf der Basis einer Gesundheitsberichterstattung ein Programm zur Gesundheitsförderung angeboten, daß aus spezifischen Einzelmaßnahmen bestand. Ein Programmodul bestand in einer Personalentwicklungsmaßnahme für Vorarbeiter aus Dachdeckerbetrieben.

Wichtige Ergebnisse der Auswertung unterschiedlichster Daten zeigten, daß die Vorarbeiter besonderen Belastungen ausgesetzt sind. Die betriebliche Stellung dieser Mitarbeiter – sie sind Arbeitnehmer mit Arbeitgeberfunktionen – scheint mit einer erhöhten Belastung im allgemeinen und auch mit besonderen gesundheitlichen Beschwerden verbunden zu sein. Für die speziellen betrieblichen Aufgaben, die Vorarbeiter wahrzunehmen haben, werden sie nicht geschult. Die Verantwortung erhöht sich, aber entsprechende Kompetenzen werden nicht vermittelt. Während in der Verwaltung und in der Industrie die Probleme des mittleren Managements in den Organisationen und Betrieben erkannt wurden, ist die Schulung dieser Funktionsträger im Handwerk nicht üblich. Die Vorarbeiter werden aufgrund ihrer fachlichen Qualifikation von den Betriebseignern benannt. Ihnen wird die Verantwortung für fachlich einwandfreie Produkte zugewiesen, die Möglichkeit, diese tatsächlich zu beeinflussen, ist aufgrund von Termindruck, oft mangelnder technischer Einflußmöglichkeiten und nicht ausreichender Qualifikation hinsichtlich der Führung ihrer Mitarbeiter jedoch gering.

Die beschriebene Problematik der Vorarbeiter führte zur Konzeption eines speziellen Seminars für diese Beschäftigungsgruppe und zielt primär auf die Reduktion von Belastungen, die sich aus problematischen Arbeitsbedingungen ergeben.

Im Rahmen des Vortrages werden die wichtigsten Seminarinhalte zusammengefaßt und anhand der Ergebniskontrolle und Bewertung der Seminare diskutiert, welchen Stellenwert Qualifizierungsmaßnahmen, gerade in kleinem und mittleren Betrieben haben können.

Rainer Dierks und Renate Wachsmuth

Modellgeleitete und beteiligungsorientierte Unterweisung und Gefährdungsbeurteilung in der Praxis

1. Gesetzliche Anforderungen und zentrale Zielsetzungen

Mit Inkrafttreten des Arbeitsschutzgesetzes im Juli 1996 wurde die EG-Rahmenrichtlinie Arbeitsschutz 89 / 391 / EWG in bundesdeutsches Recht umgesetzt. Prävention in der Arbeitssicherheit und im Gesundheitsschutz, wie sie entsprechend dem ganzheitlichen und dynamischen Arbeits- und Gesundheitsschutzansatz der EG nun gesetzlich verankert ist, rückt die Risikobedingungen und ihre Entwicklung in den Mittelpunkt der Betrachtung und beinhaltet darüber hinaus die Verbesserung von Sicherheit und Gesundheitsschutz sowie die menschengerechte Gestaltung der Arbeit als permanente Aufgabe. In Zielsetzungen und Regelungen des Arbeitsschutzgesetzes resultieren daraus eine Reihe von Anforderungen an Arbeitgeber und Beschäftigte, die neue Potentiale im Arbeits- und Gesundheitsschutz eröffnen.

Von besonderer Bedeutung sind in diesem Zusammenhang die Paragraphen 5 und 6, in denen die Arbeitgeber verpflichtet werden, auf der Grundlage einer Gefährdungsbeurteilung festzulegen, welche Maßnahmen des Arbeitsschutzes erforderlich sind und dies entsprechend zu dokumentieren. Zentrale Zielsetzung der Gefährdungsbeurteilung ist die Festlegung von Maßnahmen, die entsprechend den allgemeinen Grundsätzen der Gefahrenverhütung vorrangig auf die Vermeidung, Ausschaltung oder Verringerung von Gefahrenpotentialen abzielen und dem kollektiven Gefahrenschutz Vorrang vor individuellen Einzellösungen geben.

Zweite gesetzliche Grundlage des vorliegenden Konzeptes ist der § 12 'Unterweisung'. Diese Anforderung ist nicht neu und bestand in vergleichbarer Weise bereits in der Vergangenheit. Zentrale Zielsetzung der Unterweisung ist ebenfalls die Prävention. Über die Vermittlung und den Austausch von Informationen, über Aufklärung und Sensibilisierung für Gefährdungen, über die Formulierung von Verhaltensanforderungen und Anweisungen soll der sichere Umgang mit Gefahren, das sicherheitsgerechte Arbeiten bewirkt werden.

2. Umsetzungsprobleme in der Praxis

Das Erreichen der benannten zentralen Ziele wird durch Probleme bei der Umsetzung gefährdet bzw. behindert. Beispielhaft sind zu nennen:

- Sowohl die Ermittlung und Dokumentation der Gefährdungen als auch die Durchführung von Unterweisungen ist mit zeitlichem und personellem Aufwand verbunden.
- Aufwand und Nutzen werden häufig bezweifelt, vor allem in jenen Bereichen, in denen das Unfallpotential für gering gehalten wird (z. B. in Bürobereichen) oder die Qualifikation der Beschäftigten relativ hoch ist (z. B. Kundendienst).
- Zahlreiche Gefährdungspotentiale sind bekannt und durch das jeweilige Produktionsverfahren bedingt. Eine schädigende Wirkung tritt jedoch häufig als Folge wenig vorherbestimmbarer, scheinbar zufällig zusammentreffender ungünstiger Umstände oder im Falle von Gesundheitsbeeinträchtigungen mit zeitlicher Verzögerung auf. Das erschwert die Bestimmung von Ursachen und die Festlegung geeigneter Maßnahmen.

Im Falle der Gefährdungsermittlung hat in der Regel die Fachkraft für Arbeitssicherheit sich dieser Aufgabe angenommen oder sofern der Betrieb über keine eigene Stabsstelle oder Sicherheitsabteilung verfügt, wurden externe Dienste beauftragt oder innerbetrieblich eine verantwortliche Person benannt. Neben der Unklarheit, wer denn diese neue, zusätzliche Aufgabe übernehmen sollte, trat die Unsicherheit, wie diese neue Anforderung zu erfüllen sei. Seitens der Berufsgenossenschaften sind Vorschläge entwickelt worden, meistens in Form von Checklisten, die relativ einfach und ökonomisch zu handhaben sind. Checklisten bergen allerdings die Gefahr, daß auch nur das geprüft wird, was auf der Checkliste steht, daß u. U. also wesentliche Dinge übersehen und nicht erfaßt werden. Sehr umfangreiche Checklisten, die vieles erfassen, sind demgegenüber wiederum unübersichtlicher und umständlicher in der Auswertung. Es bleibt zu bezweifeln, ob der personelle und zeitliche Aufwand, der mit einer auf diese Weise von zentraler oder externer Stelle durchgeführten Gefährdungsermittlung verbunden ist, durch das Ergebnis, den praktischen Nutzen gerechtfertigt ist. Wie groß ist der Erkenntnisgewinn und vor allem wer hat ihn?

Im Falle der Unterweisung sind in der Regel die direkten Vorgesetzen vor Ort zuständig. Diese berichten von Desinteresse, mangelnder Aufmerksamkeit und unzureichender Berücksichtigung des Gehörten im Arbeitsalltag seitens der Beschäftigten, insbesondere jener, die über Berufserfahrung verfügen und seit längerer Zeit im jeweiligen Betrieb arbeiten. So wird die sogenannte 'Wiederholungsunterweisung' häufig als Pflichtveranstaltung zur eigenen rechtlichen Absicherung des Vorgesetzten betrachtet. Gerade im Bereich Arbeitssicherheit, in der zahlreiche Vorschriften und Sicherheitsbestimmungen kommuniziert werden (müssen), besteht die Gefahr, daß einseitig 'von oben' angewiesen, diktiert und gemaßregelt wird. Die Bedingungen, die zur Anwendung bestimmter Vorschriften führen, werden dabei häufig überhaupt nicht mehr in Frage gestellt. Entsprechend einer an betrieblichen Hierarchien orientierten Denkweise wurde in der Vergangenheit, und wird heute vielfach immer noch, Unterweisung als 'Belehrung' verstanden und auf das Vermitteln von Verhaltensanforderungen, insbesondere über das Tragen der vorgeschriebenen Schutzausrüstung, reduziert. Diese Form der Kommunikation über Sicherheit ist mit einem präventiven, auf Verbesserungen und eigenverantwortlichem Arbeiten ausgerichtetem Verständnis nicht vereinbar. Hier stellt sich also die Frage: Wie können (Wiederholungs-)Unterweisungen wirksamer gestaltet werden?

Während im gewerblich-technischen Produktionsbereich zumindest die gesetzliche Anforderung bekannt ist und Unterweisungen mehr oder weniger häufig und intensiv umgesetzt werden, mangelt es Vorgesetzten in vielen Bürobereichen schon an der Einsicht, daß so etwas überhaupt erforderlich sei.

Das hier vorgestellte Konzept hat sich aus der Zusammenarbeit zwischen der Fachkraft für Arbeitssicherheit der Hauni Maschinenbau AG und der Arbeitsschutzexpertin der Gesellschaft für humane Technologieentwicklung mbH entwickelt. Es berücksichtigt die benannten Probleme und hat folgende Ziele:

- eine möglichst effiziente Form der Gefährdungsermittlung mit hohem Erkenntnisgewinn und praktischem Nutzen für Beschäftigte und Führungskräfte
- eine verbesserte Unterweisungseffizienz
- ein erträgliches Maß an zeitlichem und personellen Aufwand.

3. Konzeptionelle Grundlagen

3.1 Beteiligungsorientierung

Wesentlicher als die dokumentierten Ergebnisse zur Gefährdungsermittlung oder die Dokumentation der Unterweisungsdurchführung i. S. der Pflichterfüllung ist der Prozeß ihres Zustandekommens. Ohne Mitwirkung und Beteiligung der Beschäftigten und Führungskräfte sind Verbesserungen im

Arbeits- und Gesundheitsschutz nicht zu erreichen. Die Verantwortlichkeit für die Sicherheit und Gesundheit der Beschäftigten liegt auf der Führungsebene, ebenso die Verantwortlichkeit für die Umsetzung entsprechender Maßnahmen. Leitend für eine konstruktive Zusammenarbeit zwischen Arbeitgebern, vertreten durch die Führungskräfte, und Beschäftigten ist ein wechselseitiger Informationsfluß und die gemeinsame Suche nach Lösungen zur Vermeidung oder Verminderung von Gefahrenpotentialen.

3.2 Ganzheitlicher systemischer Ansatz und Tätigkeitsorientierung

Präventive Sicherheitsarbeit setzt eine ganzheitliche Betrachtung des Arbeitssystems einschließlich der Wechselwirkungen zwischen Technik, Organisation und Person voraus. Dabei gelten folgende Prinzipien:

- Multikausale Verursachung: Es sind immer mehrere Ursachen, die gleichzeitig in der Situation oder im Vorfeld des Unfalles wirksam sind oder langfristig zu Beeinträchtigungen der Gesundheit führen.
- Die Risikobedingungen rücken in das Zentrum der Aufmerksamkeit. Die Bedeutung einzelner Bedingungen bei der Risikoentwicklung ist nicht berechenbar. Vielmehr summieren sich die Bedingungen mit schwer durchschaubaren Wechselwirkungen auf und erhöhen die Eintretenswahrscheinlichkeit für schädigende Energieauswirkungen.

Entsprechend resultiert die Sicherheit bzw. Unsicherheit des gesamten Arbeitssystems (Systemsicherheit) ebenfalls aus dem Zusammenwirken aller drei Faktoren.

Die Ausführung einer Arbeitstätigkeit unterliegt den jeweils herrschenden situativen Bedingungen und wird über Wahrnehmungs- und Bewertungsprozesse der arbeitenden Person psychisch reguliert. Damit bildet die jeweilige Tätigkeit den Ausgangspunkt und die Basis zur Gefährdungsermittlung. Gefährdungsanalysen, die die Dynamik der Wechselwirkungen zwischen den Faktoren nicht berücksichtigen, sondern nur statisch das Vorhandensein einer Gefahr 'checken' implizieren eine Gleichartigkeit der Gefährdungen über verschiedene Arbeitssituationen hinweg, was faktisch falsch ist. Schließlich ist unter präventiven Gesichtspunkten weniger interessant, daß beim Schrauben mit dem Schraubendreher mechanische Energien eine Gefahrenquelle darstellen, sondern warum, wie und wo geschraubt wird und unter welchen Bedingungen das Schrauben gefährlich wird.

Die Bearbeitung (Ermittlung, Beseitigung oder Abschwächung) der Risikobedingungen hat entsprechend alle drei Faktoren einschließlich ihrer

Wechselwirkungen in unterschiedlichen Arbeitssituationen zu berücksichtigen.

Somit erfolgt die Gefährdungsermittlung überwiegend in nichtstandardisierter Form, weil nur auf diese Weise die Tätigkeits- und Situationsspezifik angemessen berücksichtigt werden kann. Sie wird punktuell durch standardisierte Checklisten ergänzt.

3.3 Verknüpfung von Gefährdungsbeurteilung und Wiederholungsunterweisung

Die wesentliche Zielsetzung sowohl der Gefährdungsermittlung als auch der Unterweisung wird in der Verbesserung der Arbeitssicherheit und des Gesundheitsschutzes gesehen. Letztlich sollen beide zu Maßnahmen führen, die diesem Ziel dienen. Eine Verknüpfung ist daher naheliegend. Das Besondere des hier vorgestellten Konzeptes besteht darin, die Gefährdungsermittlung und die Erarbeitung von Maßnahmen gemeinsam mit den Beschäftigten im Rahmen von Wiederholungsunterweisungen durchzuführen und nur punktuell durch zusätzliche Vorgehensweisen zu ergänzen. Dazu ist ein entsprechendes Unterweisungskonzept erforderlich, das sich in mehrfacher Hinsicht von den 'gewohnten' Formen unterscheidet:

– Die Beschäftigten sind als Experten ihrer Arbeit anzusehen, die über erhebliches Know-how verfügen, welche Gefahren mit ihrer Tätigkeit verbunden sind, unter welchen Bedingungen und situativen Einflüssen die Gefahrenkontrolle erschwert wird und welche Maßnahmen zur Verringerung vorhandener Gefahrenpotentiale beitragen können. Obwohl dieses Wissen vorhanden ist, ist es mitunter nicht direkt im Bewußtsein. Fragt man jemanden, was an seiner Arbeit gefährlich sei, bekommt man nicht selten zu hören, daß alles sicher sei und eigentlich gar nichts passieren könne. Psychische Prozesse wie Gewöhnung an Gefahren, aber auch Befürchtungen, daß das Ansprechen von Sicherheitsmängeln oder das Zugeben von nicht sicherheitsgerechten Arbeitsweisen nachteilige Konsequenzen haben könnte, sind Beispiele dafür, warum in Fragen des Arbeits- und Gesundheitsschutzes häufig eine gewisse Zurückhaltung bei den Beschäftigten anzutreffen ist. Vielleicht hat auch die seit Jahren fehlgeleitete Debatte über den 'Unsicherheitsfaktor Mensch', der für 80-90% der Unfälle, sei es bei der Arbeit oder im Straßenverkehr, verantwortlich gemacht wurde und wird, dazu beigetragen, daß sich viele in erster Linie mit der Frage 'wer war schuld' anstatt mit der Frage 'was könnte passieren' beschäftigen.

- Vorschriften und Sicherheitsbestimmungen spielen nur insofern eine Rolle, wenn sich Kenntnislücken (bei Führungskräften oder Beschäftigten) auftun, die im Rahmen der Ermittlung der Gefährdungen oder bei der Erörterung von Maßnahmen relevant sind. Im Rahmen ihrer Beratungsfunktion können entweder Fachkräfte für Arbeitssicherheit oder technische Aufsichtspersonen der BG in Anspruch genommen werden, in solchen Fällen mit entsprechenden Auskünften oder Unterlagen behilflich zu sein. Die Lösung von Problemen, die Verbesserung der Sicherheit steht im Vordergrund und nicht die Rechtssicherheit der Führungskräfte.
- Das Konzept muß präventiv orientiert sein, d. h. dem ganzheitlichen Systemansatz auf der Seite der inhaltlichen Gestaltung folgen. Darüber hinaus muß es methodisch-didaktisch so angelegt sein, daß Zielsetzung und Systematik der gemeinsamen Gefährdungsermittlung plausibel und nachvollziehbar mitgetragen werden und zwar sowohl seitens der Führungskräfte als durchführende Verantwortliche als auch von den Beschäftigten als Mitwirkende.
- Der Anspruch auf vollständige Ermittlung aller Gefährdungen oder vollständige Information der Beschäftigten wird, sofern er überhaupt realistisch war, aufgegeben zugunsten einer problemorientierten und schrittweisen Vorgehensweise. Umfangreiche, möglichst vollständige Information und Aufklärung über Sicherheits- und Gesundheitsbelange gehören eher in die Aus- und Weiterbildung, die Einarbeitungsphase und die Erst- oder Neueinweisung. Die Wiederholungsunterweisung wird in dem Konzept als eine regelmäßig durchzuführende Maßnahme verstanden, um der Gefährdungsentwicklung gerecht zu werden, die in jedem Unternehmen durch zahlreiche Veränderungen und Anpassungen an Markterfordernisse mittels Investitionen, strukturellen, organisatorischen und personellen Veränderungen stattfindet. Der Zweck der in § 5 ArbSchG geregelten Beurteilung der Arbeitsbedingungen besteht in der Ableitung von erforderlichen Maßnahmen zur Verbesserung von Sicherheit und Gesundheit und nicht in der Beurteilung an sich. Das Konzept zur beteiligungsorientierten Gefährdungsermittlung im Rahmen von Wiederholungsunterweisungen ist prozeßorientiert und gibt der Aktualität bei der Erarbeitung und Umsetzung von Maßnahmen daher den Vorrang.

4. Umsetzung in der Hauni Maschinenbau AG

4.1 Das Unternehmen

Die Hauni Maschinenbau AG ist das Führungsunternehmen in der Tabaksparte der Körber-Gruppe.

Am Standort Hamburg-Bergedorf entwickeln, konstruieren, fertigen, montieren und vertreiben wir mit ca. 2500 überwiegend hochqualifizierten Mitarbeitern Maschinen und Anlagen für die tabakverarbeitende Industrie. 95% unseres Umsatzes erzielen wir im Export. Zu unseren Kunden gehören alle Zigarettenhersteller weltweit. Unsere Maschinen sind hochtechnisierte Investitionsgüter. High-Speed-Maschinen stellen bis zu 16.000 Zigaretten pro Minute her. Die Organisationsstruktur ist zunehmend dezentral aufgebaut. Zentrale Aufgabenbereiche werden im Sinne der Gesamtprozeßverantwortung in die verschiedenen Geschäftseinheiten integriert. Diese ähneln in Struktur und Aufgabenbereichen den sog. Klein- und Mittelunternehmen (KMU).

4.2 Die Anforderungen des Arbeitsschutzgesetzes zur Gefährdungsbeurteilung

Wer muß was tun?	Der Arbeitgeber (bzw. seine Führungskräfte).
Was muß er tun?	Maßnahmen des Arbeitsschutzes ermitteln.
Wie soll er das tun?	Durch eine Beurteilung der Gefährdung (mögliche Gefahr), die für die Beschäftigten mit ihrer Arbeit verbunden ist. Je nach Art der Tätigkeiten. Die Beurteilung eines Arbeitsplatzes oder einer Tätigkeit ist bei gleichartigen Arbeitsbedingungen ausreichend.
Was muß er dokumentieren?	Das Ergebnis der Gefährdungsbeurteilung. Die festgelegten Arbeitsschutzmaßnahmen. Das Ergebnis nach Durchführung.
Wie muß er dokumentieren?	In verfügbaren Unterlagen, die nach Art der Tätigkeiten und Zahl der Beschäftigten erforderlich sind. Die Unterlagen können zusammengefaßte Angaben enthalten, wenn die Gefährdungssituationen gleichartig sind.

4.3 Das vorhandene Arbeitsschutzniveau

Der Sicherheitsstandard in unserem Unternehmen ist gut. Dies läßt sich anhand von Unfallkennzahlen nachweisen und wird auch von den uns kontrollierenden und beratenden Aufsichtsbehörden bestätigt.

Die überwiegende Anzahl der Arbeitsplätze erfüllt im Wesentlichen die gesetzlichen Vorschriften und Regeln. Mängel werden punktuell beseitigt. Die wesentlichen Gefährdungen und Belastungen an unseren bestehenden Arbeitsplätzen sind bekannt.

Dokumentationen zu Arbeits- und Gesundheitsschutzvorgängen sind in unterschiedlichen Dokumenten in verschiedenen Stellen des Hauses vorhanden.

Verbesserungspotential liegt im organisatorischen und menschlichen Bereich. Dahinter stehen Mängel in den Arbeitsabläufen und in der Arbeitsorganisation, in der innerbetrieblichen Sicherheitskommunikation, in der subjektiven Einschätzung von Gefahren und in der Aufrechterhaltung von sicheren Zuständen.

Wir müssen also nicht bei Null anfangen. Die Gefährdungsbeurteilung soll auf unseren Sicherheitsstandard aufsetzen und in die bisherigen Abläufe und Maßnahmen integriert werden. Eine umfassende Neubeurteilung aller Arbeitsplätze und Arbeitsbedingungen ist nicht erforderlich.

Jedoch wollen wir in einem permanenten Prozeß die praktizierten Arbeitsabläufe und die tatsächlichen Arbeitsbedingungen und Einflußfaktoren von den beteiligten Vorgesetzten und Mitarbeitern systematisch auf Schwachstellen untersuchen lassen und daraus kontinuierliche Verbesserungsmaßnahmen ableiten und durchführen

4.4 Die Anforderungen an ein praktikables Konzept

Bei Hauni soll kein vorgefertigter Gefährdungskatalog eingesetzt werden. Die Gefährdungsbeurteilung an bestehenden Arbeitssystemen soll vor Ort von den zuständigen Vorgesetzten zusammen mit den betroffenen Mitarbeitern durchgeführt werden können und weitgehend in die bisherigen Arbeitsschutzaufgaben integrierbar sein.

Genutzt werden sollen Beurteilungsinstrumente, die den Kostenstellen entsprechend ihren Bedingungen eine flexible Anwendung gestatten, jedoch auch Elemente der klassischen Gefährdungsbeurteilungsmethoden enthalten. Dabei ist der Dokumentationsaufwand auf das notwendige Maß zu beschränken. Durch den Verzicht auf eine straffe Vorgabe durch zentrale Stellen soll sich die Gefährdungsbeurteilung den sich ständig veränderten

Umfeldbedingungen und organisatorischen Veränderungen dynamisch anpassen können. Es sollen keine Dokumentationsleichen erzeugt werden, sondern die Gefährdungsbeurteilung soll im Sinne eines ständigen Verbesserungsprozesses im Arbeits- und Gesundheitsschutz genutzt werden.

Diese Vorgehensweise macht es jedoch erforderlich, daß die Vorgesetzten eingehend über das Thema informiert und entsprechend geschult werden, um für sich die richtigen Schritte planen zu können.

4.5 Die Realisierung

Zentraler Baustein im Rahmen der Gefährdungsbeurteilung an bestehenden Arbeitssystemen ist das Modell der beteiligungsorientierten Unterweisung. Die Methodik der dabei durchzuführenden Sicherheitsanalyse ist geeignet, ein Großteil der obigen Ziele und Anforderungen zu erfüllen.
Für die Durchführung der Gefährdungsbeurteilung ergeben sich insgesamt folgende Aufgaben:

Führen eines Arbeitsplatznachweises	zur Dokumentation der Arbeitsplätze und Tätigkeiten
Führen eines Sicherheitsnachweises	zur Dokumentation der Arbeitsschutzmaßnahmen
Erstellung einer Gefährdungsübersicht	zur Dokumentation der Gefährdungsfaktoren der Kostenstelle
Durchführen von beteiligungsorientierten Unterweisungen	zur Beurteilung der individuellen Gefährdungsschwerpunkte der Kostenstelle
Durchführen von Standard-Gefährdungsbeurteilungen	zur Gefährdungsbeurteilung von bestimmten Arbeitsschutzthemen

Nach Gliederung der Haupttätigkeiten und Arbeitsbereiche im *Arbeitsplatznachweis* ist zuerst eine Grobanalyse für alle Haupttätigkeiten und Arbeitsplätze zur Erstellung einer *Gefährdungsübersicht* innerhalb der Kostenstelle durchzuführen. Dazu steht eine Vorlage mit den üblichen Gefährdungsfaktoren zur Verfügung. Danach sind die so ermittelten Gefährdungsschwerpunkte tätigkeitsbezogen nach der Methode *beteiligungsorientierte Unterweisung* oder, wenn diese vorliegen, mit *Standard-Gefährdungsbeurteilungen* (in Checklistenform) genauer zu beurteilen. Die jeweils ermittelten Gefährdungen und Belastungen sind bezüglich der Notwendigkeit von Arbeitsschutzmaßnahmen zu beurteilen und die festgelegten Maßnahmen mit Bezug zu den Haupttätigkeiten und Arbeitsbereichen im *Sicherheitsnachweis* zu dokumentieren.

Für alle Arbeitsschritte stehen verschiedene Unterlagen, wie Listen und Formulare als Arbeitsvorlagen in separaten Dateien, zur Verfügung (in MS-Exchange/Word) sowie Hinweise, Anleitungen und Beispiele in einem Kochrezept. Die Formulare können handschriftlich ausgefüllt und abgelegt werden oder am PC erstellt und gespeichert werden. So verfügt jede Kostenstelle über ihre eigene Dokumentation.

Das Konzept ist vom Vorstand genehmigt, mit unserer Arbeitsschutzbehörde und Berufsgenossenschaft abgestimmt und vor der flächendeckenden Einführung von fünf Testteams erprobt worden.

4.6 Die beteiligungsorientierte Unterweisung

Anhaltende Kritik sowohl der Beschäftigten als auch der Vorgesetzten an die bisher im Hause übliche regelmäßige jährliche Wiederholungsunterweisung veranlaßte uns 1996 nach neuen Wegen zu suchen. Da zeitgleich nach einem geeigneten Konzept gesucht wurde, die Anforderungen des Arbeitsschutzgesetzes zur Gefährdungsbeurteilung der Arbeitsbedingungen zu erfüllen, lag es nahe, beide Anforderungen miteinander zu verknüpfen. Zusammen mit einem externen Partner, der GhT Braunschweig, ist auf Basis einer stärkeren Dialogorientierung ein speziell auf unsere Anforderungen abgestelltes Konzept der beteiligungsorientierten Unterweisung und Gefährdungsbeurteilung entstanden.

Kernpunkt ist die gemeinsame von Mitarbeitern und Vorgesetzten zu erarbeitende Sicherheitsanalyse. Dazu wird ein Schema mit folgenden Fragestellungen vorgegeben:

1. Welche Arbeitsschritte sind zu tun?	Unterteilung einer beliebigen Arbeitsaufgabe (Unterweisungsthema) in Arbeitsschritte
2. Was kann dabei passieren?	Ermittlung der dabei möglichen Gefährdungen
3. Wodurch/Warum kann das passieren?	Ermittlung der möglichen Einflußfaktoren (technische, organisatorische und personenbedingte), die dazu beitragen, daß die möglichen Gefährdungen/Belastungen tatsächlich eintreten können
4. Was kann man dagegen tun?	Ermittlung der möglichen Maßnahmen, um die Gefährdungen/Belastungen zu vermeiden oder zu verringern

Danach wird gemeinsam festgelegt, welche Maßnahmen in Angriff genommen werden sollen, wer dafür zuständig ist und bis wann sie zu erledigen sind.

Die Sicherheitsanalyse wird vom Vorgesetzten vorbereitet und moderiert. Themenauswahl und den Grad der Vorbereitung legt der Vorgesetzte anhand der jeweiligen Ziele, Gefährdungen und Mitarbeitergruppen selbst fest. Die Mitarbeiter-Beiträge werden mit Metaplantechnik gesammelt und geordnet.

Für die Vorbereitung, Durchführung und Dokumentation der Ergebnisse stehen allen verantwortlichen Anleitungen, Muster und Formulare im PC-Netz zur Verfügung.

Für die Unterweiser, ca. 115 Vorgesetzte der unteren Organisationsebene, werden von der Arbeitssicherheit mit einem externen Partner zweitägige Schulungen durchgeführt, die punktuell durch eine Umsetzungsbegleitung – Vorbereitung und Durchführung einer Unterweisung – ergänzt werden.

4.7 Praktische Erfahrungen

Insgesamt wird diese Form der Wiederholungsunterweisung/ Gefährdungsbeurteilung von allen Beteiligten, unterwiesenen Mitarbeitern und den unterweisenden Vorgesetzten, sehr positiv beurteilt, speziell im Vergleich zu den konventionellen Wiederholungsunterweisungen.

Die unterweisenden Vorgesetzten greifen die Methode gerne auf, um von der auch für sie unbefriedigenden alten Form der Sicherheitsunterweisung wegzukommen. Sie beurteilen die neue Form als geeignet, sie bei ihren Unternehmerpflichten zu unterstützen und das sicherheitsgerechte Verhalten zu fördern.

Die große Mehrheit der unterwiesenen Mitarbeiter meint, daß bei flächendeckender Umsetzung und regelmäßiger Durchführung eine Verbesserung des Arbeits- und Gesundheitsschutzes zu erwarten ist, arbeitsablaufbeeinträchtigende Probleme gelöst werden können, sich Arbeitsbedingungen und Arbeitsorganisation verbessern, die Zufriedenheit der Mitarbeiter gesteigert werden kann und sich ein umsichtigeres und verantwortungsvolleres Arbeitsverhalten einstellt.

Diese Beurteilung macht deutlich, daß die Ziele der §§ 5 und 12 „Gefährdungsbeurteilung“ und „Unterweisung“ des Arbeitsschutzgesetzes mit der beteiligungsorientierten Unterweisung/ Sicherheitsanalyse erreicht werden können.

Tendenziell hat sich die Umsetzung des Konzepts in gewerblichen Bereichen einfacher gestaltet als in Bürobereichen. Dort ist das Thema Arbeitsschutz z. T. auch heute noch Neuland, da die konventionelle Sicht bisher auf die Verhütung von Arbeitsunfällen und Berufskrankheiten gerichtet war, die in Bürobereichen kaum relevant sind. Die Erweiterung im Arbeitsschutz auf die Verhütung von arbeitsbedingten Erkrankungen und die Vermeidung physischer und psychischer Belastungen löst teilweise heftige Reaktionen aus. Hier treten auch in den gewerblichen Arbeitsbereichen Defizite auf, da diese überwiegend die Unfallverhütung im Blickfeld haben.

Einen Ansatzpunkt, um auch in Bürobereichen den Arbeitsschutz zu konkretisieren, bietet die Umsetzung der Bildschirmarbeitsverordnung. Deshalb, und weil hier z. T. neue Anforderungen entstanden sind, unterstützen wir Mitarbeiter und Vorgesetzte bei der Gefährdungsbeurteilung durch die Veröffentlichung eines Regelkatalogs Bildschirmarbeitsplätze, indem sehr detaillierte Anforderungen festgeschrieben sind. Auf dieser Basis gelingt es dann auch, die Bürobereiche von der Notwendigkeit der Gefährdungsbeurteilung und der regelmäßigen Unterweisung der Mitarbeiter zu überzeugen.

Inzwischen wird die Wiederholungsunterweisung im Rahmen der Gefährdungsbeurteilung nicht nur als Pflicht, sondern als gute Gelegenheit zum systematischen Sicherheitsgespräch mit Mitarbeitern angesehen. Es hat sich gezeigt, daß nebenbei auch Hinweise auf technische Verbesserungen und Verbesserungen der Arbeitsabläufe und der Arbeitsorganisation zu erhalten sind sowie Verbesserungen der Mitarbeiterzufriedenheit durch Mitarbeiterorientierung erzielt werden können. Deshalb betrachten die verantwortlichen Vorgesetzten das Konzept zunehmend auch als Werkzeug zur Effizienzsteigerung und Zielerfüllung in ihrem Arbeitsbereich.

Lutz Packebusch

Laufbahngestaltung als Beitrag zum Arbeits- und Gesundheitsschutz in Kleinbetrieben

1. Einführung

Der weitaus größte Teil der Arbeitnehmer/innen arbeitet in Klein- und Mittelbetrieben. In einem abgeschlossenen Forschungsprojekt zur Personalentwicklung im Handwerk[1] haben sich Anhaltspunkte für die Notwendigkeit der Laufbahngestaltung in Kleinbetrieben ergeben. Am Beispiel der Dachdecker werde ich die Problemlage entwickeln und erste Ansätze skizzieren, die in einem Umsetzungsprojekt erprobt werden sollen.

Wenn man an Berufslaufbahnen im Handwerk denkt, hat man sehr schnell die Vorstellung von einer ungebrochenen, intakten Berufslaufbahn bis zur Rente vor Augen. Dies Bild ist nicht stimmig. In der Realität findet man kaum ältere Arbeitnehmer/innen in den von uns untersuchten Kleinbetrieben. Daraus ergeben sich für die Kleinbetriebe vor dem Hintergrund der Bevölkerungsentwicklung branchenspezifische Problemgemenge.

2. Problemlage

Die Problemlage kann in Anlehnung an Packebusch und Weber (1998) und Packebusch (1999, in Druck) für die Dachdecker[2] wie folgt skizziert werden:

Die demographische Entwicklung in der Bundesrepublik Deutschland ist durch einen *Rückgang* und eine *Überalterung* der Bevölkerung gekennzeichnet. Zwar wird diese Veränderung nicht so dramatisch ausfallen, wie ursprünglich von Experten (Prognos 1989) befürchtet, aber sie wirkt sich auf die Altersstruktur der Erwerbspersonen aus.

Bereits heute hat das Dachdecker-Handwerk in Abhängigkeit von regionalen Arbeitsmarktsegmentierungen Personalprobleme. Trotz hoher Jugendarbeitslosigkeit ist es für einige Betriebe regional schwierig, geeignete qualifizierte Bewerber/-innen mit ausreichender Betriebsbindung zu be-

---

[1] Bundesministerium für Bildung, Wissenschaft, Forschung und Technologie beim Projektträger für Arbeit, Umwelt und Gesundheit (DLR, FKZ 01 HH 9601/6)

[2] In der Veröffentlichung Altern im Handwerk ist auch die Situation im SHK- und KFZ-Handwerk beschrieben.

kommen. Verstärkt wird dies durch die Gesundheitssituation insbesondere älterer Arbeitnehmer/-innen, von denen etliche wegen gesundheitlicher Belastungen frühzeitig aus dem Erwerbsleben ausscheiden.
Bei Betrachtung der Altersstruktur in Dachdeckerbetrieben fällt auf, daß

- ein Großteil der Beschäftigten jünger als 35 Jahre alt ist;
- die Alterskohorte der 15–24-jährigen bei weiten nicht ausreicht, um die Alterskohorte der 25–34-jährigen zu ersetzen;
- es ab 34 Jahren einen radikalen Bruch bei den Beschäftigten gibt.

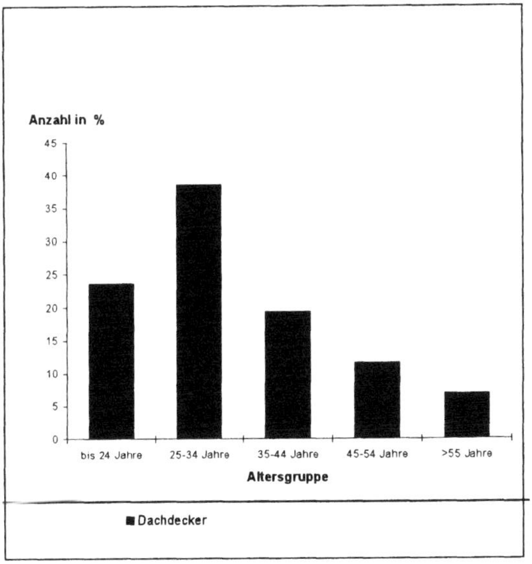

Abbildung 1:
Altersstruktur der Dachdecker in den untersuchten Regionen Aachen, Essen, Köln und Mühlheim-Oberhausen. Eigene Erhebungen des IKK-Bundesverbandes im Auftrag der FH – Niederrhein. Mittelwerte der Jahre 1993–95 (Basis 13.490 Arbeitnehmer/innen)

Vor diesem Hintergrund stellt sich die Frage, inwieweit kleine und mittlere Handwerksbetriebe diese Herausforderungen mit immer älter werdenden Belegschaften erfolgreich bewältigen können.

3. Zukünftige Gestaltungsansätze

Insgesamt werden zu wenig Aktivitäten zur Personalbindung entwickelt. Dies schlägt sich in einer Fluktuationsquote von zur Zeit 30% (Packebusch & Pohlen, in Vorbereitung) im Bereich der IKK Nordrhein Regionaldirektion Düsseldorf/Neuss nieder. Um dies zu verbessern, bieten sich unter anderem traditionelle Arbeitsgestaltung und neue Formen der Laufbahngestaltung an.

3.1 Laufbahngestaltung ersetzt keine Arbeitsgestaltung

Grundsätzlich kann Laufbahngestaltung Arbeitsgestaltung nicht ersetzen. Traditionelle Konzepte der Arbeitsgestaltung bilden auch weiterhin die Voraussetzung für eine Verlängerung der Verweildauer im jeweiligen Gewerk (s. Packebusch, in Druck). Die Wahrscheinlichkeit für ein Altern im Handwerk kann durch eine Verringerung von arbeitsbedingten Erkrankungen und gesundheitsgefährdenden Faktoren verbessert werden.

3.2 Möglichkeiten der Laufbahngestaltung

Die Entwicklung von differentiellen Laufbahnkonzepten inner- und außerhalb eines Gewerkes ist von zentraler Bedeutung, damit Beschäftigte ihren Beruf bis zur Rente ausüben können. Maßnahmen für eine alternsgerechte Laufbahngestaltung umfassen die gesamte Spanne von der Akquisition geeigneter Bewerber bis zur Überleitung in weniger belastende Berufe.

4. Der Einstieg ist der Anfang zum Ausstieg

1994 lag die Abbruch- und Durchfallquote für das Dachdeckerhandwerk in Nordrhein-Westfalen bei 45,6%, in der Handwerkskammer Düsseldorf sogar bei 53% (eigene Berechnungen aufgrund folgender Quellen: Westdeutscher Handwerkskammertag 1994/95, Handwerkskammer Düsseldorf 1995).

Ein Grund für die hohe Abbruchquote könnten die im Verlauf der Ausbildung immer skeptischer und pessimistischer werdende Wahrnehmung der Jugendlichen über die zukünftigen Belastungen und Gesundheitsrisiken im Handwerk sein (vgl. Marstedt/Müller 1998).

Ein anderer Grund ist das Fehlen valider Auswahlinstrumente und der Mangel an Personalmarketingaktivitäten (Hier tut sich das Handwerk keinen Gefallen, wenn man bei kleineren Konjunkturdellen bereits von einer Krise der Bau-Industrie redet und damit potentielle Bewerber/innen abschreckt.).

Damit der Einstieg nicht der Anfang zum Ausstieg wird, bedarf es präventiver Maßnahmen. Hierzu gehören

- die Entwicklung eines gesundheitsbewußteren Alltags- und Berufsverhaltens (z.B. das Aufbrechen von Gruppennormen, die den harten Mann als Ausbildungsziel favorisieren) und
- die Verbesserung der Berufsberatung. Die Berufsberatung ist heute aus Sicht der Auszubildenden mehr „Verkaufs-“ als Beratungssituation. Dies ist vermutlich auch ein Grund, der dazu beiträgt, daß jeder 2. Auszubildende im 3. Lehrjahr in den Bau-Berufen in der Befragung von Marstedt und Müller (1998) Abbruchphantasien äußert. Die Darstellung von tatsächlichen Anforderungen und Chancen sollte deshalb in den Vordergrund rücken, da unrealistische Erwartungen eine dauerhafte Berufsbindung verhindern.
- Die Entwicklung von systematischen Personalauswahlverfahren ist eine unabdingbare Voraussetzung für eine Erhöhung des Ausbildungserfolges und der Berufsbindung. Ein zielgruppenbezogenes Personalmarketing wäre die Vorbedingung zur Aktivierung von genügend geeigneten Bewerbern, um überhaupt eine Personalauswahl im Auszubildendenbereich durchführen zu können. Bei der Personalauswahl müssen die physische und motivationale Eignung stärker im Vordergrund stehen. Eine falsche Passung der Eignung des Bewerbers zu den beruflichen Anforderungen bedeutet in jedem Fall eine Erhöhung der Wahrscheinlichkeit des Berufsaustritts.
- Die Qualifizierung der tatsächlichen Ausbilder, d.h. der Gesellen bzw. Vorarbeiter muß verbessert werden. Die Güte der Ausbildung ist bisher abhängig vom „natürlichen pädagogischen Geschick“ dieser Gruppe, da für diese keine Qualifizierung vorgesehen ist. Die Meister haben diese Qualifikation, sind aber viel zu wenig im eigentlichen Ausbildungsprozeß präsent. Die Integration von Gesundheitsschutz und Gesundheitsförderung etwa im Sinne von Moll, Schmauder und Kleindienst (1998) wird dadurch zusätzlich erschwert.
- Erweiterung der Ausbildungsinhalte um den Bereich der außerfachlichen Kompetenzen (Sozial-, Kommunikations-, Methoden- Kompetenz). Selbst Vorarbeiter schätzen ihre Qualifikationen im Umgang mit Kunden als zu gering ein und wünschen sich hier Fortbildungen. (s. Packebusch & Weber 1999).

5. Das Ende der Externalisierung ist in Sicht

Die Möglichkeiten des Ausstiegs bzw. des Umstiegs älterer Erwerbstätiger werden durch die demographische Entwicklung und die wirtschaftlichen Strukturveränderungen erschwert. Das trifft vor allem auf die Dachdecker zu. Bisher wechselten viele Handwerker (nach unseren systematischen Beobachtungen in ca. 100 Kleinbetrieben in unterschiedlichen zur Zeit laufenden Projekten) zwischen Mitte 30 und Mitte 40 Jahren in den Produktions- bzw. Dienstleistungssektor. Dieser Weg scheint jetzt zunehmend versperrt. Auf der anderen Seite beobachten wir in einem regionalen Kooperationsprojekt mit der IKK Nordrhein Regionaldirektion Düsseldorf (Packebusch & Pohlen, in Vorbereitung), daß sich betrieblicherseits bereits ein Rückgang in den Beschäftigungszahlen der Altersgruppen bis 34 Jahre und ein Ansteigen der Beschäftigtenzahlen in der Altersgruppe 35–44 Jahre bemerkbar macht. Für die steigende und auch angesichts der Gewerke – Altersstruktur notwendig steigenden Gruppe der älteren Beschäftigten im Dachdeckergewerk wird ein Konzept der Personalarbeit benötigt, dass an ihren speziellen Leistungsvoraussetzungen ansetzt. Es gibt kaum Teilzeitmodelle im Handwerk, nur eine Flexibilisierung der Arbeitszeit bei den Dachdeckern, die gerade im Sommer eine zusätzliche Belastung für die älteren Arbeitnehmer darstellt.

6. Fazit

Altern im Handwerk erfordert eine differentielle Laufbahngestaltung inner- und außerhalb des Gewerks. Hierzu gehört innerbetrieblich die Entwicklung des eigenen Dienstleistungsangebotes passend zu den Qualifikationen und Möglichkeiten des Mitarbeiters, sowie eine laufbahnbezogene integrative Personalarbeit. Außerbetrieblich kommen Arbeitsplätze z. B. im Gebäudemanagement in Frage, um für die Beschäftigten Perspektiven zu entwickeln, die ihr Arbeitsvermögen erhalten und weiterentwickeln. Hierbei kommt der fachlichen und nichtfachlichen Qualifizierung eine zentrale Vorbereitungsrolle für alternative Berufskarrierren zu.

Literatur

Handwerkskammer Düsseldorf (1996): Handwerk in Zahlen '95. Düsseldorf

Marstedt, G./Müller, R. (1998): Die Arbeit ist befriedigend – aber kann man im Handwerk auch alt werden? In. Klose, H.-U. & Ax, C. (Hrsg.). Zukunft des Handwerkes in einer alternden Gesellschaft. forum demographie und politik, 11, S.115–140

Moll, K./Schmauder, M./Kleindienst, C. (1998): Gesundheit und berufliche Bildung. Bremerhaven: Wirtschaftsverlag NW Verlag für neue Wissenschaft GmbH

Packebusch, L. (1999, in Druck): Prävention durch altersgerechte Laufbahngestaltung – Problemlage und erste Ansätze am Beispiel Dachdeckerhandwerk. In BASI (Hrsg.). Arbeit und Gesundheit. Jahrbuch 2000: Innovation und Prävention

Packebusch, L./Pohlen, G. (1999, in Vorbereitung): Altersstruktur im Handwerk und Anforderungen an die Personalarbeit in Düsseldorf und Neuss

Packebusch, L./Weber, B. (1998): Altern im Handwerk – Anforderungen an die Personalentwicklung am Beispiel Dachdecker, KFZ- und SHK Handwerk. In. Klose, H.-U. & Ax, C. (Hrsg.). Zukunft des Handwerkes in einer alternden Gesellschaft. forum demographie und politik, 11, S.101–114

Packebusch, L./Weber, B. (1999, in Druck): Neue Anforderungen an die PE im Handwerk. In Ax, C. (Hrsg.) Kleiner Zukunftsreport für das Handwerk. Handbuch für Praktiker, Experten und Multiplikatoren. Werkstattbericht Nr. 10 der Zukunftswerkstatt e. V. Hamburg

Prognos AG (1989): Arbeitslandschaft bis 2010 nach Umfang und Tätigkeitsprofilen. Text- und Anlagenband. BeitrAB 131.1 & 131.2. Institut für Arbeitsmarkt- und Berufsforschung d. Bundesanstalt f. Arbeit. Nürnberg

Westdeutscher Handwerkskammertag (1995): Das Handwerk in NRW. Ergebnisse der Handwerksstatistik 1994/1995. Düsseldorf

Ellen Voullaire

Gefahrstoffe in Kfz-Betrieben – Mobilisierung überbetrieblicher Unterstützung am Beispiel des Kraftfahrzeuggewerbes

1. Hintergrund und Ziel des Projektes

Das vor ein paar Jahren veröffentlichte Forschungsprojekt „Gefahrstoffe in Klein- und Mittelbetrieben: Neue Wege überbetrieblicher Unterstützung" der Bundesanstalt für Arbeitsschutz und Arbeitsmedizin [1] hatte eine Vielzahl von Problemen und Defiziten beim Umgang mit Gefahrstoffen in Klein- und Mittelbetrieben aufgezeigt und eine ganze Palette neuer Wege überbetrieblicher Unterstützungsmöglichkeiten entworfen. Die BAuA hat auf Ergebnisse und Schlußfolgerungen unmittelbar reagiert: Sie entwickelte und beauftragte das weiterführende Anschlußprojekt „Gefahrstoffe in Klein- und Mittelbetrieben: Mobilisierung überbetrieblicher Unterstützung am Beispiel des Kraftfahrzeuggewerbes", das sich am Beispiel der Gefahrstoffproblematik im Kraftfahrzeuggewerbe mit der ganz praktischen Frage befaßte, ob und wie sich überbetriebliche Unterstützung mobilisieren läßt und zwar so, daß auch wirklich die richtigen Schwerpunkte erfaßt werden. Im Kern ging es bei dem Vorhaben deshalb um vier Fragen:

- Welche Gefahrstoffprobleme müssen schwerpunktmäßig aufgegriffen werden?
- Welche Kooperationspartner kommen aufgrund ihrer Kompetenz in dem jeweiligen einzelnen Problemfeld als überbetriebliche Unterstützer infrage?
- Welche inhaltlichen Unterstützungskonzepte sind für die einzelnen Problemfelder erforderlich?
- Wie läßt sich überbetriebliche Unterstützung zur praxisnahen Ausfüllung dieser Konzepte mobilisieren?

Im Zuge einer umfangreichen Status- und Problemanalyse schälten sich als Schwerpunkte folgende Suchfelder für die Entwicklung notwendiger Unterstützungskonzepte heraus:

Suchfelder
1. Verminderung der Gefahrstoffexposition bei Wartungsarbeiten aufgrund unergonomischer Konstruktionsdetails von Automobilen
2. Entwicklung von Handlungshilfen zur Verminderung der CO-Belastung in Pkw-Werkstätten
3. Unterstützungsaktivitäten von Automobilunternehmen im Gefahrstoffbereich und Möglichkeiten (verstärkter) Mobilisierung
4. Qualifizierungsmaßnahmen im Gefahrstoffbereich

2. Entwicklung von Handlungshilfen zur Verminderung der CO-Belastung in Pkw-Werkstätten

Weil Suchfeld 2 das gravierendste Gefahrstoffproblem in Pkw-Werkstätten betrifft, wird hierauf im folgenden beispielhaft näher eingegangen.

2.1 Problemaufriß und erste Diskussion über Handlungsstrategien in einem Fachgespräch

Eine umfassende Untersuchung der BAuA über Stoffbelastungen im Kfz-Gewerbe [2] sowie Meßergebnisse des Amtes für Arbeitsschutz in Hamburg hatten nachgewiesen, daß in der kalten Jahreszeit in vielen Pkw-Werkstätten der Luftgrenzwert für Kohlenmonoxid nicht eingehalten wird. Damit haben wir es mit einem gravierenden Problem zu tun. Die Ursachen für die hohe CO-Belastung liegen in erster Linie in Fahrbewegungen bzw. Motorläufen ohne Direktabsaugung. Vor dem Hintergrund dieser Ergebnisse wurden im Rahmen von Suchfeld 2 in einem ersten Kooperationsschritt Experten auf dem Gebiet der CO-Belastung in Kfz-Betrieben und Vertreter der betroffe-

Kooperationspartner: Fachgespräch

- Deutsches Kraftfahrzeuggewerbe - Zentralverband
- Volkswagen AG
- Niedersächsisches Landesamt für Ökologie
- Amt für Arbeitsschutz, Hamburg
- Maschinenbau- und Metall-BG
- Bundesanstalt für Arbeitsschutz und Arbeitsmedizin
- Systemkonzept

Abb. 1: Kooperationspartner Fachgespräch

nen Branche in einem Fachgespräch, das von der BAuA moderiert wurde, zusammengeführt (Abb. 1). In dieser Zusammensetzung erstmalig wurden Erfahrungen, Ergebnisse und Meinungen zum Thema ausgetauscht und einzuschlagende Strategien für die Weiterentwicklung eines abgestuften Handlungskonzepts zur Bewältigung des CO-Problems besprochen.

2.2 Kann man den Betrieben CO-Messungen ersparen?– Überprüfung der NLÖ-Formel

Grundvoraussetzung für die Bereitschaft, notwendige u. U. auch teurere Maßnahmen zu ergreifen, ist für Betriebsinhaber das Wissen darüber, ob es in seiner Werkstatt zu CO-Grenzwertüberschreitungen kommt. Um hier den Kfz-Betrieben nicht gleich aufwendige Messungen zumuten zu müssen, hatte das Niedersächsische Landesamt für Ökologie (NLÖ) ein Schätzverfahren, die sog. NLÖ-Formel entwickelt, mit deren Hilfe überschlägig die CO-Belastung einer Werkstatt rechnerisch prognostiziert werden sollte. Im Laufe des Fachgesprächs wurde u.a. die Idee entwickelt, die Prognosefähigkeit dieser Formel durch empirische Erhebungen und Messungen in Kfz-Werkstätten zu überprüfen. Hierfür wurde ein neues Kooperationsnetzwerk geknüpft (Abb. 2). Die Überprüfung führte zu dem Ergebnis, daß sich die Hoffnungen auf die in der Zwischenzeit noch erweiterte NLÖ-Formel nicht erfüllten. Man kommt nicht umhin, Messungen durchzuführen, um das Ausmaß der CO-Gefährdung in einer Pkw-Werkstatt zu diagnostizieren.

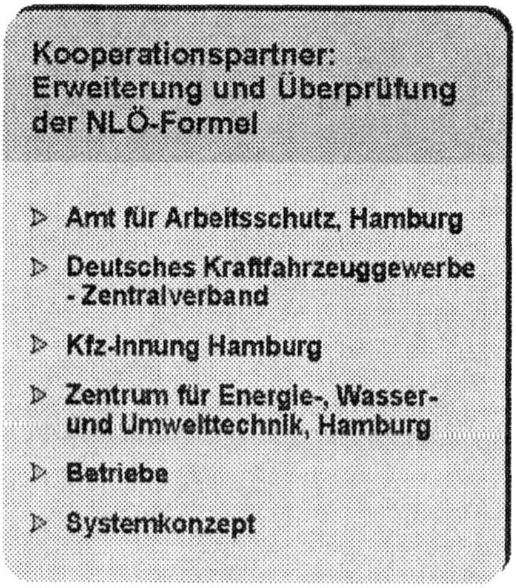

Abb. 2: Kooperationspartner Erweiterung und Überprüfung der NLÖ-Formel

2.3 Fortsetzung der Suche nach Handlungshilfen auf einem Workshop

Auf der Suche nach Handlungshilfen wurde in einem weiteren Anlauf das Konzept eines mehrtägigen Workshops entwickelt (Abb. 3). Der ZDK erklärte sich dazu bereit, die jährlich einmal stattfindende zweitägige Zusammenkunft aller bundesweit tätigen Technischen Betriebsberater ausschließlich dem Gefahrstoffthema zu widmen. Die Technikberater wurden als einflußreiche Multiplikatoren erstmals umfassend

- über den Stand des Wissens zum Thema CO in Kfz-Werkstätten,
- zu wesentlichen Planungsparametern für Lüftung und Lüftungstechnik sowie
- über unterschiedliche Lüftungskonzepte informiert.

Zum anderen wurde eine Plattform geschaffen, gemeinsam mit Experten und Herstellern von Lüftungs- und Steuerungstechnik über mögliche Schutzmaßnahmen zu diskutieren. Es wurde auch vor Ort eine Werkstatt mit raumlufttechnischer Lüftung besichtigt.

CO gefährlicher als bisher geglaubt !

Auf europäischer Ebene war CO 1995 offiziell so eingestuft:

F+; R 12	(hochentzündlich)
T; R 23	(giftig beim Einatmen)

Einstufung 1996:

F+; R 12	(hochentzündlich)
1 (RE); R 61	(kann das Kind im Mutterleib schädigen)
T; R 48/23	(giftig: Gefahr ernster Gesundheitsschäden bei längerer Exposition durch Einatmen)

Abb. 4: Einstufung CO 1995 und 1996

Kooperationspartner: Workshop

- Technikberater des Deutschen Kraftfahrzeuggewerbes
- Deutsches Kraftfahrzeuggewerbe - Zentralverband
- Kfz-Innung Hamburg
- Amt für Arbeitsschutz, Hamburg - Arbeitsschutzlabor
- Amt für Arbeitsschutz, Hamburg - Fachbezirk
- Bundesanstalt für Arbeitsschutz und Arbeitsmedizin
- Firma Draeger
- Lüftungstechnik-Firma Hummel
- Mercedes-Benz-Niederlassung
- Systemkonzept

Abb. 3: Kooperationspartner Workshop

Die Diskussionsbeiträge der Workshop-Teilnehmer unterstrichen nochmals die Dringlichkeit, Lösungsansätze für die CO-Problematik in Pkw-Werkstätten zu entwickeln, und zwar aus folgenden Gründen:

1. Wie die neue EU-Einstufung zeigt, ist Kohlenmonoxid weitaus gesundheitsgefährlicher als bisher geglaubt (Abb. 4).
2. CO-Konzentrationen sind in vielen Kfz-Werkstätten zum Teil gravierende Probleme und bergen in sich ernstzunehmende Gesundheitsgefährdungen für Kfz-Mechaniker.

3. Das CO-Problem ist, wie auf dem Workshop einhellig festgestellt wurde, bisher in seiner Brisanz und seinen Dimensionen in der Praxis weitgehend unbekannt. Deshalb fehlen auch bis auf einige Einzelfälle dementsprechende Erfahrungen im Bereich der Arbeitsorganisation, der Qualifizierung und einer angepaßten Lüftungstechnik.

Das Thema der CO-Messungen wurde erneut aufgegriffen. Es wurde von den Experten vorgeschlagen, mithilfe der preiswerten Diffusionsröhrchen von den Betrieben mit Unterstützung der Technikberater der Innungen zunächst einmal orientierende Messungen durchführen zu lassen.

Hinsichtlich notwendiger Schutzmaßnahmen gegen CO zeichneten sich im Verlauf des Workshops zwei Positionen ab: Aus Sicht von Experten entspricht eine sensorgesteuerte Lüftungstechnik dem Stand der Technik und garantiert eine dauerhaft sichere Einhaltung des CO-Grenzwertes. Aus Sicht der Vertreter des Kfz-Gewerbes kann dies, weil sehr teuer, nur der letzte Ausweg sein, und zwar nur dann, wenn durch Messungen der Nachweis erbracht ist, daß in einzelnen Werkstätten alle anderen Maßnahmen nicht den gewünschten Erfolg erzielen.

2.4 Konzept der kleinen Schritte

Das Problem der Maßnahmen wurde kontrovers diskutiert, ohne daß es zu einer Einigung auf dem Workshop gekommen wäre. War damit Suchfeld 2 nun endgültig gescheitert? Keineswegs. Um einen praktischen Ausweg aus dieser Kontroverse zu finden, wurde in einer erneuten Kooperationsinitiative zusammen mit dem Zentralverband das „Konzept der kleinen Schritte" entwickelt (Abb. 5).

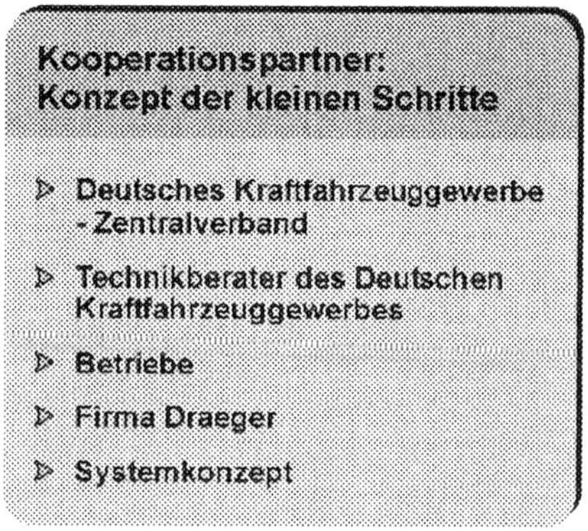

Abb. 5: Kooperationspartner Konzept der kleinen Schritte

2.4.1 Ziel und Vorgehensweise

Grundlage der weiteren Vorgehensweise sollte eine zweigleisige Meßstrategie mit zwei, jeweils einwöchigen Meßzyklen sein, für die die Firma Dräger einen Teil der Meßtechnik leihweise zur Verfügung stellte.

Konzept der kleinen Schritte

- Erster Meßzyklus:
  In kooperationsbereiten Kfz-Betrieben werden die CO-Belastungen unter kontrollierten Bedingungen parallel mit Prüfröhrchen und gleichzeitig mit einem kontinuierlich messenden, direktanzeigenden Gerät gemessen.
- Zweiter Meßzyklus:
  Nach Auswertung der Meßwerte werden im Falle von Grenzwertüberschreitungen Maßnahmen im Bereich Arbeitsorganisation und Unterweisung ergriffen, deren Wirksamkeit im zweiten Meßzyklus mit gleicher Meßstrategie überprüft wird.

Im Kern geht es bei diesem Konzept um drei Fragenkomplexe:

1. Gibt es unter Verwendung von Prüfröhrchen eine einfache Meßstrategie für Übersichtsmessungen in Kfz-Werkstätten, deren Ergebnisse Auskunft darüber geben können, ob und bei welchen Prüfröhrchen-Meßergebnissen nicht nur der Grenzwert als Schichtmittelwert, sondern – und hier liegen oft die gravierendsten Probleme – auch die Kurzzeitwertanforderungen erfüllt werden?
2. Sind die Betriebe in der Lage, richtige Messungen durchzuführen und die Meßbedingungen zu kontrollieren, insbesondere variierende Betriebsabläufe und Betriebszustände für eine Ursachenforschung zu dokumentieren?
3. Lassen sich Anhaltspunkte dafür finden, daß durch Maßnahmen der Arbeitsorganisation und Unterweisung der Mitarbeiter die CO-Belastungen in Kfz-Werkstätten nachhaltig gesenkt werden können?

Es fanden sich zwei Testbetriebe, deren Inhaber sich hochmotiviert beteiligten. Sie waren sehr daran interessiert, den Status der CO-Belastungen ihrer Werkstätten kennen zu lernen, um ggf. Schutzmaßnahmen ergreifen und diese auf ihre Wirksamkeit überprüfen zu können. Im ersten Meßzyklus wurden in Testbetrieb 1 keine Grenzwertüberschreitungen festgestellt, wohl aber in Testbetrieb 2. Die Meßergebnisse veranlaßten den Inhaber von Testbetrieb 2 zu einigen Maßnahmen wie z. B.:

- Warmlaufenlassen von Motoren für die Abgasuntersuchungen im Freien
- gezielte Stoßlüftungen morgens und zu Beginn jeder Pause
- Unterweisung der Mitarbeiter, wie etwa Zusammenhang zwischen Fahrbewegungen und CO-Konzentration, Vermeiden unnötiger Fahrbewegungen in der Werkstatt Konsequentes Einsetzen der Direktabsaugung.

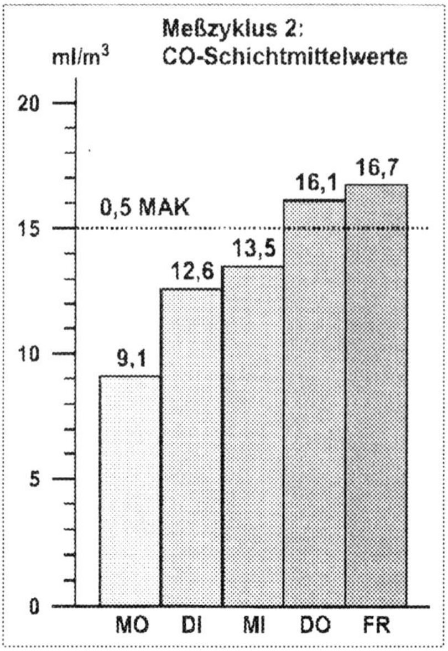

Abb. 6: Meßergebnisse für CO

Meßzyklus 2 erbrachte den Befund „Einhaltung des Grenzwertes“ (Abb. 6), allerdings mit kontinuierlichem Anstieg des Schichtmittelwertes von Montag bis Freitag und kritischen CO-Konzentrationen im Kurzzeitwertbereich gegen Ende der Woche.

2.4.2 Ergebnisse und erste Schlußfolgerungen aus dem Konzept der kleinen Schritte

Welche vorläufigen Schlußfolgerungen können wir aus dem jetzigen Stand des „Konzepts der kleinen Schritte“ ziehen? Ich greife beispielhaft einige heraus:

– Das richtige Ablesen von Prüfröhrchen macht Ungeübten Schwierigkeiten.

Obwohl die Firma Dräger eine Kurzeinweisung der Betriebsinhaber in den Umgang mit Prüfröhrchen durchgeführt hatte, deuten die systematisch falsch niedrig abgelesenen Meßwerte in Testbetrieb 1 (Abb. 7) darauf hin, daß der Umgang mit dem scheinbar so einfachen Prüfröhrchen-Meßsystem trainiert werden muß. Was Erfahrung im Umgang mit Prüfröhrchen ausmacht, zeigt Testbetrieb 2. Der Betriebsinhaber verfügt über eine Zusatzqualifikation im Bereich Baubiologie und ist von daher mit dem Ablesen von Prüfröhrchen vertraut.

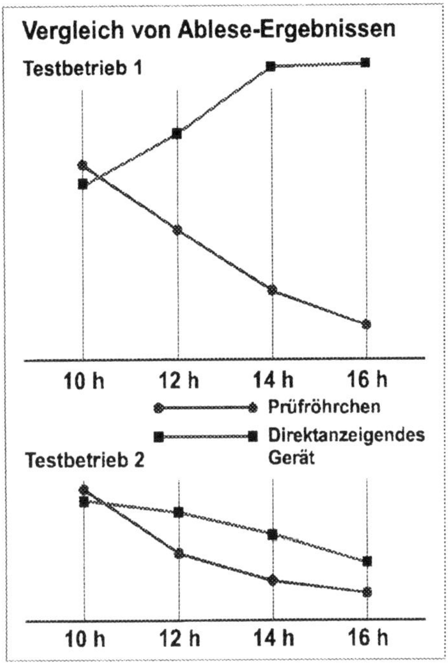

Abb. 7: Falsch niedrig abgelesene Meßwerte in Testbetrieb 1

Prüfröhrchen eignen sich für Übersichtsmessungen und können im Prinzip auch Hinweise auf ein eventuelles Vorliegen von Problemen im Kurzzeitwertbereich geben.

Vorausgesetzt die Meßpunkte werden in der Werkstatt richtig gewählt und die Prüfröhrchen werden richtig abgelesen, ist hier ein preiswertes Meßverfahren für Übersichtsmessungen zur Abschätzung des CO-Status in Kfz-Werkstätten gegeben. Diese Feststellung hat für die Betriebe große praktische Bedeutung, es bedarf allerdings noch weiterer Anstrengungen im Bereich überbetrieblicher Unterstützung, um dieses Ziel zu erreichen.

– Die Annahme, durch Maßnahmen der Arbeitsorganisation und Unterweisung der Mitarbeiter kann die CO-Belastung in Kfz-Werkstätten gesenkt werden, ist nicht unbegründet.

  Das zeigt der Vergleich der Ergebnisse von Meßzyklus 1 und Meßzyklus 2 im zweiten Testbetrieb, allerdings mit dem Wermutstropfen, daß in Meßzyklus 2 im Wochenverlauf die durchschnittliche CO-Konzentration ständig ansteigt. Die vom Betriebsinhaber ergriffenen Maßnahmen wirken offenbar nicht nachhaltig. Dazu zwei Anschauungsbeispiele von Rangiervorgängen am letzten Meßtag, an dem wir den Betrieb aufgesucht und Ablaufbeobachtungen in der Werkstatt durchgeführt hatten.

– Rangiervorgang zum Rausfahren eines Autos durch das Hallentor von Arbeitsplatz 1 (Abb. 8). Ursache des Manövers: Zum Toröffnen gibt es insgesamt nur eine Zugvorrichtung vor dem Tor links in Fahrtrichtung.

Aus einem rückwärtsfahrenden Fahrzeug ist diese vom Fahrersitz nicht erreichbar.

- Rangiervorgang zum Positionieren eines Autos auf Arbeitsplatz 3 (Abb. 9). Ursache des Manövers: Der Mechaniker hatte die Arbeitskarte vergessen und unterbrach deswegen diese Fahrbewegung.
- Betriebsinhaber brauchen Unterstützung für gezielte Unterweisung und für problemgerechte Erfassung betrieblicher Abläufe und Zustände.

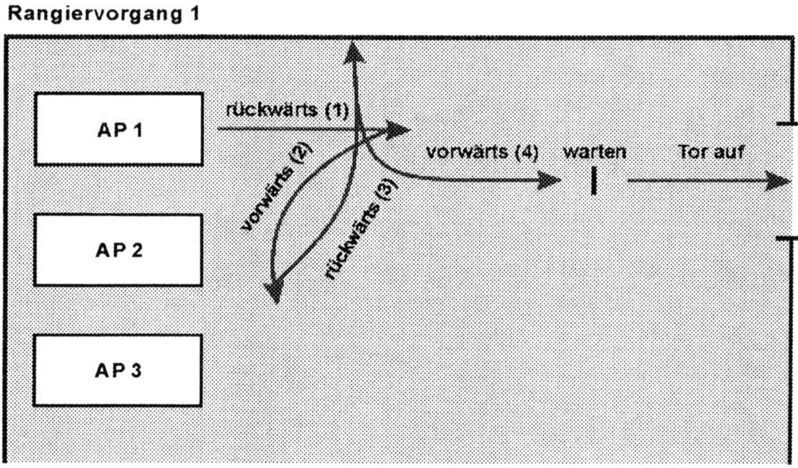

Abb. 8: *Rangiervorgang zum Rausfahren eines Autos*

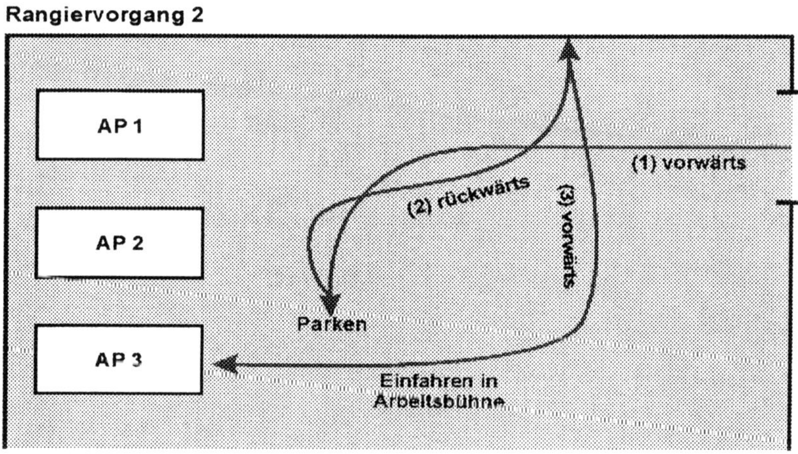

Abb. 9: *Rangiervorgang zum Positionieren eines Autos*

- Unterweisung

  Als wir dem Betriebsinhaber diese Rangiervorgänge demonstrierten, wurde ihm klar, daß es wenig bringt, die Mitarbeiter pauschal darauf hinzuweisen, unnötige Rangierfahrten zu vermeiden. Es müssen vielmehr Problembewußtsein geschaffen, langjähriges Routineverhalten durchleuchtet und Verhaltensalternativen an konkreten Beispielen entwickelt und gefestigt werden. Dafür erbat er Unterstützung, weil er sich allein dazu nicht ausreichend gerüstet fühlt.

  Es wurde daher der Plan gefaßt, ein Video zur Qualifizierung von Beschäftigten in bezug auf den Umgang mit CO zu entwickeln und nach Kooperationspartnern zur Produktion und (Mit-)Finanzierung zu suchen.
- Erfassen betrieblicher Abläufe und Zustände

  Die Werkstattprotokolle über durchgeführte Fahrbewegungen in Meßzyklus 2 ergeben keinen Aufschluß über plausible Gründe für das stetige Ansteigen der CO-Schichtmittelwerte im Laufe der Woche. Genauere Ablaufbeobachtungen, z.B. hinsichtlich des Fahrverhaltens oder der Anwendung der Schlauchabsaugungen, aber auch eine Untersuchung betrieblicher Zustände und kritisches Hinterfragen der Arbeitsorganisation helfen hier weiter.

  Dazu ein Beispiel aus einer Kfz-Werkstatt, in der wir uns im Zusammenhang mit der empirischen Überprüfung der NLÖ-Formel einen Tag lang als Beobachter im Rahmen einer CO-Messung aufgehalten hatten (Abb. 10).

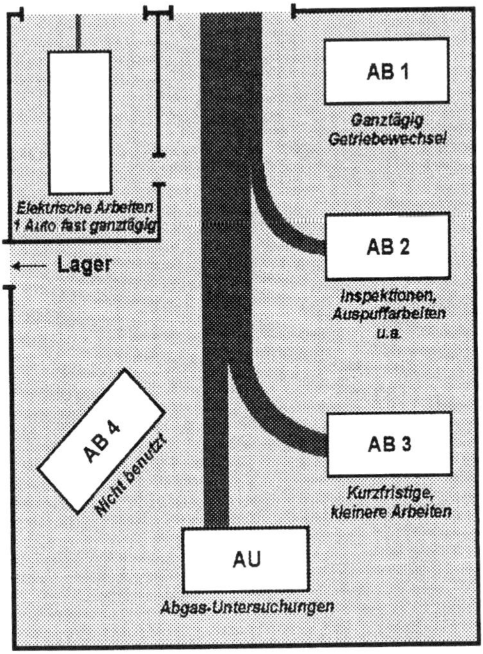

Abb. 10: CO-Emissionen: Belastungsbänder durch Fahrbewegungen am 18.12. in Werkstatt H.

Die Abbildung zeigt das Werkstattlayout. An Arbeitsbühne 1 fand ein Getriebewechsel statt, der sich über den ganzen Tag hinzog. Es erfolgte keine Fahrbewegung.

An Arbeitsbühne 2 wurden Inspektionen, Auspuffarbeiten u.ä. durchgeführt. Die erforderlichen Fahrbewegungen und damit verbundenen CO-Emissionen werden mit dem CO-Belastungsband modellhaft wiedergegeben. An Arbeitsbühne 3 erfolgten häufiger wechselnde kleinere Arbeiten, verbunden mit den entsprechenden häufigeren Fahrbewegungen. Am Ende der Halle befindet sich der AU-Stand, der an diesem Tage auch mehrfach benutzt wurde. Arbeitsbühne 4 war nicht belegt. In dem abgetrennten Raum wurden am Beobachtungstag an einem Fahrzeug elektrische Arbeiten durchgeführt, die sich länger als einen halben Tag hinzogen, danach stand der Raum leer.

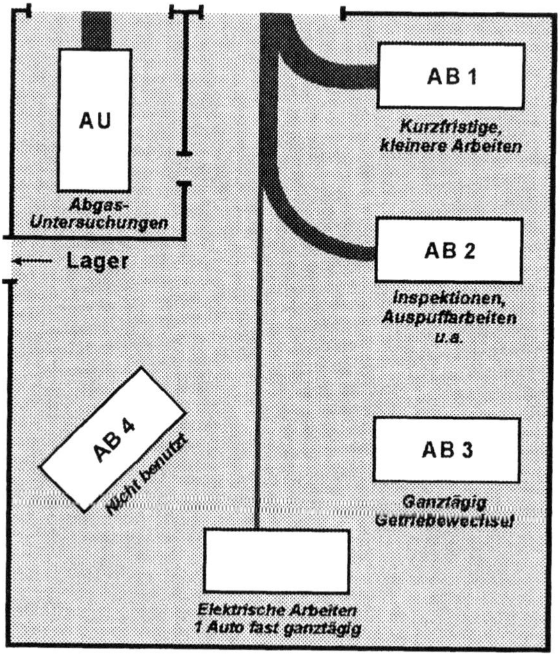

Abb. 11: CO-Emissionen: Belastungsbänder durch Fahrbewegungen nach denkbarer Reorganisation

Die Belastungsbänder beschreiben modellhaft die CO-Belastung der Werkstatt durch die Fahrbewegungen an diesem Tag (Abb. 11). Eine Reorganisation des Werkstattbetriebs könnte, wie die Belastungsbänder zeigen, zu einer deutlichen Verminderung der CO-Belastung dieser Werkstatt beitragen: Langfristige Arbeiten werden in den hinteren Teil der Werkstatt verlegt, AU-Stand und Arbeitsplatz für elektrische Arbeiten werden getauscht.

3. Zusammenfassende Schlußfolgerungen aus dem Forschungsprojekt

Insgesamt hat uns das Projekt gelehrt, daß sich unter bestimmten Bedingungen und in bestimmten Grenzen eine sehr wirksame Mobilisierung überbetrieblicher Unterstützung erreichen läßt. Kooperation ist der Schlüssel dazu. Deswegen befaßt sich ein eigenes Kapitel des Abschlußberichtes ausführlich mit einer Darlegung kooperationsförderlicher und kooperationshemmender Faktoren. In bezug auf die Vermittlung des Bildungsbedarfs muß nach unseren Erfahrungen die Maxime lauten: branchenspezifisch, betriebsnah, konkret, anschaulich, praxistauglich. Inhaltlich erstreckt sich der Qualifizierungsbedarf auf die Schaffung eines angemessenen Problembewußtseins, auf Handlungshilfen für den Bereich der betrieblichen und arbeitsplatznahen Planung und Organisation sowie auf Unterstützung für die gezielte Unterweisung der Mitarbeiter.

4. Ausblick

Wo stehen wir nun heute am Ende dieses BAuA-Forschungsvorhabens?

In Suchfeld 2 haben sich sehr konkrete und praxisnahe Hinweise auf weiteren Unterstützungsbedarf ergeben, die uns veranlaßt haben, im Abschlußkapitel Vorschläge für weitere Unterstützungsaktivitäten zu formulieren. Unter anderem haben diese zum Ziel, die in ersten Ansätzen zur Ausgestaltung des „Konzepts der kleinen Schritte" entstandenen Initiativen des Zentralverbandes und der beteiligten Pilotbetriebe auf einer breiteren Basis zu verstetigen, umzusetzen, die notwendigen Schulungsmaßnahmen zu entwickeln und durchzuführen und damit sozusagen die Serienreife für einen Transfer in eine möglichst große Zahl von Kfz-Betrieben zu erreichen.

Literatur

Voullaire, Ellen/Kliemt, Gundolf (1995): Gefahrstoffe in Klein- und Mittelbetrieben: Neue Wege überbetrieblicher Unterstützung. Bremerhaven: Wirtschaftsverlag NW, 1995. (Schriftenreihe der Bundesanstalt für Arbeitsschutz: Forschung, Fb 703). – ISBN 3-89429-473-6

Auffarth, J./Hebisch, R./Rentel, K.-H. (1997): Stoffbelastungen im Kfz-Gewerbe. Bremerhaven: Wirtschaftsverlag NW, 1997 (Schriftenreihe der Bundesanstalt für Arbeitsschutz und Arbeitsmedizin – Gefährliche Arbeitsstoffe – GA 50). – ISBN 3-89429-870-7

Christoph-Johannes Kirchner

Betreuungsmodell der Berufsgenossenschaft Nahrungsmittel und Gaststätten für Kleinbetriebe

Die neuen Unfallverhütungsvorschriften „Fachkräfte für Arbeitssicherheit" (VBG 122) und „Betriebsärzte" (VBG 123)

Die gesetzliche Vorgabe ist eindeutig: Sicherheitstechnische und arbeitsmedizinische Betreuung für alle Betriebe. Ausnahmeregelungen für Kleinbetriebe, wie sie bisher bestanden haben, darf es nicht mehr geben. Die Berufsgenossenschaft Nahrungsmittel und Gaststätten (BGN) mußte deshalb ihre Unfallverhütungsvorschriften „Fachkräfte für Arbeitssicherheit" (VBG 122) und „Betriebsärzte" (VBG 123) ändern.

Es ist Aufgabe des Unternehmers, Arbeitsunfälle und Berufskrankheiten zu verhüten und arbeitsbedingte Gesundheitsgefahren im Betrieb zu verhindern. Da dies ohne den nötigen Sachverstand kaum möglich ist, sieht das Arbeitssicherheitsgesetz von 1973 die sicherheitstechnische und arbeitsmedizinische Betreuung jedes Betriebes vor.

Seitdem ist die sicherheitstechnische und arbeitsmedizinische Betreuung in mittleren und größeren Betrieben Praxis. Durchgeführt wird sie von ausgebildeten betrieblichen oder externen Sicherheitsfachkräften und Betriebsärzten. Für Klein- und Kleinstbetriebe ist diese Form der Betreuung jedoch aus mehreren Gründen weder effektiv noch wirtschaftlich. Die Risiken und Gefährdungen sind in diesen Betrieben anders, zum Teil sehr speziell, zum Teil geringer als in mittleren und großen Betrieben. Außerdem wären in Kleinbetrieben die Betreuungszeiten durch externe Fachleute sehr kurz, eine praxisgerechte Betreuung somit also kaum möglich. Die „Einsatzzeiten" der Fachleute richten sich nämlich nach der Beschäftigtenzahl, nach typischen Branchenrisiken und nach den Risiken im konkreten Betrieb.

Diese Überlegungen waren mit ein Grund dafür, bislang Klein- und Kleinstbetriebe von der Verpflichtung zur sicherheitstechnischen und arbeitsmedizinischen Betreuung auszunehmen. Das geschah dadurch, daß die Berufsgenossenschaften in ihren Unfallverhütungsvorschriften „Fachkräfte für Arbeitssicherheit" (VBG 122) und „Betriebsärzte" (VBG 123) festlegten, ab welcher Beschäftigtenzahl ein Betrieb sicherheitstechnisch und arbeitsmedizinisch betreut werden muß.

Schon vor Jahren aber hat das Bundesministerium für Arbeit und Sozialordnung die Berufsgenossenschaften aufgefordert, die Unfallverhütungsvorschriften so zu ändern, daß eine lückenlose sicherheitstechnische und arbeitsmedizinische Betreuung aller Betriebe sichergestellt wird. Die BGN ist dieser Forderung jetzt nachgekommen. Sie hat die Unfallverhütungsvorschriften 122 und 123 zum 1. Januar 1999 neu erlassen.

Den beiden UVVen ist ein langwieriger Abstimmungsprozeß in den ehrenamtlichen Gremien der BGN vorausgegangen. Das nun vorliegende, auf die Gewerbegruppen und Betriebe der BGN zugeschnittene Modell ist ein gutes Ergebnis, an dem Arbeitgeber- und Arbeitnehmervertreter gleichermaßen maßgeblich mitgewirkt haben.

Die neuen UVVen 122 und 123 sind inhaltlich nahezu identisch. Denn arbeitsmedizinische und sicherheitstechnische Probleme greifen oft ineinander: Optimaler Arbeits- und Gesundheitsschutz ist nur durch eine ganzheitliche Betrachtung von gesundheitlichen und sicherheitstechnischen Aspekten zu erreichen.

Um den spezifischen Bedürfnissen der verschiedenen Betriebe der BGN gerecht zu werden, unterscheiden beide UVVen zwischen der Regelbetreuung und der Branchenbetreuung. Die Branchenbetreuung ist die auf Betriebe mit zehn oder weniger Beschäftigten zugeschnittene Alternative zur Regelbetreuung.

Regelbetreuung

Grundsätzlich gilt für alle Betriebe die sog. Regelbetreuung. Hiermit wird die bisher praktizierte Form der sicherheitstechnischen und arbeitsmedizinischen Betreuung bezeichnet. Danach hat der Unternehmer zwei Möglichkeiten, seinen gesetzlichen Pflichten nachzukommen: Er bestellt einen hierfür qualifizierten Mitarbeiter zur Sicherheitsfachkraft und einen Betriebsarzt oder beauftragt einen externen sicherheitstechnischen bzw. arbeitsmedizinischen Dienstleister mit der Betreuung seines Betriebes.

Die BGN unterhält für die arbeitsmedizinische Betreuung der Unternehmen, für die sie zuständig ist, einen eigenen überbetrieblichen arbeitsmedizinischen Dienst, den AMD*BGN. Diesem Dienst können sich die Unternehmer mit ihren Betrieben anschließen. Automatisch angeschlossen sind alle Unternehmer, die mehr als zehn Versicherte beschäftigen, und nicht innerhalb einer Frist von sechs Monaten einen Betriebsarzt bestellt oder sich einem überbetrieblichen Dienst angeschlossen haben (Beispiele für die Fristberechnung finden sich im Anhang).

Der Umfang der sicherheitstechnischen bzw. arbeitsmedizinischen Betreuung läßt sich nach den Angaben in den UVVen 122 und 123 errechnen.

Nach den bisher gültigen Unfallverhütungsvorschriften wird der Umfang der erforderlichen arbeitsmedizinischen bzw. sicherheitstechnischen Betreuung in erster Linie nach den Gefährdungen sowie dem Unfall- und Berufskrankheitengeschehen der unterschiedlichen Gewerbezweige bestimmt. Dagegen berücksichtigen die neuen Unfallverhütungsvorschriften der BGN nun auch den Aspekt der für den jeweiligen Betrieb spezifischen Gefährdungen. Damit kann noch mehr der individuellen Situation im Betrieb entsprochen werden. Der Unternehmer legt selbst anhand einer Tabelle fest, welche Problemfelder in seinem Betrieb relevant sind. Sein Einfluß und seine Verantwortung, wie sicherheitstechnische und arbeitsmedizinische Betreuung in seinem Betrieb aussieht, ist damit größer geworden.

Branchenbetreuung

Betriebe mit zehn oder weniger Beschäftigten können als Alternative zur Regelbetreuung die sog. Branchenbetreuung wählen. Wegen des spezifischen Betreuungsbedarfs in Klein- und Kleinstbetrieben soll die sicherheitstechnische und arbeitsmedizinische Betreuung in eigener Regie des Unternehmers ablaufen. Der Unternehmer kann nämlich von der Bestellung von Sicherheitsfachkräften bzw. Betriebsärzten absehen, wenn er selbst alle notwendigen Informationen zur Sicherheit und zum Gesundheitsschutz in seinem Betrieb erwirbt. Mit diesem Grundwissen kann er die Arbeitsschutzprobleme selbst erkennen, bewerten und angehen. Nur im Bedarfsfall soll er auf einen externen Berater zurückgreifen.

Im Rahmen der Branchenbetreuung soll jeder Unternehmer deshalb das spezielle Know-how bekommen, das er für seinen Betrieb, also z. B. für eine Bäckerei, Konditorei oder Gaststätte, braucht.

Wie erwirbt der Unternehmer das branchenspezifische Know-how?

Indem er innerhalb der nächsten drei Jahren an einer Qualifizierungsmaßnahme teilnimmt. Er kann zwischen verschiedenen Möglichkeiten – sogenannten Modulen – wählen:

Modul 1: Tagesseminar
Modul 2: Fernlehrgang
Modul 3: Arbeitsschutzförderungsprojekt in der Region

Die Branchenbetreuung ist gezielt auf die Bedürfnisse jeder einzelnen Branche zugeschnitten, d.h. in einer Tabelle der Unfallverhütungsvorschriften ist festgelegt, welche Module für welche Gewerbezweige angeboten werden.
Sie sind so gestaltet, daß sie mit einem geringen Zeitaufwand absolviert werden können. Über ein Modul 4 (Fortbildung) soll anschließend eine Qualifizierung auf Dauer gewährleistet werden.

Die Module haben sicherheitstechnische und arbeitsmedizinische Inhalte, so daß der Unternehmer durch Teilnahme an nur einem Modul für die Branchenbetreuung beider UVVen qualifiziert wird.

Gleichzeitig erwirbt er das nötige Know-how, den sog. „Bedarfsfall" zu erkennen, um dann die nötige externe sicherheitstechnische oder arbeitsmedizinische Fachberatung einzuholen.

Alternativ zur Branchenbetreuung können Betriebe mit zehn oder weniger Beschäftigten auch die Regelbetreuung wählen. In diesem Fall könnte die arbeitsmedizinische Betreuung durch den AMD*BGN freiwillig gewählt bzw. für bereits angeschlossene Betriebe beibehalten werden.

Im Bereich der BGN wird eine große Zahl von Kleinbetrieben die Branchenbetreuung wählen können. Für all diese Betriebe branchenspezifische Wissenspakete bereitzustellen und sie „an den Mann zu bringen" – das ist für die BGN eine hohe Herausforderung. Es ist geplant, die Module gemeinsam mit Verbänden, Innungen, Industrie- und Handelskammern und anderen Berufsorganisationen durchzuführen. Darüber hinaus wird die BGN auch im Internet branchenspezifische Informationen bereitstellen.

Anhang

Beispiele für die Berechnung der 6-Monatsfrist im Rahmen der Regelbetreuung

Neueröffnung:

Neueröffnung des Betriebes:	02.03.1999
Ausfertigungsdatum des Zuständigkeitsbescheids der BGN:	19.03.1999
Beginn der Frist für den Anschluß an den AMD*BGN:	01.04.1999
Anschluß, wenn bis dahin keine anderweitige Betreuung erfolgt:	01.10.1999

Unternehmerwechsel:

Unternehmerwechsel (z. B. wegen Verkauf):	31.03.1999
Ausfertigungsdatum Zuständigkeitsbescheid:	15.04.1999
Beginn der Anschlußfrist:	01.05.1999
Anschluß, wenn bis dahin keine anderweitige Betreuung erfolgt:	01.11.1999

Weitere Regelungen

Bereits angeschlossene Unternehmer:

Unternehmer, die bereits vor dem 01.01.1999 dem AMD*BGN angehörten, bleiben auch weiterhin angeschlossen. Es besteht aber die Möglichkeit, sich von diesem Anschluß befreien zu lassen.

Freiwilliger Anschluß

Der Unternehmer hat die Möglichkeit, sich dem AMD*BGN freiwillig anzuschließen. Dies geschieht beispielhaft wie folgt:
Unternehmer stellt Antrag auf freiwilligen Anschluß. Eingang des Antrags beim

AMD*BGN:	23.03.1999
Anschluß an den AMD*BGN:	01.04.1999

Erfolgreiche Präventionsarbeit lebt von Information und Kommunikation. Neue Kommunikationshilfen und Kommunikationstechniken spielen deshalb auch im Arbeitsschutz eine immer wichtigere Rolle. Das Internet und die CD-ROM gehören mit dazu. Neben dem direkten Gespräch mit den Technischen Aufsichtsbeamten, den Pädagogen und den Experten aus dem Geschäftsbereich Prävention müssen daher die Vorteile dieser modernen Kommunikationswerkzeuge genutzt und voll ausgeschöpft werden.

Der Online-Service

BGN-Internet-Datenbank

Seit 1996 bietet die BGN im Netz der Netze, dem Internet, aktuelle Fachinformationen insbesondere aus dem Bereich der Prävention an. Wer „http://www.bgn.de“ anwählt, stößt auf eine reichhaltige Datenbank, die 1998 weiter ausgebaut wurde. So kann z. B. die CD-ROM jetzt durch Herunterladen der neuesten Fassungen von Gesetzen oder UVVen aus dem Internet aktualisiert werden.

Per E-Mail (Adresse: info@bgn.de) können Fragen, Anregungen und Kommentare an die BGN gerichtet werden. Die Betriebe können neuerdings auch Ausbildungsseminare online über den Seminar-Info-Server buchen.

Neue Wege der Betreuung

Pilotprojekt „Internet 50“

Die Beratung und Betreuung der Betriebe über das Internet wird ständig weiterentwickelt. Das Pilotprojekt „Internet 50“ soll beispielhaft eine interaktive Kommunikationsplattform zur informationellen Aktivierung von Kleinbetrieben anbieten. Vornehmlich für Kleinbetriebe aus der Gastronomie soll über das Internet ein Informationsnetz aufgebaut werden. Mit dem ganzheitlich angelegten Projekt sollen Anreize für Eigeninitiativen und Eigenverantwortung der Betriebe geschaffen und eine Effizienzsteigerung der Beratung erreicht werden. Rückschlüsse über eine Übertragbarkeit dieser Betreuungsform auf andere der BGN zugehörige Betriebe können sich gegebenenfalls aus dem Pilotprojekt ableiten. Durch Kooperation mit nationalen und europäischen Projekten wie „CoCoTel“ und „Prävention Online“ wird darüber hinaus die Anwendung moderner Informations- und Kommunikationstechnologien in den uns zugehörigen Betrieben getestet und angepaßt.

Annette Baumeister und Andrea Landgraf-Rötten

Gesundheit, Sicherheit und Qualität in der Gastronomie – Eine Region wird aktiviert

Viele der für große Betriebe entwickelten Instrumente betrieblicher Gesundheitsförderung und Sicherheitsarbeit lassen sich seitens der Berufsgenossenschaften schon aus Kapazitätsgründen nicht auf KMU übertragen. Die Berufsgenossenschaft Nahrungsmittel und Gaststätten entwickelte in Kooperation mit der AOK für das Land Brandenburg deshalb einen regionalen, ressourcenorientierten Ansatz. Ziel ist es, Unternehmerinnen und Unternehmer, Führungskräfte, Beschäftigte und Auszubildende in der Branche zu qualifizieren und zu unterstützen, selbst aktiv Arbeitsumgebung, Arbeitsorganisation und die Zusammenarbeit im Sinne von Gesundheit, Sicherheit und Qualität zu gestalten.

Erreicht werden soll dies durch eine umfassende Einbindung von Multiplikatoren in der Region, einen intensiven Erfahrungsaustausch, zielgruppenspezifische Seminare, Öffentlichkeitsarbeit und eine offensive Werbung für die Themen Gesundheit und Arbeitssicherheit – die traditionellerweise gerade in der Gastronomie auf wenig Interesse stoßen.

Wolfgang Hien

Arbeit und Gesundheit im Kleinbetrieb – Probleme der Thematisierung von Arbeits- und Gesundheitsschutz in handwerklichen Milieus

Die Erfahrungen, die externe Berater auf dem Gebiet von Gesundheit und Gesundheitsschutz in Handwerksbetrieben machen, sind sehr verschieden und manchmal auch deprimierend. Das Spektrum dessen, was man erleben kann, reicht von der völligen Gleichgültigkeit und der apathischen Hinnahme schwerster Gesundheitsgefährdungen bis zur überspannten, fast panischen Angst vor Erkrankungen. Derartige Erfahrungen kann man überall machen, doch trifft man in Handwerksbetrieben auf spezifische Milieus mit einer recht offenen, pragmatischen Art der Verhaltens und Artikulierens. Man nimmt, wie es so schön heißt, „kein Blatt vor den Mund“, d.h. hier werden Dinge oft klarer ausgesprochen als im Großbetrieb, wo alle schon Erfahrung mit Normen und Regeln haben, aus welcher Perspektive auch immer. Zudem bietet die kleinbetriebliche Beratungs-Situation die Möglichkeit, einen – durch keinerlei innerbetriebliche Filter getrübten – Blick „von außen“ auf den Betrieb zu werfen. Empirisch basiert der hier unternommene Versuch, Milieus, Atmosphären und Arbeitskulturen ansatzweise zu typisieren, auf langjährigen Erfahrungen mit Beratungsprojekten in bremischen Kleinbetrieben (vgl. hierzu: Hien/Neumann 1998). Damit war und ist die Frage aufgeworfen, wie der klassische Arbeitsschutz in Richtung Gesundheitsförderung weiterentwickelt werden kann. Zugleich ist hiermit ein Plädoyer für eine andere, eine – was noch zu erläutern sein wird – „phänomenologisch“ orientierte Methodik verbunden. Daß Arbeitsschutz mit dieser für manchen vielleicht ungewöhnlichen begrifflichen und methodischen Sichtweise verbunden wird, hat sicherlich damit zu tun, daß der Autor nicht nur Techniker und Sicherheitsfachkraft, sondern auch Pädagoge und qualitativ forschender Sozialwissenschaftler ist.

Die Technisierung unserer Welt zollt ihren Tribut. Dies wird besonders deutlich am Beispiel neuartiger physikalischer, chemischer und biologischer Gefährdungen. Um einmal die Problematik chemischer Gefährdungen herauszugreifen: Im Gegensatz zu klassischen körperlichen Belastungen – vielfach auch im Gegensatz zu psychischen Belastungen – werden chemische Belastungen oftmals nur als „Gestank“, meist aber nicht als chronische

Gefährdung wahrgenommen. Noch problematischer ist es, wenn chemische Stoffe wie z. B. Isocyanate – ähnlich wie gewisse Strahlen oder Mikroben – nicht einmal sinnlich wahrnehmbar sind, obgleich ihr Gefährdungspotential sehr hoch ist. Expositionen, erste Befindlichkeitsstörungen und manifeste Erkrankungen fallen zeitlich und räumlich auseinander; nicht selten ist sogar am exponierten Organismus der Erkankungsort ein anderer als der Einwirkungsort. Wie soll das einem Handwerker, der gewohnt ist, mit seinem Material in engem Kontakt zu stehen, klar gemacht werden? Die Schwierigkeiten, auf die eine differenzierte Thematisierung stößt, veranlassen mittlerweile viele Sicherheitsfachkräfte und Betriebsärzte, ihre Beratung auf „das Notwendigste" zu beschränken, d.h. einige Verhaltensregeln anzugeben und auf weitere Hintergrund-Erläuterungen zu verzichten. Dieser Rückzug ist auf den ersten Blick durchaus nachvollziehbar. Denn die Frage, wie in der Beratung wissenschaftliches Wissen zu thematisieren ist, ohne das Beratungsziel, Betroffene zu Beteiligten zu machen, zu konterkarieren, macht hilflos. Diese Problematik in der betrieblichen Beratungsarbeit verweist auf eine allgemeine gesellschaftliche Problematik: die fortschreitende Verwissenschaftlichung unserer Lebenswelten. Menschen sind in zunehmendem Maße Vorgängen ausgesetzt, die sich der sinnlichen Wahrnehmbarkeit und konkreten Verstehbarkeit entziehen. Zugleich wird damit ein altes Problem reaktualisiert: Das Problem des Verhältnisses von Experten zu Laien. Es stellen sich eine Menge Fragen: Erfordert die Thematisierung von Gefährdung in zunehmendem Maße den Rückgriff auf wissenschaftliches Wissen oder gibt es andere didaktische Möglichkeiten? Laufen wir nicht wieder Gefahr, neue expertokratische Strukturen zu schaffen? Oder ist es möglich, neue Wege zu finden und für eine wirksame Prävention Alltagswissen und Betroffenenerfahrung in wesentlich stärkerem Maße als bisher zu nutzen? Unter welchen Bedingungen ist dies möglich? Bei alledem schält sich eine grundlegende Frage heraus: Welche Bedeutung haben die verschiedenen betrieblichen Milieus und Atmosphären, die wir vorfinden, und von welchen Faktoren-Konstellationen hängt eine in Richtung Gesundheitsorientierung gehende Beeinflußbarkeit oder Interventionsmöglichkeit ab?

Die problematischen Beratungserfahrungen setzen bei genauerer Betrachtung gerade das auf die Tagesordnung, was im neuen Arbeitsschutzrecht intendiert ist, nämlich die Frage, was überhaupt moderne professionelle Beratung im Arbeits- und Gesundheitsschutz sein kann und sein muß. Beratung ist viel mehr als die Weitergabe von Verhaltensregeln, auch wesentlich mehr als die Weitergabe von Informationen, seien sie noch so gut und noch so richtig. Die Qualität von Beratung zeigt sich in dem Interaktionsprozeß, den Beratung auszulösen vermag. Die Frage ist: Gelingt es, zwischen Experten und Betroffenen atmosphärische Änderungen einzuleiten, die auf eine gegenseitig Öffnung, eine gegenseitige Neugierde, ein gegenseitiges Einfühlen und ein gegenseitiges aktives Bemühen um sprachliche Verständigung gerichtet ist? In den meisten Fällen haben Inhaber wie Mitarbeiter durchaus Fragen und Erwartungen an den Berater, doch meistens völlig andere als die, welche der Berater beantworten kann und will. Hier ist professionelle Beratung aufgefordert, sich in die Situation hineinzufühlen, d.h. das spezifische Milieu, die spezifische Atmosphäre und die jeweils spezifischen Arbeitskulturen wahrzunehmen und sich auf diese Schritt für Schritt einzustellen.

Doch ein derartiges Hineinfühlen widerspricht völlig dem naturwissenschaftlich und technisch geschulten Herangehen, das Berater gelernt haben. Naturwissenschaftlich-technisches – wie zumeist wissenschaftliches Denken überhaupt – ist gewohnt, mit klar definierten Begriffen, Kausalzusammenhängen und ordnenden Schemata zu operieren. Das alles tut Phänomenologie, eine auf Edmund Husserl zurückgehende Erkenntnistheorie und Methodenlehre. Husserl – er war ursprünglich Mathematiker – hat seit Beginn dieses Jahrhunderts versucht, aus den Fesseln der naturwissenschaftlichen Beschreibung von Welt herauszukommen. Er war der Auffassung, daß die wirkliche Welt unendlich viel reicher an Phänomenen ist, d.h. an unendlich viele Qualitäten aufweisenden Erscheinungen, Gegenständen, Formen und Gestalten, als es „exakte" Wissenschaft zu fassen vermag (hierzu insbesondere: Husserl 1936/1977). So ist auch Husserls Forderung zu verstehen, „zu den Sachen selbst" zu kommen. Nicht mit vorgefertigten Schemata auf die Phänomene losgehen, sondern diese aus sich heraus „sprechen lassen". Doch was heißt das? Die Welt ist voller „weicher" Sachverhalte; „harte" Fakten sind eher rar. Die Lebenswelten der Menschen und damit ihre konkreten Befindlichkeiten, Orientierungen und Handlungsweisen werden wesentlich von „weichen" Gegebenheiten bestimmt und nur selten von „harten"; diese werden darüber hinaus von jenen moduliert und in der subjektiven sinnlich-leibliche Wahrnehmung modifiziert. Die für den Menschen entscheidende Wirklichkeit, sagt Husserl, ist die subjektive, d.h. die leiblich erfahrene Wirklichkeit. Das ist ein Stich ins Herz jeden Arbeits- und Gesundheitsschützers; doch hat dies vermutlich jeder nach einer gewissen Zeit seiner Praxis intuitiv gespürt, daß nämlich mit puren Meßdaten oft nicht viel zu machen ist. Phänomenologie – dies sollte festgehalten werden – steht nicht im Gegensatz zur quantitativen Wissenschaft, sondern ergänzt diese. Sie verhilft dazu, wahrgenommene oder instrumentell gewonnene Daten in einem angemessenen Deutungsrahmen zu interpretieren. Das gilt für alle Wissenschaftszweige. Eine Weiterentwicklung der Phänomenologie hat es in vielen Bereichen gegeben – bis in die theoretische Physik hinein. Doch ist eine derartige Forschung sehr situationsabhängig, u.a. auch vom Blick und der Sichtweise des Beobachters und dem „Blick" der jeweiligen Instrumente, die er benutzt. Die Ergebnisse sind – das weiß jeder Physiker – notwendigerweise „unscharf" und „beobachtungsabhängig". Dieser scheinbare Nachteil kann jedoch zu einem Vorteil gewandelt werden.

Aron Gurwitsch, ein litauisch-amerikanischer Psychologe, knüpfte in seiner frühen Arbeit „Die mitmenschlichen Begegnungen in der Milieuwelt" (Gurwitsch 1933/1977) an Husserls Ideen an und entwickelte den Begriff des Milieus. In diesem Begriff werden die für einen Menschen spezifischen sozialökologischen, sozialökonomischen, sozialpsychologischen und sozialkulturellen Lebensumstände zusammengefaßt. Es ließe sich auch von Milieubedingungen sprechen, die ein Milieu formen. Dies ist ein Erfahrungsraum, der durch ein gemeinsames biographisches Erleben charakterisiert sind. Eine spezifische Milieu-Ausprägung findet sich in Gruppen-Milieus, in denen relevante Strecken der Biographie miteinander, d.h. in direkter kommunikativer Beziehung der Milieuangehörigen – einschließlich der jeweils besonderen Denk- und Sprachstile – verbracht werden. Ein solcher Milieuraum ist der Betrieb und der Arbeitsbereich. Um die Handlungsmuster eines solchen Milieus verstehen und beeinflussen zu können, bedarf es einer Milieuanalyse als Voraussetzung. Die qualitative Sozialforschung hat hierfür zwar ein differenziertes Methodeninstrumentarium bereitgestellt (beispielhaft: Bohnsack 1991); dieses harrt jedoch eines praxisgerechten Zuschnitts, eines „Herunterbrechens" für Akteure im Arbeits- und Gesundheitsschutz. Ebenso verhält es sich mit dem Begriff der Atmosphäre (Böhme 1995), der eine sehr genaue und „feingliedrige" Charakterisierung desjenigen Milieus erlaubt, das gerade von einem Betrachter beobachtet und erkundet wird. Atmosphären stellen sich her im Feld zwischen Beobachter und dem zu Beobachtenden. Sie könne als gemeinsame Wirklichkeit des Wahrzunehmenden, d.h. der im Raum befindlichen Gegebenheiten – und „Mitgegebenheiten", wie Husserl sagen würde – und des Wahrnehmenden, d.h. des sinnlich-leiblich-spürenden Betrachters verstanden werden. Welche Sicherheitsfachkraft, welcher Betriebsarzt, hat nicht schon erlebt, wie sich beim Betreten eines Betriebes aus den verschiedensten sinnlichen Eindrücken heraus eine bestimmte Stimmung einstellt, ein meist treffender „Vorgeschmack" auf das, was noch zu erwarten sein wird; diese atmosphärischen Stimmungen sollten in die Entwicklung meines Beratungskonzeptes einfließen. Noch einige weitere Begriffe könnten für den Arbeits- und Gesundheitsschutz nutzbar gemacht werden, wie z. B. jener der Situation (Thomas 1964, 1969; Bahrdt 1996) oder jener der Arbeitskultur (Czock u.a. 1990). Auf eine genauere Auseinandersetzung damit muß jedoch an dieser Stelle verzichtet werden.

Auf welche Milieubedingungen, Atmosphären und Situationen trifft nun ein externer Berater? Neben den sozialökonomischen Kontexten, den teilweise extremen Marktbedingungen und ihren bekannten betrieblichen Folgen, sind hier insbesondere sozialkulturelle Einflüsse zu nennen wie z. B. Traditionen der Selbständigkeit, des Antibürokratismus und einer spezifischen Gemeinschaftlichkeit (Kotthoff/Reindl 1990; Fromm 1998). Am beeindruckendsten sind schließlich die Atmosphären, die ein Berater spürt oder die sich zwischen Berater, Inhaber und Mitarbeitern aufbauen. Zum einen gibt es eine am Materiellen ansetzende Atmosphären-Ebene, welcher die Arbeitswissenschaft traditionell mit Beleuchtungs- und Schallpegelmesser, Klimameßgeräten und vielem mehr beizukommen versucht. Bereits hier, d.h. für das Befinden in der Arbeitsumgebung, können – das haben zahllose psychologische und soziologische Studien gezeigt (z. B. Thomas 1964, 1969; Neuberger 1985) – erhebliche Differenzen zwischen technisch gemessenen und sinnlich empfundenen oder erlebten Belastungen auftreten. Gerade handwerkliche Arbeit mit ihrer Verortung in einer Werkstatt, ihrer spezifischen Gemeinschaftlichkeit und vor allem mit ihrer Nähe – vielleicht auch: ihrer Liebe – zum Material, schafft eigentümliche Atmosphären. Die atmosphärische Stimmung in einer von zwei Arbeitern überwachten chemischen Großanlage ist demgegenüber ein völlig andere. Wie ich eine solche Atmosphäre empfinde, orientiert sich zunächst an dem, was meine Sinne wahrnehmen, geht aber darüber hinaus: Ich spüre eine Stimmung. Ich „weiß irgendwie", daß sich hier Menschen wohlfühlen oder nicht, ob das „Klima" stimmt oder nicht. Ob die Validität aufwendiger psychologischer Untersuchungen besser ist, darf mit guten Gründen bezweifelt werden. Neuberger (1985) diskutiert dies sehr erhellend am Beispiel der Arbeitszufriedenheit. Ob jemand sagt, daß er zufrieden ist oder nicht, hängt am wenigsten damit zusammen, ob er sich tatsächlich zufrieden fühlt. Doch muß gerade in diesem „Wohlfühlen" , auch bei traditionell nur biomechanisch erklärten Erkrankungen wie z. B. solchen der Lendenwirbelsäule, ein ganz entscheidender ursächlicher Faktor gesehen werden. Die psychosoziale Dimension von Arbeitsbedingungen, die als negative Belastung empfunden werden, trägt ebenso stark zu derartigen Erkrankungsrisiken bei wie die physisch-physiologische (beispielhaft: Houtman u.a. 1994). Umgekehrt heißt dies: Ein gutes Betriebsklima wirkt sich ebenso schonend auf den Rücken aus wie geringere Hebe- und Tragegewichte. Das war für viele Handwerker schon immer ein intuitives – und offensichtlich gar nicht so falsches – Wissen.

Noch stärker fällt der subjektive Faktor bei einer zweiten Atmosphären-Ebene ins Gewicht, die sich gewissermaßen auf die physisch-leibliche aufschichtet: die affektiv-emotionale Ebene. Ihre Ausprägungen variieren zwischen abwehrender Leugnung jedweder Gefährdung, naturalistisch-fatalistischer Gleichgültigkeit („Das liegt in der Natur unseres Gewerkes ...“), verhaltenem Interesse an Informationen, vorgeschobener – und damit partiell abwehrender – Ereiferung, überspannter, neurotischer Angst und realistischer Angst, die freilich nicht unbedingt zur aktiven Gestaltung, sondern auch zur Lähmung oder Flucht führen kann. Im Gegensatz zu sehr langlebigen Milieus und nur langsam veränderbaren Atmosphären können sich derartige Situationen schnell ändern. Emotionen mit Wissen zu verbinden – die Erwachsenenpädagogik nennt dies „kognitive Integration“ (Dewe 1999) – und so in eine realistische Risikoeinschätzung zu übersetzen, ist eine Bedingung für aktives Handeln. Ob und bis zu welchem Grade dies gelingen kann, hängt von den Lebensentwürfen und Sinnstrukturen der Betroffenen ab. „Sinn“ konstruiert sich wiederum wechselwirkend mit Verstehbarkeit, Handhabbarkeit und Bedeutungsinhalten der Arbeit und ihrer präventiven Gestaltungserfordernisse, d.h. auch – zumindest mittelbar – mit der Art und Weise der Betriebsberatung. Sich als Arbeits- und Gesundheitsschutzexperte einfühlend und wertschätzend den Wahrnehmungen und Sichtweisen der Betroffenen zu öffnen, etwa in Gesprächskreisen wie z. B. Gesundheitszirkel, ist ein erster wichtiger Schritt in die gemeinte Richtung. Eine derartige Entwicklung kann mit Fug und Recht als gesundheitsförderlich bezeichnet werden. Wenn in der handwerklichen Tradition der Leib-Körper positiv, d.h. als Träger und Medium von Erfahrungswissen begriffen wird (vgl. hierzu: Böhle 1989), dann bietet das Handwerk eigentlich einen guten Ansatz für partizipative betriebliche Gesundheitsförderung.

Aus dem Gesagten sollte deutlich geworden sein, daß fachliche Beratung im Handwerksbetrieb – und nicht nur dort – über das anzunehmende solide Fachwissen des Experten und der Expertin hinaus – hoher sozialer, methodischer und personaler Kompetenzen bedarf, die in den tradierten technischen und medizinischen Ausbildungen kaum berücksichtigt werden. Auch wenn wir ein „System" beraten, so sind es doch ganz konkrete Menschen, die wir beraten, mit all ihren Sorgen und Befindlichkeiten. Verhaltenspsychologische Erkenntnisse reichen nicht aus, sich auf Milieus, Atmosphären, Kulturen und Situationen kognitiv, sprachlich, sinnlich und emotional schnell und sicher einstellen zu können. Viel wäre zu lernen von der psychomatischen Medizin, die der phänomenologischen Einfühlung in Menschen und Gruppen besondere Aufmerksamkeit schenkt (s.: Rattner/Danzer 1997). Freilich muß auch hier angemerkt werden, daß Derartiges für die Belange der praktischen Beratungsarbeit stark vereinfacht und modifiziert werden müßte. Dies vorausgesetzt, sollten entsprechende Weiterbildungs- und Coaching-Angebote zur phänomenologischen Methodik geschaffen werden. Doch, dies sei abschließend angemerkt, ist diese Problematik nicht nur eine qualifikatorische. Die marktwirtschaftlichen Bedingungen der Beratung schränken in vielen Fällen alleine die zeitlichen Möglichkeiten derartig ein, daß selbst bei gutem Willen eine situationsadäquate Beratung nicht machbar ist. Insofern Gesundheit als öffentliches Gut verstanden werden soll, ist hier der Sozialstaat gefordert, die Bedingungen von Arbeits- und Gesundheitsschutzberatung entscheidend zu verbessern. In diesem Zusammenhang ist an multidisziplinäre regionale Kompetenz-Zentren und Netzwerke zu denken, die in Anbindung an bestehende überbetriebliche Strukturen aufgebaut werden könnten. Multidisziplinäre arbeitswissenschaftliche Teams sind hierbei unverzichtbar, alleine schon deswegen, um naturwissenschaftliche und quantitativ-empirische mit qualitativ-empirischen, phänomenologischen Denkweisen zu vermitteln oder zu verzahnen, d. h. auch im Sinne einer Horizonterweiterung miteinander zu verbinden.

Literatur

Bahrdt, H.P. (1996): Grundformen sozialer Situationen. Eine kleine Grammatik des Alltagslebens. Stuttgart: Enke

Böhle, F. (1989): Körper und Wissen. Veränderungen in der siozio-kulurellen Bedeutung körperlicher Arbeit. In: Soziale Welt, Band 40, S. 497–512

Böhme, G. (1995): Atmosphären. Essays zur neuen Ästhetik. Frankfurt am Main: Suhrkamp

Bohnsack, R. (1991): Rekonstruktive Sozialforschung. Einführung in die Methodologie und Praxis qualitativer Forschung. Opladen: Leske und Budrich

Czock, H./Göbel, E./Guthke, B. (1990): Lesebuch zu Arbeit und Gesundheit. „Man darf nicht wehleidig sein". Berlin: Gesundheitsladen e.V

Dewe, B. (1999): Lernen zwischen Vergewisserung und Ungewißheit. Opladen: Leske und Budrich

Fromm, C. (1998): Soziale Typik und Gesundheit im handwerklichen Kleinbetrieb. In: Pröll (Hg.): Arbeit und Gesundheit im Kleinbetrieb. Dortmund: Sozialforschungsstelle

Gurwitsch, A. (1933/1977): Die mitmenschlichen Begegnungen in der Milieuwelt. Berlin / New York: De Gruyter

Hien, W./Neumann, E. (1998): Präventive Arbeitsgestaltung in kleinen Handwerksbetrieben. In: Pröll (Hg.): Arbeit und Gesundheit im Kleinbetrieb. Dortmund: Sozialforschungsstelle

Houtman, I. u.a. (1994): Psychosocial stressors at work and musculoskeletal problems. In: Scandinavian Journal of Work, Environment and Health, Band 20, S. 139–145

Husserl, E. (1936/1977): Die Krisis der europäischen Wissenschaften und die transzendentale Phänomenologie. Hamburg: Meiner

Kotthoff, H. / Reindl, J. (1990): Die soziale Welt kleiner Betriebe. Göttingen: Otto Schwarz

Neuberger, O. (1985): Arbeit. Begriff, Gestaltung, Motivation, Zufriedenheit. Stuttgart: Enke

Rattner, J./Danzer, G. (1997): Medizinische Anthropologie. Ansätze zu einer personalen Heilkunde. Frankfurt am Main: Fischer

Thomas, K. (1964): Die betriebliche Situation des Arbeiters. Stuttgart: Enke

Thomas, K. (1969): Analyse der Arbeit. Möglichkeiten einer interdisziplinären Erforschung industrialisierter Arbeitsvollzüge. Stuttgart: Enke

Arbeitsgruppe 3

Auswirkungen neuer Arbeits- und Organisationsformen auf den Arbeits- und Gesundheitsschutz

Rainer Wieland

Forschungsprojekt „gesina“ Gesundheit und Sicherheit in neuen Arbeits- und Organisationsformen“

Neue Anforderungen an Arbeits- und Gesundheitsschutz aufgrund veränderter Arbeits- und Organisationsformen

Das Verbundprojekt „*gesina*“ verfolgt das Ziel, die in der betrieblichen und arbeitsrechtlichen Praxis vorfindbaren neuen Arbeits- und Organisationsformen vor dem Hintergrund der gesetzlichen Anforderungen an den Arbeits- und Gesundheitsschutz zu analysieren, zu bewerten und Prognosen darüber zu erstellen, welche Arbeits- und Gesundheitsschutzkonzepte auch in Zukunft in der Lage sein werden, die Gesundheit und Sicherheit der Beschäftigten sowie die Effizienz und Effektivität der Arbeit unter den veränderten Rahmenbedingungen zu gewährleisten.

Am Verbundprojekt „*gesina*“, das im Dezember 1998 begann und im März 2001 endet, beteiligen sich vier universitäre Forschungseinrichtungen und ein Industriebetrieb: Bergische Universität Gesamthochschule Wuppertal; DaimlerChrysler AG, Werk Wörth; Universität Dortmund; Universität Heidelberg und Universität Magdeburg. Weiterhin sind als Kooperationspartner am Verbundprojekt *gesina* eine Reihe von Firmen beteiligt: VEW Energie, Dortmund; AOK Rheinland-BGF, Köln; Deutsche Welle, Köln, timepower, Köln; Hella AG, Lippstadt; RoTeg, Dortmund und Beiersdorf AG; Hamburg.

1. Die Ausgangssituation

Neue Arbeits- und Organisationsformen

Strukturwandel, neue Dienstleistungen, Globalisierung, wachsende Komplexität und Produktivität sowie permanente Weiterentwicklung der Informations- und Kommunikationstechnologien sorgen für anhaltende Dynamik in der Arbeitswelt. Die „Virtualisierung“ von Unternehmen im Sinne der Auflösung fester Strukturen bei der Herstellung von Produkten und Dienstleistungen hat längst begonnen.

Die Erwerbsarbeit der Zukunft wird noch stärker als bisher von hochflexiblen, orts- und zeitunabhängigen Arbeitsplätzen gekennzeichnet sein und damit veränderte Anforderungsbilder an Beschäftigte und Unternehmen stellen. Neue Arbeitstätigkeiten, Berufe und Studiengänge entstehen, Mobilität, Schlüsselqualifikationen und lebenslanges Lernen gewinnen an Bedeutung. In Zukunft werden viele Arbeitnehmer zu Unternehmern (werden müssen), die ihre Qualifikation vermarkten. Nicht nur ihre Qualifikation, sondern auch ihre Gesundheit ist dann von wachsender Bedeutung für sie selbst und ihre Auftraggeber.

Folgen für den Arbeits- und Gesundheitsschutz

Die skizzierten Veränderungen stellen neue Anforderungen an die bestehenden Arbeitsschutzsysteme und deren Organisation. Schwerpunkt im neuen Arbeitsschutzgesetz ist die Prävention bzw. die Ermittlung von Gesundheitsgefahren und Gefahrenabwehr auf betrieblicher Ebene. Auf europäischer Ebene wurde auf diese Entwicklung bereits im November 1997 mit der „Luxemburger Deklaration zur betrieblichen Gesundheitsförderung in der europäischen Union“ reagiert. Betriebliche Gesundheitsförderung (BGF) umfaßt danach alle gemeinsamen Maßnahmen von Arbeitgebern, Arbeitnehmern und Gesellschaft zur Verbesserung von Gesundheit und Wohlbefinden am Arbeitsplatz. Dies kann durch eine Verknüpfung folgender Ansätze erreicht werden:

- Verbesserung der Arbeitsorganisation und der Arbeitsbedingungen,
- Förderung einer aktiven Mitarbeiterbeteiligung sowie
- Stärkung persönlicher Kompetenzen.

Beschäftigte in neuen Arbeitsformen wie Leiharbeit, Telearbeit, Call-Centern, neue (Schein)Selbständigkeit, Subunternehmertum und geringfügig Beschäftigte fallen aber aus traditionellen betrieblichen Strukturen heraus. Darüber hinaus verändern sich Belastung und Beanspruchung – Anlaß genug für ein Forschungsprojekt, das sich mit neuen Wegen des Arbeitsschutzes und der Gesundheitsförderung beschäftigt.

Das neue Arbeitsschutzgesetz geht von der Notwendigkeit eines „ganzheitlichen“ Arbeitsschutzes aus. In Erweiterung des klassischen, normierten Arbeitsschutzes wird dem Zusammenwirken vieler Faktoren und den Belastungsverschiebungen hin zu Gefährdungen durch psychische Belastungen, Rechnung getragen. Diese Vielfalt kommt in neuen Arbeitsformen besonders zum Ausdruck und fällt zur Zeit noch durch jedes Raster von vorgesehener Intervention und Prävention.

2. Aufgaben und Ziele des Verbundprojekts

Das Verbundprojekt hat die Aufgabe, sowohl eine Bestandsaufnahme der gegenwärtigen Entwicklung als auch eine Prognose für weitere Veränderungen der Arbeits- und Organisationsformen und ihre praktische (quantitative) Bedeutung zu erarbeiten und daraus Anforderungen und Konzepte für einen Arbeitsschutz der Zukunft zu entwickeln. Für viele ArbeitnehmerInnen gibt es keine klaren (betrieblichen) Zugehörigkeiten mehr, deshalb muß Prävention und Gefahrenabwehr über die betriebliche Ebene hinaus angeboten und wirksam werden. Neue Kooperationsformen unterschiedlicher Akteure und Verantwortlicher des Arbeits- und Gesundheitsschutzes sollen von *gesina* entwickelt und erprobt werden.

Projektvorgehen

Bestandsaufnahme: Neue Arbeits- und Organisationsformen und ihre Auswirkungen auf die Organisation des Arbeits- und Gesundheitsschutzes

Die Bestandsaufnahme bereits existierender neuer Arbeits- und Organisationsformen und die Ableitung praxisrelevanter Prognosen über die zu erwartenden Auswirkungen bezüglich der (Neu-) Organisation des Arbeits- und Gesundheitsschutzes (AGS) der Zukunft, erfolgt im *gesina*-Projekt durch die Analyse und Beurteilung:

- der bisherigen Organisation des AGS bezüglich ihrer Eignung, die Ziele des AGS auch in neuen Arbeits- und Organisationsformen zu sichern;
- der Möglichkeiten und Grenzen für Zusammenarbeit sowie Neustrukturierung im Arbeits-, Gesundheits- und Umweltschutz;
- der Erfordernisse, die neue Arbeits- und Organisationsformen an die Belastungsdiagnostik und das Beanspruchungsmanagement in über- und innerbetrieblichen Kontexten stellen.

Ausgangspunkt der Bestandsaufnahme ist eine bundesweite Befragung (Makroanalyse) von Unternehmen, AGS-Institutionen, Beratungsunternehmen und Selbständigen, um möglichst breit gestreut die aktuelle Entwicklung und die Perspektiven neuer Arbeitsformen sowie die Anforderungen an den künftigen Arbeits- und Gesundheitsschutz abzufragen.

Die Umfrage umfaßt folgende Themenbereiche: „Allgemeine Angaben zum Betrieb bzw. zur Organisation“, zum „Praktizierten Arbeits- und Gesundheitsschutz“ unter besonderer Berücksichtigung neuer Arbeits- und Organisationsformen sowie „Fragen zu Managementsystemen“.

Parallel zu dieser Makroanalyse werden Mikroanalysen durchgeführt. Sie beziehen sich auf:

- Die Erfassung der Auswirkungen innerbetrieblicher organisatorischer Veränderungen – Gestaltungs-, Steuerung- und Kontrollstrategien – sowie der damit verbundenen Einstellungen und Einschätzungen zum AGS der Zukunft;
- Gefährdungen, Belastungen, Beanspruchungen und Ressourcen bei arbeitsorganisatorischen Umstrukturierungen und die daraus resultierenden Konsequenzen für eine Neuorganisation des betrieblichen Arbeits- und Gesundheitsschutzes;
- Die Überprüfung der Brauchbarkeit von vorliegenden Konzepten und Instrumenten für die Abbildung und Beurteilung von Belastung und Beanspruchung in neuen Arbeitsformen wie Telearbeit, Call-Center, Leiharbeit, virtuelle Unternehmen sowie neue Formen der Arbeitszeitgestaltung.

Die Ergebnisse dieser Makro- und Mikroanalysen werden daraufhin bewertet, inwieweit die gegenwärtigen AGS-Maßnahmen bzw. ihre inner- und überbetriebliche sowie institutionelle Organisation noch hinreichend geeignet sind, einen effizienten und effektiven AGS in der Zukunft zu gewährleisten.

Erarbeitung von Umsetzungskonzepten und -instrumenten

Auf der Grundlage der Mikro- und Makroanalysen werden zur Umsetzung der inner- und überbetrieblichen Anforderungen, die sich daraus für den AGS ergeben, in den Teilprojekten (s.u.) von „*gesina*" praxistaugliche Leitlinien, Konzepte und Instrumente entwickelt, die Handlungsempfehlungen dafür liefern:

a) wie Gesundheit und Sicherheit innerhalb neuer Arbeits- und Organisationsformen künftig optimal durch geeignete Informations- und Kommunikationssysteme, Qualifizierungs- und Schulungsmaßnahmen u.ä. organisiert werden können (Teilvorhaben der Universität Dortmund);
b) wie Instrumente und Vorgehensweisen zur Beanspruchungsdiagnostik und zum Beanspruchungsmanagement in neuen Arbeits- und Organisationsformen gestaltet sein müssen, um den veränderten Bedingungen Rechnung zu tragen (Teilvorhaben Universität Wuppertal),
c) wie verfügbare Ressourcen und Kompetenzen von für den AGS Verantwortlichen optimal auf der Basis eines kooperativ-partizipartiven AGS-

Konzeptes genutzt werden können (Teilvorhaben der Universität Magdeburg) und

d) wie präventive Maßnahmen für den betrieblichen Arbeits- und Gesundheitsschutz aussehen müssen, um die Wirksamkeit von AGS-Maßnahmen nach arbeitsorganisatorischen Veränderungen bei sicherheitskritischen Tätigkeiten zu gewährleisten (Teilvorhaben der DaimlerChrysler AG, Werk Wörth in Kooperation mit der Universität Heidelberg).

Transfer der Ergebnisse in die Praxis

Der Transfer der im *„gesina"* erarbeiteten Ergebnisse und der Erfahrungen mit den Kooperations- bzw. Umsetzungspartnern erfolgt auf folgenden Wegen: (a) Publikationen in einschlägigen Zeitschriften, (b) Workshops mit Experten und der interessierten Öffentlichkeit, (c) der „gesina".-Zeitung (gesina-aktuell) sowie (d) der Transfer- und Kooperationsstelle an der Universität Wuppertal. Weiterhin stehen im Projektverlauf die aktuellen Projektinformationen über den Server der Universität Dortmund (http://www.fb14.uni-dortmund.de/~GESINA) sowie den Server des bereits abgeschlossenen SANUS-Projektes, der im Rahmen des gesina-Projektes bzw. der Transfer- und Kooperationsstelle (T&K-Stelle) weitergeführt wird (http://www.sanus.uni-wuppertal.de), zur Verfügung.

3. Teilvorhaben: Arbeits- und Organisationsstrukturen der Zukunft

In diesem Teilvorhaben werden die Auswirkungen neuer Arbeits- und Organisationsformen auf die Gesundheit und Sicherheit der Beschäftigten erfaßt und bewertet. Organisationsstrukturen und -prozesse sollen dabei bezüglich ihrer Eignung für einen zukunftsorientierten, erweiterten Arbeits- und Gesundheitsschutz beschrieben werden.

Erster Arbeitsschritt dieses Teilprojektes ist die Erfassung der Auswirkungen organisatorischer Veränderungen auf die Gesundheit und Sicherheit von Beteiligten. Im Rahmen einer Fragebogenaktion, deren Adressaten sowohl betriebliche als auch überbetriebliche Akteure sind, wird beispielsweise nach Informations- und Kommunikationssystemen, Qualifizierungs- und Schulungsmaßnahmen, ökonomischen Aspekten sowie nach Einschätzungen zu Relevanz und Anforderungen des AGS der Zukunft gefragt. Ziel ist die Bereitstellung einer Informationsbasis, die einerseits eine Screening-

Funktion hat, und zum anderen Grundlage für die Erarbeitung von neuen AGS-Konzepten sein soll. Die Praxisnähe dieser Konzepte soll durch eine enge Kooperation mit verschiedenen Betrieben gewährleistet werden. Im zweiten Arbeitsschritt werden Handlungsempfehlungen für umfassende Weiterbildungskonzepte im Kontext von Organisations- und Personalentwicklungsmaßnahmen sowie Maßnahmen zur Personalpflege entwickelt.

4. Teilvorhaben: Veränderung innerbetrieblicher Organisations- und Belastungsstrukturen und ihre Anforderungen an den betrieblichen Arbeits- und Gesundheitsschutz

Zur Sicherung ihrer Wettbewerbsfähigkeit optimieren Unternehmen u.a. ihre Arbeitsorganisation und ihre Geschäftsprozesse. Die daraus resultierenden internen (arbeits-) organisatorischen Umstrukturierungsmaßnahmen bewirken inner- und überbetriebliche Verlagerungen von Arbeitsbereichen, Hierarchieabbau und neue Arbeits- und Organisationsstrukturen. Dadurch kann es zu sicherheits- und gesundheitskritischen Veränderungen von Komponenten des Arbeitssystems, der Anforderungen und Bedingungen der Arbeitstätigkeit kommen.

In diesem Teilvorhaben wird unmittelbar nach einer arbeitsorganisatorischen Veränderung im Werk Wörth der DaimlerChrysler AG im Bereich der Instandhaltung untersucht, welche Arbeitsbedingungen und Ressourcen mit sicherheits- und gesundheitskritischen Merkmalen zusammenhängen. Die zunehmende Komplexität technischer Anlagen macht Diagnosetätigkeiten unter Zeitdruck im Rahmen der Instandhaltung zu leistungs- und sicherheitskritischen Bereichen. Von zunehmender Bedeutung ist somit die Ressourcenoptimierung bei den Facharbeitern der Instandhaltung, d.h. eine Schwerpunktverlagerung der Arbeitsschutzbemühungen hin zu Verhaltensbeeinflussung bei gleichzeitiger Aufrechterhaltung des hohen Niveaus der Sicherheitstechnik.

5. Teilvorhaben: Belastungsdiagnostik und Beanspruchungsmanagement in neuen Arbeits- und Organisationsformen

Neue Arbeits- und Organisationsformen wie Telearbeit, Call-Center oder Leiharbeit weisen Belastungsstrukturen auf, deren Auswirkungen auf die psychische Beanspruchung, die Gesundheit der Beschäftigten und die Arbeitsproduktivität bisher nur in Ansätzen untersucht wurden. Dies liegt u.a. daran, daß die traditionellen Instrumente zur Belastungsmessung vor dem Hintergrund stabiler, vorhersagbarer Anforderungs- und Belastungsstrukturen (8-Std-Tag, gleicher Arbeitsort und –platz) entwickelt wurden und sich nicht ohne weiteres auf die Vielfalt der Bedingungen in den neuen Arbeits- und Organisationsformen anwenden lassen.

Vorliegende Instrumente zur Belastungsdiagnostik müssen deshalb auf ihre Brauchbarkeit für die Abbildung und Beurteilung von Belastung und Beanspruchung in neuen Arbeits- und Organisationsformen modifiziert und überprüft werden. Dies erfolgt in diesem Teilvorhaben exemplarisch für die neuen Arbeitsformen Telearbeit, Call-Center, Zeitarbeit sowie virtuelle Unternehmen.

Selbstorganisation und –regulation werden künftig eine immer größere Rolle im Kontext der Umsetzung von Arbeits- und Gesundheitsschutzmaßnahmen spielen, da sich

Auf der Basis der Untersuchungen in den neuen Arbeitsformen Telearbeit, Call-Center, virtuelle Unternehmen und Zeit-/Leiharbeit werden integrierte Konzepte zum Beanspruchungsmanagement entwickelt, die Leitlinien und Handlungsanweisungen für einen effizienten Arbeits- und Gesundheitsschutz (AGS) enthalten. Weiterhin sollen betriebliche und überbetriebliche Qualifizierungsangebote für Multiplikatoren des Gesundheitsschutzes sowie für Vorgesetzte und Beschäftigte abgeleitet und erprobt werden.

6. Teilvorhaben: Ressourcen- und Kompetenzanalyse

In diesem Teilvorhaben werden die gegenwärtigen Strukturen, Arbeitsweisen und personbezogenen Voraussetzungen im Arbeits-, Gesundheits- und Umweltschutz (AGU) analysiert und hinsichtlich ihrer Eignung für die zukunftsorientierten, erweiterten Ziele des AGU in neuen Arbeits- und Organisationsformen bewertet, so daß differenzierte Kompetenz- und Ressourcenprofile für AGU-Verantwortliche beschrieben werden können. Auf Grundlage dieser Ergebnisse wird der zukünftige Bedarf an Informations-

austausch, Zusammenarbeit und Unterstützung prognostiziert und bewertet. Zudem werden die Möglichkeiten und Bedingungen zur Integration von anderen Schutzbereichen, vor allem des Umweltschutzes, betrachtet. Ein weiterer Aspekt der Analysephase ist die gegenwärtige Verfügbarkeit von Hilfe- und Unterstützungssystemen im AGU sowie die Ermittlung des zukünftigen Bedarfs in neuen Arbeits- und Organisationsformen.
Aufbauend auf den bis dahin erarbeiteten Ergebnissen werden Möglichkeiten und Wege aufgezeigt, wie die Zusammenarbeit im AGU angesichts der Herausforderungen veränderter Arbeits- und Organisationsformen auf verschiedenen Ebenen entwickelt bzw. neu strukturiert werden kann. Eine Möglichkeit für die Schaffung eines kooperativ-kollektiven Arbeits-, Gesundheits- und Umweltschutzes wird dabei im modellhaften Aufbau von regionalen Netzwerken zwischen Unternehmen und AGS-Einrichtungen gesehen.

7. Öffentlichkeitsarbeit

Transfer- und Kooperationsstelle zur Verbreitung der Ergebnisse

Die Transfer- und Kooperationsstelle (T&K-Stelle) wurde als Teil eines Einzelvorhabens mit Unterstützung der Bergischen Universität Gesamthochschule Wuppertal eingerichtet. Sie soll für das gesina-Projekt sicherstellen, daß die dort erarbeiteten Ergebnisse für die betriebliche Praxis aufbereitet und zur Verfügung gestellt werden. Eine weitere Aufgabe dieser Stelle sieht der Projektträger „Arbeit und Technik“ bzw. das bmb+f darin, die Ergebnisse des SANUS-Projektes zur Bildschirmarbeit, das im November 1997 abgeschlossen wurde, weiterhin interessierten Kreisen zur Verfügung zu stellen. Damit wird zugleich der neuen Förderungspolitik des bmb+f, die Forschungsförderung künftig eng an die nach Projektende gesicherte Verwertung der Ergebnisse zu koppeln, Rechnung getragen.

Die Transfer- und Kooperationsstelle sucht die Zusammenarbeit mit Betrieben, Organisationen, Institutionen und Personen, die an Innovation und Veränderung interessiert sind, neue Arbeits- und Organisationsformen einführen oder Arbeits- und Gesundheitsschutzkonzepte vor dem Hintergrund der neuen gesetzlichen Anforderungen umsetzen wollen.

Die Veranstaltungen und Seminare der Transferstelle berücksichtigen Fragen und Erfahrungen der Teilnehmerinnen und Teilnehmer und machen sie für betriebliche Veränderungsprozesse nutzbar. Kompetenzentwicklung wird so im wechselseitigen Prozeß von Forschung und Anwendung, Wissenschaft und Praxis erreicht.

Seminare zu Themen aus dem Bereich Neue Arbeitsformen werden konzipiert und durchgeführt. Im ersten Halbjahr 1999 bestand das Qualifizierungsangebot z.B. aus Tagesseminaren zu folgenden Themen: *Telearbeit:* Was sich für Vorgesetzte ändert; *Telearbeit:* Was Beschäftigte beachten sollten; *Arbeit und Organisation im Call-Center*: Umgang mit Belastungen beim Bildschirmarbeitsplatz mit Telefon und Kopfhörer; *Bildschirmarbeit:* kompetent, produktiv, gesund (mit Unterstützung des SANUS-Projekts) sowie *Dienstleistung 2000:* Schritte im Kommunikationsprozeß Dienstleistung (Angebot für Dienstleister).

Einzelheiten zur Transferstelle, ihren Seminarangeboten und den Kooperationspartnern können auch unter der E-Mail Adresse „transfer@sanus.erziwi.uni-wuppertal.de“ erfragt werden.

Literatur zu den Projektergebnissen kann beim Autor angefordert werden.
Prof. Dr. Rainer Wieland
Bergischen Universität Gesamthochschule Wuppertal
Arbeitsbereich: Arbeits- und Organisationspsychologie
Gaußstr. 20, Gebäude S.12, 42097 Wuppertal
e-mail: Wieland@sanus.erziwi.uni-wuppertal.de

Margarete Edelmann, Dorothea Benz und Karlheinz Sonntag

Belastungen, Beanspruchungen und Ressourcen bei innerbetrieblichen Veränderungsprozessen

Die wachsende Komplexität, Dynamik und Vernetzung in der Arbeitswelt macht flexibles Handeln und schnelle Anpassung an Veränderungen zunehmend zum zentralen Überlebensfaktor einer Unternehmung. Um Flexibilität und Anpassungsfähigkeit zu gewährleisten, setzen Unternehmen verstärkt auf die Optimierung ihrer internen Strukturen und Prozesse. Restrukturierungsmaßnahmen wie Lean Management, Geschäftsprozessoptimierung oder Kaizen liefern verschiedene Ansatzpunkte, um die Wettbewerbsfähigkeit eines Unternehmens zu sichern. Bei diesen auf Zielkriterien wie Kosten, Zeit oder Qualität ausgerichteten arbeitsorganisatorischen Veränderungsprozessen gilt es, die Aspekte Arbeitssicherheit und Gesundheit als feste Stellgrößen zu verankern. Nur so wird es in Zeiten kontinuierlichen Wandels möglich sein, die Systemelemente Mensch, Technik und Organisation so zu verknüpfen, daß die Leistungsfähigkeit und -bereitschaft der Beschäftigten auf Dauer gewährleistet ist.

Um im Rahmen arbeitsorganisatorischer Veränderungsprozesse die Bedeutung des Arbeits- und Gesundheitsschutzes sowie seiner Möglichkeiten zur Unterstützung des betrieblichen Wandels zu beleuchten, setzte die DaimlerChrysler AG, Werk Wörth in Kooperation mit der Universität Heidelberg und der Süddeutschen Metallberufsgenossenschaft das Forschungsprojekt gesina[1] auf. Ziel des Projektes ist es, die arbeitssicherheits- und gesundheitsrelevanten Auswirkungen innerbetrieblichen Restrukturierungsmaßnahmen zu identifizieren und daran anknüpfend Unterstützungsmaßnahmen zu entwickeln. Dabei wird ein Untersuchungsansatz verfolgt, der die Aspekte Arbeitssicherheit und Gesundheit integrativ betrachtet und präventiv orientiert ist.

Am Beispiel konkreter arbeitsorganisatorischer Veränderungsprozesse in den Bereichen Controlling, Instandhaltung und Produktion/Montage des LKW-Montagewerkes der DaimlerChrysler AG in Wörth werden insgesamt 400 Mitarbeiter untersucht.

---

[1] Das Forschungsprojekt gesina wird vom Bundesministerium für Bildung und Forschung (bmb+f) gefördert (Förderkennzeichen 01 HK 9710/4).

Das Projekt gliedert sich in die Phasen Analyse, Intervention und Evaluation mit folgenden forschungsleitenden Fragestellungen:

- Wie hängen kontinuierliche fachlich-technische und soziale Veränderungen im Arbeitssystem mit der Leistungsfähigkeit und –bereitschaft der Mitarbeiter zusammen?
- Welche Gefährdungen, Belastungen, Beanspruchungen und Ressourcen werden in Veränderungsprozessen relevant und wie sind ihre Wechselwirkungen?
- Welche „neuen" Stressoren (u.a. Arbeitsplatzunsicherheit) treten im Rahmen arbeitsorganisatorischer Veränderungen auf?
- Wie kann eine dynamische Veränderungsperspektive in die traditionelle Belastungs-Beanspruchungsforschung einbezogen werden?
- Was kann der betriebliche Arbeits- und Gesundheitsschutz tun, um Veränderungsprozesse zu unterstützen, und wie muß er seine Maßnahmen und Instrumente an die sich ändernden Rahmenbedingungen anpassen?
- Welche neue Aufgaben und Anforderungen werden hierbei an den Arbeits- und Gesundheitsschutz gestellt?

Das Projekt befindet sich zum gegenwärtigen Zeitpunkt am Ende der Analysephase. Fachlich-technische und soziale Veränderungen im Arbeitssystem der Beschäftigten (u.a. neue Technologien, veränderte Arbeitsabläufe, veränderte Arbeitsgruppen) wurden dokumentiert. Mithilfe ausgewählter psychologischer Arbeitsanalyseverfahren wurde die Ausprägung und Veränderung von leistungsbeeinträchtigenden bzw. -erschwerenden Faktoren wie Zeitdruck, arbeitsorganisatorische Probleme, soziale Stressoren oder Arbeitsplatzunsicherheit erfaßt. Für sicherheitskritische Tätigkeiten wurden zusätzlich die speziellen Gefährdungen in der Arbeitstätigkeit einer Risikobeurteilung unterzogen. Darüber hinaus wurde die Bedeutung salutogenetischer Faktoren für Gesundheit und Sicherheit geprüft. Hierzu zählen organisationale Ressourcen (z. B. Handlungsspielraum, Sicherheitskommunikation), soziale Unterstützung durch Vorgesetzte und Kollegen sowie die individuellen Streßbewältigungsstile und das Gesundheitsverhalten der Beschäftigten. Neben subjektiven Zugängen wie Fragebogen und Interviews wurden objektive Beobachtungen der Arbeitsbedingungen sowie Gefährdungsanalysen eingesetzt.

Durch diese differenzierte Betrachtung der Ausgangslage soll in der sich anschließenden Interventionsphase der Einsatz bedarfsorientierter Fördermaßnahmen ermöglicht werden. Hierzu werden bestehende Instrumente und Maßnahmen des betrieblichen Arbeits- und Gesundheitsschutzes optimiert und gegebenenfalls neue Förder- und Gestaltungsmaßnahmen entwickelt. Die sicherheitsbezogenen Unterstützungsmaßnahmen werden sich insbesondere auf die Optimierung der Lern- und Problemlösefähigkeit der Beschäftigten beim Umgang mit Gefährdungen beziehen. Hierfür sind arbeitsplatznahe Ansätze zur Förderung der Weitergabe von Gefährdungswissen (z.B. durch kognitive Trainings) zu erproben. Die Erfassung und Auswertung von Beinahe-Unfällen unter Beteiligung der Mitarbeiter unterstützt die Optimierung der sicherheitstechnischen Maßnahmen sowie die Förderung des Sicherheitsbewußtseins der Mitarbeiter. Diese mitarbeiterbezogenen Maßnahmen werden flankiert durch die Schulung von Vorgesetzten hinsichtlich sicherheitsförderlicher Führungstechniken.

Im Bereich der Gesundheitsförderung liefert vor allem die Bestandsaufnahme der organisationalen, personalen und sozialen Ressourcen unmittelbar Hinweise für präventive Maßnahmen (z.B. Teamentwicklung oder Vermittlung alternativer gesundheitsförderlicher Verhaltensweisen). Darüber hinaus sollen - soweit möglich - die vorhandenen Stressoren durch geeignete arbeitsgestalterische Maßnahmen reduziert werden. Ziel ist es, diese in enger Zusammenarbeit mit den betroffenen Mitarbeitern entwickelten Förder- und Gestaltungsmaßnahmen auf ihre Wirksamkeit und Akzeptanz zu überprüfen und bei Bedarf weiter zu optimieren.

Ausgewählt aus der Vielzahl der Analysebefunde zeigen sich folgende vorläufige Trends in der Untersuchungsgruppe Instandhalter:

1. Belastungen in der Arbeitstätigkeit, vor allem arbeitsorganisatorische Probleme (Qualität und Verfügbarkeit von Arbeitsmitteln, Werkzeugen, Informationen, Unterlagen, etc.), führen zur Beeinträchtigung der Gesundheit *und* der Arbeitssicherheit
2. Es lassen sich deutliche Hinweise auf Mehrfachbelastungen finden, d.h. bei Instandhaltern treten arbeitsorganisatorische Probleme, Zeitdruck und hohe Konzentrationsanforderungen in Kombination auf.
3. Handlungsspielraum ist eine wichtige gesundheitsrelevante Ressource, die die Wirkung von Stressoren auf das Wohlbefinden abpuffert, jedoch zeigt sich bezüglich Arbeitssicherheit tendenziell ein gegenläufiges Ergebnis. Bei Arbeitstätigkeiten mit hohem Handlungsspielraum wirken sich bestehende Stressoren negativer auf sicherheitsrelevantes Verhalten aus als bei Arbeitstätigkeiten mit niedrigem Handlungsspielraum.
4. Die untersuchten arbeitsorganisatorischen Veränderungen wurden schnell realisiert und führten zu wesentlichen Einschnitten im Arbeitssystem der Instandhalter: Aufgabenzuständigkeiten wurden neu zuge-

schnitten, die Arbeitsumgebung änderte sich in vielen Fällen, soziale Bezüge in Arbeitsgruppen wurden durch den Wegfall alter und das Hinzukommen neuer Kollegen neu geordnet, die Zuordnung zu Vorgesetzten wurde neu strukturiert.

5. Ein hohes Ausmaß an arbeitsorganisatorischen Veränderungen geht bei Instandhaltern nicht per se mit einem hohen Ausmaß an sicherheits- und gesundheitsförderlichen oder -kritischen Arbeitsbedingungen einher. Veränderungen im Arbeitssystem wirken sich jedoch moderierend auf bestehende Zusammenhänge zwischen Belastungen und Beanspruchungen aus. So zeigt sich z.B. in der Beschäftigtengruppe mit relativ wenigen fachlich-technischen Veränderungen ein bedeutsamer Zusammenhang zwischen arbeitsorganisatorischen Problemen und Gereiztheit/Belastetheit, während die Beschäftigten mit relativ zahlreichen fachlich-technischen Veränderungen auf Unzulänglichkeiten in der Arbeitsorganisation zunächst toleranter zu reagieren scheinen. Bei diesen Beschäftigten fällt der Zusammenhang zwischen arbeitsorganisatorischen Problemen und Gereiztheit/Belastetheit signifikant geringer aus. Umgekehrtes gilt jedoch für die Sicherheitsindikatoren. Mit steigendem Ausmaß an Veränderungen geht ein Rückgang der Sicherheitskommunikation und der Absicht, sich sicherheitsgerecht zu verhalten, einher. Bei der Implementierung von Veränderungen ist also darauf zu achten, daß zur Gewährleistung der Arbeitssicherheit arbeitsorganisatorische Probleme vermieden oder beseitigt werden.

Weiterführende Ergebnisse über das Projekt gesina werden in Kürze vorliegen.

Klaus Kipfmüller

Zukünftige Anforderungen an den betrieblichen Arbeits- und Gesundheitsschutz bei arbeitsorganisatorischen Veränderungen

1. Einführung

Durch immer stärker werdenden Wettbewerbsdruck, steigende Kundenanforderungen und wachsenden Kostendruck werden die Unternehmen zu einem umfassenden Strukturwandel gezwungen, wenn sie ihren Fortbestand sichern wollen. Die Veränderungen in der Arbeitsgesellschaft sind durch eine wachsende Komplexität und Dynamik der Arbeits- und Organisationsstrukturen und der sie unterstützenden Informations- und Kommunikationstechnologien gekennzeichnet.

Erkenntnisse der MIT-Studie, verschärfte Weltmarktbedingungen, Fahrzeugüberproduktionen sowie Veränderungen auf den Finanzmärkten unterstreichen immer wieder aufs Neue die Notwendigkeit der Unternehmenswertsteigerungen und eine verstärkte Kundenorientierung. Trotz der enormen Produktivitätssteigerungen der letzten Jahre hat die deutsche Automobilindustrie noch eine erhebliche Produktivitätslücke zu den führenden japanischen und amerikanischen Fahrzeugherstellern. Zunächst wurden die Produktionsprozesse zunehmend mechanisiert und automatisiert. Heute zeichnet sich aus Flexibilitätsgründen wieder ein Trend zu weniger fertigungstechnologischem Aufwand ab. Vermehrt wird wieder die Richtung hin zu kürzeren Arbeitszyklen, weniger Boxenfertigung und mehr Bandfertigung eingeschlagen, wobei aber die Kernelemente der Gruppenarbeit, wie Jobrotation, Integration von indirekten Tätigkeiten und die aktive Beteiligung der Mitarbeiter an der Gestaltung ihrer Arbeit, bestehen bleibt.

2. Ausgangssituation

Das LKW-Werk Wörth der DaimlerChrysler AG wurde im Jahr 1962 gegründet und ist heute mit rund 12.000 Mitarbeitern der zweitgrößte Arbeitgeber des Bundeslandes Rheinland-Pfalz. Die Produktpalette umfaßt das weltweit breiteste Angebot zwischen 6 und 40 Tonnen Gesamtgewicht. Durch den immer härter werdenden Konkurrenzkampf auf dem Nutzfahrzeugsektor befindet sich das Werk in einem Zustand permanenter Prozessoptimierung und einer ständigen Beschleunigung der Innovationszyklen. Um dem Wettbewerbsdruck standhalten zu können, müssen entsprechende Maßnahmen ergriffen werden, um sich im Kampf um Kunden und Marktanteile weiterhin behaupten zu können. So wurden z. B. die Geschäftsprozesse in den indirekten Bereichen (z. B. Personalwesen, Instandhaltung, Controlling usw.) optimiert, was zu Veränderungen in allen Bereichen des Arbeitssystems (Technik, Arbeitsorganisation, Aufgabe, Gruppenzusammensetzung etc.) geführt hat. Um die Prozesse kontinuierlich verbessern zu können, wurde Kaizen initialisiert. Ziel ist es im Rahmen des KVP/Kaizen-Prozeß, Prozesse und Abläufe weiterhin zu verbessern, um dadurch Qualitätsverbesserungen zu erreichen sowie Kosten und Durchlaufzeiten zum größeren Kundennutzen zu reduzieren. In diesem Prozeß finden permanente Veränderungen in allen Bereichen der Produktion statt, die nur in enger Zusammenarbeit mit den Mitarbeitern vor Ort erfolgreich umgesetzt werden können. Es werden zum Beispiel Bestände und Flächen reduziert oder bestehende Arbeitsprozesse synchronisiert. Kaizen beinhaltet zugleich eine Steigerung der Selbstverantwortung der Mitarbeiter für ihren Arbeitsbereich.

Der initiierte Kaizen-Prozeß stellt durch seine permanenten Veränderungen auch Ansprüche an den Arbeitsschutz des Werkes. Randbedingungen und Mindestanforderungen müssen festgelegt werden, um auch weiterhin Arbeitssicherheit in der Produktion gewährleisten zu können. Die Sicherheitsfachkräfte sind als aktive Teilnehmer in den einzelnen Workshops vertreten und können bereits hier auf Arbeits- und Gesundheitsschutz hinwirken.

3. Rolle des Arbeits- und Gesundheitsschutzes innerhalb des betrieblichen Wandels

Vor dem Hintergrund dieser und zu erwartender Veränderungen ist der betriebliche Arbeits- und Gesundheitsschutz verstärkt gefordert, bestehende Instrumente und Konzepte (Gefährdungsanalysen, Sicherheitsaudits, Sicherheitsbegehungen, Sicherheits- und Gruppengespräche, Unterweisungen und Schulungen usw.) kontinuierlich weiter zu optimierten bzw. neue Ansätze zu entwickeln, um Arbeitssicherheit, körperliches und seelisches Wohlbefinden und damit Leistungsfähigkeit und -motivation bei betrieblichen Veränderungsprozessen zu fördern.

Im Arbeitsschutz des Werkes arbeiten gemäß § 8 des ASiG Sicherheitsingenieure und eine Psychologin. Der Arbeitsschutz ist direkt der Werkleitung unterstellt, um die Unabhängigkeit bei der Anwendung der die Arbeitssicherheit betreffenden Fachkunde zu wahren. Im Werk sind z. Zt. 170 Mitarbeiter zu Sicherheitsbeauftragten bestellt. Alle Führungskräfte sind verpflichtet, in ihrem Verantwortungsbereich in ausreichendem Umfang Arbeitssicherheit zu gewährleisten. Diese unternehmerische Verantwortung hinsichtlich Arbeitssicherheit und Gesundheitsschutzes wird den Führungskräften in schriftlicher Form übertragen.

Die im Arbeitssicherheitsgesetz begründete fachliche Weisungsfreiheit der Sicherheitsfachkräfte und -ingenieure gewährleistet eine unabhängige und kompetente Beratung und Begleitung in allen arbeitssicherheitsrelevanten Fragestellungen. Die Zusammenarbeit mit den verschiedensten Bereichen wie z. B. Werksärzte, Planer, Betriebsräte, Sozialberatung, Gewerbeaufsichtsamt oder die Süddeutsche Metallberufsgenossenschaft, erfolgt auf einer offenen und kooperativen Ebene.

Ziel des Arbeitsschutzes ist die Vermeidung arbeitsbedingter Gefahren für Leben und Gesundheit. Dazu sind Arbeitsplätze, Arbeitsabläufe sowie die Arbeitsumgebung sicher zu gestalten, psychische Gefährdungen zu vermeiden und die Mitarbeiter zu sicherem Verhalten anzuleiten.

4. Sollzustand

Zukünftige Ideen des Arbeitsschutzes können nur auf einem hohen technischen und organisatorischen Sicherheitsniveau erfolgreich umgesetzt werden.

Zur Verankerung des Arbeitsschutzes in das Führungskonzept muß auch der nutzenorientierte Umgang mit Sicherheit und Gesundheit transparent gemacht werden. Die Ergebnisbeiträge können durch Erhalt der Gesundheit der Beschäftigten, durch Förderung der Leistungsbereitschaft und Engagement sowie durch Minimierung von Fehlzeiten erbracht werden. Auf dem Weg zur Informations- und Wissensgesellschaft wird das Wissen zu einem bedeutenden Wertschöpfungsfaktor. In Zukunft wird die Wertschöpfung des Unternehmens in zunehmendem Maße von der Existenz leistungsfähiger Lernformen und Lernmedien abhängen.

Da eine optimale Wissens- und Kreativitätsentfaltung eng mit dem Wohlbefinden und der Gesundheit der Beschäftigten verbunden ist, müssen Wege zu deren Entfaltung geebnet werden. Arbeitsschutz der Zukunft ist ein zukunftsorientierter Wachstumsmotor.

Ein weiterer Punkt ist die Aufwertung der Rolle der Beschäftigen als handlungskompetente, engagierte und qualifizierte Prozeßbeteiligte und die dadurch entstehende erhöhte Eigenverantwortung. Der traditionelle Top-down-Ansatz soll durch einen Bottom-up-Ansatz ergänzt werden. Den Qualifikations- und Handlungspotentialen der Beschäftigten kommt eine gesteigerte Bedeutung zu.

Die Zukunftsfähigkeit eines Unternehmens wird maßgeblich durch Wissen, Einstellungen und Verhalten der Beschäftigten bestimmt. Aus diesem Grund wird das Augenmerk gezielt auf die Qualifikation und Erschließung von Ressourcenpotentialen der Beschäftigten zu richten sein. Laut der Luxemburger Deklaration zur Gesundheitsförderung soll das physische, psychische und soziale Wohlbefinden am Arbeitsplatz gestärkt werden und Entwicklung von Kompetenz, Zuständigkeit und Verantwortungsgefühl gefördert werden. Demnach muß sich der Arbeitsschutz in Zukunft auch mit Themen wie Personalqualifikation und Weiterbildung von Führungskräften beschäftigen.

Langfristige Zielausrichtung beinhaltet:

- Hohes Arbeitssicherheitsniveau
- Förderung von Sicherheit und Gesundheit
- Vorbeugender Gesundheitsschutz
- Informationskanäle noch intensiver nutzen
- Entwicklung eines leistungsfähigen Informationsvermittlungssystems (z. B. Internet oder Intranet)
- Hohe Anforderungen an die Qualität der Beratung
- Ausbildung von Führungskräften in Unterweisungstechniken

Auch die zukünftigen Rollen der Sicherheitsfachkräfte und -ingenieure wird sich nachhaltig verändern. Um den wachsenden Anforderungen gerecht werden zu, müssen sich die Fachkräfte als „Manager“ in Sachen Arbeitssicherheit und Gesundheitsschutz begreifen. Dies umfaßt alle Aktivitäten mit dem Ziel, den Arbeitsschutz in die Unternehmensorganisation zu integrieren und mit Leben zu füllen. Neben den „traditionellen“ Aufgabenbereichen, wie sie zum Beispiel im Arbeitssicherheitsgesetz definiert sind, gewinnen neue Themen, Ermittlung von psychischen Belastungsfaktoren bei Veränderungsprozessen (gesina) oder die verstärkte Integration der Mitarbeiter in die betriebliche Sicherheits- und Gesundheitsarbeit zunehmend an Bedeutung. Aufgabe der Sicherheitsfachkraft ist es dabei, alle betrieblichen Hierachieebenen zu erreichen. Um den Anforderungen zu genügen, bedarf es hoher persönlicher Qualifikationen und zahlreicher neuer Kompetenzen. Neben breitem fachlichen Wissen und der Kenntnis moderner Werkzeuge sind vermehrt Anforderungen an die sozialen Kompetenzen gestellt.

Anja Gerlmaier

Möglichkeiten der Förderung von Sicherheit und Gesundheit bei Outsourcing-Prozessen

1. Ausgangspunkt

Um flexibler, schlanker und innovationsfähiger zu werden, setzen immer mehr Unternehmen auf Umstrukturierungen in kleinere Unternehmenseinheiten sowie die „Ausgliederung" von Funktionen und Leistungen, die nicht zum Kerngeschäft gehören.

Der Begriff „Outsourcing" stammt aus dem Amerikanischen und setzt sich aus den Begriffen „Outside", „Ressource" und „Using" zusammen. Als wesentliche Motive für Outsourcing-Entscheidungen gelten Kosteneinsparungen und die Möglichkeit der Nutzung externen Spezialknowhows (Horchler, 1996). Von diesen „Ausgründungen", in der Regel kleineren und selbständigen Unternehmen, werden die Leistungen häufig günstiger und effizienter erbracht, nicht selten allerdings zu Lasten der dort Arbeitenden, die den Schutz und die Sozialleistungen des Großunternehmens verlieren.

Die Spanne der Organisationsformen der Outsourcing-Dienstleister reicht vom Handwerksbetrieb bis hin zum großen IT*-Outsourcing-dienstleister. Outsourcing-Aktivitäten betreffen einfache Dienstleistungen bis hin zu geistig anspruchsvollen Tätigkeiten im F&E**-Bereich.

„Unternehmen im Unternehmen" zu haben, bringt jedoch nicht nur Kosten- und Flexibilitätsvorteile, es erfordert oft auch einen zusätzlichen Koordinations- und Informationsbedarf, um einheitliche Sicherheitsstandards zu gewährleisten und gegenseitige Gefährdungen zu vermeiden (Bücker, Faber & Feldhoff, 1997). Berufsgenossenschaftliche Statistiken zeigen etwa, daß Arbeitnehmer, die in wechselnden fremden Betrieben tätig sind, ein wesentlich höheres Unfall- und Gesundheitsrisiko aufweisen als Beschäftigte mit festem Arbeitsplatz (SMBG, 1998).

---

* Information & Telekommunikation
** Forschung & Entwicklung

2. Outsourcing als Einschnitt im sozialen System

Umstrukturierungen oder Outsourcing-Aktivitäten beeinflussen in gravierendem Ausmaß die sozialen Beziehungen im organisationalen Gefüge eines Unternehmens. Nicht selten prallen verschiedene Normen, Werthaltungen und Wissensbestände zum Arbeitsschutz aufeinander, wenn externe Dienstleister, Zeitarbeiter oder wechselndes befristetes Personal eingesetzt wird. „Kästchendenken“ und Ausgrenzungsversuche gegen beteiligte Dritte sind weitere Phänomene, die besonders nach Downsizing-Aktionen anzutreffen sind und durchaus mehr als ein schlechtes „Klima“ bewirken können.

Hinzu kommt, daß auftraggebende Unternehmen und ihre Auftragnehmer mitunter diametrale Ziele verfolgen. Sie versuchen, ihre Gewinne auf Kosten des anderen zu maximieren, was zu Lasten der Sicherheit gehen kann (Property-Rights-Theorie nach Reichwald, 1979).

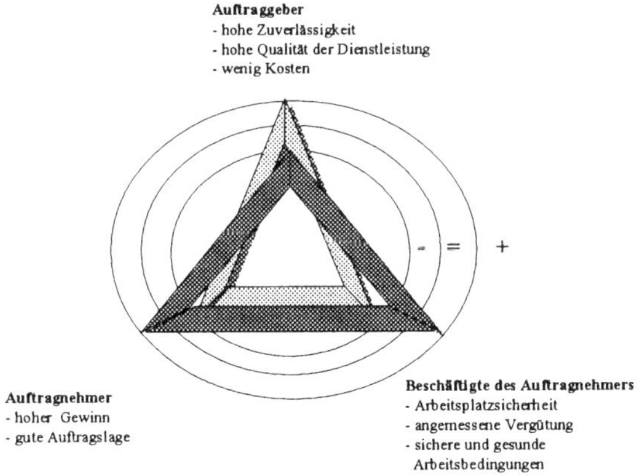

Abbildung 1:
*Dilemma der Kunden-Lieferanten-Beziehung für den AGS**

Die Abbildung 1 (in Anlehnung an Kastner, 1998, S. 187) soll ein solches „Dilemma“ veranschaulichen. Kosten und Gewinne der beteiligten Akteure sind wie durch ein „Gummiband“ unmittelbar miteinander verbunden. Konsequenz: die Forderung nach hoher Qualität, Termintreue und möglichst geringen Kosten auf seiten des Auftraggebers resultiert in einer Schmälerung der Gewinne des Geschäftspartners, einer Verringerung des Sicherheitsstandards oder der Vergütung der Beschäftigten. Umgekehrt reduzieren ein hohes Lohnniveau und kostenintensive Maßnahmen zur Sicherheit den Gewinn des Auftragnehmers. Nur ein Win-Win-Schema, bei dem die Gewinne und Anforderungen aller im System Handelnden optimal verteilt werden, kann das Dilemma auflösen (Kastner, 1998).

3. Untersuchungsschwerpunkt

Im Rahmen des BMBF-geförderten Projektes *gesina* fand an der Universität Dortmund zwischen August und November 1998 eine explorative Befragung zu den Arbeitsbedingungen und den Schutzniveaus in neuen Arbeits- und Organisationsformen statt. Hierbei wurde auch der Bereich der Fremdvergabe als eine Form von Outsourcing erfaßt. Als „Fremdfirmen" wurden solche Organisationen klassifiziert, die auf Basis von Werkverträgen eigenverantwortlich von einem Auftraggeber vergebene Aufträge ausführen (keine Leiharbeit). Zur Betrachtung verschiedener Systemsichten der beteiligten Akteure erhoben wir neben den Einschätzungen aus auftraggebenden Unternehmen, hier in der Regel die Sicherheitsabteilung, auch Aussagen von Vorgesetzten bzw. Betriebsinhabern der auftragnehmenden Unternehmen sowie deren sicherheitstechnische Dienste und Beschäftigten. In der Tabelle 1 sind die Verteilungen der Dienstleistungsarten abgetragen.

Dienstleistungen	Anzahl befragter AGS* - Experten/Führungskräfte (FUNDO)	Anzahl befragter Beschäftigter (FUNDO)
Reinigung	7	2
Wartung/Instandhaltung	3	6
Bauausführung	3	-
Transport/Logistik	2	9
Marketing/EDV	2	-
Catering	1	5
Montage	2	-
Befüllung/Versand	2	-

Tabelle 1:
Befragte nach Dienstleistungsarten

Als Instrumente dienten Fragebögen (FUNDO und FUNDO-K) sowie weiterführende Interviews: Die Indikatoren wurden dabei auf Basis von Litera-

* AGS: die Abkürzung wird im Folgenden für Arbeits- und Gesundheitsschutz verwendet

turrecherchen („best practices“) entwickelt. Die Notwendigkeit zweier Fragebögen ergab sich, weil viele der befragten Fachleute aus den Sicherheitsabteilungen keine Aussagen über die Arbeitsbedingungen und die Sicherheitsaktivitäten ihrer Drittfirmen machen konnten oder durften. Daher umfaßte der Fragebogen FUNDO-K vor allem Kooperationsaktivitäten und Standards zum AGS mit Fremdfirmen (N=28), während der FUNDO Aussagen über die Arbeitsbedingungen und die Sicherheitsorganisation in Drittfirmen zulassen sollte. Folgende Merkmale wurden erfaßt:

	FUNDO	**FUNDO-K**
Arbeitszeitregelungen	x	
Tätigkeitsinhalte	x	
Gesundheitliche Risikofaktoren	x	
Ausmaß der Beteiligung an AGS-Maßnahmen und -Aktivitäten	x	
Zugänglichkeit und Qualität von AGS-Informationen	x	
Einschätzung zukünftiger Informationsbedarfe	x	
Führungsverhalten/organisationale Anreizsysteme für sicheres/gesundes Verhalten	x	
Kommunikation und Austausch	x	
Ausmaß betrieblicher Ansprechpartner im AGS	x	x
Unfall- und Fehlzeitenerfassung	x	x
Betriebliche Kooperationsansätze mit Fremdfirmen im AGS		x

Tabelle 2:
Skalen der Untersuchungsinstrumente

4. Ausgewählte Ergebnisse

4.1 Einschätzung arbeitsbedingter gesundheitlicher Risikofaktoren

Zur Erfassung spezifischer Belastungsfaktoren von Beschäftigten in sog. Fremdfirmen wurde den Vorgesetzten und Fachkräften für Arbeitssicherheit folgende Frage gestellt: „Worin sehen Sie besondere Risiken für die Gesundheit und Sicherheit der Beschäftigtengruppe?“ Die Abbildung 2 mit den subjektiven Einschätzungen der Expertenbefragung zeigt, daß ein Großteil der zustimmenden Nennungen - unabhängig von der Dienstleistungsform - auf die Belastungsfaktoren „Angst vor Arbeitslosigkeit“, „hohe Arbeitsbelastung“ sowie „wechselnde Arbeitsorte und -umgebungen“ fällt.

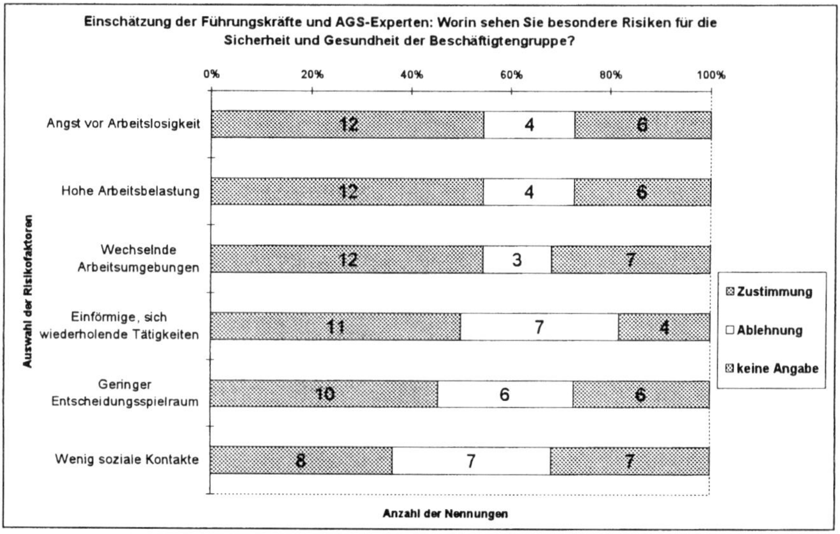

Abbildung 2:
Gesundheitliche Risikofaktoren

4.2 Bewertung der Qualifizierungs- und Informationsangebote

Zu den organisationalen Rahmenbedingungen der Arbeitssicherheit, die in unserer Stichprobe der Servicedienstleister erfragt wurden, gehörte neben der Bewertung betrieblicher Arbeitsschutzaktivitäten und Beteiligungsmöglichkeiten von Beschäftigten auch eine Bewertung der Schulungs- und Informationsmöglichkeiten im AGS-Bereich. Die Einschätzungen der 21 Vorgesetzten und Sicherheitsexperten sowie der 19 Beschäftigten aus den Dienstleistungsbetrieben unterscheiden sich hier nur unwesentlich voneinander (Abbildung 3) .

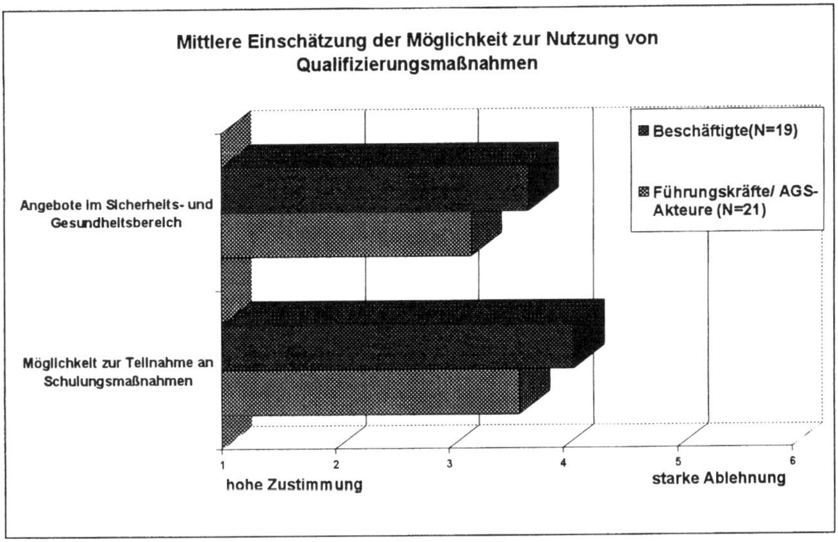

Abbildung 3:
Bewertung der Schulungsmöglichkeiten

Sowohl die Angebote zur Schulung im Sicherheits- und Gesundheitsbereich, als auch die Möglichkeit zur Teilnahme an Schulungsmaßnahmen wurde als eher schlecht bewertet. Als Hauptgrund für das geringe Ausmaß der Qualifizierungsangebote nannten die Interviewpartner in weiterführenden Gesprächen überwiegend Kostengesichtspunkte bzw. keine Zuständigkeit beim Auftraggeber. Die Ergebnisse wiesen hohe Übereinstimmungen mit den Daten aus dem Fundo-K auf. Auf die Frage, ob Beschäftigte aus assoziierten Fremdfirmen die Möglichkeit haben, an Sicherheits- und Gesundheitsschulungen teilzunehmen, gaben nur 5 von 28 Unternehmen an, daß dies „immer" stimmt. Bei 11 von 28 stimmt dies „selten" oder „nie".

4.3 Regelungen und Standards durch Kontraktor*–Managementsysteme

Zur Sicherstellung angemessener AGS-Standards bei Unterauftragnehmern verlangen immer mehr Unternehmen Nachweise über ein entsprechendes Sicherheitsmanagement (Pischon & Liesegang, 1997). Wir fragten in diesem Zusammenhang die AGS-Fachleute aus den auftraggebenden Unter-

* Kontraktoren = Unterauftragnehmer

nehmen, ob sie derartige Zertifizierungsnachweise verlangen. Die überwiegende Mehrheit, nämlich 16 der 28 Befragten, gaben an „immer" oder „häufig" entsprechende Nachweise einzufordern.

Nicht selten bleibt es aber bei der Einforderung des Nachweises zur Einhaltung von AGS-Standards. Aspekte wie die angemessene Qualifikation der eingesetzten Mitarbeiter werden nicht immer überprüft. 11 der 28 befragten Personen aus den Sicherheitsabteilungen äußerten beispielsweise, selten oder nie etwas über die Qualifikation der eingesetzten Beschäftigten ihrer Unterauftragnehmer zu wissen.

5. Ausblick

Mit einer auch in Zukunft wachsenden Zahl von Ausgründungen und kleinen, produktionsbezogenen Dienstleistungsunternehmen wird der Entwicklung angemessener AGS-Konzepte eine wichtige Rolle zukommen. Die Gestaltung der Außenbeziehungen zu Kunden, Lieferanten und Fremdfirmen gewinnt hier besonders unter Qualitätsaspekten eine strategische Dimension, sie untermauert deren langfristige Bedeutung für den Unternehmenserfolg (Zink, 1998). Erfolgreiche Ansätze in der chemischen Industrie zeigen, daß die Umsetzung kooperativer und integrativer AGS-Konzepte über die Organisationsgrenzen hinaus wirkungsvoll sein können. Zu solchen „best practices" zählen neben der Formulierung einheitlicher AGS-Standards die Einbeziehung von Kontraktoren in die Unfallstatistik oder auch gemeinsam durchgeführte niederschwellige Qualifizierungsmaßnahmen und Gefährdungsanalysen.

Weitere Strategien zur Verbesserung der Arbeitsbedingungen bei derartigen Unternehmensbeziehungen könnten sowohl auf überbetrieblicher als auch zwischenbetrieblicher Ebene ansetzen, Beispiele sind:

- Angebote des überbetrieblichen Arbeits- und Gesundheitsschutzes für kleine Outsourcing-Dienstleister. Ziel: Hilfestellung in Arbeitsschutz- und Qualitätsfragen, Möglichkeit der Erlangung eines anerkannten Zertifikates,
- Förderung zwischenbetrieblicher Kooperationsbeziehungen bei vernetzten Organisationen/ Drittfirmeneinsatz mit dem Ziel einer partizipativen und fehlerfreundlichen Kooperationskultur.

Literatur

Baeckmann, S. von (1998): Downsizing – zwischen unternehmerischer Notwendigkeit und individueller Katastrophe. München: Hamp

Bücker, A./Faber, U./Feldhoff, K. (1997): Handbuch zum betrieblichen Arbeits- und Gesundheitsschutz. Düsseldorf: Hans-Böckler-Stiftung

Horchler, H. (1996): Outsourcing: eine Analyse der Nutzung und ein Handbuch der Umsetzung. Köln: Datakontext Verlag

Kastner, M (1998): Der Prozeß der Prozeßoptimierung. In M. Kastner (Hrsg.). Verhaltensorientierte Prozeßoptimierung (S. 173–194). Herdecke: Maori

Pischon, A./Liesegang, D. G. (1997): Arbeitssicherheit als Bestandteil eines umfassenden Mangementssystems. Heidelberg: Haefner-Verlag

Reichwald, R. (1979): Zur empirischen betriebswirtschaftlichen Zielforschung. Zeitschrift für Betriebswirtschaft, 6, 528–535

Süddeutsche Metall-Berufsgenossenschaft (1998). SMBG Mitteilungsblatt (Bd. 3). Mainz

Zink, K. J. (1998): Bewertung ganzheitlicher Unternehmensführung. München: Hanser

Cornelia Kleindienst, Andreas Pohlandt, Christin Löster
und Wolfgang Quaas

Hilfsmittel für einen beteiligungsorientierten Arbeits- und Gesundheitsschutz (AGS) bei neuen Arbeits- und Organisationsformen

1. Einführung

Neue Arbeits- und Organisationsformen stellen an alle Beteiligten neue Anforderungen. Das heißt, daß auch die Verantwortlichen im Arbeits- und Gesundheitsschutz (AGS) sich mit neuen Aufgaben und Rahmenbedingungen auseinandersetzen müssen. Im gesina-Teilprojekt der Otto-von-Guericke-Universität Magdeburg werden die veränderten Anforderungen an die Verantwortlichen untersucht und Vorschläge zur Bewältigung erarbeitet.[1] Im folgenden werden die Ergebnisse der explorativen Befragung und die daraus abgeleiteten Schlußfolgerungen für die Konzeptentwicklung dargestellt.

Arbeits- und Gesundheitsschutz wird von Menschen für Menschen gemacht. Die Kompetenzen und Ressourcen aller Verantwortlichen im AGS sind damit für die Umsetzung des gesetzlichen AGS Grundlage und Voraussetzung. Im Vordergrund des Magdeburger gesina-Teilprojekts stehen deshalb

- der Bedarf an *Kompetenzentwicklung* und der Bedarf an differenzierten *Unterstützungs- und Hilfsmitteln*, i. S. von Ressourcen für neue Aufgaben und Anforderungen im AGS bei neuen Arbeits- und Organisationsformen.
- Die Verantwortlichen im AGS können in drei Gruppen unterteilt werden, die sich hinsichtlich ihrer Kompetenzen und Ressourcen unterscheiden:
  - Fach-Experten / AGS-Professionelle (Betriebsärzte, Sicherheitsingenieure, Sicherheitsfachkräfte, Sicherheitsbeauftragte.)
  - Führungskräfte
  - Mitarbeiter / Beschäftigte

[1] Verbundprojekt gesina – Gesundheit und Sicherheit in neuen Arbeits- und Organisationsformen, bmb+f

Als Kompetenzen verstehen wir Wissen und Kenntnisse, Fertigkeiten, Fähigkeiten, aber auch Einstellungen; als Ressourcen vor allem Hilfsmittel, Beratungs- und Informationsmöglichkeiten, Zeitreserven und (finanzielle) Mittel.

2. Ergebnisse der explorativen Expertenbefragung

Die Vorstudie in der ersten Analysestufe wurde als schriftliche standardisierte Befragung durchgeführt. Zweck der Vorstudie war eine Untersetzung der Problemlage und Schwerpunktsetzung aus Sicht von betrieblichen und außerbetrieblichen AGS-Fachleuten. Es beteiligten sich insgesamt 46 Experten des Arbeits- und Gesundheitsschutzes aus 28 Institutionen und 18 Unternehmen. Darunter Betriebsärzte (9%), Sicherheitsingenieure (26%), Sicherheitsfachkräfte (11%), Geschäftsführer (24%), Institutsleiter (13%), Abteilungsleiter (6%) und sonstige AGS-Beauftragte (11%).

Die beiden folgenden Abbildungen zeigen einige Ergebnisse im Überblick (Pohlandt, Löster, Kleindienst & Quaas, 1999)

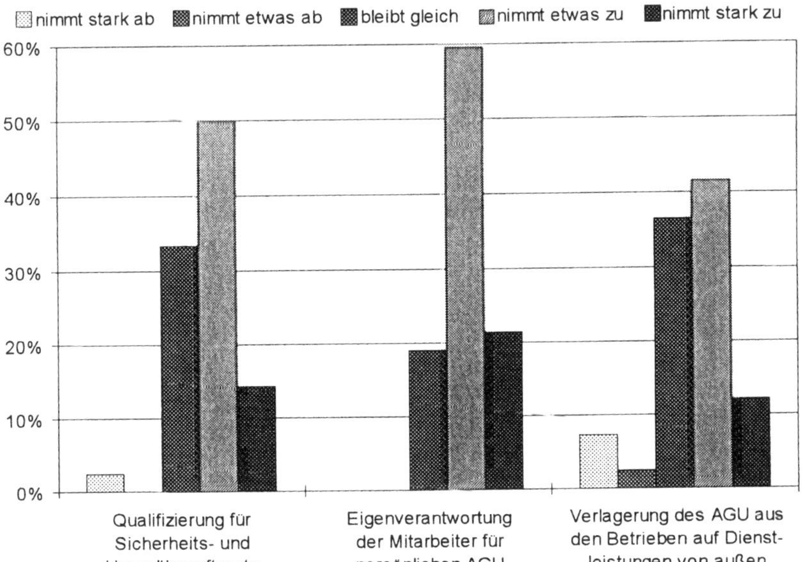

Abbildung 1:
Erwartungen bezüglich des zukünftigen AGS

Die Erwartungen von Experten aus Betrieben und aus überbetrieblichen Einrichtungen (wie BG, Bundesanstalt für Arbeitsschutz, ..) bezüglich des zukünftigen AGS, also neuer Anforderungen und Aufgaben aufgrund von Veränderungen in der Arbeitswelt, lassen sich so zusammenfassen:

- Psychische Belastungen nehmen zu
- Eigenverantwortung der einzelnen Mitarbeiter nimmt zu
- Praktikable Hilfsmittel für die konkrete betriebliche Situation werden gebraucht
- Besondere Bedeutung für den zukünftigen AGS wird flexiblen Arbeitszeitmodellen und Gruppenarbeit mit komplexen Aufgaben und hoher Eigenverantwortung zugeschrieben.

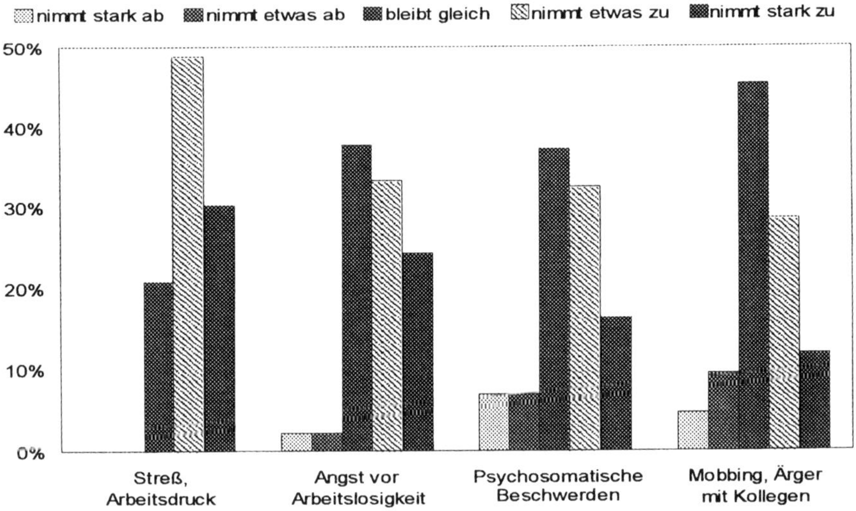

Abbildung 2:
Erwartungen bezüglich des zukünftigen AGS

Hervorzuheben sind noch die beiden folgenden (ausgewählten) Teilergebnisse:

- Als Hauptaufgaben im zukünftigen AGS werden auf betrieblicher Ebene gesehen die Qualifizierung der Mitarbeiter (80%) und *die Analyse und Bewertung von Gefährdungen (70%)*. Auf der überbetrieblichen Ebene wird eine zukünftige Hauptaufgabe *gesehen in der Analyse und Bewertung von psychischen Belastungen (46%).*

Aus diesen Ergebnissen leiten wir ab, daß die Bereitstellung von praktikablen Handlungshilfen zur Analyse und Bewertung von psychischen Belastungen mit dem Ziel eines beteiligungsorientierten AGS im Sinne einer „Hilfe zur Selbsthilfe" auch auf der Ebene der (eigenverantwortlichen) Mitarbeiter für unsere weitere Konzeptentwicklung im Vordergrund stehen muß.

3. Entwicklung praktikabler Unterstützungs- und Hilfe systeme für einen beteiligungsorientierten AGS

Ausgehend von den Ergebnissen der Explorationsphase ziehen wir die Schlußfolgerung, daß zur Unterstützung der Verantwortlichen in neuen Arbeits- und Organisationsformen Hilfsmittel notwendig sind, die die folgenden Kriterien erfüllen:

- Unterstützung der Analyse von *psychischen Belastungen und Beanspruchungen* (innerhalb einer ganzheitlichen Gefährdungsanalyse) und der Ableitung von Gestaltungsmöglichkeiten aus den Analyseergebnissen.
- *Praktikabilität von Hilfsmitteln* für die jeweilige Zielgruppe, d. h. anwenderorientierte Aufbereitung von Grundlagen und Methoden mit gestufter Differenzierung.
- *Mitarbeiterbeteiligung* bei der Gefährdungsanalyse und abgeleiteten Gestaltungserfordernissen im Sinne eines partizipativen AGS. Zukünftig müssen auch die betrieblichen Kompetenzen und Ressourcen zur *Selbstbeurteilung (self-assessment)* gefördert und unterstützt werden. Es besteht die Aufgabe, hierfür modellhaft Lösungen und Hilfen zu entwickeln (Kleindienst & Kubitscheck, 1999).
- Gestuftes Vorgehen je nach Zielgruppe und Problemstand bzw. Analysephase.

Diese Anforderungen werden von uns stufenweise umgesetzt. Als Beispiel soll eine Kooperation des gesina-Teilprojekts Magdeburg mit der TU Dresden und der Maschinenbau BG genannt sein:

In einer Kooperation des Teilprojektes gesina der Otto-von-Guericke-Universität Magdeburg mit der TU Dresden (Uwe Debitz), der Maschinenbau BG (Harald Gruber) und der Bundesanstalt für Arbeitsschutz und Arbeitsmedizin in Dresden (Gabi Richter) wird derzeit ein Leitfaden zur Grobanalyse von psychischen Fehlbeanspruchungen entwickelt, der im August 1999 vorliegen wird. Der Leitfaden steht in der Folge des Leitfadens zur Gefährdungsanalyse von Gruber & Mierdel und soll sowohl für Experten im

AGS, als auch für Führungskräfte verwendbar sein. Es werden Prüf- und Checklisten für eine Grobanalyse von psychischen Fehlbeanspruchungen zur Verfügung gestellt.

4. Ausblick

Weitere Bearbeitung des Unterstützungs- und Hilfesystems

Insbesondere wird die weitere Bearbeitung von praktikablen Leitfäden zur Analyse von psychischen Belastungen sowie die Erarbeitung von gruppenorientierten Modulen zum „self-assessment", wie Gesundheits- und /oder Sicherheitszirkel im Vordergrund der weiteren Arbeiten stehen.

Weiterführung der Kompetenzanalyse: Welchen Einfluß hat die Anwendung von Hilfsmitteln auf die Kompetenzentwicklung?

Ausgewählte Aspekte der Ressourcen- und Kompetenzanalyse werden in Form einer Mehrfachmessung vor und nach der Nutzung von Unterstützungs- und Hilfesystemen durchgeführt. Differenziert nach unterschiedlichen personellen und organisatorischen Anwendungszielen und -bedingungen werden die Unterstützungs- und Hilfesysteme von den Anwendergruppen praktisch erprobt und Anwendungshindernisse erfaßt. Daraus werden erforderliche Ergänzungen und Verbesserungen der Unterstützungs- und Hilfesysteme abgeleitet.

5. Fazit

Derzeit sind im AGS verhaltensorientierte und sekundärpräventive bzw. korrektive Vorgehensweisen und Maßnahmen vorherrschend. Die erfolgreiche Umsetzung des Arbeits- und Gesundheitsschutzes wird ohne die Berücksichtigung alternativer verhältnisbezogener Ansätze neuer Arbeits- und Organisationsformen nicht gelingen. Werden Kompetenzen zur Gewährleistung des AGS als aktiv zu erwerbende Befähigungen verstanden, ist das Erlernen dieser Kompetenzen zu ermöglichen und zu unterstützen. Dazu gehört nicht nur der Erwerb arbeits- und gesundheitsschutzbezogener Verhaltensweisen, sondern vor allem im Sinne der primären Verhältnisprävention das prospektive arbeitsgestalterische Schaffen von inhaltlichen und zeitlichen Tätigkeitsspielräumen, die über kürzere oder längere Zeitdauer den Erwerb von gesundheitsförderlichen Kenntnissen, Fertigkeiten, Einstellungen und Fähigkeiten erlauben (vgl. Quaas, 1994). Die Bereitstellung von praktikablen Hilfsmitteln zur Analyse und Bewertung von Gefährdungen, insbesondere psychischen Belastungen und die Verbindung mit Gestaltungshinweisen, ist notwendige Voraussetzung, um die absehbare Entwicklung hin zu mehr „Eigenverantwortung“ als Chance für die Kompetenzerweiterung der Mitarbeiter zu nutzen.

Literatur

Gruber, H./Mierdel, B. (1997): Leitfaden für die Gefährdungsbeurteilung. Bochum: Verlag Technik & Information

Kleindienst, C./Kubitschek, S. (1999): Arbeit und Gesundheit – ein traditionelles Thema mit neuen Orientierungen. In: Arbeit und Gesellschaft im Wandel – Arbeitswissenschaft und Arbeitsgestaltung im Wandel. Tagungsband hrsg. von der Otto-von-Guericke-Universität Magdeburg – IAF

Pohlandt, A./Kleindienst, C./Löster, C./Quaas, W./Wendlandt, D. (1999): Analyse arbeits- und gesundheitsschutzbezogener Ressourcen und Kompetenzen. Beitrag zum 8. Dresdner Symposium für Arbeits- und Organisationspsychologie vom 24. bis 26. Februar 1999

Quaas, W. (1994): Arbeitswissenschaftlich orientierte Gesundheitsförderung in der Arbeit – konzeptionelle Aspekte und empirische Grundlagen. In Bergmann, B. & Richter, P. (Hsg.), Die Handlungsregulationstheorie. Von der Praxis einer Theorie (S. 175–197). Göttingen: Hogrefe

Udo Konradt und Andreas Wilm

Gesundheitszirkel in der Telearbeit Stressoren und Umgang mit Stressoren in der Telearbeit

1. Betriebliche Zirkel

Einen gleichermaßen einfachen wie universell anwendbaren Ansatz zur betrieblichen Personalentwicklung stellen *Zirkel* dar (vgl. Antoni 1990; Bungart 1992). Unter *Zirkelarbeit* werden Kleingruppen von fünf bis zehn MitarbeiterInnen der unteren Hierarchieebenen verstanden, die sich regelmäßig und freiwillig treffen, um selbst gewählte Probleme aus ihrem Arbeitsbereich zu bewältigen. Neben Verbesserungen der Produktivität und Produktqualität sowie der Zusammenarbeit und Arbeitszufriedenheit werden in Zirkeln Probleme der Arbeitssicherheit und des zwischenmenschlichen Bereichs thematisiert. Zirkelarbeit umfaßt somit themenspezifisch begrenzte Fragestellungen, die in Form von *Gesundheitszirkeln* (GZ) bearbeitet werden (vgl. Ducki/Jenewein/Knoblich 1998). GZ zielen insbesondere auf die arbeitsplatznahe Diagnose von Fehlbeanspruchungen und Gesundheitsbeeinträchtigungen sowie deren Intervention ab; Verantwortliche und ggf. externe Experten werden hinzugezogen. Während Metaanalysen förderliche Effekte von Qualitätszirkeln auf das Gruppenklima, die individuelle Motivation und die Produktivität belegen (van Fleet/Griffin, 1989; Battmann/Liepmann, 1993), stehen überzeugende Belege für die Wirksamkeit von GZ, insbesondere ihrer differentiellen Wirkung, noch weitgehend aus (vgl. Westermayer/ Bähr, 1994).

2. Telekooperation und neue Arbeitsformen

Der Telearbeit (TA) als dezentrale, ortsungebundene und telekooperative Arbeitsform wird ein wachsendes Potential zugeschrieben (Godehardt 1994; Korte/Wynne 1996). In der Diskussion um die Auswirkungen und einer auf die Gesundheitsförderung abzielenden prospektiven Gestaltung von TA wurde neben den technischen Gestaltungsfeldern wiederholt auf die tiefgreifenden personellen und organisatorischen Veränderungen hingewiesen. Gegenüber Vorteilen, wie der Verbesserung der Situation von Frauen durch eine verbesserte Koordination von Erwerbs- und Familienaufgaben, der

Autonomie in der Wahl der Arbeitszeit sowie einem Gewinn an Freizeit durch Wegfall von Fahrtzeiten, wurden zahlreiche Nachteile von TA herausgestrichen, u.a. die Verfestigung der Diskriminierung benachteiligter Arbeitnehmergruppen, der Beeinträchtigung des Familienlebens, dem Wegfall von Karrieremöglichkeiten, soziale Isolation und Leistungsverdichtung und Selbstausbeutung. In der Folge wurden zahlreiche Studien über die Auswirkungen der TA auf Kommunikation, Organisation und Lebens- und Arbeitsqualität vorgelegt. Dabei zeigt sich, daß die überwiegende Anzahl der Studien auf Belastungsschwerpunkten gerichtet ist und *gesundheitsförderliche Aspekte im Rahmen eines präventiven Ansatzes* erst vereinzelt Berücksichtigung finden (vgl. Godehardt/Kork/Michelsen/ Quadt 1997; Ertel/Maintz/Ullsperger 1997).

3. Anwendung von Gesundheitszirkeln auf Telearbeit

In der vorliegenden Studie wurde der Ansatz der GZ erstmals auf ArbeitnehmerInnen an Telearbeitsplätzen übertragen (vgl. Konradt/Wilm, 1999) In Kontrast zu bestehenden Studien zur Identifizierung und Reduzierung von Belastungsschwerpunkten und Fehlbeanspruchungen (u.a. Glaser/Glaser 1995; Büssing/Kunst/Michel 1996; Konradt/Schmook, 1999) wurde ein Evaluationsansatz gewählt, bei dem Belastungen an die Betroffenen unmittelbar zurückgemeldet und Interventionen zur Reduzierung eingeleitet werden. Dazu wurde der Erfahrungsaustausch zwischen den TelearbeiterInnen gefördert, um das Problembewußtsein für die eigene Arbeitssituation zu verbessern und konkrete Lösungen arbeitsplatzbezogener Probleme zu erhalten und zu erarbeiten.

4. Durchführung der Gesundheitszirkel in der Telearbeit

Zur Vorbereitung der GZ wurden TelearbeiterInnen schriftlich eingeladen. Der Einladung war eine Liste von Themenvorschlägen beigefügt, die oft als kritisch im Zusammenhang mit dieser Arbeitsorganisationsform eingeschätzt werden, u.a. der häusliche Arbeitsplatz, Verteilung der Arbeits- und Freizeit, Formen der Streßbewältigung sowie Kommunikation mit dem Betrieb. Mit dieser Befragung wurde beabsichtigt, die Interessen der TeilnehmerInnen bei der Themenauswahl zu berücksichtigen und zur Teilnahme durch Partizipation an der thematischen Gestaltung zu motivieren.

Insgesamt nahmen 22 TelearbeiterInnen aus unterschiedlichen Unternehmen an drei GZ teil: am ersten GZ 8 TelearbeiterInnen (6 w, 2 m), am

	Streßfaktor	*Spezifische Stressoren*	*Bewältigung*
Zirkel 1	Zeiteinteilung	– Zu geringe Zeitautonomie – Ansprüchen der Kinder nachgeben – Technische Störungen – Nicht-dienstliche Störungen von außen – Verlagerung der Arbeit in die Abendzeit bzw. ins Wochenende	– Zeit-Protokolle führen – Zeitrahmen stecken – Kernzeiten definieren – technische Lösungen, z.B. anderes Klingeln bei privaten Anrufen – Einstellung ändern: lernen, sich nicht stören zu lassen
	Bewertung der Arbeitsleistung	– TA verleitet zu Mehrarbeit – Stärkeres Infragestellen der eigenen Leistung – Unterschätzung des Aufgabenumfangs	– Einstellung ändern: lernen, Umfang der Aufgaben richtig einzuschätzen
Zirkel 2	Einbindung in den Betrieb	– Gefühl, vergessen zu werden – Geringe Präsenzzeiten führen zum Gefühl, ausgeschlossen zu sein – Fehlender eigener Arbeitsplatz im Betrieb	– Verantwortlichkeit klären: Wer ist wie zuständig für die TelearbeiterInnen? – Instrumente schaffen bzw. vorhandene anwenden (z.B. spezielle Verteiler, Zirkel) – Arbeitsplatz für Präsenzzeiten zur Verfügung stellen
	Unsicherheit über die Einstellungen von KollegInnen/Vorgesetzten	– Mißtrauen, ob tatsächlich gearbeitet wird – Kontrollbedürfnis bei Vorgesetzten – mangelndes Verständnis bei Vorgesetzten für die familiäre Situation der TelearbeiterInnen	– Klären: Vermutung oder Wissen? – Handeln von Vermutungen frei machen, klärende Gespräche führen – Aufklärung über TA, z.B. in Fimenzeitung – Weiterbildung zur Führung von TelearbeiterInnen
Zirkel 3	Räumliche Trennung von der Zentrale	– Keine optimale Betreuung durch die DV-Abteilung – Software-Aktualisierungen werden nicht oder nur verspätet durchgeführt	– Zuständigkeit für TA in DV-Abteilung klären – über TA aufklären – durch Schulung mehr Kompetenz zur Selbsthilfe bei TA aufbauen
	Kommunikation	– informelle Kontakte nehmen ab – Absprachen, Entscheidungen, Besprechungen sind erschwert – Kritische Informationslücken durch mangelnde Informationen über aktuelle betriebliche Entwicklungen	– Informationsgewinnung wird zur Holschuld – spezielle Kontaktperson im Betrieb benennen – Hemmschwelle bei KollegInnen/Vorgesetzten senken, die TelearbeiterInnen zu kontaktieren – TelearbeiterInnen in Verteiler aufnehmen

Tabelle 1:
Exemplarische Einzelthemen aus den Gesundheitszirkeln zur Telearbeit

zweiten 7 TelearbeiterInnen, am dritten 7 TelearbeiterInnen (5 w, 2 m). Die TelearbeiterInnen sind überwiegend voll beruflich tätig, nur einige als Teilzeitkräfte. Sie sind alternierend in der TA tätig, d.h. ihre Arbeitszeit bringen sie zu 50% bis 90% zu Hause, ansonsten regelmäßig und zu festen Zeiten im Büro ihres Arbeitgebers zu. Fast alle TeilnehmerInnen haben schulpflichtige Kinder zu versorgen, in Einzelfällen werden sie dabei durch Tagesmütter oder Verwandte entlastet.

Die Sitzungen folgten im Abstand von ca. drei Monaten. Sie dauerten jeweils fünf bis sechs Stunden, einschließlich einer einstündigen Mittagspause, in der die TeilnehmerInnen einzelfallbezogen weitere Erfahrungen austauschten und vertieften. Nach der Vorstellung wurde das *Schwerpunktthema* (ca. 2 Stunden) behandelt; in der zweiten Einheit wurden *zusätzliche Informationen und praktische Tips zum Umgang mit Stressoren* gegeben (ca. 1 Stunde, unter Einbindung von Experten). Im dritten Teil (ca. 1 Stunde) wurden *Interventionsvorschläge* erarbeitet. Die erste und dritte Arbeitseinheit wurde bestimmt von den Beiträgen und dem darauf aufbauenden dialogischen Austausch, in den möglichst viele TelearbeiterInnen ihre individuellen Erfahrungen zu den jeweiligen Themen einbrachten, so daß auch Einzelerfahrungen erfaßt wurden. Zum Abschluß wurden die TeilnehmerInnen um eine *Rückmeldung über ihren persönlichen Nutzen* gebeten.

Mit Blick auf die heterogene Zusammensetzung und die Dauer wurden die GZ professionell moderiert. GZ sehen prinzipiell betriebsexterne Moderationen vor, wodurch insbesondere die Neutralität der Moderation gewährleistet, sich ergebende Rollenkonflikte kontrolliert und Verfahrensregeln besser eingehalten werden können (Susen/Niedermeier/Mahltig 1996).

5. Ergebnisse der Zirkel

Anhand der gewählten Themenschwerpunkte läßt sich ablesen, daß die Vermengung zwischen Erwerbs- und Hausarbeit, die Aufrechterhaltung formeller und informeller Kontakte zu Vorgesetzten, KollegInnen und Kunden sowie Hard- und Softwareprobleme wesentliche Problembereiche darstellen. Dieser Befund steht in Übereinstimmung mit neueren Überblicken zu den Auswirkungen von TA (Büssing 1998; Konradt et al., im Druck). Zugleich machen die Befunde erhebliche gesundheitsfördernde Potentiale von TA deutlich, die in der erlebten Zeitautonomie, in erweiterten Entscheidungs- und Handlungsspielräumen und in der erlebten Selbstwirksamkeit liegen, wenngleich diese Potentiale nicht an allen Telearbeitsplätzen in vollem Umfang ausgeschöpft werden.

Die Ergebnisse zeigen weiterhin, daß eine große Anzahl von Vorschlägen entwickelt wurde, die sich auf Aspekte der Arbeitsumgebung, individueller Arbeitstechniken und der Arbeitsorganisation bezog (siehe dazu Beispiele in Tabelle 1; ausführlicher Konradt/Wilm, 1999). Als zentrale Elemente des Ideenpools stellen sich dar: eine *aktive Rolle bei der Informationsbeschaffung*, eine *betrieblicherseits gewährleistete Integration* sowie eine *deutliche Trennung zwischen Privat- und Erwerbsaufgaben*. Insbesondere der letzte Aspekt weist auf erforderliche Anpassungs- und Umsetzungsmaßnahmen hin, die außerhalb des Einflußbereichs der Unternehmensleitung liegen. Um so mehr scheint ein problem-basierter Austausch von Erfahrungen und Bewältigungsformen zwischen TelearbeiterInnen erforderlich und hilfreich.

6. Ergebnisse der Prozeßevaluation

Bereits die Ergebnisse der jeden GZ abschließenden Feedbackrunde zeigen, daß die Zirkel im Sinne des gewählten Evaluationsansatzes als positiv und anregend empfunden worden sind. Beispielhaft sei genannt:

- Positives Erleben des Erfahrungsaustausches. Es sei interessant und hilfreich zu erleben, daß viele mit ähnlichen Problemen zu tun hätten (auch solche aus dem gleichen Betrieb).
- Verdeutlichen der eigenen Arbeitsbelastung und Schaffung eines Problembewußtseins.
- Neben strukturellen Problemen, die typisch für TA sind, können individuelle Probleme (Fehl-)Beanspruchungen hervorrufen.
- Vor allem bei den Informationsdefiziten sei deutlich geworden, daß viele Probleme zunächst nur durch eigenes Engagement und Initiative gelöst werden können.
- Die Präsentationen und Übungen der Experten werden von den meisten TeilnehmerInnen als sehr hilfreich angesehen.
- Eine Weiterführung des Austausches in Form von Zirkeln wird gewünscht, um auch von Anregungen aus anderen Betrieben profitieren zu können.

In einer schriftlichen Befragung drei Monate nach dem dritten GZ wurde zudem der Interventionsansatz in Ansätzen bestätigt. Die genannten Verhaltensänderungen spiegeln die Ergebnisse der GZ wieder, entsprechend werden auch in der Frage nach den bedeutsamsten Punkten für die Verhaltensänderungen die Ergebnisse der Zirkel genannt.

7. Literatur

Antoni, C. H. (1990): Qualitätszirkel als Modell partizipativer Gruppenarbeit. Bern: Huber

Battmann, W./Liepmann, D. (1993). Qualitätszirkel als Instrument der Personalentwicklung: Eine metaanalystische Betrachtung. In: D. Liepmann (Hrsg.). Qualifizierungsmaßnahmen als Konzepte der Personalentwicklung (S. 169–187). Frankfurt/M., Peter Lang

Bungard, W. (Hrsg.) (1992): Qualitätszirkel in der Arbeitswelt. Göttingen: Verlag für Angewandte Psychologie

Büssing, A. (1998): Teleworking and quality of life. In: P.J. Jackson/J.H. van der Wielen (Hrsg.). Teleworking: International Perspectives (S. 144–165). London: Routledge

Büssing, A./Kunst, R./Michel, S. (1996): Qualifikationsanforderungen, berufliche Qualifizierung und Mehrfachbelastung unter Telearbeit. In: Berichte aus dem Lehrstuhl für Psychologie der TU München, Nr. 31. Büssing, A. (Hrsg.). München: TU München

Ducki, A./Jenewein, R./Knoblich, H.-J. (1998): Gesundheitszirkel – Ein Instrument der Organisationsentwicklung. In: E. Bamberg, A. Ducki/A.-M. Metz (Hrsg.). Handbuch betriebliche Gesundheitsförderung (S. 267–281). Göttingen: Verlag für Angewandte Psychologie

Ertel, M./Maintz, G./Ullsperger, P. (1997): Telearbeit – gesund gestaltet. Tips für gesundheitsverträgliche Telearbeit. Bremerhaven: Wirtschaftsverlag NW

Glaser, W. R./Glaser, M. O. (1995): Telearbeit in der Praxis. Psychologische Erfahrungen mit außerbetrieblichen Arbeitsstätten bei der IBM Deutschland GmbH. Berlin: Luchterhand

Godehardt, B. (1994): Telearbeit. Rahmenbedingungen und Potentiale. Opladen: Westdeutscher Verlag

Godehardt, B./Kork, W. B./Michelsen, U./Quadt, H. P (Hrsg.) (1997): Management Handbuch Telearbeit. Heidelberg: Hüthig /HVS

Konradt, U./Schmook, R. (1999): Analyse der Belastungen und Beanspruchungen an Telearbeitsplätzen. Arbeit – Zeitschrift für Arbeitsforschung, Arbeitsgestaltung und Arbeitspolitik, 8, 40–58

Konradt, U./Schmook, R. /Mälecke, M. (in Druck): Implementation of telework and impacts on individuals, organizations, and families: A critical review. In: C.L. Cooper/I.T. Robertson (Eds.). International Review of Industrial and Organizational Psychology. Chichester, Wiley

Konradt, U./Wilm, A.. (1999): Gesundheitsförderung an Telearbeitsplätzen: Durchführung von Gesundheitszirkeln. Zeitschrift für Gesundheitswissenschaften, 7, 267–285

Korte, W. B./Wynne, R. (1996): Telework. Penetration, Potential and Practice in Europe. Amsterdam: IOS Press

Susen, B./Niedermeier, R./Mahltig, G. (1996): Gesundheitszirkel im Betrieb. Kritische Betrachtung eines neuen Instrumentes des betrieblichen Arbeits- und Gesundheitsschutzes. Zeitschrift für Personalforschung, 10, 135–154

van Fleet, D.D./Griffin, R.W. (1989): Quality circles: A review and suggested future directions. In: C.L. Cooper /I.T. Robertson (Eds.). International Review of Industrial and Organizational Psychology (S. 213–233). Chichester: Wiley

Westermayer, G./Bähr, B. (Hrsg.) (1994): Betriebliche Gesundheitszirkel. Göttingen, Verlag für Angewandte Psychologie

Karin Scherrer und Rainer Wieland

Psychische Beanspruchung von Call Center Tätigkeiten

In diesem Beitrag wird von ersten Ergebnissen zu Belastungen (Einwirkungsgrößen) und Beanspruchungen (Auswirkungsgrößen) berichtet. In fünf Call Centern (CC) wurden dazu Interviews mit der CC-Leitung durchgeführt; in zwei CC wurde ein Analyseinstrument zur Beurteilung der psychischen Belastung eingesetzt. Die Ergebnisse deuten daraufhin, daß die Beanspruchung der Beschäftigten sehr stark von der Tätigkeit abhängt: Sind das Tätigkeitsspektrum vielseitig und die Anforderungen variabel, ist das Beanspruchungsmuster im optimalen bzw. funktionalen Bereich. Sind die Tätigkeiten monoton – ohne Anforderungswechsel und Handlungsspielräume, liegt die Beanspruchung im negativen bzw. dysfunktionalen Bereich. Zusätzlich besteht die Arbeitsaufgabe im Call Center – unabhängig von den Inhalten – immer aus Kommunikation mit Kunden und muß im Hinblick auf Belastung und Beanspruchung, die sich aus der Beziehungs- oder Gefühlsarbeit ergibt, spezifisch betrachtet und unterstützt werden.

1. Call Center als Organisationsform für Service und Marketing

Die rasante Entwicklung von Informationsverarbeitungs- und Telekommunikationstechnologien und ihre alltägliche Nutzung, die steigende Nachfrage nach Beratung und Dienstleistung sowie veränderte Anforderungen der Verbraucher an Service führen zu neuen Arbeits- und Organisationsformen. Große Anteile von Beratung und Kundendienst werden inzwischen von Telefonzentralen abgewickelt. Diese *Call Center* gewinnen sowohl betrieblich – viele Unternehmen zentralisieren ihren Service in solchen Zentren – als auch überbetrieblich – in Form von ausgelagerten Dienstleistungen – immer mehr an Bedeutung.

Das Call-Center-Angebotsspektrum ist breit: Auftrags- und Bestellannahme im Versandhandel, Informationshotline zu aktuellen Themen, Markt und Meinungsforschung, Beschwerdemanagement, Notfall und technischer Service sowie zahlreiche Service-Angebote verschiedener Unternehmensbereiche von Banken, Versicherungen, Versandhandel, Software-Firmen, Mobilfunk, Elektronischer Service etc. Die Unternehmensberatung Kienbaum schätzt, daß zwischen 1996 und 2001 ca. 3000 Call Center entstehen und die Anzahl der Arbeitsplätze bis ca. 150 000 gesteigert wird. Kein Zweifel: der Call Center Markt ist eine Wachstumsbranche im Aufbruch.

2. Arbeitsplatz und Arbeitsaufgaben im Call Center

Der Call Center Arbeitsplatz ist Arbeit am Bildschirm mit Telefon bzw. Kopfhörer (headset), die um die zusätzliche Schnittstelle „Kunde am Telefon“ erweitert ist. Hinzu können bei überbetrieblichen Call Centern noch die Anforderungen von unterschiedlichen Auftraggebern mit unterschiedlichen Kundengruppen und entsprechenden Dienstleistungsspektren kommen. Es gibt im Call Center – ähnlich wie bei der Telearbeit – einerseits die hochqualifizierten Agenten, d.h. z.B. Ingenieure, die komplexe Problemstellungen im “first – oder second- level-support” am Telefon lösen und andererseits – wahrscheinlich die Mehrheit – die schnell eingewiesenen, eher niedrig Qualifizierten, die im Akkord (Bezahlung pro Anruf) Anrufe bearbeiten.

Die Arbeitsaufgabe im Call Center ist durch Mehrfachtätigkeit mit hohen mentalen Anforderungen gekennzeichnet: Ständige Kommunikation mit wechselnden Kunden am Telefon, gleichzeitige Aufnahme und Verarbeitung visueller und auditiver bzw. sprachlicher Signale, manuelle Eingabe von Daten mittels der Tastatur während der Kundenbetreuung sowie Abgabe sprachlicher Informationen an den Kunden bzw. manuelle Dateneingabe (z. B. Kundenadressen mittels der Tastatur).

Die synchrone Benutzung mehrerer Sinneskanäle (visuell, auditiv, taktil) sowie die Informationsverarbeitung und die Bewältigung der emotionalen Belastungen, die sich durch ständig wechselnde Gesprächspartner/innen mit ihren unterschiedlichen Anliegen ergeben, stellen hohe Anforderungen an Aufmerksamkeit, Konzentration und (emotionale) Selbstregulation der Beschäftigten.

Gefühlsarbeit im Call Center

Unabhängig von der inhaltlichen Arbeitsaufgabe – Beratung, Sachbearbeitung, Bestellungsaufnahme oder Auskunft – besteht die Arbeit im Call Center – sowohl auf der Sach- als auch der Beziehungsebene – immer auch aus der Kommunikationsarbeit mit Anruferinnen und Anrufern. Deshalb wird auch viel in die soziale und kommunikative Weiterbildung der Telefonkontakter investiert. Die Beziehung zu den Kunden freundlich, verbindlich und werbend zu gestalten, ist eine der „Hauptnebenaufgaben“ der

Agentinnen. Das bedeutet, daß oft Ärger unterdrückt, künstlich oft Freundlichkeit produziert und gezeigt werden muß, um bestimmte Arbeitsziele zu erreichen.

Diese „Zusatzaufgabe" fordert Energie, die ständig bereitgestellt werden muß; sie ist ein wesentlicher Faktor für die erlebte Anstrengung und Beanspruchung. Der Aufwand für die Kontrolle der Gefühle und die Anpassung an die geforderten (impliziten und expliziten) Normen der Organisation gehört im Dienstleistungsbereich zu den Anforderungscharakteristiken, die – wie im Call Center – eigene und in ihrer Intensität neuartige Belastungsquellen darstellen.

3. Belastung und Beanspruchung im Call Center

Wie sich die Arbeitsbedingungen im CC auswirken, wurde zunächst in fünf betrieblichen Call Centern aus unterschiedlichen Branchen anhand von Interviews mit Leitern oder Vorgesetzten untersucht. Diese Gespräche sollten einen ersten Überblick über die *wahrgenommenen besonderen* Belastungen, den Umgang damit und die betrieblichen Bedingungen geben.

Ergebnisse der Interviews

Belastungsschwerpunkte

Faßt man die berichteten Belastungen und Beanspruchungen aus den fünf Call Centern zusammen so ergeben sich – unabhängig von den konkreten Aufgabeninhalten – folgende Schwerpunkte:

- *Konzentration* über Stunden hinweg
- Das Sitzen in der gleichen Haltung
- Einstellen auf ständig wechselnde Gesprächssituationen/Personen
- Die Bandbreite der Inhalte bzw. des Wissens
- ständige *Änderungen* der Produkte/Prozesse, über die Auskünfte zu geben sind
- Der meßbare *Ergebnisdruck* – Verkauf/Beratung
- Agenten können nicht agieren, *nur reagieren*
- Die *Freundlichkeit* muß aufrecht erhalten werden
- *Ungewißheit*: man weiß nie, was kommt
- *Ärger* über Kosten des Kundendienstes
- Oft müssen *dieselben Fragen* beantwortet werden
- Umgang mit gleicher Kritik (Kosten) oder Reklamationen

Ergonomie am Arbeitsplatz

Die Überprüfung der Bildschirmarbeitsplätze hinsichtlich ergonomischer Kriterien ergab, daß alle Arbeitsplätze die ergonomischen Anforderungen in bezug auf Hardware und Arbeitsmöbel – gemäß der Bildschirmarbeitsverordnung – erfüllten.

Überall problematisch war der Lärmpegel, der bei gleichzeitigen Telefonaten leicht über 55 db(A) und damit über dem geforderten Grenzwert für Bildschirmarbeitsplätze liegt. Die Lautstärke behindert die Konzentration, die gerade bei dieser Arbeit so wichtig ist. Hier ist bei der Gestaltung zu erwägen, wie viele Personen in einem Raum sitzen sollen und ob zusätzlich Schallschutzwände aufgestellt werden können. Das für Call Center übliche Großraumbüro muß deshalb gerade bei dieser Tätigkeit hinterfragt werden.

Temperatur und Luftfeuchtigkeit sollten regelmäßige überprüft werden. In klimatisierten Büroräumen der von uns untersuchten Call Centern war die Luftfeuchtigkeit immer unter dem geforderten Optimum (55-65%), dies ist für Augen und Atemwege belastend. Die subjektive Befindlichkeit, so wurde bei den Untersuchungen deutlich, ist bei gleicher Luftfeuchte in nicht klimatisierten Räumen besser. Dies hängt wahrscheinlich mit den individuellen Steuerungs- und Kontrollmöglichkeiten zusammen (Fenster öffnen, Heizung höher drehen, etc).

Ergebnisse der Belastungsanalyse mit einem arbeitspsychologischen Analyseverfahren

In zwei der fünf Call Center (D und E) wurden Erhebungen mit einem erprobten Verfahren zur Belastungs- und Arbeitsanalyse (SynBA-GA; Synthetische Belastungs- und Arbeitsanalyse, vgl. Wieland-Eckelmann et al., 1998; Wieland, 1999) durchgeführt. Mit Hilfe von SynBA-GA werden das psychische Belastungs- und Beanspruchungspotential von Arbeitstätigkeiten analysiert und bewertet und hierauf gestützte Empfehlungen für eine beanspruchungsoptimale Arbeitsgestaltung geliefert.

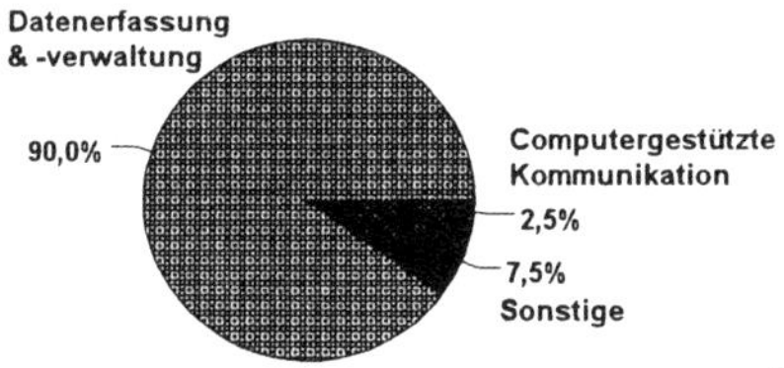

Abbildung 1:
Tätigkeitsspektrum von Call Center D.

Tätigkeitsanalyse

Neben den Aufgabenanforderungen, werden mit SynBA-GA die Anteile an kommunikativen, individuellen (ohne Computer) und bildschirmunterstützten Tätigkeiten an der Gesamtarbeitszeit erfaßt. Sie sind in beiden Call Centern sehr ähnlich, d.h. die meiste Zeit wird mit bildschirmunterstützter Arbeit verbracht: 85% (D) bzw. 81,4% (E) der Gesamtarbeitszeit. Die Agenten/innen von Call Center **D** (ca. 2000 Anrufe pro Tag) geben an, daß ihre Tätigkeit zu 90% daraus besteht, Informationen (sprachliche und visuelle) aufzunehmen, zu verarbeiten, mittels der Tastatur einzugeben und dem Kunden Standard-Lösungen vorzuschlagen. In Abbildung 1 wird diese Tätigkeit als „Datenerfassung- und -verwaltung" gekennzeichnet. Die „Spezialisten" von Call Center **E** dagegen haben (bei ca. 200 Anrufen pro Tag) ein vielfältiges und anspruchsvolles Aufgabenspektrum (vgl. Abbildung 2). Beratung der Kunden besteht hier darin, Problemlösungen für komplexe Rechneranlagen und Netzwerke anzubieten.

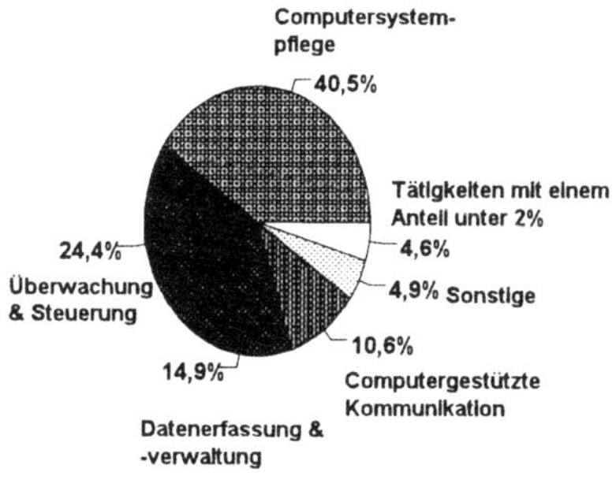

Abbildung 2:
Tätigkeitsspektrum für Call Center E.

Beanspruchungspotential

Das Beanspruchungspotential wird in diesem Verfahren auf der Grundlage arbeitspsychologischer Erkenntnisse über die Wirkung von wesentlichen Merkmalen der Aufgaben- und Arbeitsgestaltung ermittelt. In den Abbildungen 3 und 4 ist das Beanspruchungspotential für vier Gestaltungsbereiche dargestellt: Aufgabenanforderungen (A), Tätigkeitsspielräume (T), Arbeitsbehinderungen bzw. Regulationshindernisse (R) sowie Leistungsvorgaben (L).

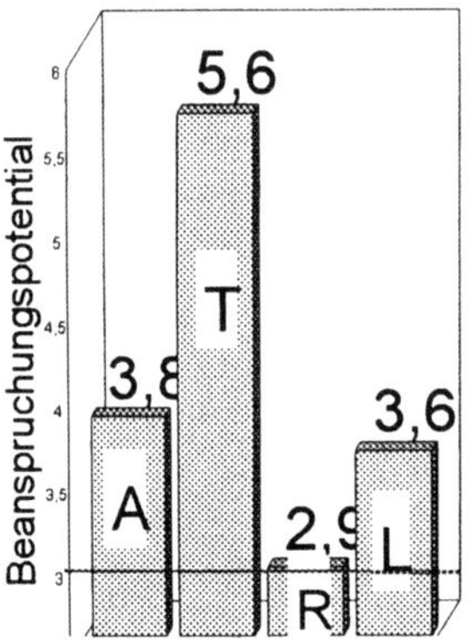

Abbildung 3:
(Negatives) Beanspruchungspotential von Arbeitsgestaltungsmerkmalen in Call Center E

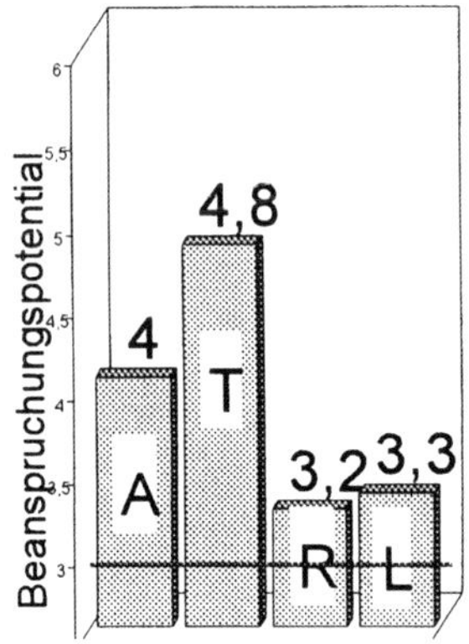

Abbildung 4:
(Negatives) Beanspruchungspotential von Arbeitsgestaltungsmerkmalen in Call Center E.

Bei den Arbeitsanforderungen wird dabei z. B. nach Art und Häufigkeit von Aufgaben mit hohem vs. niedrigem Anteil von Verarbeitungsoperationen oder routinierten Handlungen unterschieden. Der Gestaltungsbereich „Tätigkeitsspielräume" ist u.a. gekennzeichnet durch Aufgaben mit hohem vs. niedrigem Handlungsspielraum bzw. geringen vs. großen Möglichkeiten, den Arbeitsablauf selbst zu planen. Arbeitsbehinderungen umfassen Aspekte wie Störungen des Arbeitsablaufs, schlechte Umgebungsbedingungen wie Lärm und Hitze.

Die Abbildungen 3 und 4 sind in folgender Weise zu interpretieren: Je höher der Balken, desto stärker ausgeprägt ist das (negative) Beanspruchungspotential. Für den Bereich „Tätigkeitsspielräume" (T) bedeutet dies z. B., daß die psychischen Beanspruchungen der Experten des Call Centers **E** aufgrund der ihnen zur Verfügung stehenden Handlungs- und Entscheidungsspielräume deutlich ge ringer ausgeprägt sind als bei den Agenten/innen von Cal Center **D**. Aus der Arbeitspsychologie ist bekannt, daß geringe Handlungs- und Entscheidungsspielräume eine wesentliche Quelle von Stresszuständen sind.

Die beim Wert 3 eingezeichnete Linie markiert im SynBA-Ga Verfahren den Grenzwert zwischen funktionaler und suboptimaler Beanspruchung: Werte, die zwischen von 3 und 3,8 liegen, kennzeichnen den suboptimalen Bereich; Werte über 3,8 deuten auf einen hohen Gestaltungsbedarf hin (Näheres dazu siehe: Wieland-Eckelmann et al., 1999).

Trotz der Vielfalt der Arbeitsaufgaben im Call Center E ist die Beanspruchung hier – im Vergleich zu ähnlichen Büroarbeitsplätzen – relativ hoch. Das dürfte u. E. durch die ständige Kommunikation und das Eingehen auf Gesprächspartner zustande kommen. Hier sind weitere Forschungen gefragt.

Die hier dargestellten Untersuchungen stellen einen ersten Schritt dar, um die psychischen Belastungen (als Einwirkungsgrößen) und die psychischen Beanspruchungen (als Auswirkungsgrößen) in Call Centern zu beschreiben und zu bewerten. Untersucht wurde dabei allerdings erst ein kleiner Ausschnitt aus der Vielfalt von Call Centern mit verschiedenen Tätigkeitsanforderungen. Benutzt wurde zudem ein Verfahren, daß bislang nur im Bereich konventioneller Bildschirmarbeit eingesetzt wurde. Für die speziellen Bedingungen von Call Centern sind Modifikationen und Ergänzungen von traditionellen Verfahren zur Arbeits- und Belastungsanalyse notwendig.

Für die weitere Forschungsarbeit im GESINA-Projekt betrachten wir deshalb folgende Punkte als wesentlich:

- Die Modifikation des SynBA-GA Verfahrens zur Arbeits- und Beanspruchungsanalyse für den Bereich Call Center. Insbesondere geht es dabei um die Frage, wie sich die besonderen emotionalen Anforderungen durch die ständig neuen bzw. kurzfristig wechselnden Kunden mit ihren Anliegen erfassen lassen.
- Der systematische Vergleich von innerbetrieblichen und überbetrieblichen Call Centern.
- Untersuchung der Arbeitszeiten und ihre Auswirkung auf Belastung und Beanspruchung.
- Gefühlsarbeit im Call Center: Anteil an Beanspruchung und Möglichkeiten der Unterstützung durch Arbeitsgestaltung und Führungsarbeit.
- Langzeitstudien, die Aufschluß über mittel- und langfristige Folgen der besonderen psychischen Beanspruchungen im Call Centern bringen können.
- Die Erfassung physiologischer Daten (z.B. Herzrate) im Tagesverlauf.

Da Call Center noch eine vergleichsweise junge Geschichte aufweisen, ist zu erwarten, daß sich die Vielfalt der bisher ausgeübten Dienstleistungen und Tätigkeiten noch erweitert. Der Trend zum Internet-Anschluß wird online-

Führung und -Beratung für Kunden bei Abruf von Dienstleistungen in den komplexen Strukturen des Netzes als Arbeitsaufgabe der Agenten/innen etablieren. Erste online-Dienste haben die Entwicklung zum „Communication" bzw. „Competence Center" bereits vollzogen. Die daraus resultierenden psychischen Belastungen und Beanspruchungen sind im Grunde neuartig und stellen eine Herausforderung für Diagnose, Arbeitsgestaltung und Beanspruchungsoptimierung dar.

Literatur

Köpf, J. (1998): Call Center Concept. Luchterhand : Neuwied

Koch, A. (1998): Wie Mitarbeiter garantiert frustriert werden können. In: TeleTalk, 10/98

Menzler-Trott, E. (1998): Call Center Kultur. In: Computer-Fachwissen 4/98

Menzler-Trott, E. (1998): Call Center: Reorganisation tut not! In: Computer-Fachwissen 11/98

Strawe, O.v. (1998): Vortrag am "Call Center Tag NRW" am 16.11.98

Wendler-Boeck, U. (1998): Arbeitsplatz Call Center. In: Mitbestimmung, 4/98

Wieland-Eckelmann, R./Saßmannshauen, A./Rose, M./Schwarz, R. (1999): Synthetische Beanspruchungsanalyse SynBA-GA. In Dunckel, H. (Hrsg.), Handbuch psychologischer Arbeitsanalyseverfahren, Zürich: vdf, Stuttgart: Teubner

Wieland-Eckelmann, R./Baggen, R./Saßmanshausen, A./Schmitz/Ademmer, C./ Rose, M. (1996): Gestaltung beanspruchungsoptimaler Bildschirmarbeit. Grundlagen und Verfahren für dic Praxis. Bremerhaven: Wirtschaftsverlag NW

Wieland, R. (1999): Beanspruchung und Bildschirmarbeit: Konsequenzen für die Gestaltung von Telearbeitsplätzen. Zeitschrift für Arbeits- und Organisa tionspsychologie, 43, S. 151–158

Wiencke, W./Koke, D. (1997). Call Center Praxis. Den telefonischen Kundendienst erfolgreich organisieren. Schäffer-Poeschel: Stuttgart

Barbara Weißgerber

Leiharbeit – Psychologische Aspekte

Ein kennzeichnendes Merkmal der heutigen Wirtschaft ist der Trend zu flexibleren Beschäftigungsformen: An die Stelle des traditionellen Arbeitsvertrages, der unbefristet und für einen festen Einsatzort abgeschlossen wurde, tritt in zunehmendem Maße befristete, projektgebundene, nomadische Beschäftigung. Als ein Beispiel wird in einem derzeit laufenden Forschungsprojekt der Bundesanstalt für Arbeitsschutz und Arbeitsmedizin die Beschäftigungsform „Leiharbeit" untersucht.

Charakteristik der Beschäftigungsform „Leiharbeit"

Der Begriff „Leiharbeit" wird in den einschlägigen gesetzlichen Regelungen verwendet; im öffentlichen Sprachgebrauch ist häufiger von „Zeitarbeit" die Rede. Leiharbeit bedeutet jedoch nicht, daß für den Beschäftigten ein zeitweiliger Arbeitsvertrag besteht. Vielmehr fungieren Leiharbeitsunternehmen als Arbeitgeber und stellen Beschäftigte zu dem Zwecke ein, sie gewerbsmäßig anderen Unternehmen zur befristeten Arbeitsleistung zu überlassen. Es besteht eine Dreiecksbeziehung zwischen dem verleihenden Unternehmen, dem entleihenden Unternehmen und dem Leiharbeitnehmer [1].

Einige statistische Daten

Statistiken zeigen ein deutliches Wachstum in diesem Beschäftigungsbereich. Zum Stichtag 30.06.1997 wurden in Deutschland 8.728 Leiharbeitsfirmen mit insgesamt 212.664 Beschäftigten gezählt [2]. Damit haben seit 1991 die Firmenanzahl um rund 50 % und die Zahl der Leiharbeitnehmer um fast 60 % zugenommen.

1997 und 1998, jeweils im Februar, veröffentlichte die Zeitschrift „Wirtschaftswoche" eine Auflistung der Unternehmen, die derzeit in Deutschland die größten Zuwächse an Arbeitsplätzen aufweisen. In der Spitzengruppe, unter den Unternehmen, in denen seit 1997 mehr als 1000 neue Stellen geschaffen wurden (Tab. 1), befinden sich vier Leiharbeitsfirmen! (Allerdings bleibt die Frage offen, ob die neuen Stellen tatsächlich neu entstanden sind oder ob sie auf den Abbau fester Stellen bei den Entleihern zurückgehen.)

Die Beschäftigungszahlen wie auch die dahinter stehenden Umsätze (Tab. 2) belegen, daß hier ein erhebliches Wirtschaftspotential besteht, für das in der Zukunft ein weiteres Wachstum erwartet werden kann. In den Niederlanden z. B. ist die Quote der Leiharbeitnehmer, bezogen auf die Gesamtzahl der Erwerbstätigen, fünfmal höher als in Deutschland [4].

Rangplatz 1998	Firma	Beschäftigte Anfang 1997	Zuwachs 1997	Zuwachs 1998	Zuwachs gesamt absolut	in %
6	Randstad	6.000	1.900	2.700	4.600	+ 77
10	Manpower	4.464	597	1.941	2.538	+ 57
13	Adecco	6.000	1.000	1.500	2.500	+ 42
36	Dis	2.419	854	511	1.365	+ 56

Tabelle 1:
Leiharbeitsfirmen unter den 100 derzeit größten Arbeitsplatzbeschaffern in Deutschland
(Zusammenstellung aus dem Zahlenmaterial von [3a] und [3b]. Die von den Firmen angegebenen Zahlen waren z. T. gerundet.)

Firma	Adecco	Randstad	Time Power	Manpower	Offis	Dis
Jahresumsatz 1996 in Mio DM	275	256	255	204	190	181

Tab. 2:
Jahresumsätze der größten Leiharbeitsfirmen in Deutschland [5]

Einbezogene Berufsgruppen

Traditionelle Felder der Leiharbeit sind handwerklich-technische Berufe (wie Schlosser/Schweißer, Elektriker, Installateure, Tischler), der Bürobereich (z. B. Schreibkräfte, Sekretärinnen, kaufmännische Angestellte) sowie Hilfsarbeitertätigkeiten. Zunehmend findet Leiharbeit aber auch im Bereich höherer Qualifikationen statt, z. B. für Ingenieure, Informatiker, Betriebswirte.

Arbeitsrechtliche Grundlagen für Leiharbeit

Das Arbeitnehmerüberlassungsgesetz [6] regelt u. a. die Erteilung der Erlaubnis zur Arbeitnehmerüberlassung und Bedingungen, an die die Erlaubnis geknüpft ist; Zuständigkeiten in Fragen des Arbeitsschutzes, der Arbeitnehmervertretung u. ä.; zulässige Entleihfristen (seit Gesetzesänderung vom 27. März 1997: max. 1 Jahr).

Im Arbeitsschutzgesetz [7] werden spezielle Regelungen zur Unterweisungspflicht bei Leiharbeit getroffen.

So fordert § 8 (2): „Der Arbeitgeber muß sich ... vergewissern, daß die Beschäftigten anderer Arbeitgeber, die in seinem Betrieb tätig werden, hinsichtlich der Gefahren für ihre Sicherheit und Gesundheit während ihrer Tätigkeit in seinem Betrieb angemessene Anweisungen erhalten haben."

§ 12 (2) stellt dann ausdrücklich klar: „Bei einer Arbeitnehmerüberlassung trifft die Pflicht zur Unterweisung ... den Entleiher. Er hat die Unterweisung unter Berücksichtigung der Qualifikation und der Erfahrung der Personen, die ihm zur Arbeitsleistung überlassen werden, vorzunehmen. Die sonstigen Arbeitsschutzpflichten des Verleihers bleiben unberührt."

Ziel der EWG-Richtlinie 91/383 [8] ist es, sicherzustellen, daß Arbeitnehmer mit befristetem Arbeitsverhältnis oder Leiharbeitsverhältnis „im Hinblick auf Sicherheit und Gesundheitsschutz am Arbeitsplatz das gleiche Schutzniveau wie die anderen Arbeitnehmer des entleihenden Unternehmens und/oder der entleihenden Einrichtung genießen" (Artikel 2 (1)). Diesbezüglich werden insbesondere behandelt:

- die Unterrichtung der Arbeitnehmer über Risiken, denen sie ausgesetzt sein könnten,
- die Unterweisung der Arbeitnehmer entsprechend ihrer Qualifikation und Erfahrung sowie den Merkmalen des Arbeitsplatzes,
- die ärztliche Überwachung,
- Verantwortlichkeiten für Sicherheit, Hygiene und Gesundheitsschutz.

Gründe für Leiharbeit

Erstens: Warum – oder wann – greifen Unternehmen auf Leiharbeit zurück? In verschiedenen Erhebungen kristallisierten sich, bei z. T. unterschiedlichen Gewichtungen, folgende wesentliche Gründe für den Einsatz von Leiharbeitskräften heraus:

- Abfangen von Termindruck bei unvorhergesehenen oder unerwartet aufwendigen Arbeiten;
- Vertretung beim zeitweiligen Ausfall eigener festangestellter Mitarbeiter, z. B. im Falle von längeren Erkrankungen, Urlaub, Wehrdienst, Mutterschaftsurlaub;
- Bewältigung von Arbeitsspitzen in Bereichen mit stark schwankendem Auftragsvolumen, besonders in saisonabhängigen Branchen;

- Ausführung von befristeten Spezialaufgaben, für die keine ausreichende Fachkompetenz bei den eigenen Mitarbeitern vorliegt, z. B. Einführung eines Datenverarbeitungssystems im Unternehmen;
- risikolose Erprobung von Personal, wobei eine spätere Festanstellung möglich ist.

Besonders dort, wo die Stammbelegschaft auf das Minimum reduziert wurde, müssen Personalausfälle und/oder betriebliche Mehraufgaben durch zeitweilige Beschäftigte abgedeckt werden.

Zweitens: Warum – oder wann – nehmen Menschen ein Leiharbeitsverhältnis auf?

Nach wie vor ist eine Festanstellung bei stabiler Einbindung in ein Arbeitskollektiv und bei festem Arbeitsort die für Arbeitnehmer in der Regel übliche und von ihnen auch angestrebte Beschäftigungsform. Gründe für Leiharbeit sind aus Sicht der Beschäftigten:

- das Integriertsein in den Arbeitsmarkt (Alternative zur Arbeitslosigkeit);
- Überbrückung von Zwischenzeiten, die sich aus besonderen Lebenssituationen ergeben;
- Gewinn an Qualifizierung durch wechselnden Einsatz und wechselnde berufliche Anforderungen (vergleichbar den früheren Wanderjahren von Handwerksgesellen);
- Orientierungsmöglichkeit im beruflichen Feld, bevor man sich festlegt;
- Hoffnung, in die Stammbelegschaft des entleihenden Unternehmens übernommen zu werden (Leiharbeit als Sprungbrett in die Festanstellung). Diese Hoffnung ist nicht unbegründet: Nach Angaben der Leiharbeitsfirmen wechseln rund 30 % der Leiharbeiter in ein Arbeitsverhältnis beim Entleiher über.

Aus diesen Aussagen wird bereits einiges zur psychischen Situation von Leiharbeitnehmern deutlich, wobei durchaus ambivalente Wirkungen von Bedingungen möglich sind.

Grundbedingung bei Leiharbeit: häufiger Wechsel

Dieser häufige Wechsel bedeutet, verglichen mit „normaler" Beschäftigung, mehr Einarbeitungsphasen innerhalb der Arbeit und kürzere Zeitspannen für die persönliche Planung.

Er kann für den Beschäftigten eine Anregung oder Herausforderung, aber auch einen Streßauslöser darstellen (Tabelle 3).

	mögliche positive Wirkungen (Ressourcen)	mögliche negative Wirkungen (Stressoren)
Wechsel der Arbeitsaufgaben und Ausführungsbedingungen	– Ausbau des beruflichen Könnens und Wissens. – Anregung durch Anforderungsvielfalt. – Erleben der eigenen Fachkompetenz (Selbstbestätigung).	– Anforderungen müssen bei noch unzureichendem Orientierungs-/Übungsstand bewältigt werden. – Kräftesparende Routinen treffen nach dem Einsatzwechsel nicht mehr zu. – Fachliche Bestätigung bleibt aus, wenn die Einsatzzeiten zu kurz sind, als daß bereits Erfolge der eigenen Arbeit sichtbar werden können. – Umlernen (fehlerträchtig!) kann erforderlich sein.
Wechsel des sozialen Umfeldes	– Umgang mit jeweils anderen Mitarbeitern und Vorgesetzten führt zum Ausbau der sozialen Kompetenz. – Kennenlernen vieler Menschen bereichert die Lebenserfahrung, öffnet Horizonte. – Schwierige Mitarbeiter oder Vorgesetzte werden „auf Zeit" leichter ertragen.	– Erfordernis, sich in einem neuen Kollegenkreis zu orientieren, erhöht die Belastung. – Außenseiterrolle in der Stammbelegschaft (Mitarbeiter, Vorgesetzte), dadurch geringe soziale Unterstützung. – Oberflächlichkeit in den menschlichen Beziehungen, da von vornherein klar ist, daß sie nicht von Dauer sein werden.
Wechsel des örtlichen Umfeldes	– Anregung, da ein „täglicher Trott" immer wieder aufgebrochen wird.	– Zusätzlicher psychischer Aufwand für die Planung und Optimierung des neuen Arbeitsweges, für das Erschließen bisher unvertrauter örtlicher Gegebenheiten. – Erschwerte Abstimmung zwischen privaten und beruflichen Verpflichtungen bei immer wieder veränderter „Logistik". – Bei wohnortfernem Einsatz: Verringerung von Familienkontakt und selbstgestaltbarer Freizeit.

Tabelle 3:
Häufiger Einsatzwechsel

Leiharbeit als Beziehungsgefüge

Das bereits erwähnte Beziehungsdreieck zwischen Leiharbeitsfirma, entleihendem Unternehmen und Leiharbeitnehmer kann ungünstigenfalls die Züge eines Spannungsdreiecks annehmen: Interessengegensätze zwischen Verleiher und Entleiher werden für den Beschäftigten dann deutlich spürbar.

Problematisch werden für die Belastungssituation und ggf. für die Arbeitssicherheit des Beschäftigten auch ein Mißverhältnis zwischen seiner Qualifikation und der Arbeitsaufgabe im Entleihbetrieb sowie eine unzureichende, seine Voraussetzungen nicht berücksichtigende Einweisung in die Arbeitstätigkeit.

Wo Leiharbeiter als Verstärkung bei drängenden betrieblichen Aufgaben oder bei Arbeitsspitzen herangeholt werden, wird der Faktor „Zeitdruck" als massive Belastung wirksam.

Schließlich kann die Bewährungssituation, in der der Leiharbeitnehmer sich sieht (Hoffnung auf Festeinstellung), zu erhöhtem Leistungsdruck beitragen.

Schlußfolgerungen für die Ziele des laufenden Forschungsprojektes

Während insbesondere die Sozialwissenschaften noch eine gewisse Reserviertheit gegenüber dem Thema Leiharbeit erkennen lassen, haben zahlreiche Unternehmen die Leiharbeit bereits als feste Größe in ihre Arbeitskräfteplanung eingeordnet. Es steht nicht die Frage nach einer Position pro oder contra Leiharbeit. Sondern: Ansätze für die Bewertung und Gestaltung von Arbeitsanforderungen müssen sich der Vielfältigkeit des zunehmend flexibleren Arbeitsmarktes stellen und auf die Spezifik der jeweiligen Formen eingehen.

Der erste Projektbearbeitungsschritt besteht daher in einer Istzustandsanalyse, um innerhalb der o.g. Bedingungen wesentliche Belastungsfaktoren festzustellen.

Im zweiten Schritt müssen Empfehlungen zur Verbesserung der Arbeitssituation und zum Streßabbau entwickelt werden.
Im einzelnen geht es um

a) Maßnahmen im Entleihbetrieb, wie die Gestaltung der technischen und organisatorischen Arbeitsbedingungen, die Zusammenarbeit mit der Stammbelegschaft, die Sicherung des erforderlichen Informationsflusses;
b) Maßnahmen im Verleihbetrieb, wie Handlungshilfen für Disponenten, die den Personaleinsatz regeln, Einsatzvorbereitung für die Beschäftigten;
c) personenbezogene Maßnahmen, wie die Unterstützung bei der Weiterentwicklung fachlicher und sozialer Kompetenzen entsprechend den Anforderungen bei Leiharbeit.

Verbesserungen des Arbeitsschutzes – einschließlich der menschengerechten Gestaltung der Arbeit –, die erreicht werden können, haben positive Wirkungen auf Befindlichkeit, Leistungsfähigkeit und Engagement der Beschäftigten. Damit liegen sie letztlich im Interesse aller drei Beteiligten.

Anmerkungen

1 Kaiser, M. (1995): Psychologische Aspekte der Tätigkeit von Zeitarbeitnehmern aus den fünf neuen Bundesländern. Diplomarbeit an der Technischen Universität Dresden, Fakultät Mathematik und Naturwissenschaften, Fachrichtung Psychologie (unveröff.)

2 Angaben der Bundesanstalt für Arbeit

3 Böhmer, R. (1998/99): Die Jobmaschine. In: Wirtschaftswoche, a) Nr. 9, 19.02.1998, S. 56–72, b) Nr. 9, 25.02.1999, S. 60–64

4 DNN, 03./04.01.1998, S. B 8

5 Wulff, M. (1997): Ramponiertes Image. In: Wirtschaftswoche, Nr. 17, 17.04.1997, S. 68–69

6 Gesetz zur Regelung der gewerbsmäßigen Arbeitnehmerüberlassung (Arbeitnehmerüberlassungsgesetz – AÜG) vom 3. Februar 1995, zuletzt geändert durch Gesetz vom 19. Dezember 1997 (BGBl. I Nr. 84, S. 2989)

7 Gesetz zur Durchführung der Maßnahmen des Arbeitsschutzes zur Verbesserung der Sicherheit und des Gesundheitsschutzes der Beschäftigten bei der Arbeit (Arbeitsschutzgesetz – ArbSchG) vom 7. August 1996 (BGBl. I Nr. 43, S. 1246ff)

8 EWG-Richtlinie zur Ergänzung der Maßnahmen zur Verbesserung der Sicherheit und des Gesundheitsschutzes von Arbeitnehmern mit befristetem Arbeitsverhältnis oder Leiharbeitsverhältnis, Richtlinie des Rates 91/383/EWG vom 25. Juni 1991

P. Grüne und R. Wieland

Leiharbeit – für die Zukunft effizient gestalten

Berufsbiographien zeigen, daß die sogenannte „normale“ Erwerbsarbeit bei einer stetig wachsenden Anzahl von Personen von neuen Arbeits- und Organisationsformen wie Leiharbeit, Telearbeit, Call-Centern, etc. abgelöst wird. Die ‚Arbeitnehmerüberlassung‘, die ebenfalls unter ‚Leiharbeit‘, ‚Zeitarbeit‘ und ‚Personal-Leasing‘ bekannt ist, ist eine starke Wachstumsbranche: Als LeiharbeitnehmerInnen arbeiteten 1973 34.379 Personen und 1997 212.664 (Bundesregierung, 1996).

1. Projekte zur Leiharbeit

Bisher gibt es wenige Studien, die sich mit der Auswirkung von Leiharbeit auf den Menschen befassen, den Arbeits- und Gesundheitsschutz bei Leiharbeit thematisieren und die Frage nach der Optimierung der spezifischen psychischen Belastung stellen.

Zwei Projekte an der Universität Wuppertal beschäftigen sich mit der Thematik Leiharbeit: Spezifische psychische Belastungen der Leiharbeitskräfte werden im Auftrag der Bundesanstalt für Arbeitsschutz und Arbeitsmedizin Dortmund/ Dresden (BAuA) untersucht. Eine Studie zur Leiharbeit als neue Arbeits- und Organisationsform wird im Rahmen des Projektes ‚gesina‘ im Programm „Arbeit und Technik“ durch das Ministerium für Bildung und Forschung (BMBF) gefördert.

2. Ist-Analyse

In der Ist-Analyse wird einerseits die Seite der Verleihunternehmen und andererseits die Seite der LeiharbeitnehmerInnen betrachtet. In diesem Artikel wird der Fokus auf die psychische Belastung und Beanspruchung der Leiharbeitskräfte gelegt.

2.1 Fragebogen zur Leiharbeit

Im Rahmen der Ist-Analyse ist zu klären, welche Besonderheiten in der Belastungs- und Beanspruchungsstruktur von Leiharbeit im Vergleich zu „normaler“ Erwerbsarbeit auftreten. Dazu sind die Quellen der Belastung und die daraus resultierenden spezifischen psychischen und physischen Beanspruchungen zu nennen. Auf Grundlage der Literaturrecherchen und Experteninterviews zur Leiharbeit wurde ein spezifischer Fragebogen zur Leiharbeit erarbeitet. Der Fragebogen erfaßt inhaltlich folgende Merkmale: Angaben zur Person, Tätigkeitsbeschreibung, Merkmale der Leiharbeit, Auswirkungen von Leiharbeit, Fähigkeiten bei Leiharbeit, Arbeitsanalyse (Verfahren SynBA-GA; Wieland-Eckelmann et. al 1999). Unter Merkmalen von Leiharbeit wird eine Vielzahl von leiharbeitsspezifischen psychischen Belastungsmerkmalen verstanden, die in vier Kategorien zusammengefaßt worden sind: 1. Arbeitsbedingungen, 2. Soziale Situation, 3. Arbeitsschutz und 4. Arbeitsort.

2.2 Stand der Datenerhebung

Von den 940 angeschriebenen Zeitarbeitsunternehmen haben sich 36 zur Kooperation bereit erklärt. Dies entspricht einer Quote von 3,8%. Von den 2.900 versendeten Fragebögen sind bisher 315 (Stand: Mai 1999) zurückgeschickt worden. Dies entspricht einer Rücklaufquote von 10,9%. Bisher sind in 7 Zeitarbeitsunternehmen Interviews anhand des Interviewleitfadens mit GeschäftsstellenleiterInnen durchgeführt worden.

2.3 Erste Ergebnisse

Angaben zur Person und zur Tätigkeit: Beim jetzigen Stand der Datenerhebung handelt es sich um 72 weibliche Leiharbeitnehmerinnen (26,5%) und 200 männliche Leiharbeitnehmer (73,5%). 43 UntersuchungsteilnehmerInnen haben ihr Geschlecht nicht angegeben. Von den Befragten sind 85% deutscher Nationalität und 7,5% türkischer Herkunft. Die Restgruppe verteilt sich auf unterschiedliche Länder. Die Tätigkeiten verteilen sich wie folgt: 38,3% Facharbeitertätigkeiten, 35,5% Hilfstätigkeiten, 24% kaufmännische und 2% technische Tätigkeiten. Wegen der geringen Anzahl werden die technischen Tätigkeiten im folgenden nicht berücksichtigt.

Von den Befragten arbeiten 54% länger als ein Jahr als Leiharbeitskraft. Dieses Ergebnis sticht aus den anderen Antworten heraus, die in etwa dem 8. AÜG-Erfahrungsbericht der Bundesregierung (1996) entsprechen. Dort wird angegeben, daß die meisten Leiharbeitsverhältnisse zwischen Verleihern und LeiharbeitnehmerInnen (51,4%) nach einer Dauer von einer Woche bis zu einem Vierteljahr enden.

2.4 Beschreibung von Leiharbeit

Die Leiharbeitskräfte wurden gefragt, wie häufig bestimmte Arbeitsbedingungen, die Merkmale der sozialen Situation und des Arbeitsschutzes zutreffen. Sie schätzten außerdem ein, welche Fähigkeiten bei Leiharbeit im Vergleich zu „normaler Arbeit" besonders gefordert sind. Unterschieden wird nach Personen, die Hilfstätigkeiten, Facharbeitertätigkeiten oder kaufmännische Tätigkeiten ausführen.

Abbildung 1 zeigt einige Ergebnisse zu den Arbeitsbedingungen. Bei den drei Gruppen gibt es nur geringe *„Möglichkeiten zur Gestaltung des Arbeitsumfeldes"*. *„Weiterbildung durch interne und externe Schulungen"* tritt sehr selten auf. *„Urlaubs- und Gleittagzwang in Nicht-Einsatzzeiten"* tritt bei Hilfstätigkeiten und Facharbeitertätigkeiten signifikant häufiger auf (F=2,48; p<.00) als bei kaufmännischen Tätigkeiten. *„Abwechslungsreiche Tätigkeiten durch Arbeitsplatzwechsel"* kommen bei kaufmännischen Tätigkeiten und Facharbeitertätigkeiten signifikant häufiger vor als bei Hilfstätigkeiten (F=1,81; p<.05). Von *„Arbeitseinsätzen entsprechend der eigenen Tätigkeiten"* sprechen sehr häufig die FacharbeiterInnen und signifikant seltener die Personen mit kaufmännischen Tätigkeiten und signifikant noch seltener die Hilfsarbeitskräfte (F=1,81;p<.05).

Merkmale der sozialen Situation bei Leiharbeit sind in Abbildung 2 dargestellt. Eine *„Gute Integration im Kundenunternehmen"* erleben FacharbeiterInnen und kaufmännische Arbeitskräfte signifikant häufiger als HilfsarbeiterInnen (F=1,97;p<.05). Ein *„Gutes Arbeitsverhältnis zu Kollegen/innen aus Kundenbetrieb"* tritt bei den FacharbeiterInnen signifikant häufiger auf als bei den HilfsarbeiterInnen (F=1,95;p<.05). Die Personen mit kaufmännischen Tätigkeiten liegen zwischen den beiden Gruppen. Die *„Gleiche Behandlung wie Stammpersonal durch den Vorgesetzten am Einsatzort"* erleben die drei Gruppen zwischen 50% und 70%. Die *„Gute Betreuung durch Disponenten oder Disponentin"* tritt bei den FacharbeiterInnen signifikant häufiger auf als bei den HilfsarbeiterInnen (F=2,62;p<.05). Die kaufmännischen Arbeitskräfte liegen zwischen den beiden Gruppen. Ein *„Geringes gesellschaftliches Ansehen als Leiharbeitnehmer/in"* empfinden die HilfsarbeiterInnen signifikant häufiger als die kaufmännischen Arbeitskräfte, während die FacharbeiterInnen dazwischen liegen. Insgesamt weisen die Ergebnisse auf eine bessere Arbeitssituation der FacharbeiterInnen und kaufmännischen Arbeitskräfte im Vergleich zu den HilfsarbeiterInnen hin.

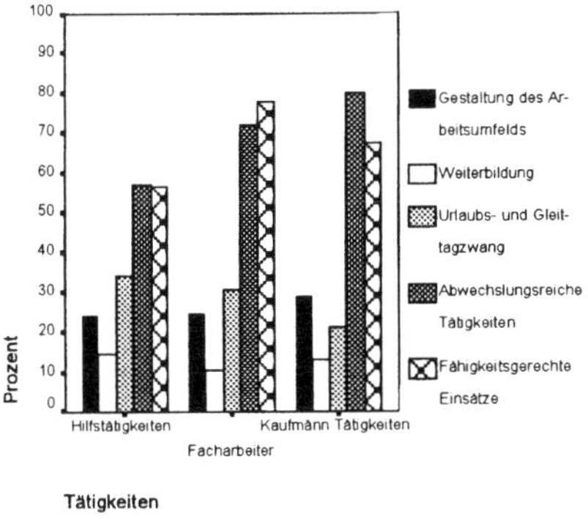

Abbildung 1:
Arbeitsbedingungen

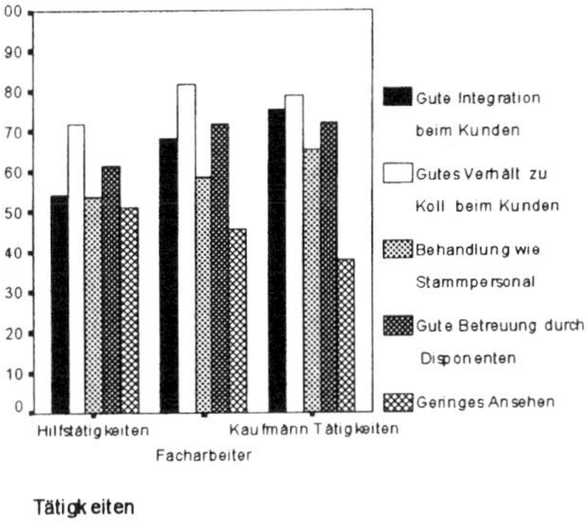

Abbildung 2:
Soziale Situation

Hinsichtlich des Arbeitsschutzes ergeben sich folgende Unterschiede: *„Ausreichende Information zum Arbeitsschutz von Disponent oder Disponentin"* erhalten FacharbeiterInnen signifikant häufiger als kaufmännische Arbeitskräfte. HilfsarbeiterInnen liegen in der Mitte (F=2,55;p<.05). *„Einweisung in technische Sicherheitsvorkehrungen am Arbeitsplatz"* erleben Hilfs- und FacharbeiterInnen signifikant häufiger als kaufmännische Arbeitskräfte (F=2,81;p=.00). Die *„Darstellung besonderer betrieblicher Gefährdungen und vorgesehene Gegenmaßnahmen"* hören Hilfs- und FacharbeiterInnen signifikant häufiger als kaufmännische Arbeitskräfte (F=1,92;p<.05). Die Aussage *„Leiharbeitnehmer/innen haben genügend Sachkenntnis, um sicher zu arbeiten"* trifft bei allen drei Gruppen zwischen 65% und 80% zu. Zusammenfassend zeigt sich, daß das Thema Arbeitsschutz bei Hilfs- und FacharbeiterInnen eine größere Rolle spielt als bei kaufmännischen Arbeitskräften.

Folgende Fähigkeiten sind bei Leiharbeit besonders gefordert. Insgesamt brauchen die Leiharbeitskräfte nach eigener Einschätzung eine große Anzahl von Fähigkeiten zur Ausübung von Leiharbeit. Eine *„Schnelle Auffassungsgabe"* (F=2,91;p=.00) und die *„Fähigkeit, Probleme zu erkennen"* (F=3,02;p=.00) brauchen die HilfsarbeiterInnen signifikant weniger als FacharbeiterInnen und kaufmännischen Arbeitskräfte. Insgesamt wird diesen Fähigkeiten aber ein hoher Stellenwert zugeschrieben. Bei der *"Geschicklichkeit beim Umgang mit Computern"* zeigen sich die größten signifikanten Unterschiede zwischen allen drei Gruppen (F=25,21;p=.00). Für die kaufmännischen Arbeitskräfte ist er wesentlich wichtiger als für die HilfsarbeiterInnen. Für die FacharbeiterInnen spielt er kaum eine Rolle. Die *„Fähigkeit, Arbeitsabläufe selbständig zu planen"* halten die HilfsarbeiterInnen für signifikant weniger entscheidend als die zwei anderen Gruppen (F=3,81;p=.00). *„Einfühlungsvermögen"* wird am Arbeitsplatz der kaufmännischen Arbeitskräfte signifikant häufiger gefordert als bei den anderen Gruppen (F=2,93;p=.00).

2.5 Arbeitsanalyse

Das Arbeitsanalyseverfahren SynBA-GA, das zur Analyse, Bewertung und Gestaltung von unterschiedlichen Arbeitsplätzen in verschiedenen Branchen eingesetzt wird, wurde ebenfalls bei Leiharbeit durchgeführt. Je höher die Werte des Beanspruchungspotentials ausfallen, desto belastender schätzen die Befragten ihre Arbeitssituation ein (Abb. 3). Signifikant stärker belastet sind die HilfsarbeiterInnen im Vergleich zu den anderen beiden Gruppen (F=4,2;p=.00). Bei den Kennwerten der drei Arbeitsgestaltungsmerkmale (Abb. 4) zeigen sich signifikante Unterschiede im negativen Beanspruchungspotential der Aufgabenanforderungen (F=7,85;p=.01), der Tätigkeitsspielräume (F=4,96;p=.00) und der Regulationshindernisse (F=3,87;p=.01) zwischen den HilfsarbeiterInnen und den anderen Gruppen. Nicht gestaltungsbedürftig ist der Bereich der Regulationshindernisse, da die Werte unter dem Grenzwert 3 bleiben. Ein mittlerer Gestaltungsbedarf besteht für den Bereich der Tätigkeitsspielräume bei den FacharbeiterInnen und kaufmännischen Arbeitskräften. Durch hohen Gestaltungsbedarf zeichnen sich der Bereich der Tätigkeitsspielräume für alle drei Gruppen aus und der Bereich der Aufgabenanforderungen für die HilfsarbeiterInnen, da der Grenzwert von 3,8 überschritten wird.

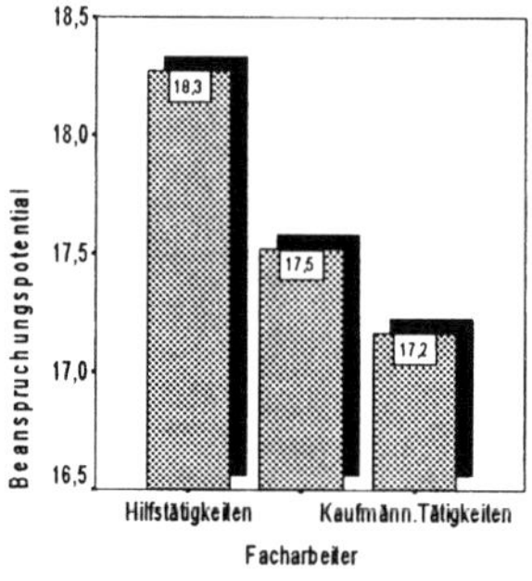

Abbildung 3:
Beanspruchung bei Leiharbeit

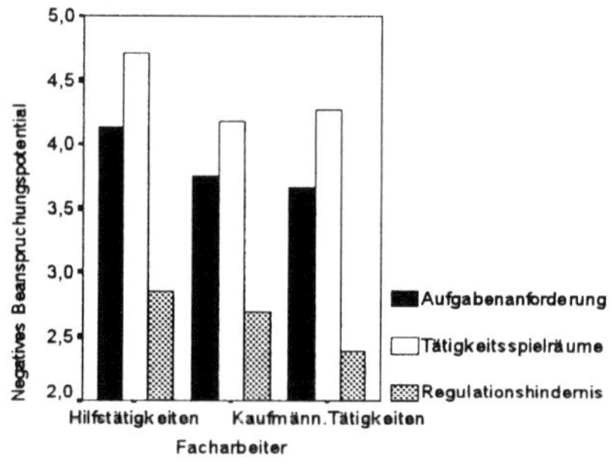

Abbildung 4:
Arbeitsgestaltungsmerkmale bei Leiharbeit

3. Weitere Vorgehensweise

Nach Eingang aller Fragebögen wird die Auswertung vervollständigt. Die Ergebnisse der Analyse sollen dann dazu dienen, einen Maßnahmenkatalog zur präventiven beanspruchungsoptimalen Gestaltung von Leiharbeit und zur Qualifizierung von LeiharbeitnehmerInnen zu entwickeln.

Literatur

Bundesregierung (1996): Achter Bericht der Bundesregierung über Erfahrungen bei der Anwendung des Arbeitnehmerüberlassungsgesetzes – AÜG – sowie über die Auswirkungen des Gesetzes zur Bekämpfung der illegalen Beschäftigung – BillBG – (Bundestagsdrucksache 13/5498)

Wieland-Eckelmann, R./Saßmannshausen, A./Rose, M./Schwarz, R. (1999): Synthetische Beanspruchungs- und Arbeitsanalyse (SynBA-GA). In: Dunckel, H. (Hrsg.): Handbuch psychologischer Arbeitsanalyseverfahren. Zürich: vdf Hochschulverlag an der ETH

H.-Peter Musahl und Michael Schuppin

Zur Ganzheitlichkeit von Arbeits-, Gesundheits- und Umweltschutz – die Sicht von Mitarbeitern [1]

1. „Ganzheitlichkeit" als gesetzlicher Anspruch

Das Prinzip der „Ganzheitlichkeit" bestimmt die Europäische Rahmenrichtlinie zur Verbesserung von Sicherheit und Gesundheitsschutz (Kothe, 1998). Das neue AGU-Leitbild löst die traditionelle Aufgabe der Verhütung von Arbeitsunfällen und Berufskrankheiten mit ihrem auf technische Vorsorge abhebenden Maßnahmenkatalog durch die Pflicht des Arbeitgebers zur „Berücksichtigung des Faktors Mensch bei der Arbeit" ab (Art. 6, Abs. 2d). Diese eher formelhafte Aussage wird in der englischen und der französischen Fassung präziser: Dort lautet sie: „... adapting the work to the individual" bzw. „... adapter le travail à l'homme."

Der Grundgedanke der *Anpassung der Arbeit an den Menschen* führte im Arbeitsschutzgesetz (§4, Nr. 4 ArbSchG) zu der Forderung: „Maßnahmen sind mit dem Ziel zu planen, Technik, Arbeitsorganisation, sonstige Arbeitsbedingungen, soziale Beziehungen und Einfluß der Umwelt auf den Arbeitsplatz sachgerecht zu verknüpfen". Dieser umfassende, ganzheitliche oder auch „systemische" Anspruch bedeutet einen Perspektivenwechsel gegenüber der früheren Gesetzeslage und stellt hohe Ansprüche an Führungskräfte und Arbeitsschutzakteure.

2. Ganzheitlichkeit – ein Schlagwort?

Was bedeutet eigentlich „Ganzheitlichkeit"? Offenbar nicht allein die Verhütung von Arbeitsunfällen, sondern die Betrachtung der Gesamtbeziehungen zwischen Menschen und den sie umgebenden organisatorischen und technischen Bedingungen in Arbeitssystemen – des dynamischen Gesamtsystems also, in dem Menschen in der Zeit eine definierte Arbeitsaufgabe erfüllen. Ein der „Ganzheitlichkeit" synonymer Begriff ist derjenige des „Systems"; allerdings bleibt zumeist ebenso offen, was „System" bedeutet. Zu-

[1] Mit Unterstützung der Bergbau-Berufsgenossenschaft durchgeführte Forschungsarbeit.

rückhaltung scheint aber angezeigt gegenüber Formulierungen, die möglicherweise mehr verklären als erklären (s. hierzu auch Dörner, 1992, S. 277f).

Was ist ein System? – Orientieren wir uns an Formulierungen von Ludwig von Bertalanffy, dem Begründer der Allgemeinen Systemtheorie, dann sind Systeme „sets of elements standing in interrelation" (Bertalanffy, 1973, p. 37). Wesentliches Charakteristikum eines Systems als „organisiertes komplexes Ganzes" ist das Vorhandensein von Wechselwirkungen („... the existence of ‚strong interactions'... which are ‚nontrivial'... , i.e. nonlinear"; ibid., p. 17). Bei einem System handelt es sich demnach um *ein organisiertes Ganzes aus einer definierbaren Menge von Elementen oder Variablen, dessen organisierte Komplexität aus den Wechselwirkungen seiner Komponenten entsteht.*

Dabei sind Wechselwirkungen nicht-triviale, nonlineare Effekte, die nur aus dem Zusammenwirken bestimmter Ausprägungen der Einzelkomponenten erklärbar sind, „Interaktionen" also und nicht Aktionen, Reaktionen oder komplexe Kausalketten. Auch Rückmeldungsschleifen („feedback") sind also keineswegs Kennzeichen eines dynamischen Systems (Bertalanffy, 1973, p. 170ff); denn diese sind in ihrer Richtung stets eindeutig definiert und schließen wechselseitige Einflußnahmen ja gerade aus.

In einem dynamischen Mensch-Maschine-System wirken zu einem bestimmten Zeitpunkt (Situation) der technische Zustand (Maschine), die nach dem Regelwerk gültige organisatorische Bestimmtheit (Organisation) und die individuellen Personmerkmale und Prozesse der Informationsverarbeitung (Person) im Sinne einer Wechselwirkung 3. Ordnung (SxMxOxP) zusammen (Musahl, 1997, S. 373ff). Das aktuelle Verhalten einer Person ist aus dieser Wechselwirkung zu erklären. Die monokausale Erklärung eines Systemzustands oder Ereignisses, selbst die in Fehlerbäumen zumeist intuitiv angenommene Kausalkette sind zum Verständnis komplexer systemischer Effekte unzureichend. Systemische Effekte zu modellieren, ist deutlich anspruchsvoller, als die schlagwortartige Forderung nach systemischem Denken vermuten läßt.

Psychologische Grenzen „systemischen" Denkens. – Menschen gewinnen einen Teil ihrer Handlungsfähigkeit aus entscheidungsförderlicher Problemverkürzung. Hierzu dienen „Heurismen", bei Unsicherheit intuitiv angewandte Regelwerke (Kahneman, Slovic, Tversky, 1982). Sie helfen uns, ein Ereignis zu identifizieren, Wissen darüber zu aktivieren und eigene Handlungsmöglichkeiten zu prüfen. Vermutlich brachte im Zuge der Evolution die Fähigkeit, schnell eine situativ angemessene Entscheidung für erfolgreiches Verhalten treffen zu können, einen Selektionsvorteil. Daher bewähren sich diese Regelwerke beim Zwang zu schneller Entscheidung – oder: Bei genauerem Hinsehen sind sie häufig die Quelle von Trugschlüssen und Irrtümern. Es reicht daher nicht, systemisches Denken zu fordern und zu suggerieren, man müsse es nur wollen. *„Systemisches Denken" gehört nicht zu den besonders ausgeprägten menschlichen Fähigkeiten*! Das müssen wir wissen und konsequent beachten, wenn wir Störungen in komplexen Mensch-Maschine-Systemen erkennen, bewältigen oder verhindern wollen.

3. AGU-Belange sind nicht „ganzheitlich" repräsentiert

Zwar bestätigen Mitarbeiter und Führungskräfte gern, daß die Belange von Arbeits-, Gesundheits- und Umweltschutz (AGU) zusammengehören – entspricht dies aber der tatsächliche Repräsentation dieser Konzepte in den Köpfen der Mitarbeiter? Wenn wir die wichtige Botschaft der „Ganzheitlichkeit" vermitteln wollen, dann müssen wir, einem alten pädagogischen Grundsatz folgend, die Mitarbeiter dort abholen, wo sie sind.

Die Mitarbeiter aller Hierarchieebenen eines Salzbergwerks beantworteten im Rahmen einer umfassenden Studie anonym einen Fragebogen zu ihrer Einschätzung von Arbeitssicherheit und Gesundheitsschutz sowie zum betrieblichen Umwelt- und Qualitäts-Management. Tabelle 1 faßt die Produkt-Moment-Korrelationen der Gesamtbewertungen der Bereiche zusammen.

			ASI	GES	UMW	QMG
Arbeitssicherheit	ASI	(301)		.136*	.250**	.088
Gesundheitsschutz	GES	(300)			.129*	.105*
Umweltschutz-M.	UMW	(302)				.380**

Signifikanzniveau: *: = .05; zweiseitig **: = .01; zweiseitig

Tabelle 1:
Korrelationen der Antworten der Gesamtstichprobe aller Mitarbeiter zur Gesamtbewertung von Arbeitssicherheit (ASI) und Gesundheitsschutz (GES) sowie zum Umwelt- (UMW) (grau unterlegt) und Qualitäts-Management (QMG). Die Anzahl auswertbarer Fragebögen ist jeweils in Klammern () angegeben.

Die Korrelationen zwischen den drei Konzepten sind statistisch signifikant, die höchste beträgt r = 0,25 zwischen den Gesamturteilen zu Arbeitssicherheit und Umweltschutz, zwischen Arbeitssicherheit und Gesundheit resultiert lediglich ein r = 0,136. Die gemeinsamen Varianzanteile zwischen den AGU-Maßen sind – wie in Abbildung 1 veranschaulicht – bescheiden; es ergibt sich als maximaler Wert eine gemeinsame Varianz von 6,25% zwischen Arbeitssicherheit und Umweltschutz.

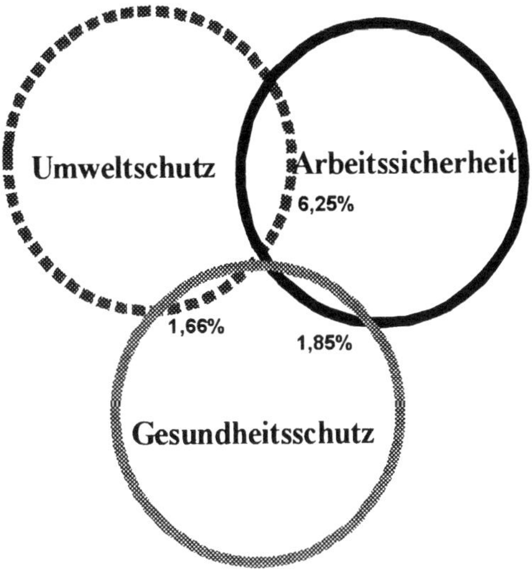

Abbildung 1: *Die Gemeinsamkeiten von Arbeitssicherheit, Gesundheits- und Umweltschutz, wie sie durch die signifikanten Korrelationen angedeutet werden, sind tatsächlich gering: Die Schnittmengen zeigen, daß die höchste Korrelation von r=0,25 gerade 6,25% gemeinsamer Varianz zwischen den beiden Variablen bedeutet.*

Das Ergebnis lautet demnach für die Urteile der Gesamtbelegschaft: *Die Beziehungen zwischen den AGU-Maßen sind zwar signifikant, aber gering.* Die vielbeschworene „Ganzheitlichkeit" existiert also in den Köpfen der Mitarbeiter keineswegs generell. Allerdings zeigt die Analyse der Urteile der verschiedenen Betriebsbereiche signifikante Unterschiede; das reflektieren die Daten in den Tabellen 2 und 3.

Für die Mitarbeiter des Untertage-Bereichs ergeben sich *durchgängig signifikante Beziehungen zwischen Arbeitssicherheit und den anderen betrieblichen Zielen* – wobei unklar bleibt, ob sie nun „alles in einen Topf werfen" oder ob Arbeitssicherheit für den Bergmann unter Tage wirklich ein so zentrales Konzept ist, daß mit ihm alle anderen verknüpft sind.

Die Urteile zu Arbeitssicherheit und Gesundheitsschutz weisen etwa 4,7% gemeinsamer Varianz auf; die Korrelation zum Umweltschutz-Management ist höher als in der Gesamtstichprobe. Einen klaren Unterschied zwischen den Betriebsbereichen markiert mit r =.262 die *Korrelation zwischen Arbeitssicherheit und dem Qualitäts-Management für die Unterta-*

ge-Mannschaft – dies sind fast 7% gemeinsamer Varianz. Dieses Zusammenhangsmuster gilt so in keinem anderen Betriebsbereich.

			ASI	GES	UMW	QMG
Arbeitssicherheit	ASI	(140)		.217*	.267**	.262**
Gesundheitsschutz	GES	(141)			.137	.160
Umweltschutz-M.	UMW	(141)				.435**

Signifikanzniveau: *: = .05; zweiseitig **: = .01; zweiseitig

Tabelle 2:
Korrelationen der Gesamtbewertung von Arbeitssicherheit (ASI) und Gesundheitsschutz (GES) sowie zum Umwelt- (UMW) (grau unterlegt) und Qualitäts-Management (QMG) durch die Mitarbeiter von Untertage. Die Anzahl auswertbarer Fragebögen ist jeweils in Klammern () angegeben.

			ASI	GES	UMW	QMG
			Mitarbeiter aus dem Übertage-Bereich			
			(120)	(118)	(120)	(116)
Arbeitssicherheit	ASI	(36)		.085	.309**	.005
Gesundheitsschutz	GES	(36)	-.118		.151	.074
Umweltschutz-M.	UMW	(36)	.363*	-.043		.348**
Qualitäts-Magmnt	QMG	(36)	.011	-.083	.310	
			Mitarbeiter aus der Verwaltung			

Signifikanzniveau: *: = .05; zweiseitig **: = .01; zweiseitig

Tabelle 3:
Korrelationen der Antworten der Mitarbeiter aus dem Übertage-Bereich (Produkt-Moment-Korr.; oberhalb der Diagonalen) und derjenigen der Verwaltung (Rangkorr.; unterhalb) zu Arbeitssicherheit (ASI) und Gesundheitsschutz (GES) sowie zum Umwelt- (UMW) (grau unterlegt) und zum Qualitäts-Management (QMG). Die Anzahl auswertbarer Fragebögen ist jeweils in Klammern ( ) angegeben.

Tabelle 3 enthält die entsprechenden Befunde für den Übertage-Bereich und für die Verwaltung (die aufgrund der geringeren Probandenzahl zusätzlich berechneten, skalentheoretisch weniger anspruchsvollen Rang-Korrelations-Koeffizienten bestätigen den Befund). In beiden Fällen ergeben sich signifikante Zusammenhänge zwischen Arbeitssicherheit und dem Umweltschutz-Management, jedoch keine Beziehung zwischen Arbeitssicherheit und Gesundheit. Aber das Qualitäts-Management hat für die Mitarbeiter Übertage offenbar eine spezielle Bedeutung – und vielleicht deshalb mit Arbeitssicherheit und Gesundheit überhaupt nichts zu tun; dies ist ein klarer Unterschied zu den Daten der Bergleute des Untertage-Bereichs.

Die geringen Zusammenhänge zwischen den AGU-Zielen sind insgesamt desillusionierend: Die *Ganzheitlichkeit* dieser Konzepte – wie im Gesetz gefordert und im Betrieb angestrebt – *entspricht keinem allgemeinen Grundverständnis, auf das betriebliche Schulungsmaßnahmen zurückgreifen könnten*. Im Gegenteil: Für die meisten Mitarbeiter handelt es sich um ganz verschiedene Themen, deren Zusammenhang nur in bestimmten Bereichen deutlich wird.

4. Fazit

Der ganzheitliche Anspruch im Arbeits- und Gesundheitsschutz ist eine Herausforderung für alle Akteure. Dabei ist es unzweckmäßig, an ein ganzheitliches Verständnis des Mitarbeiters zu appellieren; dieses Bewußtsein existiert in der täglichen Praxis nur gelegentlich und nur in ganz bestimmten Arbeitsbereichen. Es bedarf daher besonders gezielter Anstrengungen, diese Sichtweise an die Mitarbeiter zu vermitteln. Das ist eine für Schulungsmaßnahmen und Unterweisungen überaus wichtige Erkenntnis, an der sich Interventionen orientieren müssen.

Literatur

Bertalanffy, L. von (1973): *General Systems Theory. Foundations – Development – Applications*. Harmondsworth: Penguin University Books

Dörner, D. (1992): *Die Logik des Mißlingens. Strategisches Denken in komplexen Situationen*. Reinbek bei Hamburg: Rowohlt

Kahneman, D./Slovic, P./Tversky, A. (1982): *Judgment under uncertainty: Heuristics and biases* (p. 463–489). Cambridge: Cambridge University Press

Kothe, W. (1998): Ganzheitlicher Gesundheitsschutz nach dem neuen Arbeitsschutzgesetz. In H. von Benda & D. Bratge (Hrsg.), *Psychologie der Arbeitssicherheit: 9. Workshop 1997* (S. 32–39). Heidelberg: Asanger

Musahl, H.-P. (1997): Gefahrenkognition: Theoretische Annäherungen, empirische Befunde und Anwendungsbezüge zur subjektiven Gefahrenkenntnis. Heidelberg: Asanger

Gabriele Elke

Lernende Organisationen: Neue Chancen für Sicherheit und Gesundheit am Arbeitsplatz?

1. Einleitung

Der langfristige Erfolg heutiger Unternehmen ist abhängig von ihrer Flexibilität und Innovationsfähigkeit. Gefordert sind Lernende Organisationen: Unternehmen, die über ein Entwicklungspotential verfügen, um nicht nur schnell und flexibel auf neue Umweltanforderungen reagieren zu können, sondern die zugleich gestaltend auf ihre Umwelten einwirken wollen. Zur Bewältigung der Herausforderungen gewinnen zunehmend neue Formen der Organisationsgestaltung, des Managements und überbetrieblicher Kooperationen an Bedeutung.

Bezogen auf den Arbeits- und Gesundheitsschutz (AGS) ist zum einen die Frage nach den Auswirkungen und notwendigen Anpassungsleistungen zu stellen und zum anderen zu fragen, wie bestimmte Synergieeffekte zwischen der Gestaltung Lernender Organisationen und einem präventiven AGS genutzt werden können. Denn der Umgang mit Sicherheits- und Gesundheitsrisiken in komplexen und dynamischen Umwelten erfordert ebenso wie die Zusammenarbeit in Teams und Netzwerken: Eigeninitiative und Eigenverantwortung, systemisches Denken und die Fähigkeit zu lernen.

2. Organisationales Lernen

Organisationales Lernen ist nach Probst und Büchel ein „Prozeß der Erhöhung und Veränderung der organisationalen Wert- und Wissensbasis, die Verbesserung der Problemlösungs- und Handlungskompetenz sowie die Veränderung des gemeinsamen Bezugsrahmens von und für die Mitglieder innerhalb der Organisation“ (1994, S. 17). Es werden drei Lernformen unterschieden: Anpassungs-, Veränderungs- und Prozeßlernen. Anpassungslernen meint die Korrektur oder Änderung von Maßnahmen zur Erreichung eines Zieles. Ist z. B. das Ziel „Halbierung der meldepflichtigen Unfälle“ nicht durch eine sicherheitsgerechte Technikgestaltung allein zu erreichen, kann ein Betrieb lernen, daß die Verringerung der Unfälle zusätzlich eine Veränderung der Arbeitsorganisation und/oder eine verbesserte Mitarbeiterqualifizierung erfordern. Veränderungslernen beinhaltet die Korrektur der

Ziele und Standards: Beispielsweise wenn erkannt wird, daß präventive Arbeitsschutzarbeit weitergehende Ziele als die Reduzierung von Unfällen verfolgen muß. Das Arbeitsschutzgesetz stellt ein Beispiel für Prozeßlernen dar: Geändert wurde der Bezugsrahmen. Während der klassische Arbeitsschutz eher reaktiv und technikorientiert war, stellen präventives und eigenverantwortliches Handeln neben dem organisationsbezogenen Denken die Leitbilder des Arbeitsschutzgesetzes dar.

Der Erfolg aller drei Lernprozesse wird maßgeblich von der Gestaltung der drei folgenden Einflußgrößen bestimmt: die Art der Ziele oder Standards, dem Feedback und den Anreizen. Hohe und herausfordernde Ziele und die Rückmeldung der Handlungsergebnisse führen auch im AGS, wie vielfach gezeigt werden konnte, zu Leistungsverbesserungen (u.a. Cooper, Philipps, Sutherland & Makkin, 1994). Die positive Verstärkung in Form von materiellen oder immateriellen Anreizen fördert die Lernmotivation. Eine Einbindung der Führungskräfte und Mitarbeiter in die Gestaltung der Lernprozesse erhöht ihr Commitment (vgl. Simard & Marchand, 1997). Für die Initiierung und Förderung organisationaler Lernprozesse im AGS ergeben sich u.a. folgende Fragen: Welche Standards sollen angestrebt und umgesetzt werden? Wie ist eine systematische unternehmensweite Überwachung und Überprüfung zu gewährleisten? Welche Informationen werden z. B. für präventives Verhalten benötigt und wie sind die Feedback-Schleifen, das Kommunikationsnetz zu gestalten? Wie können Lernerfolge langfristig gesichert werden? etc.

Das Managementsystem GAMAGS stellt eine Anwort auf diese und andere Fragen, die die Gestaltung von langfristig erfolgreichen Lernprozessen im AGS betreffen, dar. GAMAGS kombiniert und verbindet systematisch bewährte Strategien und Vorgehensweisen zur Verhaltenssteuerung und -koordination auf der operativen Ebene, der System- und Organisationsebene (vgl. weitere Beiträge von Zimolong und Elke in diesem Band; Elke, in Druck; Zimolong & Elke in Press). Nachfolgend wird die Implementierung von GAMAGS und einige Ergebnisse der Evaluationsstudie skizziert.

3. Fallbeispiel: Einführung von GAMAGS in einem Unternehmen der Feinmechanik und Elektrotechnik

3.1 Vorgehen

Die Implementierung von GAMAGS orientiert sich an den Prinzipien der Organisationsentwicklung (OE; vgl. Elke, 1999). Ausgehend von der Organisationsdiagnose werden gemeinsam mit dem Betrieb, zumeist im Rahmen eines Workshops, die anzustrebenden Ziele vereinbart. Die Steuerung des Lernprozesses, d.h. die Setzung und Überwachung von Standards, die unternehmensweite Abstimmung und Koordination der Maßnahmen, die Integration in den betrieblichen Alltag, liegt in der Hand eines Lenkungsteams, dem u.a. die Entscheidungs- und AGS-Funktionsträgern des Betriebes angehören.

Die Einführung von GAMAGS startete im vorliegenden Fall im Mai 1995 in zwei Abteilungen mit ca. 240 gewerblichen Mitarbeitern und wurde dann im Abstand von einem Jahr auf alle restlichen Bereiche des Betriebes (ca. 900 gewerbliche Mitarbeiter) ausgedehnt. Ein externes Beraterteam der Ruhr-Universität moderierte und evaluierte den Prozeßverlauf über vier Jahre. Nachfolgend wird auf einen Ausschnitt der Lernprozesse in den beiden Abteilungen A1 und A2 eingegangen.

3.2 Intervention

Der Schwerpunkt in der Implementierungsphase von GAMAGS lag in allen Bereichen auf der Einführung des Personalsystems „Führen durch Zielsetzung", unterstützt durch ein Beurteilungssystem und systematische Qualifizierungsmaßnahmen im AGS. Zur langfristigen Stabilisierung und für den Transfer der Verbesserungen auf alle Bereiche und über die Zeit wurde neben der Verbesserung des Informationsmanagements und des Kommunikationsnetzes ein AGS-Handbuch entwickelt. Das Handbuch, das u.a. die Dokumentation der Aufbau- und Ablauforganisation, der eingeführten Personal- und Informationssysteme sowie Beispiele und Formulare zur Vereinfachung und Vereinheitlichung des Vorgehens im AGS beinhaltet, ist im Laufe des OE-Prozesses kontinuierlich erweitert worden. Parallel wurden weitere Maßnahmen, wie Begehungen, tätigkeitsbezogene Unterweisungen etc., und Aktivitäten zur Verbesserung der Gesundheit am Arbeitsplatz, wie Schulungen zur Senkung der Blutbleibelastung und zur Vorbeugung von Rückenproblemen, durchgeführt.

3.3 Evaluation

Vorgehen: Die Wirksamkeit der Einführung von GAMAGS wurde mit Hilfe von Prä-Post-Messungen untersucht. Die Datenbasis auf der Organisationsebene bildeten die Kennzahlen für die Entwicklung der Unfallhäufigkeit und Unfallschwere sowie der Fehlzeiten. Die Indikatoren für die Risikokompetenz auf der individuellen Ebene und der Organisationsebene wurden mit dem Fragebogen zur Arbeitssicherheit (FAGS; siehe Beitrag von Stapp in diesem Band) erhoben. Es fanden zu Beginn und danach in jährlichen Abständen Befragungen zum Sicherheits- und Führungsverhalten statt.

Ergebnisse: Während innerhalb der Branche die meldepflichtigen Arbeitsunfälle (MAU) je 1 Million geleisteter Arbeitsstunden in den Jahren 1993 bis 1997 von 16 auf 14 MAU sanken, lagen die entsprechenden Unfallquoten 1993 und 1994 in den Bereichen A1 und A2 zwischen 62 und 96, d.h. sie betrugen ein Vier- bzw. Sechsfaches des Branchendurchschnittes (siehe Abb. 1). Im Jahre 1997 nach der Einführung von GAMAGS entspricht die Unfallquote des Bereiches A2 und der restlichen Werksbereiche dem Branchendurchschnitt von 14 MAU je 1 Million geleisteter Arbeitsstunden. Im Bereich A1 fand mit der Einführung von GAMAGS zunächst eine deutliche Reduzierung der Unfallquote von 62 in 1994 auf 28 in 1996 statt. Allerdings steigen im Jahre 1997 die Unfallzahlen wieder. Die regressionsanalytischen Ergebnisse unterstreichen den Einfluß der Beratung auf die Unfallreduzierung (vgl. Elke, in Druck).

Während im Bereich A2 durchgängig die gesetzten Ziele erreicht wurden und auch die erwartungsgemäßen Verbesserungen u.a. der Einstellungen, der Erwartungen, des Commitments, der Kommunikation und der Personalführung im AGS beobachtet werden können, sind im Bereich A1 keine signifikanten Veränderungen zwischen der Prä- und Posttestung festzustellen.

Diskussion: Die abweichenden Entwicklungen in den Bereichen A1 und A2 verweisen auf zentrale Herausforderungen der Förderung organisationaler Lernprozesse im AGS, d.h. den Transfer organisationalen Wissens zum einen über Personen und zum anderen über die Zeit.

Die Entwicklungen der Arbeitssicherheit im Bereich A2 lassen sich zusammenfassend als beispielhaft beschreiben. A2 war der zweite Werksbereich, in dem GAMAGS eingeführt wurde. Neben der expliziten Unterstützung durch die Führungskräfte des ersten Bereiches A1 konnte A2 auf den Erfahrungen und Ergebnissen der ersten Lernphase, u.a. in Form von einer Patenschaft, des Handbuches und „getesteter" Vorgehensweisen, aufbauen.

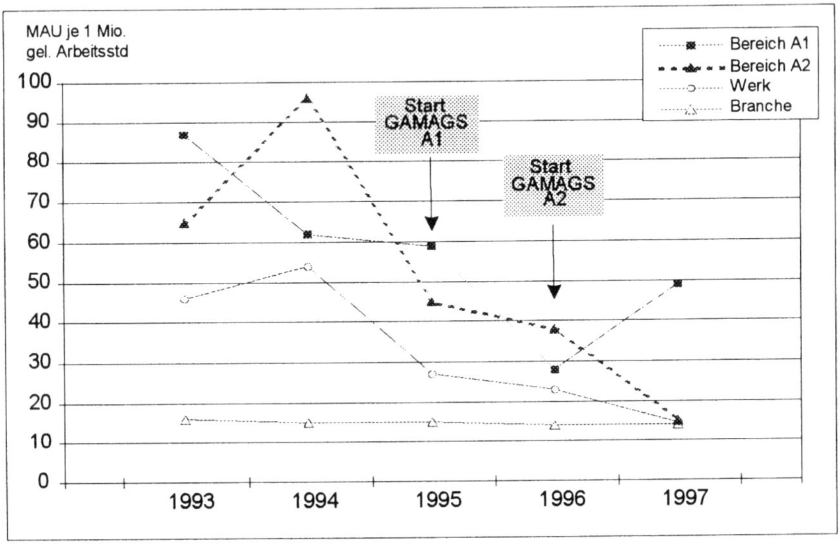

Abbildung 1:
Entwicklung der meldepflichtigen Unfälle von 1993 bis 1997

Die Ergebnisse des Bereiches A1, in dem die Implementierung von GAMAGS startete, sind nicht durchgängig positiv. Die geringeren oder fehlenden Verbesserungen der Indikatoren des Sicherheitsverhaltens und der Personalführung verweisen auf eine begrenzte Reichweite der eingeleiteten Lernprozesse in diesem Bereich. Die Unfälle sinken zwar zunächst, aber weder die Einstellungen der Mitarbeiter noch ihre Erwartungen und Bereitschaft, sich sicherheitsgerecht zu verhalten, ändern sich. Der weitere Verlauf der Unfallentwicklung bestätigt den sich in den FAGS-Daten der Posttestung andeutenden nicht ausreichenden Transfer auf die Ebene der Mitarbeiter. Nach einem Personalwechsel auf der Meister- und Abteilungsleiterebene, Ende 1996, steigen die Unfallzahlen im Bereich A1 wieder an. Das persönliche Engagement der ausgeschiedenen Führungskräfte für den AGS war sehr groß, allerdings ist es ihnen nicht gelungen, ihre Mitarbeiter soweit in die Prozesse einzubinden, daß sie sich eigenverantwortlich für die Sicherung der ersten Erfolge engagieren konnten. Parallel wurden die neuen Führungskräfte zunächst nicht ausreichend auf ihre Aufgaben im AGS vorbereitet und durch das Lenkungsteam unterstützt (vgl. Elke, in Druck). Diese Erfahrungen führten in den weiteren Phasen des Prozesses zu einer stärkeren expliziten Einbindung der Mitarbeiter, u.a. durch die unternehmensweite Einführung von kooperativen Gefährdungsanalysen und Aktionsteams. Diese Teams, denen jeweils der Meister und zwei Mitarbeiter der Gruppe, die gemeinsam die Gefährdungsanalysen durchgeführt hatten, angehören, überwachten und überprüften die Durchführung der abgeleiteten Maßnahmen. Sie waren/sind zugleich für die Fortschreibung des Verbesserungsprozesses verantwortlich. Langfristig soll die Funktion der Aktionsteams in die Aufgaben der Arbeitsgruppen in den Bereichen, in denen Gruppenarbeit eingeführt wurde, integriert werden.

Literatur

Cooper, M. D./Phillips, R. A./Sutherland, V. J./Makin, P. J. (1994): Reducing accidents using goal setting and feedback: A field study. *Journal of Occupational and Organizational Psychology, 67,* 219–240

Elke, G. (in Druck): *Ganzheitliches Management des betrieblichen Arbeits- und Gesundheitsschutzes – Entwicklung und Evaluation eines Arbeitsschutz-Managementsystems -.* Wiesbaden: DUV

Elke, G. (1999): Organisationsentwicklung: Diagnose, Intervention und Evaluation. In C. Graf Hoyos & D. Frey (Hrsg.), *Arbeits- und Organisationspsychologie* (S. 449–467). Weinheim: Beltz

Probst, G. J. B./Büchel, B. (1994): *Organisationales Lernen: Wettbewerbsvorteil der Zukunft.* Wiesbaden: Gabler

Simard, M./Marchand, A. (1997): Workgroups prosensity to comply with safety rules: The influence of micro-macro organisation factors. *Ergonomics*, 40, (2), S. 172–188

Zimolong, B./Elke, G. (in press): Risk Management. In W. Karwowski (Ed.), *International Encyclopedia of Ergonomics and Human Factors.* London: Taylor & Francis

Albrecht Lillie

Gesundheits- und Sicherheitsförderung durch Organisationsentwicklung

1. Vorbemerkung

In diesem Beitrag wird ein Praxisbeispiel betrieblicher Gesundheits- und Sicherheitsförderung aus einem mittelständischen Unternehmen beschrieben, wobei im Titel eine Verknüpfung mit dem Begriff der Organisationsentwicklung erfolgt. Für den 10. Workshop „Psychologie der Arbeitssicherheit" wurde der Titel so formuliert, wie er hier steht. Bei näherer Betrachtung dürfte er jedoch auch umgekehrt „Organisationsentwicklung durch Gesundheits- und Sicherheitsförderung" lauten, weil der im thematischen Zusammenhang stattgefundene organisatorische Wandel als das Ergebnis des Förderungsprozesses begriffen werden kann. Für diesen wiederum war Voraussetzung die Bereitschaft der Organisation bzw. der in ihr Entscheidungsverantwortung tragenden Führungskräfte diesen Wandel zu wagen.

Gesundheits- und Sicherheitsförderung wird im Rahmen des beschriebenen Projekts einerseits im Sinne der Definition des Arbeitsschutzrechts (z. B. §§ 2 ff Arbeitsschutzgesetz) verstanden, andererseits darüber hinausgehend als Förderung zusätzlicher salutogener Faktoren, die vom allgemeinen Arbeitsschutzbegriff nicht ohne weiteres erfaßt sind, etwa die Kommunikationsbeziehungen im Unternehmen oder die Mitarbeiterführung.

Unter Organisationsentwicklung (OE) verstehen wir allgemein einen auf längere Dauer angelegten Prozeß der Optimierung von Problemlösungen und Erneuerungen in einer Organisation, z. B. in einem Unternehmen. Dabei richtet sich das Augenmerk auf eine wirksamere und auf Kooperation gegründete Steuerung der Organisationskultur als Sammelbegriff für vorherrschende Muster von Tätigkeiten, Interaktionen, Normen, Empfindungen, Einstellungen, Überzeugungen, Werten und ggf. Produkten/ Technologie. Organisationsentwicklung berücksichtigt die Kultur formaler Arbeitsteams, versichert sich der Hilfe eines OE-Beraters und wendet Theorie und Methoden der angewandten Sozialwissenschaften unter Einbeziehung von Aktionsforschung an.

Aktionsforschung besteht aus den drei sich in Folge abwechselnden Elementen *Sammeln von Daten, Feedback der Daten an die Klienten* und der *Aktionsplanung.*

Das folgende Schaubild zeigt in gestraffter Form das hier maßgebliche Aktionsforschungsmodell.

Aktionsforschungsmodell

1. Problemfeststellung durch Management
„Hoher Krankenstand"

2. Einschaltung von OE-Beratern
AOK, Gesellschaft f. betriebliche Gesundheitsförderung (BGF),
Berufsgenossenschaft Nahrungsmittel u. Gaststätten

3. Gründung eines Steuerungsgremiums
Arbeitskreis Sicher & Gesund

4. Sammeln von Daten
Gesundheitsberichterstattung

5. Feedback an Klienten
Information an betriebliche Akteure/ Belegschaft

6. Sammeln von Daten
Mitarbeiterbefragung

7. Zielvereinbarung
Senkung des Krankenstandes
Verbesserung von Arbeitsbedingungen/ Arbeitsumgebung
Optimierung von Arbeitsbeziehungen/ Kommunikation

8. Feedback an Klienten
Information an betriebliche Akteure/ Belegschaft

9. Stärkung der Mitarbeiterbeteiligung
Gesundheitszirkel

10. Interventionen

Abbildung 1:
Aktionsforschungsmodell

2. Ausgangssituation

Bei dem hier beschriebenen Fallbeispiel handelt es sich um einen Herstellungsbetrieb der Süßwarenindustrie in Berlin mit ca. 650 Mitarbeiterinnen und Mitarbeitern. Der Betrieb ist zweitgrößter Produktionsstandort einer in der Branche bedeutenden Unternehmensgruppe mit zwei weiteren Herstellungsbetrieben in ländlicher Umgebung in Nordrhein-Westfalen und Thüringen. Für den Berliner Betrieb gilt ein regelmäßiges Zweischichtsystem und bei entsprechender Produktionsauslastung vor allem in der zweiten Jahreshälfte ein Dreischichtsystem. Dieses Arbeitszeitsystem ist eingebettet in ein System flexibler Arbeitszeit mit der Besonderheit, daß in der ersten Jahreshälfte weniger und in der zweiten mehr gearbeitet wird und zwar durch Nutzung von Schichtzeitverlängerungen und Einbeziehung einer Samstagsfrühschicht. Die Abwicklung erfolgt über ein Arbeitszeitkonto. Dieser Hinweis auf die Arbeitszeit ist für die Bewertung der Belastungssituation, in der sich die Mitarbeiterinnen und Mitarbeiter befinden, wichtig. Die folgende Grafik zeigt die Belegschaftsstruktur des Betriebes.

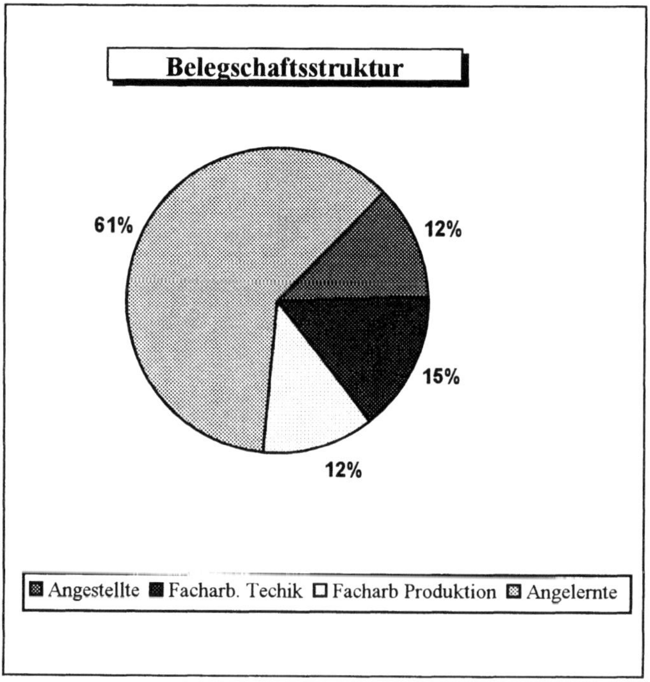

Abbildung 2:
Belegschaftsstruktur

Bei der Belegschaftsstruktur fällt auf, daß 61 % der Mitarbeiterinnen und Mitarbeiter Angelernte sind, die sich aus unterschiedlichen Gründen für „Fabrikarbeit" entschieden haben oder entscheiden mußten. Die ausgeübten Tätigkeiten sind teils monoton und stereotyp, physisch anstrengend (z. B. langes Stehen, Handhabung von Lasten, Unbehaglichkeit durch Klimaanlagen, Lärm, Wechselschicht/ Nachtschicht) und beschränkt hinsichtlich der persönlichen Selbstwirksamkeit. Dieses berufliche Schicksal ist mitbestimmend für die individuelle Motivationslage der Beschäftigten. Um es gleich vorweg zu sagen: insofern ist Absenz durch ärztlich bescheinigte Arbeitsunfähigkeit auch kurzzeitiger Rückzug aus einer als belastend empfundenen Berufssituation.

3. Das vordergründige Problem

1995 war das Jahr der Entscheidung. In den Jahren zuvor hatten wir in Berlin im Vergleich zum Stammbetrieb in Nordrhein-Westfalen, aber auch zu anderen Berliner Großbetrieben mit über 500 Beschäftigten einen deutlich höheren Krankenstand. Besonders augenfällig wurde der Unterschied nach Inbetriebnahme des Werkes in Thüringen. Die bis dahin übliche Auseinandersetzung mit dem *Problem Krankenstand* war eher im Bereich disziplinarischer Einwirkung auf das individuelle Verhalten verlaufen und hatte keinen stabilen Erfolg gezeigt. Es lag deshalb nahe, nunmehr einen neuen Weg zu beschreiten.

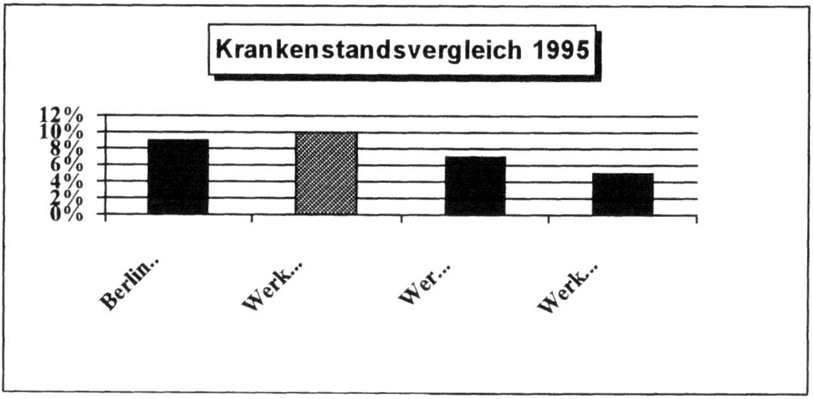

Abbildung 3:
Krankenstandsvergleich 1995

Gemeinsam mit der Allgemeinen Ortskrankenkasse Berlin (AOK) und deren Kooperationspartner, der Gesellschaft für Betriebliche Gesundheitsförderung (BGF), haben wir das Projekt *STORCK AKTION SICHER & GESUND* gegründet. Die AOK bot sich wegen der Versichertenstruktur unserer Belegschaft als Partner an. Von Anfang an war es uns wichtig, Arbeitsschutz und Gesundheitsförderung miteinander zu verknüpfen. Folgerichtig ist mittlerweile die Berufsgenossenschaft Nahrungsmittel und Gaststätten (BGN) weiterer Projektpartner.

4. Das Steuerungsgremium

Entsprechend Punkt 3 des Aktionsforschungsmodells erfolgte nun der nächste Schritt des Projektprogramms: die Bildung eines Steuerungsgremiums mit der Bezeichnung *Arbeitskreis Sicher & Gesund.* Dabei kam es darauf an, alle betrieblichen Akteure zu beteiligen und jedem die Überzeugung zu vermitteln, daß er bei dem Projekt gewinnen könne („Win-win-Prinzip"): die AOK und das Unternehmen in Form von Kostensenkungen, der Betriebsrat und die Belegschaft in Form von Verbesserungen der Arbeitsbedingungen und des Gesundheitsstatus der Beschäftigten, Betriebsarzt und Fachkraft für Arbeitssicherheit durch die Förderung salutogener Faktoren der Arbeit, die Berufsgenossenschaft durch Optimierung des Arbeits- und Gesundheitsschutzes und Reduzierung des Versicherungsrisikos. Es erwies sich als hilfreich, den Werkleiter als obersten Vor-Ort-Entscheider in das Steuerungsgremium aufzunehmen, um Entscheidungsprozesse zu beschleunigen.

Abbildung 4:
Arbeitskreis Sicher & Gesund

5. Sammeln von Daten und Zielformulierung

Der nächste – sehr zeitaufwendige – Schritt war die Sammlung und Auswertung verläßlicher Daten. Die AOK lieferte einen Gesundheitsbericht unseres Betriebes, der in einem weiteren Schritt auf Abteilungsebene heruntergebrochen wurde. Die Daten waren anonymisiert und ließen keinen Rückschluß auf einzelne Versicherte zu. Durch diese Berichte (Schritt 4 des Aktionsforschungsmodells) gewannen wir zum ersten mal ein genaues Bild über den Gesundheitsstatus unserer Belegschaft und über diesbezügliche Unterschiede zwischen den einzelnen Betriebsabteilungen. Daran schlossen sich eine eingehende Analyse und Diskussion der Ergebnisse an. Dieser Prozeß der Datensammlung, Datenauswertung und Diskussion samt Aufstellung von Ursachenhypothesen dauerte etwa ein Jahr.

An dieser Stelle sei darauf aufmerksam gemacht, daß es sich bei einem derartigen Projekt um einen langfristigen Prozeß handelt, der eine Eigendynamik entwickelt, die betrieblichen Akteuren in der Regel wegen der Langfristigkeit fremd ist und ungeduldig macht. In Unternehmen werden Fragen meist schnell beantwortet. Es ist deshalb ungewohnt, Dinge im Rahmen breiterer Mitbeteiligung reifen zu lassen.

Anfang 1996 wurde dann eine Mitarbeiterbefragung zu den Themenkreisen Gesundheit, Belastungen am Arbeitsplatz, Kommunikation, Betriebsklima und Identifikation durchgeführt (Schritt 6). Der Fragebogen umfaßte 140 Items. Für seine Beantwortung wurden alle Mitarbeiterinnen und Mitarbeiter für die Dauer von 45 Minuten bezahlt von der Arbeit freigestellt. Vorsorglich unterwiesene (auch fremdsprachliche) Helfer und übersetzte Fragebögen standen zur Verfügung. Die hohe Rücklaufquote von über 70 % auswertbarer Fragebögen war sehr ermutigend und das Datenmaterial aussagekräftig.

Nach Auswertung dieses wichtigen Schrittes formulierte das Steuerungsgremium die *Hauptziele des Projektes*:

1. *Senkung des Krankenstandes,*
2. *Verbesserung der Arbeitsbedingungen und Arbeitsumgebung,*
3. *Optimierung der Arbeits- und Kommunikationsbeziehungen.*

6. Feedback und Information

Für den Erfolg eines Gesundheitsförderungsprozesses ist eine umfassende, verständliche und regelmäßige Information aller betrieblichen Akteure einschließlich der Belegschaft mitentscheidend. Wir haben in Betriebsversammlungen, Artikeln in unserer Mitarbeiterzeitschrift, Rundschreiben und Gesprächen sowohl über den Projektstart als auch über Projektziele und Zwischenergebnisse unterrichtet. Für die Projektpublikationen wurde ein eigenes Logo entworfen. Wichtig ist auch, durch das Projekt angestoßene Verbesserungen unverzüglich bekanntzumachen, gewissermaßen werblich umzusetzen. Beteiligte und Belegschaft gewinnen so das Gefühl, daß sich „etwas bewegt". Feedback und Information schaffen Transparenz und Vertrauen. Davon ist die Einstellung der Belegschaft zu dem Projekt abhängig. Ohne Kommunikation kein Vertrauen, ohne Vertrauen keine Unterstützung und Mitwirkung.

7. Stärkung der Mitarbeiterbeteiligung durch Gesundheitszirkel

Gesundheitsbericht, Mitarbeiterbefragung, Arbeitsplatzbegehungen und Interviews vor Ort sind gute Möglichkeiten der Datensammlung und vermitteln ein recht objektives Bild über die innere Lage eines Betriebes. Spezielle Probleme oder Fragestellungen bezüglich bestimmter Arbeitsbereiche oder Mitarbeitergruppen lassen sich jedoch durch die Mitwirkung der Vor-Ort-Experten am besten bearbeiten. In unserem Betrieb haben drei Gesundheitszirkel aus jeweils 10 Mitarbeiterinnen bzw. Mitarbeitern ohne Vorgesetzte unter Moderation eines externen Beraters während eines begrenzten Zeitraums die spezielle Situation in ihrer Abteilung diskutiert und Verbesserungsvorschläge erarbeitet. Die Ergebnisse der Gesundheitszirkelarbeit werden anschließend mit den Vorgesetzten und dem Arbeitskreis Sicher & Gesund besprochen. Interessant war dabei, daß für die unmittelbar Betroffenen Dinge Bedeutung haben, die von den Vorgesetzten und der Werkleitung als eher nachrangig angesehen werden und umgekehrt. Erst durch die Arbeit der Gesundheitszirkel wurde das allen klar. Die Arbeitszufriedenheit hängt häufig an eher unscheinbaren Erleichterungen, deren Realisierung meist nicht viel kostet, aber einen größeren Nutzen bringt. Kommunikation und Information sind weitere für die Befindlichkeit am Arbeitsplatz und damit für das gesundheitliche Wohlbefinden bedeutsame konstitutive Elemente. Mitarbeiter wünschen sich mehr Transparenz bei Entscheidungen, Offenheit in der Kommunikation und verläßliche Informationen. Und sie möchten als Experten in ihrem Arbeitsbereich ernst genommen und anerkannt werden. Dies gilt für die angelernte Maschinenbedienerin genau so wie für den Facharbeiter oder den Abteilungsleiter.

8. Paradigmenwechsel als Wirkung des Projekts

Bis zum Beginn des Projekts *STORCK AKTION SICHER & GESUND* war Krankheit für uns eine private, konstitutions- und verhaltensabhängige Variable, für deren Ursachen und Folgen der Einzelne im wesentlichen persönlich verantwortlich zeichnete. Den Betrieb ging das nur insofern etwas an, als daß er für einen vorschriftsmäßigen Arbeitsschutz und im Rahmen seiner Fürsorgepflicht für eine gewisse Rücksichtnahme zuständig war, im übrigen aber krankheitsbedingte Arbeitsunfähigkeit eher als disziplinarische Herausforderung betrachtete.

Mit zunehmender Dauer des Projektes fand jedoch ein Paradigmenwechsel statt. Der oben geschilderte verhaltensorientierte Erklärungs- und Reaktionsansatz veränderte sich in Richtung eines verhältnisorientierten Ansatzes. Der Blick richtete sich zunehmend nach innen, nämlich auf den „Organismus Betrieb" und darauf, wie man ihn verbessern könne. Darüber hinaus hat das Projekt einen Ausstrahlungseffekt. Betriebliche Akteure erleben eine andere Richtung von Entscheidungsprozessen, nämlich von unten nach oben. In unserem Betrieb hat das auf einen anderen Problemkreis ausgestrahlt, der vordergründig nichts mit Gesundheits- und Sicherheitsförderung zu tun hat, bei dessen Bearbeitung aber nun auch Vor-Ort-Experten erfolgreich einbezogen werden. Dies wird nicht als hemmend, sondern als bereichernd erlebt. Auch insofern hat die Organisation gelernt.

Paradigmenwechsel als Wirkung des Gesundheits- und Sicherheitsförderungsprozesses	
Verhaltensorientierter Ansatz	**Verhältnisorientierter Ansatz**
* Krankheit als Privatsache	* Krankheit (auch) als Wirkung von Verhältnissen im Betrieb
* Selbstverantwortlichkeit	* Gemeinsame Verantwortung aller betrieblichen Akteure
* Persönliche Konsequenzen	* Betriebliche Präventionen
Verhaltensprävention	**Verhältnisprävention**

Abbildung 5:
Paradigmenwechsel

9. Wurden die Hauptziele erreicht?

Zur Erinnerung: die Hauptziele des Projekts *Storck Aktion Sicher &Gesund* sind:

1. Senkung des Krankenstandes
2. Verbesserung der Arbeitsbedingungen und Arbeitsumgebung
3. Optimierung der Arbeits- und Kommunikationsbeziehungen.

Die folgende Abbildung zeigt die Entwicklung des Krankenstandes von 1994, dem Jahr vor Projektstart, bis einschließlich I. Tertial 1999.

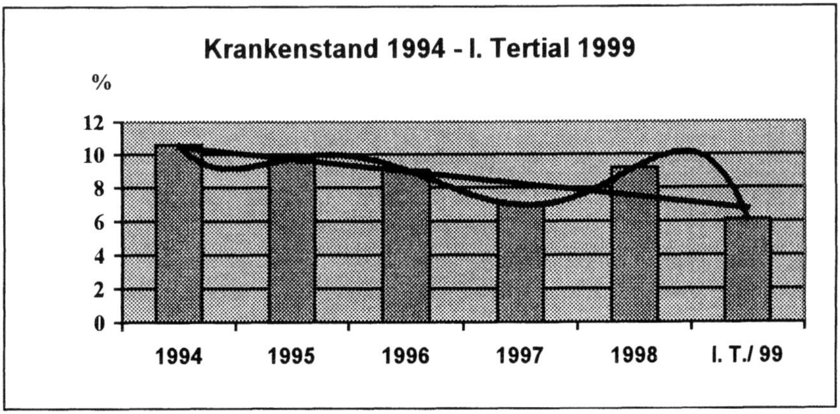

Abbildung 6:
Krankenstand 1994

Offensichtlich ist der Krankenstand im Projektzeitraum gesunken, die durch die lineare und polynomische Kurve gezeigte Tendenz ist eindeutig. Allerdings rechnen wir dies nicht allein dem Projekt zu. Vielmehr dürften hier mehrere Faktoren gewirkt haben, u.a. die allgemein rückläufige Krankenstandsentwicklung in Deutschland, die Diskussion über die reduzierte Entgeltfortzahlung im Krankheitsfall in 1996/97 und zuletzt in unserem Betrieb die flankierende Einführung einer Anwesenheitszulage ab Januar 1999. Der Anstieg des Krankenstandes in 1998 wiederum wurde hervorgerufen durch Ausweitung der Produktionszeiten im Jahresverlauf unter Zurücknahme von Ruhephasen im Frühjahr und durch die Beschäftigung von überdurchschnittlich vielen Aushilfen im Herbst/ Winter zu Lasten der Stammbelegschaft (hoher Einarbeitungs- und Betreuungsaufwand, ungleichmäßige Arbeitsmengenverteilung, größere Unruhe im Betriebsablauf, Stimmungsniederschlag).

Arbeitsbedingungen und Arbeitsumgebung konnten an etlichen Stellen im Betrieb verbessert werden. So wurde in einer Abteilung als unmittelbare Folge des Projekts mit erheblichem Investitionsaufwand ein Pausenraum gebaut, an anderer Stelle ist die Klimaanlage verändert worden, um Zugerscheinungen zu mildern, an Mitarbeiter in Lärmbereichen wurde persönlich angepaßter Gehörschutz (Otoplastiken) ausgegeben, Anschaffung von „Wärmejacken" für Mitarbeiterinnen an besonders kühlen Arbeitsplätzen, Beleuchtungsverbesserungen, Impfaktion, Aktionswoche „Gesund und Fit in den Frühling", Woche der Arbeitssicherheit, Einrichtung eines Gymnastikraums für Rückenschule usw.

Auch hinsichtlich Optimierung der Arbeits- und Kommunikationsbeziehungen wurden Interventionen durchgeführt: Weiterbildung für Betriebsleiter, Abteilungsleiter und Gruppenleiter zum Themenkreis Verbesserung der Gesprächskultur, Analysegespräche mit Abteilungsleitern zur speziellen Situation in ihrer Abteilung, Vertiefungsbefragungen bei Problemgruppen, aber auch die Durchführung von Gesundheitszirkeln als Methode zur Datensammlung, sowie als Optimierungsinstrument zur Kommunikations- und Informationsverbesserung.

10. Fazit

Die Hauptziele wurden nicht endgültig erreicht. Wer anderes hoffte, ließ sich von falschen Erwartungen leiten. Gesundheits- und Sicherheitsförderung ist ein *Prozeß*, d.h. „der Weg ist das Ziel". Die alleinige Fokussierung auf Reduzierung des Krankenstands greift zu kurz und hat keinen nachhaltigen Erfolg. Dieser stellt sich eher dann ein, wenn sich der Gedanke der Gesundheits- und Sicherheitsförderung gewissermaßen im „kollektiven Bewußtsein" einer Belegschaft und der Führungskräfte in ein erstrebenswertes Ziel wandelt und in Alltagshandeln übergeht. Insofern ist Gesundheits- und Sicherheitsförderung organisationelles Lernen.

Boris Ludborzs

Teilautonome, selbststeuernde Arbeitsgruppen und Sicherheit und Gesundheitsschutz. Erfahrungen aus der chemischen Industrie

Im Bereich der chemischen Industrie existiert eine lange Tradition außertariflicher Sozialpartnervereinbarungen, so auch eine Sozialpartnervereinbarung vom Juli 1996: Gruppenarbeit in der chemischen Industrie – gemeinsame Hinweise des Bundesarbeitgeberverbandes Chemie und der IG Bergbau, Chemie, Energie.

Auf diesem Hintergrund versuchen Firmen eine für sie optimale Organisation von Gruppenarbeit zu finden.

Dabei werden sehr unterschiedliche Vorgehensweisen und Einführungsstrategien gewählt, auch was die Berücksichtigung von Sicherheit und Gesundheitsschutz betrifft. Zum Teil wird versucht, sehr weitreichende Konzepte umzusetzen, zum Beispiel komplexe Rollenkonzepte.

Im Vortrag wird eine Übersicht über (sozial-)psychologisch interessante Erfahrungen bei Einführung und Praxis von Gruppenarbeit in der chemischen Industrie gegeben.

H.-Peter Musahl, Stephan Hinrichs und Sascha Harden

Partizipatives Sicherheitsmanagement Idealbild oder „praktisch"?

1. Einleitung

Die Bedeutung von Mitarbeiterbeteiligung für die Verbesserung der Arbeitssicherheit als integriertem Bestandteil eines umfassenden Störungs- und Qualitäts-Managements ist in der betrieblichen Praxis hinreichend belegt. Arbeiten aus dem Steinkohlebergbau replizieren die Ergebnisse der sog. Tavistock-Studien: Je besser es gelingt, Mitarbeiter für ihre eigenen Interessen zu aktivieren und je selbstverständlicher organisatorische Strukturen dies gestatten oder erleichtern, desto klarer sind die unmittelbaren sicherheitlichen Auswirkungen und die positiven Synergieeffekte (Musahl 1997, S.445–449).

Aber: Kausaltheoretisch ist dieser Zusammenhang bestenfalls empirisch evident, keineswegs stringent belegt, solange er nicht unter intern validen Bedingungen im Experiment überprüft ist. Denn natürlich wollen die Beteiligten den Erfolg entsprechender Programme: Der Betrieb fordert ihn, die Mitarbeiter arbeiten dafür und die externen Anwendungswissenschaftler prüfen ihn in einer systematischen Evaluation – methodologisch ist das geradezu eine Einladung für Artefakte im Sinne der Hawthorne-Studien (Roethlisberger & Dickson 1939) wie auch des Rosenthal-Effekts (Rosenthal 1969).

In drei experimentellen Studien wurden daher in simulierten Arbeitsprozessen (a) die Beteiligung der Mitarbeiter an der Revision eines Regelwerks für diese Arbeit, (b) die Art der Leistungskontrolle und (c) die Rückmeldung über die Leistung systematisch variiert. Auf diese Weise sollte nicht nur die kausaltheoretische Argumentationsbasis verbessert werden; experimentelle Studien erlauben es darüber hinaus – wenn sie den extern evidenten Befund im Labor replizieren können – die komplexen Zusammenhänge detailliert zu analysieren, die sich im Feld häufig als unentwirrbar, miteinander konfundiert erweisen. Der vorliegende Beitrag gibt einen kurzen Rückblick auf die Ausgangsstudien, faßt die Überlegungen zur dritten Studie zusammen und stellt deren Hauptbefunde dar.

2. Experiment I & II – Gruppenarbeit ist „praktisch“ und nützlich

In zwei experimentellen Studien (Harden 1996; Musahl 1998) wurden in simulierten Arbeitsprozessen die Beteiligung von jeweils zwei Personen (Kleingruppe) an der Revision eines Regelwerks für eine Arbeit in der Qualitätskontrolle untersucht.

Die gemeinsame Arbeitsaufgabe bestand in der Kontrolle von virtuellen Rechnerplatinen am Bildschirm im Hinblick auf neun mögliche Fehler. Nachdem die Probanden in einem ersten Versuchsabschnitt ihre Aufgabe erlernt hatten, wurde in einer Pause das gültige Regelwerk für den zweiten Arbeitsabschnitt variiert (Faktor 1: „Grad der Mitarbeiterbeteiligung“): Während es bei einer Kontrollgruppe „konstant“ blieb, wurde es bei zwei Experimentalgruppen entweder „extern variiert“ (verbesserte Arbeitsanweisung „von oben“ aus einer Stabsabteilung) oder es war „intern variabel“, indem den Probanden der Vereinfachungsvorschlag mit dem Hinweis gegeben wurde, sie könnten selbst weitere, ihnen geeignet erscheinende Veränderungen vornehmen. Darüber hinaus wurde allen Probanden mitgeteilt, daß ihre Arbeit entweder von außen („Fremdkontrolle“) oder von den ihnen selbst („Selbstkontrolle“) kontrolliert würde (Faktor 2: „Art der Kontrolle“).

Die Hauptbefunde dieses zweifaktoriellen Vorher-Nachher-Zufallgruppenplans stützen die Bedeutung von Mitarbeiterbeteiligung: Je größer die Möglichkeit der Mitarbeiter war, das vorgegebene, durchaus redundante Regelwerk für einen komplizierten Arbeitsablauf selbst zu verändern, desto größer waren die Regeltreue und die resultierende Qualität des Arbeitsprodukts. Dieser Befund galt übrigens unabhängig von dem Ausmaß, in dem die Probanden von der Möglichkeit einer weiteren Regelveränderung über das angebotenen Maß hinaus tatsächlichen Gebrauch machten – „social facilitation“ (Triplett, 1898) scheint die individuell eingeschätzte Autonomie wirksam zu beeinflussen.

Unerwartet war allerdings der Befund, daß sich die an die Eigenverantwortung appellierende Aufforderung zur „Selbstkontrolle“ als eine zwar förderliche, der „Fremdkontrolle“ jedoch unterlegene Bedingung erwies. Selbstkontrolle der eigenen Arbeit führte zu signifikant geringerer Produktqualität als eine externe Kontrolle, bei der den Handelnden nach bestimmten Arbeitsabschnitten mitgeteilt wurde, wieviel mangelhafte Produkte ihre Qualitätskontrolle passiert hatten.

Eine erste Erklärung dieses Befunds wurde bei den Probanden gesucht – vielleicht überforderte die Bedingung „Selbstkontrolle“ die Auszubildenden, weil sie in ihrer bisherigen schulischen Karriere stets extern kontrolliert worden waren. Eine Replikation des Experiments mit Studenten sowie geänderter Form der Rückmeldung von Mängeln (Experiment II) bestätigte den Befund jedoch weitgehend.

Der zweite Erklärungsansatz bestand in den unterschiedlichen Lernprozessen: Während unter der Bedingung der Selbstkontrolle beide Akteure auf ihre eigene Aufmerksamkeit und die im Verlauf ihrer Interaktion resultierende „Regeltreue“ im Sinne der Entwicklung einer Gruppennorm angewiesen sind und dann möglicherweise von Mängelrügen durch anonyme Dritte überrascht werden, erhalten die unter Fremdkontrolle arbeitenden Probanden regelmäßige Rückmeldungen über die Güte ihrer Arbeit. Diese erinnert sie aber nicht nur an einen kontrollierenden Dritten, sie bedeuten zugleich externe Hinweise auf ihr eigenes Leistungsvermögen, ihre Tüchtigkeit. Fremdkontrolle ist offenbar nicht nur ein Indikator für Fremdbestimmung, sondern gibt auch eine Orientierung, an der sich die eigene Selbstwirksamkeitsüberzeugung entwickelt (im Sinne von „self efficacy“; Bandura 1976; s. hierzu auch Oettingen & Little 1993). Der Unterschied zwischen beiden Bedingungen wäre demnach mit lernpsychologischen Prozessen zu erklären.

3. Experiment III – Rückmeldungen als notwendige Orientierung

3.1 Vorüberlegungen

Um diese Ergebnisinterpretation durch eine systematische Variation entsprechender lernpsychologischer Paradigmen experimentell zu prüfen, galt es eine *experimentelle Versuchsanordnung* zu entwickeln, in der Probanden

(a) eine relativ schwierige Lernaufgabe zu bewältigen haben, über deren Erfolg
(b) sie unterschiedlich häufig Informationen erhalten, die sich zudem
(c) in ihrer Richtung unterscheiden sollten.

Lernaufgabe– Die Lernaufgabe sollte realitätsnah und so anspruchsvoll sein, daß möglichst kein Proband während der verfügbaren Zeit eine völlig fehlerfreie Leistung erbringen kann. Hierzu schien das Erlernen einer Kodierungsaufgabe mit einer komplexen Zuordnungslogik geeignet. Die Zuordnungslogik der Kodierungsaufgabe soll aufgrund der des hohen Schwierigkeitsgrads während der Lerndurchgänge und in den Pausen verfügbar sein.

Art und Häufigkeit der Rückmeldung.- Da die Probanden unter der Fremdkontroll-Bedingung der vorhergehenden Experimente mit ständiger Rückmeldung zu rechnen hatten, konnten sie ab Versuchsbeginn aus deren Ausbleiben schließen, daß sie fehlerfrei arbeiteten – „no news are good news" könnte ihre Interpretation gewesen sein. Diese Sicherheit einer Leistungsrückmeldung hatten die Probanden unter der Selbstkontroll-Bedingung nicht; sie zeigten sich in der Regel überrascht, wenn Ihnen im nachhinein aufgrund einer „Kundenbeschwerde" ein Produktionsmangel gemeldet wurde. Ihre Rückmeldung war für sie also nicht nur verspätet, sie bedeutete auch immer einen Tadel. Aus diesem Grunde sollte ein experimenteller Faktor „Art der Rückmeldung" eine „positive" (richtige Antworten), eine „negative" (Fehler) und eine „objektive" (richtige und falsche Antworten) Rückmeldung der Leistungsgüte vorsehen. Darüber hinaus sollte mittels eines weiteren Faktors die Häufigkeit der Rückmeldung – kontinuierlich, intermittierend oder selten – variiert werden. – Und im Sinne der klassischen pädagogischen Lehrmeinung war zu erwarten, daß eine intermittierend gegebene positive Rückmeldung zu dem günstigsten Lerneffekt führt.

Abhängige Variablen. – Es sollen die unterschiedlichen Lernverläufe in der Zeit studiert werden; naheliegender Indikator für die *Güte der Lernleistung* ist die Veränderung der Anzahl richtiger Antworten über die Versuchsdurchgänge. Zusätzlich soll die Inanspruchnahme der Lernmöglichkeit für die Zuordnungslogik während der Pausen registriert werden; sie kann als ein mit der Entwicklung der eigenen Kompetenzeinschätzung kovariierendes Maß für die *Anstrengung, das eigene Leistungsvermögen zu verbessern* verstanden und daher im Verlauf der Lerndurchgänge verfolgt werden („selbstverordnete Lerndauer").

3.2 Methode

Versuchsteilnehmer.– An dem Experiment nahmen 46 Studierende teil.

Versuchsmaterial.– Mit Hilfe eines Computers wurde eine schriftliche Instruktion auf dem Monitor dargeboten: Als Mitarbeiter im Zentrallager einer Warenhauskette sollten sie insgesamt 130 Zahlencodes (10 davon für einen Probedurchgang) mit Hilfe einer Dekodierungsliste den Filialen, den Abteilungen und der Art der Ware zuordnen Die einzelne Aufgabe war dann „richtig" gelöst, wenn alle Eigenschaften korrekt gekennzeichnet wurden, oder „falsch", wenn dies nicht der Fall war. Dies wurde ihnen nach Maßgabe der Versuchsbedingung am Monitor mitgeteilt.

Versuchsablauf.– Die Probanden wurden in einem Computerarbeitsraum nach dem Zufall auf die Arbeitsplätze und auf die dort jeweils voreingestellte Versuchbedingung verteilt. Sie erhielten die Dekodierliste und wurden kurz eingewiesen; die Instruktion wurde durch das Programm vorgenommen. Nach einer nicht ausgewerteten „Gewöhnungsschicht", folgten 12 weitere „Schichten", die Lerndurchgänge.

Eine Schicht bestand aus 10 Dekodierungsaufgaben, für die jeweils maximal 25 Sekunden zur Verfügung standen; danach sprang das Programm zur nächsten Aufgabe. Am Ende der ersten Schicht erhielten alle Probanden durch das Programm eine Rückmeldung über die Güte ihrer Antworten. Vor jeder der folgenden 11 Schichten hatten die Probanden jeweils 60 Sekunden Zeit, noch einmal die Dekodierungsliste zu lernen. Sie konnten diese Zeit aber auch jederzeit abbrechen und mit der nächsten Schicht fortfahren. Die Probanden benötigten für den Versuch zwischen einer und anderthalb Stunden.

Versuchsplan.– Dem Experiment liegt ein dreifaktorieller Mischversuchsplan mit den Kontrolltechniken Randomisierung auf den Faktoren „Häufigkeit der Rückmeldung" und „Art der Rückmeldung" sowie Wiederholungsmessung auf dem Faktor „Schichten", den 12 Lerndurchgängen, zu Grunde.

3.3 Ergebnis

Im folgenden sollen aus der Vielzahl der Einzelbefunde (Hinrichs & Musahl, 1999) nur diejenigen dargestellt werden, die für den arbeitspsychologischen Effekt der hier variierten Rückmeldungsbedingungen besonders wichtig sind: Die *Güte der Lernleistung* ist für alle Bedingungskombinationen annähernd gleich. Die *Anstrengung, das eigene Leistungsvermögen zu verbessern* zeigt hingegen deutliche Trends (s. Abbildung 1). Die mittlere selbstverordnete Lerndauer ist bei einer Rückmeldung nach jeder Schicht am geringsten, bei einer Rückmeldung nach je zwei Schichten am höchsten. Vermutlich gilt eine umgekehrt-U-förmige Funktion zwischen der selbstverordneten Lerndauer und der Häufigkeit der Rückmeldung handelt – also nicht ständige oder gar fehlende Rückmeldungen bewirken eine hohe Lerndauer, sondern es muß ein mittlerer "Königsweg" gefunden werden, um die gewünschten Effekt eines selbstkritischen Lernengagements für die Arbeitsaufgabe zu erzielen. Unter allen drei Abstufungen der Häufigkeit der Rückmeldung zeigt die Art der Rückmeldung den selben Effekt: Ausschließlich positive Rückmeldungen bewirken eine geringe Lerndauer, negative Rückmeldungen eine mittlere, die objektive Rückmeldung, also die Rückmeldung über falsche *und* richtige Antworten, bewirkt die höchste selbstverordnete Lerndauer.

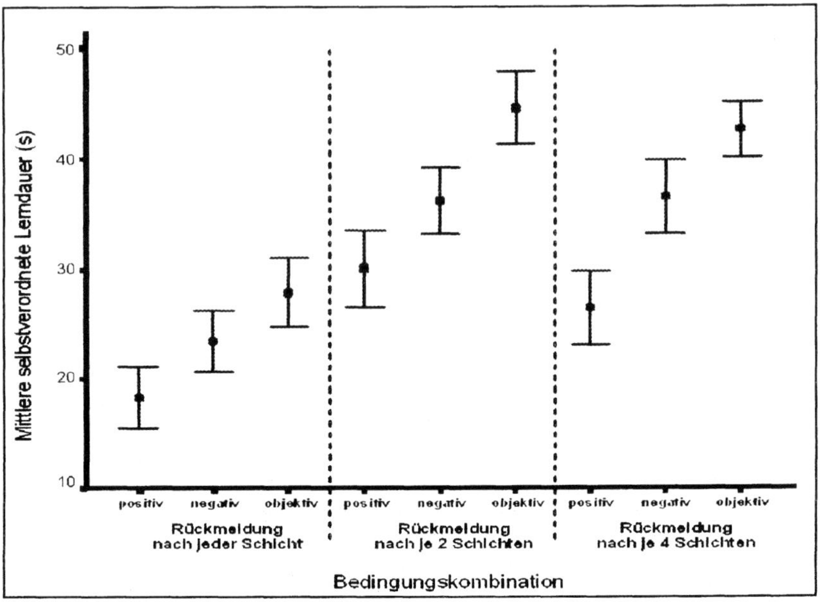

Abbildung 1:
Objektive Rückmeldungen mit mittlerer Häufigkeit bewirken die höchste selbstverordnete Lerndauer. Es ist zu vermuten, daß es sich bei der selbstverordneten Lerndauer in Abhängigkeit von der Häufigkeit der Rückmeldung um eine umgekehrt-U-förmige Funktion handelt. Die objektive Rückmeldung ist unter allen drei Abstufungen der Häufigkeit der Rückmeldung der positiven und negativen Rückmeldung überlegen.

3.4 Diskussion

Ziel des Experiments war es, die Bedeutung der Richtung und Häufigkeit von Rückmeldungen über Arbeitsergebnisse zu prüfen – können sie zur Erklärung der bei Gruppenarbeit beobachteten Unterlegenheit von Selbst- gegenüber Fremdkontrolle herangezogen werden? Nach jedem Abschnitt dem Mitarbeiter seine Leistung zu attestieren, scheint weder für seinen Lernerfolg noch für seine individuelle Tüchtigkeitseinschätzung günstig. Und: Positive Rückmeldung fördert offenbar keineswegs den Lerneifer, vielleicht begünstigt sie eine Kompetenz-Illusion in dem Sinne, daß Mitarbeiter nach ausschließlich positiver Leistungsrückmeldung meinen, sie brauchten nicht noch mehr zu lernen. Ein bemerkenswert durchgängiger Befund ist darüber hinaus die signifikante Überlegenheit der „objektiv"-Bedingung: Die vollständige, wenn auch redundante Angabe der Leistungsgüte führt, wie hier nicht dargestellte Daten des Experiments belegen, zur besten Selbsteinschätzung und zur jeweils höchsten selbstverordneten Lerndauer. Vielleicht steht hinter diesem Befund die ganz einfache Botschaft an den Vorgesetzten: Beschönige nicht und tadele auch nicht ausschließlich – behandle den Mitarbeiter als selbstverantwortlichen Mitmenschen, dann wachsen vermutlich Kompetenz und Arbeitszufriedenheit gleichermaßen.

4. Literatur

Bandura, A. (1976): *Lernen am Modell*. Stuttgart: Klett

Musahl, H.-P. (1997): *Gefahrenkognition: Theoretische Annäherungen, empirische Befunde und Anwendungsbezüge zur subjektiven Gefahrenkenntnis*. Heidelberg: Asanger

Hinrichs, S./Musahl, H.-P. (1999): *Selbstkontrolle versus Kontrollkompetenz? Effekte unterschiedlicher Rückmeldungen auf den Lernerfolg in einer simulierten Arbeitssituation*. Unveröffentlichtes Arbeitspapier des FG Arbeitspsychologie, FB2 – Psychologie der GMU-Duisburg

Musahl, H.-P. (1998): Mitarbeiterbeteiligung und Kleingruppenarbeit – das mag „gut" sein, aber ist es auch „nützlich"? In Bergbau-Berufsgenossenschaft (Hrsg.), *BBG-Symposium: Führungsverantwortung und Mitarbeiterbeteiligung im Arbeitsschutz* (S. 11–29). Bochum: BBG

Oettingen, G./Little, T.D. (1993): Intelligenz und Selbstwirksamkeitsurteile bei Ost- und Westberliner Schulkindern. *Zeitschrift für Sozialpsychologie*, 24, 186–197

Roethlisberger, F./Dickson, W. (1939): *Management and the worker*. Cambridge, Mass., Harvard University Press

Rosenthal, R. (1969): *Experimenter effects in behavioral research*. New York: Academic Press

Triplett, N. (1898):The dynamogenic factors in pacemaking and competition. *American Journal of Psychology*, 9, 503–533

Bernhard Zimolong

Managementsysteme im Arbeitsschutz

1. Gegenstand

Management heißt organisiertes, planvolles Führen. Management als Prozeß bezieht sich auf die Gestaltung von Systemen und die Koordination, Steuerung und Lenkung von Prozessen. Managementsysteme sind formalisierte und institutionalisierte Führungssysteme, die von der Unternehmensleitung vor allem in größeren Organisationen eingeführt werden. In kleinen Unternehmen spricht man besser von geplanter, systematischer Führung. Themenorientierte Management- oder Teilführungssysteme behandeln Einzelbereiche und haben funktionale Ziele: Qualitätssicherung, Arbeitschutz oder Umweltschutz.

Das Ziel von Arbeitsschutzmanagementsystemen (AMS) ist es, Unternehmen so zu führen, daß Sicherheit und Gesundheit bei der Arbeit als unternehmenspolitische Zielsetzung dem vorrangigen, ertragsorientierten Unternehmensziel zugeordnet und mindestens gleichwertig neben andere Zielsetzungen, wie Umsatz, Qualität und Umweltschutz gestellt und umgesetzt wird. Mit der Einführung eines AMS ist

- die Schaffung eigener Strukturen und Prozesse für Sicherheit und Gesundheitsschutz in Unternehmen verbunden und soll
- die Integration von Sicherheit und Gesundheitsschutz in alle Strukturen und Prozesse des Unternehmens erreicht werden.

AMS-Konzepte setzen Rahmenbedingungen, sind aber keine Systeme, die vom Unternehmen eingeführt werden können. Das Unternehmen muß aus dem Rahmenkonzept ein eigenes System entwickeln und umsetzen. Ein AMS-Konzept gibt vor, was und anhand welcher Kriterien geregelt werden soll, aber nicht, wie es konkret geregelt wird. Ein AMS-Konzept kann z.B. in Form einer nationalen Norm, eines Leitfadens oder, wie in der Bundesrepublik, in Form von „Eckpunkten“ vorliegen. Die britische Norm BS 8800 (BSI, 1996) basiert auf den Managementprinzipien und -elementen der Normenreihe ISO 14000 ff und stellt eine nationale Leitlinie für die Ausgestaltung von AMS dar. Die „Eckpunkte“ sind als „Gemeinsamer Standpunkt“ vom Bundesministerium für Arbeit und Sozialordnung, den obersten Arbeitsschutzbehörden der Länder, den Trägern der gesetzlichen Unfallversicherung und den Sozialpartnern 1999 im Bundesarbeitsblatt veröffentlicht worden. Sie orientieren sich zwar am präventiven Charakter eines AMS, verzichten aber auf eine Betonung der Gesundheitsförderung, wie sie von der WHO und der einschlägigen Literatur seit langem gefordert wird. Sie wird nur kurz erwähnt. Konzepte der Personalentwicklung und der Führung sind nicht enthalten, dafür findet man isolierte Forderungen nach Qualifizierungsmaßnahmen und Einbeziehung der Beschäftigten. Einzelne Bundesländer, Verbände und Einrichtungen haben eigene AMS-Konzepte entwickelt, u.a. OHRIS, ASCA und SCC. Eine Beschreibung und Bewertung verschiedener AMS-Konzepte findet sich in Ritter und Langhoff (1998).

2. GAMAGS

Das „Ganzheitliche Management des betrieblichen Arbeits- und Gesundheitsschutzes" (GAMAGS) ist am Lehrstuhl für Arbeits- und Organisationspsychologie der Ruhr-Universität Bochum entwickelt und evaluiert worden. GAMAGS ist ein AMS, das in das vom Unternehmen praktizierte Managementsystem eingebunden wird. Als Grundlage dient das „Integrierte Managementkonzept" der St. Gallener Schule (Bleicher, 1992). Zu der Entwicklung von GAMAGS haben im wesentlichen drei Quellen beigetragen:

- die internationalen Forschungsergebnisse zur individuellen und organisationalen Steuerung des Handelns in Organisationen beim Umgang mit Sicherheits- und Gesundheitsrisiken, insbesondere zur Führungsforschung, Personalarbeit, zum Informations- und Kommunikationsmanagement und zur Kultur (Zimolong, 1997, Elke, in Druck)
- die Ergebnisse aus einem dreijährigem Forschungsverbundprojekt[1] zur Analyse und Gestaltung eines effektiven Arbeits- und Gesundheitsschutzes, über die in diesem Band berichtet wird,
- die am Lehrstuhl gesammelten 10-jährigen Erfahrungen mit der Einführung, Entwicklung und Evaluation von GAMAGS in vier größeren Betrieben (Elke, in Druck).

Das AMS (Abb.1) ist so konzipiert, daß der allgemeine Management-Teil, das Systemmanagement, auf dem Management-Zyklus der BS 8800 auf

[1] Das Verbundprojekt wurde vom Projektträger DLR "Arbeit und Technik" des Bundesministeriums für Bildung, Wissenschaft, Forschung und Technologie von 1995-1998 gefördert.

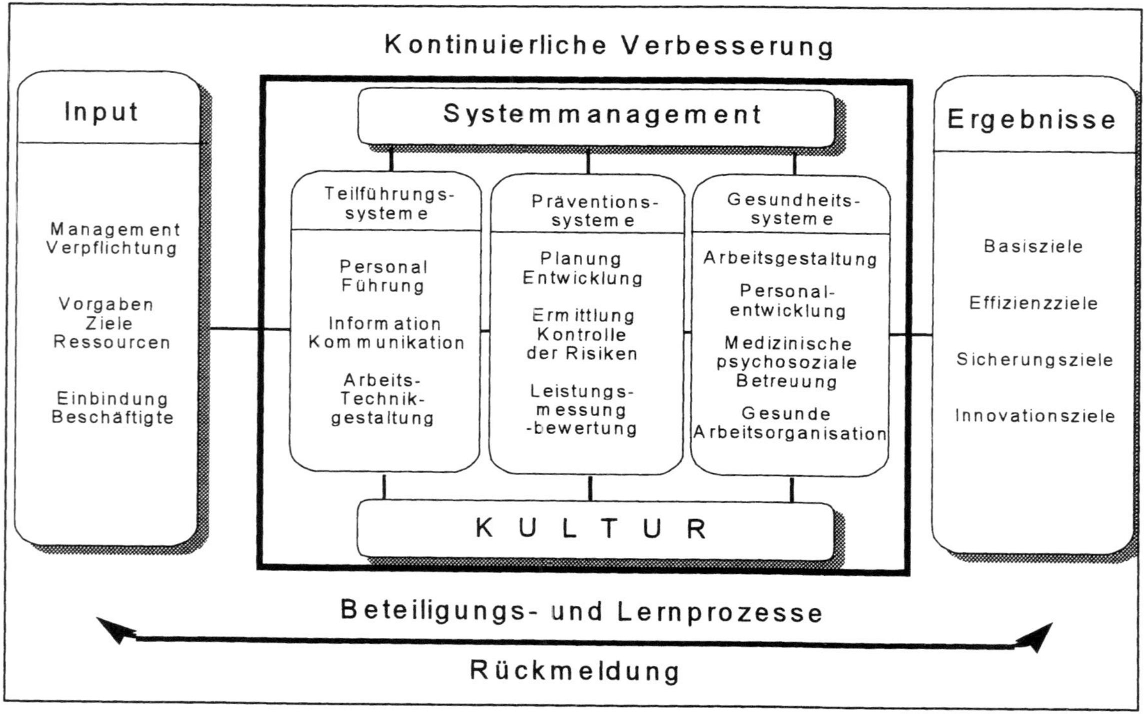

Abbildung 1:
Gestaltungsfelder eines AMS (GAMAGS)

baut und damit kompatibel mit dem generischen Managementteil der ISO 14001 ist. Im Vergleich mit den Zielsetzungen anderer Teilführungssysteme wie z.B. dem Qualitäts- oder Umweltmanagement, ergeben sich aus der Zielsetzung eines AMS, nämlich dem Schutz *und* der Förderung von Gesundheit, Wohlbefinden und Lebensqualität, besondere Anforderungen, die sich in vier verschiedenen Teilsystemen ausdrücken:

- Präventionssysteme für Sicherheit und Gesundheit
- Systeme für die Förderung von Gesundheit, Wohlbefinden und Lebensqualität
- Lern- und Beteiligungssysteme, die eine Beteiligung und Einbeziehung aller Beschäftigten einschließlich der Kontraktoren, Partnerfirmen sowie der Anwohner von Anlagen vorsehen und einen individuellen als auch organisationalen Lernprozeß ermöglichen
- Teilführungssysteme, die hauptsächlich die Integrationsfunktion in die Geschäftsprozesse vorsehen (Zimolong & Elke, 1999; in press).

Aus den Ergebnissen der GAMAGS-Feldstudie, über die in den folgenden Kapiteln berichtet wird, lassen sich vorwegnehmend folgende Schlußfolgerungen für die Entwicklung und Gestaltung von Systemen und Konzepten ziehen:

- ein hohes Leistungsniveau im Arbeitsschutz ist eine Management-Aufgabe, die mit den gleichen Systemen, Strukturen und Verfahren wie ein erfolgreiches Ertrags- oder Qualitätsmanagement erzielt wird. Die zentralen Gestaltungsfelder sind die präventive Planung, die Personal- und Führungsarbeit, die Gestaltung und Pflege systematischer Informations- und Kommunikationsprozesse, das Commitment der Leitung und die Einbindung der Beschäftigten.
- die Schlüsselprozesse im Arbeitsschutz sind nicht die dokumentierten Strukturen und Verantwortlichkeiten, sondern die gelebte, systematische Personal- und Führungsarbeit einschließlich der systematischen Kommunikation. Diese Systeme sind gleichzeitig die wichtigsten Integrationspromotoren für die Einbindung des Arbeitsschutzes in die Geschäftsprozesse.
- AMS-Konzepte wie z.B. die BS 8800, die „Eckpunkte“, OHRIS oder ASCA müssen erweitert werden um systematische Personal- und Führungssysteme, Informations- und Kommunikationssysteme sowie Systeme zur Förderung von Gesundheit, Wohlbefinden und Lebensqualität, die durch organisatorische Strukturen zu unterstützen sind.

Literatur

Bleicher, K. (1992): *Das Konzept Integriertes Management*. Frankfurt: Campus

British Standard Institute (BSI) BS 8800 (1996): *Guide to occupational health and safety management systems*. London: BSI

Ritter, A./Langhoff, Th. (1998): Arbeitsschutzmanagementsysteme – Vergleich ausgewählter Standards. *In: Schriftenreihe der Bundesanstalt für Arbeitsschutz und Arbeitsmedizin, Forschung FP 792*. Bremerhaven: Wirtschaftsverlag NW

Zimolong, B. (1997): Occupational Risk Management. In G. Salvendy (Ed.), *Handbook of Human Factors and Ergonomics* (pp. 989–1020). New York: Wiley

Weitere Literatur s. Elke & Zimolong i. d. Bd.

Gabriele Elke

GAMAGS – Feldstudie: Gegenstand und Methodik

1. Gegenstand

Ein präventiver Arbeits- und Gesundheitsschutz AGS zielt auf die Integration der Ziele „Sicherheit“ und „Gesundheit“ in den betrieblichen Alltag. Um diese Integration zu unterstützen und langfristig zu sichern, muß ein Unternehmen explizite Regelungen, z. B. in Form von Strukturen verbindlich implementieren und die Entwicklung einer positiven Sicherheitskultur fördern. Insofern sind präventives Handeln und eine organisationsbezogene Konzeption des AGS bzw. Prävention und Arbeitsschutz-Management-Systeme (AMS) oder Führungskonzepte untrennbar miteinander verbunden (vgl. Elke, in Druck).

Die Einführung von Managementsystemen in der Praxis, wie z. B. das TQM, scheint vor allem von zwei Größen abhängig zu sein, erstens von der Marktstellung oder dem beobachtbaren Erfolg der Unternehmen, die ein solches System implementiert haben, und zweitens davon, inwieweit die Umsetzung des Systems bzw. ein entsprechender Nachweis, wie die Zertifizierung nach dem SCC, einen Wettbewerbsvorteil bietet. Ob allerdings ein Managementsystem oder welche Elemente des Systems zu dem angestrebten Erfolg, wie zu einer kontinuierlichen Qualitätsverbesserung führen, ist in den wenigsten Fällen systematisch untersucht, noch empirisch belegt (vgl. Becker, 1997). Hier setzt die GAMAGS-Feldstudie an, die im Rahmen des Verbundvorhabens „Prävention im betrieblichen Arbeits- und Gesundheitsschutz“[1] durchgeführt wurde. Den Untersuchungsschwerpunkt bildeten Fragen nach der Rolle einzelner Elemente und Gestaltungsfelder eines AMS, wie der Planung von Arbeitssystemen, dem Personal-, Informations- und Kommunikationsmanagement sowie der Kultur für den Erfolg im AGS (Zimolong & Elke, 1999). Um diese Fragen beantworten zu können, wurden in die Untersuchung einerseits Unternehmen mit guten versus schlechten Leistungen im AGS einbezogen und andererseits Daten auf der Ebene des normativen, strategischen und operativen Managements sowie unterschiedliche

---

[1] Das Vorhaben wurde vom Projektträger DLR „Arbeit und Technik“ des Bundesministeriums für Bildung, Wissenschaft, Forschung und Technologie von 1995 bis 1998 gefördert.

Indikatoren für die betrieblichen Leistungen im AGS erhoben (vgl. nachfolgenden Beitrag von Stapp).

2. Methodik

2.1 Stichprobe

Insgesamt nahmen 14 Betriebe aus der Branche Chemie und jeweils 2 Betriebe aus den Branchen Kohle- und Papierverarbeitung an der Untersuchung teil. Die Produktpalette reichte von organischen und anorganischen Grundchemikalien über die Produktion von Ruß, Kosmetika, Waschpulvern und Pharmazeutika bis hin zur Produktion von Kunststoffen, Chemiefasern oder der Verarbeitung von Steinkohle.

In allen Betrieben waren über 200 Mitarbeiter in der Produktion beschäftigt. In der Mehrzahl der Betriebe waren es 500 bis 999 bzw. 1000 bis 2999 Beschäftigte. Während die Anteile der deutschen und ausländischen Arbeitnehmer in den untersuchten Betrieben der entsprechenden Verteilung im verarbeitenden Gewerbe der Bundesrepublik Deutschland entspricht, sind die Frauen mit einem Anteil von 4,7% in den untersuchten Betrieben im Vergleich zu 27,9% im Gewerbesektor unterrepräsentiert. Dasselbe gilt für die Gruppe der Beschäftigten, die 50 Jahre und älter sind. Ihr Anteil beträgt in der Stichprobe 9,4% im Vergleich zu 19,9% im verarbeitenden Gewerbe. Die Altersgruppe der 31- bis 40-jährigen stellt sowohl in der GAMAGS-Stichprobe mit 37,2% als auch insgesamt mit 31,1% die größte Gruppe der Beschäftigten dar (vgl. Stapp, Elke & Zimolong, 1999, S. 15ff).

In Bezug auf die Leistungen im AGS ist die Stichprobe für keine der Branchen repräsentativ, sondern sie zeichnet sich durch ein relativ hohes AGS-Leistungsniveau aus: Zwölf der Betriebe lagen, bezogen auf die meldepflichtigen Arbeitsunfälle, mit einer TMQ von 2 bis 20 z.T. weit unter dem Durchschnitt und nur vier Betriebe mit einer TMQ von ca. 50 bzw. 125 weit über dem Durchschnitt ihrer Gefahrtarifstelle. Die durchschnittliche TMQ der chemischen Industrie lag in 1996 bei 23,54 und für alle Wirtschaftsunternehmen bei 40 (HVBG, 1997).

2.2 Erfolgsgruppen

Der Analyse des Zusammenhangs zwischen dem Erfolg im AGS und der Organisation bzw. dem Management des AGS liegt eine Aufteilung der Stichprobe in vier Erfolgsgruppen zugrunde. Als Leistungsindikator wird die relative TMQ (RTMQ) herangezogen, deren Bezugspunkt die TMQ der jeweiligen Gefahrtarifstelle bildet. Da die Zuordnung eines Betriebes zu einer Gefahrtarifstelle „sich entweder nach den Arbeitsvorgängen, den Tätigkeiten, den verwendeten Rohstoffen oder nach der Art der hergestellten Erzeugnisse" (BG Chemie, 1997, S. 57) richtet, werden durch die RTMQ diese Einflußgrößen im Ansatz kontrolliert. Die Heranziehung anderer Indikatoren war aufgrund des Fehlens von vergleichbaren Daten über alle Unternehmen nicht möglich. In Abbildung 1 ist die Rangfolge der Betriebe in Abhängigkeit von ihrer RTMQ 1996 dargestellt. Die TMQ von 1,5 des Betriebes auf Rangplatz 1 entspricht beispielsweise einer RTMQ von -97, d.h. die TMQ weicht zu 97% nach unten und damit in positiver Richtung von der durchschnittlichen TMQ der Gefahrtarifstelle dieses Betriebes ab. Den letzten Rangplatz nimmt ein Betrieb mit einer TMQ von 125 ein. Diese Quote ist zu 301% schlechter als die durchschnittliche TMQ der Gefahrtarifstelle.

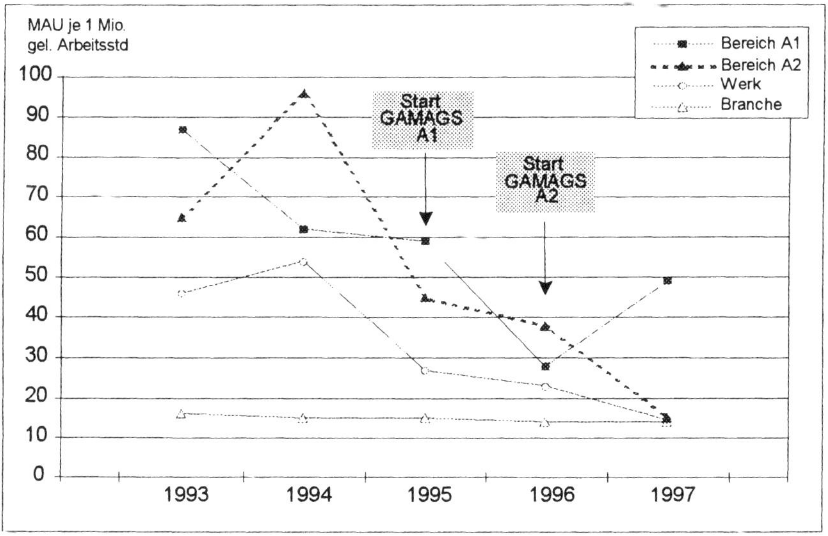

Abbildung 1:
Rangfolge und Gruppierung der Betriebe nach der RTMQ

Liegt die RTMQ eines Betriebes unter oder über dem jährlichen Gruppenmedian, der z. B. für das Jahr 1996 bei einer RTMQ von 13 lag (vgl. Abb. 1), so wird im ersten Fall von über- und im zweiten Fall von unterdurchschnittlichen Unternehmensleistungen gesprochen. Im Gegensatz zu den jeweils vier Betrieben, deren Leistungen von 1994 bis 1997 kontinuierlich über- oder unterdurchschnittlich waren und die damit die Gruppen „Über Durchschnitt" bzw. „Unter Durchschnitt" bilden, variierten die Leistungen der beiden anderen Gruppen über die vier Jahre. In Abhängigkeit von der Richtung der Veränderung in 1996 bzw. 1997, wird von den „Fortschritt"- versus „Rückschritt"- Betrieben gesprochen. Jeweils fünf bzw. vier Betriebe haben in den letzten zwei Jahre entweder ihr AGS-Leistungsniveau verbessert oder verschlechtert.

2.3 Datenerhebung

Zur Erfassung der Organisations- und Managementvariablen wurden Fragebogen, Checklisten und Interviewleitfäden entwickelt, die sowohl eine Erfassung der Systeme, Instrumente und Verfahren, deren Einsatz vom Betrieb vorgeschrieben wird und die somit die dokumentierte AGS-Organisation darstellen, als auch die Erhebung des Vorgehens im Alltag, des gelebten AGS, ermöglichen. Zur Analyse der Gefährdungen auf Arbeitsplatzebene wurden der FSD (Hoyos & Ruppert, 1993) und RISPO (Elke & Zimolong, 1998) eingesetzt. Die schriftlichen Befragungen der Führungskräfte und Mitarbeiter auf der operativen Ebene fanden mit standardisierten Meßinstrumenten, wie u.a. dem FAGS (vgl. nachfolgende Beiträge von Stapp und Ruppert) statt.

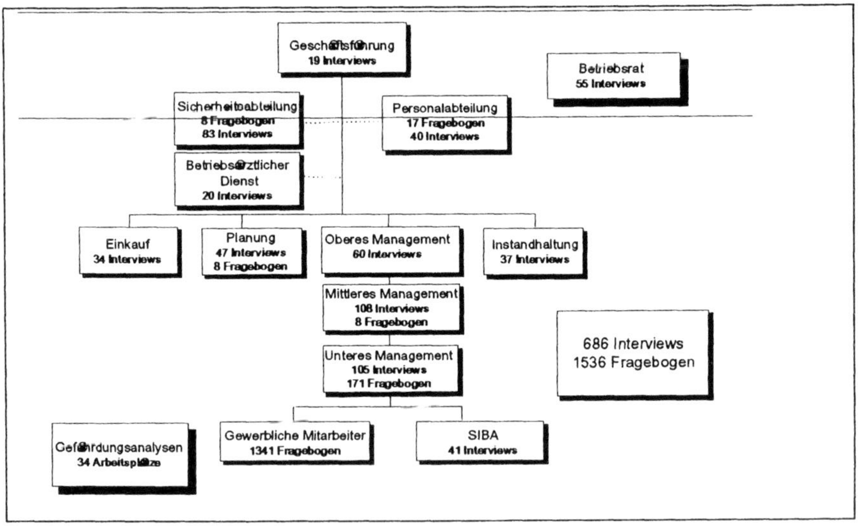

Abbildung 2:
Datenbasis der GAMAGS-Feldstudie

Die Datenbasis bilden neben den Ergebnissen der Analysen der Planungsprozesse (vgl. nachfolgenden Beitrag von Beer & Stadler), der Gefährdungsanalysen an 34 Arbeitsplätzen und umfangreichen Dokumentenanalysen insgesamt 1536 Fragebogen und 686 Interviews. Wie aus Abbildung 2 zu entnehmen ist, fanden die Interviews und die schriftlichen Befragungen auf allen Hierarchieebenen eines Betriebes statt. Interviewt wurden die Führungskräfte aus der Linie, Funktionsträger des AGS, wie Sicherheitsfachkräfte und -beauftragte, Betriebsärzte, Vertreter der Funktionsbereiche Personal, Einkauf, Planung und Instandhaltung, sowie Vertreter des Betriebsrates.

Die Datenerhebung fand im Zeitraum von Juni 1996 bis Oktober 1977 statt, wobei die Interviews, die Arbeitsanalysen und die Befragungen der Beschäftigten in dem einzelnen Betrieb innerhalb von drei Tagen abgeschlossen waren.

In den nachfolgenden Beiträgen wird auf die erhobenen Variablen im Einzelnen und exemplarische Ergebnisse eingegangen.

Literatur

Becker, U. (1997): Standardisierung von Arbeitsschutzmanagementsystemen. In Kommission Arbeitsschutz und Normung (Hrsg.), *Zur Problematik der Normung von Arbeitsschutzmanagementsystemen. KAN Bericht 11* (S. 39–44. St. Augustin: Verein zur Förderung der Arbeitssicherheit in Europa

Berufsgenossenschaft der chemischen Industrie (1997): *Jahresbericht 1996*. Heidelberg: BG Chemie

Elke, G. (in Druck): *Ganzheitliches Management des betrieblichen Arbeits- und Gesundheitsschutzes – Entwicklung und Evaluation eines Arbeitsschutz-Management-Systems*. Wiesbaden: DUV

Elke, G./Zimolong, B. (1998): Gefährdungsbeurteilung. *Der Sicherheitsingenieur*, 5, 12–17 und 6, 38–40

Hauptverband der gewerblichen Berufsgenossenschaften (HVBG) (1997): *Geschäfts- und Rechnungsergebnisse der gewerblichen Berufsgenossenschaften 1996*. Bochum: Schürmann und Klages

Hoyos, C./Ruppert, F. (1993): *Der Fragebogen zur Sicherheitsdiagnose FSD*. Bern: Verlag Hans Huber

Stapp, M./Elke, G./Zimolong, B. (1999): Fragebogen zum Arbeits- und Gesundheitsschutz (FAGS). *Bochumer Berichte Nr. 15* Bochum: Ruhr-Universität

Zimolong, B./Elke, G. (1999): Prävention im betrieblichen Arbeits- und Gesundheitsschutz. Ganzheitliches Management des betrieblichen Arbeits- und Gesundheitsschutzes GAMAGS. (Endbericht). Bochum: Ruhr-Universität

Gabriele Elke und Bernhard Zimolong

Personal- und Informationsmanagement

1. Einführung

Der direkten Steuerung, Lenkung und Koordination sicherheits- und gesundheitsgerechten Verhaltens durch die Vorgesetzten und den persönlichen Austausch im betrieblichen Alltagsgeschehen sind nicht nur bei einer großen Anzahl von Mitarbeitern, sondern auch aufgrund der zunehmend geforderten Eigenverantwortung sowie der zeitlichen und räumlichen Entkopplung von Zusammenarbeit Grenzen gesetzt. Führungssubstitute, wie verbindliche Regeln, standardisierte Abläufe, Berichtswesen oder der Einsatz von Personalsystemen, d.h. Managementsysteme, gewinnen für die Unterstützung und Sicherung des eigenverantwortlichen und selbständigen Handelns von Arbeitsteams und des Einzelnen auch im Arbeits- und Gesundheitsschutz (AGS) zunehmend an Bedeutung.

Der Schwerpunkt des Arbeitsschutz-Management-Systems GAMAGS liegt neben der Förderung einer positiven Sicherheitskultur und einer gesundheitsförderlichen Gestaltung von Technik und Arbeit auf den Gestaltungsfeldern Personal und Information (vgl. Beitrag von Zimolong in diesem Band; Elke, in Druck; Zimolong & Elke, in press). Untersucht wurde in der GAMAGS-Feldstudie u.a. die organisationsbezogene Steuerung und Koordination des AGS durch das Personal- und Informationsmanagement.

2. Einsatz von Personalsystemen im AGS-Alltag

Die Ausgangsfrage für die Untersuchung des Personalmanagements war, inwieweit Unternehmen mit einem erfolgreichen AGS zur Optimierung und langfristigen Sicherung der Sicherheits- und Gesundheitsleistungen neben der direkten Mitarbeiterführung Personalsysteme, wie Anreiz-, Beurteilungs- und Entlohnungssysteme etc., die sich zur Steuerung und Stabilisierung des Leistungsverhaltens generell bewährt haben, systematisch für die Umsetzung der Ziele des AGS und ihre Integration in die Entscheidungen und in das Handeln im betrieblichen Alltag einsetzen und nutzen.

Die Ergebnisse zeigen, daß dem relativ hohen AGS-Leistungsniveau der untersuchten Betriebe ein relativ sparsamer Einsatz der einzelnen Personalsysteme im AGS gegenüber steht. Während in ca. 70% der untersuchten 18

Betriebe dokumentierte allgemeine Führungsleitlinien anzutreffen sind, liegt der Anteil von Leitlinien, die auch den AGS berücksichtigen, bei 40%.

Selektions- und Beurteilungssysteme, die AGS-Kriterien einbeziehen, sind in der Hälfte der Betriebe offiziell für die Gruppe der Führungskräfte eingeführt. Allerdings geben nur 31% bzw. 26% der befragten 100 Führungskräfte an, daß AGS-Leistungen zu ihrer Beurteilung oder Versetzung herangezogen werden. Während auf der dokumentierten Ebene zu 45% bzw. 40% der Einsatz von Qualifizierungs- und Anreizsystemen vorgegeben wird, werden in der Praxis 24% der Führungskräfte regelmäßig qualifiziert, und 34% von ihnen erhalten Anreize in Form von Prämien.

Zur Förderung der AGS-Leistungen setzen die Betriebe nach den Ergebnissen der GAMAGS-Feldstudie vor allem auf eine Outputkontrolle des Führungsverhaltens in Form von Anreiz- und Beurteilungssystemen. Der Vergleich der Betriebe in Abhängigkeit von ihrem Leistungsniveau zeigt, daß es sich hierbei um Erfolgsfaktoren handelt.

In Abbildung 1 sind die prozentualen Antworthäufigkeiten der befragten Führungskräfte (N=100) auf die Frage, welche Personalsysteme in ihrem Arbeitsalltag im AGS eingesetzt werden, abgebildet.

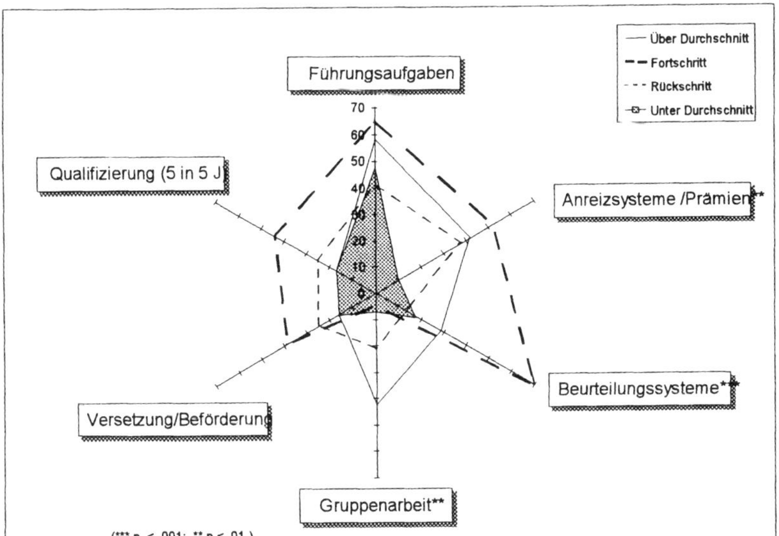

Abbildung 1:
Einsatz von Personalsystemen im betrieblichen Alltag der vier Gruppen von Betrieben mit unterschiedlichem AGS-Leistungsniveau

Betriebe, die ihre Sicherheitsleistungen in den letzten Jahren verbesserten (Fortschritt) oder über längere Zeit konstant gute Leistungen (Über Durchschnitt) erbrachten, zeichnen sich nach den Aussagen ihrer Führungskräfte nicht nur durch ein systematischeres Management des Arbeitsschutzes aus, sondern sie setzen insgesamt mehr sowie miteinander kombinierte Personalsysteme und vor allem häufiger Beurteilungs- und Anreizsysteme im AGS ein. Die Betriebe mit kontinuierlich unterdurchschnittlichen Leistungen setzen am wenigsten Personalsysteme und so gut wie keine Anreizsysteme ein.

Die Analyse des kombinierten Einsatzes einzelner Personalsysteme im Alltag zeigt vor allem zwei wichtige Ergebnisse: Während in der Fortschrittsgruppe am häufigsten zwei und mehr Systeme kombiniert eingesetzt werden, erweist sich keine der spezifischen Kombinationen als bedeutsam. Demgegenüber zeichnen sich die überdurchschnittlichen Betriebe durch den kombinierten Einsatz von Versetzungs-, Beurteilungs- und Qualifizierungssystemen aus.

3. Informations- und Kommunikationsmanagement

Die untersuchten Betriebe unterscheiden sich ebenfalls deutlich hinsichtlich der Gestaltung ihres IuK-Managements. In Abbildung 2 ist das Ausmaß, in dem einzelne Aspekte des IuK-Managements, wie die Erfassung, Analyse, Dokumentation und Kommunikation von sicherheits- und gesundheitsrelevanten Daten in den Betrieben in Abhängigkeit von AGS-Leistungsniveau und seiner Entwicklung in den letzten Jahren abgebildet. Der maximal erreichbare Wert beträgt 100.

Kommunikation und Datenerfassung erweisen sich als deutliche Erfolgsfaktoren. Einerseits gibt es in der Fortschrittsgruppe und den Betrieben mit kontinuierlich überdurchschnittlichen AGS-Leistungen mehr spezielle AGS-Austauschforen, wie Sicherheitsteams, tägliche Sicherheitsgespräche etc.. Andererseits sind Sicherheit und Gesundheit auch wesentlich häufiger offiziell ein regelmäßiges Thema im Rahmen von alltäglichen Besprechungen der Führungskräfte und Teams. Die überdurchschnittlichen Betriebe erfassen zudem nicht nur mehr andere Informationen, wie Beinaheunfälle, Gefährdungen sowie Belastungen und verursachende Bedingungen, sondern sie führen auch die anderen Verarbeitungsschritte intensiver durch. Demgegenüber zeichnet sich das IuK-Management der unterdurchschnittlichen Betriebe, verglichen mit den anderen Gruppen, durch eine begrenzte, zumeist auf die Erfüllung der gesetzlichen Vorgaben beschränkte Erfassung, Analyse, Dokumentation und Kommunikation der Daten aus.

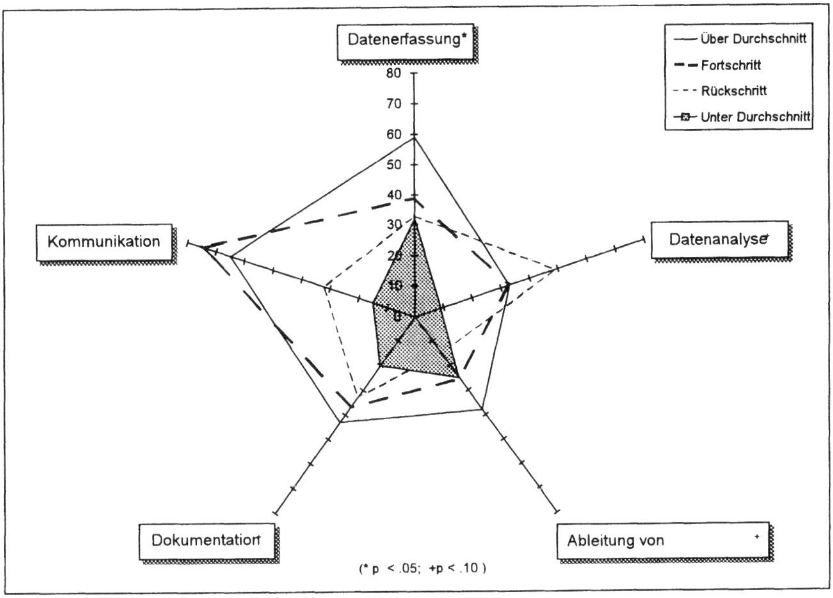

Abbildung 2:
Umsetzung einzelner Aspekte des IuK- Managements in den vier Gruppen von Betrieben mit unterschiedlichem AGS-Leistungsniveau (N=18 Betriebe; Max. Punktwert = 100)

Auffällig ist, daß in den Betrieben, die sich in den letzten Jahren verschlechtert haben, sehr intensive Datenanalysen durchgeführt werden. Aber eine detaillierte Analyse kann nicht greifen, wenn einerseits nur in wenigen Fällen aus den Ergebnissen Maßnahmen abgeleitet werden. Andererseits ist zu fragen, ob die Daten, die in die Analyse einbezogen werden, Rückschlüsse über entscheidende Ursache-Wirkungs-Zusammenhänge ermöglichen. Während in 75% der überdurchschnittlichen Betriebe Beinaheunfälle erhoben sowie regelmäßig Gefährdungsanalysen durchgeführt werden und hier auch der Analyseschwerpunkt liegt, werden in keinem der Betriebe, deren Leistungen sich in den letzten Jahren verschlechtert haben, Beinaheunfälle erfaßt. Nur in einem Unternehmen werden Gefährdungsanalysen, aber nicht regelmäßig, durchgeführt.

4. Diskussion

Die Ergebnisse der GAMAGS-Feldstudie unterstreichen die Bedeutung der Gestaltungsfelder Personal und Information für einen langfristig erfolgreichen AGS. Ergänzende regressionsanalytische Auswertungen zeigen, daß die Indices für das Personal- und IuK-Management gemeinsam mit den Einschätzungen der Qualität der AGS-Kommunikation durch die Mitarbeiter gute Prädiktoren für die AGS-Leistungen eines Betriebes darstellen. Sie erklären 79% der Varianz der Unfallentwicklung in den 18 Betrieben (vgl. Zimolong & Elke, 1999). Sie verweisen gleichzeitig auf den hohen Stellenwert von Rückmeldung oder auch der Rückkopplung der individuellen Leistungen an die betrieblichen Standards, sei es in Form von Beurteilungssystemen oder der regelmäßigen Kommunikation über Fragen der Sicherheit und Gesundheit im betrieblichen Alltag. Rückmeldung bildet die Grundlage für individuelles und organisationales Lernen. So ist es wenig erstaunlich, daß in den Betrieben, die ihre AGS-Leistungen in den letzten Jahren verbessert haben, signifikant häufiger über AGS-Fragen kommuniziert wird und die Betriebe in den regelmäßigen Beurteilungen ihrer Führungskräfte AGS-Kriterien berücksichtigen. Ebenso konnte der Einsatz von Anreizsystemen im AGS, wie Prämien und Karrierechancen, als ein zentraler Erfolgsfaktor des AGS in der Praxis bestätigt werden (vgl. auch Wynne & Clarkin, 1993, S. 97).

Literatur

Elke, G. (in Druck): Ganzheitliches Management des betrieblichen Arbeits- und Gesundheitsschutzes – Konzeption und Implementierung des Managementsystems GAMAGS -. Wiesbaden: DUV

Wynne, R./Clarkin, N. (1993): Im Aufbau – Grundlagen für den Gesundheitsschutz an den Arbeitsplätzen Europas. Dublin: Europäische Stiftung zur Verbesserung der Lebens- und Arbeitsbedingungen

Zimolong, B./Elke, G. (1999): Prävention im betrieblichen Arbeits- und Gesundheitsschutz. Ganzheitliches Management des betrieblichen Arbeits- und Gesundheitsschutzes GAMAGS. (Endbericht). Bochum: Ruhr-Universität

Zimolong, B./Elke, G. (in Druck): Risk Management. In W. Karwowski (Ed.), International Encyclopedia of Ergonomics and Human Factors. London: Taylor & Francis

Marc Stapp

Bewertungsindikatoren für Sicherheits- und Gesundheitsleistungen

1. Einleitung

Die Resultate organisationaler Steuerung des betrieblichen Arbeits- und Gesundheitsschutzes (AGS) können auf individueller und organisationaler Ebene über bestimmte Leistungsindikatoren des AGS erfaßt werden. Klassische organisationale Leistungsindikatoren, wie die Unfallzahlen oder die Quote krankheitsbedingter Fehlzeiten geben zwar wichtige Hinweise auf das Sicherheits- oder Gesundheitsniveau der Unternehmen, sind jedoch auf der einen Seite nicht weitreichend genug und lassen sich auf der anderen Seite für die Verbesserung betrieblicher Leistungen nur sehr eingeschränkt verwenden.

2. Bewertungsindikatoren des betrieblichen AGS

Unfälle und Fehlzeiten stellen Negativereignisse dar, die je nach Leistungsniveau zudem als „seltene Ereignisse" bezeichnet werden können und daher im Sinne eines präventiv ausgerichteten Arbeits- und Gesundheitsschutzes keine entsprechenden Ansatzpunkte für Interventionsmaßnahmen bieten.

Wird die Leistungserbringung „Sicherheit und Gesundheit" als Prozeß betrachtet, so stellen Unfälle und Fehlzeiten als Outputkontrolle den letzten Punkt in einer Ereigniskette dar. Eine Erhebung auf den Ebenen der Input- oder Prozeßkontrolle kommt demnach auch den Anforderungen eines präventiven AGS am nächsten. Die Erfassung der Arbeits- und Technikgestaltung, des Personalmanagements oder der Sicherheits- und Gesundheitskultur eines Unternehmens stellen somit Indikatoren im Sinne der Inputkontrolle dar. Wie die Mitarbeiter bei gegebener Arbeitsgestaltung mit vorhandenen Gefährungen oder gesundheitlich belastenden Bedingungen umgehen, wie sie sich verhalten und wodurch ihr Verhalten beinflußt wird, stellt als Prozeßkontrolle eine wichtige Ergänzung zu Input- oder Outputindikatoren dar.

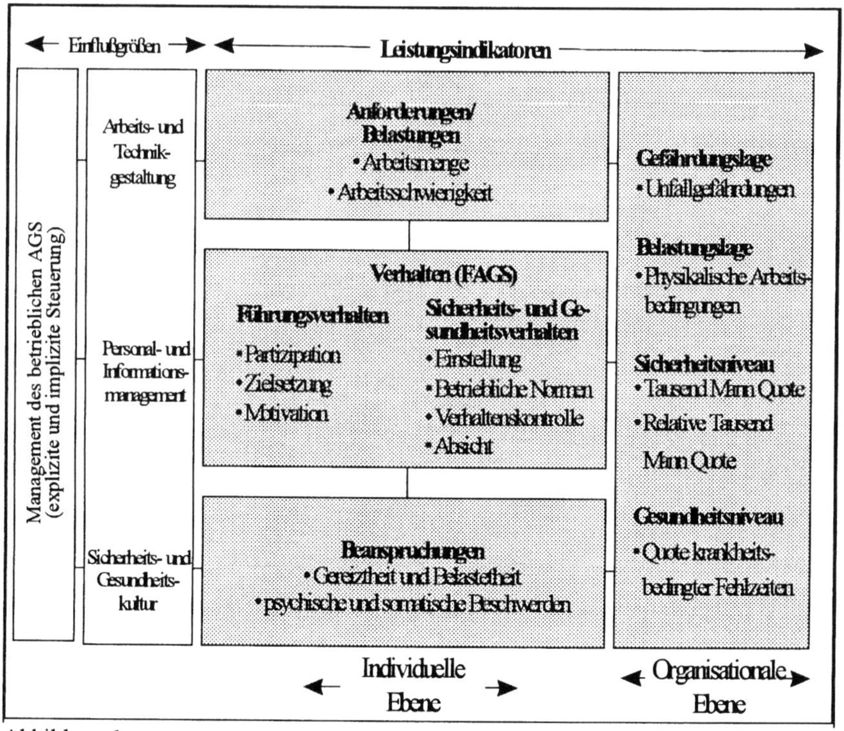

Abbildung 1:
Operationalisierung der Leistungsindikatoren (Quelle Stapp 1999)

3. Vorgehen

In den 16 Unternehmen der Branchen Chemie, Papierproduktion bzw. -verarbeitung und Kohleveredelung wurden insgesamt 594 Mitarbeiter und 166 Führungskräfte der Meister- und Vorarbeiterebene schriftlich befragt und zusätzlich unterschiedliche Indikatoren auf organisationaler Ebene erfaßt und miteinander in Beziehung gesetzt. (vgl. Zimolong & Elke in Vorb.).

Auf organisationaler Ebene ist die Quote krankheitsbedingter Fehlzeiten und die Anzahl meldepflichtiger Arbeitsunfälle berücksichtigt worden. Bei den Unfällen wurde zusätzlich eine Quote berechnet, die die unterschiedlichen Gefährdungspotentiale verschiedener Branchen berücksichtigt. Indikatoren des Gefährdungs- und Belastungsniveaus der Unternehmen sind die durch Arbeitsplatzanalysen an typischen Produktionsarbeitsplätzen der Unternehmen ermittelten Gesundheitsbelastungen und Unfallgefährdungen.

Auf individueller Ebene sind die Belastungen durch die Arbeitstätigkeit über zwei Skalen der „Subjektiven Arbeitsanalyse“ (Udris & Alioth, 1980) ermittelt worden. Die individuellen Beanspruchungen werden schließlich über eine Kurzform der „Freiburger Beschwerdenliste“ (Fahrenberg, 1975) und die Skala „Gereiztheit/Belastetheit“ (Mohr, 1991) erhoben.

Das sicherheits- und gesundheitsgerechte Verhalten wird über den „Fragebogen zum Arbeits- und Gesundheitsschutz“ (FAGS) (Stapp, 1999) ermittelt. Der FAGS erfaßt das Sicherheits- und Gesundheitsverhalten über deren Bestimmungsgrößen, Einstellung, Normen, Verhaltenskontrolle und die Bereitschaft zu sicherheits- und gesundheitsgerechtem Verhalten.

4. Ergebnisse

Im folgenden werden exemplarische Ergebnisse zu den Zusammenhängen zwischen den Leistungsindikatoren auf organisationaler und individueller Ebene beschrieben.

Zusammenhänge auf organisationaler Ebene

Ein Zusammenhang zwischen der Gefährdungs- und Belastungslage der Unternehmen (Ergebnisse der Arbeitsplatzanalysen) und dem Sicherheits- und Gesundheitsniveau (Arbeitsunfälle und krankheitsbedingte Fehlzeiten) konnte nicht in der erwarteten Richtung nachgewiesen werden.

1995 – 1997	Gefährdungslage	Belastungslage
TMQ Mittelwert	,195	-,079
RTMQ Mittelwert	,049	,024
Fehlzeiten Mittelwert	,659	,778*

*Anmerkung: Spearman Korrelationkoeffizient * p< 0,05; N=10 Betriebe; TMQ= meldepflichtige Arbeitsunfälle pro tausend Vollarbeiter; RTMQ= TMQ des Unternehmens in Relation zur TMQ der Branche*

Tabelle 1:
Korrelationen zwischen den objektiven Belastungen und Folgen

Wie in Tabelle 1 dargestellt, korreliert die Gefährdungslage nicht statistisch bedeutsam mit den Unfallquoten oder der Quote krankheitsbedingter Fehlzeiten. Die einzige bedeutsame Korrelation zeigt sich zwischen der betrieblichen Belastungslage und den krankheitsbedingten Fehlzeiten. Die positive Korrelation bedeutet in diesen Fall allerdings, daß die Betriebe mit den schlechtesten physikalischen Arbeitsbedingungen (Lärm, Beleuchtung, Klima) auf der Seite der Fehlzeiten die geringsten Quoten aufweisen.

Zusammenhänge auf individueller Ebene

Auf individueller Ebene geht beispielsweise eine hohe subjektiv empfundene Belastung in Form von Anforderungen durch die Arbeitsmenge oder Arbeitsschwierigkeit (SAA, Udris & Alioth 1980) durchaus mit einer höher bewerteten Beanspruchung in Form mittelfristiger Gereiztheit und Belastetheit oder psychischen und somatischen Beschwerden einher (s. Tab. 2).

	Gereiztheit und Belastetheit	Freiburger Beschwerdenliste
Arbeitsmenge	,41**	,38**
Arbeitsschwierigkeit	,35**	,37**

*Anmerkung: Mitarbeiter Stichprobe B; N=594; * p< 0,05, **p< 0,01*

Tabelle 2:
Zusammenhänge zwischen den subjektiven Belastungen und Beanspruchungen

Zusammenhänge zwischen den Indikatoren individueller und organisationaler Ebene

Die Leistungsindikatoren des betrieblichen AGS auf individueller Ebene werden u.a. durch die Skalen des Fragebogens zum Arbeits- und Gesundheitsschutz (FAGS) erfaßt (vgl. Stapp, 1999). In der Abbildung 2 sind die Skalenmittelwerte der Mitarbeiter aus unterdurchschnittlichen Unternehmen (TMQ von 1995–1997 Mittelwert = 41,30 kontinuierlich unter dem Median der Stichprobe) und überdurchschnittlichen Unternehmen (TMQ von 1995–1997 Mittelwert = 5,12, kontinuierlich über dem Median der Stichprobe) dargestellt.

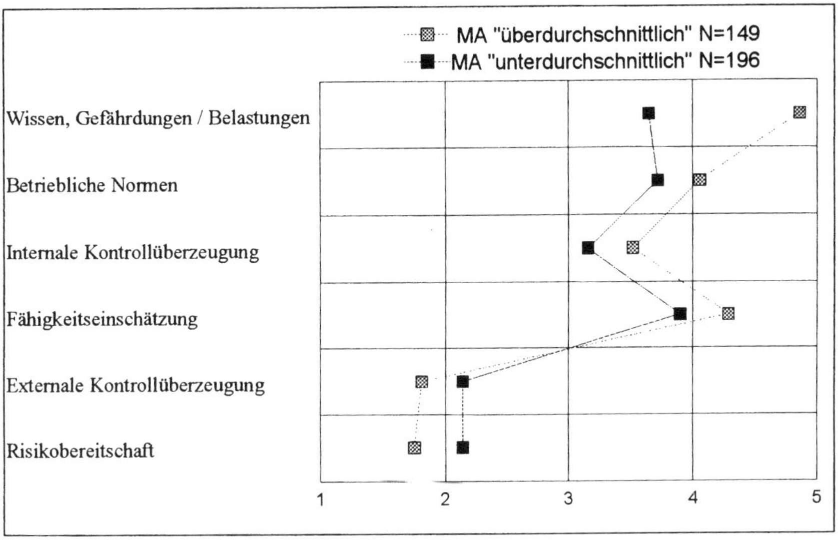

Abbildung 2:
Skalen zum Sicherheits- und Gesundheitsverhalten

Die Mitarbeiter der überdurchschnittlichen Unternehmen wissen besser über die Gefährdungen an ihrem Arbeitsplatz Bescheid, schätzen die betrieblichen Normen im AGS höher ein, sind stärker der Überzeugung, selbst Einfluß auf ihre Sicherheit und Gesundheit ausüben zu können und bewerten ihre Fähigkeiten im Umgang mit riskanten Situationen höher. Demgegenüber glauben sie in einem geringeren Ausmaß, daß ihre Sicherheit und Gesundheit vom Schicksal oder Zufall abhängt und äußern eine geringere Bereitschaft Risiken einzugehen als die Mitarbeiter der Unternehmen mit unterdurchschnittlichem Leistungsniveau.

5. Zusammenfassung und Schlußfolgerungen

Die Erfassung des Leistungsniveaus des betrieblichen AGS auf organisationaler Ebene in Form der Gefährdungen oder der Unfallquoten ist notwendig und sinnvoll, aber im Sinne eines präventiv ausgerichteten AGS nicht ausreichend. Ein hohes Maß an Gefährdungen oder Belastungen führt dabei ebensowenig zwangsläufig zu Unfällen oder Fehlzeiten, wie eine „gute" Arbeits- und Technikgestaltung ein Garant für ein exzellentes AGS-Niveau ist. Die Erfassung von Verhaltensaspekten auf individueller Ebene ermöglicht als zusätzlicher Leistungsindikator dabei nicht nur eine Bewertung „wie" das betriebliche Leistungsniveau aussieht, sondern gibt durch die verhaltensbestimmenden Aspekte auch einen Hinweis auf das „warum" des Leistungsniveaus. Durch den FAGS ist damit nicht nur eine Leistungsermittlung auf individueller Ebene möglich, sondern durch das Instrument der Mitarbeiterbefragung gleichzeitig eine Beteiligung der Mitarbeiter an Verbesserungs- und Veränderungsprozessen gegeben.

Literatur

Ajzen, I./Madden, T. J. (1986): Prediction of goal directed behavior: attitudes, intentions, and perceived behavior control. Journal of Experimental Social Psychology, 22, 453–474

Fahrenberg, J (1975): Die Freiburger Beschwerdenliste FBL. Zeitschrift für Klinische Psychologie, 4, 49–100

Mohr, G. (1991): Fünf Subkonstrukte psychischer Befindensbeeinträchtigung bei Industriearbeitern: Auswahl und Entwicklung. In S. Greif, E. Bamberg & N. Semmer (Hrsg.), Psychischer Streß am Arbeitsplatz (S. 91–119). Göttingen: Hogrefe

Stapp, M. (1999): Fragebogen zum Arbeits- und Gesundheitsschutz (FAGS). Ein Instrument zur Bewertung des betrieblichen Arbeits- und Gesundheitsschutzmanagements in Industrieunternehmen. Unv. Dissertation an der Ruhr-Universität Bochum, Fakultät für Psychologie

Udris, I./Alioth, A. (1980): Der Fragebogen zur Subjektiven Arbeitsanalyse (SAA). Bern: Hans Huber

Zimolong, B./Elke, G. (in Vorb.): Ganzheitliches Management des betrieblichen Arbeits- und Gesundheitsschutzes. Abschlußbericht des Projekts Prävention im betrieblichen Arbeits- und Gesundheitsschutzes, gefördert vom Bundesministerium für Bildung, Wissenschaft, Forschung und Technologie. Bochum: Ruhr-Universität

Franz Ruppert

Sicherheits- und Gesundheitskultur – Faktoren eines ganzheitlichen Verständnisses von Sicherheit und Gesundheit im Betrieb

1. Kultur als ganzheitliche Metapher

Im Gesamtprojekt Ganzheitliches Management des betrieblichen Arbeits- und Gesundheitsschutzes (GAMAGS) widmete sich die Arbeitsgruppe an der Katholischen Stiftungsfachhochschule München der Frage, ob sich Unternehmen hinsichtlich ihrer Sicherheits- und Gesundheitskultur unterscheiden. Der Begriff der Kultur dient in diesem Zusammenhang als eine begriffliche Metapher für ein ganzheitliches Verständnis des Arbeits- und Gesundheitsschutzes in einem Unternehmen. Dieses Verständnis umfaßt im Forschungsansatz den Einbezug

- von Verhältnissen wie von Verhalten,
- der ergonomischen, wie der psychischen und sozialen Einflußfaktoren,
- der Belastungsfaktoren wie die Gesundheitsressourcen,
- der Wahrnehmungen und Einstellungen der Führungs- und Fachkräfte wie die der Mitarbeiter.

Von diesem ganzheitlichen Verständnis ausgehend, wählten wir einen breiten empirischen Zugang für die Datenerhebung. Wir analysierten Arbeitsplätze mit dem Fragebogen zur Sicherheitsdiagnose (FSD) (Hoyos & Ruppert, 1993), interviewten Führungs- und Fachkräfte aller Hierarchieebenen, befragten die Mitarbeiter in der Produktion und arbeiteten schließlich mit der Methode der systemischen Personenaufstellung (Ruppert, 1997). Der folgende Beitrag stellt exemplarisch Ergebnisse der Untersuchungen dar, die von 1996-98 in 18 Betrieben vor allem der chemischen Industrie vorgenommen wurden. Wegen des beschränkten Umfanges dieses Buchbeitrages greifen wir hier die Ergebnisse der Mitarbeiterbefragung aus dem Gesamt der Untersuchungsbefunde heraus.

2. Betriebliche Gesundheitskultur aus Sicht der Mitarbeiter

Stichprobe.– Mittels eines standardisierten Bogens mit 21 Fragen baten wir in den 18 kooperierenden Unternehmen Mitarbeiter und Mitarbeiterinnen, ihre Wahrnehmung der betrieblichen Gesundheitskultur schriftlich festzuhalten. Die Fragen basierten auf einem ganzheitlichen biopsychosozialen Verständnis von Krankheit und Gesundheit. 643 Mitarbeiter und Mitarbeiterinnen bilden die Stichprobe für die folgenden Ergebnisse.

Krankmachende Faktoren am Arbeitsplatz.– Zugluft (29%), Heben schwerer Lasten (25%), Kälte (23%), Gefahrstoffe (23%) und Lärm (17%) erwiesen sich als die herausragenden Faktoren, die die Mitarbeiter an ihren Arbeitsplätzen als besonders belastend empfinden die in der Sicht Krankheiten verursachen bzw. begünstigen.

Die insgesamt 26 Belastungsfaktoren korrelieren untereinander in vielfältiger Weise. So wurden die Belastungsfaktoren Hitze/Kälte, Zugluft, Witterungseinflüsse und Lärm häufig von einer Person gemeinsam angekreuzt (r zwischen 0,34 und 0,37). *Lärm* korreliert auch mit dem Heben und Tragen schwerer Lasten (r = 0,32). *Schlechte Beleuchtung* wurde besonders häufig in Kombination mit den Belastungsfaktoren schlechte Bodenverhältnisse (r = 0,45), unzureichende Arbeitsmittel, monotone Arbeitsaufgaben (r jeweils 0,36), Platzmangel (r = 0,35), ständige Überforderung, Bewegungsmangel und Konflikte mit Vorgesetzten (r jeweils 0,34), einseitige körperliche Belastung (r = 0,33), schlechtes Betriebsklima (r = 0,32) und mangelnde Kommunikation (r = 0,31) genannt.

Körperliche Beschwerden.– 74% aller Befragten nannten körperliche Beschwerden, bei denen sie einen Zusammenhang mit ihrer Arbeit sehen. Schmerzen im Rücken (46%), im Schulter-/Nackenbereich (36%) und an den Knien (25%) stehen im Vordergrund (Abbildung 1). Im Durchschnitt wurden 2,6 Beschwerden pro Person angekreuzt (Standardabweichung: 2,6). Bei dieser Frage zeigte sich eine geschlechtsspezifische Antworttendenz. Die befragten Mitarbeiterinnen gaben unabhängig vom Alter signifikant häufiger Beschwerden zu Protokoll als ihre männlichen Kollegen.

Psychovegetative Beschwerden und anhaltende belastende Gefühle.– Häufig genannt wird eine Reihe psychovegetativer Beschwerden: „Müdigkeit“ (27%), „Schlafstörungen“ (26%), „Erschöpfung“ (22%), „Nervosität“ (21%). Dies weist auf eine hohe psychische Beanspruchung der Befragten durch ihre Arbeitstätigkeit hin. Hinzu kommen noch anhaltende belastende Gefühle wie „nicht anerkannte Leistungen“ (26%), „Ärger“ (25%) und „Verunsicherung“ (11%). In der Summe korrelieren die körperlichen Beschwerden hochsignifikant mit den psychovegetativen Beschwerden (r = 0,55), die körperlichen Beschwerden mit den anhaltenden belastenden Gefühlen (r = 0,37) und die psychovegetativen Beschwerden mit den anhaltenden belastenden Gefühlen (r = 0,49).

Einige signifikante Korrelationen zwischen den Variablen aus der Liste der körperlichen Beschwerden und den psychovegetativen Beschwerden bzw. den anhaltenden belastenden Gefühlen sind: Magenschmerzen und Ärger (r = 0,19), hoher Blutdruck und Ärger (r = 0,21), Rückenschmerzen und Ärger (r = 0,17), Rückenschmerzen und das Gefühl, die eigene Leistung wird nicht anerkannt (r = 0,18.

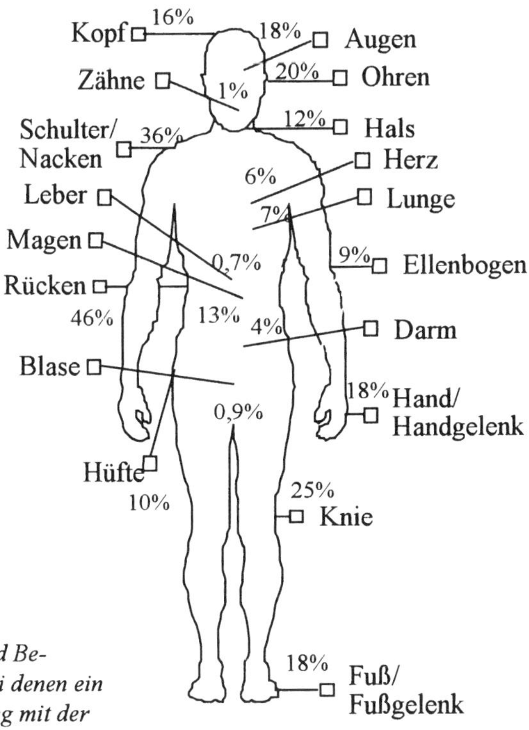

Abbildung 1:
Schmerzen und Beschwerden, bei denen ein Zusammenhang mit der Arbeitstätigkeit gesehen wird (n = 643 Mitarbeiter/-innen)

Soziale Belastungsfaktoren.– Das Betriebsklima wird von über der Hälfte der Befragten auf einer fünfstufigen Skala höchstens als befriedigend bewertet. Das Verhältnis zu den Kollegen bzw. Vorgesetzten beurteilen 78% bzw. 70% als gut bis sehr gut.

Personen, die ihr Verhältnis zu den Kollegen/-innen positiv einschätzen, bewerten auch ihr Verhältnis zu ihren Vorgesetzten eher positiv ($r = 0{,}51$; $p = 0{,}001$). Die Bewertung des Betriebsklimas korreliert positiv mit einem guten Verhältnis zu Kollegen/-innen ($r = 0{,}59$) und Vorgesetzten (0,53).

Veränderungswünsche.– Insgesamt gibt es also einen erheblichen Anteil von Mitarbeitern, die in biophysikalischer, psychischer und sozialer Hinsicht krankmachende Bedingungen in ihrer Arbeit wahrnehmen. Die Befragten äußern daher auch eine Vielzahl an Veränderungswünschen, die sich auf die Arbeitsgestaltung ebenso beziehen wie auf psychische und soziale Belastungsfaktoren: „bessere Information über geplante Veränderungen im Unternehmen“ (43%), „besserer Lärmschutz“ (38%), „weniger Staubbelastung“ (38%), „mehr Weiterbildung“ (37%), „angenehmere Raumtemperaturen“ (36%), „mehr Anerkennung durch Vorgesetzte“ (34%).

Bewertung der Arbeitsplatzgestaltung.– Die Mehrzahl der befragten Mitarbeiter/-innen (47%) findet die Gestaltung ihres Arbeitsplatzes „befriedigend“, 38% finden sie für „gut“ und 8% für „schlecht“. 4% halten ihren Arbeitsplatz für „sehr gut“ gestaltet und 2% für „sehr schlecht. Personen, die ein positives Verhältnis zu ihren Kollegen/-innen und Vorgesetzten haben, bewerten auch die Gestaltung ihres Arbeitsplatzes als besser, wobei die Korrelation zwischen der positiven Beziehung zum Vorgesetzten und der positiven Beurteilung der Arbeitsplatzgestaltung höher ist ($r = 0{,}44$) als zwischen Kollegenbeziehung und Arbeitsplatzgestaltung ($r = 0{,}35$). Mit einer positiven Bewertung des Betriebsklimas geht auch eine signifikant positivere Bewertung der Arbeitsplatzgestaltung einher ($r = 0{,}48$).

Innere Gesundheitsressourcen.– Wie steht es andererseits mit den Gesundheitsresourcen der Mitarbeiter aus? Wir orientierten uns bei dieser Frage u.a. an der Salutogenesetheorie von Antonovsky (1987), der von „allgemeinen inneren Widerstandsfaktoren“ spricht, die Menschen vor Erkrankungen schützen können, auch oder gerade wenn viele Stressoren in der Umwelt vorhanden sind. In der Hauptsache nennt Antonovsky drei Faktoren:

- Verantwortungsgefühl für sich selbst, für Bezugspersonen, für die Arbeit, für Werte und Ziele,
- Vertrauen in die Wirksamkeit des eigenen Handelns,

- Fähigkeit, Veränderungen als Herausforderungen und Wachstumschancen zu erleben.

Wir gaben im Fragebogen 16 Items vor, die in diesem Sinne innere Gesundheitsressourcen abfragten (z. B. „Ich habe Freude bei der Arbeit."). Eine über alle 16 Items gerechnete Faktorenanalyse bestätigte die hohe Homogenität des Konstrukts der inneren Gesundheitsressourcen. Es wurden 4 Faktoren extrahiert. Alle Items laden auf dem ersten Faktor positiv, am höchsten jene Items, die das Gefühl zum Ausdruck bringen, *eine sinnvolle, d.h. auch von anderen anerkannte Arbeitstätigkeit zu machen*. Faktor 2 wird am stärksten durch die Items geprägt, *den Verhältnissen im Betrieb nicht macht- und hilflos ausgeliefert zu sein*. Faktor 3 hat am meisten mit Items zu tun, die ausdrücken, daß man *auf Vorgesetzte und Kollegen Einfluß nehmen kann*. Faktor 4 scheint am stärksten die *Überschaubarkeit der aktuellen Situation und die Vorhersehbarkeit der zukünftigen beruflichen Entwicklung* zu beschreiben. Unsere Faktorenanalyse bestätigt damit dic von Antonovsky und seinen Mitarbeitern postulierten Hauptdimensionen der allgemeinen Widerstandsfähigkeit gegenüber Krankheiten.
Zusammenfassend läßt sich für diesen Auswertungsschritt sagen: Mindestens 75% aller von uns befragten Mitarbeiter/-innen verfügen über ausreichende innere Gesundheitsressourcen im Sinne von Antonovsky. Für ca. 5-10% der Mitarbeiter scheinen nach unserer Datenlage die inneren Gesundheitsressourcen eher gering, für weitere 10–15% nicht besonders hoch zu sein.

Vorgesetzte als Ressource.– Die Vorgesetzten werden eher in Bezug auf die Arbeitsaufgaben (72%) als in menschlicher Hinsicht (56%) (z.B. „Vorgesetzter behandelt mich gerecht") als unterstützend wahrgenommen.

Einstellung der Mitarbeiter zur Gesundheitsförderung im Betrieb.– In Anlehnung an die Untersuchung von Reulecke und Pohle (1993), die vier verschiedene Typen von Einstellungen zum Thema Gesundheit gefunden haben, baten wir unsere Befragten, eine von vier vorgegebenen Aussagen als für sie zutreffend auszuwählen:

- 72% aller Mitarbeiter, die diese Frage beantworteten (n = 579), stimmten am ehesten folgender Aussagen zu: *„Ich halte Gesundheitsförderung für wichtig und weiß, daß ich eigentlich mehr für meine Gesundheit tun müßte."*
- 20% hielten folgendes Statement für zutreffend: *„Ich halte Gesundheitsförderung für wichtig und habe das Gefühl, ausreichend viel dafür zu tun."*

- Nur 4% teilten die Ansicht: *„Das Thema Gesundheitsförderung mag zwar wichtig sein, aber es interessiert mich nicht so, daß ich an entsprechenden Maßnahmen teilnehme."*
- Und etwas weniger als 4% votierten schließlich für folgendes: *„An Maßnahmen zur Gesundheitsförderung nehme ich nur teil, wenn Spaß damit verbunden ist."*

Den Befund von Reulecke und Pohle, die in ihrer Untersuchung ein Überwiegen des spaßorientierten Typus feststellten, können wir für unsere Stichprobe von Arbeitnehmern/-innen nicht replizieren. Eher scheint ein hohes Bewußtsein von der Notwendigkeit für Maßnahmen der Gesundheitsförderung vorhanden zu sein, teilweise verbunden mit einem schlechten Gewissen, selbst noch nicht genügend für die eigene Gesundheit aktiv zu sein.

An gesundheitsbezogene Aktivitäten außerhalb ihrer Arbeit nennen die Befragten: „Sport" (53%), „körperliche Aktivität" (30), „bewußter Lebenswandel" (20). Nur 8 % machen „nichts".

3. Diskussion der Ergebnisse

Aufgrund der großen Stichprobe und der gezielten Auswahl der untersuchten Betriebe sind die Ergebnisse der hier vorgestellten Mitarbeiterbefragung aussagefähig in Bezug auf die Verhältnisse in der chemischen Industrie. Sie weisen insgesamt auf ein hohes Maß an gesundheitlichen Belastungen von Arbeitnehmern/-innen hin, wie es von diesen selbst wahrgenommen wird. Die in anderen Untersuchungen gefundenen Schwerpunkte gesundheitlicher Gefährdungen (Rücken-, Gelenkbeschwerden, Gefahrstoffe, hohe psychische Beanspruchung und soziale Konflikte) finden sich auch in unserer Studie wieder. Das Risiko degenerativer und sich chronifizierender Krankheitsbilder wird in den ermittelten Daten deutlich sichtbar. Diese begründen damit einen hohen Bedarf an Maßnahmen des betrieblichen Gesundheitsschutzes, der in Zukunft zumindest das Niveau der betrieblichen Unfallverhütung erreichen sollte. Die Mitarbeiter haben zu großen Teilen auch ein ganzheitliches Verständnis ihrer Gesundheit und scheinen bereit, sinnvolle Maßnahmen der Gesundheitsförderung mitzutragen.

Literatur

Antonovsky, A. (1987): Unrevaling the mystery of health. How people manage stress and stay well. San Francisco: Jossey-Bass

Hoyos, C. Graf/Ruppert, F. (1993): Der Fragebogen zur Sicherheitsdiagnose (FSD). Bern: Huber

Reulecke, W./Pohle, C. (1993): (Hg.). Gesundheit und Lebensqualität. Bericht der 1.Tagung „Psychologen in der Prävention". Bonn: Deutscher Psychologen Verlag

Ruppert, F. (1997): „Stellen von Arbeitsbeziehungen" – ein neuer Zugang zur Unfallanalyse und zur Lösung arbeitssicherheitsbezogener Konflikte. In Bundesinstitut für Berufliche Bildung (Hg.), Berufliche Bildung – Kontinuität und Innovation (S. 1012–1015). Bielefeld: Bertelsmann

Peter Stadler und Brigitte Beer

Integration von Arbeits- und Gesundheitsschutzzielen in der Anlagenplanung

1. Problemlage und Zielstellung

In der betrieblichen Praxis wird bei Planungsprozessen häufig nur die „technische" Seite des Arbeitsschutzes präventiv berücksichtigt, in weit geringerem Umfang dagegen das Verhalten der Beschäftigten, die künftig in neuen oder umgestalteten Betriebsabteilungen arbeiten sollen (Stadler, 1996). Die Sicherheit von Arbeitssystemen ist indes nicht nur eine Funktion der technischen Einrichtungen, sondern auch organisatorischer Rahmenbedingungen sowie der Kompetenzen und Motivationslagen der Mitarbeiter vor Ort (Fietkau, 1990). Eine ganzheitliche Berücksichtigung des Arbeits- und Gesundheitsschutzes bei Innovationsvorhaben erfordert somit, sicherheitstechnisches, organisatorisches und verhaltensbezogenes Planungswissen zu bündeln und zu verschränken, wie es auch das Arbeitsschutzgesetz fordert:

„Maßnahmen sind mit dem Ziel zu planen, Technik, Arbeitsorganisation, sonstige Arbeitsbedingungen, soziale Beziehungen und Einfluß der Umwelt auf den Arbeitsplatz sachgerecht zu verknüpfen" (§ 4).

Für den Bereich der chemischen Anlagenplanung wurden bislang noch nicht umfassend und systematisch Kriterien und Anforderungen abgeleitet, wie im Rahmen von Planungsprozessen das sichere Arbeitshandeln der zukünftigen Operateure zu prospektieren und zu fördern ist. Ein Teilprojekt des vom Bundesministerium für Bildung und Forschung (BMBF) geförderten Verbundvorhabens „Ganzheitliches Management des Arbeits- und Gesundheitsschutzes (GAMAGS)" untersuchte daher, welche Maßnahmen in Planvorhaben ergriffen werden können, damit das sichere Arbeitshandeln zu einer zentralen Zielgröße von Planungsüberlegungen und Gestaltungslösungen wird.

2. Methodisches Vorgehen

In der empirischen Untersuchung ging es darum, zu erheben und zu bewerten, mit welchen Strategien Planungsakteure, -beteiligte und -betroffene (Planer, Betriebsleiter, Arbeitsschutz-Experten und Meister / Operateure) sicherheits- und gesundheitsgerechte Arbeitssysteme entwickeln und dabei sicherstellen, daß die Schnittstelle Operateur / Anlage / Prozeß arbeitsschutzgerecht antizipiert und daraus Maßnahmen im Sinne der Förderung sicheren Arbeitshandelns abgeleitet und umgesetzt werden. Defizite und Optimierungspotentiale bei der Integration des Arbeitsschutzes in Planungsprozesse sollten ebenso wie positive Vorgehensweisen und Lösungen (good practices) gesammelt und systematisiert werden.

In die Untersuchung wurden 12 aktuell abgeschlossene Planungsvorhaben chemischer Unternehmen einbezogen, in denen die Schnittstelle Mensch / Anlage / Prozeß entweder neu oder umgestaltet wurde. Dazu wurden folgende Erhebungsinstrumente eingesetzt:

- Interviews mit betrieblichen Akteuren (Planer, Betriebsleiter, Sicherheitsfachkräfte und Anlagenmeister) zu Plansystematik, -organisation und -realisierung,
- Dokumentenanalyse von Planungsunterlagen und -instrumenten,
- Tätigkeits- und Gefährdungsanalysen an den fertiggestellten Arbeitsplätzen,
- Fragebögen zur Bewertung der realisierten Arbeitssysteme durch die genannten betrieblichen Zielgruppen unter Einschluß der Operateursebene.

3. Ergebnisse

Auf der Grundlage der Untersuchungsergebnisse konnten sieben Faktoren identifiziert werden, die wesentlich über die Qualität arbeitsschutzbezogener Planung (mit-)bestimmen. Die Kriterien definieren zum einen Anforderungen an die Plansystematik und die Planorganisation, zum anderen beziehen sie sich auf die Ausgestaltung der Schnittstelle Mensch / Anlage / Prozeß und die Vorbereitung der Operateure auf die neuen / geänderten Anforderungen (siehe Abb. 1). Nachfolgend werden aus der Fülle der Untersuchungsergebnisse (Stadler & Beer, 1998a) einige wenige Befunde wiedergegeben, die unterstreichen, wie wichtig diese Kriterien für eine arbeitsschutzoptimierte Planung sind.

Verankerung von Arbeits- und Gesundheitsschutzzielen in Planungsprozesse. – Wie an Fallbeispielen gezeigt werden konnte, ist ohne eine Verpflichtung der Planungsakteure (Planer und Betriebsleiter) auf die Integration des Arbeits- und Gesundheitsschutzes nicht sichergestellt, daß die elementaren genehmigungsrechtlichen Arbeitsschutz-Normen eingehalten werden. Positiv ausgedrückt: Bei allen Planvorhaben, in denen der Arbeits-

und Gesundheitsschutz als wichtige Zielgröße des Planungsprojektes anerkannt war, wurden Zielkonflikte zwischen Sicherheit und Wirtschaftlichkeit nicht einseitig zu Lasten des Arbeitsschutzes entschieden.

Qualitätskriterien zur Förderung sicheren Arbeitshandelns

Qualitätskriterien zu Plansystematik und Planorganisation

1. Verankerung von Arbeits- und Gesundheitsschutzzielen in Planungsprozesse
2. Entwicklung einer ganzheitlichen Planungskonzeption
3. Integration von Arbeitsschutz-Experten
4. Kooperation zwischen Betrieb und Planung

Qualitätskriterien zur Planung der Schnittstelle Mensch / Anlage / Prozeß

5. Analyse des künftigen Arbeitshandelns und sicherheitsförderliche Schnittstellengestaltung
6. Entwicklung einer systematischen Qualifizierungsstrategie
7. Planungsbeteiligung von Meistern und Anlagenfahrern

Abbildung 1:
Qualitätskriterien zur Förderung sicheren Arbeitshandelns in Planungsprozessen

Entwicklung einer ganzheitlichen Planungskonzeption. – Die im Unternehmen eingesetzte Plansystematik und die Planorganisation entscheiden wesentlich darüber, wie systematisch und durch welche betrieblichen Akteure der Arbeitsschutz im Planungsprozeß vertreten wird. In einer Reihe von Fällen war die verwendete Plansystematik nicht am Lebenszyklus von Anlage und Produkt orientiert, d.h., bei der Projektierung wurden nicht im ausreichenden Maße sämtliche Anlagenzustände und die damit verbundenen

Tätigkeiten (also auch Reinigung, Instandhaltung und Wartung) berücksichtigt. Die Folge waren suboptimale Arbeitsanforderungen und -bedingungen im Hinblick auf ergonomische und bediensichere Kriterien.

Integration von Arbeitsschutz-Experten. – Bei allen untersuchten Planvorhaben wurden die Vertreter des Arbeitsschutzes bei der sicherheitlichen Abnahme einbezogen, eine durchgängige Mitwirkung an den Innovationsvorhaben war eher die Ausnahme. Wenn Sicherheitsfachkräfte mit dem Planvorhaben jedoch erst bei der sicherheitlichen Abnahme in Berührung kamen, war es oft zu spät, sicherheitsbezogene Planungsmängel präventiv auszuräumen; vielmehr mußten diese Versäumnisse korrektiv und z.T. mit hohem finanziellen Aufwand nachgebessert werden. V.a. wenn es darum geht, die Arbeitstätigkeit, die Arbeitsmittel und die Arbeitsumgebung ergonomisch und bedienergerecht zu planen und zu gestalten, können Arbeitsschutz-Experten auf vielfältige Erfahrungen und Kompetenzen zurückgreifen und zur arbeitsschutzbezogenen Optimierung von Innovationsvorhaben beitragen.

Kooperation zwischen Betrieb und Planern. – Von zentraler Bedeutung ist die Berücksichtigung der betrieblichen Erfahrungen (Betriebsleiter und seine Mitarbeiter) im Planungsprozeß. Die Sicherheit einer Anlage ist davon abhängig, wie sehr bei ihrer Projektierung die realen Einsatzbedingungen und betrieblichen Notwendigkeiten berücksichtigt werden. In der Untersuchung konnte gezeigt werden, daß Sicherheitseinrichtungen (z.B. Verriegelungen), die die Planer aus sicherheitsbezogenen Überlegungen vorgesehen hatten, im laufenden Betrieb mit dem Hinweis umgangen wurden, hier sei „an der Realität vorbeigeplant" worden. Eine zentrale Anforderung zur Gestaltung sicherer Anlagen ist daher die intensive Kooperation zwischen Planern und Vertretern des zukünftigen Betreibers über den gesamten Planungsprozeß hinweg und der damit verbundene wechselseitige Wissens- und Erfahrungstransfer.

Analyse des künftigen Arbeitshandelns und sicherheitsförderliche Schnittstellengestaltung. – Auf das sichere Arbeitshandeln der zukünftigen Operateure wird bei einer Reihe verschiedenster Plangegenstände Einfluß genommen. Die Funktionsteilung zwischen Operateur und Prozeßleitsystem in sicherheitsbezogenen Fragen, der Automatisierungsgrad der Anlage, die Festlegung des Handlungs- und Entscheidungsspielraums der Operateure, die Gestaltung des Informationssystems und der Befehlseingabe, die Gestaltung von Arbeitsmitteln, Anlageteilen und Arbeitsumgebung: All dies, was als Schnittstelle Mensch / Anlage / Prozeß zusammengefaßt werden kann, wird durch die Planung wesentlich determiniert. In der Studie konnte ermittelt werden: Immer dann, wenn diese Plangegenstände entweder nur am Rande thematisiert oder aber einseitig sicherheitstechnische Gestaltungslösungen favorisiert wurden, waren Informations- und Eingabesystem, Arbeitsmittel und auch die Qualifizierungsbemühungen – vom Standpunkt sicheren Arbeitshandelns betrachtet – defizitär. Die meisten Mängel betrafen die Gestaltung des Informationssystems sowie Arbeitsmittel, die nicht aus der Bedienerperspektive heraus entwickelt wurden.

Entwicklung einer systematischen Qualifizierungsstrategie. – Fast alle der von uns befragten Meister und Anlagenfahrer (92%) meinten, die Qualifizierung ließe sich optimieren und machten konkrete Verbesserungsvorschläge. Gewünscht wurde vor allem ein früherer Beginn der Schulungsmaßnahmen und ein intensiveres Training des Umgangs mit potentiell sicherheitskritischen Betriebszuständen der Anlage (An- und Abfahren, Störungen).

Planungsbeteiligung von Meistern und Anlagenfahrern. – In den untersuchten Innovationsvorhaben wurden Meister und Anlagenfahrer in recht unterschiedlichem Maße in das Innovationsvorhaben eingebunden, wobei Meister generell intensiver beteiligt waren als Operateure (vgl. Stadler & Beer, 1998b). Eine Reihe von Beispielen konnte in den an der Untersuchung beteiligten Unternehmen gesammelt werden, wie Planungsbeteiligung zu Planungsverbesserung führte: Die Anlagenanordnung sowie die Gestaltung des Informations- und Steuerungssystems, von Arbeitsmitteln und Schutzeinrichtungen wurden durch das Erfahrungswissen und Verbesserungsvorschläge der Meister und Operateure optimiert.

4. Transfer der Ergebnisse in die Praxis: Ein Leitfaden zur Förderung sicheren Arbeitshandelns bei der Anlagenplanung

Um betriebliche Planungsakteure (Planungsingenieure, Arbeitsschutz-Experten) systematisch bei ihrer Aufgabe zu unterstützen, sichere und gesundheitsförderliche Arbeitssysteme zu projektieren und zu gestalten, wurde auf der Grundlage der Qualitätskriterien (siehe Abb. 1) und der Untersuchungsergebnisse der Leitfaden „*Förderung sicheren Arbeitshandelns bei der Anlagenplanung*“ entwickelt. Jedes der sieben Qualitätskriterien wird darin handlungsbezogen in Anforderungen an die Akteure übersetzt und es werden Möglichkeiten aufgezeigt, wie diese Anforderungen zu erfüllen sind.

Zum besseren Verständnis werden für jedes Kriterium positive und negative Beispiele aus der GAMAGS-Untersuchung geschildert.

Um den Nutzen des Leitfadens für die Arbeit „vor Ort" abschätzen zu können, wurden Vertreter der an der Untersuchung beteiligten Unternehmen gebeten, eine Entwurfsfassung des Leitfadens zu begutachten und im Rahmen ihrer alltäglichen Arbeit zu verwenden und zu testen. 10 Planungsingenieure und Arbeitsschutz-Experten beteiligten sich an der Evaluationsstudie. Den Ergebnissen zufolge wird der Leitfaden als in hohem Maße verständlich und anschaulich bewertet; zudem eignet er sich den Befragten zufolge als planungsunterstützendes Instrument.

Literatur

Fietkau, H.-J. (1990): Störfallvermeidung und Risikokommunikation. *Aus Politik und Zeitgeschichte. Beilage zur Wochenzeitung Das Parlament*, *6/90*, 15–23

Stadler, P. (1996): Planung. In G. Wenninger & C. Graf Hoyos (Hrsg.), *Arbeits-, Gesundheits- und Umweltschutz. Handwörterbuch verhaltenswissenschaftlicher Grundbegriffe* (S. 311–321). Heidelberg: Asanger Verlag

Stadler, P./Beer, B. (1998a): *Integration von Arbeits- und Gesundheitsschutzzielen in betriebliche Planungsprozesse – Förderung sicheren Arbeitshandelns bei der Projektierung chemischer Anlagen*. Abschlußbericht des mit Mitteln des BMBF unter dem Förderkennzeichen 01 HK 303/8 geförderten Forschungsprojektes. München: DIAGNOSE & TRANSFER

Stadler, P./Beer, B. (1998b): Planungspartizipation als wichtiger Beitrag zur Projektierung und Förderung sicheren Arbeitshandelns. In H. v. Benda & D. Bratge (Hrsg.): Psychologie der Arbeitssicherheit – 9. Workshop 1997. Heidelberg: Asanger Verlag

Arbeitsgruppe 4

Weiterbildungsmaßnahmen im AGU-Bereich und deren Evaluation

Helmut Bienek

Effizienzsteigerung bei der Fort- und Weiterbildung im Arbeitsschutz durch neue Seminarform

1. Zusammenfassung

Betrachtet man die Fort- und Weiterbildungsprogramme zum Arbeits- und Gesundheitsschutz von Firmen und Institutionen (z.B. Berufsgenossenschaften) so stellt man fest, daß nur zielgruppenorientierte Seminare durchgeführt werden (Seminare für Sicherheitsbeauftragte, für Meister, für Betriebsleiter, für Sicherheitsfachkräfte, usw.).

Es erfolgt eine fachliche Weiterqualifizierung der verschiedenen Funktionsträger ohne Berücksichtigung der Schnittstellenproblematik. Erfahrungen haben gezeigt, daß die Ergebnisse solcher Seminare mit hochmotivierten Teilnehmern in den Mühlen des betrieblichen Alltags zerrieben werden und bei den Teilnehmern schnell wieder Frust einkehrt.

Heute sind Kommunikation und Information die wichtigsten Elemente qualitativen Wachstums und sind zur zentralen Aufgabe von Management und Mitarbeiter geworden. Diese Erkenntnis ist notwendigerweise bei Fort- und Weiterbildungsmaßnahmen zu berücksichtigen.

Die neue Seminarform ist dadurch gekennzeichnet, daß die verschiedenen Funktionsträger eines Betriebes – Betriebsleiter, Meister, Sicherheitsfachkraft und Sicherheitsbeauftragte – gemeinsam über Arbeitsschutzthemen informiert werden und Lösungen zur Verbesserung des Sicherheitsstandards erarbeiten. Die im Seminar erarbeiteten Lösungsvorschläge werden im betrieblichen Alltag als Handlungsanleitung verbindlich vorgeschrieben.

Es wird über die bisher gewonnenen Erfahrungen berichtet.

2. Situationsanalyse

Der Verfasser betreut als Sicherheitsingenieur innerhalb des Werkes Leverkusen der Bayer AG einen Produktionsbereich mit ca. 1400 Mitarbeitern. Im Jahre 1996 wurde dort ein neues Sicherheitskonzept eingeführt. Kommunikations- und Informationsprobleme traten auf. Im Rahmen der Ursachenermittlung wurde u.a. die Situation der bisherigen Fortbildungsaktivitäten (s. Abb.1) durch eine Umfrage untersucht.

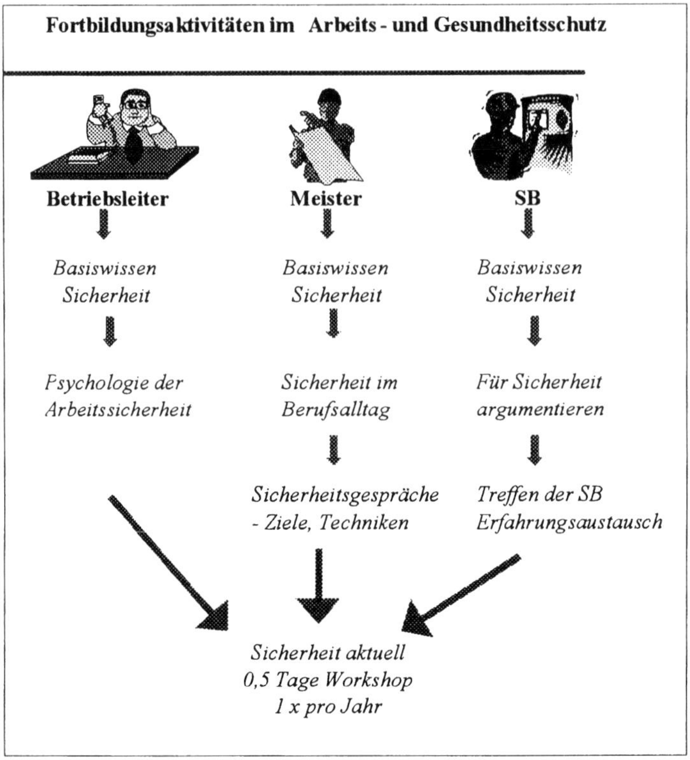

Abbildung 1:
Fortbildungsaktivitäten

30 Mitarbeiter der verschiedenen Funktionsebenen – Abteilungsleiter, Betriebsleiter, Meister und Sicherheitsbeauftragte – wurden interviewt. Die Umfrage ergab- in stark verkürzter Form berichtet – folgende Ergebnisse:

- Das seit Jahren eingeführten funktionsspezifische Fortbildungsseminare verhindert eine durchgängige Kommunikation.
- Wissensisolierung bei den verschiedenen Funktionsträgern.
- Fehlende Praxisnähe, wenig Dialog.
- Effizienz der Seminare fraglich.

3. Problemlösung

Aufgrund der umfangreichen Recherche wurde durch einen Arbeitskreis das in Abb. 2 dargestellte Seminarkonzept entwickelt. Im Mittelpunkt stehen – nach Vermittlung eines Basiswissens – funktionsübergreifende Seminare (Workshop) mit dem Ziel, eine kontinuierlichen Verbesserung des Sicherheitsstandards in den Betrieben zu erreichen und das Fortbildungsprogramm zu straffen. Themenschwerpunkte sind Inhalte des Sicherheitskonzepts.

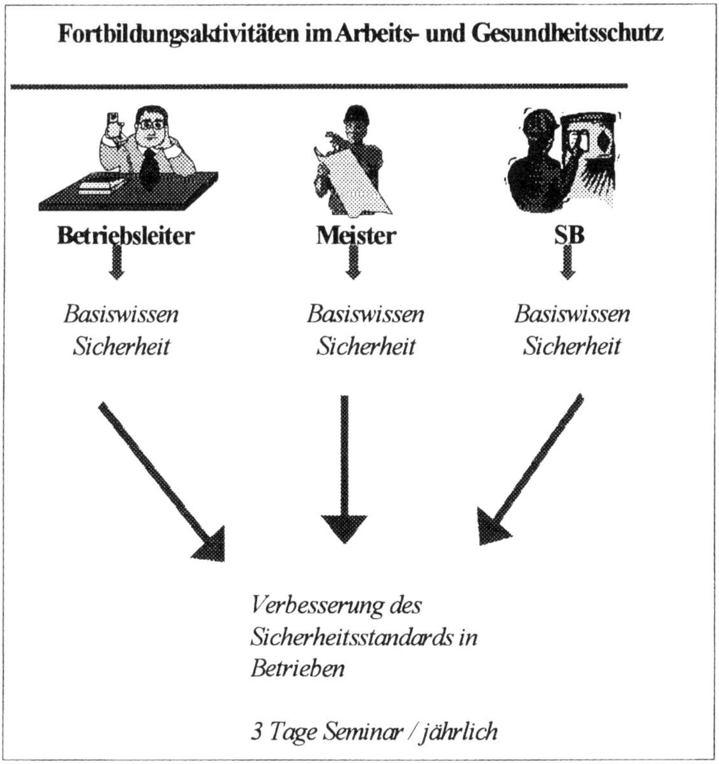

Abbildung 2:
Seminarkonzept

4. Testlauf

Nach eingehenden Diskussionen mit der BG Chemie, die sich sehr kooperativ zeigte, wurde in der Ausbildungsstätte Laubach ein Pilotseminar durchgeführt. Die Teilnehmerzusammensetzung ist der Abb. 3 zu entnehmen. Der Inhalt des Pilotseminars ist in Abb. 4 dargestellt. Themenschwerpunkt war die Funktion des Sicherheitsbe-auftragten. Die Verbesserung der Information und Zusammenarbeit zwischen Sicherheitsbeauftragten, Meister und Betriebsleitung war als Seminarziel definiert.

Effiziensssteigerung bei der Fort- undWeiterbildung im Arbeitsschutz durch neue Seminarform.

Zusammensetzung der Teilnehmer:

4 Betriebsleiter

10 Meister/Schichtmeister

16 Sicherheitsbeauftragte

Abbildung 3:
Teilnehmerzusammensetzung

Zuerst wurde in funktionsspezifischen Gruppen eine Problemanalyse mit anschließender Präsentation und Diskussion durchgeführt. Im zweiten Schritt wurden funktionsüber-greifende Gruppen zusammengestellt, die Lösungsvorschläge erarbeiteten.

Die Lösungsvorschläge wurden der Abteilungsleitung vorgestellt. Unterstützt wurden die Gruppen durch zwei ständig anwesende Sicherheitsfachkräfte, die als Moderatoren fungierten. Aus den Lösungsvorschlägen wurde eine abgestimmte Handlungsanleitung erstellt, die anschließend für alle Führungskräfte verbindlich vorgeschrieben wurde.

5. Fazit

Die Resonanz bei den Teilnehmern und die Wirksamkeitsüberprüfung vor Ort zeigen, daß das funktionsübergreifende Seminarkonzept einen wesentlichen Beitrag zur

- Kommunikations- und Informationsverbesserung
- Akzeptanz von beschlossenen Maßnahmen und
- Verbesserung des Sicherheitsstandards in den Betrieben

leisten kann.

Effizienzsteigerung bei der Fort- undWeiterbildung im Arbeitsschutz durch neue Seminarform.

Mittwoch, 21.08.1996

13.30 Uhr Begrüßung und Seminareinführung

14.00 Uhr Der Sicherheitsbeauftragte - Geschichte und aktuelle Aufgaben eines Funktionsträgers

15.00 Uhr Erfahrungsaustausch zur Umsetzung der Aufgaben - "Wo drückt uns der Schuh ?"

Donnerstag, 22.08.1996

08.00 Uhr Gemeinsame Entwicklung von Lösungen zur Verbesserung des Sicherheitsstandards

10.15 Uhr Was machen Andere anders ? - Ein Blick über den Zaun

14.00 Uhr Fortsetzung des Workshops

17.00 Uhr Ergebnispräsentation vor der Abteilungsleitung

Freitag, 23.08.1996

08.00 Uhr Gemeinsame Festlegung einer "Handlungsanleitung/

11.00 Uhr Abschlußdiskussion

Abbildung 4:
Inhalt des Pilotseminars

Die bisher durchgeführten Seminare mit Themenschwerpunkte sind in Abb. 5 wiedergegeben. Seminarinhalte waren praxisorientierte betriebliche Hilfsmittel zur Verbesserung den Sicherheitsstandards in den Betrieben entsprechend dem eingeführten Sicherheitskonzept.

Effiziensssteigerung bei der Fort- und Weiterbildung im Arbeitsschutz durch neue

Durchgeführte Seminare:		Themen:
1996 :	**2 Seminare**	● Auswahl und Einsatz von SB
1997:	**3 Seminare**	● Schwachstellenanalysen
1998:	**3 Seminare**	● Effektivere Unterweisungen
		● Wirksamkeitsüberprüfung
1999:	**2 Seminare**	● Systematische Ursachenermittlung von Ereignissen
		● Erfahrungsaustausch Sicherheitskonzept

Abbildung 5:
Themenschwerpunkte der Seminare

Isabel Dienstbühl

Sicherheit, Gesundheit und Hygiene für Auszubildende kleiner und mittelgroßer Unternehmen der Gastronomie bei gleichzeitiger Förderung der fachpraktischen Qualifikation

Unter der Schirmherrschaft der IVSS, Sektion Maschinensicherheit, werden in verschiedenen Ländern Fortbildungsprogramme für Auszubildende kleiner und mittelgroßer Unternehmen unterschiedlichster Branchen entwickelt und umgesetzt. Dieser branchenorientierte Ansatz hat den Vorteil, eine bessere Übertragbarkeit der Inhalte in andere Länder zu gewährleisten.

Gemäß diesem Ansatz wurde in Deutschland ein Fortbildungskonzept für Auszubildende kleiner und mittelgroßer Unternehmen der Gastronomie entwickelt, das von der Europäischen Kommission über einen Zeitraum von 15 Monaten gefördert wurde.

Die Ziele dieses Projektes bestehen einerseits in der Förderung der wettbewerbsstarken Eigenschaften von kleinen und mittelgroßen Unternehmen in der Gastronomie, zum anderen wird eine Verminderung der Sicherheits- und Gesundheitsrisiken für die in diesem Bereich Beschäftigten angestrebt.

An der Umsetzung des Weiterbildungskonzeptes sind neben Deutschland und Österreich, die Niederlande, Frankreich und Finnland beteiligt.

Durch die Bildung von Netzwerken sowohl auf dem Gebiet der Ausbildung als auch auf dem der Prävention konnten Synergieeffekte erzielt und eine Weiterführung des Ansatzes unter Nutzung landeseigener Ressourcen ermöglicht werden.

1. Kleine und mittelgroße Unternehmen (KMU) in der Gastronomie

Wie Großbetriebe befinden sich auch Kleinbetriebe in Europa im Wandel und müssen sich den neuen wirtschaftlichen Bedingungen anpassen, die sich durch eine zunehmende Globalisierung und einer verschärften Modernisierung der Wirtschaft ergeben. Mit dem Wandel der Betriebsstrukturen verändern sich auch die Arbeitsbedingungen und damit auch die Anforderungen an die Beschäftigten. Es erscheint plausibel, daß neue Anforderungen auch neue oder veränderte Belastungen und Beanspruchungen der Beschäftigten mit sich bringen. Die Prognose liegt nahe, daß Veränderungen in den Beanspruchungen Einfluß auf die Gesundheit und Arbeitssicherheit haben werden.

Gerade in KMU der Gastronomie sind Gesundheitsschutz und Arbeitssicherheit bislang allerdings kaum ein Thema. Die Betroffenheit bei präventiven Themen ist relativ gering, da die Prävalenz von Berufskrankheiten in dieser Altersgruppe außerordentlich gering ist und Arbeitsunfälle gerade in KMU aufgrund der geringen Belegschaftsgröße seltene Ereignisse sind.

Vielmehr haben die Betriebe – wie sie sagen – „andere Sorgen": starker Wettbewerb, hoher Kostendruck und die neuen gesetzlichen Anforderungen wie z. B. das Erfordernis der Eigenkontrolle im Bereich Hygiene oder der Gefährdungsbeurteilung beschäftigen Unternehmer wie Mitarbeiter.

In Klein- und Mittelbetrieben der Gastronomie sind als häufigste berufsbedingte Erkrankungen Rücken- und Hauterkrankungen zu beobachten. Was die arbeitsbedingten Unfälle betrifft, so stehen Schnittverletzungen und Sturzunfälle an erster Stelle.

Rücken- und Hauterkrankungen haben einen hohen Anteil an Fehlzeiten in den Betrieben. Eine neuere Untersuchung ergab, daß in einer Stichprobe von sehr jungen Köchen bereits 70% mindestens zweimal im Jahr unter starken Rückenschmerzen leiden (Schote & Reinhardt, 1997).

Bei der Entstehung dieser Erkrankungen und Unfälle spielen viele unterschiedliche Faktoren eine Rolle. Dieser multikausalen Genese dieser Erkrankungen und Unfälle, sowie der Notwendigkeit einer systemischen Betrachtungsweise, welche das Individuum nicht isoliert von seiner Arbeitsumwelt sieht, trägt ein ganzheitliches Gesundheitsschutzkonzept Rechnung.

Ungünstige Arbeitsbedingungen, wie mangelhafte ergonomische Gestaltung der Arbeitsplätze, spezifische Belastungen wie Schichtarbeit, Steharbeitsplätze, Hitze- und Küchendämpfe, erheblicher Zeitdruck und im Service-Bereich der permanente Gästekontakt lassen sich aus präventiver Sicht nur schwer verändern.

Es erscheint daher sinnvoll, einerseits die Ressourcen der Betriebe, aber auch andererseits die Ressourcen der dort Beschäftigten zu fördern.

Es stellt sich in diesem Kontext die Frage, welche Faktoren dazu beitragen, daß jemand *nicht* krank wird und *keinen Unfall* erleidet. Daher besteht die Notwendigkeit Fähigkeiten und Fertigkeiten zu vermitteln, die es erlauben, kompetent und konstruktiv mit den spezifischen Arbeitsbedingungen und Arbeitsgefährdungen umzugehen.

Bei der Förderung von Ressourcen können diese einerseits in den Strukturen der Organisation liegen. Gesundheitsfördernd können sich hier ein angemessener Handlungs- und Entscheidungsspielraum, eine möglichst hohe Zeitautonomie sowie soziale Unterstützung durch Kollegen und Vorgesetzte auswirken.

Eine wichtige Rolle spielen aber auch die individuellen Ressourcen der Mitarbeiter, nämlich ihre Kompetenzen, ihre Fähigkeiten. Dabei geht es nicht nur um fachpraktische Kompetenzen sondern auch um Gesundheitskompetenzen sowie um soziale Kompetenzen und Kommunikationsfähigkeit.

Um Kleinbetriebe in der Gastronomie effektiv betreuen zu können bedarf es daher kreativer Vorgehensweisen sowie der Bildung von Netzwerken möglicher Multiplikatoren, wie z. B. Unfallversicherungsträgern, Arbeitnehmer- und Arbeitgebervertretungen, Handwerkskammern, Krankenkassen, Berufsschulen.

2. Die Zielgruppe: Auszubildende kleiner und mittelgroßer Unternehmen in der Gastronomie

Die Zielgruppe sind Auszubildende, die in zweifacher Hinsicht Multiplikatoren darstellen. Zum einen tragen sie das Gelernte unmittelbar in die Betriebe hinein, zum anderen bietet der Gastronomiebereich sehr gute Aufstiegschancen, so daß die Seminarteilnehmer möglicherweise innerhalb von 3-4 Jahren in Führungspositionen aufgestiegen sein können.

Somit sind Auszubildende in der Gastronomie die Mitarbeiter und Führungskräfte von morgen. Sie zu qualifizieren und zu motivieren, Ihnen Entwicklungsmöglichkeiten aufzuzeigen ist eine wichtige Aufgabe zur Zukunftssicherung der Betriebe. Doch gerade in kleineren Betrieben fehlen für eine umfassende Qualifizierung der Auszubildenden oft Mittel und Zeit. Wir bieten daher eine Seminarreihe für Auszubildende an. In jedem Seminar (1-2 Tage) sollen Fachinhalte mit Bausteinen zum Gesundheitsmanagement verknüpft werden.

Die Struktur des Fortbildungskonzeptes

Ein für den Seminargebrauch konzipiertes flexibel einsetzbares Modulsystem ermöglicht eine Kombination von fachpraktischen und präventionsrelevanten Inhalten. Ein Vorteil dieses Modulsystems besteht in der Möglichkeit, die individuellen Bedürfnisse der Adressaten in höherem Maße berücksichtigen zu können.

Bausteine zum *Gesundheitsmanagement* sind u.a.

- Arbeitssicherheit und Ergonomie in der Küche
- Gefährdungsbeurteilung
- Qualitätsmanagement und Hygiene
- Das Haut hin – Erlebnisorientierter Workshop zu Hautschutz, Hautreinigung und Hautpflege
- Rücken-Fit – Ein Bewegungsprogramm für die Gastronomie
- Der Umgang mit Getränkeschankanlagen
- Erfolgreicher Umgang mit Streß
- Immer nur lächeln? Sicher und kundenorientiert mit Gästen und Kollegen kommunizieren.
- Sicher zum Job – ein Seminar zur Verkehrssicherheit

Die fachpraktischen Inhalte gehen über das normale Ausbildungsangebot hinaus. Die Gültigkeit der Inhalte wird durch die beteiligten Bildungsinstitute gewährleistet, denen als Handlungsrahmen eine Inhalts- und Arbeitsanalyse zur Verfügung steht.

Durch das Einbinden fachpraktischer Inhalte kommen wir den Bedürfnissen der Betriebe entgegen, die nach Qualifikation streben und ein hohes Informationsbedürfnis haben. Bei der Förderung dieser fachpraktischen Qualifikationen, werden die Ziele der Prävention zum integrativen Bestandteil. Diese Verzahnung führt zu einer hohen Motivation, da solche Qualifikationsmaßnahmen für Beschäftigte in Klein- und Kleinstbetrieben nicht angeboten werden.

Die Evaluation des Ansatzes

Um den Nutzen einer derartigen Maßnahme bewerten zu können, ist es notwendig sowohl auf quantitativer als auch auf qualitativer Ebene Daten zu erfassen. „Harte" quantitative Daten haben den Vorteil, daß bei ausreichender Stichprobengröße Rückschlüsse auf Ursache-Wirkungsgefüge geschlossen werden können. Der Trend weiche qualitative Daten mit aller Gewalt zu quantifizieren verfehlt aber oftmals das Ziel einer Kosten-Nutzen-Analyse.

Wir haben uns aus diesem Grund entschlossen auf beiden Ebenen, sowohl auf der quantitativen als auch der qualitativen, Evaluationsforschung zu betreiben.

Bei der Beurteilung der Effekte einer Maßnahme muß zwischen kurzfristigen und langfristigen Effekten unterschieden werden. Auf der quantitativen Ebene lassen sich über Seminarbeurteilungsbogen und Wissenstests Informationen über die Akzeptanz und Qualität der einzelnen Module gewinnen.

Der Vorteil einer solchen Vorgehensweise liegt in der Möglichkeit des korrigierenden Eingreifens. Die Module und deren Medien konnten, im Sinne einer formativen Evaluation, durch das Feedback der Teilnehmer optimiert werden. Durch den Vergleich von Ist- und Soll-Zuständen und einem ständigen Hinterfragen der Zielerreichung konnte prozeßgesteuert vorgegangen werden.

Inwieweit die übergeordneten Ziele unseres Ansatzes, die Verminderung der Gesundheitsrisiken der Beschäftigten und die Förderung der wettbewerbsstarken Eigenschaften der KMU erreicht werden, läßt sich auf quantitativer Ebene nur langfristig beurteilen. Vorgesehen sind Beobachtungen der AU-Daten und des Unfallgeschehens sowie eine Befragung der Ausbildungsbetriebe nach einem Zeitraum von einem Jahr.

Auf der qualitativen Ebene wurden Kriterien berücksichtigt wie „öffentliches Interesse“, Erfahrungsberichte der Projektpartner, Inanspruchnahme des Projektangebots und Reaktionen auf Artikel in der Fachpresse.

Als langfristigen Effekt gilt es zu untersuchen, inwiefern sich die Einstellung der Seminarteilnehmer in Bezug auf Themen des Arbeits- und Gesundheitsschutzes ändern.

3. Ausblick

In dieser von der europäischen Kommission geförderten Studie bestand die Zielsetzung in der Überprüfung der „praktischen Umsetzbarkeit“ des Ansatzes. Die bislang vorliegenden Ergebnisse der Evaluation, die Kooperationsbereitschaft von Bildungseinrichtungen und Institutionen mit präventivem Auftrag sowie das rege Interesse auf der betrieblichen Ebene lassen den Schluß zu, daß die Integration präventiver Inhalte in die fachpraktische Erstausbildung sehr erfolgversprechend ist.

Als flankierende Maßnahme wird von der Berufsgenossenschaft Nahrungsmittel und Gaststätten derzeit ein Fortbildungskonzept für Berufsschullehrer im Gastronomiebereich entwickelt. Ziel dieses Konzeptes ist die Bereitstellung von Medienpaketen und Dozentenleitfäden für Themen des Arbeits- und Gesundheitsschutzes.

Barbara Schlote

Erlebnisorientierte Hautschutzschulung

1. Berufsbedingte Hauterkrankungen im Nahrungsmittelgewerbe

Berufsbedingte Hauterkrankungen (BK 5101) stehen mit zur Zeit knapp 1000 jährlichen Verdachtsmeldungen an zweiter Stelle der BK-Liste der Berufsgenossenschaft für Nahrungsmittel und Gaststätten (BGN). Besonders betroffen sind Beschäftigte in der Gastronomie, Bäckerei und Konditorei.

Es sind hauptsächlich zwei Hauterkrankungen im nahrungsmittelverarbeitenden Gewerbe, die zu Anzeigen von Berufskrankheiten führen:

1. Das subtoxisch-kumulative Handekzem (Synonyma: chronisch-kumulativ-toxisches Kontaktekzem, toxisch degeneratives Ekzem, chronisch irritative Kontaktdermatitis, Abnutzungsdermatose): Es kann durch wiederholten und/oder länger andauernden Kontakt mit Substanzen, die primär nicht toxisch sind, entstehen. Charakteristisch sind das gleichzeitige Auftreten von entzündlicher Rötung, Hautverdickung und Schuppung (Braun-Falco et al., 1996). Häufig zeigt sich ein stärkerer Befall des Handrückens (Frosch, 1996, II).
2. Das allergische Handekzem: Es tritt nur bei Personen auf, die gegenüber der Substanz eine Überempfindlichkeit entwickelt haben, nachdem sie oft jahrelang ohne Problem mit dem Stoff umgehen konnten (ebda). Auch hier kann das klinische Bild gleichzeitig vielgestaltig sein. Typisch ist die Neigung zur Ekzemstreuung (Frosch, 1996, I; Braun-Falco et al., 1996).

Charakteristisch für das subtoxisch-kumulative Kontaktekzem ist eine langsame Entwicklung über Wochen, Monate oder Jahre (Braun-Falco et al., 1996). In vielen Fällen werden anfangs „nur“ eine leichte Rötung, Schuppung sowie kleine Einrisse der Haut beobachtet – und ignoriert (BGN, 1996). Diese leichte Form eines beginnenden Ekzems wird in vielen Berufen als „normal“ hingenommen (Frosch et al., 1996, II). Wird gegen ein beginnendes chronisches Ekzem nichts unternommen, besteht die Gefahr, daß es länger fortbestehen kann, auch wenn die irritierende Substanz gemieden wird; außerdem kann es leichter wieder auftreten. Ein subtoxischkumulatives Kontaktekzem kann die Entstehung eines allergischen Ekzems begünstigen (BGN, 1996).

Zielgruppe

Besonders häufig werden subtoxisch kumulative und allergische Kontaktekzeme aus den Gewerbezweigen Bäckerei, Konditorei und Gastronomie gemeldet. Die Inzidenz von Hauterkrankungen ist in den Ausbildungsjahren besonders hoch (vgl. auch Bauer et al., 1999 für Bäckerlehrlinge). Nach BGN-Statistiken stammen die meisten BK-Meldungen wegen Verdachts auf eine berufsbedingte Hauterkrankung von Jugendlichen bzw. jungen Erwachsenen.

Trotz des Risikos der jungen Beschäftigten im Gewerbezweig Gastronomie eine Hauterkrankung zu entwickeln, wurde das Thema Hautschutz bisher kaum an die Auszubildenden herangetragen. Dabei sind gerade Jugendliche eine geeignete Zielgruppe für Schulungen im Bereich Gesundheitsschutz: Azubis stehen am Anfang der Entwicklung von berufsbezogenem Gesundheitsverhalten und sind die Vorgesetzten von morgen.

Auch unter organisatorischen Gesichtspunkten stellen Azubis eine günstige Zielgruppe dar: Sie sind über Gewerbeschulen leicht zu erreichen. Die Hautschutzveranstaltung sollte frühzeitig im 2. Lehrjahr erfolgen. Dann haben die Jugendlichen ausreichend Erfahrung mit dem Ausbildungsberuf und weisen erste Anzeichen von Hautüberlastungen auf.

Überlegungen zur Gestaltung von Hautschutzseminaren

Da Personen mit leichten Hautschäden interessierter dem Thema Hautschutz gegenüberstehen finden Hautschutzschulungen hauptsächlich im Winter statt, wenn klimatische Faktoren die Entwicklung trockener rissiger Haut begünstigen.

Der Unterricht geht, entsprechend einem ganzheitlichen Unterrichtskonzept, von der aktuellen Lebenswelt der Lehrlinge aus (Staecke 1997). Der Schwerpunkt der Veranstaltung liegt dabei nicht auf Wissensvermittlung sondern auf der Förderung von Wahrnehmung und der Erweiterung von Handlungskompetenzen. Didaktische Prinzipien sind Teilnehmerorien- tierung,. Erfahrungsorientierung und Handlungsorientierung (Bratge 1998). Geplant ist eine Umsetzungsphase im Sinne einer Art geführten Implementierungsphase (vgl. Hasle & Schmidt, 1994).

Bei der Gestaltung von erlebnisorientierten Hautschutzschulungen wird aufgrund früherer von Erfahrungen auf einige organisatorische Prinzipien geachtet.

- Kleine Gruppen (nicht über 15 Teilnehmer).
- Möglichst Trennung von weiblichen und männlichen Auszubildenden, da Haut und Attraktivität sind eng miteinander verbunden. Ein offenes Ansprechen oder Zeigen von Hautproblemen wird besonders in gemischten Gruppen eher als peinlich empfunden. Zudem interessieren sich Mädchen häufiger für kosmetische Aspekte, Jungen stellen dagegen beim Thema Schutzhandschuhe gern provokative Fragen zu Verhütungsmitteln.
- Überschaubare Dauer der Schulung: 4 Schulstunden
- Gelegenheit zum spielerischen Lernen durch Vorhalten von Materialien.

Ablauf der erlebnisorientieren Hautschutzschulung

Der zeitliche Ablauf der Schulung ist in Abbildung 1 dargestellt. Er folgt im Prinzip den Zielen von Kirschstein 1992:27):

Ablauf eines Hautschutzseminars

- Kärtchenabfrage: „Mit diesen Stoffen und Gegenständen komme ich bei der Arbeit in Berührung"
- Erfahrungsaustausch: Auswirkungen auf der Haut
- Macro-Video-Feedback: Wahrnehmungsübung
  Gespräch: „Ursachen" für Hautzustand
- Information: Risikogruppen für Hauterkrankungen
- Tabellenabfrage + Gespräch: Hautschutzerfahrung

Pause

- Handgrößenbestimmung
- Schutzhandschuhe zum einmaligen Gebrauch
- Schutzhandschuhe zum mehrfachen Gebrauch
- Übung zum richtigen Cremeauftrag
- Hautschutz- und Hautpflegecreme
- Bewertung des Seminars
- Verteilung ergänzender Broschüren

Abbildung 1:
Zeitlicher Ablauf der Schulung

Eine nicht strikt berufsbezogene *Kärtchenabfrage* „Mit diesen Stoffen und Gegenständen komme ich (bei der Arbeit) in Berührung“ leitet einen lockeren Erfahrungsaustausch ein. Dabei werden gern die Anforderungen in verschiedenen Betrieben verglichen. Bei der Kärtchenabfrage ergeben sich häufiger geschlechtsspezifische Schwerpunkte.

Anschließend haben die Jugendlichen Gelegenheit zu einer Art *Video-Feedback*: Die Jugendlichen können ihre Hände mit einem 12fach vergrößernden Videogerät genau unter die Lupe zu nehmen. Das führt nicht selten zu Überraschungsmomenten: „Das ist ja Elefantenhaut.“ Mit besonderem Interesse werden Fingerabdruck, alte Verletzungen, Nagellackauftrag und Schweißperlchen betrachtet. Durch Vergleichsprozesse lernen die Jugendlichen nicht nur vorgeschädigte Haut wahrzunehmen, sondern auch 'typische' Problemzonen zu erkennen und ihren eigenen Hautzustand einzuschätzen. Lehrlinge, die bisher ihre manchmal ausgeprägten Hautschäden ignorierten, „entdecken“ plötzlich ihre rauhen, rissigen Hautpartien oder Bläschen. Ziel ist es, nun Abwehrstrategien wie Ignorieren oder flapsiges Bagatellisieren abzubauen und statt dessen Interesse für die eigene Haut und ihre Veränderungen zu wecken und ein Gefühl von angemessener Betroffenheit aufzubauen, um Änderungsdruck für gesundheitsförderliches Verhalten entstehen zu lassen (Fuchs 1994).

2. Analyse der Ursache

Vielfach ergibt sich beim Betrachten der Haut automatisch ein Gespräch über mögliche Ursachen für den derzeitigen Hautzustand. In einem anschließenden folienunterstützten Lehrgespräch über Mechanismen der Hautschädigung und Risikofaktoren für Hauterkrankungen greift der Dozent die genannten Ursachen illustrierend auf. Die Entstehung allergischer Kontaktekzeme kommt insbesondere dann zur Sprache, wenn Schüler betroffen sind.

Bei der Besprechung der Hauptrisikofaktoren für die Entwicklung. eines subtoxisch-kumulativen Ekzems werden Beispiele für endogene Faktoren – wie die individuelle Empfindlichkeit, früheres Ellenbeugen- oder Handekzem, Unfähigkeit zum Hardening, Alter – und exogene Faktoren besprochen – wie Art, Dauer und Konzentration der Einwirkung von Stoffen im Beruf und Privatleben sowie mechanische und klimatische Faktoren (Frosch et al. 1996, BGN 1997). – Anschließend sind in einer größeren Pause auf Wunsch Vier-Augen-Gespräche möglich. Manchmal schauen sich einzelne Azubis vorher nicht gezeigte kritische Hautstellen an.

3. Ableitung von Hautschutzmaßnahmen

In einem Erfahrungsaustausch werden bisher praktizierte Maßnahmen zur Gesunderhaltung der Haut festgehalten und mündlich erläutert. In der Regel sind Kenntnisse und Erfahrungen zum Thema Hautschutz nur wenig vorhanden. Bei einer systematischen Abfrage durch Punkten auf einer Tabelle am Flipchart und anschließende Erläuterungen erhält der Dozent eine Übersicht über den Erfahrungshintergrund.

Dabei zeigte sich, daß die Jugendlichen (n=86) zu 69,7 % Erfahrungen mit Pflegecreme und 62,8 % mit Einmalhandschuhen haben. Nur 45,3 % bzw. 45,5 % geben Schutzcremes bzw. sogenannte Haushaltshandschuhe an. Fast niemand hat versucht seine Hände besonders schonend zu reinigen.

Bei der Besprechung bisheriger Hautschutz- und Hautpflegemaßnahmen stellte sich heraus, daß fast alle Pflegecremes gängige preiswerte Drogerieprodukte waren. Sie wurden eher von Mädchen benutzt. Einmalhandschuhe wurden gelegentlich aus Gründen der Hygiene im Betrieb gebraucht und vor allem von weiblichen Azubis zum Schutz vor Verfärbungen beim Haarefärben. Häufig wurde die schlechte Paßform bemängelt. Spezielle Schutzcremes gegen wasserlösliche oder öllösliche Schadstoffe waren in der Regel unbekannt. Die Erfahrungen mit Schutzcremes beziehen sich auf Sonnenschutzmittel und auf Pflegecremes, die „auch schützen können". Sogenannte Haushaltshandschuhe waren einem Teil der Schüler nicht bekannt. Die Schüler, die derartige Schutzhandschuhe benutzt hatten, berichteten von schlechten Erfahrungen aufgrund mangelnder Paßform. Im Betrieb gab es meistens keine flüssigkeitsdichten Schutzhandschuhe zum mehrfachen Gebrauch – und wenn, meistens nur in einer Größe.

Anknüpfend an den Erfahrungsaustausch wurden nun Handschuhe und Cremes ausprobiert.

3a. Einmalhandschuhe:

Da als wichtiger Akzeptanzfaktor die passende Handschuhgröße zu sehen ist, lernt jeder Auszubildende mit Hilfe der üblichen (fast allen Azubis unbekannten) Meßschiene auf Handschuhverpackungen seine Handschuhgröße als Zahlen- oder Buchstabenwert zu bestimmen. Mit großem Interesse vergleichen die Azubis ihre Handgrößen. Anschließend probieren die Azubis Einmalhandschuhe aus Polyethylen, Latex, Vinyl und Nitril aus. Paßform, Geruch, Dehnfähigkeit, Vor- und Nachteile von Puder werden gern kommentiert und einige Regeln beim Handschuhtragen besprochen. Gelegentlich muß bei nicht normgerechten Händen ein geeigneter Kompromiß gesucht werden. Die Azubis tauschen Erfahrungen über die im Lehrsortiment wiedererkannten Handschuhtypen aus. Auf die Problematik von gepuderten Latexhandschuhen wird hingewiesen (Allmers et al. 1996). Alle Lehrlinge erhalten passende Muster, die sie selbst beschriften und mit weiterem Informationsmaterial in einen dafür vorgesehenen Ordner heften.

3b. Flüssigkeitsdichte Schutzhandschuhe zum mehrfachen Gebrauch:

Aus einem größeren Sortiment suchen die Azubis flüssigkeitsdichte Schutzhandschuhe zum mehrfachen Gebrauch in ihrer Größe aus: Sie probieren dabei

- unterschiedlichen Materialien (z.B. Latex, Nitril, PVC): Während des Ausprobierens wird besprochen, daß der Schadstoff gegen den der Handschuh schützen soll entscheidend ist für die Auswahl des Handschuhmaterials.
- unterschiedliche Innenausstattungen (z.B. BW-Stricktrikot, Beflockung, und glatte Innenfläche),
- unterschiedlichen Schaftlängen.

Anschließend kombinieren interessierte Schüler einen Baumwollinnenhandschuh mit einem flüssigkeitsdichten Schutzhandschuh und versuchen herauszufinden um wieviel der Schutzhandschuh zu groß gewählt werden muß, damit er über den Innenhandschuh paßt. Vor- und Nachteile der Kombination werden diskutiert. Wichtige Punkte zur richtigen Anwendung von flüssigkeitsdichten Schutzhandschuhen werden im Gespräch zusammengetragen.

Da die Fragen nach der Eignung des Handschuhs im speziellen Fall einen Fachmann erfordern, erhalten alle Lehrlinge eine Terminliste für die *Handschuh-Hotline*, die an den Vorgesetzten weitergegeben werden kann.

Vielfach entsteht nach dem Handschuhanprobieren der Wunsch nach Händewaschen, so daß sich nun Übungen mit Creme anbieten.

3c. Schutz- und Pflegecremes

Die *Übung zum richtigen Eincremen* nach einer modifizierten Methode von Wigger-Alberti und Mitarbeitern (1996) eröffnet die Thematik und stellt meist einen Höhepunkt des Seminars dar. Alle Azubis tragen eine fluoreszierende Creme auf, so wie sie normalerweise eine Pflegecreme auftragen würden. Anschließend werden die Hände im UV-Licht betrachtet. Dabei zeigt sich:

- Es gibt typische Stellen, die oft nicht eingecremt sind.

- Einige der oft nicht eingecremten Stellen entsprechen den im Video vorgefundenen problematischen Hautzonen: z.B. Nagelfalzbereich, Daumenseite, Haut zwischen den Fingern..
- Fingerschmuck verhindert einen gleichmäßigen Auftrag.

Schnell finden die Azubis heraus, was sie tun müssen, um nicht erreichte Stellen zum Leuchten zu bringen, d.h. ausreichend einzucremen.

Anschließend wird die fluoreszierende Creme abgewaschen und die gereinigten Hände kontrolliert. Dabei sieht man recht genau welche Handareale bei der *derzeitigen Handwaschtechnik* zu kurz kommen.

Nach dem Abwaschen der fluoreszierenden Creme können *unparfümierte Schutzcremes gegen wasserlösliche Schadstoffe* ausprobiert werden. Beim Ausprobieren geht es zunächst um Erfahrungen, die für die Akzeptanz wichtig sind, wie Aussehen, Konsistenz, Geruch, „Einziehverhalten". Unter Bezug auf die Arbeitssicherheitsinformationen 8.60 (BGN 1996) wird darauf hingewiesen, daß bei chronischen irritativen Belastungen der Haut, Hautschutz im Rahmen eines Hautschutzplans das geeignete Vorgehen darstellen kann. Die Funktion der Schutzcreme wird erklärt: Einen Schutzfilm im Sinne einer Sperrschicht auf der Haut aufzubauen bzw. mit der Schutzcreme eine Substanz auf die Haut aufzutragen, die eine spätere Reinigung erleichtert, um Schädigungen bei der Reinigung zu vermeiden. Letzteres ist wichtig für Azubis, die stark schmutzenden Freizeitaktivitäten nachgehen.

Vielfach wollen die Azubis auch nur *Pflegecremes* ausprobieren. Auch hier werden nur unparfümierte Produkte vorgestellt und Fragen der Akzeptanz und Wirkungsweise diskutiert.

Beim Ausprobieren der Cremeproben üben die Azubis ihre neu erfahrenen Eincremetechniken ein.

4. Seminarbewertung

Zum Abschluß erfolgt stets eine anonyme Bewertung der Hautschutzschulung durch die Azubis. Sie ergibt wichtige Hinweise für die kontinuierliche Verbesserung der Veranstaltung.

5. Informationsmaterialvergabe

Im Anschluß an die erlebnisorientierte Hautschutzschulung erhalten die Azubis Informationsmaterial, die eine Vertiefung des Wissens zum Thema Hautschutz erlauben und Adressenlisten bzw. Telefonnummern als Anlaufstellen für Fragen.

Literatur

Allmers, H./Kirov, A./Hagemeyer, O./Huber, H./Walther,J. W./Baur, X. (1996): Latexsensibilisierung und Latexallergenkonzentration in der Luft. Allergologie 1996, 19,2,68–70

Bauer, A./Bartsch, R./Stadeler, M./Wollina, U./Elsner, P. (1999): Evaluierung von prädiktiven Parametern für die Entwicklung von Handekzemen im Ausbildungsverlauf bei Auszubildenden des Bäcker- und Konditorhandwerks. Vortrag bei der 5. Tagung der Arbeitsgemeinschaft für Berufs- und Umweltdermatologie. Aachen 4.–6.3.1999. Allergologie, 22, 3, 194–195

Berufsgenossenschaft Nahrungsmittel und Gaststätten (1996): Arbeitssicherheitsinformationen 8.60: Haut und Beruf

Berufsgenossenschaft Nahrungsmittel und Gaststätten (1997): Arbeitssicherheitsinformationen 8. 61: Haut und Beruf: Kennen Sie Ihr Risiko?

Bratge, D. (1998): Neue Methoden in der Aus- und Weiterbildung. Sichere Arbeit, 2, 15–17

Braun-Falco, O./Plewig, G./Wolff, H. H. (1996): Dermatologie und Venerologie. Springer Verlag. Berlin, Heidelberg, New York

Dicke, W./Mehlem, P./Funk-Stendel, I. (1996): Alles über Hautschutz, Hautreinigung, Hautpflege. Wissenschaftsverlag NW. Bremerhaven

Frosch, P. J./Rustemeyer, Th./Schnuch, A. (1996): Kontaktdermatitis. Teil I. Hautarzt:47: 874-882

Frosch, P. J./Rustemeyer, Th./Schnuch, A. (1996): Kontaktdermatitis. Teil II. Hautarzt:47: 945–961

Fuchs, R. (1994): Änderungsdruck als motivationales Konstrukt: Überprüfung verschiedener Modelle zur Vorhersage gesundheitspräventiver Handlungen. Zeitschrift für Sozialpsychologie: 95–107

Hasle, P./Schmidt, E. (1994): Action-oriented employee training. Occupational Health. 9, 308–309

Kirschstein, G. (1992): Motivationskonzepte zur Steigerung der Arbeitssicherheit. Die BG. Januar, 26–29

Staeck, L. (1997): Schulische Gesundheitsförderung im Wandel: Anwendungsbeispiele aus der Praxis. Prävention,20, 3, 91-95

Veidt, A. (1998): Wie und warum bleiben Menschen gesund? Salutogenese – individuelle und soziale Ressourcen stärken. Prävention, 21, 2, 46–47

Wigger-Arberti, W./Maraffio, B./Wernli, M./Elsner, P.: Selfapplication of a protective cream: pitfalls of occupational skin protection. Vortrag bei dem Jadassohn Centenary Congress, London, U.K. 9–12.10.96

Sabine Gregersen

Gesundheit als Führungsaufgabe – Seminare für das obere Management[1]

1. Konzeption der Seminare

Zur Entstehungsgeschichte: Die BGW hat häufiger versucht, das obere Management ihrer Mitgliedsbetriebe für Seminare zum Thema „Arbeits- und Gesundheitsschutz" zu gewinnen. Das Interesse dieser Zielgruppe an Seminaren der BGW war nicht sehr ausgeprägt. Erschwerend kam hinzu, daß die Teilnehmerzusammensetzung in dem Seminar für Führungskräfte sehr heterogen (vom Wohngruppenleiter, Stationsleitung bis zum Geschäftsführer) war und die Bedürfnisse und Interessen des oberen Managements nicht ausreichend berücksichtigt wurden.

Das obere Management nimmt eine Schlüsselposition im Arbeits- und Gesundheitsschutz ein. Die Rückmeldungen anderer Seminarteilnehmer (Sicherheitsbeauftragte, Fachkräfte für Arbeitssicherheit etc.): „Das ist ja richtig und wichtig, was wir hier lernen, aber das solltet Ihr mal unseren Chefs erzählen.", verdeutlichen diese besondere Stellung. Wesentlich für den Erfolg des Arbeits- und Gesundheitsschutzes ist die Integration in die Unternehmenspolitik, dies kann in den Betrieben nur durch das obere Management erfolgen.

Aufgrund der zentralen Bedeutung dieser Zielgruppe für den Erfolg des Arbeits- und Gesundheitsschutzes im Betrieb hat sich die BGW entschlossen, ein spezielles Seminarkonzept zu entwickeln. Das Ziel ist:

- bei den relevanten Themen des Managements anzusetzen, d.h. die Bedürfnisse, Interessen und Probleme der Zielgruppe aufzugreifen (z.B. Wirtschaftlichkeit, Führungsstil, Managementtechniken, Organisations- und Personalentwicklung etc.)
- die Vernetzung des Arbeitsschutzes mit modernen Managementmethoden aufzuzeigen
- zu verdeutlichen, daß Arbeitsschutz nicht nur eine gesetzliche Verpflichtung ist, sondern ein wesentlicher Bestandteil bei der Erreichung der Unternehmensziele sein kann

[1] *(Erfahrungsbericht der Berufsgenossenschaft für Gesundheitsdienst und Wohlfahrtspflege (BGW) zur Umsetzung von Seminaren für das obere Management)*

2. Statistische Auswertungen

Ausgehend von der Überlegung, daß eine gute Arbeitsschutzorganisation eine positive Auswirkung auf das Unfallgeschehen hat, setzen wir Arbeitsunfallstatistiken als Diskussionsgrundlage in dem Seminar ein. Die Auswertung des Unfallgeschehens erfolgt betriebsbezogen für die Betriebe der angemeldeten Teilnehmer. Es werden die Unfälle 1-7 (insgesamt) und differenziert nach Unfallart 1 (Unfälle im Betrieb), Unfallart 2-6 (Wegeunfälle) und Unfallart 7 (Berufskrankheiten) ausgewertet (Grafik 1). Um die Vergleichbarkeit zu gewährleisten, beziehen sich die Unfallzahlen auf 1000 Beschäftigte. Darüber hinaus wird ein Kostenfaktor errechnet, der die Entschädigungsleistungen des einzelnen Betriebes ins Verhältnis setzt zu den durchschnittlichen Entschädigungsleistungen aller Betriebe der ausgewählten Betriebsart (siehe Grafik 2 und 3). Jeder Teilnehmer kennt die Verschlüsselung für sein Haus. Die Auswertung bezieht sich auf einen Zeitraum von 5 Jahren, so daß repräsentative Durchschnittswerte zur Verfügung stehen.

Dieses Benchmarking verdeutlicht, wie unterschiedlich das Unfallgeschehen bei gleicher Betriebsart ausgeprägt sein kann. Der Kostenfaktor dokumentiert, daß die Höhe der Kosten nicht unbedingt mit der Höhe der Unfallzahlen positiv korreliert. Der Kostenfaktor wird sehr stark beeinflußt durch einzelne schwere Unfälle und den daraus resultierenden Entschädigungsleistungen. Darüber hinaus werden Auswertungen für die gesamte Betriebsart erstellt:

- Das Unfallgeschehen dieser Betriebsart im Vergleich mit anderen Betriebsarten
- Kosten von Arbeitsunfällen
- Ursachen und Bereiche von Arbeitsunfällen

Die Präsentation der Statistiken bewirkt, daß sich die Seminarteilnehmer mit dem Unfallgeschehen im eigenen Haus auseinandersetzen. Die Teilnehmer mit geringem Unfallgeschehen und geringem Kostenfaktor propagieren die Einführung eines Prämiensystems (d. h. Beitragsnachlaß). (Die BGW praktiziert ein Zuschlagsystem, d. h. für Unfälle gestaffelt nach Schwere werden Zuschläge erhoben.). Die Häuser, die hohe Unfallzahlen bzw. hohe Kostenfaktoren aufweisen, betrachten diese als häufig nicht durch den Betrieb beeinflußbar.

Durchschnittswerte von 1992 – 1996

Betrieb	Kosten-faktor (Kf)	Nur meldepflichtige Fälle bezogen auf 1000 Beschäftigte UA 1-7	UA 1	UA 2-6	UA 7
A	k.A.	k.A.	k.A.	k.A.	k.A.
B	0,7	69	53	14	2
C	0,1	60	40	20	0
D	0,7	52	34	14	4
E	4,2	51	27	21	3
F	0,1	41	24	7	10
G	0,2	39	28	11	0
H	0,5	36	26	5	5
I	0,1	35	12	16	7
J	5,1	35	26	9	0
K	0,1	31	21	5	5
L	2,7	30	19	8	3
M	0,6	30	22	3	5
N	1,4	29	17	7	5
O	0,1	26	13	5	8
P	0,2	19	11	3	5
Q	0,1	18	12	4	2
R	0,2	12	10	2	0

Betrieb	Kostenfaktor (Kf)
A	k.A.
B	0,7
C	0,1
D	0,7
E	4,2
F	0,1
G	0,2
H	0,5
I	0,1
J	5,1
K	0,1
L	2,7
M	0,6
N	1,4
O	0,1
P	0,2
Q	0,1
R	0,2

Grafiken 1 und 2

Kostenfaktor eines Mitgliedsbetriebes

Krankenhauser und Kliniken
(Entschädigungsleistungen auf 1.000 Beschäftigte)

$$Kf = \frac{\text{Entschädigungsleistungen eines Mitgliedsbetriebes}}{\text{durchschnittl. Entschädigungsleistung aller Betriebe der ausgewählten Strukturschlüssel}}$$

$$Kf = 1 \text{ wenn } \frac{\text{Betrieb}}{\text{Durchschnitt}}$$

$$Kf > 1 \text{ wenn } \frac{\textbf{Betrieb}}{\text{Durchschnitt}}$$

$$Kf < 1 \text{ wenn } \frac{\text{Betrieb}}{\textbf{Durchschnitt}}$$

Grafik 3

Die Ausgaben für Heilbehandlung, Berufshilfe sowie Renten werden in den Entschädigungsleistungen zusammengefaßt.

Die Auswertung bezieht sich auf Unfälle seit 1991 und berücksichtigt die Entschädigungsleistungen für die Jahre 1994 bis 1996.
Entschädigungsleistungen für Unfälle vor 1991 werden in der Auswertung nicht einbezogen.

Einen direkten Zusammenhang zwischen innerbetrieblicher Arbeitsschutzorganisation und Unfallzahlen aufzuzeigen, konnte durch die Präsentation der Statistik nicht erreicht werden. Jedoch wird über die statistische Objektivierung und Quantifizierung des Unfallgeschehens bei dieser Zielgruppe Akzeptanz für die inhaltliche Auseinandersetzung mit der Thematik Arbeitsschutz erzielt. Die Teilnehmer beschäftigen sich mit Maßnahmen zum Arbeitsschutz und hinterfragen die betriebsinternen Arbeitsschutzstrukturen.

3. Inhaltliche Gestaltung der Seminare

3.1 Die BGW – Ihr Partner

Bei der Diskussion um die Senkung der Lohnnebenkosten geraten die Berufsgenossenschaften zunehmend unter Druck (Privatisierung der gesetzlichen Unfallversicherung etc.). Es werden neue Anforderungen an die BG'en gestellt. Die BGW reagiert darauf, indem sie sich nicht mehr primär über ihre hoheitlichen Aufgaben definiert, sondern über Wettbewerbsfähigkeit, Dienstleistung und Kundenorientierung. Die BGW präsentiert im Seminar ihre Dienstleistungsangebote im Bereich der Prävention und Rehabilitation. In einem offenen Dialog mit den Teilnehmern wird thematisiert, in welchen Punkten die Zusammenarbeit optimiert werden kann, wo mehr Unterstützung und Information notwendig ist. Folgende Inhalte werden angesprochen:

- Prävention:
  Vorstellung des Präventionsdienstes, Klärung des Begriffes „Arbeitsschutz", Dienstleistungsangebote, rechtliche Grundlagen, Arbeitsschutzorganisation, Arbeitsunfallstatistik
- Rehabilitation:
  Zuschläge/Nachlässe/Prämien, Zusammenarbeit zwischen Unternehmer und BGW, Steuerung und Überwachung des Heilverfahrens, Sinn und Zweck der gesetzlichen Unfallversicherung

Der Informationsbedarf der Teilnehmer bezüglich der BGW ist sehr groß. Die BGW ist für die Mitgliedsbetriebe eher eine unbekannte und anonyme Institution. Durch die Präsentation der Bereiche Prävention und Rehabilitation wird über das Leistungsspektrum, die Arbeit und damit verbundene Probleme der BGW informiert. Das gegenseitige Kennenlernen der Erwartungen und Probleme schafft eine Basis für eine bessere Zusammenarbeit. Vorhandene Vorurteile werden abgebaut, wie z.B. „An die BG zahlen wir nur Beiträge und haben keine Leistungen."

3.2 Fehlzeiten / Krankenstand

Aufgrund des erweiterten Präventionsauftrages, die Erweiterung um arbeitsbedingte Gesundheitsgefahren (§§ 14, 21 SGB VII, § 2 ArbSchG) thematisiert die BGW Strategien zur Reduzierung von Arbeitsunfähigkeiten. Durch Arbeitsunfälle verursachte Arbeitsunfähigkeiten sind relativ gering. Wesentlich gravierender sind die Ausfallzeiten aus krankheitsbedingten Gründen. Das Interesse der Seminarteilnehmer an der Thematik „Fehlzeitenreduzierung" ist aus betriebswirtschafltichen Gründen (Minimierung von Kosten) groß.

Begriffe wie Krankenstand und Fehlzeiten werden zum Teil synonym verwendet. Zu Beginn erfolgt eine Abgrenzung der Begriffe. Die Strukturierung von Prof. Nieder differenziert den Krankenstand zwischen „medizinischer" Notwendigkeit und motivationsbedingter Abwesenheit. Diese Unterteilung wird im Seminar sehr kritisch diskutiert, d. h: „Kann nicht auch eine andauernde Demotivation bei der Arbeit in eine medizinische Notwendigkeit, z. B. muskoloskeletale Symptome, eskalieren?“ Mögliche Zusammenhänge zwischen psychosozialen Faktoren am Arbeitsplatz, Streß und muskoloskeletalen Erkrankungen werden am folgenden Modell dargestellt (siehe Grafik 4).

Die zentrale Fragestellung im Seminar lautet:

- Kann durch eine Veränderung der Arbeitssituation bzw. durch Maßnahmen im Unternehmen der Krankenstand beeinflußt werden?

Skandinavische Studien schätzen, daß ca. 30 % der Fehlzeiten betriebsbedingt sind und daß davon ca. 30 – 40 % durch Programme zur Fehlzeitenreduzierung vermeidbar sind.
Zur Beantwortung dieser Frage werden die Faktoren, die Fehlzeiten beeinflussen können, betrachtet. Allgemein wird differenziert zwischen außerbetrieblichen, persönlichen und betrieblichen Faktoren. Für Maßnahmen des Betriebes sind die betrieblichen Faktoren von besonderer Relevanz. Folgende Hauptgruppen lassen sich unterscheiden:

- Arbeitsschutz
- Arbeitsgestaltung
- Abeitsorganisation
- Mitarbeiterführung
- Betriebsklima

Zur Reduzierung von Fehlzeiten können und werden keine Patentrezepte angeboten. Die Komplexität der Faktoren, die Fehlzeiten beeinflussen können, erfordern in der Regel ein ganzes Bündel von Maßnahmen. Folgende Strategien können zur Zielerreichung „gesunde Organisation und Mitarbeiter“ beitragen:

- Organisationsentwicklung
- Qualitätsmanagement
- betriebliche Gesundheitsförderung/Arbeitsschutz
- Personalentwicklung

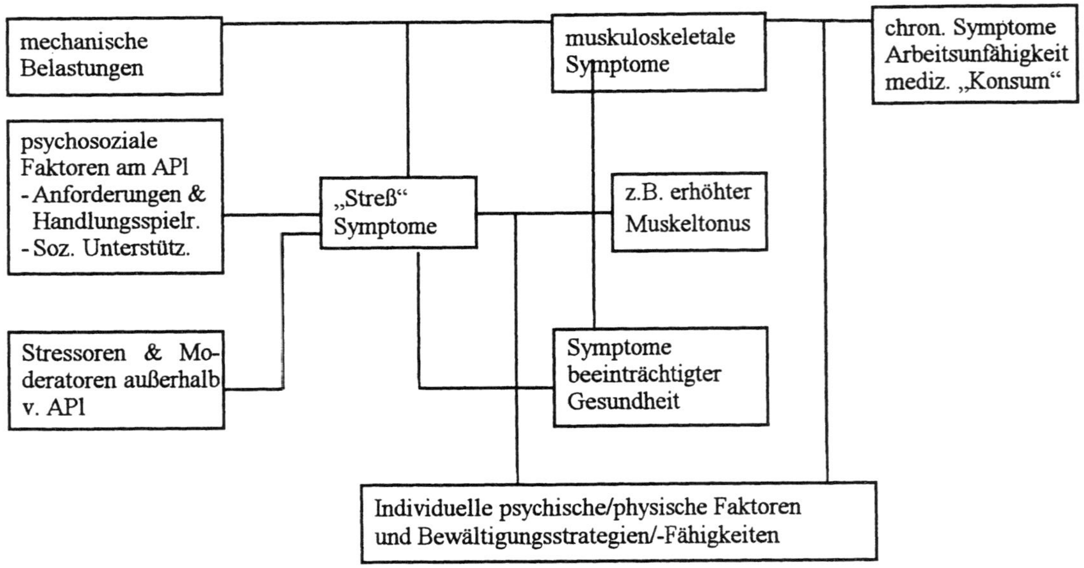

Grafik 4:
Psychosoziale Faktoren

Führungskräfte nehmen bei der Beeinflussung von Arbeitsunfähigkeiten eine Schlüsselrolle ein. Führungsverhalten spielt als Ursache wie auch als Instrument der Beeinflussung hoher Fehlzeiten eine zentrale Rolle. Unzureichende Informationen, Anerkennung und Delegation, Ungerechtigkeit oder mangelnde menschliche Aufgeschlossenheit können Mitarbeiter so stark frustrieren, daß ein Ausweg z. B. in die Krankheit gefunden werden muß. Zeitgemäßes, auch die Wünsche und Erwartungen der Mitarbeiter berücksichtigendes Führungsverhalten kann demgegenüber die Fehlzeiten ursächlich günstig beeinflussen. Es kann darüber hinaus auch Arbeitsunfähigkeiten, die durch betriebliche Einflußfaktoren bedingt sind, erkennen und vermeiden helfen.

3.3 Partizipativer Führungsstil

Die Bedeutung des Führungsverhaltens für die Reduzierung von Arbeitsunfähigkeiten ist unter 3.2 Fehlzeiten verdeutlicht worden. Welcher Führungsstil bzw. welche Managementtechnik sollte angewendet werden? Wollen Mitarbeiter gemanaged oder geführt werden? Dies sind Fragestellungen, die zum Einstieg in die Thematik mit den Teilnehmern diskutiert werden. Führungsstil und Managementtechnik werden inhaltlich voneinander abgegrenzt. Managementtechniken beinhalten Aspekte der Lokomotion, d.h. eher sach- und zielorientiert. Führung bezieht sich auf die Köhäsionsebene, d.h. eher beziehungs- und teamorientiert. Es geht nicht darum, eine Konkurrenz zwischen Managementtechnik und Führungsstil aufzubauen, sondern auf beide Komponenten hinzuweisen. Die Gewichtung von Kohäsion (Teamorientierung) und Lokomotion (Zielorientierung) sollte ausgewogen sein. Gesunde Führungsstrukturen berücksichtigen beide Ebenen.

Zur Selbstreflexion für die Teilnehmer wird ein Fragebogen eingesetzt. Die Teilnehmer haben die Möglichkeit, über den Fragebogen ihr eigenes Führungsverhalten zu reflektieren. Anschließend werden die Erfahrungen mit dem Ausfüllen des Fragebogens in kleinen Gruppen diskutiert:

- Sind die Führungsaspekte Lokomotion/Kohäsion in meinem Führungsverhalten gleich gewichtet?
- Habe ich besondere Stärken bzw. Schwächen?
- Ist es Kultur in unserem Unternehmen, Führungsfragen zu thematisieren?
- Welche Bedeutung hat Führung und Modellverhalten für mich?
- Sehe ich Zusammenhänge zwischen Führung und Gesundheit?

3.4 Organisationsentwicklung „Leitbild"

Eine Studie des Wissenschaftszentrums Berlin zur Evaluation von Rückenschulen faßt zusammen:

„...die dokumentierten Erfahrungen deuten an, daß sich möglicherweise mit Ansätzen, die bisher kaum unter gesundheitlichen Gesichtspunkten initiiert wurden, die aber am ehesten die Mehrdimensionalität des Problems abbilden, „participative ergonomics" und Organisationsentwicklung, nicht nur die größten Produktivitätsfortschritte, sondern auch beeindruckende gesundheitliche Erfolge erzielen lassen. Daß über diese Ansätze und Erfahrungen in der Literatur selten berichtet wird, liegt nicht daran, daß es sie kaum gibt. Vielmehr sind sie häufig Teil neuer Managementstrategien, deren 1. Ziel nicht die Reduzierung von Rückenschmerzen ist." (Quelle WZB/P93-204/Wissenschaftliche Auswertung von 66 Studien)

Organisationsentwicklung ist ein längerfristig angelegter, organisationsumfassender Veränderungsprozeß. Er beruht auf dem Lernen aller Beteiligten durch direktes Einbeziehen. Seine Ziele beinhalten sowohl die Verbesserung der Leistungsfähigkeit der Organisation (Effektivität) als auch die Qualität des Arbeitslebens (Humanität).

In dem Seminar wird der Ansatz der Organisationsentwicklung am Beispiel der Leitbildentwicklung aufgezeigt. Die Führungskraft hat eine Vorbildfunktion auf der persönlichen Ebene, das Leitbild eine Leitbildfunktion auf der Organisationsebene. Ein akzeptiertes und gelebtes Leitbild zeigt das unverwechselbare eigene Profil, integriert und motiviert Mitarbeiter. Die Chancen eines Leitbildes zur Prävention arbeitsbedingter Gesundheitsgefahren liegen in einer „partnerschaftlichen" Unternehmenskultur, d.h.

- eine Unternehmenskultur des Vertrauens schafft die Grundlage für Gesundheitsförderung
- der Übergang von einer Kultur des Mißtrauens und der Einzelkämpfer zu einer Kultur des Vertrauens, der Offenheit und Kooperation
- eine vertrauensbildende Maßnahme, um den Dialog im Unternehmen über alle Organisationsebenen zu verbessern und zu fördern

Im Seminar präsentieren wir die Leitbildarchitektur eines unserer Mitgliedsbetriebe und den damit verbundenen Organisationsentwicklungsprozeß.

3.5 Effiziente Führungssysteme

In diesem Block geht es darum, Strukturen aufzuzeigen, die eine optimale Voraussetzung schaffen für Führung/Management und Organisationsentwicklung. Es werden Modelle tragender Strukturen aufgezeigt (systemisches Hierarchiemodell, Zielarchitektur) und die Vorteile erläutert (Organisations- und Mitarbeiterressourcen zu bündeln).

Ein effizientes Führungssysteme beinhaltet unter anderem die Integration des Arbeits- und Gesundheitsschutzes und die Anwendung moderner Managementmethoden im Arbeits- und Gesundheitsschutz. Es wird aufgezeigt, daß die Integration verschiedener Kompetenzfelder zur Erreichung der angestrebten Ziele „Arbeitssicherheit, Gesundheit am Arbeitsplatz, Kostenreduzierung" erfolgen muß. Darüber hinaus wird ein Modell aufgezeigt, die Arbeitsschutzorganisation mit der Methode des Projektmanagements zu professionalisieren.

Abschließend haben die Teilnehmer Gelegenheit, folgende Fragestellung zu reflektieren:

- Welche Maßnahmen zur Förderung der Gesundheit werden in unseren Einrichtungen bereits umgesetzt?
- Welche Maßnahmen zur Förderung der Gesundheit werden in unseren Einrichtungen noch nicht berücksichtigt?
- Wie können die bestehenden Arbeitsschutzstrukturen den Unternehmer bei der Umsetzung unterstützen?

Dieser zusammenfassende Erfahrungsaustausch über die bestehenden Arbeitsschutzstrukturen im Betrieb und die Verknüpfung mit dem erweiterten Präventionsansatz (Motivation, Qualität, Führung etc.) zeigt deutlich, daß diese Vernetzung den Teilnehmern sehr schwer fällt. Arbeitsschutz wird assoziiert mit technischen Maßnahmen und Einhaltung von Vorschriften.

4. Fazit

Diese Seminare sind ein Türöffner zu der Zielgruppe „Oberes Management". Zum Abschluß des Seminares wurde von den meisten Teilnehmern das Interesse an einem weiteren Austausch und eine weitere Zusammenarbeit mit der BGW geäußert. Für die Zukunft hat die BGW geplant, in einem regelmäßigen Zyklus diese Seminare fortzusetzen und einen kontinuierlichen Kontakt aufzubauen.

Gudrun Strobel, Karl-Heinz Noetel, Petra Jackisch und Friederike Koschel

Lifelong Learning – Neue Wege zur Förderung von Sicherheit und Gesundheit

1. Zielsetzung

In einer Zeit rascher und tiefgehender gesellschaftlicher und wirtschaftlicher Änderungen sind auch in der Organisation der Aus- und Weiterbildung neue Konzepte erforderlich. Die althergebrachte Trennung der Lebensphasen Schule, Berufsausbildung und Arbeitsleben wird zugunsten des lebenslangen Lernens, des *„Lifelong Learning"* abgelöst. Von dieser Entwicklung ist auch der Arbeits- und Gesundheitsschutz betroffen, in dem neue Ansätze gefragt sind, die das gesamte Lebensumfeld des Menschen berücksichtigen. Durch die Präsenz des Themas Sicherheit und Gesundheitsschutz während der gesamten persönlichen Entwicklungs- und Bildungsphase des Menschen – vom Kindergarten über die Schule bis hin zur beruflichen Ausbildung – wird der Grundstein für sicheres und gesundheitsbewußtes Verhalten im Berufsleben gelegt. Über die direkte Sensibilisierung der Kinder hinaus wird außerdem ein indirekter Einfluß auf die Familie angestrebt, so daß auch Eltern und andere Familienmitglieder für Fragen der Sicherheit und des Gesundheitsschutzes motiviert werden. In einer ersten Umsetzungsphase wurde das Konzept *„Lifelong Learning"* in europäischen Kindergärten erprobt.

Das Projekt wurde mit finanzieller Förderung der Europäischen Kommission vom Dezember 1997 bis März 1999 durchgeführt[1]. Projektnehmer im Rahmen des SAFE-Programmes der Generaldirektion V war die *European Safety Federation* (europäischer Verband der PSA-Hersteller), die Projektleitung lag beim *Zentrum für Sicherheitstechnik der Bau-Berufsgenossenschaft Rheinland und Westfalen.* Bei der Durchführung waren das Institut *DIAGNOSE & TRANSFER,* München, bei der Spielegestaltung der Graphiker *Andreas Lenz*, Erftstadt, maßgeblich beteiligt.

[1] Noetel, K.-H. & Vandeputte, G. (1999). Lifelong Learning – Förderung von Sicherheit und Gesundheitsschutz in kleinen und mittleren Unternehmen. Zentrum für Sicherheitstechnik der Bau-BG Rheinland und Westfalen, Erkrath.

2. Methodisches Vorgehen

Konzeption „Safe Family". – Im Rahmen einer europaweit angelegten Literaturrecherche wurden zunächst vorhandene Ansätze und Aktionen zur Förderung von Sicherheitsbewußtsein und sicherem Verhalten bei Kindern und Jugendlichen hinsichtlich Übertragbarkeit bzw. Nutzen für das Projekt analysiert. Gemäß dem Gesamtkonzept, nach dem Sicherheit und Gesundheit auch über den Weg der Familie gefördert werden sollen, wurde die *„Safe Family"* entwickelt. Dabei handelt es sich um eine klassische Familie mit 4 Familienmitgliedern: Vater *„Tom Safe"* Mutter *„Tina Safe"* Sohn *„Max Safe"* und Tochter *„Mini Safe"*. Mit Hilfe dieser Comic-Familie werden potentielle Gefährdungen und sicherheitsgerechte Verhaltensweisen auf leicht verständliche, einprägsame und anschauliche Weise dargestellt. Neben der *„Safe Family"* wurde mit dem Jungen *„Alex"* ein Gegencharakter geschaffen, der bisweilen auch sicherheitswidrige Verhaltensweisen zeigt. In vielfältigen Spiel- und Lernmaterialien (Suchbild, Brettspiel, Memory, Kartenspiel, Mal- und Beschäftigungsbuch mit Mal- und Rätselaufgaben sowie Bastelaufgaben)[2] werden Gefahren und Schutzmaßnahmen – in Form von persönlichen Schutzausrüstungen (PSA) – in verschiedenen Situationen dargestellt, die den Kindern aus ihrem Alltag (z. B. Familie, Freizeit und Sport, Straßenverkehr) bekannt sind.

Konzeption der empirischen Erhebungen. – Eine Befragung von Kindergartenkindern vor und nach dem Einsatz der Spiel- und Lernmaterialien (Vorher-Nachherbefragung) sollte Aufschluß darüber geben, inwieweit durch die Spiele das Wissen der Kinder über Gefährdungen und Schutzmöglichkeiten verbessert und die Beschäftigung mit den Themen Sicherheit und Gesundheitsschutz in den Familien gefördert werden können. Der in die jeweiligen Landessprachen übersetzte Fragenkatalog umfaßte folgende Themenschwerpunkte:

- Gefahrenwahrnehmung,
- Präventionsverständnis,
- Akzeptanz von Persönlichen Schutzausrüstungen,
- Transfer des Themas Sicherheit in die Familie.

Bei der Nachher-Befragung wurden zusätzlich Fragen zu den Spielen und ihrem Einsatz in der Familie gestellt. Zur Validierung wurde außerdem eine ErzieherInnen-Befragung durchgeführt. Insgesamt nahmen 10 Kindergär-

[2] Nähere Auskünfte zu den Spielen erteilen Petra Jackisch und Karl-Heinz Noetel, Zentrum für Sicherheitstechnik der Bau-BG Rheinland und Westfalen, Erkrath.

ten/Vorschuleinrichtungen aus 7 europäischen Ländern an dem Projekt teil (Belgien, Deutschland, Finnland, Frankreich, Österreich, Schottland und Spanien), Ergebnisse aus 5 europäischen Ländern konnten in die statistischen Auswertungen einfließen[3]. In die Ergebnisauswertung wurden insgesamt 154 Kinder im Alter von 4 bis 6 Jahren einbezogen, die an der Vorher- und Nachher-Befragung teilgenommen haben.

3. Ergebnisse

3.1 Ergebnisse der Befragung von Kindern

Gefahrenwahrnehmung. – Zur Erhebung der Gefahrenwahrnehmung wurden die Kinder nach Gefahren und den möglichen Folgen gefragt. Ein Vergleich der Antworten vor und nach der Spielphase zeigt, daß die Kinder bei der Nachher-Befragung insgesamt etwa 20% mehr Antworten gaben. Die Antworten streuten breiter und es wurde dabei nicht mehr nur das konkret Erlebte für gefährlich befunden, sondern auch Situationen, die über das unmittelbare häusliche Umfeld der Kinder (z.B. Herd) hinausgehen: Jeweils über 50% der Kinder hielten in der zweiten Befragung „über die Straße gehen" und „Fahrrad fahren" für gefährlich.

Präventionsverständnis. – In der nächsten Fragenkategorie wurden die Kinder aufgefordert, mögliche Schutzmaßnahmen aufzuzählen und die Gründe für ihre Verwendung zu erläutern. Damit sollten insbesondere die Kenntnisse über persönliche Schutzausrüstungen sowie deren Wirkungsweisen erhoben werden. Vergleicht man die Antworten auf die Frage nach Schutzmöglichkeiten vor und nach der Spielphase, so ist eine deutliche Steigerung der Antworthäufigkeit um rund 30% festzustellen. Die aktive, spielerische Auseinandersetzung mit dem Thema PSA hat zu deutlich differenzierteren Aussagen geführt. Nahezu alle befragten Kinder, nämlich 150 von 154, vermochten nach der Spielphase zielgerichtete und sinnvolle Antworten zu geben. Besonders Präventionsvorschläge für eine erhöhte Sicherheit im Straßenverkehr (z. B. Fahrradhelm aufsetzen, Reflexstreifen tragen, Ellbogen- und Knieschoner anziehen, nach links und rechts schauen) wurden häufig genannt. Die Wirkungsweisen von persönlichen Schutzausrüstungen

---

[3] Die Erhebungsergebnisse aus Frankreich und Österreich konnten aufgrund des zu späten Erhaltes nicht mehr in die Auswertung einbezogen werden. Bei nachträglicher Sichtung fanden sich jedoch die grundsätzlichen Ergebnisse im Trend weitestgehend bestätigt.

wurden nach der Spielphase besser beschrieben (*z.B. „der Helm schützt vor einem Loch im Kopf“*). Auch haben die Kinder in der zweiten Befragung deutlich mehr Antworten sowohl zu den Gefahren in der Berufswelt als auch zu möglichen Schutzmaßnahmen gegeben (z.B. *„Arzt kann sich mit dem Blut aus der Spritze verletzen“ „Helme und hitzefeste Kleidung für den Feuerwehrmann“*).

Akzeptanz von Persönlichen Schutzausrüstungen – In der zweiten Befragung haben die Angaben zur Tragehäufigkeit von PSA – Grundlage waren die von den Kindern genannten PSA-Arten wie Fahrradhelme, Protektoren – nicht zugenommen, zum Teil war eine Abnahme der angegebenen Tragehäufigkeit zu verzeichnen. Diejenigen Kinder, die bei der Frage nach der Regelmäßigkeit der Nutzung von PSA mit *„manchmal“* geantwortet hatten, wurden auch zu den Gründen für dieses Verhalten befragt. Hier wurde von den befragten Kindern 13 mal angegeben, die PSA sei *„unbequem“* und immerhin 21 mal die Eltern bzw. 25 mal andere negative Vorbilder (Geschwister, Freunde usw.) als Grund für das Nicht-Tragen von PSA benannt (*„die tragen den Fahrradhelm auch nicht immer“*).

Transfer des Themas Sicherheit in die Familie. – Unter dieser Rubrik wurde sowohl nach der Reaktion von Eltern auf sicherheitswidriges Verhalten der Kinder als auch nach dem Verhalten der Eltern gefragt. Zwei Drittel der Kinder gaben an, daß ihre Eltern *„nur manchmal oder nie schimpfen“* bzw. *„nichts sagen“* wenn sie ihren Helm, Schwimmflügel etc. nicht nutzen. Nach Auskunft der Kinder tragen viele Eltern PSA nicht konsequent. Auf die Frage, ob sie mit ihren Eltern über die Spiele gesprochen oder gemeinsam gespielt hätten, antworteten die Kinder recht unterschiedlich. Etliche Kinder haben die Spiele offenbar zum Anlaß genommen, ihre Mutter darauf hinzuweisen, daß sie – die Kinder – nun einen Fahrradhelm brauchen. In Einzelfällen kann man einen Transfer des Themas PSA in die Familie unmittelbar belegen: *„Wenn es Kinderhelme gibt, dann gibt es auch Erwachsenenhelme“; „Mutter und Vater sollen Helme tragen.“*

3.2 Ergebnisse der Befragung von ErzieherInnen

Alle befragten ErzieherInnen hielten es für wichtig, die Themen Sicherheit und Gesundheit in die Familien zu tragen, was mit der *„Safe Family“* und den Spielen als „Transporteur“ gut möglich sei. Das Konzept wurde als *„guter Ansatz zur Sicherheitserziehung“* angesehen, mit dem das *„Sicherheitsbewußtsein der Kinder gefördert werden kann“* und ein *„Wissenstransfer in die Familie möglich ist“*. Ein Teil der ErzieherInnen erwartet, daß die Spiele Eltern dazu anregen können, ihre Vorbildfunktion selbstkritisch zu überdenken und das eigene Verhalten in Richtung einer konsequenten Nutzung von PSA zu verändern.

4. Zusammenfassende Bewertung

Die Ergebnisse der Untersuchung zeigen eindrucksvoll, daß die Beschäftigung mit dem Thema PSA bei den Kindern zu einer deutlichen Sensibilisierung für Gefahren, zu einer Zunahme an Wissen über individuelle Schutzmöglichkeiten sowie über Wirkungsweisen einzelner PSA-Arten geführt hat. Da Verhaltensänderung ein langwieriger Prozeß ist, entsprach es den Erwartungen, daß sich in der zweiten Befragung keine höheren Angaben zur Trageakzeptanz von PSA ergeben haben. Die teilweise zu verzeichnende Abnahme der angegebenen Tragehäufigkeit kann darauf zurückgeführt werden, daß die Kinder begonnen haben, zwischen der generellen Forderung, PSA zu benutzen, und dem eigenen Verhalten zu differenzieren.

Insgesamt haben die Spiele die aktive Auseinandersetzung der ganzen Familie mit dem Thema Sicherheit gefördert. Die durch die Spiele erreichte Sensibilisierung der Kinder für das Thema PSA läßt sich jedoch nur dann in konkretes sicherheitsgerechtes Verhalten überführen, wenn im familiären Umfeld die Bereitschaft vorhanden ist, sich Sicherheitsfragen zu stellen, selbstkritisch über bisheriges Verhalten (mangelnde Vorbildfunktion) zu reflektieren und Sicherheit nicht nur zu thematisieren, sondern auch „zu leben".

Ein bereits in frühen Lebensphasen entwickeltes Sicherheits- und Gesundheitsbewußtsein, das in der Schule und in der beruflichen Ausbildung gefestigt wird, kann längerfristig einen wichtigen Beitrag zu einer Verbesserung des Arbeits- und Gesundheitsschutzes in Unternehmen leisten.

Udo Keil

Sozial-kognitive Lernprozesse zur Arbeitssicherheit

1. Einleitung

Zahlreiche Interventionsmethoden in der Arbeitssicherheit berufen sich auf lerntheoretische Grundlagen. Dies gilt insbesondere für die vielfach bewährte „Fünf-Stufen-Methode zur Verhaltensbeeinflussung an Unfallschwerpunkten“ von Burkardt (1992). Diese Methode geht insbesondere bei der Ableitung von Maßnahmen nach lerntheoretisch begründeten Strategien vor. Allerdings sind die Maßnahmenvorschläge bei Burkardt wesentlich reicher und vielfältiger, als daß man sie aus reinen Lerntheorien im Sinne von Thorndike oder Skinner herleiten könnte.

In Seminaren und Projekten zur „Fünf-Stufen-Methode“ zeigen sich genau an dieser Stelle Probleme der Seminarteilnehmer, nämlich bei der Ableitung von Maßnahmen aus Verhaltensregeln auf lerntheoretischer Basis. Ich möchte in diesem Vortrag eine erweiterte theoretische Basis für die „Fünf-Stufen-Methode“ vorschlagen, die auch jene Maßnahmen einzuordnen in der Lage ist, welche bisher vom lerntheoretischen Konzept nicht abgedeckt wurden und daraus Hilfen für die Maßnahmengenerierung und Ausbildung ableiten.

2. Die Fünf-Stufen-Methode nach Burkardt

An dieser Stelle sollen nur kurz die Hauptschritte der Methode genannt werden. Eine systematische Einführung findet sich in Burkardt (1992).

Stufe 1: Unfallschwerpunkte finden und analysieren
Stufe 2: Verhaltensregeln festlegen
Stufe 3: Ableitung von Maßnahmen
Stufe 4: Realisierung der Maßnahmenplans
Stufe 5: Wirkung kontrollieren

Die Herleitung der Maßnahmen orientiert sich an vier Strategien (In Klammern jeweils die in der Lernpsychologie üblichen Symbole dazu):

Strategie I: Sicheres Verhalten verstärken (C^+).
Strategie II: Erschwernisse sicheren Verhaltens minimieren, sicheres Verhalten erleichtern (neg. Verstärkung, C^-).

Strategie III: Mißerfolge sicherheitswidrigen Verhaltens verdeutlichen (C^{-}).
Strategie IV: Vorteile sicherheitswidrigen Verhaltens abbauen, sicherheitswidriges Verhalten erschweren ($\not{C}^{+}$)

Der eigentlich lerntheoretische Teil der Fünf-Stufen-Methode ist die Maßnahmenherleitung aus den Verhaltensregeln nach den vier o.g. Strategien. Burkardt beruft sich hier auf Thorndikes „Law of effect" und Skinners operantes Konditionieren. Dabei gibt es Maßnahmen, die sehr gut in das lerntheoretische Schema passen und andere eher nicht. Ich möchte einige Beispiele aus Burkardt (1992) sowie aus Feldstudien unter seiner Leitung nennen:

Beispiele zur Strategie I:

Eine Maßnahme, wie „Sicheres Verhalten anerkennen" paßt gut in das lerntheoretische Paradigma, da es eine klare Verstärkung eines erwünschten Verhaltens darstellt, aber wie steht es mit „Anspruch, ein Fachmann zu sein, für die Arbeitssicherheit nutzen"? Letzteres bezieht sich auf den Status der Person und das Ansehen in der Gruppe der für sie wichtigen anderen; Begriffe, die in der behavioristischen Lerntheorie nicht vorkommen und dort auch keine Entsprechung haben.

„Sich in jeder Hinsicht vorbildlich verhalten" ist sicher besser mit Modellernen in Beziehung zu setzen als mit operantem Konditionieren. Auch stärkt modellierte Erfahrung die Kompetenzerwartung der beobachtenden Person. Sie traut sich eher zu, ein sicheres Verhalten zu beherrschen, wenn sie andere gesehen hat, die es vorher ausgeführt haben.

Beispiele zur Strategie II:

Eine typische Maßnahme, die gut in das Schema der Lerntheorie paßt, ist z. B. das „Trampelpfade ebnen", d.h. wenn das sichere Verhalten zu längeren Wegen führt, die Abkürzungen, die unter Verstoß gegen Regeln doch genommen werden, zu sichern und dadurch ein Erschwernis sicheren Verhaltens zu minimieren. Doch schon bei der sehr naheliegenden Maßnahme:

„Tragebereitschaft von Körperschutzmitteln durch Verbesserung des Tragekomforts vergrößern" scheint mir eher die gesteigerte Kompetenzerwartung und der Abbau von Barrieren im volitionalen Prozeß, also der Aufrechterhaltung der Handlung in der Handlungsphase wichtig zu sein. „Dem Mitarbeiter Wahlmöglichkeiten überlassen", um damit Akzeptanz zu steigern, hat viel mit Sozialpsychologie zu tun. Nur bei relativer Wahlfreiheit tritt Dissonanz auf, falls man gegen seine selbst geäußerte Einstellung handelt. Auch „Zeit für Sicherheitsvorkehrungen einplanen" ist nicht eigentlich der Wegfall einer Strafe, sondern eine Vergrößerung einer Ressource in der Volitionsphase der Handlung.

Beispiele zur Strategie III:

„Sicherheitswidriges Verhalten kritisieren" läßt sich wieder gut lerntheoretisch erklären, wenn auch hier garantiert wichtig ist wer kritisiert (Status, Hierarchie) und wie er oder sie das tut, aber es ist eine klare negative Konsequenz. „Mit Prestigedruck arbeiten", d.h. die Mitarbeiter z. B. an ihrer Meister- oder Facharbeiterehre zu packen um sie zu sicherem Verhalten zu motivieren, gefährdet dagegen eher das Ansehen der Person in der Gruppe wichtiger anderer, hat Einfluß auf die soziale Norm der Person (Ajzen, 1991, S. 195) und beeinflußt ihre Intentionsbildung.

Beispiele zur Strategie IV:

„Sicherheitswidriges Verhalten durch Erschwernisse abbauen", d.h. ein unerwünschtes Verhalten so zu erschweren, daß das Sichere leichter ausführbar wird, entspricht schon in etwa dem Eliminieren eines Verstärkers(C^{+}), der auf ein unerwünschtes Verhalten folgt. In der Betriebspraxis ist es aber doch eher so, daß solche Maßnahmen eingeführt und bekanntgegeben werden, und dadurch schon vor dem Verhalten die Kompetenzerwartung und die Konsequenzerwartung der Mitarbeiter beeinflußt werden. Die Maßnahmenbeschreibung „Rechtfertigungen sorgfältig abbauen" zeigt schon, daß hier ein hohes Maß an kognitiver Arbeit geleistet wird. Es werden hier wahrscheinlich eher falsche Konsequenzerwartungen und Erwartungen über die Instrumentalität des Verhaltens korrigiert.

Diese Ausführungen und Beispiele ließen sich lange fortführen. Sie sollen an dieser Stelle aber nur als Beleg angeführt werden, daß es sich bei den Maßnahmen der Fünf-Stufen-Methode keinesfalls nur um klassisch verhaltensmodifikatorische Maßnahmen handelt. Das Denkschema Burkardts war lerntheoretisch, die Praxisrelvanz erreichte er durch eine sehr weite Fassung dessen, was im betrieblichen Kontext ein Verstärker und ein Löscher sein kann.

3. Neuere theoretische Ansätze zur Weiterentwicklung der Fünf-Stufen-Methode

Im Folgenden soll gezeigt werden, daß die Wirksamkeit der Maßnahmen zur Verhaltensbeeinflussung von Burkardt durch neuere theoretische Ansätze besser erklärt werden können als durch die behavioristische Lerntheorie und daß dadurch die Maßnahmenfindung in der Fünf-Stufen-Methode verbessert werden kann.

3.1. Die sozial-kognitive Lerntheorie von Bandura (1979)

In den siebziger Jahren, den Zeiten der kognitiven Wende, trug Albert Bandura eine Fülle von Belegen zusammen, die alle auf eines hinwiesen: Bei Menschen sind es weniger die Konsequenzen, die das Verhalten steuern, sondern die Erwartungen über die Konsequenzen und zwar Kompetenzerwartungen und Konsequenzerwartungen. Die einen beziehen sich auf die Frage: „Welche Konsequenzen wird mein Verhalten wahrscheinlich haben?", die anderen auf die Frage: „Werde ich in der Lage sein, das Verhalten erfolgreich durchzuführen". Er konnte überzeugend zeigen, daß bei Menschen, die über die Konsequenzen ihres Verhaltens getäuscht werden und daher keine korrekten Erwartungen ausbilden, die Konsequenzen nicht auf ihr Verhalten wirken. Außerdem können Menschen in Ihren Erwartungen beeinflußt werden und dies beeinflußt ihr Verhalten, obwohl die Konsequenzen, nie so eintreten, wie die Erwartung geschürt wurde. Das Entscheidende sind die Erwartungen nicht die Konsequenzen ist das Subjektive, nicht das Objektive. Selbst die, auf den ersten Blick eindeutig in das Schema behavioristischer Lerntheorie passenden Maßnahmen wirken bei Menschen nicht direkt, sondern über Erwartungen, und zwar Kompetenzerwartungen, Konsequenzerwartungen und Instrumentalitätserwartungen. In diese Erwartungen gehen außer den tatsächlichen Konsequenzen noch zahlreiche andere Informationsquellen ein, die wir in Zukunft systematisch zur Weiterentwicklung der Fünf-Stufen-Methode verwenden können.

3.2. Das sozial-kognitive Prozeßmodell sicherheitsrelevanten Handelns

Arbeits- und Gesundheitsschutz haben in vielfacher Hinsicht eine ähnliche Problematik. Die Psychologie des Gesundheitsschutzes hat in den letzten Jahren theoretisch und methodisch stärkere Fortschritte gemacht als der Arbeitsschutz. Mit methodisch hochwertiger Forschung und stringenter Theoriebildung hat sich Schwarzer(1996) in diesem Bereich in der letzten Zeit hervorgetan. Ich werde meinen Entwurf einer neuen theoretischen Untermauerung der Fünf-Stufen-Methode auf sein sozial-kognitives Prozeßmodell gesundheitlichen Handelns beziehen. Die Entsprechung und Anwendbarkeit muß natürlich noch empirisch gezeigt werden, hier benutzen wir es lediglich als Heuristik zur Betrachtung der Arbeitssicherheit. Eine Heuristik ist, einfach gesagt, eine „Daumenregel", die bei der Lösung eines Problems den Problemraum einschränkt und dadurch zu einer erhöhten Lösungswahrscheinlichkeit führt.

Das Modell unterscheidet zunächst einen motivationalen und einen volitionalen Prozeß. Der motivationale Prozeß führt zu einer Intention, d.h. einer konkreten Handlungsabsicht. Im motivationalen Prozeß spielen die subjektive Risikoeinschätzung und verschiedene Erwartungen eine wichtige Rolle. Im volitionalen Prozeß wird die Intention in die Handlung umgesetzt und u. U. gegen Widerstände aufrechterhalten. Zum volitionalen Prozeß gehört die Handlungsplanung und die Handlungskontrolle.

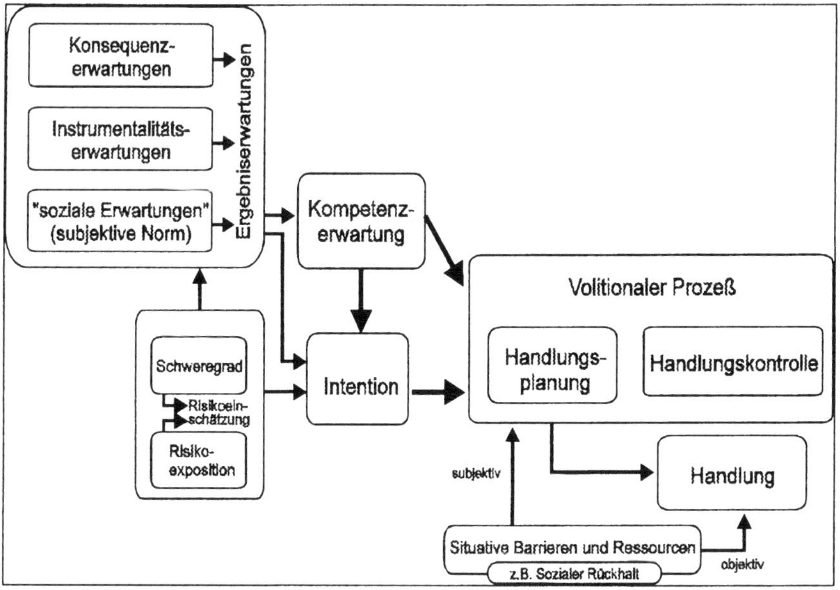

Abbildung 1:
Das sozial-kognitive Prozeßmodell sicherheitsrelevanten Handelns (modifiziert nach Schwarzer (1996))

Ein Beispiel aus der Arbeitssicherheit soll das Modell verdeutlichen: In Kfz-Werkstätten kommt es häufig zu Verletzungen beim Aufschrauben von festsitzenden Schraubverbindungen. Der typische Unfallverlauf ist folgender: Durch hohen Krafteinsatz und eventuell der Verlängerung des Schraubenschlüssels wird versucht, das Problem (und die Schraubverbindung) zu lösen. Als Folge rutscht entweder der Schraubenschlüssel ab, oder die Schraube oder Mutter löst sich plötzlich. Davon überrascht kann der Mechaniker die Kraft nicht mehr abfangen und schlägt sich die Hand an irgendeiner Kante in der Nähe an, oder erleidet sogar eine Schnittverletzung durch das Anschlagen an ein scharfes Blech.

Die Verhaltensregel, die in einer Feldstudie nach der Fünf-Stufen-Methode dazu entwickelt wurde und die bei Einhaltung in der Lage wäre, solche Unfälle zu verhindern lautet: „Festsitzende Schrauben und Muttern vor dem Lösen chemisch oder thermisch vorbehandeln". Die subjektive Risikoeinschätzung entsteht u.a. aus dem wahrgenommenen Schweregrad, den man in etwa so verbalisieren könnte: „Wenn ich abrutsche und mir die Hand aufschneide, bin ich evtl. 2-3 Wochen nicht arbeitsfähig". Das ist keine dramatische Folge, aber auch nicht von der Hand zu weisen. Die wahrgenommene Risikoexposition dagegen ist hoch: „Gerade in meinem Beruf bin ich häufig mit dem Problem festsitzender Schraubverbindungen konfrontiert". Dieses Risiko wird wahrscheinlich auch gut „verfügbar" sein, denn es kommt häufig vor und wird auch vom Vorarbeiter thematisiert (Zur Bedeutung der Verfügbarkeit für die subjektive Risikoeinschätzung siehe Keil, 1998, S. 247). Dies führt zu einer subjektiven Risikoeinschätzung der Art „Ich mache mir Gedanken darüber, daß ich mich bei einer solchen Gelegenheit verletzen könnte". Die Kompetenzerwartung hierzu könnte sein: „Wenn ich beim Demontieren von Teilen auf eine festsitzende Schraubverbindung stoße, bin ich in der Lage, mit einem chemischen Rostlöser, einer Lötlampe oder einem Schneidbrenner eine solche Schraubverbindung vorzubehandeln". Die Kompetenzerwartung kann auch durch das Beobachten von Kollegen oder dem Meister gestärkt werden, die in einem solchen Moment professionell handeln. Die Konsequenzerwartung hierzu könnte sein: „Wenn ich die chemische oder thermische Vorbehandlung vornehme, bekomme ich vielleicht ein Lob von meinem Vorgesetzen, oder meine Kollegen sehen, daß ich ein Profi bin". Falls die Kollegen aus dem obigen Beispiel Vorteile wie Lob für das professionelle Behandeln der Schraubverbindung bekamen, wird sich dies ebenfalls positiv auf die Konsequenzerwartung auswirken. Zur Instrumentalitätserwartung gibt es für mich auf dem jetzigen Stand meiner

Überlegungen noch zwei mögliche Interpretationen. Die erste, auf das Schraubverbindungsbeispiel bezogen wäre: „Wenn ich Lob von meinem Vorgesetzten bekomme und mich meine Kollegen für einen Profi halten, werde ich vielleicht zum Gruppenleiter und bekomme eine Gehaltserhöhung". Die zweite Möglichkeit, die im Arbeitsschutz immer wieder vorkommt, könnte man als Handlungs-Folge-Erwartung bezeichnen. Sie könnte auf unser Beispiel bezogen lauten: „Wenn ich chemisch oder thermisch vorbehandle, dann wird sich die Mutter leichter lösen, ich rutsche nicht ab und schlage mir die Hand nicht irgendwo an oder füge mir eine Schnittwunde an einem Blech zu". Hier wird festgestellt, daß das sichere Verhalten, das in der Verhaltensregel gefordert wird, ein effektiver Weg ist, eine negative Folge zu vermeiden. Diese Erwartung kann durch experimentelle Demonstrationen der Nützlichkeit dieses Vorgehens gefördert werden. Situative Barrieren können subjektiv oder objektiv wirken. Die Überzeugungen: „Der Weg zum Rostlöser ist weit" und „Mein Kollege braucht den Schneidbrenner." können auf die Handlungsplanung wirken, oder aber auch ganz objektiv auf die Handlung, da diese ohne Schneidbrenner und Rostlöser nicht durchführbar ist. Dies gilt auch für die situativen Ressourcen: „Ich weiß, daß mein Chef die Maßnahme unterstützt." und „Ich habe das Wissen und die Fertigkeiten zu jeder Teilhandlung". Wenn die Fertigkeiten nicht vorhanden sind, kann die Handlung objektiv mißlingen.

Verstärker, Löscher, Modellverhalten und deren Konsequenzen sind Informationsquellen für die Bildung und Veränderung von Erwartungen. Die Verstärker und Löscher treten zum Teil im postaktionalen Teil der Volitionsphase tatsächlich ein, gehen in die Handlungsbewertung ein und verändern so die Erwartungen. Zum Teil werden sie aber auch in der motivationalen Phase durch z. B. verbale Überredung, Plakatwerbung, Arbeitssicherheitsseminare und Unterweisungen eingeführt, angedroht, plausibel gemacht, aber niemals wirklich erlitten. Sie verändern trotzdem die Erwartung und sind deshalb handlungswirksam. Die wichtigste Modifikation des Modells von Schwarzer besteht deshalb in der Differenzierung und Betonung der verschiedenen Ergebniserwartungen, die der großen Bedeutung von Lernprozessen und habituellem Handeln in der Arbeitssicherheit entspricht.

4. Praktische Schlußfolgerungen für die Maßnahmenherleitung und die Ausbildung in der Fünf-Stufen-Methode

Wie schon eingangs erwähnt, zeigen sich in Seminaren zur Fünf-Stufen-Methode Schwierigkeiten der Seminarteilnehmer, aus den erarbeiteten Verhaltensregeln direkt Maßnahmen abzuleiten. Diese Beobachtung deckt sich mit der Erfahrung des Autors aus Moderatorenteams, in denen Burkardt selbst oft federführend bei der Maßnahmenableitung war und vor allem mit einer großen Menge an Beispielen aus seinem reichen Erfahrungsschatz die Maßnahmenfindung in Gang setzte. Außerdem ist es manchmal nicht leicht, unter mehreren Maßnahmen diejenige auszuwählen, die am wirksamsten erscheint. Die weiter vorn kurz erläuterten vier Strategien sind eine Hilfe, aber man könnte Maßnahmensuchern noch mehr und differenziertere Regeln an die Hand geben. Dies könnten Fragenlisten, Checklisten oder grafische Modelle sein. Ein vereinfachtes Handlungs-Schema im Sinne von Heckhausen (1989, S. 468, siehe auch Schwarzer,1996, S.13) kann dabei helfen, zu jeder Verhaltensregel zunächst zu spezifizieren:

Wer ist die Person, um die es geht?
Was ist die Handlung, die ausgeführt werden soll (Verhaltensregel)?
Welche möglichen Ergebnisse gibt es?
Welche Folgen könnten diese haben?
und weiterhin in Bezug auf die wichtigsten Erwartungen:
Wie könnte man die Kompetenzerwartung verbessern?
Wie könnte man die Konsequenzerwartung im guten Sinne beeinflussen?
Wie könnte man die Instrumentalitätserwartungen beeinflussen?

Insbesondere bei den letzten beiden Fragen sind immer die sozialen Erwartungen mitzubedenken. Innerhalb dieser Fragenkomplexe können dann die vier Strategien zur Anwendung kommen. „Brainstorming-Sitzungen“ mit solchermaßen angereicherten Heuristiken und Hilfen werden zu weiter verbesserten Ergebnissen führen. Der empirische Nachweis, daß diese aus theoretischen Überlegungen hergeleiteten Ideen und Heuristiken den Prozeß der Maßnahmenfindung erleichtern und verbessern, muß noch erbracht werden. Zur Frage der unterschiedlichen Wirksamkeit verschiedener Maßnahmen könnte der theoretische Ansatz auch einiges beitragen. Wirksamkeit von Maßnahmen im Rahmen der Fünf-Stufen-Methode heißt Handlungswirksamkeit im Sinne der Verhaltensregel. Handlungswirksam sind Maßnahmen dann am meisten, wenn sie die relevanten Erwartungen maximal beeinflussen. Erwartungen sind recht einfach meßbar; mittlerweile existieren klare Meßvorschriften zu ihrer Erfassung. Einfache Items wie: „Ich bin in der Lage, festsitzende Schraubverbindungen chemisch oder thermisch vorzubehandeln“ können in kleinen empirischen Befragungen unter den Mitarbeitern Informationen für die Auswahl adäquater Maßnahmen liefern.

5. Literatur

Ajzen, I. (1991): The Theory of Planned Behavior. *Organizational Behavior and Human Decision Processes*, 50, 179–211

Bandura, A. (1979): *Sozial-kognitive Lerntheorie*. Stuttgart: Klett-Cotta

Burkardt, F. (1992): *Lernprozesse zur Arbeitssicherheit*. Grävenwiesbach: Verlag für Arbeitsschutz

Heckhausen, H. (1989): *Motivation und Handeln*. Berlin: Springer

Keil, U. (1998): Kognitive Einflüsse auf die Einschätzung von Gefahren am Beispiel von Chemie-Beinahe-Unfällen. In H. von Benda & D. Bratge: *Psychologie der Arbeitssicherheit. 9. Workshop 1997*. Heidelberg: Asanger

Schwarzer, R. (1996): *Psychologie des Gesundheitsverhaltens*. Göttingen: Hogrefe

Erdmuthe Hemmann, Heike Merboth und Peter Richter

Sicherheitsrelevante Gestaltungserfordernisse müssen erst einmal erkannt werden – Ergebnisse einer Feldstudie mit Instandhaltern

1. Forschungsziel und thematische Einordnung

Die in diesem Beitrag skizzierte empirische Untersuchung zu sicherheitskritischen Ereignissen in der Instandhaltung wurde mit einer psychologischen, handlungsorientierten und auf Primärprävention gerichteten Zielstellung der Arbeitsgestaltung durchgeführt. Diese Forschung erfolgte im Rahmen des von der Bundesanstalt für Arbeitsschutz und Arbeitsmedizin in Auftrag gegebenen GESI 2-Projektes (F 1685). Darin ging es um die Prüfung bzw. den Nachweis möglicher auftrags- bzw. aufgabenbezogener Zusammenhänge zwischen objektiven psychischen Anforderungen, subjektiver psychischer Beanspruchung und potentiellen sowie eingetretenen sicherheitskritischen Ereignissen. Denn: „Der Psychologie geht es ... nicht um Gefahrstoffe, Lärm oder Strahlung im Arbeitsprozeß, sondern um die Arbeitsaufträge selbst als Gefahren oder Sicherheits- bzw. als Gesundheitsquelle“ (Hacker, 1998, S. 2).

Die Forschungsergebnisse stellen einen Beitrag zur Gestaltung von Arbeitsanforderungen und zur Mitarbeiterqualifizierung auf dem Gebiet der Arbeitssicherheit dar.

Die Arbeitspsychologie kann zu *gesundheitsrelevanten* psychischen Arbeitsanforderungen (Anforderungen aus dem Arbeitsauftrag und den Ausführungsbedingungen) bereits seit mehreren Jahren wissenschaftlich gestützte Aussagen treffen (z. B. Sonnentag, 1996; Richter & Hacker; 1998; Richter, Pohlandt & Hemmann, 1998; Pohlandt, 1999; Frieling und Sonntag, 1999).

Hingegen fanden weniger Untersuchungen statt, die *sicherheitsrelevante* handlungsregulative Bedingungen an tätigkeitsinhärenten psychischen Arbeitsanforderungen festmachen.

Ein weiteres Defizit bisheriger psychologischer Sicherheitsforschung besteht darin, daß Fragen sicheren Verhaltens zu selten prozeßbegleitend, mit Bezug zur aktuellen Tätigkeitsausübung, untersucht werden (als Ausnahme gelten hier die Arbeiten der Gruppe um Wehner: z. B. Mehl u .a., 1989;

Wehner & Nowack, 1992). Ebenso wurden auch im Vorläufer des GESI 2-Projektes (GESI 1/BAuA-Projekt F 1435/Hemmann, Merboth, Hänsgen & Richter, 1997) u.a. Fragestellungen zu Voraussetzungen sicherheitsbezogenen Verhaltens nicht tätigkeitsbegleitend, sondern mit erhobenen Daten zu Meinungen bzw. Einstellungen der Beschäftigten beantwortet. Will man aber – wie im GESI 2-Projekt – zur Regulation des aktuellen Verhaltens im Zusammenhang mit möglichen Fehlhandlungen forschen, sollte das nicht zeitlich losgelöst von diesem konkreten Verhalten erfolgen.

2. Kurzbeschreibung des Untersuchungsdesigns

Untersuchungsfeld und -stichprobe

Die Projektuntersuchungen wurden in zwei verschiedenen Unternehmen (Dienstleistung und Produktion) an *zwei unterschiedlichen Instandhaltungstätigkeiten* durchgeführt. Von den insgesamt *18 Probanden* kamen 10 aus der Maschineninstandhaltung und 8 aus der Mobilfunkinstandhaltung. Der Untersuchungszeitraum lag zwischen Februar und November 1998.

Instandhaltungstätigkeiten sind i.d.R. durch ein breites Anforderungsspektrum und hohe Anforderungsausprägungen, wie z. B. erweiterte inhaltliche Spielräume, gekennzeichnet (Wiedemann, 1995, Zehrt, 1998). Extremer Ausdruck für die anzunehmende defizitäre Gestaltung und Bewältigung dieser besonderen Anforderungen sind die tödlichen Unfälle in der Instandhaltung in Deutschland: Eine Statistik (BAuA-Datenbank „Tödliche Unfälle“ für 1992-1995, unveröffentlicht) weist für die Instandhaltung einen Anteil von 32 % an allen tödlichen Unfällen in der gewerblichen Wirtschaft und damit den höchsten berufsbezogenen Anteil aus. Durch diese Unfall-Größenordnung wird die Bedeutung der Sicherheitsforschung in Instandhaltungstätigkeiten unterstrichen. Deshalb wurden für das GESI 2-Projekt Instandhaltungstätigkeiten ausgewählt. Allerdings setzen die auf *präventiven* Arbeitsschutz orientierten Untersuchungen des GESI 2-Projektes weit unterhalb der Ebene meldepflichtiger Unfälle an.

Untersuchungseinheit und -variablen

Während im GESI 1-Projekt die Gesamttätigkeit *Untersuchungseinheit* für alle Analysen war, bezogen sich die Untersuchungen bei GESI 2 auf *die einzelnen Arbeitsaufgaben* beider Untersuchungstätigkeiten. Als *Hauptvariablen* wurden im GESI 2-Projekt die *objektiven und erlebten Anforderungen, sicherheitskritische Ereignisse und psychische Beanspruchung* (als die

Handlungsregulation beeinflussende Komponenten) untersucht. Um Fehlhandlungen identifizieren zu können, wurden hier speziell deren sicherheitskritische Auswirkungen, nämlich die sicherheitskritischen Ereignisse, erfasst. Diese *sicherheitskritischen Ereignisse* wurden wie folgt operationalisiert und als potentielle und/oder real eingetretene Ereignisse erhoben:

- (kleine) körperliche Verletzungen der handelnden Person
- (kleine) materielle Schäden (Sachschäden)
- (nur) Fehler.

Als solche sicherheitskritischen Ereignisse gelten bereits kleinste Abweichungen vom geplanten Normalablauf.

Methoden

Um näher zu klären, inwiefern gesundheits- und sicherheitsrelevante Arbeitsauswirkungen bedingt sind durch Anforderungsgestaltung und/oder individuelle Leistungsvoraussetzungen, erfolgte im Projekt GESI 2 ein Experten-Novizen-Vergleich (bei den Mobilfunkinstandhaltern), und es wurden mit jedem der 18 Probanden folgende zwei *Untersuchungswege* beschritten:

Mit der jeweils zuerst durchgeführten *Analyse ohne aktuellen Feldbezug (Untersuchungsteil 1)* wurden die interessierenden handlungsregulatorischen Komponenten auf der Grundlage von lediglich mentalen Repräsentationen ohne reale Tätigkeitsausführung untersucht. Allen Probanden jeder Instandhaltungstätigkeit wurden in Einzelsitzungen die gleichen – und zwar zwei fiktive, objektiv unterschiedlich schwierige – Arbeitsaufgaben zur rein kognitiven Bearbeitung am sog. „grünen Tisch" vorgelegt. Auf der Basis der von den Instandhaltern mittels Kärtchensortierlegetechnik erstellten Handlungsbäume zu den vorgegebenen Arbeitsaufgaben wurden bei jedem Probanden Art, Anzahl und Zuordnungsweisen der möglichen sicherheitskritischen Ereignisse erhoben.

Im *2. Untersuchungsteil mit aktuellem Feldbezug* realisierten die Untersucher Datenerhebungen zu handlungsregulatorischen Komponenten begleitend zur realen, praktischen Aufgabenbearbeitung durch die Instandhalter (im Feld). Hier waren im Gegensatz zum Untersuchungsteil ohne aktuellen Feldbezug die objektiven Anforderungen der Einzelaufgaben stets verschieden.

In beiden Untersuchungsteilen wurden ausgewählte Merkmalsskalen des *Tätigkeitsbewertungssystems für Geistige Arbeit-TBS-GA* (Rudolph, Schönfelder & Hacker, 1987) zur objektiven Bestimmung der Anforderungsausprägungen und Teile des *Fragebogens zur Erfassung mentaler Belastungen-FEMA* (Tielsch, Hofmann & Häcker, in Vorber.) eingesetzt. Für die Beanspruchungserhebungen im Untersuchungsteil 2 wurde von der Projektgruppe eine *Kurzmethode zur Erfassung von Ermüdung, Streß, Monotonie sowie Positiver und Negativer Gestimmtheit (Liste mit 18 Befindens-Items)* entwickelt. Des weiteren selbst erstellt wurden *Befragungsteile zur Erfassung der Anforderungen* wie sie vor und nach der Aufgabenrealisierung sowie im Zusammenhang mit eingetretenen sicherheitskritischen Ereignissen subjektiv erlebt wurden.

3. Ausgewählte Ergebnisse

3.1 Untersuchung ohne aktuellen Feldbezug (Untersuchungsteil 1)

Hinsichtlich der erfragten Arten potentieller sicherheitskritischer Ereignisse benennen die *Maschineninstandhalter* zu ihren erstellten Handlungsbäumen viel häufiger „Verletzungen“ als andere Ereignisse, und diese Verletzungen wiederum werden von den Befragten für die Handlungsbäume der leichteren im Vergleich zu denen der schwierigeren Aufgabe häufiger angegeben. Für die Ereignisarten „Sachschaden“ und „Fehler“ werden bei der schwierigeren Aufgabe größere Häufigkeiten ausgewiesen.

Mit geringerer Häufigkeit als in der Maschineninstandhaltung, aber ebenfalls an erster Stelle, stehen in der *Mobilfunkinstandhaltung* die Verletzungsmöglichkeiten. Die verhältnismäßig geringere Bedeutsamkeit der Verletzungsmöglichkeiten in der Mobilfunkinstandhaltung ist mit großer Wahrscheinlichkeit in der Spezifik der zu betreuenden Technik (überwiegend geschlossene elektronische Baugruppen im Gegensatz zu den mechanischen Baugruppen in der Maschineninstandhaltung) begründet.

Für die Mobilfunkinstandhaltung interessierte insbesondere der Ergebnisvergleich zwischen *Experten und Novizen*: Aus evtl. bestehenden Gruppenunterschieden aufgrund verschiedenen Erfahrungspotentials können Hinweise zu qualifizierungsrelevanten Abbildbesonderheiten entnommen werden. Bedeutsam ist zunächst der Häufigkeitsunterschied benannter potentieller sicherheitskritischer Ereignisse zwischen Experten, mit insgesamt 40 Ereignissen für beide Aufgaben, und Novizen, mit insgesamt 25 Ereignissen für beide Aufgaben. Die größere Gesamtzahl sicherheitskritischer Ereignisse bei den Experten resultiert vor allem aus deren im Vergleich zu den Novizen häufigeren Nennungen von potentiellen Verletzungen (s. Tabelle 1).

Anzahl kritischer Ereignisse – differenziert nach:	Novizen (Aufg.1+Aufg.2)		Experten (Aufg.1+Aufg.2)
– Verletzungen	11 (6+5)	<	23 (10+13)
– Fehler	10 (7+3)	<	12 (6+6)
– Sachschäden	4 (2+2)	<	5 (3+2)
Summe	25 (15+10)	<	40 (19+21)

Tabelle 1:
Vergleich der subjektiven Abbilder von 4 Novizen und 4 Experten der Mobilfunkinstandhaltung zu sicherheitskritischen Ereignissen bei zwei Aufgaben (Aufgabe 1 = leicht; Aufgabe 2 =schwierig)

Wenn man davon ausgeht, daß die Einschätzungen der Experten realitätsgerecht sind, zeigen sich hier mit großer Wahrscheinlichkeit noch bestehende Defizite in den konkreten mentalen Repräsentationen der Novizen (zumindest auf der Grundlage der hier dargestellten Gruppenergebnisse). Dies kann als Ausgangspunkt für eine sicherheitsbezogene Weiterbildung für diesen Personenkreis angesehen werden.

Die Auswertung der (in der Tabelle 1 nicht ausgewiesenen) Zuordnungsweise von sicherheitskritischen Ereignissen zu Handlungen (spezifische Zuordnung zu einer Handlung vs. generelle Zuordnung zu mindestens zwei Handlungen) zeigt für die Gruppe der Mobilfunkinstandhalter: Für die objektiv leichtere Aufgabe 1 ordnen die Novizen den größeren Teil der insgesamt benannten sicherheitskritischen Ereignisse spezifisch zu (11:4), während bei den Experten das Verhältnis zwischen spezifischen und generellen Zuordnungen etwa gleich ist (10:9). Bei der objektiv schwierigeren Aufgabe 2 werden jeweils von beiden Instandhaltergruppen etwa 1/3 der Ereignisse spezifisch und etwa 2/3 der Ereignisse generell zugeordnet. Letzteres könnte eine Folge der für Aufgaben mit erhöhtem Komplexitätsgrad anzunehmenden Verdichtung der Abbildstruktur sein. Die begrenzte Gedächtniskapazität macht dabei generalisiertere Abbilder notwendig.

3.2 Untersuchung mit aktuellem Feldbezug (Untersuchungsteil 2)

Anhand der mit dem TBS-GA erfaßten Anforderungsprofile läßt sich für jede der beiden Instandhaltungstätigkeiten eine statistisch signifikante Unterscheidung von zwei Auftragstypen (s. Tabelle 2) vornehmen.

Eingestufte ausgewählte Skalen des TBS-GA-Verfahrens (Rudolph, Schönfelder, Hacker, 1987)	Maschineninstandhaltung		Mobilfunkinstandhaltung	
	Auftragstyp *Planmäßige Instandhaltung*	Auftragstyp *Außer-planmäßige Instandhaltung*	Auftragstyp *Planmäßige Instandhaltung*	Auftragstyp *Außer-planmäßige Instandhaltung*
- Routinegrad des Ausführens (Merkmal A 3.)	**n.s.**		**n.s.**	
- Vorhersehbarkeit der Ereignisse, die ein Handeln erfordern (Merkmal A 5.1.)	> ($p \leq 0{,}01$)		> ($p \leq 0{,}01$)	
- Organisatorische Zeitbindung (Merkmal A 5.2.1)	> ($p \leq 0{,}05$)		**n.s.**	
- Vorgeschriebenheit bzw. objektive Freiheitsgrade (FG) des Vorgehens (Merkmal A 6.2.1.)	**n.s.**		< ($p \leq 0{,}001$)	
- Bekanntheitsgrad bzw. Unbekanntheit der Problemkomponenten (Merkmal A 6.2.2.)	> ($p \leq 0{,}001$)		< ($p \leq 0{,}001$)	
- Mögliche bzw. erforderliche Entscheidungen (Merkmal A 6.3.)	< ($p \leq 0{,}05$)		< ($p \leq 0{,}001$)	

Tabelle 2:
Ergebnis der Signifikanzprüfung von Anforderungsunterschieden zwischen den Auftragstypen je Untersuchungstätigkeit

Fortsetzung zu Tabelle 2

	Maschineninstandhaltung		Mobilfunkinstandhaltung	
Eingestufte ausgewählte Skalen des TBS-GA-Verfahrens (Rudolph, Schönfelder, Hacker, 1987)	Auftragstyp *Planmäßige Instandhaltung*	Auftragstyp *Außer-planmäßige Instandhaltung*	Auftragstyp *Planmäßige Instandhaltung*	Auftragstyp *Außer-planmäßige Instandhaltung*
- Hauptebenen der psychischen Ausführungs-regulation (Merkmal D 1.1.)	< ($p \leq 0,01$)		< ($p \leq 0,01$)	
- Erforderliche Orientierungsleistungen (in der Umgebung) und Beurteilungen (Merkmal D 2.1.)	< ($p \leq 0,001$)		< ($p \leq 0,05$)	
- Erforderliche Kenntnisse (Merkmal D 2.3.)	< ($p \leq 0,01$)		< ($p \leq 0,001$)	
- Differenzierung erforderlicher Denk- und Problemlösungsanforderungen (Merkmal D 3.1.)	< ($p \leq 0,001$)		< ($p \leq 0,001$)	

Tabelle 2:
Ergebnis der Signifikanzprüfung von Anforderungsunterschieden zwischen den Auftragstypen je Untersuchungstätigkeit

Es zeigt sich für beide Tätigkeiten ein überwiegend niedrigeres Gesamtanforderungsniveau des Auftragstyps *„Planmäßige Instandhaltung"* gegenüber dem Auftragstyp *„Außerplanmäßige Instandhaltung (Entstörung/Reparatur)"*. Von den insgesamt 58 analysierten Aufgaben aus der Maschineninstandhaltung zählen rund ¾ zur außerplanmäßigen und der Rest zur planmäßigen Instandhaltung. Im Mobilfunkbereich waren die insgesamt 47 untersuchten Aufgaben etwa zu gleichen Teilen der außerplanmäßigen und der planmäßigen Instandhaltung zuzuordnen.

Die überwiegende Art sicherheitskritischer Ereignisse ist für beide Instandhaltungstätigkeiten verschieden – es sind vor allem *Fehler im Mobilfunkbereich* und *Verletzungen in der Maschineninstandhaltung*. Für jeden der beiden Instandhaltungsbereiche gilt: Diese sicherheitskritischen Ereignisse werden nicht nur am häufigsten als ausgesagte potentielle Ereignisse (vor Beginn jeder Aufgabe), sondern auch am häufigsten als real eingetretene sicherheitskritische Ereignisse nachgewiesen (vgl. folgende Tabellen 3 und 4). Die Tabelle 3 stellt dar, für wie viele der untersuchten Arbeitsaufgaben jede der drei Arten potentieller sicherheitskritischer Ereignisse im einzelnen benannt wurde.

Aufgaben mit...	*Maschineninstandhalter* (N= 49 Aufgaben)	*Mobilfunkinstandhalter* (N= 44 Aufgaben)
– nur **Fehler**wahrscheinlichkeit	8,2 %	17,6 %
– nur **Sachschaden**wahrscheinlichkeit	6,1 %	5,9 %
– nur **Verletzung**swahrscheinlichkeit	30,6 %	5,9 %
– der **Kombination aller drei** kritischen **Ereignisarten**	10,2 %	29,4 %

Tabelle 3:
Aussagen zur Wahrscheinlichkeit potentieller sicherheitskritischer Ereignisse je Untersuchungstätigkeit

Anmerkungen zur Tabelle: Antwortstufen für die Wahrscheinlichkeitsangaben waren: unwahrscheinlich, etwas wahrscheinlich, recht wahrscheinlich und sehr wahrscheinlich. Dargestellt ist jeweils der prozentuale Anteil von Aufgaben, für die zu den Ereignisarten mindestens die Einschätzung „etwas wahrscheinlich" abgegeben wurde. Aufgabenbezogene Zweierkombinationen von potentiellen sicherheitskritischen Ereignisse existieren mit geringen Anteilen, sind aber hier nicht dargestellt.

Die Maschineninstandhalter gaben für rund 80 % und die Mobilfunkinstandhalter für rund 90 % der realisierten Aufgaben mindestens ein potentielles sicherheitskritisches Ereignis an. Eine mögliche *Kombination aller drei kritischen Ereignisarten* wurde von den Mobilfunkinstandhaltern für fast ein Drittel aller Aufgaben und von den Maschineninstandhaltern für rund ein Zehntel aller Aufgaben für wahrscheinlich gehalten.

Es kann davon ausgegangen werden, daß die höhere erlebte Fehlerwahrscheinlichkeit in der Mobilfunkinstandhaltung mit den Besonderheiten der Technik zusammenhängt (z. B. Komplexität, mangelnde Durchschaubarkeit bei geschlossenen Baugruppen).

Ein Vergleich zwischen Experten und Novizen der Mobilfunkinstandhaltung ergibt: Von den Experten wird für *jede* untersuchte Aufgabe mindestens ein potentielles Ereignis genannt, von den Novizen hingegen nur für einen Teil der Arbeitsaufgaben. Speziell für die Außerplanmäßige Mobilfunkinstandhaltung konnte nachgewiesen werden, daß die Novizen für einen signifikant geringeren Aufgabenanteil als die Experten ($p \leq .0,01$) potentielle Fehler benannten (Ergebnis ist nicht in der Tabelle 3 enthalten). Die geringeren Tätigkeitserfahrungen (subjektive Leistungsvoraussetzungen) können dafür als verursachend angenommen werden. Auskunft zu den real eingetretenen sicherheitskritischen Ereignissen gibt die folgende Tabelle 4.

In beiden Tätigkeiten traten somit jeweils bei rund 12 % der aktuell untersuchten Arbeitsaufgaben sicherheitskritische Ereignisse der definierten Art ein (in der Maschineninstandhaltung bei 12,1 % der Aufgaben und in der Mobilfunkinstandhaltung bei 12,8 % der Aufgaben). Obwohl es sich dabei lediglich um kleinste Abweichungen vom Normalablauf (z. B. Beinahe-Unfälle) handelt, ist damit doch ein Hinweis auf Defizite in der Handlungsregulation gegeben (ohne hier schon die Ursachen dafür benennen zu können).

Das Ergebnis der Übereinstimmung der Art dominierender potentieller und real eingetretener sicherheitskritischer Ereignisse ist im Sinne notwendiger realistischer Gefahrenkognitionen (zu diesem Begriff s. Musahl, 1997) als wichtige Voraussetzung für angemessenes sicherheitsbezogenes Handeln zu betrachten.

	Maschineninstandhaltung	Mobilfunkinstandhaltung
Auftragstypen	Anzahl und Art eingetretener kritischer Ereignisse	Anzahl und Art eingetretener kritischer Ereignisse
Außerplanmäßige Instandhaltung (Entstörung/Reparatur)	2 Sachschäden	1 Fehler
Planmäßige Instandhaltung (Inspektion, Wartung Technische Erweiterung von Mobilfunkstationen)	1 Fehler und 4 Verletzungen	3 Fehler und 2 Verletzungen
Summe	7 (bei 58 Aufgaben)	6 (bei 47 Aufgaben)

Tabelle 4:
Eingetretene sicherheitskritische Ereignisse je Untersuchungstätigkeit mit Zuordnung zu den Auftragstypen

Für beide Untersuchungstätigkeiten wurden Aufgaben mit einem eingetretenen sicherheitskritischen Ereignis und Aufgaben ohne eingetretenes sicherheitskritisches Ereignis hinsichtlich der objektiven und erlebten Aufgabenanforderungen verglichen. Generell ist als ein wichtiges anforderungsbezogenes Ergebnis voranzustellen: Während die tatsächlich eingetretenen sicherheitskritischen Ereignisse vor allem für Aufgaben mit restriktiveren Anforderungen, d.h. insbesondere für die Planmäßige Instandhaltung, nachgewiesen wurden, bezogen sich die Aussagen der Befragten zu potentiellen sicherheitskritischen Ereignissen stärker auf Aufgaben mit höheren Anforderungsausprägungen, d.h. überwiegend auf die Außerplanmäßige Instandhaltung. In diesem Zusammenhang ist zu beachten, daß für die restriktiveren im Vergleich zu den anforderungsreicheren Instandhaltungsaufgaben eine leicht positivere Ausprägung psychischer Beanspruchungsfolgen belegt wurde.

Tendenziell zeigte sich z. B. in beiden Instandhaltungstätigkeiten für die Aufgaben mit eingetretenen sicherheitskritischen Ereignissen, daß insbesondere die objektiven *Denkanforderungen* geringer waren als bei Aufgaben ohne eingetretene Ereignisse. Ebenso waren die objektiven *Freiheitsgrade* für das Vorgehen bei der Aufgabenbearbeitung bei Aufgaben mit eingetretenen sicherheitskritischen Ereignissen geringer – das gilt insbesondere für die Mobilfunkinstandhaltung (wichtiger Ergänzungsbefund zum GESI 1-Projekt).

Für die erlebten Anforderungen ergaben sich signifikante Unterschiede: Von den Mobilfunkinstandhaltern wurde für Aufgaben, in denen kein sicherheitskritisches Ereignis eintrat, vor Aufgabenbeginn ein signifikant höheres Schwierigkeitserleben ($p \leq 0,05$) beschrieben als für Aufgaben mit einem solchen Ereignis. Die Maschineninstandhalter gaben einen signifikant höheren Zeitdruck bei Aufgaben ohne eingetretenes sicherheitskritisches Ereignis ($p \leq 0,05$) im Vergleich zu Aufgaben mit sicherheitskritischem Ereignis an.

Für die geprüfte Beziehung speziell zwischen ausgesagten potentiellen sicherheitskritischen Ereignissen und dem subjektiven Anforderungserleben läßt sich feststellen: Eine höhere Wahrscheinlichkeit für potentielle sicherheitskritische Ereignisse wird von den Probanden dann angegeben, wenn vor Aufgabenbeginn

- der Arbeitsablauf wenig vorhersehbar ist und
- eine hohe Aufgabenschwierigkeit erlebt wird.

Zum interessierenden Zusammenhang zwischen potentiellen sicherheitskritischen Ereignissen und dem Beanspruchungserleben ergibt sich für die *Maschineninstandhaltung*: Bei Aufgaben mit potentiellen sicherheitskritischen Ereignissen erlebten die Instandhalter im Vergleich zu Aufgaben ohne Ereignispotential tendenziell stärker ausgeprägte „Positive Gestimmtheit" und höheren „Streß" sowie weniger stark ausgeprägte „Negative Gestimmtheit", „Monotonie" und „Ermüdung". Das Ereignispotential scheint demnach eine aktivierende Wirkung zu besitzen, die sich u.U. jedoch auch in Richtung eines Streßrisikos entwickeln könnte.

Signifikante Zusammenhänge zwischen ausgesagtem Ereignispotential und psychischer Beanspruchung wurden in der *planmäßigen Maschineninstandhaltung* für Aufgaben mit benannten potentiellen Verletzungen und Fehlern nachgewiesen und in der *außerplanmäßigen Maschineninstandhaltung* für Aufgaben mit potentiellen Sachschäden. Im *Mobilfunkbereich* sind Zusammenhänge zwischen potentiellen sicherheitskritischen Ereignissen und psychischem Befinden nur für die Novizen mit übernommenen außerplanmäßigen Instandhaltungsaufgaben belegt worden. Einzelheiten zu diesen signifikanten Zusammenhängen sind im geplanten Forschungsbericht enthalten (s. Hinweis am Ende dieses Beitrags).

Nach real eingetretenen sicherheitskritischen Ereignissen fühlten sich sowohl die Maschineninstandhalter als auch die Mobilfunkinstandhalter negativer beansprucht als vor dem Ereigniseintritt (zu Aufgabenbeginn oder während der Aufgabenbearbeitung).

Bei der Interpretation dieser Befunde ist zu beachten, daß die Ausprägung des negativen Beanspruchungserlebens in beiden Tätigkeiten insgesamt und jeweils bezogen auf beide Auftragstypen als unkritisch einzuschätzen ist. Demnach gibt es kein langfristig bestehendes Risiko für psychische Fehlbeanspruchung.

4. Fazit

Das Untersuchungsvorgehen mit den benannten Verfahren hat sich, bezogen auf die Untersuchungseinheit Arbeitsaufgabe, für komplexe Instandhaltungstätigkeiten als realisierbar und ergebnisträchtig – wenn auch noch nicht als methodisch ausgereift erwiesen. Insofern besteht Bedarf an weiterführender wissenschaftlicher Methodenentwicklung für eine tätigkeitsbegleitende arbeitspsychologische Sicherheitsforschung.

Insgesamt konnte der Nachweis bestehender Zusammenhänge zwischen aufgabenspezifischen psychischen Anforderungen und potentiellen sowie eingetretenen sicherheitskritischen Ereignissen unterhalb der Unfallebene geführt werden. Dafür steht u.a. das Ergebnis der vergleichenden Datenauswertung zwischen Planmäßiger und Außerplanmäßiger Instandhaltung im Mobilfunk- und im Produktionsbereich.

Die Tatsache, daß sicherheitskritische Ereignisse eher bei Aufgaben mit (objektiv wie auch erlebten) geringeren Anforderungen eintreten und für diese Aufgaben auch kaum erhöhte negative psychische Beanspruchung nachweisbar war, verweist auf die Notwendigkeit und Angemessenheit von Zusatzforderungen

a) an die Sicherheitsarbeit – vor allem mit der Maßgabe praxisnaher, d.h. möglichst aufgabenorientierter und nicht lediglich arbeitsplatz- oder maschinenbezogener Qualifizierung zu Sicherheitsfragen (auch zur Erreichung von Akzeptanz und Verinnerlichung) und
b) an die Strategie der Aufgabenverteilung – mit dem Ziel eines häufigeren Wechsels zwischen Aufgaben mit unterschiedlichen (auch sicherheitsrelevanten) Anforderungen für jeden Mitarbeiter.

Zum Teil unterschiedliche Ergebnisse für Novizen und Experten speziell im Mobilfunkbereich unterstreichen die Bedeutsamkeit der subjektiven Leistungsvoraussetzungen, hier des Erfahrungswissens, für die betriebliche Gesundheits- und Sicherheitsarbeit.

Literatur

Frieling, E./Sonntag, Kh. (1999): *Lehrbuch Arbeitspsychologie*. Bern u.a.: Huber

Hacker, W. (1998): Psychologische Beiträge zur Verhältnis- und Verhaltensprävention. *Forschungsberichte Band 59, Institut für Allgemeine Psychologie und Methoden der Psychologie*

Hänsgen, C./Hemmann, E./Merboth, H. (1996): Arbeitsanforderungen, psychische Gesundheit und sicheres Verhalten. In B. Ludborzs, H. Nold & B. Rüttinger (Hrsg.), *Psychologie der Arbeitssicherheit. 8. Workshop 1995* (S. 308–322). Heidelberg: Roland Asanger

Hemmann, E./Merboth, H./Hänsgen, C./Richter, P. (1997): *Gestaltung von Arbeitsanforderungen im Hinblick auf psychische Gesundheit und sicheres Verhalten*. Schriftenreihe der Bundesanstalt für Arbeitsschutz und Arbeitsmedizin Fb 764. Bremerhaven: Wirtschaftsverlag NW

Ludborzs, B./Nold, H./Rüttinger, B. (1996): (Hrsg.). *Psychologie der Arbeitssicherheit. 8. Workshop 1995* (S. 308–322). Heidelberg: Roland Asanger

Margraf, J./Neumer, S./Siegrist, J. (1998) (Hrsg.): *Gesundheits- oder Krankheitstheorie? Saluto- versus pathogenetische Ansätze im Gesundheitswesen*. Berlin u.a.: Springer

Mehl, K./Nowack, J./Wehner, T. (1989): Über das Verhältnis und Zusammenwirken arbeitsschutzrelevanter und arbeitsspezifischer Indikatoren – eine Bewertungsstudie mental repräsentierter Arbeitsschritte spezifischer Instandhaltungsarbeiten. *Bremer Beiträge zur Psychologie Nr. 82*

Musahl, H.-P. (1997): *Gefahrenkognition. Theoretische Annäherungen, empirische Befunde und Anwendungsbezüge zur subjektiven Gefahrenkenntnis*. Asanger

Pohlandt A. (1999): *Prospektive Bewertung von Arbeitstätigkeiten mit Hilfe von Modellbildungen. Entwicklung und Erprobung eines rechnergestützten Screening-Verfahrens für die psychologische Anforderungsbewertung*. Dissertation am Fachbereich Psychologie der TU Dresden (unveröffentlicht)

Richter, P./Hacker, W. (1998): *Belastung und Beanspruchung: Streß, Ermüdung und Burnout im Arbeitsprozeß*. Heidelberg: Asanger

Richter, P./Pohlandt, A./Hemmann, E. (1998): Belastung, Beanspruchung und Gesundheit: Die Handlungs- und Tätigkeitspsychologische Perspektive. In J. Margraf, S. Neumer & J. Siegrist (Hrsg.): *Gesundheits- oder Krankheitstheorie? Saluto- versus pathogenetische Ansätze im Gesundheitswesen*. Berlin u.a.: Springer

Rudolph, E./Schönfelder, E./Hacker, W. (1987): *Tätigkeitsbewertungssystem – Geistige Arbeit (TBS-GA)*. Berlin: Psychodiagnostisches Zentrum

Sonnentag, S. (1996): Arbeitsbedingungen und psychisches Befinden bei Frauen und Männern. Eine Metaanalyse. Zeitschrift für Arbeits- und Organisationspsychologie, 40, 118–126

Tielsch, R./Hofmann, A./Häcker, H. (in Vorber.): *Fragebogen zur Erfassung mentaler Arbeitsbelastungen (FEMA)*. Bern: Hogrefe

Wehner, Th. (1992) (Hrsg.): *Sicherheit als Fehlerfreundlichkeit. Arbeits- und Sozialpsychologische Befunde für eine kritische Technikbewertung* Opladen: Westdeutscher Verlag

Wehner, Th./Nowack, J. (1992): Zur Einblickstiefe in Fehlhandlungen und Arbeitsbedingungen. Eine Wissensanalyse bei Facharbeitern mit und ohne Unfallerfahrung. In Wehner, Th. (Hrsg.), *Sicherheit als Fehlerfreundlichkeit. Arbeits- und Sozialpsychologische Befunde für eine kritische Technikbewertung* Opladen: Westdeutscher Verlag

Wiedemann, J. (1995): *Ermittlung von Qualifizierungsbedarf – am Beispiel der Störungsdiagnose in der flexiblen Fertigung.* Münster, New York: Waxmann

Zehrt, P. (1998): *Training komplexer Diagnoseaufgaben – am Beispiel der Störungsdiagnose in technischen Systemen.* Dissertation am Fachbereich Psychologie der TU Dresden (unveröffentlicht)

Hinweis:

Die Veröffentlichung einer ausführlichen Darstellung des Forschungsprojektes GESI 2 ist in Vorbereitung. Der Forschungsbericht mit dem Arbeitstitel „Handlungsregulatorische Komponenten und sicherheitskritische Ereignisse in der Instandhaltung“ soll in der Schriftenreihe der Bundesanstalt für Arbeitsschutz und Arbeitsmedizin (BAuA) erscheinen.

Uwe Nickel und Karl-Thomas Wenchel

Entwicklung eines videogestützten Lehrkonzeptes: „Gesund und sicher am Arbeitsplatz“

1. Einleitung

Der Gesetzgeber schreibt eine Kooperation der gesetzlichen Unfallversicherung und der gesetzlichen Krankenversicherung auf dem Gebiet der Gesundheitsvorsorge vor. Der Auftrag an die Krankenkassen erstreckt sich darauf, Erkenntnisse über Zusammenhänge zwischen Erkrankungen und Arbeitsbedingungen zu gewinnen und den Unfallversicherungsträgern mitzuteilen, damit diese mit allen geeigneten Mitteln für die Verhütung von arbeitsbedingten Gesundheitsgefahren sorgen können. Diese Vorgabe korrespondiert mit der an die Unfallversicherung gerichtete Aufforderung zur Zusammenarbeit mit den Krankenkassen.

Der vorliegende Lehr- und Informationsfilm gibt dem Betrachter einen Einblick in die Vielfalt der Handlungsmöglichkeiten der betrieblichen Gesundheitsförderung und verdeutlicht auch die Korrespondenz der jeweiligen Fachkompetenz von Unfallversicherung und betrieblicher Krankenversicherung.

Ausgangspunkt für das Kooperationsprojekt von BKK Landesverband Hessen und der Süddeutschen Metall Berufsgenossenschaft war die Frage, wie denn nun die Umsetzung dieser neuen Aufgaben an die betrieblichen Akteure und Multiplikatoren vermittelt werden könnte. Bücher, Zeitschriftenartikel, Kongreßpräsentationen und Muster-Arbeitsanweisungen erschienen hierfür als nicht griffig genug. Aus diesem Grund wurde die Konzeption für einen Lehr- und Informationsfilm auf mediendidaktischer Grundlage erstellt und umgesetzt. Die wissenschaftliche Begleitung erfolgte durch die BKK Team Gesundheit – Gesellschaft für Gesundheitsmanagement mbH in Frankfurt.

Wozu dieses Video?

Die im Film dargebotenen Methoden sollten bildlich-motivierend und zugleich auch chronologisch verständlich und nachvollziehbar sein. Und schließlich war ein wichtiges Anliegen bei der Erstellung des Filmes, die

Kooperation der beiden Institutionen BG und BKK anhand von praktischen Beispielen darzustellen.

Dieses Video wurde als Lehr- und Informationsmedium erstellt. Es soll Informationen und Anregungen zum Abbau von arbeitsbedingten Gesundheitsgefahren und zur Optimierung des betrieblichen Arbeits- und Gesundheitsschutzes geben. Besonders gut geeignet ist dieses Video zum Start von Maßnahmen zur betrieblichen Gesundheitsförderung. Als Zielgruppe sind alle angesprochen, die im betrieblichen Arbeits- und Gesundheitsschutz bzw. in der betrieblichen Gesundheitsförderung aktiv sind oder aktiv werden wollen.

Welche Ziele können damit verfolgt werden?
Mit diesem Video kann ein Impuls gegeben werden, um das Gesundheits- und Sicherheitsbewußtsein bei den Mitarbeitern im Betrieb zu erhöhen. Es kann eingesetzt werden bei Schwerpunktaktionen zur betrieblichen Gesundhcitsförderung oder aber zur allgemeinen Information in der betrieblichen Aus- und Fortbildung. Eine weitere Einsatzmöglichkeit besteht darin, mit Hilfe dieses Videos den Startpunkt für den Aufbau eines Gesundheits- oder Sicherheitszirkels zu geben. Das Lehrfilmkonzept möchte neben Information auch die Reflexion auf den eigenen Betrieb ermöglichen. Die Verwendung der Begleitmaterialien soll zu einer realistischen Planung der Umsetzung von Maßnahmen im eigenen Betrieb motivieren.

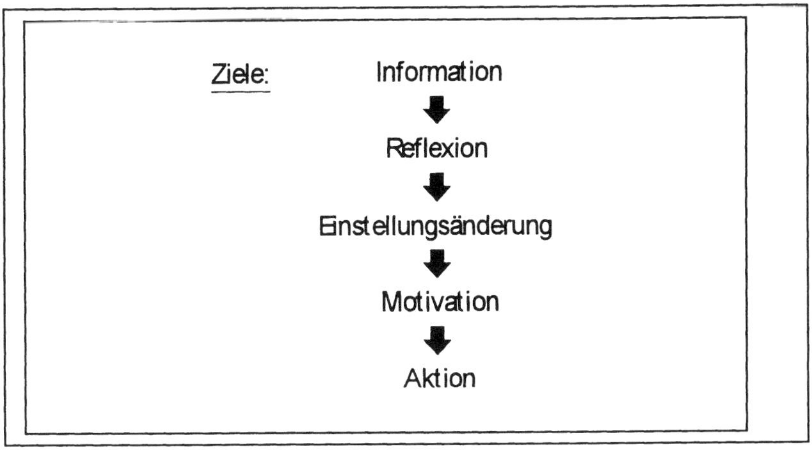

Zielgruppen

Das Video ist als Seminarbaustein für verschiedene Zielgruppen einsetzbar:

- *Sicherheitsfachkräfte* lernen eine Methodik kennen, die über den Auftrag des Arbeitsschutzgesetzes hinausgeht.
- *Arbeitsmediziner* lernen die Bedeutung des kommunikativen Elementes im Arbeits- und Gesundheitsschutz kennen.
- *Personalverantwortliche* erfahren weitere betriebliche Einflußmöglichkeiten auf die Krankenstandsentwicklung.
- Ebenso bekommen *Betriebs- und Personalräte* weitere Informationen und Argumente zur Verbesserung der Arbeitsbedingungen.
- Der Film ist interessant für alle, die im betrieblichen Arbeits- und Gesundheitsschutz aktiv sind oder aktiv werden wollen,
- für spätere *Teilnehmer an Sicherheits- oder Gesundheitszirkeln,*
- für Teilnehmer an Aus- und Weiterbildungsveranstaltungen.

Gliederung und Aufbau des Lehrkonzeptes

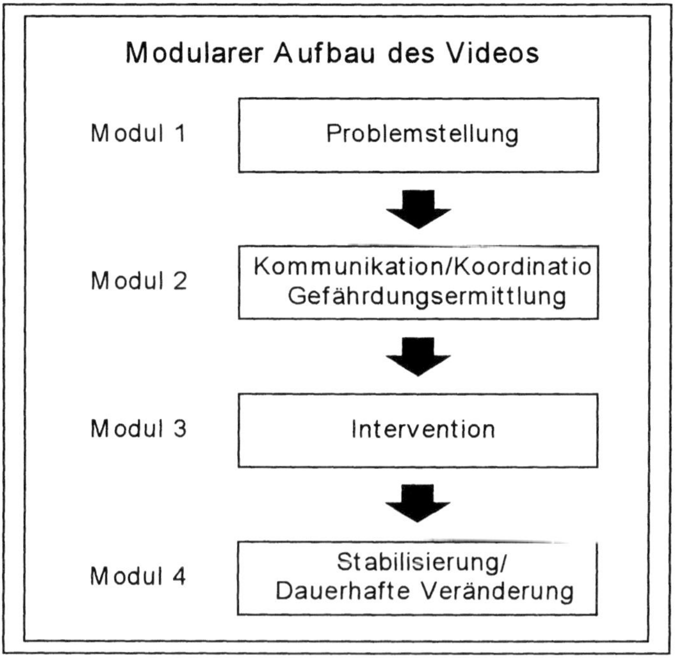

Das Lehrkonzept besteht aus vier Video-Modulen und zwei Foliensätzen.

Modul 1: Problemstellung (1.32 min)

In knapper Form wird die Bedeutung und Notwendigkeit des betrieblichen Arbeits- und Gesundheitsschutzes sowie der Gesundheitsförderung dargestellt.

Modul 2: Kommunikation / Analyse (7.34 min)

Effektiver Arbeits- und Gesundheitsschutz ist nur möglich, wenn inner- und außerbetriebliche Akteure in koordinierter Form zusammenarbeiten. Kommunikation ist dabei Voraussetzung. Es werden außerdem die verschiedenen Möglichkeiten einer ganzheitlichen Gefährdungsbeurteilung wie Gesundheitsbericht, Mitarbeiterbefragung und Gefährdungsermittlung gezeigt.

Modul 3: Intervention (12.54 min)

Intervention ist Sache des Arbeitgebers. Allerdings kann er hier durch Krankenkassen und Berufsgenossenschaften unterstützt werden. In diesem Modul werden einige Beispiele zur Verhältnis- wie auch zur Verhaltensprävention gezeigt. Hier wird auch deutlich, wie sich Berufsgenossenschaften und Krankenkassen mit den betrieblichen Akteuren ergänzen.

Modul 4: Stabilisierung (1.10 min)

Es werden Möglichkeiten angedeutet, wie neu erworbene und sichere Verhaltensweisen auch dauerhaft von den Mitarbeitern gezeigt werden. Was muß getan werden, um einen Rückfall in sicherheitswidrige Gewohnheiten zu vermeiden?

Wie kann damit gearbeitet werden?

Prinzipiell gibt es dazu *zwei* Möglichkeiten:

1. Die Vorführung des Videos eignet sich zur Information von betrieblichen Funktionsträgern im Arbeits- und Gesundheitsschutz.
2. Das Video kann modulweise in Ergänzung mit dem beigefügten Foliensatz als Seminargrundlage eingesetzt werden. Mit Hilfe der Folien kann gezielt zur Gruppenarbeit angeregt werden.

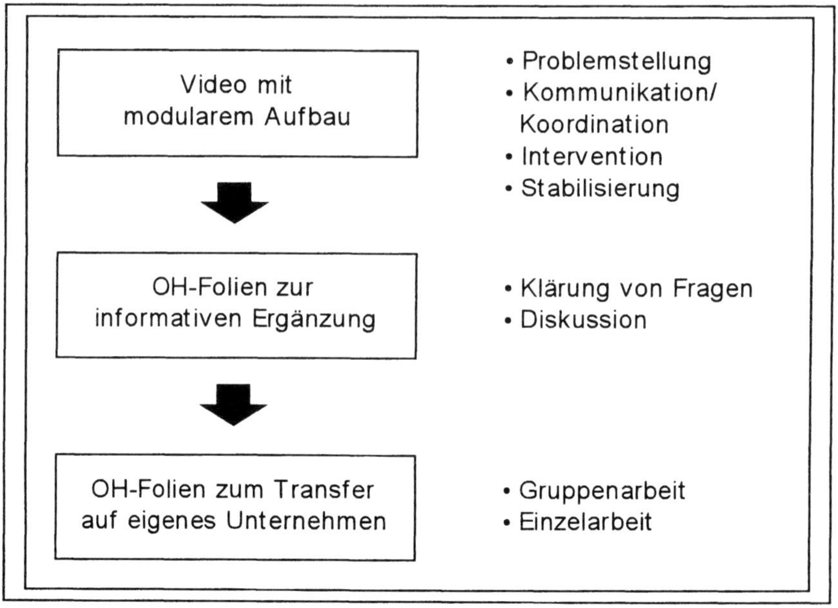

Die Dauer des Videos beträgt 24'17 Minuten. Beim Einsatz der Folien in einem Seminar werden je nach Vorkenntnissen und Anzahl der Teilnehmer ca. 2–4 Stunden Zeit benötigt.

Rahmenbedingungen:
- VHS-Videorecorder, bei großen Gruppen Videobeamer
- Overheadprojektor bei Einsatz der Folien
- Eventuell Pinwände oder Flipchart bei Einsatz der Moderationsmethode.

Die Moderationsmethode ist sinnvoll beim Start von Gesundheitsförderungsmaßnahmen im Betrieb.

Harald Beck

Vorbereitende Maßnahmen zur Referentenqualifizierung im Rahmen der Neukonzeption der Ausbildung von Fachkräften für Arbeitssicherheit

1. Einleitung

Mit dem Fachaufsichtsschreiben des Bundesministeriums für Arbeit und Sozialordnung vom 29. Dezember 1997 wird die Ausbildung der Fachkräfte für Arbeitssicherheit neu geregelt. Darin werden konkrete methodisch-didaktische Anforderungen an das künftige Ausbildungskonzept formuliert, nach dessen Grundsätzen mit dem 1. Januar 2001 zu verfahren ist. Bei näherer Betrachtung dieser Vorgaben wird ersichtlich, daß sich das künftige Ausbildungskonzept in inhaltlichem Umfang und methodischem Anspruch erheblich vom bisherigen Ausbildungskonzept unterscheidet. Dieser Anspruch erhebt sich jedoch nicht nur für die Teilnehmer an der künftigen Ausbildung, sondern gilt in gleicher Weise auch für die Referenten. Das bedeutet, daß der Referent nicht nur Experte auf den Fachgebieten Arbeitssicherheit und Gesundheitsschutz sein muß, sondern daneben auch das methodisch-didaktische Instrumentarium moderner Erwachsenenbildung beherrschen muß.

Der vorliegende Beitrag beschreibt, unter Berücksichtigung der methodisch-didaktischen Implikationen des Fachaufsichtsschreibens, geeignete Lehr- und Lernmethoden für das künftige Ausbildungskonzept sowie daraus resultierende Erfordernisse zur Referentenqualifizierung.

2. Methodisch-didaktische Implikationen der Neukonzeption

Die Neukonzeption stellt hohe Anforderungen an Qualifikation und methodische Fähigkeiten von Referenten, die in dieser Ausbildung eingesetzt werden. Während in der gegenwärtigen Ausbildung von Fachkräften für Arbeitssicherheit die Vermittlung von Fachkompetenz im Vordergrund steht, ist „für die neue Ausbildungskonzeption ein *aufgaben- und handlungsbezo-*

genes Lernen [...] charakteristisch" (Fachaufsichtsschreiben des BMA vom Dezember 1997).

Konkret fordert das Fachaufsichtsschreiben:

1. ein zeitgemäßes, ganzheitliches Arbeitsschutzverständnis,
2. aufgaben- und handlungsbezogenes Lernen, sowie
3. den verstärkten Einsatz moderner Techniken der Wissensvermittlung (z. B. mediengestützte Lernmethoden, Lernen im Betrieb).

Es wird deutlich, daß sich mit diesem Lernansatz auch die Forderung nach einer hohen *Sozial- und Methodenkompetenz* der Referenten verbindet.

2.1 Ganzheitliches Arbeitsschutzverständnis

Ein ganzheitliches Arbeitsschutzverständnis rückt – neben zahlreichen anderen Aspekten – auch den *handelnden* Menschen in das Zentrum seiner Betrachtungen.

In der neuen Ausbildungskonzeption werden daher Themen wie Verhalten und Verhaltensbeeinflussung, Lernen und Gewohnheitsbildung, Motivation, Persönlichkeit, Kommunikation sowie Mitarbeiter- und Gesprächsführung inhaltlich berücksichtigt. Das wiederum heißt für den Referenten, daß er die übrigen Ausbildungsinhalte zu diesen anthropozentrischen Betrachtungs-weisen in Beziehung setzen muß. Hieraus entspringt also die Notwendigkeit integrativer Lehr- und Lernmethoden. Diese Methoden sollen es den Lernern ermöglichen, die benachbarten Wissensgebiete eines Themas zu erkennen und miteinander zu verknüpfen. Eigenständiges und mehrdimensionales Lehren und Lernen sind dazu unabdingbar; besonders geeignete Methoden hierfür sind:

- Team-Teaching
- Workshop / Projektarbeit.

2.2 Aufgaben- und handlungsbezogenes Lernen

Handlungsrelevante Lernformen können sein:

- der Erwerb von Fähigkeiten und Fertigkeiten (Skills),
- das Erkunden bestimmter Phänomene,
- eine Aufforderung zur Verhaltensänderung.

Eine Ausbildung, die auf eine Steigerung der *Handlungs*kompetenz ausgerichtet ist, muß jedoch, bei genauer Betrachtung des Aufgabenspektrums der

Fachkräfte für Arbeitssicherheit, zugleich auch auf eine Steigerung der *Sozial*kompetenz hinwirken.

Es wird evident, daß bestimmte Methoden aus dem umfangreichen Methodeninventar besonders geeignet sind, diese Ziele zu erreichen. Dazu gehören praktische Übungen, Demonstrationen, Exkursionen, Modelle, Simulationen sowie vor allem kommunikativ akzentuierte Methoden wie z. B. Rollenspiele.

2.3 Moderne Techniken der Wissensvermittlung (mediengestützte Lernmethoden, Selbstlernen)

Die Beispiele „mediengestützte Lernmethoden" und „Selbstlernen" deuten bereits an, mit welchen Methoden und Medien im Rahmen des Ausbildungskonzepts künftig gearbeitet werden soll:

- Einsatz von Computer Based Trainings (CBTs), Modellen, Videos u.ä.
- Integration von Selbstlernphasen in das Ausbildungskonzept.

Hierbei ist die Einbindung von CBTs und sogenannter „Selbstlernphasen" als besonders problematisch anzusehen. Im Bereich der bg'lichen Ausbildung liegen im Umgang mit diesen Ausbildungsformen keine oder nur unzureichende praktische Erfahrungen vor. Weiterhin sind die Anforderungen an Computer Based Trainings und an die Selbstlernphasen (noch) nicht exakt definiert. Besonders jedoch für das Selbstlernen sind verschiedenste Ansätze denkbar. Diese reichen vom traditionellen, papier- oder auch CD-ROM-gestützten Fernlehrgang über das Telelearning bis zu betreuten Selbstlernphasen mit anschließenden „classroom-trainings" (*tutoring*).

3. Integration und Handlungsorientierung

Eine Handlung gründet sich neben der Faktenkenntnis und deren Einschätzung immer auch auf Erfahrungen, soziale Aspekte und (Miß)Erfolgsprognosen.

Für die Seminarpraxis leitet sich daraus die Forderung nach *integrativen*, d. h. sozial- *und* handlungsrelevantes Lernen ermöglichenden Lehrmethoden ab. Derartige, sogenannte integrative Methoden verlangen vom Referenten ein hohes Maß an Teamfähigkeit und Flexibilität, das Bemühen um die Integration der verschiedenen Sichtweisen, die Bereitschaft zur Verständigung und Zurückhaltung sowie das Interesse von Teilnehmern oder Teampartnern zu lernen.

Aus pädagogischer Sicht eignen sich für eine integrative Seminargestaltung vor allem die methodischen Großformen *Workshop* und *Projektarbeit* sowie als Lehrform das *Teamteaching*.

Workshop und Projektarbeit erlauben ein Maximum an Selbststeuerung und Handlungsorientierung und ermöglichen dem Lerner die disziplinübergreifende Integration unterschiedlicher Perspektiven je nach Lernbedarfs- und Interessenlage. Das Teamteaching stellt hingegen eine Form der didaktischen Arbeitsteilung dar und ermöglicht eine abwechslungsreiche und teilnehmeraktivierende Ausbildungsgestaltung.

Handlungsorientierte Ausbildung muß hingegen zwischen dem bisherigen und dem künftigen Handeln der Seminarteilnehmer „vermitteln". Sie muß einerseits an die Erfahrungen der Teilnehmer anknüpfen, andererseits muß sie konkrete und erfolgversprechende Handlungs*alternativen* anbieten. Dieser Anspruch kann nur realisiert werden, wenn es gelingt, den aktuellen Wissen- und Erfahrungsstand der Teilnehmer während der Ausbildung mit neuen Aspekten „anzureichern".

4. Ein „Anforderungsprofil" für Referenten und Konsequenzen für die Referentenqualifizierung

Aus den bisherigen Aussagen läßt sich folgendes Anforderungsprofil für einen Referenten, der im Rahmen des neuen Ausbildungskonzepts eingesetzt werden soll, entwickeln:

Der Referent muß:

- über eine ausgeprägte Sozial- und Handlungskompetenz verfügen:
  - er muß besondere kommunikative Fähigkeiten besitzen, und
  - er muß in der Lage und bereit sein, interdisziplinär und integrativ zu denken und zu handeln,
- das Methodeninventar in allen Situationen sicher beherrschen (*Anwendungssicherheit*),
- in Umgang und Anwendung moderner Medien versiert sein (z. B. bei der Betreuung computergestützter Lehr-/Lernphasen),
- teamfähig sein,
- eigene Standpunkte im Seminar zurückhaltend vertreten und
- lernbereit sein.

Lernzielorientierte Qualifizierungsprogramme müssen demnach mit geeigneten Methoden versuchen, diese Eigenschaften zu fördern oder gegebenenfalls zu entwickeln. Viele der o.g. Fähigkeiten und Eigenschaften können durch *Partnerarbeit und Rollenspiele*, durch *Kommunikations- und Gesprächsübungen* sowie durch das exemplarische Einüben von *Teamteachings* gefördert werden. Das sichere Anwenden von Methoden und Medien erfordert eine *theoretische Grundlegung* sowie *technische Einweisung* und kann anhand konkreter Aufgabenstellungen in Einzel-, Partner oder Gruppenarbeiten *geübt* werden.

Es wird deutlich, daß durch eine Fortbildung zum Thema „Teamteaching" ein großer Teil der o. g Lernziele erreicht werden kann, da das Teamteaching eine ausgeprägte kommunikative, handlungs- und teamorientierte Komponente aufweist und zusätzlich den Einsatz vielfältiger Methoden und Medien zuläßt.

Aus diesem Grund wurde bei der Süddeutschen Metall-Berufsgenossenschaft eine Referentenfortbildung zum Thema „Teamteaching" entwickelt und durchgeführt:

Referentenfortbildung „Teamteaching" (Inhalte)

- Didaktik und Methodik in der Erwachsenenbildung (Grundlagen)
- Handlungsorientierung in der Seminarpraxis
- Teamteaching: Vorbereitung, *praktische Übungen*, Nachbereitung
- Umgang mit und Verhalten in Problemsituationen

Die praktischen Übungen im Rahmen des Fortbildungsseminars „Teamteaching" haben die Bedarfsanalyse bestätigt und gezeigt, daß die vielfältigen Möglichkeiten didaktischer Arbeitsteilung weitgehend unbekannt waren. Deutlich wurde zudem, daß die sozial- und handlungsorientierten Elemente des Teamteachings bei den Referenten auch künftig weiter gefördert werden müssen. In engem Zusammenhang damit steht auch die Forderung, das persönliche Methodeninventar kontinuierlich zu erweitern und die Anwendungssicherheit zu verbessern. Hier liegt die Hypothese nahe, daß durch eine verbesserte Sozial- und Handlungskompetenz der Referenten auch die Seminargestaltung insgesamt optimiert werden kann.

Literatur

Bundesministerium für Arbeit und Sozialordnung (1997): Fachaufsichtsschreiben zur Ausbildung zur Fachkraft für Arbeitssicherheit. Bonn

Peter Börmann und Rainer Hering

Gefahrenkenntnis in der betrieblichen Praxis

1. Ausgangssituation

Der Mitarbeiter lernt im täglichen Umgang mit der Arbeit die Gefährlichkeit seiner Tätigkeiten einzuschätzen. Regelmäßig wiederkehrende Situationen, in denen Beinahe-Unfälle auftreten, die nicht als solche erkannt werden, führen dazu, daß die Gefährlichkeit subjektiv zu niedrig eingeschätzt wird. Der Mitarbeiter lernt nach und nach Gefahren zu unterschätzen - auch dies ist also ein Teil von „Berufs-Erfahrung". Die subjektive Gefahreneinschätzung bestimmt aber das persönliche Vorsorgeverhalten jedes Einzelnen: In Situationen, die er für ungefährlich hält, ist er weniger aufmerksam, und es kommt daher eher zu Unfällen.

Es muß gelingen, die in ihrer Gefährlichkeit unterschätzten Tätigkeiten zu ermitteln und diese Tatsache und die Gründe hierfür mit dem Mitarbeiter und der Führungsmannschaft im Betrieb aufzudecken.

Basierend auf diesen Thesen wurde 1991 bis 1994 auf einem Bergwerk der DSK eine sicherheitspsychologische Untersuchung durchgeführt, über die bereits an anderer Stelle berichtet wurde. (Musahl et al .7., 8. u. 9. Workshop Psychologie der Arbeitssicherheit). Die wesentlichen Ergebnisse dieser Arbeit bestätigen einerseits die eingangs genannten Thesen und belegen die mögliche Wirksamkeit einer solchen Intervention, zeigen aber andererseits auch die Grenzen eines von außen auf den Betrieb einwirkenden Sicherheitsprogrammes auf.

Auf der Grundlage dieser Erkenntnisse wurde mit Unterstützung der Europäischen Union ein Verfahren entwickelt, das es ermöglichte, zugeschnitten auf die Bedürfnisse des Betriebes und gesteuert von betrieblichen Gremien, innerhalb von 15 Monaten für jeweils ein ganzes Bergwerk

- die wichtigsten unterschätzten Tätigkeiten zu ermitteln,
- die lernpsychologischen Ansätze unter Beteiligung aller Mitarbeiter in allen Hierarchieebenen intensiv zu diskutieren,
- die aktive Beteiligung aller Vorgesetzten einzufordern
- in Kleingruppenarbeiten Ansatzpunkte zur Einschätzungsänderung zu finden sowie
- die Wirksamkeit des Verfahrens zu evaluieren.

Das Programm wurde ab Januar 1996, um 2 Monate zeitversetzt, auf 2 Bergwerken der DSK durchgeführt

2. Betriebliche Umsetzung

2.1 Multiplikatorenkreis

Die Einführung; Steuerung und Umsetzung des Programmes lag in den Händen eines Multiplikatorenkreises, dem jeweils folgende Personen angehörten.

- Der Leiter des Bereiches Arbeitssicherheit und Ergonomie als Projektleiter und sein Vertreter
- 6 Führungskräfte aus dem mittleren Management als Multiplikatoren (für jeden Betriebsbereich ein Vertreter)
- 2 Mitarbeiter der Verwaltung als externer Berater
- Der Fortbildungsbeauftragte
- Der Kleingruppenkoordinator
- Jeweils 1 weiterer Mitarbeiter aus den Bereichen Fortbildung und Arbeitsschutz als Hilfe für die Multiplikatoren
- 1 Vertreter der Werksleitung als „Pate" für das Projekt

Dieser Kreis der Multiplikatoren steuerte in regelmäßigen Treffen den Gesamtprozeß von Anfang bis Ende auch über Entwicklung und Durchführung entsprechender Controllingmechanismen.

2.2 Ermittlung der unterschätzten Tätigkeiten

Im ersten Schritt wurden die unterschätzten Tätigkeiten ermittelt. Hierzu wurden auf beiden Bergwerken insgesamt ca 5000 Verbandbucheintragungen analysiert und 230 vorher definierten Tätigkeiten zugeordnet. In jedem Betriebsbereich wurden somit die jeweils 20 bis 30 wichtigsten Tätigkeiten untersucht. In getakteten Befragungen wurden auf beiden Bergwerken für jeden Betriebsbereich ca 50 Mitarbeiter zu ihrer persönlichen Gefährlichkeitseinschätzung dieser Tätigkeiten befragt. Die Ergebnisse dieser Befragungen sowie der Verbandbuchanalyse wurden in z-Werte umgerechnet und voneinander subtrahiert, Abb. 1. Bei negativen Ergebnissen < -1 liegt eine Unterschätzung vor, Werte $> +1$ deuten auf eine Überschätzung hin, Werte im Zwischenbereich stehen für eine realistische Gefährlichkeitseinschätzung.

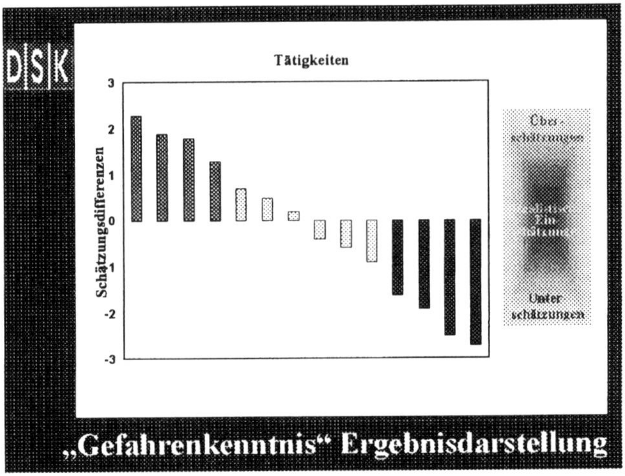

Abbildung 1:
Ergebnisdarstellung über z-Wert Differenzbildung

Für jeden Betriebsbereich konnten so als punktgenaue Ansatzpunkte für die weitere Arbeit im Regelfall 3–5 unterschätzte Tätigkeiten ermittelt werden. Die Ergebnisse können global wie folgt dargestellt werden:

- Tätigkeiten mit hoher Einschätzung der Gefährlichkeit weisen im Regelfall niedrige Unfallziffern auf.
- Tätigkeiten mit niedriger Einschätzung weisen im Regelfall hohe Unfallziffern auf.
- Routinetätigkeiten werden besonders häufig unterschätzt.
- Auf gut 20 % unterschätzte Tätigkeiten entfällt beinahe die Hälfte aller untersuchten Unfälle.

2.3 Regelkreis

Nach Ermittlung der genauen Ansatzpunkte über die unterschätzten Tätigkeiten wurde zunächst der Kreis der Multiplikatoren durch die externen Berater intensiv in den gedanklichen Hintergründen geschult.

Die Multiplikatoren führten danach mit entsprechender Hilfestellung durch die externen Berater eine eintägige Schulung aller Aufsichten (ca 300–400 je Bergwerk) aus ihrem Bereich durch. Die daran anschließende Unterweisung aller Mitarbeiter (ca 2500–3000 je Bergwerk) wurde wiederum durch die geschulten Aufsichten durchgeführt, so daß jeder an diesem

Prozeß Beteiligte durch seine eigene Vorgesetzten unterwiesen bzw. geschult wurde. Entscheidender Vorteil diese engen Einbindung aller Vorgesetzten des Bergwerkes war einerseits eine höhere Identifikation der Vorgesetzten mit der Sicherheitsarbeit, andererseits aber auch eine bessere Zusammenarbeit aller Ebenen.

Im Anschluß an die 2–3 stündige Unterweisung der Mitarbeiter wurden in Kleingruppenarbeit die Probleme innerhalb der unterschätzten Tätigkeiten bearbeitet.

Ausgehend aus den hierbei gemachten positiven Erfahrungen bildeten sich je BW ca 30 ständige freiwillig arbeitende Kleingruppen, die auch weiterhin Probleme aus ihrem Arbeitsbereich behandelten. Während hierbei zu Anfang sicherheitliche Probleme im Zusammenhang mit den Unterschätzungen im Vordergrund standen, wurden im weiteren Verlauf immer stärker betriebliche Probleme gelöst, wobei sich aber deutlich zeigte, daß auch hierdurch sicherheitliche Verbesserungen erreicht wurden.

Unterstützt wurde dieser Prozeß durch ständige weitere Schwerpunktaktionen wie z. B. Plakatausstellungen, Filme, Diskussionsrunden, regelmäßige Rückmeldung der Ergebnisse in betrieblichen Standardgesprächen, Wissensabfragen bei Aufsichten und Mitarbeitern u.ä.

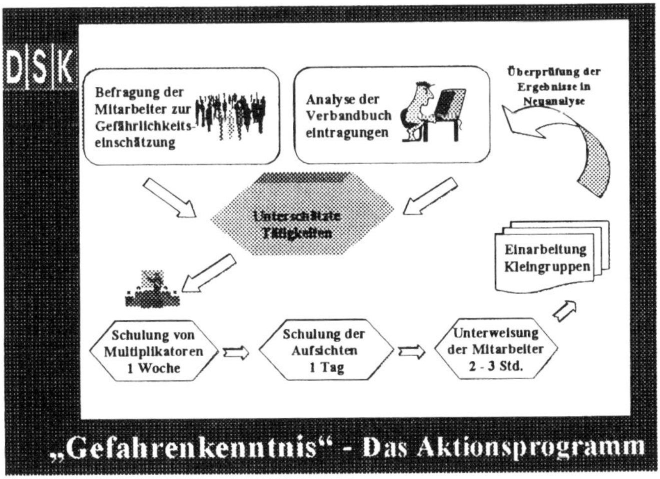

Abbildung 2:
Regelkreis zur Einführung und Steuerung des Prozesses

3. Ergebnisse und Evaluation

Nach Ablauf des Förderungszeitraumes, d.h. nach 15 Monaten, sollte eine Überprüfung der Ergebnisse erfolgen. Zur Überprüfung wurde eine Neuanalyse nach gleichem Verfahren wie in der Erstanalyse durchgeführt Die Ergebnisbeurteilung sollte Aussagen zu folgenden drei Fragestellungen liefern:

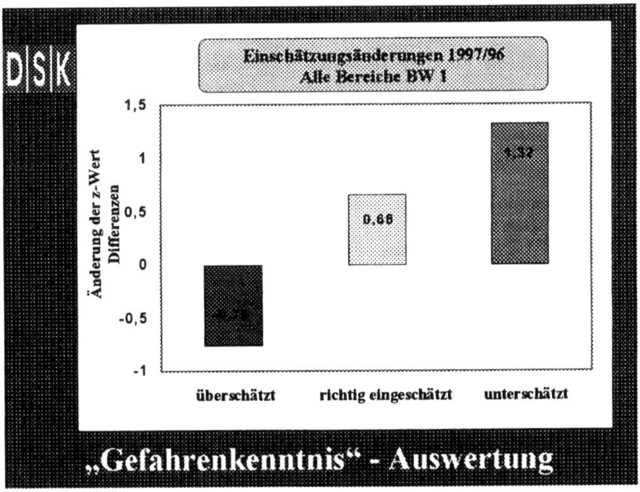

Abbildung 3:
Einschätzungsänderungen

- Was hat sich in den Köpfen der Mitarbeiter bewegt?
- Welche Auswirkungen hatte das auf das Unfallgeschehen?
- Gibt es Ansatzpunkte auch für die Zukunft?

Leider konnten diese Fragen nicht für beide Bergwerke beantwortet werden, da auf einem Bergwerk aufgrund von Stillegungsmaßnahmen das Programm nicht mehr bis zu Ende durchgeführt werden konnte, so daß sich die hier anschließenden Auswertungen nur noch auf Ergebnisse eines Bergwerkes beziehen.

3.1 Änderung der Gefährlichkeitseinschätzung

Um sicher beurteilen zu können, welche Auswirkungen in der Gefährlichkeitseinschätzung der untersuchten Tätigkeiten eingetreten sind, wurden über die Betrachtung der Einzeltätigkeit hinaus alle untersuchten Tätigkeiten in die Blöcke ehemals überschätzte, ehemals realistisch eingeschätzte und ehemals unterschätzte Tätigkeiten zusammengefaßt. Die Veränderung der z-Wert Differenzen der Kontrolluntersuchung gegenüber der Erstunter suchung gibt das Maß der Einschätzungsänderung an. Es ergibt sich nach Abbildung 3:

- Die ehemals überschätzten Tätigkeiten werden heute weniger stark überschätzt.
- Die ehemals realistisch eingeschätzten Tätigkeiten werden heute höher, d.h. gefährlicher eingeschätzt.
- Die ehemals unterschätzten Tätigkeiten werden heute deutlich weniger unterschätzt, d.h. deutlich gefährlicher eingeschätzt als noch vor 15 Monaten.

Insofern hat sich in den Köpfen der Mitarbeiter genau das erwünscht Ergebnis eingestellt. Die Erhöhung der Gefährlichkeitseinschätzung bei den ehemals realistisch eingeschätzten Tätigkeiten ist als nicht unerwünschter Nebeneffekt zu werten.

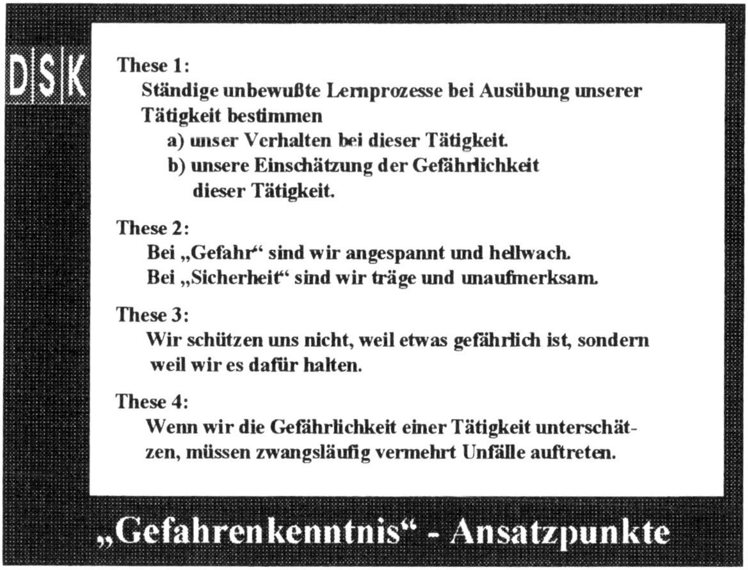

Abbildung 4:
Einschätzungsänderungen anhand der Einschätzungsblöcke der Erstuntersuchung

3.2 Änderung der Unfallzahlen

Diese Änderung in der Gefahreneinschätzung hatte aber auch klar nachzuweisende Änderungen im Unfallgeschehen zur Folge. Die Auswertung erfolgt auch hier wieder, wie die Abbildung 4 zeigt, in den oben beschriebenen Blöcken.

Innerhalb von 15 Monaten erfolgte bei den überschätzten Tätigkeiten lediglich eine Reduzierung der Unfälle um ca 1 %, was praktisch einer Stagnation gleichkommt. Die Unfallzahlen bei den ehemals unterschätzten Tätigkeiten konnten dagegen um fast 52 % gesenkt werden. Bei den ehemeals realistisch eingeschätzten Tätigkeiten erfolgte auch hier wieder ein Überzugseffekt, so daß das gesamte Bergwerk seine Verbandbucheintragungen innerhalb von nur 15 Monaten um 44 % senken konnte.

Es zeigt sich, daß einerseits durch diese Maßnahme genau dort Unfälle verhindert wurden, wo die psychologische Intervention hinzielte, andererseits insgesamt deutlich überproportional positive Ergebnisse erreicht wurden

Die übrigen Bergwerke der DSK konnten in dieser Zeit lediglich eine Verbesserung von immerhin noch 15–20 % verzeichnen.

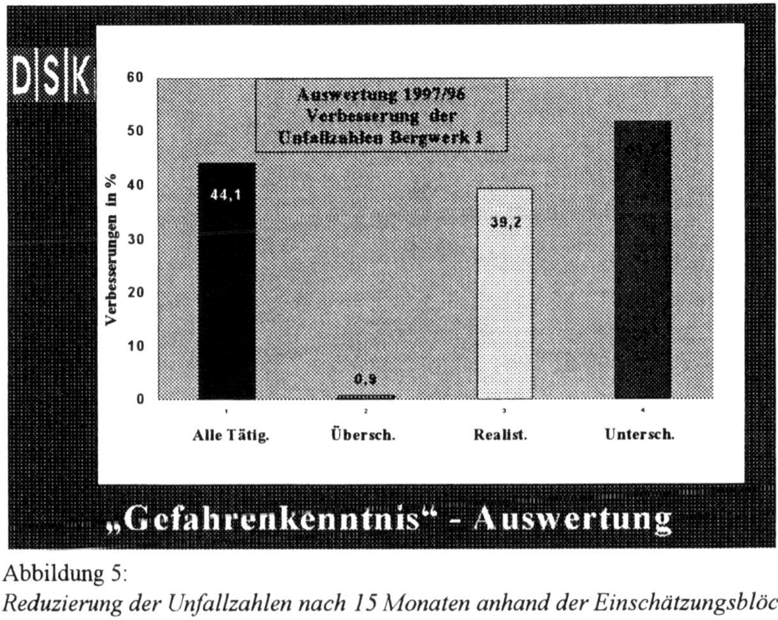

Abbildung 5:
Reduzierung der Unfallzahlen nach 15 Monaten anhand der Einschätzungsblöcke der Erstuntersuchung

3.3 Ansätze für die Zukunft

Betrachtet man die Kontrollanalyse nur für sich, so ergeben sich wieder neue Ansatzpunkte durch unterschätzte Tätigkeiten und somit neue Gesprächsinhalte und Ansatzpunkte für Kleingruppenarbeiten. Die entsprechenden Zahlengrundlagen werden zwar mit der Zeit immer kleiner, die Grundaussage bleibt aber bestehen, daß auf nur wenig unterschätzte Tätigkeiten der Großteil aller Unfälle entfällt.

Somit ist das Verfahren nutzbar als dauerhaft weiterführbares Instrument in der Sicherheitsarbeit eines Unternehmens, muß aber durch ständige Impulse regelmäßig neu belebt werden.

4. Übertragung auf andere Betriebseinheiten

In Anlehnung an die Erfolge des EU-Projektes „Gefahrenkenntnis in der betrieblichen Praxis“ auf einem Bergwerk der DSK wurde im Jahre 1998 in weiteren 4 Betriebseinheiten der DSK das Programm eingeführt. Abbildung 5 zeigt die Kennzahlen der entsprechenden Betriebseinheiten

DSK

Betriebs-einheit	Multipli-katoren	Auf-sichten	Mit-arbeiter
A	10	38	440
B	27	→	600
C	10	100	1000
D	30	400	4000

„Gefahrenkenntnis“ - Erweiterung auf 4 Betriebseinheiten

Abbildung 6:
Kennzahlen der im Jahre 1998 eingeführten Programme

An der unterschiedlichen Zahl der Beschäftigten in den einzelnen Betriebseinheiten wird deutlich, daß das Verfahren unabhängig von der Zahl der Mitarbeiter eingeführt werden kann. Es galt aber zu beachten, daß innerhalb einer Organisationseinheit alle Mitarbeiter in den Verfahrensprozeß eingebunden werden.

„Betroffene zu Beteiligten machen"

Das Aktionsprogramm (Regelkreis Abbildung 2) wurde jeweils auf die Bedürfnisse und Anforderungen bzw. auf die vorhandene Struktur der Bergwerke (insbesondere in Bezug auf die initiierten Veränderungsprozesse QDA, TQM, Kaizen etc.) zugeschnitten. Dies geschah unter Einhaltung der Prozeßschritte:

- Definition der Tätigkeiten
- Verbandbuchanalyse
- Befragung der Mitarbeiter
- Z-Wert Berechnung
- Unterschätzte Tätigkeiten

Die Abbildung 6 zeigt die Untersuchungsergebnisse der 4 Betriebseinheiten. Die Anwendbarkeit des Verfahrens bei unterschiedlichen Beschäfti gungszahlen und großen Differenzen bei der Anzahl der untersuchten Unfälle wird zumindest bei der Ermittlung der unterschätzten Tätigkeiten bestätigt. Auch hier entfallen auf gut 20 % der unterschätzten Tätigkeiten beinahe die Hälfte aller untersuchten Unfälle.

Die einzige Abweichung weist Betriebseinheit D auf. Diese Betriebseinheit wurde während des Verfahrensablaufes aus 2 eigenständigen Betriebseinheiten zusammengefügt. Hierdurch wurden gewachsene Strukturen wie auch Kulturen miteinander vermengt, und es ergaben sich nicht mehr so trennscharfe Ergebnisse wie in einer in sich abgeschlossenen Betriebseinheit.

Die endgültigen Evaluationsergebnisse für diese Betriebseinheiten stehen noch aus.

DSK

	A	B	C	D
Unfälle	185	1051	1299	1743
Befragte Bergleute	117	274	152	272
Tätigkeiten	63	181	183	190
	Unterschätzte Tätigkeiten			
Tätigk. Absolut / %	13/ 20,6 %	38/ 21 %	42/ 23 %	40/ 21,1 %
Unfälle Absolut / %	83/ 44,9 %	443/ 42,2 %	644/ 49,6 %	606/ 34,8 %

„Gefahrenkenntnis" - Ergebnisse der 4 Betriebseinheiten

Abbildung 7:
Anteil der Unfälle bei den unterschätzten Tätigkeiten in den 4 weiteren Betriebseinheiten

5. Verknüpfung mit Strukturen und Instrumenten des Qualitätsmanagements

Die Anpassung an die betrieblichen Veränderungsprozesse war für die Umsetzung von großer Bedeutung, da im Jahre 1996 zeitgleich mit dem EU-Projekt Gefahrenkenntnis in einigen Pilot-Betriebseinheiten die zweite Phase der Organisationsentwicklung, „Qualität der Arbeit" genannt, eingeführt wurde. Da sich auch dieser Prozeß im wesentlichen auf das In- strument der Kleingruppenarbeit stützt, mußte unbedingt eine Verknüpfung beider Prozesse erreicht werden, um so eine Doppelarbeit auf den Schultern der Mitarbeiter weitestgehend zu vermeiden. Es mußten daher vorhandene Aufbau- und Ablauforganisationen für beide Prozesse gleichermaßen genutzt werden.

Diese „Qualität der Arbeit" orientiert sich an den TQM-, KVP-, Kaizen-Prinzipien Kundenorientierung, kontinuierliche Verbesserung, Konzentration auf die Wertschöpfung und Einbeziehung der Mitarbeiter. Der Schwer-

punkt liegt in der Verbesserung der Arbeitsabläufe. Hierzu werden gezielt die Mitarbeiter mit ihrem Erfahrungsswissen in QDA-Gruppen bzw. Prozessteams eingebunden. Die bewährten Elemente „Teamentwicklung“ und „Projektmanagement“ sind als feste Bestandteile in die QDA-Arbeit integriert worden.
Abbildung 7 zeigt den Prozeß „Gefahrenkenntnis“ am Beispiel einer Betriebseinheit in Verzahnung mit den anderen Bausteinen des Veränderungsprozesses.

Abbildung 8:
Der Prozeß „Gefahrenkenntnis“ am Beispiel einer Betriebseinheit als ein Baustein der betrieblichen Veränderungsprozesse

Es wird deutlich, daß Gefahrenkenntnis nicht als isolierte Strategie betrachtet wird, sondern neben den Bausteinen Kaizen, Betriebliches Vorschlagswesen, Führen mit Zielvereinbarungen, Teamentwicklung und Projektarbeit in den Veränderungsprozeß integriert ist. Wichtige Voraussetzungen für einen erfolgreichen Veränderungsprozeß sind einheitliche Informationen, einheitliche Argumentationen sowie klare Regelungen von Aufgaben, Kompetenzen und Verantwortung für jede Ebene. Diese Voraussetzungen wurden geschaffen durch die Erstellung einheitlicher Unterlagen sowie einer Ausbildung von 27 Trainern und 600 Anwendern, um ständige Ansprechpartner als treibende Kräfte bei der Verbesserungsarbeit vor Ort zu haben.

Die Verzahnung zwischen dem Programm Gefahrenkenntnis und den QDA-Prozessen wird in der Abbildung 8 verdeutlicht. Unternehmensziele und Mitarbeiternutzen sind für beide Ansätze identisch, ebenfalls die Prozeßumsetzung durch Kleingruppenarbeit. Unterschiede ergeben sich lediglich bei der Prozeßbetrachtung. Während die Qualitätsprozesse ihren Ansatz für eine kontinuierliche Verbesserung in der Technik und der Organisation sehen und es über die Kleingruppenarbeit nur teilweise als Überzugseffekt zu einer Verhaltensänderung kommt, zielt das Programm Gefahrenkenntnis gerade auf eine dauernde Verhaltensänderung ab und erreicht indirekt über die Kleingruppenarbeit eine kontinuierliche Verbesserung. Der Entwicklung von Standards in Kleingruppen muß hierbei eine große Bedeutung beigemessen werden.

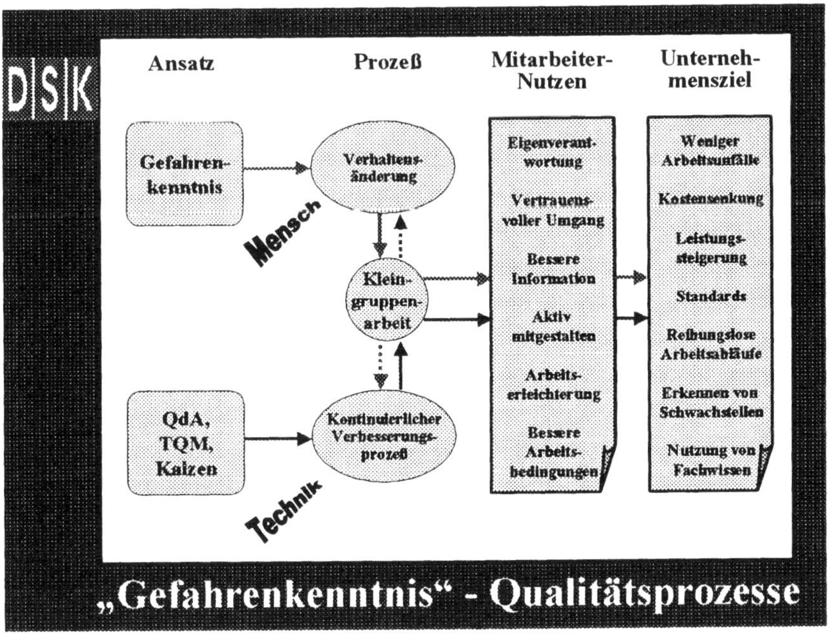

Abbildung 9:
Verwandtschaft von Qualitätsprozessen und Gefahrenkenntnis

Die Zukunft wird zeigen, ob die ganzheitliche Betrachtung der Systeme Arbeits- und Gesundheitsschutz als integraler Bestandteil von Qualitätsmanagementsystemen unter Einbeziehung der Menschen, Technik, Organisation und Kultur am Ende durch eine den Mitarbeiter wertschätzende Organisations- und Sicherheitskultur die Qualität der Arbeit sicher gestellt werden kann.

Dietmar Bratge und Uwe Gerber

Evaluation des Ausbildungskonzeptes im Unternehmermodell

1. Einleitung

Mit der seit 1. Oktober 1995 gültigen Neufassung der Unfallverhütungsvorschrift „Fachkräfte für Arbeitssicherheit" (VBG 122) bietet die Süddeutsche Metall-Berufsgenossenschaft (SMBG) für Kleinbetriebe das Unternehmermodell (U-Modell) als Alternative zur sicherheitstechnischen Regelbetreuung, d.h. zur Bestellung einer eigenen Sicherheitsfachkraft bzw. zur Beauftragung eines überbetrieblichen Dienstes, an. Dieses U-Modell ist an folgende Voraussetzungen geknüpft:

- Es sind durchschnittlich maximal 50 Arbeitnehmer beschäftigt.
- Der Unternehmer nimmt an den von der Berufsgenossenschaft festgelegten Informations- und Motivationsmaßnahmen, d. h. an den Unternehmerseminaren teil.
- Der Unternehmer nimmt regelmäßig an Fortbildungsmaßnahmen teil.
- Der Unternehmer weist eine qualifizierte, bedarfsgerechte Beratung in Fragen der Arbeitssicherheit und des Gesundheitsschutzes nach.

Die als zweite Voraussetzung genannten Unternehmerseminare bestehen aus vier Blöcken á zwei Tagen. Der Teil U I widmet sich dem Thema „Arbeits- und Gesundheitsschutz als Unternehmensziel" und ist branchenübergreifend angelegt. Für die Teile U II (Schwerpunkte: Gefährdungsbeurteilung; Motivation der Mitarbeiter), U III (Schwerpunkte: Sicherheitstechnik; Ergonomie) und U IV (Schwerpunkte: Gefahrstoffe; Umweltschutz) werden die Teilnehmer nach Branchen getrennt eingeladen. Zur Zeit werden Seminare für Kfz-Werkstätten, Maschinenbauer und Schlossereien angeboten, eine vierte Variante für Heizungsbauer ist in Vorbereitung.

Mittlerweile (Stand: 03/1999) haben sich 3.323 Unternehmer für das U-Modell entschieden. Sowohl angesichts der daraus resultierenden Zahl von Seminarteilnehmern als auch der zentralen Bedeutung, die dem Unternehmer gerade in Kleinbetrieben bei allen Fragen der Arbeitssicherheit und des Gesundheitsschutzes zukommt, legt die SMBG großen Wert darauf, die Qualität der Unternehmerseminare zu sichern.

Deshalb wurde in 1998 und 1999 in Zusammenarbeit mit dem „Brühler Institut für Bildung und Beratung (BiB e.V.)“ unter der Leitung von Herrn Dr. Ulrich Baetz ein groß angelegtes Projekt zur „Evaluation des Ausbildungskonzeptes im U-Modell“ durchgeführt. Die Untersuchung folgt einem komplexen Untersuchungsdesign. Eine Darstellung der gesamten Durchführung und der Ergebnisse dieser Untersuchung würde den Rahmen dieser Veröffentlichung bei weitem sprengen. Wir möchten deshalb an dieser Stelle die Fragestellungen, das Untersuchungsdesign sowie die Methodik der Datenerhebung darstellen.

2. Fragestellungen der Untersuchung

Das U-Modell wird seit geraumer Zeit durchgeführt, systematische Erkenntnisse zu seinen Effekten liegen bislang jedoch kaum vor. Diese Ausgangslage führt dazu, daß eine Vielzahl von Fragen bislang nicht auf der Basis wissenschaftlicher Untersuchungsergebnisse beantwortet werden konnten. Dementsprechend breit gefächert ist das Spektrum der Fragestellungen, auf die diese Untersuchung Antworten geben sollte. Wir haben die Untersuchung so angelegt, daß sie möglichst vielen dieser Ansprüche gerecht werden kann.

Die Evaluation des U-Modells der SMBG sollte Antworten auf folgende Fragestellungen ermöglichen:

- Welchen Einfluß haben die Seminare des U-Modells auf die Einstellung der Teilnehmer zur SMBG?
- Wie stabil ist die Einstellung zur SMBG über die Seminare?
- Welche wesentlichen inhaltlichen Ziele werden im jeweiligen Seminarteil erreicht?
- Wie werden diese Seminarziele von den Teilnehmern beurteilt? Wie von den Referenten?
- Welche Seminarziele werden erreicht und welche nicht? Welche Gründen hat dies jeweils?
- Mit welchen Erwartungen kommen Teilnehmer zu den Seminaren?
- Welche kognitiven Auswirkungen haben die Seminare (erhöhte Aufmerksamkeit, Einsicht und Begründungszusammenhänge auf höherer Stufe)?
- Welche Defizite sehen Teilnehmer bezüglich der Seminare und warum?
- Welche Verbesserungsanregungen haben die Teilnehmer?
- Wie weit überlappen sich die Themen in den einzelnen Seminartypen?
- Welche Schwerpunkte setzen Referenten in den jeweiligen Seminartypen und warum?

- Welche Folgen haben heterogene bzw. homogene Zusammensetzung der Teilnehmerschaft im Hinblick auf die Arbeitsgebiete der Unternehmen auf den Seminarerfolg?
- Welche Fragen und Aspekte, die von den Teilnehmern aufgeworfen werden, können in den Seminaren nicht behandelt werden?
- Lassen sich zwischen unterschiedlichen Seminarkonzepten bzw. Seminardurchführungen Wirkungsunterschiede hinsichtlich kognitiver Dimensionen, Einstellungs- und Motivationsfaktoren feststellen?
- Ergeben sich bei diesen Fragestellungen Unterschiede hinsichtlich Gewerk, Betriebsgröße, Vorerfahrungen mit der SMBG, Art der Unterbringung, Alter, Geschlecht und Bildungsstand?

3. Untersuchungsdesign

Das Design der Untersuchung folgt dem Modell der Prozeß-Produkt-Evaluation (GUBA, E.G., 1981; GÜLPEN, B., 1996). Dabei werden nicht nur Effekte gemessen, sondern auch die Vermittlungsprozesse dokumentiert, um Hypothesen über Ursache-Wirkungs-Zusammenhänge untersuchen zu können.

Für die Evaluation wurden sowohl quantitative als auch qualitative Verfahren der Datenerhebung eingesetzt. Die Erhebung der quantitativen Daten erfolgte durch den Einsatz standardisierter Fragebogen für alle Teilnehmer und Referenten in den Seminaren im Erhebungszeitraum. Die qualitativen Daten wurden durch teilstandardisierte Telefoninterviews bei einer Stichprobe der Teilnehmer erhoben.

Die Datenerhebung erstreckte sich über einen Zeitraum von einem Jahr – von April 1998 bis April 1999. In diesem Zeitraum erhielten alle Teilnehmer am U-Modell – unabhängig davon, welches Seminar sie besuchten – die standardisierten Fragebogen, mit der Bitte, diese auszufüllen.

Für jeden Seminartyp (U1, U2, U3 oder U4) wurden jeweils 3 unterschiedliche Fragebogen eingesetzt:

- der Startfragebogen, der zu Beginn des Seminars auszufüllen war,
- der Abschnittsfragebogen, der zu drei definierten Zeitpunkten des Seminars – jeweils nach Beendigung bestimmter Seminarteile – ausgefüllt werden sollte und
- der Schlußfragebogen, der nach Beendigung des Seminars ausgefüllt werden sollte.

Insgesamt wurden somit von jedem Teilnehmer 5 Fragebögen ausgefüllt.

Im Startfragebogen wurden soziodemographische Daten ebenso erhoben, wie z.B. Daten zum Betrieb, der Branche und den Tätigkeitsschwerpunkten des Betriebes. Darüber hinaus wurde erhoben, ob die Teilnehmer im Zeitraum von 5 Jahren vor der Teilnahme am U-Modell Kontakt zur SMBG hatten und wenn ja, aus welchem Anlaß. Ebenso wurde erhoben, ob die Teilnehmer in den letzten 5 Jahren – abgesehen vom U-Modell – an weiteren Seminaren oder Lehrgängen der SMBG oder anderer Anbieter teilgenommen hatten. Diejenigen, die bereits an einem oder mehreren Seminaren des U-Modells teilgenommen hatten, wurden um eine retrospektive Bewertung des letzten Seminars des U-Modells gebeten, an dem sie teilgenommen hatten. Den Teilnehmern wurden weiterhin 11 Items vorgegeben, die Einstellungen zum Thema Arbeitsschutz zum Inhalt hatten. Zu diesen Einstellungen sollten sie auf einer 5-stufigen Skala ihre Zustimmung bzw. Ablehnung äußern. Das Image der SMBG bei den Teilnehmern wurde durch 17 Gegensatzpaare (wie z. B. unwirtschaftlich – wirtschaftlich) erhoben. Die Einschätzung der SMBG durch die Teilnehmer bezüglich der Gegensatzpaare wurde durch eine 7-stufige Skala erhoben.

In den Abschnittsfragebogen wurden die Teilnehmer gebeten, anzugeben, welches der im entsprechenden Seminarabschnitt intensiver behandelten Themen für sie die größte Bedeutung hatte. Bezogen auf dieses für sie besonders wichtige Thema gaben die Teilnehmer auf der Basis von 10 Gegensatzpaaren (wie z.B. interessant – langweilig) eine Bewertung ab. Ebenso wurden sie gebeten, die Vorgehensweise des/der Referenten zu bewerten. Für beide Bewertungen wurde eine 7-stufige Skala benutzt. Zusätzlich wurde den Teilnehmern durch drei offene Fragen die Möglichkeit gegeben, eine in ihren eigenen Worten formulierte Bewertung abzugeben.

Im Schlußfragebogen wurde erhoben, welche Bedeutung die Teilnehmer den Kontakten zu den anderen Seminarteilnehmern während des Seminars beimessen. In zwei offenen Fragen wurde ihnen die Möglichkeit gegeben, zu erläutern, was ihnen besonders gut gefallen hat und welche Verbesserungsvorschläge sie haben. Die bereits im Eingangsfragebogen erhobenen Einstellungen zum Arbeitsschutz und das Image der SMBG wurden im Schlußfragebogen in identischer Form erhoben, um Aussagen über Veränderungen im Seminarverlauf machen zu können. Zusätzlich wurden die Teilnehmer befragt, ob und in welcher Ausführlichkeit die für das jeweilige Seminar vorgegebenen Themen behandelt wurden.

Die Teilnehmer wurden gebeten, auf dem jeweiligen Fragebogen eine persönliche Kennung anzugeben, so daß es möglich ist, die Start-, Abschnitts- und Schlußfragebogen einer Person zuzuordnen. Somit können Veränderungen in den Einstellungen nicht nur für die Gesamtgruppe gemessen werden, sondern es lassen sich Aussagen darüber treffen, welche Personengruppen welche Entwicklung im Seminarverlauf genommen haben.

Für die Datenerhebung bei den Referenten wurden zwei Fragebogen eingesetzt: ein Abschnittsfragebogen, der von den Referenten zu den gleichen Zeitpunkten im Seminarverlauf auszufüllen war, zu dem auch die Teilnehmern ihren Abschnittsfragebogen ausfüllten. Die Referenten sollten Angaben zu den im vorhergegangenen Abschnitt am intensivsten behandelten Themen und zu den eingesetzten Materialien bzw. Methoden machen. Ferner sollten sie beurteilen, wie das am intensivsten behandelte Thema bei den Teilnehmern angekommen war und wie sie das Gruppenklima einschätzen. In einer offenen Frage hatten sie darüber hinaus die Gelegenheit besondere – positive oder negative – Vorkommnisse im jeweiligen Abschnitt zu vermerken.

Zum Abschluß des Seminars erhielten die Referenten einen Fragebogen, in dem sie angeben sollten, welche der im jeweiligen Seminar vorgesehenen Themen in welcher Intensität behandelt worden waren. Dieser Fragebogen war identisch mit einem Teil des Abschlußfragebogens der Teilnehmer.

Diese Form der Datenerhebung ermöglicht unterschiedliche Auswertungsstrategien. Die Daten können querschnittlich analysiert werden, um so Aussagen darüber machen zu können, wie sich die in Frage stehenden Faktoren bei den Teilnehmern der unterschiedlichen Seminartypen unterscheiden. Diese Unterschiede lassen Rückschlüsse darüber zu, wie sich die Teilnahme auf die Einstellungen und Meinungen der Teilnehmern auswirkt.

Da es eine Reihe von Teilnehmern gibt, die im Erhebungszeitraum an mehreren Seminartypen teilgenommen haben, lassen sich die durch die querschnittliche Analyse gewonnenen Erkenntnisse auf der Basis längsschnittlicher Auswertungen überprüfen und erhärten.

Ebenso können die quantitativen und qualitativen Daten zusammengeführt werden, um so zu weitergehenden Schlußfolgerungen hinsichtlich der Gründe für Veränderungen zu kommen und die entsprechenden Hypothesen zu prüfen.

In einem letzten Schritt können die Ergebnisse der Teilnehmerbefragung und der Referenten zusammengeführt werden, um z. B. zu überprüfen, inwieweit sich die Perzeption der beiden Gruppen über Seminarverlauf und inhaltliche Aspekte entspricht.

4. Datenlage

Der Fragebogenrücklauf war hoch. Bezogen auf die Anzahl der Personen, die im Zeitraum der Datenerhebung an Seminaren des U-Modells teilgenommen hatten, betrug er 67,4%, bezogen auf die Anzahl der Seminare, die in diesem Zeitraum stattgefunden hatten, lag er bei 77,0% (vgl. Tab. 1). Es liegen von 2723 Personen auswertbare Startfragebogen vor.

Seminare	67,4%
Teilnehmer	71,3%

Tabelle 1:
Fragebogenrücklauf der Teilnehmerbefragung

Zwischen den einzelnen Seminartypen (U1, U2, U3 und U4) unterscheiden sich die Rücklaufquoten weder bezogen auf die Teilnehmer noch bezogen auf die Seminare wesentlich. Die in Tab. 2 dargestellte Verteilung der Startfragebogen auf die verschiedenen Seminartypen gibt im Wesentlichen auch die Verteilung der Abschnitts- und Schlußfragebogen wieder. Die Unterschiede sind minimal. Der Schwerpunkt der zur Verfügung stehenden Daten liegt auf den U1- und U2-Seminaren.

U1	U2	U3	U3 und U4	N
41,1%	37,8%	13,6%	7,5%	2723

Tabelle 2:
Verteilung der Startfragebogen auf die Seminartypen

5. Ergebnisse

Die Ergebnisse wurden mittlerweile den ehrenamtlichen Organen der SMBG vorgestellt und liegen in Form eines umfangreichen Abschlußberichtes vor. Sie belegen, daß es in einem erheblichen Umfang gelungen ist, die teilnehmenden Unternehmer für das Thema Arbeitsschutz zu sensibilisieren und die Einstellung zur SMBG deutlich zu verbessern. Aufgedeckte Schwachstellen führten dazu, daß die Seminare im Rahmen des U-Modells an zahlreichen Stellen überarbeitet wurden.

Literatur

Guba, E. G (1981).: Effective Evaluation. San Francisco: Jossey-Bass Inc.

Gülpen, B. (1996): Evaluation betrieblicher Verhaltenstrainings unter besonderer Berücksichtigung des Nutzens. München, Mering: Hampp

Martina Lasser

Empirische Untersuchungen zur Qualität der berufsgenossenschaftlichen Ausbildung

1. Einleitung

Die Berufsgenossenschaften sorgen für die Aus- und Fortbildung der in der Arbeitssicherheit Beschäftigten. Um die Aus- und Fortbildung hochwertig und teilnehmerorientiert zu gestalten, werden regelmäßig deren Inhalte und Formen evaluiert. Im folgenden wird zunächst ein Modell der Erwartungshaltungen von Schulungsteilnehmern vorgestellt, das einen Zugang zur Qualität von Bildungsmaßnahmen bietet. Anschließend werden die Ergebnisse zweier Untersuchungen vorgestellt, die 1997 bei der BG Chemie durchgeführt worden sind.

2. Drei-Faktoren-Modell der Erwartungen

Die Qualität einer Bildungsmaßnahme hängt von vielen Variablen ab. Das zentrale Qualitätskriterium ist die Zufriedenheit der Teilnehmer mit den Schulungen. Die Zufriedenheit wird dabei definiert als der Grad, in dem die Teilnehmererwartungen erfüllt werden. Wichtige Erwartungen von Schulungsteilnehmern richten sich an unterschiedliche Aspekte der Schulung und insbesondere auf das Vorgehen des Dozenten. In einer Reihe von Untersuchungen, in denen Teilnehmer, Dozenten, Leiter von Trainingszentren und Vorgesetzte von Trainingsteilnehmern im Rahmen von Meßwiederholungsdesigns teilweise mehrfach befragt wurden, wurden die Erwartungen an die Qualifikationen von Dozenten erhoben und deren Erfüllung nach mehreren Kriterien überprüft. Die wichtigsten Erwartungen der Befragten richteten sich an die

- Hardskills (inhaltsorientierte Fertigkeiten und Kenntnisse wie fachliches Wissen),
- Metaskills (prozeßorientierte Fertigkeiten und Kenntnisse wie Methodenkompetenz und Kenntnisse in Lehr-Lern-Methoden)
- und an die Softskills (beziehungsorientierte Fertigkeiten und Kenntnisse wie Freundlichkeit) der Dozenten.

Aufgrund der Untersuchungsergebnisse wurde weiterhin vermutet, daß die drei Erwartungshaltungen einen unterschiedlichen Einfluß auf die Zufriedenheit der Teilnehmer mit den Schulungen haben (siehe Abbildung 1). Zufriedenheit wird in erster Linie durch die Hardskills bestimmt. Hardskills sind wichtige, jedoch von den Teilnehmern nicht unbedingt erwartete Eigenschaften der Dozenten. Verfügt der Dozent über Hardskills, so wertet das die Schulung wesentlich auf und führt bei den Teilnehmern zur Zufriedenheit. Hardskills werden als Werterhöhungskomponente bezeichnet. Sind die Hardskills des Dozenten nur schwach ausgeprägt, führt das bei den Teilnehmern jedoch nicht zur Unzufriedenheit. Unzufriedenheit kommt durch fehlende Softskills zustande. Softskills sind nicht nur wichtige Eigenschaften der Dozenten, sondern werden von den Teilnehmern auch erwartet. Softskills bilden die Minimumkompontente einer Schulung. Softskills werden dann von den Teilnehmern wahrgenommen, wenn es zu negativen Abweichungen von der erwarteten Ausprägung kommt. Das Vorhandensein von Softskills beim Dozenten trägt jedoch nicht zur Zufriedenheit bei. Metaskills tragen sowohl zur Zufriedenheit als auch zur Unzufriedenheit bei.

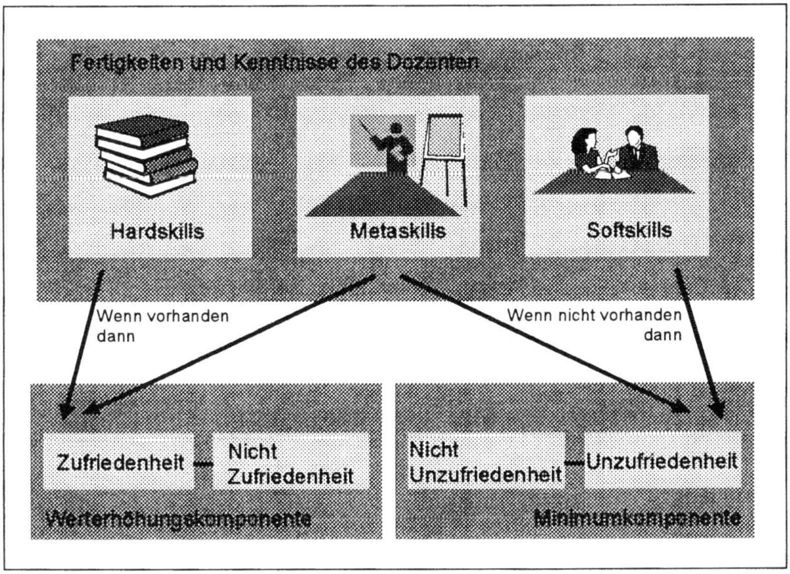

Abbildung 1:
Drei-Faktoren-Modell der Erwartungen

3. Zufriedenheit von Schulungsteilnehmern

Zur Ermittlung der Zufriedenheit von Schulungsteilnehmern der Berufsgenossenschaft der chemischen Industrie wurden während verschiedener Schulungen mit den Schwerpunkten „Allgemeine Grundkenntnisse der Arbeitssicherheit", „Spezielle Fachkenntnisse" und „Psychologische Kenntnisse" Fragebogen verteilt und von 90 Seminarteilnehmern ausgefüllt. Im Fragebogen beurteilten die Teilnehmer auf verhaltensbasierten Ratingskalen Wichtigkeit und Erwartung von Verhaltensweisen des Dozenten während des jeweils zuletzt besuchten Schulungsteils sowie ihre Zufriedenheit mit der Schulung insgesamt. Es lassen sich folgende Ergebnisse zusammenfassen:

- Die Gesamtzufriedenheit der befragten Teilnehmer mit den Schulungen entspricht der Note 2 (gut).
- Zwischen der eingeschätzten Wichtigkeit der Verhaltensweisen und dem Grad, mit dem sie erwartet werden, besteht ein Zusammenhang von $r = 0{,}74$. Die Wichtigkeit wurde fast immer höher bewertet als die Erwartung, was darauf hindeutet, daß die Teilnehmer zwar hohe Ansprüche haben, aber nicht unbedingt erwarten, daß diese auch erfüllt werden. Von den befragten Schulungsteilnehmern wird als besonders wichtig eingeschätzt und auch in der Umsetzung stark erwartet, daß der Dozent inhaltlich gut vorbereitet ist, sich fachlich kompetent zeigt und sich verständlich ausdrückt.
- Die Skilltypen Hardskills, Softskills und Metaskills konnten auch in dieser Untersuchung faktorenanalytisch bestätigt werden. Die drei Skills decken verschiedene Erwartungshaltungen von Schulungsteilnehmern an die Verhaltensweisen der Dozenten ab. Zentrale Kriterien des Faktors „Hardskills" sind die Fachkompetenz des Dozenten und seine Fertigkeit, die Schulungsinhalte praxisrelevant umzusetzen. Bei dem Faktor „Softskills" bilden der souveräne, freundliche und rhetorisch geschickte Umgang der Dozenten mit den Teilnehmern einen Schwerpunkt. Unter dem Faktor „Metaskills" sind Verhaltensweisen subsumiert, die sich auf den angemessenen und teilnehmeradäquaten Einsatz von Lehr-Lernmethoden beziehen.
- Die drei Skills wurden von den Teilnehmern annähernd gleich wichtig eingestuft und erwartet. Es konnte keine spezifische Wirkung der einzelnen Skills auf die Zufriedenheit bzw. Unzufriedenheit festgestellt werden. Alle Skills sagen die Zufriedenheit mit der Schulung gleich gut vorher.

- Unabhängig vom besuchtem Seminartyp verlangen Schulungsteilnehmer vom Dozenten, daß er einen ausgewogenen kompetenten Eindruck im fachlichen, sozialen und methodischen Bereich macht.

4. Bildungsbedarf von Sicherheitsbeauftragten

Um eine fundiertere Aussage über die gegenwärtige Qualität laufender Seminare der BG Chemie und darüber hinaus verläßliche Grundlagen für die Neukonzeption des Lehrganges für Sicherheitsbeauftragte zu erhalten, wurden Anforderungen von Sicherheitsbeauftragten aus den Mitgliedsbetrieben an die einzelnen Schulungen des Grundseminars erhoben.

Zunächst wurden mit ca. 20 Sicherheitsbeauftragten Interviews zu Arbeitsumständen, Tätigkeitsmerkmalen und Arbeitsanforderungen an Sicherheitsbeauftragte geführt. Aufgrund dieser Informationen wurde ein Fragebogen entwickelt, der die Relevanz der Inhalte des Grundseminars (Fachliche Grundkenntnisse, Fachkenntnisse zu Gefahren und Unfallgeschehen, Psychologische Kenntnisse) für die Arbeit als Sicherheitsbeauftragter sowie Fragen zur didaktischen Gestaltung des Seminars beinhaltet. Der Fragebogen wurde von 246 Sicherheitsbeauftragten ausgefüllt. Aus Interview und schriftlicher Befragung läßt sich Folgendes bilanzieren:

- Vor dem Besuch des Grundseminars bringen viele Sicherheitsbeauftragte bereits eine gute Fachausbildung mit, erleben im Bereich der zwischenmenschlichen Kommunikation jedoch Defizite und Schulungsbedarf.
- Das Grundseminar deckt im rein fachlichen Bereich sehr viele Inhalte ab. Ungenügend wird nach Aussage der Befragten auf die Themen Rechte und Pflichten sowie Umgang mit Gefahren eingegangen. Informationen über die Aufgaben der Berufsgenossenschaften und der Gewerbeaufsicht bringen dagegen den Sicherheitsbeauftragten wenig.
- Im didaktischen Bereich bemängeln die Befragten am Grundseminar den fehlenden Bezug der Inhalte zum Tagesgeschäft sowie deren angemessene teilnehmeraktivierende Vermittlung. Sicherheitsbeauftragte profitieren insbesondere davon, daß in den Schulungen verschiedene Lösungsmöglichkeiten für typische Problemsituationen aus dem Berufsalltag gemeinsam in Fallstudien oder Rollenspielen erarbeitet werden. Die größte Ablehnung erfahren Vorträge als didaktisches Hilfsmittel.
- Die Befragten wünschen sich insbesondere von dem Grundseminar eine stärkere fachbegleitende Vermittlung sozialer Kompetenzen wie eine Einführung in Gesprächsführungstechniken und Konfliktmanagement.

5. Ausblick

Die Ergebnisse der Bildungsbedarfsanalyse sowie die Erkenntnisse über die wichtigen Fertigkeiten und Kenntnissen von Dozenten sind in der Neukonzeption des Schulungskonzeptes für Sicherheitsfachkräfte berücksichtigt und umgesetzt worden. Die Ergebnisse wurden teilweise auch in die Schulungskonzepte der anderen aus- und fortzubildenden Teilnehmergruppen übertragen und haben so zu einer qualitativen Verbesserung der berufsgenossenschaftlichen Ausbildung beigetragen.

Bruno Rüttinger und Bettina S. Wiese

Dienstleistungsqualität von Trainingsmaßnahmen

1. Einleitung

Die Qualität von betrieblichen Bildungsmaßnahmen zu bestimmen, ist ein schwieriges Unterfangen. Versteht man Bildungsmaßnahmen als Dienstleistungen, so bietet sich der kundenorientierte Qualitätsbegriff als ein Rahmenkonzept, innerhalb dessen ihre Qualität festgelegt werden kann. Nach diesem Konzept hat eine Dienstleistung oder ein Produkt dann Qualität, wenn sie den Anforderungen oder Erwartungen der Kunden entsprechen.

Im Bereich der Produktqualität findet sich dieser Qualitätsbegriff auf dem Weg der Umsetzung. Mit den Methoden moderner Marktforschung werden die Erwartungen der Kunden zunächst erfaßt und der Produktentwicklung anschließend zugänglich gemacht. Gleichzeitig wird mit Methoden der Werbung und Unternehmenskommunikation versucht, die Erwartungshaltungen der Kunden aktiv zu beeinflussen.

Soll die Qualität von Bildungsmaßnahmen erhöht werden, so bietet sich hier ein vergleichbares Vorgehen an. Dabei sind allerdings einige Probleme zu klären, die bisher noch kaum untersucht wurden:

- Es ist im Bereich von betrieblichen Bildungsmaßnahmen unklar, wer der eigentliche Kunde ist. Ist es der direkte Trainingsteilnehmer, der Vorgesetzte oder der Käufer, aus dessen Budget die Trainingsteilnahme finanziert wird?
- Die verschiedenen Kundengruppen haben unterschiedliche Erwartungen und kommen somit zu unterschiedlichen Qualitätsurteilen, die sich allerdings wechselseitig beeinflussen. Wie sich diese Beeinflussung vollzieht und zu einem Gesamturteil führt, ist nicht untersucht.
- Die Erwartungsdimensionen der Kunden von Bildungsmaßnahmen sind weitgehend ungeklärt. Es gibt zwar Untersuchungen zu allgemeinen Motiven der Trainingsteilnahme, die konkreten Erwartungen an die verschiedenen Aspekte des Trainings sind allerdings unbekannt.
- In Evaluationsstudien werden fast ausschließlich Erwartungen an einen möglichen Wissenserwerb und an Verhaltensänderungen operationalisiert. Ihre Erfüllung wird mittels psychologisch-pädagogischer Kriterien erfaßt. Diese Kriterien sind zwar für die Evaluation von Bildungsmaßnahmen sehr wichtig, betreffen aber nur einen Teilaspekt von Trainings-

erwartungen, nämlich diejenigen an die Effekte von Trainings. Die Planung, Organisation und vor allem die Trainingsdurchführung werden hierbei nicht genügend berücksichtigt.
- Es ist zu vermuten, daß es keine generellen Erwartungen an Bildungsmaßnahmen gibt, sondern daß die Kunden an unterschiedliche Bildungsmaßnahmen unterschiedliche Erwartungen stellen.

Im folgenden sind die Ergebnisse von empirischen Untersuchungen zu mehreren Aspekten der Kundenerwartungen an betriebliche Weiterbildungsmaßnahmen beschrieben. Sie betreffen folgende Fragestellungen:
- Welche Wichtigkeit schreiben Kunden verschiedenen Dimensionen von Kundenerwartungen zu?
- Welche Meinung haben Trainer über Kundenerwartungen? Gibt es Unterschiede zwischen den Kundenerwartungen und den Vermutungen der Trainer?
- Gibt es spezifische Erwartungen an Trainer?
- Werden an unterschiedliche Trainingsarten auch unterschiedliche Erwartungen gerichtet?

2. Wichtigkeit von Erwartungsdimensionen

Um die Wichtigkeit von Erwartungen an betriebliche Weiterbildungsmaßnahmen zu erfassen, wurden zunächst in einer Voruntersuchung ein Fragebogen mit wichtigen Kundenerwartungen an Trainings entwickelt. Er umfaßt 53 Items, die sich nach curricularen und motivationspsychologischen Aspekten zu 13 Dimensionen zusammenfassen lassen.

Der Fragebogen wurde von 90 Trainingsteilnehmern jeweils vor und nach dem Training anonym beantwortet. Die Items wurden vor und nach dem Training nach ihrer Wichtigkeit eingestuft. Für die Wichtigkeit der inhaltlich bestimmten Erwartungsdimensionen vor dem Training ergab sich folgende Reihenfolge:

1. Praxisbezug (Praxistips,Praxisbeispiele etc.); 2. Unmittelbare lernrelevante physische Umwelt (Stühle, Heizung etc.), 3. Lernunterlagen; 4. Lernergebnisse (Anwendungswissen, Beratungswissen etc.); 5. Arbeitsmittel (Computer etc.); 6. Methodisches/didaktisches Vorgehen des Trainers; 7. Merkmale des Trainers (Freundlichkeit etc.); 8. Inhaltliche und zeitliche Abstimmung von Seminaren und Teileinheiten; 9. Vorinformationen/ Organisation; 10. Bedarfsermittlung; 11. Lernzielbestimmung; 12. Feedback an die Teilnehmer/ Evaluation; 13. Weitere Umwelt/ Freizeitgestaltung:

Die Wichtigkeitseinstufungen der einzelnen Trainingsaspekte nach dem Training entsprechen fast völlig den Anfangsbeurteilungen und weisen auf eine hohe Reliabilität dieser Einstufungen hin.

Wie die Rangreihe zeigt, wird der Trainingserfolg zwar als wichtig eingestuft, jedoch vor allem unter dem Aspekt des Transfers in die Praxis. Daneben sind für die Teilnehmer die lernrelevante Umwelt und die Arbeitsunterlagen und -mittel wichtig. Danach erfolgt das Trainerverhalten. Von geringerer Bedeutung sind Aspekte der didaktischen Gestaltung wie z.B. die Bedarfsermittlung, die Lernzielermittlung , die Evaluation etc. Diese Befunde legen folgende Interpretation nahe. Für die Trainingsteilnehmer sind vor allem Aspekte der Trainingsdurchführung von großer Wichtigkeit, nicht aber die dem Training vor- und nachgelagerten Aspekte, auch nicht die Evaluation, vermutlich weil damit die Trainingsteilnehmer selbst in Frage gestellt werden könnten.

Gleichzeitig mit der Befragung der Trainingsteilnehmer wurden auch 29 Trainer danach befragt, wie die Trainingsteilnehmer die 59 Trainingsaspekte nach ihrer Wichtigkeit einstufen. Vergleicht man die Einschätzungen der Trainingsteilnehmer mit den Trainerurteilen über die Teilnehmereinschätzungen, so fällt vor allem ein Ergebnis auf: Trainer überschätzen tendenziell die Wichtigkeit der Aspekte, für die sie verantwortlich sind und unterschätzen die Wichtigkeit der Aspekte, auf die sie wenig Einfluß haben. Sie überschätzen die Bedeutung des methodisch-didaktischen Vorgehens, der inhaltlichen und zeitlichen Abstimmung des Lernstoffs und – wegen der hohen Teilnehmereinstufung in geringem Maße – auch die des Praxisbezuges, unterschätzen auf der anderen Seite aber die Wichtigkeit der unmittelbaren lernrelevanten physischen Lernumgebung.

3. Erwartungen an den Trainer

Zur Erhebung der Trainingsteilnehmererwartungen an die Merkmale von Trainern wurde in freien Interviews und nach der Methode der kritischen Ereignisse zehn Merkmale bestimmt, die den drei bekannten Kompetenzen (fachliche, methodische, soziale Kompetenz), den Verhaltensstilen (Aufgaben- und Teilnehmerorientierung) und den „big five" der Personwahrnehmung (Freundlichkeit, Selbstsicherheit, Belastbarkeit, Zuverlässigkeit, Kultiviertheit) entsprechen. Die Erwartungshaltungen zu diesen zehn Merkmalen wurde mit mehreren unterschiedlichen Fragetechniken erfragt:

- mit offenen Fragen nach beobachteten positiven bzw. negativen Trainer-Verhaltensweisen, welche dann den Merkmalen zugeordnet wurden,

- durch die Wichtigkeits- und Akzeptanzeinstufung von vorgegebenen positiven bzw. negativen Verhaltensweisen, welche in Voruntersuchungen als besonders repräsentative Operationalisierungen der Merkmale eingestuft wurden
- durch Einstufung der Merkmale nach ihrer Wichtigkeit und ihrem Fehlen.

Die Ergebnisse der Untersuchungen, an denen 364 Trainingsteilnehmer teilnahmen, legt ein Drei-Faktoren-Modell der Kundenzufriedenheit nahe. Erwartungshaltungen haben einen unterschiedlichen Einfluß auf die Teilnehmerzufriedenheit und lassen sich so in drei Merkmalskategorien einteilen. Die beziehungsorientieren Merkmale Freundlichkeit und Soziale Kompetenz (Soft-Skills) erhöhen bei positiver Ausprägung nicht die Zufriedenheit, lösen bei negativer Ausprägung allerdings eine hohe Unzufriedenheit aus. Umgekehrt erhöhen die inhaltsorientierten Merkmale Fachliche Kompetenz und Arbeitsorientierung (Hard-Skills) in ihrer positiven Ausprägung sehr stark die Zufriedenheit und in negativer Ausprägung deutlich schwächer als die beziehungsorientierten Merkmale Unzufriedenheit. Die prozeßorientierten Merkmale Methodische Kompetenz und Teilnehmerorientierung beeinflussen deutlich sowohl die Zufriedenheit wie die Unzufriedenheit. Allerdings kommt beziehungsorientierten Fähigkeiten bei Verhaltens- und Führungstrainings eine wichtigere Rolle zu als bei fachlichen Trainings. wo inhaltsorientierten Fähigkeiten ein größeres Gewicht haben.

In einer weiteren Untersuchung, in welcher erhoben wurde, welche Erwartungen die Vorgesetzten von Trainingsteilnehmern an die Trainer haben, ließen sich die genannten Ergebnisse, welche die Phase der Trainingsdurchführung betreffen, bestätigen. Zusätzlich legen die Vorgesetzten jedoch auch besonderes Gewicht auf die Vorbereitung einer Trainingsmaßnahme (z.B. die professionelle Kooperation mit den Unternehmen) und die Nachbereitung (Evaluation und selbstkritische Reflexion).

4. Das Buying Center

Um die Rolle verschiedener Personengruppen bei der Beurteilung von Trainingsanbietern und deren Auswahl zu bestimmen, wurden in mündlichen und schriftlichen Befragungen von Bildungsverantwortlichen in 97 repräsentativen deutschen Unternehmen die Entscheidungsprozesse bei der Anbieterauswahl untersucht. Als wesentliche Ergebnisse lassen sich festhalten, daß:

- Bildungsentscheidungen in der Regel unter hohem Zeitdruck gefällt werden und nicht langfristig und strategisch vorbereitet werden;
- die Fachabteilungen im allgemeinen einen stärkeren Einfluß auf das Qualitätsurteil haben als die Personal- oder Bildungsabteilungen.
- die Fachabteilungen Bildungsmaßnahmen initiieren und zusammen mit den Geschäftsführungen die Beschlüsse fassen, während die Personal- und Bildungsabteilungen eher die Rolle der Informationsselektierer haben.
- Je nach Wirtschaftszweig, Kundenorganisation und Trainingsart diese Rollen unterschiedlich verteilt sind.

5. Diskussion

Die Ergebnisse belegen zunächst daß sich die wichtigsten Kundendimensionen auf Aspekte der Trainingsdurchführung und der unmittelbaren physischen Lernumwelt sowie der Lernunterlagen und Arbeitsmittel beziehen. Auch die erwarteten Trainermerkmale werden sehr stark vom Trainingsprozeß her definiert. Dies hängt teilweise mit der Schwierigkeit zusammen, das Ergebnis von Bildungsmaßnahmen, z. B. Kenntniserwerb, Verhaltensänderungen und Transferleistungen, zu beurteilen.

Die Ergebnisse weisen weiterhin daraufhin, daß die Unterscheidung zwischen Minimum- und Werterhöhungfaktoren eine für die Gestaltung von Bildungsmaßnahmen sehr wichtige Unterscheidung ist.

Schließlich differieren die Erwartungen nach der Art des Trainings und des Kunden erheblich. Zu diesen Fragen, besonders aber zur Rolle der verschiedenen Qualitätsurteile im Rahmen der Entscheidungsprozesse für Bildungsmaßnahmen, besteht noch großer Forschungsbedarf.

Frank Kalfhues

Buch oder CD-ROM? – Eine Vergleichsstudie

Zusammenfassung: Mit dem interaktiven hypermedialen Tutorium „Wege in die Psychologie" (http://www.regiosurf.net/supplement) wurde der Versuch unternommen, ein Lernprogramm zu entwickeln, das mit den Erkenntnissen der aktuellen Lern- und Lehrforschung in Einklang steht. In einer quasi-experimentellen Studie wurden dazu drei Fragestellungen untersucht: (1) Verfügen non-interaktive Hypermedia-Texte über eine höhere Lernwirksamkeit als Printmedien? (2) Verfügen interaktive hypermediale Tutorien über eine höhere Lernwirksamkeit als non-interaktive Hypermedia-Texte? (3) Liegt die „drop-out"- (oder Abbrecher-) Quote bei den Anwendern von Printmedien höher als bei den Anwendern von Computerlernprogrammen? Als Medien wurden das interaktive hypermediale Tutorium, ein non-interaktiver Hypermedia-Text und ein Printmedium in drei verschiedenen Versuchspersonengruppen eingesetzt; die Medien unterschieden sich dabei nicht in ihrem Inhalt, sondern in ihrer Präsentationsform voneinander. Die Versuchspersonen erhielten eine Woche Zeit, um sich mit den Medien auseinanderzusetzen. Die Lernwirksamkeit wurde in einer Vorher-Nachhermessung festgestellt. Die Ergebnisse zeigten keine signifikanten Unterschiede in der Lernwirksamkeit der drei Medien; die „drop-out"-Quote ließ keine eindeutige Interpretation zu.

1. Einleitung

In den aktuellen Diskussionen über „neue Medien" wird häufig behauptet, daß „Multimedia", „Interaktivität" und „Hypertext" über ein höheres Potential zur Steigerung der Lernwirksamkeit als andere Medien verfügen. Allerdings bleibt die Frage oft unbeantwortet, wie dieses genutzt werden kann. Eine Projektgruppe der Universität Duisburg hat den Versuch unternommen, die neuen computertechnischen Möglichkeiten für die Erstellung eines Lernprogramms einzusetzen. So wurde das interaktive hypermediale Tutorium „Wege in die Psychologie" entwickelt, das in Einklang mit den Erkenntnissen der aktuellen Lern- und Lehrforschung stehen soll. Als Vorlage des Tutoriums diente das gleichnamige Einführungsbuch in die Psychologie von G. Mietzel („Wege in die Psychologie", erschienen bei Klett in Stuttgart).

Die wesentlichen Prinzipien des Tutoriums sollen im folgenden erläutert werden.

2. Konzept des Tutoriums „Wege in die Psychologie"

Hypertextstruktur. – Um dem Lernenden ein hohes Maß an selbstgesteuertem Lernen zu ermöglichen, basiert das Tutorium auf einer Hypertextstruktur. Auf der ersten Seite, der sogenannten Startseite, erhält der Lernende eine Übersicht über die Inhalte des Kapitels. Angepaßt an sein Vorwissen, kann der Benutzer nun mit der Computermaus ein Unterkapitel auswählen und einen individuellen Pfad durch das Lernprogramm wählen.

Verankerte Instruktion. – Versuche haben gezeigt, daß in der Schule oder in anderen Lernsituationen (z. B. Weiterbildungsseminaren) erworbenes Wissen häufig nicht auf Alltags- oder Arbeitssituationen übertragen werden kann. Als Ursache dafür wird vermutet, daß Lern- und Anwendungssituation so verschieden sind, daß ein *Transfer* verhindert wird. Um dies zu vermeiden, werden in dem Tutorium viele Alltagsbeispiele angeführt, die dem Lernenden zeigen sollen, daß er Wissen erwirbt, welches für den Alltag relevant ist.

Entdeckendes Lernen. – Ein Vorteil von Interaktivität besteht darin, daß der Benutzer mit Gegenständen auf dem Monitor interagieren kann, wie dies ansonsten nur in der Wirklichkeit möglich wäre. So kann der Prozeß des Entdeckenden Lernens angeregt werden. Der Lernende wird vor die Aufgabe gestellt, die Lösung eines Problems eigenständig zu entdecken, um Zusammenhänge besser erkennen und verstehen zu können.

Eigenversuche. – Eigenversuche bieten sich gerade in der Psychologie an, wenn Phänomene erläutert werden sollen, die der Lernende durch eine einfache Versuchsanordnung selbst erfahren kann (z. B. optische Täuschungen). Dadurch wird der Lernende auf etwas aufmerksam, das einen direkten Bezug zu ihm hat.

Kontrollfragen. – Hat der Lernende ein Unterkapitel bearbeitet, können von ihm *multiple-choice-Aufgaben* aufgerufen werden, die sein Verständnis überprüfen sollen.

3. Fragestellung und Hypothesen

Bei der Erstellung des Tutoriums wurde angenommen, daß es sich gegenüber anderen Medien durch eine höhere Lernwirksamkeit und Akzeptanz auszeichnet. Um dies festzustellen, wurde eine Evaluation durchgeführt, die der Überprüfung folgender Hypothesen dienen sollte:

(H 1) Non-interaktive Hypermedia-Texte verfügen über eine höhere Lernwirksamkeit als Printmedien.

(H 2) Das interaktive hypermediale Tutorium verfügt über eine höhere Lernwirksamkeit als ein non-interaktiver Hypermedia-Text.

(H 3) Bei Printmedien tritt eine höhere „drop-out"-Quote als bei den Computerlernprogrammen auf, d. h. die Anzahl der Versuchspersonen, die es ablehnen, sich mit dem Printmedium zu beschäftigen, ist höher als die Anzahl der Versuchspersonen, die es ablehnen, sich mit dem Computerlernprogramm zu beschäftigen.

4. Methode

4.1 Versuchsplan und Meßinstrument

Als Versuchspersonen wurden 64 Schüler der Jahrgangsstufe 11 aus Psychologie- und Pädagogik-Grundkursen an Gymnasien in Nordrhein-Westfalen ausgesucht (Durchschnittsalter: 16,55 Jahre). Um die Untersuchung unter möglichst „alltagsrealistischen" Bedingungen stattfinden zu lassen, wurde sie als ein Quasi-Experiment durchgeführt. Die Schüler erhielten jeweils eine Woche Zeit, um sich mit dem ihnen zugewiesenen Medium zu Hause zu beschäftigen und wurden gebeten, die Lernzeiten zu notieren. Damit die Schüler keine Möglichkeit hatten, die Medien untereinander auszutauschen, wurden Schulen in vier verschiedenen Städten ausgesucht. Die Lernwirksamkeit wurde über den durchschnittlichen Punktwert aus der Differenz zwischen Vor- und Nachtest ermittelt. Als Meßinstrument wurde ein Fragebogen mit 22 Aufgaben eingesetzt, der sowohl offene als auch geschlossene Fragen enthielt. Bei dem Versuchsplan handelt es sich um einen einfaktoriellen, quasi-experimentellen Vorher-Nachher-Versuchsplan.

4.2 Lernmaterial und Versuchspersonen

Interaktives hypermediales Tutorium. – Bei der Untersuchung wurde das bereits beschriebene Tutorium eingesetzt. Mit diesem beschäftigten sich insgesamt 18 Schüler, die das Programm auf CD-ROM erhielten (Gruppenbezeichnung: „Interaktiv").

Non-interaktiver Hypermedia-Text. – Die Computerform blieb bei diesem Medium bestehen. Allerdings wurden sämtliche interaktiven Elemente (z. B. Fragen, Eigenversuche etc.) entfernt und der Text an den entsprechenden Stellen verändert. 26 Schüler lernten mit diesem Medium (Gruppenbezeichnung: „Non-interaktiv")

Printmedium. – Nach der Vorlage des Tutoriums wurde ein Printmedium erstellt, das dieselben Textpassagen enthielt wie der non-interaktive Hypermedia-Text und dieselben Bilder wie die beiden Computerformen, mit dem Unterschied daß die bewegten Bilder in Sequenzen abgedruckt wurden. Um eine ähnlich hohe Qualität der Darstellungsweise zu erreichen wie in den Computerversionen, wurden sämtliche Abbildungen und Darstellungen ebenfalls in Farbe wiedergegeben. Der Umfang des Textheftes betrug 26 DIN-A4-Seiten Insgesamt lernten 20 Schüler mit dem Printmedium (Gruppenbezeichnung: „Printmedium").

5. Ergebnisse

Ergebnisse Vortest/Nachtest

Im Vortest erreichte die Gruppe „Printmedium" einen Wert von 4,15 (s = 2,01), die Gruppe „Non-interaktiv" einen von 5,85 (s = 1,80) und die Gruppe „Interaktiv" einen von 5,00 (s = 185). Im Nachtest erzielte die Gruppe „Printmedium" 12,40 Punkte (s = 4,02), die Gruppe „Non-interaktiv" 13,00 Punkte (s = 4,38) und die Gruppe „Interaktiv" 12,00 Punkte (s = 3,71). Nach der zweifaktoriellen Varianzanalyse mit Meßwiederholung ergaben sich signifikante Unterschiede *innerhalb* der Gruppen zwischen der Vorher- und Nachhermessung, allerdings keine signifikanten Unterschiede *zwischen* den Gruppen auf dem 5%-Niveau ($F_{2; 61} = 1,427$; $p = 0,248$).

Lernzeiten

Für die Gruppe „Printmedium" ergab sich eine durchschnittliche Lernzeit von 53,5 Min (s = 25,47), für die Gruppe „Non-interaktiv" eine von 56,73 Min (s = 34,82) und für die Gruppe „Interaktiv" eine von 94,72 Min (s = 73,56). Die einfaktorielle Varianzanalyse ergab, daß sich die durchschnittlich verwendete Zeit der Gruppe „intcraktiv" signifikant von den Werten der beiden anderen Gruppen unterschied.

Akzeptanz

Die Jugendlichen wurden gefragt, ob sie in Zukunft lieber mit einem Buch oder mit der von ihnen benutzten Computerversion arbeiten würden. Es zeigte sich, daß 77,80% der Versuchspersonen der Gruppe „Interaktiv“ und 84,00% der Gruppe „Non-interaktiv“ die Computerversion bevorzugen würden. Allerdings erhielt das Tutorium in der Beurteilung seiner Aufmachung die niedrigste Wertung. So schätzten 95,00% der Gruppe „Printmedium“ das von ihnen benutzte Medium als „ansprechend“ ein, in der Gruppe „Non-interaktiv“ taten dies 53,80% und in der Gruppe „Interaktiv“ 22,20%.

6. Diskussion

Aus diesen Ergebnissen geht hervor, daß die Hypothesen H 1 und H 2 nicht bestätigt werden konnten. Hypothese H 3 konnte aufgrund der bei den Schülern zu Hause aufgetretenen technischen Probleme (z. B. zu geringe Kapazität des eigenen Rechners) weder bestätigt noch widerlegt werden. Insgesamt lassen sich aus dieser Untersuchung folgende Schlußfolgerungen ableiten:

– *Das Potential des Computers wird von den Anwendern häufig überschätzt.*

Wie die Beantwortung der Frage „Würden Sie in Zukunft lieber mit einem Buch oder mit dem von Ihnen verwendeten Computerlernprogramm arbeiten?“ zeigt, würden die meisten Schüler lieber mit dem Computer arbeiten.

– *Es ist schwierig, Computerlernprogramme so zu gestalten, daß sie für den erfahrenen Computeranwender attraktiv sind.*

Betrachtet man die Angaben der Versuchspersonen zur Aufmachung, zeigt sich, daß die Computerlernprogramme schlechter beurteilt wurden als das Printmedium. Dies kann daran liegen, daß die Erwartungen an das Programm, die die Schüler durch ihren Umgang mit kommerziellen Computerspielen bereits besaßen, durch das Tutorium nicht erfüllt werden konnten. Um Lernprogramme attraktiv zu gestalten, muß demnach ein hoher Aufwand betrieben werden.

– *Bücher sind verbesserungsfähig.*

Aus den Angaben geht hervor, daß Lernen mit einem Printmedium zu dem gleichen Erfolg führen kann wie das Lernen mit Computerlernprogrammen. Daran ist zu erkennen, daß mit *herkömmlichen* Printmedien das Potential dieses Mediums noch lange nicht ausgeschöpft ist. Durch die Berücksichtigung didaktischer Aspekte und eine etwas aufwendiger gestaltete Aufmachung (Bilder etc.) kann ein Printmedium sogar eine höhere Attraktivität besitzen als Computerlernprogramme.

– *Computer sollten in Kombination mit Printmedien eingesetzt werden.*

Um den Vorteil des Computers zu nutzen (z. B. Entdeckendes Lernen, Kontrollfragen etc.) und die sehr „textlastige" Form des Tutoriums zu vermeiden, scheint es sinnvoll, Computerlernprogramme als Ergänzung (*Supplement*) zu Printmedien einzusetzen und beide Medien ihren Stärken entsprechend zu verwenden.

Arbeitsgruppe 5

Integrierte betriebliche Verkehrssicherheit

Michael Geiler und Marc Ohlmann

Berufsgenossenschaftliche Wegeunfallstatistiken: Großer Aufwand – geringer Erkenntnisgewinn

Berufsgenossenschaften führen mit großem Aufwand Statistiken über Wegeunfälle (WU). Diese Wegeunfallstatistiken ermöglichen allerdings kaum tiefergehende Einblicke in die Struktur des Unfallgeschehens (s. Geiler 1997). Dies liegt zum einen an der Art der Datenerhebung und an Merkmalen des Verschlüsselungssystems, zum anderen fehlen Bezugsgrößen, die eine Relativierung der absoluten Unfallzahlen erlauben würden.

1. Datenerfassung und Verschlüsselungssystem

Ausgangspunkt der Statistiken sind Unfallereignisse. Eingang in die Statistik können diese natürlich nur finden, wenn sie den Berufsgenossenschaften offiziell gemeldet werden. Das Meldeverhalten von Versicherten und Betrieben kann mit irgendwelchen nicht unfallrelevanten Bedingungen in Zusammenhang stehen. Es kann Dunkelziffern und Selbstselektionseffekte geben. Der Kenntnisstand in den Betrieben über Berufsgenossenschaften und über die Verpflichtung, WU mit mindestens viertägiger Arbeitsunfähigkeit zu melden, kann sich auswirken. Ebenso können sich Strukturreformen im Gesundheitswesen – z. B. keine Einbeziehung von WU in die Budgetierungsregel der Krankenkassen – auf die Meldebereitschaft niederschlagen. Möglicherweise ist die Meldebereitschaft daher keine über die Jahre hinweg konstante Größe. Bei der Berufsgenossenschaft Nahrungsmittel und Gaststätten (BGN) ist im langjährigen Trend ein nahezu kontinuierliches Sinken des Anteils meldepflichtiger an allen gemeldeten WU beobachtbar (von 74,9% im Jahr 1980 auf 66,9 % in 1996). U. a. ließe sich in diesem Zusammenhang die These einer allgemeinen Erhöhung der Meldebereitschaft formulieren.

Für die Meldung eines Unfalles an die BG steht die Unfallanzeige zur Verfügung. Das Unfallgeschehen und einige Rahmenbedingungen sollen auf diesem Formular festgehalten werden. Manche Formulierungen des Unfallanzeigebogens werfen Probleme auf. Manchmal ist nicht klar, was mit dem Erfragten gemeint ist. So soll z. B. angegeben werden, seit wann der Beschäftigte die Tätigkeit im Betrieb ausübt („Seit wann bei dieser Tätigkeit?"). Soll damit die Dauer der Betriebszugehörigkeit oder der Zeitpunkt erfaßt werden, an dem der Beschäftigte eine bestimmte Tätigkeit im Betrieb aufnahm? Wie eng sind die Grenzen, bei denen man noch von „dieser Tätigkeit" sprechen kann?

Wegen solcher Unklarheiten weiß man nicht, wie man die Zahlen zu interpretieren hat. Nach den Daten der BGN hatten 40 % der bei WU Verunglückten ihren Unfall in dem Jahr, in dem sie mit „dieser Tätigkeit" begonnen hatten. Ob es sich um Betriebsneulinge handelt oder um Mitarbeiter, die an einen anderen Arbeitsplatz versetzt wurden, bleibt im dunkeln.

Für die rechnerische und edv-mäßige Weiterverarbeitung des Unfallgeschehens steht das „Schlüsselverzeichnis zur Unfallanzeige" zur Verfügung. Es stellt einen Satz von Vorschriften dar, mit deren Hilfe den auf dem Unfallanzeigebogen enthaltenen Informationen Zahlen zugeordnet werden. Dieses Codiersystem weist in mehrfacher Hinsicht Schwächen auf.

Ein erstes Problem liegt in der teilweise mangelnden hierarchischen Strukturierung von Kategorien. Es sind Kategorien auf gleicher Hierarchieebene angesiedelt, auch wenn sie logisch einander über- bzw. untergeordnet sind, also eine Kategorie den Unterfall einer anderen bildet. Mit der ungenügenden Hierarchisierung des Kategoriensystems hängt sein geringer Dichotomisierungsgrad zusammen. Die Codiervorschriften sind nicht immer eindeutig, die Kategorien überlappen sich zum Teil und sind wenig trennscharf. So fallen z. B. „Küchenhilfe", „Gaststättengehilfe" und „Spüler" jeweils in eine andere Kategorie. Ob aufgrund der Angaben in der Unfallmeldung solche feinsten Unterschiede zuverlässig festgehalten werden können, ist fraglich. Ein Gaststättengehilfe kann doch auch in der Küche aushelfen.

Des weiteren sind die Kategorien teilweise zu breit und zu undifferenziert. Ist in der Statistik unter „unfallauslösender Gegenstand" Pkw vermerkt, dann kann das z. B. bedeuten, daß der Verunglückte beim Fahren des Pkw (oder als Mitfahrer) zu Schaden kam oder sich beim Schließen der Fahrzeugtür die Hand quetschte oder als Fußgänger von einem Pkw angefahren wurde oder sein Fahrrad schob und von einem Pkw angestoßen wurde oder beim Besteigen seines Motorrades stürzte und auf einen parkenden Pkw fiel oder beim Aussteigen aus einem öffentlichen Verkehrsmittel stolperte und von einem Pkw überrollt wurde.

Für die Verkehrssicherheitsarbeit wäre eine klare Unterscheidung zwischen all' diesen Fällen sehr wichtig. Diese ist jedoch – durch Verknüpfung mit anderen Variablen - nur annäherungsweise möglich und mehr oder weniger stark fehlerbehaftet.

Die hier nur kurz angerissenen Probleme des Kategorien- und Codiersystems haben gravierende Folgen. Den Codierern bleibt ein großer Interpretationsspielraum (geringe Interraterreliabilität?). Die inhaltliche Interpretation wird schwierig. Der verschlüsselte Unfall ist nur noch schlecht rekonstruierbar, man weiß nicht, welche inhaltlichen Aussagen sich hinter der Codeziffer verbergen. Man kann nicht sichergehen, daß ein und dasselbe Ereignis ein und dieselbe Schlüsselzahl erhält bzw. daß unterschiedliche Schlüsselzahlen auch Unterschiedliches bezeichnen.

Ein weiteres, mehr grundsätzliches Problem liegt in der mangelnden Ausrichtung des Datenerfassungs- und Codiersystems an Belangen der Verkehrssicherheitsarbeit. Die erhobenen Variablen und die Kategorien, in die verschlüsselt wird, sind zum großen Teil für Fragestellungen der Prävention von WU wenig bedeutsam. Die Statistik wird eher für Zwecke der Verwaltung und sozialversicherungsrechtlichen Bearbeitung der Unfälle geführt. So erfolgt z. B. die Einteilung der Unfälle in leichte/mittlere/schwere Unfälle auch nach sozialversicherungsrechtlichen Gesichtspunkten und nach dem vermuteten Arbeitsaufwand für die BG. Die in der Unfall- und Verkehrssicherheitsforschung verwendeten medizinischen Skalierungen der Verletzungsschwere (ISS bzw. AIS) werden nicht verwendet.

Dringend erforderlich erscheint eine Neustrukturierung der Wegeunfallstatistik. Sie sollte u. a. von der Frage ausgehen, welche Informationen für die Wegeunfallprävention hilfreich und welche Daten verzichtbar sind. So müßte z. B. die Kategorie „Bedienen ..." differenzierter untergliedert werden, wenn man etwas über Pkw-Unfälle erfahren will. Es wäre z. B. für die Verkehrssicherheitsarbeit wichtig zu wissen, bei welchen Fahrmanövern der Unfall geschah, ob es sich um einen Alleinunfall handelte, wie die Straßen- und Lichtverhältnisse waren usw. Durch eine Orientierung an den Kategorien der allgemeinen Straßenverkehrsunfallstatistik und ggf. auch an in der Verkehrssicherheitsforschung verwendeten Erfassungssystematiken dürfte eine Verbesserung der Aussagekraft von Wegeunfallstatistiken erreichbar sein.

2. Fehlende Bezugsgrößen

BGen verfügen nicht über Daten, zu denen die Wegeunfallzahlen in Relation gesetzt werden können. Außer über Angehörige von Unfallkollektiven und bestimmter Patientengruppen wissen die BGen nichts über die Menschen, für die sie Prävention betreiben wollen. Es mangelt an Kenntnissen über die Struktur der Population der Versicherten. So ist z. B. über die Verteilung von Personenmerkmalen wie Alter, Geschlecht, Bildungsstand, Beruf und Dauer der Betriebszugehörigkeit in der Grundgesamtheit nichts bekannt. Man weiß z. B. auch nicht, wieviel der Beschäftigten in Teilzeit- oder Vollzeitarbeitsverhältnissen stehen, und wie sich Arbeitsbeginn und -ende in der Population verteilen.

Außerdem fehlen verkehrsbezogene Informationen. Es gibt keine Expositionsdaten und keine Angaben über die Rahmenbedingungen der Verkehrsteilnahme (z. B. Länge und Dauer des Arbeitsweges, benutzte Verkehrs-mittel, Zeitpunkt der Verkehrsteilnahme usw.).

Wegen dieses Informationsmangels ist keine Bestimmung von Risikokennwerten möglich (z. B. Unfallzeitraten, verkehrsteilnahmeart-bezogene Risiken, Pro-Kopf-Unfallraten etc.). Es lassen sich keine Risikogruppen und risikoerhöhenden Bedingungen identifizieren, auf deren Grundlage die Definition von Zielgruppen der Prävention möglich wäre.

Um Relativierungen der absoluten WU-Zahlen vornehmen zu können, ließe sich auf andere Datenquellen zurückgreifen, so etwa auf die allgemeine Erwerbstätigenstatistik des Statistischen Bundesamtes oder auf Mobilitätsstatistiken, wie sie z. B. von Hautzinger u. a. (1995, 1996) oder vom Deutschen Institut für Wirtschaftsforschung (1994) zur Verkehrsmittelwahl im Berufsverkehr vorgelegt wurden.

In einer entsprechenden Analyse der BGN-Zahlen (Geiler 1997) führte die Verwendung solcher Datenquellen z. B zu den Befunden, daß die Gruppe der Frauen ein knapp 1,3mal so hohes Wegeunfallrisiko hat wie die der Männer und die Altersklasse der 15–20jährigen ein etwa fünfmal größeres Risiko aufweist wie die Gruppe der 45–55jährigen.

Allerdings ist die Verwendung bg-externer Daten äußerst problematisch. Denn sie wurden durch Erhebungen in der Gesamtbevölkerung (bzw. bei allen Erwerbstätigen) gewonnen, und es ist unbekannt, inwieweit diese Daten als repräsentativ für die Beschäftigten in demjenigen Wirtschaftsbereich angesehen werden können, den die entsprechende BG abdeckt. So kann z. B. sicherlich nicht davon ausgegangen werden, daß die Geschlechterverteilung etwa im Bergbau der in der gesamten erwerbstätigen Bevölkerung entspricht.

3. Repräsentativerhebung bei BGN-Versicherten

Um die in Abschnitt 2 erwähnten Bezugsgrößen zu ermitteln und damit die Voraussetzungen für eine Strukturanalyse des WUgeschehens zu verbessern, wurde in Zusammenarbeit mit der Arbeitsgruppe Unfallforschung an der Gerhard-Mercator-Universität Duisburg eine sogenannte Omnibusuntersuchung durchgeführt. Ihr Ziel bestand zum einen darin, personenbezogene Daten (wie z. B. Geschlecht, Alter, Nationalität, Bildungsgrad, Arbeitszeit und Grad der Erwerbstätigkeit) zu erheben, die eine Beschreibung der Struktur der Population der bei der BGN Versicherten erlauben. Zum anderen sollten Expositionsdaten zum Berufspendelverkehr erfaßt werden wie z. B: Länge und Dauer des Arbeitsweges, benutzte Verkehrsmittel, Kfz-Verfügbarkeit, Zeitpunkt der Verkehrsteilnahme, zusätzliche Wegezwecke.

Die Datenaufnahme erfolgte mittels postalischer Fragebogenerhebung. Es wurde eine dreistufig proportional geschichtete Zufallsstichprobe von Versicherten gebildet. Dies geschah auf folgende Weise: Als Grundgesamtheit wurden alle bei der BGN versicherten Arbeitnehmer und Unternehmer bezeichnet (N = 2.842.204 Personen). Die Grundgesamtheit wurde in insgesamt 2 x 3 x 2 = 12 Teilpopulationen gegliedert. Als Schichtungsmerkmale wurden folgende drei Variablen verwendet.

- Sitz der Betriebsstätten in alten/neuen Bundesländern
- Branchenzugehörigkeit der Betriebsstätte (Back-, Gaststättengewerbe, sonstiges Gewerbe)
- Status des Versicherten: Arbeitnehmer/Unternehmer

Diese Schichtungsmerkmale wurden deshalb gewählt, weil sie nach vorhandenen Informationen der Verkehrsforschung (Hautzinger u. a. 1996, Deutsches Institut für Wirtschaftsforschung 1994) mit Merkmalen des Mobilitätsverhaltens konfundiert sind. (Eine Schichtung ist für die Schätzung von Populationsparametern umso vorteilhafter, je homogener die Schicht bezüglich der interessierenden Merkmale – hier vor allem des Mobilitätsverhaltens – ist). In Anlehnung an Borz (1984) wurde vorab ein Gesamtstichprobenumfang von n = 2.000 als erforderlich und hinreichend ermittelt. Die Gesamtstichprobe wurde in 12 Teilstichproben aufgegliedert, deren Umfänge proportional zu den Größen der 12 Teilpopulationen (Schichten) waren. In jeder Schicht wurden so viele Betriebsstätten zufällig ausgewählt, bis die Summe der in den Betriebsstätten vorhandenen Versicherten die für diese Schicht festgelegte Größe erreicht hatte. Die Betriebsstätten erhielten Fragebögen mit der Bitte zugeschickt, sie nach dem im Begleitschreiben von uns festgelegten Zufallsverfahren an Beschäftigte zu verteilen. Wir hatten die Anfangsbuchstaben des Nachnamens von Mitarbeitern, an die verteilt werden sollte, nach Zufall festgelegt. Insgesamt 1954 Betriebsstätten erhielten Fragebögen. 39,3 % dieser Betriebsstätten haben auswertbare Fragebögen zurückgeschickt. Insgesamt stehen 2.079 Fragebögen zur Auswertung, mit der jetzt begonnen wurde, zur Verfügung.

Die Ergebnisse der Repräsentativerhebung sollen u. a. für die Berechnung von Risikokennwerten für einzelne Beschäftigten-, Alters- und Verkehrsteilnehmergruppen herangezogen werden. Außerdem sollen sie für die Identifikation risikoerhöhender Rahmenbedingungen der Verkehrsteilnahme sowie für Risikovergleiche unterschiedlicher Verkehrsträger verwendet werden. Möglicherweise lassen sich daraus Ableitungen für die Verkehrssicherheitsarbeit treffen. Die in Abschnitt 1 erwähnten Probleme der WU-Statistik lassen sich mit der Repräsentativerhebung natürlich nicht beseitigen.

Trotzt allen Nutzens, den aussagefähige WUegeunfall-Statistiken für die Verkehrssicherheitsarbeit von Berufsgenossenschaften haben können, soll abschließend vor einer strikten und konsequenten Statistikorientierung in der Prävention gewarnt werden. Statistisch dokumentierte Unfälle dürfen nicht zur einzigen Legitimation von Sicherheitsarbeit werden. Denn dann kann man nur reaktiv, aber nicht im Vorfeld handeln.

Im Umgang mit Statistiken kommt es außerdem ganz entscheidend darauf an, um eine geistige Grundhaltung bemüht zu sein, leichtfertige und durch die jeweiligen Interessen gesteuerte Interpretationen vermeiden zu wollen. Ansonsten gerät man in Gefahr, die Statistik zu benutzen wie ein Betrunkener einen Laternenpfahl: Vor allem zur Stütze des eigenen Standpunktes und weniger zum Beleuchten eines Sachverhaltes (Andrew Lang).

4. Literatur

Borz, J. (Unter Mitarbeit von D. Bongers) (1984): Lehrbuch der empirischen Forschung, Heidelberg 1984

Deutsches Institut für Wirtschaftsforschung (1994): Zit. nach: Deutscher Verkehrssichcrheitsrat (Hrsg.): Strategien zur Risikominderung im Berufsverkehr. Beiträge zur Verkehrssicherheit, Heft 4, Bonn 1997

Geiler, M. (1997): Wegeunfälle besser verhüten. In: Die BG. Fachzeitschrift für Arbeitssicherheit, Gesundheitsschutz und Unfallversicherung, Heft 11, S. 644–652

Hautzinger, H./Hamacher, R./Tassaux-Becker, B. (1996): Mobilität der westdeutschen Bevölkerung. Bericht der Bundesanstalt für Straßenwesen, Heft M 55, Bergisch Gladbach

Hautzinger H./Tassaux-Becker, B. (1995): Mobilität der ostdeutschen Bevölkerung. Bericht der Bundesanstalt für Straßenwesen, Heft M 36, Bergisch Gladbach

Lang, A.: Zit. nach Krämer, W. (1997): So lügt man mit Statistik. Frankfurt/Main

Statistisches Bundesamt (Hrsg.) (1995): Bevölkerung und Erwerbstätigkeit, Reihe 4.1.1. Stand und Entwicklung der Erwerbstätigkeit (Ergebnisse des Mikrozensus), Wiesbaden 1996

Hartmut O. Genz

Berufsgenossenschaftliche Maßnahmen zur Integration von Arbeitsorganisation und Arbeits- und Gesundheitsschutz/Verkehrssicherheit

1. Ein Modell arbeitsbedingter Verkehrsunfälle

Verkehrsunfälle geschehen ebenso wie andere Unfälle nicht aufgrund einer einzigen auslösenden Ursache, sondern sind in aller Regel multikausal. Die potentiellen Ursachen für Unfälle sind permanent zugegen: Zeitdruck, Pünktlichkeitsanforderungen und ständiges „höher, schneller, weiter " sind in unserer modernen Gesellschaft alltäglich. Dennoch passiert wenig im Vergleich zu dem, was passieren könnte – wie die vielen „Beinahe-Unfälle" zeigen, die wir täglich selbst erleben. Meistens kommt jedoch zu einer drohenden Gefährdung ein rettender Faktor dazu, der sie neutralisiert. Übrig bleiben nur ein kurzer Schrecken und ein kleiner Lernerfolg.

Im Falle eines Unfalles scheint der rettende Faktor zu fehlen – vielleicht hatte unser Schutzengel keine Zeit. Es war alles wie immer, aber diesmal ging es schief.

Etwas wissenschaftlicher ausgedrückt kann man die möglichen Ursachen für Unfälle „Belastungen" nennen und die rettenden Faktoren „Ressourcen". Es ergibt sich das Bild einer ständigen Belastung, ohne daß unsere Gesundheit oder Sicherheit darunter leiden. Die vorhandenen Ressourcen ermöglichen uns ein Ausgleichen und Ausbalancieren.

Gerät das Wechselspiel von Belastungen und Ressourcen jedoch aus dem Gleichgewicht, kann dies Folgen haben – oft einen Unfall. Dabei spielt es keine Rolle, ob wir unterfordert sind (beispielsweise während monotoner Langstreckenfahrten) oder überbeansprucht (wie in einer fremden Innenstadt in der Rushhour).

Es ist nun zu klären, was die Beschäftigten auf ihren verschiedenen Wegen negativ beeinflußt und vor allem: Was sie vor und nach der Arbeit so belastet, daß das Unfallrisiko steigt.

2. Belastungsfaktoren in Ambulanten Dienste

Die Statistik der BGW weist die ambulanten gesundheits- und sozialpflegerischen Dienste als Spitzenreiter bei Wege- und Dienstwegeunfällen aus. Folgerichtig wurde 1996 ein Programm zur Verringerung der Gefährdungen im Straßenverkehr und somit zur Reduzierung der Unfallzahlen aufgelegt.

Um die Ursachen zu klären, wurde von der BGW eine orientierende Studie in Auftrag gegeben. Das Institut für Sozialforschung und Sozialwirtschaft (ISO) aus Saarbrücken hat bundesweit die hemmenden bzw. fördernden Faktoren des Unfallgeschehens untersucht. Neben der Befragung von insgesamt 345 LeiterInnen ambulanter Dienste wurden vertiefende Interviews und Gruppendiskussionen mit den Beschäftigten durchgeführt. Inhalt waren u.a. Fragen nach dem Einzugsgebiet, der Verkehrsmittelwahl der Mitarbeiter sowie die räumlichen und personellen Bedingungen der Einrichtungen. Außerdem gingen das Dienstleistungsspektrum, die Arbeitszeit- und Entgeltregelungen genauso wie die Qualifikation der MitarbeiterInnen und der Leitung mit in die Studie ein. Nach einem Jahr Studienlaufzeit wurden Anfang 1997 die Ergebnisse der betriebssoziologischen Analyse vorgelegt.

Das zentrale Resultat der Studie war der geringe Stellenwert der Verkehrsunfälle im betrieblichen Alltag. Daß Unfälle jedoch für den einzelnen Betrieb durchaus ein regelmäßig wiederkehrendes Ereignis sind, zeigt sich bei rund drei Viertel aller befragten Betriebe, die in den letzten drei Jahren einen bis vier Kfz-Unfälle hatten.

Ein weiteres Ergebnis war das größere Risiko der MitarbeiterInnen *kleinerer Betriebe* mit bis zu vier Beschäftigten. Das *Einzugsgebiet* zeigte sich indifferent: Zwar hatten die ambulanten Dienste im ländlichen Bereich wenig Kfz-Schäden, aber wegen der hohen Fahrgeschwindigkeit gab es überdurchschnittlich viele Unfälle, bei denen Menschen zum Teil schwer verletzt oder sogar getötet wurden.

Auch die schlechten *Witterungsbedingungen* des Winterhalbjahres erhöhen deutlich das Unfallrisko. Im ersten und vierten Quartal des Jahres treten bis anderthalb mal so viele (eigenverschuldete) Verkehrsunfälle auf wie im Sommerhalbjahr.

Nicht mit Zahlen zu belegen sind andere wichtige Unfallfaktoren, vor allem der Streß: Viele Betriebe gaben in der Untersuchung an, daß der *Zeitdruck* bei der Arbeit in den letzten Jahren deutlich angestiegen sei. Begründet wurde dies zumeist mit den Regelungen der Pflegeversicherung, die u.a. auch keine adäquate Berücksichtigung der Wegezeiten vorsieht.

Wesentlich ist auch der Einfluß der *Arbeitszeitregelungen* auf die Unfallquote. Besonders Wochenend-Dienste und geteilte Schichten beanspruchen die Pflegenden so, daß Urlaub und Krankheit von KollegInnen kaum abgefangen werden können. Erschwerend tritt hinzu, daß die Beschäftigten häufig kurzfristig und spontan einspringen müssen und in ihrer sozialen Einbindung gestört werden.

Hinzu kommen die vielfältigen *emotionalen und kommunikativen Anforderungen* der Hilfebedürftigen und ihrer Angehörigen, die den Arbeitsalltag oftmals nicht angenehmer machen.

Es läßt sich mithin eine *klassische Mehrfachbelastung* der ambulanten HelferInnen feststellen, die leider zum Teil verstärkt wird durch fehlende Anerkennung für ihre Tätigkeit. Der Pflegeberuf wird allgemein als wenig attraktiv eingestuft, was vor allem durch den engen Bezug zu menschlicher Gebrechlichkeit und Tod begründet scheint – damit möchte ein Großteil der Gesellschaft am liebsten gar nicht erst konfrontiert werden.

3. Gezielte Prävention

Um die LeiterInnen ambulanter Dienste auf die erhöhten Unfallrisiken ihrer Beschäftigten aufmerksam zu machen, hat die BGW die Ergebnisse der ISO-Studie als Ausgangspunkt eines umfassenden Präventionsangebotes genommen. Zunächst wurden im Frühjahr 1997 alle EinrichtungsleiterInnen durch zwei Infobriefe über die Ergebnisse der Studie unterrichtet. Im Mittelpunkt dieser Information stand das Aufzeigen der Hintergründe für das hohe Unfallrisiko in dieser Branche. Ziel war in erster Linie das Bewußtmachen des Themas.

Dem zweiten Anschreiben wurde ein kurzer Fragebogen beigelegt. Durch die Antworten sollte die Ermittlung des individuellen Risikos eines Verkehrs- und Arbeitsunfalles je Betrieb und so eine möglichst zielgruppengenaue Prävention möglich werden.

Etwa jeder vierte Betrieb machte von dieser Möglichkeit Gebrauch und schickte den Fragebogen zurück. (Bei 3.100 antwortenden Betriebe betrug die Antwortquote damit immerhin 22%). Die Auswertung des „Kurzfragebogens an die Leitung“ sah eine Bewertung der einzelnen Antworten aufgrund der Hypothesen der Orientierungsstudie vor: Basierend auf den Erkenntnissen der ISO-Studie wurden in dem Fragebogen alle Merkmale zusammengefaßt, die eine signifikante Auswirkung auf die Verkehrssicherheit eines Betriebes haben.

Auswertung der Fragebogenaktion

Die Auswertung der eingeschickten Fragebögen ermöglichte eine Einteilung der Betriebe in vier Risikoklassen. Jeder Einsender erhielt eine individuelle Auswertung seines Fragebogens und gestaffelt nach seiner Risikoklasse und seiner Betriebsgröße ein individuelles Präventionsangebot. Aus dem jeweiligen, betriebsindividuellen Unfallrisiko wurden den Betrieben spezielle Präventionsangebote gemacht. Sie reichten von Informationsmaterialien über eine Beratung vor Ort bis hin zu Seminaren zum Thema Verkehrssicherheit für die Leitungskräfte; auch die Co-Finanzierung von Fahrsicherheits-Trainings für die MitarbeiterInnen wurde noch einmal angeboten.

Betriebliche Beratung

Eine Neuheit in den Angeboten der BGW war die individuelle Organisationsberatung versicherter Betriebe. In Zusammenarbeit mit dem Internationalen Institut für Arbeit & Gesundheit von PD Dr. R. Trimpop konnten 8 interessierten Unternehmen zum Thema innerbetrieblicher Arbeitsorganisation und betrieblicher Verkehrssicherheitsarbeit beraten werden; es waren alles Betriebe mit mehr als 10 Beschäftigten und einem hohen bzw. sehr hohen Gefährdungsscore. Im Mittelpunkt stand die Vermittlung von Informationen über betrieblichen Arbeits- und Gesundheitsschutz sowie die Entwicklung von Lösungsansätzen für die betriebsspezifischen Probleme sicheren Berufsverkehres.

Schwerpunktaktionen: „Sichere Mobile Pflege“ – Herbst + Winter

Die Betreuung der ambulanten Dienste wird seit 1998 durch die Aktionsreihe „Sichere Mobile Pflege“ intensiviert. Im Herbst wurden die LeiterInnen der mitlerweile über 14.340 ambulanten Dienste mit einem speziell vom Deutschen Verkehrssicherheitsrat, DVR konzipierten Schriftenprogramm auf die besonderen Gefährdungen in den Herbst- und Wintermonaten hingewiesen. Leitgedanke der „Sicheren Mobilen Pflege“ ist es, den ambulanten Diensten auf ihre speziellen Bedürfnisse zugeschnittene Informationsmaterialien anbieten zu können. Den kleinen Pflegediensten mit bis zu 4 Beschäftigten wurde ein Medienpaket zusammengestellt, welches Informationen über Gefahren im Straßenverkehr bei schlechter Witterung, Streß im Straßenverkehr und spezielle Hinweise für Beschäftigte im Pflegedienst beinhaltet. Hinzu kam jeweils ein Gutschein für „Fahr+Spar mit Sicherheit“. Bei diesem ebenfalls vom DVR konzipierten Programm kommt ein speziell ausgebildeter und zertifizierter Fahrlehrer oder -lehrerin in die Einrichtung, um eine sichere und spritsparende Fahrweise zu vermitteln.

Die mittleren und großen Pflegedienste erhielten die Möglichkeit per Post oder Fax ebenfalls umfangreiche Informationsmaterialien zu den Themen Verkehrssicherheit, Streß im Straßenverkehr, Herbst und Winter, Autotechnik usw. zu bestellen. Außerdem wurden sie auf das schon relativ bekannte PKW-Sicherheitstraining hingewiesen und erhielten einen Antrag auf Kostenübernahme. Zusätzlich wurden die großen ambulanten Dienste mit über 20 MitarbeiterInnen auf das BGW-Seminar „Ambulante Krankenpflege UK1" hingewiesen

Sichere Mobile Pflege: „Mit dem Fahrrad im Dienst"

Aufgrund der Erkenntnis, daß das Fahrrad auf dem Arbeitsweg und auf Dienstwegen recht beliebt ist, ging die BGW im Frühjahr 1999 eine Kooperation mit dem führenden deutschen Fahrrad-Umweltverband, dem Allgemeinen Deutschen Fahrrad Club, ADFC ein. So gibt es mittlerweile eine Vielzahl von Betrieben, die durch eine geschickte Routenplanung den Pflegediensteinsatz der MitarbeiterInnen am Tage per Fahrrad durchführen. Von den täglichen Einsätzen der Diakoniestation St. Pauli etwa werden nach Aussagen des Geschäftsstellenleiters bis zu 75% zu Fuß und per Fahrrad zurückgelegt – nicht zuletzt, um sonst benötigte Dienstfahrzeuge einzusparen und in der Stadt schneller voranzukommen. Im Idealfall empfinden die Pflegenden weniger Zeitdruck und sind dadurch letztendlich streßfreier und auch sicherer unterwegs.

Der Abruf aus 750 ambulanten Diensten, die immerhin ca. 30.000 Schriften bestellt haben, war mehr als zufriedenstellend.

4. Fazit

Die dreijährige intensive Arbeit hat die Kundenbindung der ambulanten Dienste deutlich erhöht. Die BGW wird heute verstärkt als kompetente Partnerin eines umfassenden Arbeits- und Gesundheitsschutzes wahrgenommen und zu Fragen der Leitlinienentwicklung genauso gefragt wie zur Fahrradroutenplanung. Allerdings ist eine ständige Präsenz weiterhin essentiell.

Diese wird auch über das Jahr 1999 hinaus mit Direkt-Mailings zu Schwerpunktthemen erreicht, in die zunehmend wieder ein Angebot zum ganzheitlichen Arbeitsschutz- und Gesundheitsmanagement eingehen wird.

Literatur

Genz, Hartmut O. (1999): Belastungen und Beanspruchung – Erklärung für das Unfallgeschehen im Krankenhaus? in: Dokumentation der Tagung: Arbeitsbedingte Gesundheitsgefahren in der Pflege, Berlin

Genz, Hartmut O. (1999): Arbeitsbedingte Gesundheitsgefahren – ein Modell, in: F. Hofmann, G. Reschauer und U. Stößel: Arbeitsmedizin im Gesundheitsdienst, Freiburg

Genz, Hartmut O./Liese, A. (1999): Die Rolle der Unfallversicherungsträger bei der betrieblichen Gesundheitsförderung aus Sicht der BGW, in: Dokumentation der Tagung der ÖTV: Wenn Arbeit gesund macht, Stuttgart

Trimpop, R./Kirkcaldy, D. (1999): Arbeitsbedingte Teilnahme am Straßenverkehr. Evaluation der Unfallrisiken und Präventionsmöglichkeiten für Arzt- und Zahnarztpraxen, in: BGW-Arbeitsberichte zur Verkehrssicherheit, Hamburg

Bruce Kirkcaldy und Rüdiger Trimpop

Arbeitsstreß und Unfälle

Zwischen 1995 und 1999 wurde eine Serie landesweiter Untersuchungen durchgeführt, bei denen verschiedene medizinische Berufsgruppen zu organisatorischen und individuellen Einflußfaktoren auf das Unfallgeschehen befragt wurden. Neue Ergebnisse erhärten frühere Befunde, bei denen sich sozio-demografische und psychologische Faktoren als signifikante Prädiktoren für Arbeits- und Verkehrsunfälle herausstellten (Kirkcaldy und Trimpop, 1997; Trimpop und Kirkcaldy, 1998). Auf diese wird nun eingegangen.

1. Unfälle und Unfallkosten

Betrachtet man die Auswirkungen von Unfällen (und die häufig nachfolgenden körperlichen Verletzungen) ist es offensichtlich, daß die Kosten in persönlichen (Betroffene, Familie), organisatorischen (z. B. Arbeitsausfall) und gesellschaftlichen Bereichen (z. B. Krankenkassen) enorm sind. Dementsprechend bedeutend Methoden zur systematischen Identifizierung von Determinanten des Unfallgeschehens einen Hauptschritt zu effektiveren Vorbeugungs- und Verhütungsprogrammen auf dem Gebiet der beruflichen Sicherheit und Gesundheit.

Schätzungen haben gezeigt, daß in den EU-Ländern jährlich ca. 10 Millionen der 150 Millionen Beschäftigten Verletzungen und Unfälle am Arbeitsplatz erleiden oder daß arbeitsbedingte Krankheiten auftreten. Darüber hinaus treten über 10.000 Todesfälle durch Arbeits- und betriebliche Verkehrsunfälle auf. Die Kosten für Entschädigungsleistungen nach Unfällen werden auf 20 Milliarden ECU geschätzt (CEC, 1994). Ein besonderer Schwerpunkt sind dabei Verkehrsunfälle. Im betrieblichen Sektor machen sie mehr als 50% der schweren Unfälle aus. Die psychologischen Kosten von Verkehrsunfällen können enorm sein. Blanchard (1997) berichtet, daß in den USA mehr als 3 Millionen Personen jährlich in Verkehrsunfälle verwickelt sind. Diese bilden die Hauptursache für körperliche Verletzungen und psychische Belastungen. Darüber hinaus wird durch Unfälle häufig die Qualität sozialer Beziehungen gestört. Zwischen 10-15% der Verletzten erleiden PSTD (Post-Stress Traumatic Disorders), charakterisiert durch verschiedenartige Symptome, wie Kopfschmerzen, Schwindel, Erschöpftheit, Reizbarkeit, Störungen der Konzentration, des geistigen Leistungsvermögens, Gedächtnisses, Schlafes und eine verminderte Belastungsfähigkeit bei Streß, emotionalen Reizen oder Alltagsanforderungen" (Blanchard, 1997).

Eine spezielle Zielgruppe stellen dabei die Beschäftigten in den medizinischen Berufsgruppen dar, da man von ihnen einerseits erwarten könnte, daß sie um die negativen gesundheitlichen Folgen verschiedener Fehlverhaltensweisen wissen, frühere Studien aber andererseits gezeigt haben, daß sie genau diese in starkem Maße praktizieren (z. B. lange Arbeitszeiten, Medikamentenmißbrauch, Mobbing, etc.). Auffällig sind die betrieblichen Verkehrsunfälle, die nahezu 80 % der tödlichen Unfälle dieser Berufsgruppe zu verzeichnen. Das Referat Verkehrssicherheit der BGW (Berufsgenossenschaft für Gesundheitsdienst und Wohlfahrtspflege) hat daher Studien zur Identifizierung der wesentlichen Faktoren in Auftrag gegeben.
Die Hauptfragestellungen für die hier berichteten Studien waren:

1. Welche sozio-demographischen Variablen zeigen einen Zusammenhang mit betrieblichen Verkehrs- und Arbeitsunfällen?
2. Welche organisations- und persönlichkeitspsychologischen Faktoren zeigen einen Zusammenhang mit diesen Unfällen?

2. Erhebungsmethoden und Instrumente

Nachdem bereits zuvor (Kirkcaldy und Trimpop, 1998) über die Untersuchungen zu Arzt- und Zahnarztpraxen berichtet wurde, wird hier der Schwerpunkt auf die Tierarztpraxen gelegt. Es wurden weitgehend identische Instrumente eingesetzt. Über 800 vollständig ausgefüllte kamen aus 8000 bundesweit zufällig verteilten Fragebögen anonym innerhalb einer dreimonatigen Frist zurück. Folgende Dimensionen wurden durch den Fragebogen erfaßt: organisationspsychologische Variablen (z. B. Arbeitsstreß, Partizipation/Arbeitsklima; Arbeitszufriedenheit); Rahmenvariablen (z. B. Geschlecht, Alter, Anzahl der Kinder, Familienstand und Beschäftigungsstatus); tätigkeitsbezogene Variablen (z. B. Anzahl der Mitarbeiter, tägliche Fahrt zwischen Wohnort und Praxis, Wöchentliche Arbeitsstunden, Anfang und Ende der Arbeitszeit, Dauer der Mittagspause, geographische Lage, Größe des Arbeitsortes); Verkehrs- und Arbeitssicherheitsvariablen (Risikobereitschaft, Sicherheitsorientiertheit, Internale Gesundheitskontrolle, Fatalismus und Perfektionismus) sowie Unfälle (Arbeitsunfälle, Verkehrsunfälle allgemein, Wegeunfälle, Dienstwegeunfälle, Anzahl der Krankheitstage).

3. Ergebnisse

Die Daten wurden neben deskriptiven Häufigkeiten multivariat ausgewertet. Dazu wurden folgende Verfahren und Vergleiche berechnet: Faktoranalyse; Diskriminanzanalyse, Extremgruppenvergleiche (Unterscheidung von Unfall- vs. unfallfreien Gruppen); Lineare schrittweise multiple Regression und eine lineare Kombination verschiedener unabhängiger Variablen.

Als Prädiktoren von Arbeitsstreß ergaben sich in der Regressionsanalyse folgende signifikante (R=0.43, R2=0.18, F(3,527)=39.36, p<0.001) Zusammenhänge: Berufsstatus (beta= +0.18), Arbeitsstunden –Arbeitszeitbeginn (beta=-0.11), Dauer der Mittagspause (beta=0.12). Weiterhin zeigte sich, daß die Ärzte belasteter waren als ihr Personal. Lange Pausen, Unterbrechungen, Mittagspausen erzeugten höhere Belastungen und je früher der Arbeitstag beginnt, desto höher ist der erlebte Arbeitsstreß.

Für Arbeits- und betrieblichen Verkehrsunfälle ergaben sich folgende signifikanten Zusammenhänge: Autounfälle allgemein (relativiert mit der Fahrerfahrung) sind assoziiert mit *Alter, Ende der Arbeitszeit* (R=0.45,R2= 0.20; F(2,524)=12.30, p<0.001) sowie *Risiko- und Sicherheitsorientiertheit* (R= 0.20, R2=0.04; F(2,794)=16.60, p<0.001). Insgesamt wurden ca. 25% der Varianz durch diese Faktoren erklärt. Die Stärke der Beta-Koeffizienten lag zwischen –0.20 (Alter) und +0.15 (Risikobereitschaft). Dies bedeutet, daß jüngere oder risikobereitere Fahrer und Fahrerinnen mehr Unfälle haben.

Arbeitsunfälle sind generell assoziiert mit *Arbeitsklima/Partizipation* (beta=-0.10) *und Fatalismus* (beta=+0.08) (R=0.14, R2=0.02; F(2,805) = 7.54, p<0.001) sowic mit Variablen *Arbeitsstunden (insb. Ende der Arbeitszeit,* beta=+0.10) *Entfernung zwischen Wohnort und Praxis (*beta= +0.14), *Ortsgröße(*beta=+0.12*;* R=0.21, R2=0.04, F=8,75, p<0.001*).* Im Extremgruppenvergleich, derjenigen, die keinen versus derjenigen, die einen Unfall oder mehr hatten, zeigten sich bei der gleichen Analysemethode deutlich stärkere Zusammenhänge. In der Gruppe derjenigen Praxisangehörigen, die einen Unfall hatten, erklärten die Variablen 25% der Varianz von betrieblichen Verkehrsunfällen. Besonders auffällig sind hier die Größen: Arbeitsstunden, Arbeitsstreß und Risikoorientierung.

Im Gegensatz zu diesen Ergebnissen hatten sich bei den Mitarbeitern und Mitarbeiterinnen der humanmedizinischen Praxen andere Zusammenhänge gezeigt. So waren dort junge Frauen mit Kindern in der höchsten Risikogruppe für Wegeunfälle, bedingt durch die Doppelbelastung der Kinderversorgung in der Mittagspause. Arbeitsstreß und Partizipationsmöglichkeit/

Arbeitsklima waren ebenfalls maßgebliche Prädiktoren von Arbeits- und betrieblichen Verkehrsunfällen. Somit scheint eine unabhängige Analyse und Betrachtung der beiden Zielgruppen aus Sicht der Daten gerechtfertigt.

In beiden Gruppen zeigten ostdeutsche Praxen signifikant höhere Streßwerte, aber bessere Partizipations-/Arbeitsklimawerte. Die Verkehrsunfallquoten der Tierärzte in den neuen Bundesländern waren signifikant höher, nicht aber die Arbeitsunfallzahlen im Betrieb.

4. Diskussion

Insgesamt zeigte sich, daß ein Zusammenhang zwischen organisatorischen Variablen im Betrieb und dem Verkehrsunfallgeschehen außerhalb des Betriebes nachgewiesen werden konnte. Die Kombination von organisatorischen, sozio-demografischen, psychischen, Sicherheits- und Risikodaten erlaubt es, zwischen 6% und 25% der Varianz von selbstberichteten Unfällen zu erklären. Dennoch bleibt ein hoher Teil der Unfallverursachung ungeklärt und muß auf andere Faktoren zurückzuführen sein, die hier nicht erfaßt werden konnten. Anhand der gewonnenen Ergebnisse lassen sich jedoch einige Maßnahmen zur Unfallverhütung für Tierarztpraxen ableiten.

Zum einen sollten streßsreduzierende Maßnahmen eingeleitet werden. Diese beinhalten auf der individuellen Ebene Interventionen wie: Streßmanagement und Zeitmanagement. Weiterhin scheinen Maßnahmen zur Veränderung der Sicherheits- und Risikobereitschaft, z. B. durch Erfassung und Darstellung der objektiven Risiken, sowie der subjektiven Risikobewältigungsstrategien angebracht zu sein. Da auch der Faktor Partizipationsmöglichkeit/Arbeitsklima eine bedeutende Rolle spielt, sollten auch soziale Kompetenzen trainiert werden. Die Partizipationsmöglichkeit stellt gleichzeitig den Übergang zu organisatorischen Streßveränderungsmaßnahmen dar.

Trimpop, (1994; 1997; 1999) sowie Furnham & Gunther (1994) schlagen eine Reihe von Maßnahmen vor, um dies zu erreichen:
vor einem Entscheidungsprozeß zuhören; die Mitarbeiter regelmäßig informieren; für die Probleme der Mitarbeiter verfügbar und verantwortlich sein; bei Arbeitsprozessen die Mitarbeiter gemäß ihren Fähigkeiten einbeziehen; Respekt und Verständnis zwischen den Teammitgliedern fördern; für sie irrelevante Arbeit delegieren; dem Team ein Beispiel sein; mit dem Team einen hohen Qualitätsstandard vereinbaren; erreichbare Ziele für und mit den Mitarbeitern finden; Teammitglieder koordinieren und repräsentieren.

Gerade im betrieblichen Verkehrssicherheitsbereich haben sich Sicherheitszirkel als ein erfolgreiches Instrument herausgestellt (Gregersen et al, 1995; Trimpop, 1998), aber auch andere partizipative Methoden zur Gefahrenerkennung und Beseitigung (z. B. Jacobus et al., 1998). Auch bei kleinen Mitarbeiterzahlen ist diese Vorgehensweise sinnvoll und erspart menschlich und wirtschaftlich teure Ausfallzeiten. Dazu wäre aber eine individuelle Praxenbetreuung im Sinne eines Coachings angebracht und notwendig.

Einige Vorschläge sollen noch für zukünftige Studien gemacht werden: Zum einen beruhen die gewonnenen Daten auf einer Querschnittsuntersuchung, die keine kausalen Zusammenhänge aufzeigen kann. Hier wären Längsschnittuntersuchungen mit variierten unabhängigen Variablen (z. B. Arbeitsstreß) sinnvoll. Weiterhin sind die Daten selbstberichtet. Diese sollten über unabhängige Beobachtungen verifiziert werden. Auch sind Unfalldetails nicht zu erfassen gewesen. Hier sollten nähere Betrachtungen erfolgen.

Schließlich sollten besonders auch emotionale Faktoren verstärkt einbezogen werden (Trimpop, 1994). So zeigten sich in anderen Studien (Trimpop und Kirkcaldy, 1994) Zusammenhänge zwischen emotionalem Fahren und Unfällen. Kirkcaldy und Furnham (1999) zeigten weiterhin, daß in 37 untersuchten Ländern ein umgekehrter Zusammenhang zwischen positiven Affekten, subjektivem Wohlbefinden und Unfällen sowie Selbstmord und Selbstverletzungen besteht (siehe auch Diener, Diener und Diener, 1995). Weiterhin zeigte sich, daß Neurotizismus (Eysencksches Konzept) mit hohen Unfall- und Verkehrstotenzahlen korreliert war. Diese Variable konnte 31,5% der Unfallvarianz erklären. Es erscheint daher notwendig zu sein, auch emotionale und generelle psychologische Maße in die Erklärungsansätze von betrieblichen Unfällen einzubeziehen.

Als Fazit läßt sich ziehen, daß betriebliche Verkehrsunfälle durch Veränderungen in der Organisation beeinflußt werden können und daß sowohl Arbeits- als auch Verkehrsunfälle mit Arbeitsstreß zusammenhängen.

Literatur

Blanchard, E.B./Hickling, E.J. (1997): After the Crash: Assessment and Treatement of Motor Vehicle Accident Survivors. APA, Washington

CEC (1994): Commission of the European Communities (1994) European Safety, Hygiene and Health Protection at Work

Diener, E./Diener, M./Diener, C. (1995): Factors predicting the subjective wellbeing of nations. Journal of Persoanlity and Social Psychology, 69, 851–864

Furnham, A./Gunther, B. (1994): Business Watching. Understanding Business Life. Abra Press, London

Gregersen, N. P/Brehmer, B./Moren, B. (1996): Road safety improvement in large companies: An experimental comparison of different measures. *Accident Analysis and Prevention* 28, 297–306

Jacobus, L./Rohn, S./Trimpop, R. (1998): Evaluation des Ansatzes „Faktor Mensch in der Arbeitssicherheit" der DOW Chemical A.G. S. 335-340. In H. von Benda & D. Bratge (Hrsg.). *Psychologie der Arbeitssicherheit: 9. Workshop.* Heidelberg: Asanger

Kirkcaldy, B. D./Furnham, A. (1999): Positive affectivity, psychological well-being, accident- and traffic deaths, suicides: An international comparison. Studia Psychologica (submitted)

Kirkcaldy, B./Trimpop, R.M. (1997): Organisatorische und individuelle Faktoren im Arbeits- und Verkehrsunfallgeschehen in Tierarztpraxen. (BGW-Berichte zur Verkehrssicherheit)

Kirkcaldy, B./Trimpop, R. (1998): Arbeitsorganisation und Unfälle in Arztpraxen. In H. von Benda & D. Bratge (Hrsg.). S. 190–195

Psychologie der Arbeitssicherheit: 9. Workshop. Heidelberg: Asanger

Kirkcaldy; B./Trimpop, R.M. (1999): Arbeitsbedingte Teilnahme am Straßenverkehr: Streß- und Unfallprävention durch Printmedien (BGW-Berichte zur Verkehrssicherheit)

Trimpop, R.M. (1994): *The Psychology of Risk-Taking Behavior.* New York, Amsterdam: North Holland, Elsevier

Trimpop, R.M. (in press): Organisationaler Wandel: Über partizipative Organisationsentwicklungsmaßnahmen in Arbeits-, Verkehrs- Gesundheits- und Umweltschutz. (Nord-West Verlag)

Trimpop, R.M./Kirkcaldy, B. (1995): *Arbeitsbedingte Teilnahme am Straßenverkehr.* (BGW-Arbeitsberichte zur Verkehrssicherheit)

Trimpop, R.M./Kirkcaldy, B. (1998): Stress indicators among medical personnel: A comparison of the „old" and „new" Länder. *Journal of Managerial Psychology. 13,* 22–27

R. Oberkötter, A. Kalveram und R. Trimpop

Ergebnisse der Wirkungsmessung im Ereignisfeld (Infotainment zur Sicherheitsarbeit in der Automobilindustrie)

1. Allgemeines Konzept der Maßnahme

Seit Februar 1998 werden im Werk II (Motoren- und Achsenfertigung; ca. 3500 Mitarbeiter) der Adam Opel AG in Bochum turnusmäßig Sicherheitsaktionen in Zusammenarbeit mit dem Institut für Schulung und Medienentwicklung (Input) durchgeführt. Das Werk III (Zentrallager; ca. 500 Mitarbeiter) schloß sich der Maßnahme im April 1998 an. Das Werk I (Endmontage; ca. 10.000 Mitarbeiter) folgte im März 1999 mit einer Aktion zum Thema Schnittschutz (Lenz, 1999). Diese Sicherheitsaktionen finden in der Nähe der Produktion im sogenannten *Ereignisfeld* (Kükelhaus 1995) statt. Die Schwerpunktthemen werden ferner auch in Kooperation mit den verschiedenen betrieblichen Abteilungen (betriebl. Vorschlagswesen, Qualitätsabteilung etc.) vermittelt.

Übersicht der bisherigen Schwerpunktthemen:

Aktion	Zeitpunkt	Ort
Stolpern / Straucheln	Februar 1998	Werk II
Kfz- Wegeunfälle	April 1998	Werk II + III
Bildschirmarbeitsplätze	Juni 1998	Werk II
Handhabung von Schraubwerkzeugen	Oktober 1998	Werk II
Schnittschutz	April 1999	Werk I

Um eine Erfolgs- und Qualitätskontrolle der durchgeführten Sicherheitsmaßnahmen zu gewährleisten, wurde zur Maßnahmenevaluation als Kooperationspartner der Lehrstuhl für Arbeits-, Betriebs- und Organisationspsychologie der Friedrich-Schiller-Universität Jena gewonnen.

Ausgangslage und Verlauf der Unfallzahlen der Adam Opel AG

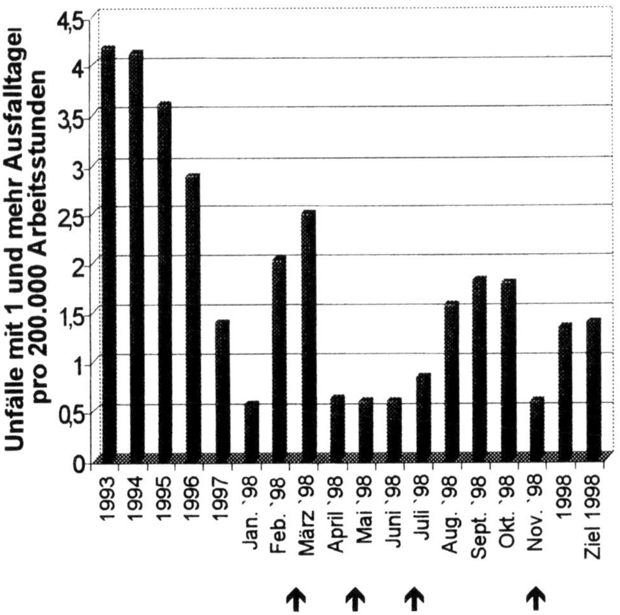

Quelle:
Abt. Arbeitssicherheit Adam Opel AG

2. Hypothesen

Die Maßnahmen – innerhalb und begleitend zum Ereignisfeld – haben einen Einfluß auf

1. das Verhalten der Mitarbeiter im Sinne einer Steigerung der sicherheitskonformen Verhaltenweisen.
2. die Einstellung der Mitarbeiter bezüglich sicherheitsrelevanter Themen.
3. die innerbetriebliche Kommunikation über das jeweilige Thema der Schwerpunktaktion.
4. die Motivation der Mitarbeiter in Hinsicht auf deren eigene Beteiligung an Sicherheitsaktionen.

3. Intervention

Die Intervention bestand im Jahr 1998 aus vier Aktionen. Im folgenden wird exemplarisch die Aktion Stolpern / Straucheln mit Ihren einzelnen Facetten genauer erläutert. Die Aktionen Kfz-Wegeunfälle, Bildschirmarbeitsplätze, Handhabung von Schraubwerkzeugen und Schnittschutz sind ähnlich komplex und können von daher nicht in ihrer Gesamtheit vorgestellt werden.

Stolpern / Straucheln

Aktionen im Ereignisfeld:

- *Stolperparcours* mit Gewinnspiel als Aufforderung, den Parcours körperlich zu erfahren.
- *Moderationen* für Mitarbeiter und / oder Multiplikatoren (ca. 40 Teilnehmer pro Gruppe).
- *Schulung* für Meister und Gruppensprecher in Sicherheitsunterweisungen / 5 Minuten-Gesprächen.
- *Giveaways* werden als persönliche Erinnerung bzw. als Werkzeug ausgegeben.

Aktionen außerhalb des Ereignisfeldes:

- *Integration des Betrieblichen Vorschlagswesens.*
- *Checkliste „Stolpern“* als Hilfe zur Erstellung von Defizitlisten für Sicherheitsbeauftragte.
- *Management-Checklisten.*
- *Faltblatt / Broschüre „Stolpern“* wird betriebsweit ausgeteilt.
- *Moderationsmappe „Stolpern...“* wird an Meister, Sicherheitsbeauftragte verteilt.
- Berichte und Slogans in der *Mitarbeiterzeitung.*
- *Aktion für Sicherheitsbeauftragte*: „Strauchelstellen markieren“.
- *Fußbodenplakate*: „Straucheln“ und „Sehen beim Gehen“.
- *Wandplakate*: 4 Motive werden im vierwöchigem Rhythmus ausgehängt.
- *Treppenschilder*: „Stufen sehen, Geländer begreifen“.
- *Dokumentation* mit Foto, Video, Berichts- und Vortragsmappe.

4. Vorgehensweise und Stichproben der Intervention

Die Einstellungsfragebögen werden bei den Sicherheitsaktionen verteilt. Die Skala der Fragebögen ist fünfstufig. Die Rücklaufquoten liegen bei über 90 %. Die Items werden für jede Schwerpunktaktion an das spezielle Thema angepaßt.

Speziell entwickelt wurde eine Verhaltensbeobachtung zum Thema Handlaufbenutzung. Die Inter- Rater- Reliabilität der Untersucher lag bei 97,2 %. Als Nichtbenutzung des Handlaufes wurde die Benutzung des Handlaufes bei weniger als drei Treppenstufen definiert. Beobachtet wurde an drei unterschiedlichen Treppenaufgängen (siehe Foto). Um das Maßnahmenpaket des Jahres 1998 zu bewerten, wurde ein Fragebogen mit fünf Items entwickelt. Dieser ist so kurz wie möglich gefaßt, um die Mitarbeiter gewissermaßen *im Vorbeigehen* zu befragen, ohne dadurch die betrieblichen Abläufe zu stören. Es wurden Mitarbeiter, die an der Materialausgabe und in den Kantinen standen, zufällig befragt. So ist von einer Zufallsstichprobe von Opel- Mitarbeitern auszugehen.

Zum kurzen Überblick sind in der folgenden Tabelle die Themen mit Zeitpunkt der Durchführung sowie die Anzahl der VPN dargestellt.

Thema	VPN	Zeit	
Stolpern/Straucheln t 1	304	Feb.	1998
Stolpern/Straucheln t 2	157	März	1998
Stolpern/Straucheln t 1 (Verhaltensbeobachtung)	901	Feb.	1998
Stolpern/Straucheln t 2 (Verhaltensbeobachtung)	902	März	1998
Bildschirmarbeitsplätze	32	April	1998
Kfz- Wegeunfälle	122	Juni	1998
Handhabung von Schraubwerkzeugen	491	Okt.	1998
Langzeitmessung aller Themen im Jahr 1998	119	Dez.	1998
Schnittschutz	388	April	1999

5. Ergebnisse der Evaluation

Im folgenden werden exemplarisch Ergebnisse der Evaluation anhand von Balkendiagrammen visualisiert. Zu Beginn werden die Ergebnisse der Aktion Stolpern / Straucheln exemplarisch für die fünf durchgeführten Schwer-

punktaktionen am Ereignisfeld vorgestellt. Diese Evaluation umfaßt eine Einstellungsmessung und eine Verhaltensbeobachtung.
Danach soll die betriebliche Kommunikation fokussiert werden. Hier werden Ergebnisse der Abschlußmessung vorgestellt, die im Dezember 1998 durchgeführt wurde. Bei der Interpretation der Ergebnisse ist zu beachten, daß die zu erinnernden Schwerpunktaktionen zwischen zwei und zehn Monate zurückliegen.

In der Abschlußmessung für das Jahr 1998 wurden ebenfalls Daten über den eingeschätzten Erfolg der Aktionen und die Motivation der Mitarbeiter zur Sicherheitsarbeit erhoben. Diese Ergebnisse werden auch durch ein Diagramm veranschaulicht.

Abschließend zeigt ein Schaubild die aktuellen Daten der Schwerpunktaktion Schnittschutz zum Thema Motivation der Mitarbeiter.

Schwerpunktaktion zum Thema Stolpern / Straucheln

Verhaltensbeobachtung zur Handlaufbenutzung vor und nach der Intervention

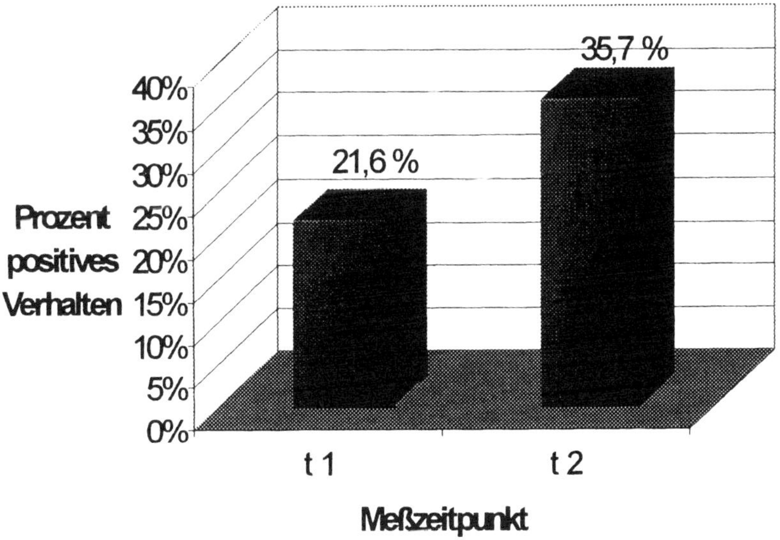

t 1: n = 901; t 2: n = 902

Schwerpunktaktion zum Thema Stolpern / Straucheln

Einstellungsmessung vor und nach der Intervention

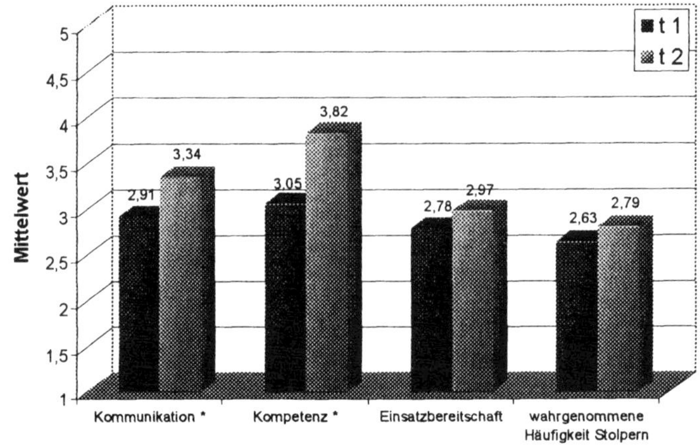

*t 1: Feb. 1998; t 2: April 1998; * = signifikant auf 5 % Niveau*
t 1: n = 304; t 2: n = 157

Ergebnisse: betriebliche Kommunikation

Frage: Haben Sie schon etwas von den Aktionen am Ereignisfeld gehört?

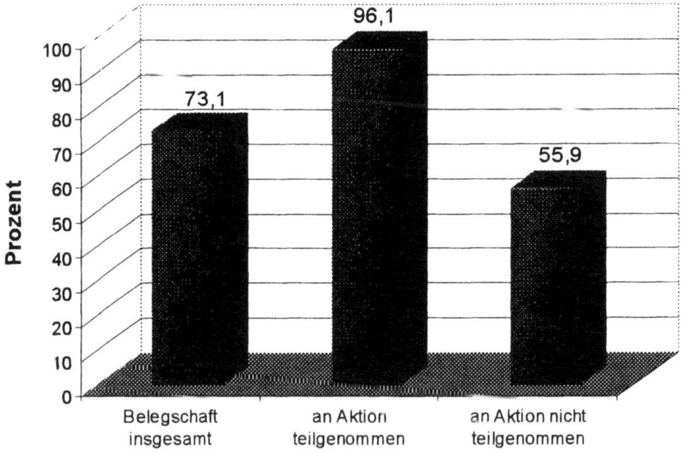

n = 119

Ergebnisse: betriebliche Kommunikation

Frage: ***Können Sie sagen, welche Themen dort [im Ereignisfeld] behandelt wurden?***

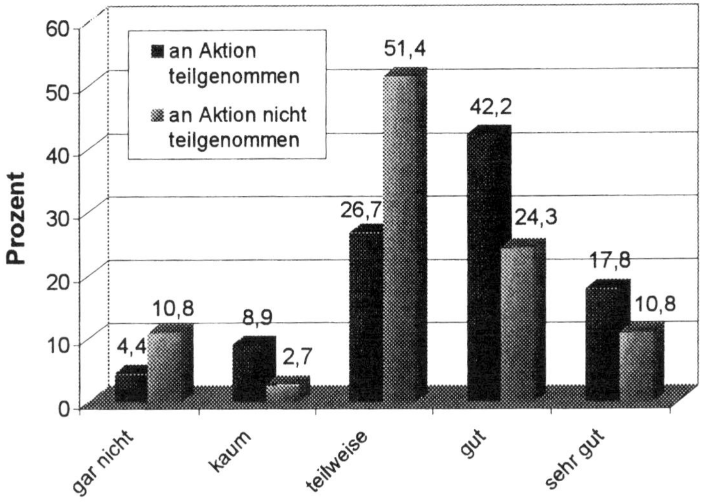

n = 119

Erfolg der Schwerpunktaktion

Frage: ***Für wie gelungen halten Sie diese [Stolpern / Straucheln] Unfallverhütungsmaßnahme am Ereignisfeld?***

Motivation der Mitarbeiter für Sicherheitsarbeit

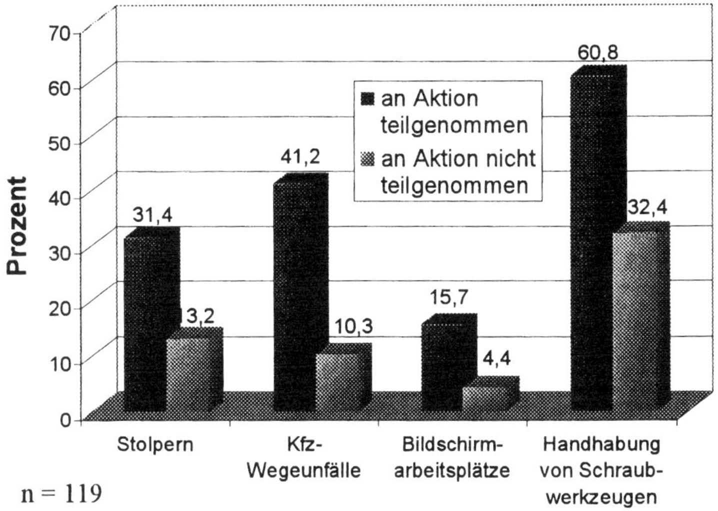

n = 119

Frage: ***Wie groß ist Ihr Interesse an weiteren Aktionen am Ereignisfeld teilzunehmen?***

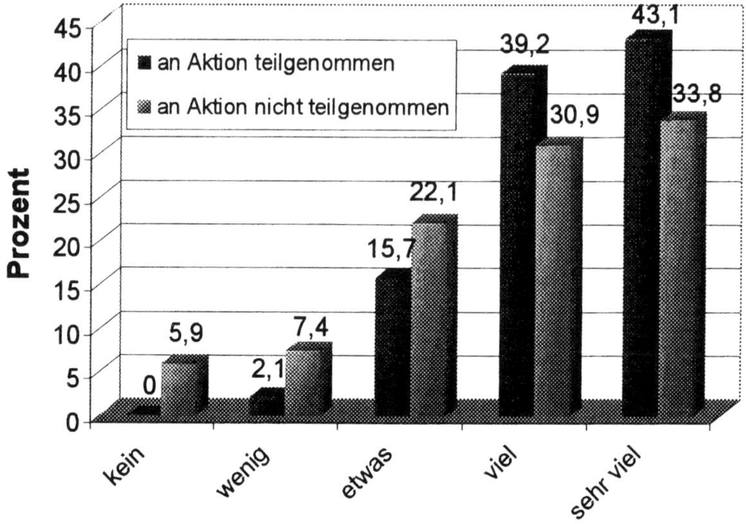

N = 119

6. Implikationen für die Praxis

- Die Maßnahmen – innerhalb und begleitend zum Ereignisfeld – führen zu einer Erhöhung des sicherheitskonformen Verhaltens der Mitarbeiter im betrieblichen Alltag.
- Die Maßnahmen – innerhalb und begleitend zum Ereignisfeld – haben einen positiven Einfluß auf die sicherheitliche Einstellung der Mitarbeiter.
- Auch mit einem zeitlichen Abstand von bis zu zehn Monaten nach der Intervention wird die innerbetriebliche Kommunikation über das jeweilige Thema der Schwerpunktaktion – innerhalb und begleitend zum Ereignisfeld – gefördert. Es kann also von einem relativ zeitstabilen Effekt gesprochen werden.
- Die Maßnahmen – innerhalb und begleitend zum Ereignisfeld – werden von den Mitarbeitern interessiert und positiv aufgenommen, so daß die Motivation, sich an sicherheitlicher Arbeit zu beteiligen, hoch ist.

- Darüber hinaus kann gefolgert werden, daß der Erfolg der Maßnahme mit den zahlreichen begleitenden Aktionen zum gleichen Thema gefördert wird. Somit gilt auch hier der vielfach zitierte Satz der Gestaltpsychologie „das Ganze ist mehr als die Summe seiner Teile".

Literatur

Lenz, R. (in Vorb.): Innovative Schulungskonzepte zu Sicherheit und Gesundheit. Beitrag für den Arbeitskreis „Multimediale Beeinflussung der Arbeits- und Verkehrssicherheit (events)" auf dem 10. Workshop Psychologie der Arbeitssicherheit vom 10.–12. Mai 1999 in Mannheim

Kükelhaus, H. (1995): Fassen Fühlen Bilden. Köln: Gaia Verlag

A. B. Kalveram, R. Oberkötter. und R. Trimpop

Integrativ-partizipative AVGU-Workshops als Instrument zur Einstellungs- und Verhaltensbeeinflussung

1. Betriebliche Verkehrssicherheitsarbeit

Der betrieblichen Verkehrssicherheitsarbeit wird in den meisten Unternehmen nur eine sehr geringe Bedeutung beigemessen. Führungskräfte und Vorgesetzte glauben, nur geringen Einfluß auf Einstellung und Verhalten der Fahrer zu haben, weil die Mitarbeiter außerhalb des Betriebsgeländes dem direktem Zugriff entzogen sind (vgl. z. B. Scheefer & Hautzinger, 1989, Reiß, 1995; Trimpop, 1997). Dementsprechend wird auch nur in wenigen Unternehmen regelmäßige und systematische Verkehrssicherheitsarbeit betrieben. Wenn Verkehrssicherheitsarbeit betrieben wird, so handelt es sich dabei zumeist um vereinzelte Aktionen ohne ein übergreifendes Gesamtkonzept (z. B. spezielle Aktionstage oder Sicherheitstrainings). Hürlimann & Hebenstreit (1987, S.13) kritisieren dieses Vorgehen deshalb auch zu Recht als „Alibiübungen". Die auf einzelne Aspekte der allgemeinen Verkehrssicherheit ausgerichteten Aktionen lassen zumeist jedoch die enge Zusammenhänge zwischen organisatorischen Variablen wie z.B. Zeitdruck, Leistungsanforderungen, Streß, oder die Verbindung von Arbeitssicherheit, Verkehrssicherheit, Gesundheitsschutz und Umweltschutz (AVGU) außer acht. Die aktive Beteiligung der Mitarbeiter an der betrieblichen Verkehrssicherheitsarbeit ist derzeit noch eher die Ausnahme, während die Anpassung des Menschen an das System Straßenverkehr eher die Regel darstellt (Geiler, 1991). Die Mitarbeiter sind z.B. in Verkehrsbelehrungen oft Betroffene von Maßnahmen, aber nicht aktiv Beteiligte, sondern nur passive Botschaftsempfänger. Einen anderen Weg beschreitet hingegen das Beratungskonzept Fuhrpark des Deutschen Verkehrssicherheitsrates DVR. Im folgenden werden das Beratungskonzept und einige ausgewählte Ergebnisse der wissenschaftlichen Evaluation dieses Konzeptes vorgestellt (siehe auch Trimpop (in press), Trimpop, Adolph & Rabe (1996), Falkenberg (1998), Kalveram, Oberkötter & Trimpop (1998)).

2. Das Beratungskonzept Fuhrpark des DVR[1]

Das Beratungskonzept hat zum Ziel, auftretende Verkehrssicherheitsprobleme zu überwinden und eine an Ganzheitlichkeit und Partizipation orientierte Sicherheitsarbeit zu realisieren. Ging es bisher im Rahmen der betrieblichen Verkehrssicherheitsarbeit primär darum, Mitarbeiter vor Unfallgefahren zu schützen, so läßt sich in den letzten Jahren nun ein Wandel hin zu einem erweiterten Schutzgedanken beobachten.

Im Mittelpunkt des Ansatzes stehen integrativ-partizipative Workshops (IPW) mit dem Schwerpunkt Verkehrssicherheit. Die Eckpfeiler des Konzeptes sind: das Erarbeiten betriebsbezogener Problemlösungen, eine ganzheitliche Vorgehensweise bei der Problembearbeitung, die größtmögliche Partizipation von Mitarbeitern aller Hierarchieebenen, und eine möglichst langfristige Kontinuität der verfolgten Lösungsstrategien. Das *Beratungskonzept Fuhrpark* wird dabei verstanden als eine Möglichkeit die beteiligten Mitarbeiter in Planungs-, Umsetzungs- und Kontrollprozesse eigenverantwortlich und selbst- entscheidend einzubinden. Die Leitung der Workshops wird durch externe und erfahrene Moderatoren übernommen. Aufgabe der Moderatoren ist es, in den vorab thematisch offenen Workshops, das lösungs- und konsensorientierte Vorgehen zu fördern und zu unterstützen. Hierbei gibt es keine Beschränkung auf primäre Sicherheitsprobleme, d.h. auch organisationale Probleme können thematisiert werden. Durch die Workshops kann und soll eine Prozeßoptimierung aller thematisierten Unternehmensvorgänge erzielt werden. Es wird kaum referiert, sondern die Teilnehmern selbst bringen ihre Erfahrungen, Probleme, Lösungsvorschläge und Verantwortlichkeiten ein. Lediglich bei Spezialfragen werden kurze Demonstrationen oder Lernmaterial eingebracht. Die zeitliche Dauer der Workshops beträgt in der Regel zwei Stunden und wird von den Unternehmen als Arbeitszeit vergütet. Darüber hinausgehende Zeit ist von den Teilnehmern freiwillig investierte Freizeit.

3. Wissenschaftliche Begleitforschung

Der Ansatz wurde in insgesamt 9 Unternehmen erprobt. Hierbei erfolgte in 8 Projekten eine wissenschaftliche Begleitung durch die Friedrich Schiller Universität Jena zur Klärung der Frage, unter welchen organisatorischen Bedingungen und in welchen Prozeßkomponenten IPW zur Verkehrssicher-

[1] seit 1999: *Betriebsberatung Verkehrssicherheit und Arbeitswelt*

heit Einstellungs- und Verhaltensänderungen bei den Teilnehmern hervorrufen.

3.1 Meßinstrumente

Zur Erfassung der AVGU- relevanten Einstellungen wurde auf ein von Trimpop, Adolph & Rabe (1996) entwickelter Fragebogen mit 18 Subskalen eingesetzt, der sowohl Aspekte der betrieblichen Verkehrssicherheit als auch der Arbeitssicherheit, des Gesundheitsschutzes und der Organisationsstrukturen erfaßt. Es wurde Die Evaluation des Verhaltens erfolgte mit einem speziell entwickelten *Verhaltensbeobachtungsmeßinstrument* (*AVGU-VB*). Das Instrument, setzt sich aus: dem *Verhaltensbeobachtungsindex* (*VBI*) und dem *Verhalteneinschätzungsindex* (*VEI;* nach Aschenbrenner, Biehl und Wurm, 1992) zusammen. Dabei erfaßt der VBI Verstöße gegen die StVO, sowie auch andere verkehrssicherheitsrelevante Verhaltensweisen. Darüber hinaus werden auch arbeitssicherheitliche und gesundheitsrelevante Verhaltensweisen der beobachteten Fahrer erfaßt. Die Verhaltenseinschätzung soll, über quantifizierbare Daten hinaus – die Fahrweise erfassen. Zur Prozessevaluation wurden ein Workshop-Bewertungsbogen und ein Verhaltensbeobachtungsbogen zur Interaktionsanalyse eingesetzt. Die Interaktionsanalyse besteht aus 15 Items und die konkrete Verhaltensweisen (bzgl. Interaktion und Kommunikation) der Teilnehmer und der Moderatoren innerhalb der Workshops systematisch erfaßt. Außerdem wurde zur Überprüfung der Integration der Führungskräfte in die Maßnahme und zur Erfassung deren Einstellung zu AVGU- Themen ein spezieller Interviewleitfaden für Führungskräfte entwickelt und eingesetzt. Tatsächlich umgesetzte Vorschläge wurden als zusätzliches Erfolgskriterium herangezogen (Umsetzungseffizienz). Hierzu wurden von den Evaluatoren die Protokolle daraufhin ausgewertet, ob Lösungsansätze erarbeitet wurden und ob sie in der betrieblichen Praxis realisiert werden konnten.

3.2 Untersuchungsdesign

Bei dem in den meisten Stichproben verwendeten Forschungsdesign handelt es sich um ein quasi-experimentelles *„Untreated Control Group Design with Pretest and Posttest“* (Cook und Campbell, 1979, vgl. Tabelle 1). In einer Stichprobe konnte aus betriebsinternen Gründen keine Vergleichsgruppe gebildet werden, jedoch konnte in dieser Niederlassung eine Langzeitmessung erhoben werden. In einer weiteren Stichprobe wurde ein gestuftes Design verwendet, statt einer unbehandelten Vergleichsgruppe, wurde die Vergleichsgruppe mit *Filmen* zum Thema Verkehrssicherheit geschult.

	Vorher -Messung	Intervention	Nachher - Messung	Langzeit - Messung
Pilot- Gruppe	▸ Einstellungs-Messung ▸ Verhaltens-Beobachtung ▸ Führungskräfte-Interviews	4 bis 7 integrativ- partizipative AVGU- Workshops Prozeßbegleitende Evaluation: ▸ Moderatorenverhalten ▸ Bewertung der WS ▸ Interaktionsverhalten	▸ Einstellungs-Messung ▸ Verhaltens-Beobachtung ▸ Führungskräfte-Interviews ▸ Analyse der Umsetzungs-Effizienz	▸ Einstellungs-Messung ▸ Verhaltens-Beobachtung ▸ Führungskräfte-Interviews
Vergleichs- Gruppe	▸ Einstellungs-Messung ▸ Verhaltens-Beobachtung ▸ Führungskräfte-Interviews	keine Intervention (bzw. traditionelle Verkehrssicherheitsschulung)	▸ Einstellungs-Messung ▸ Verhaltens-Beobachtung ▸ Führungskräfte-Interviews	

Tabelle 1:
Untersuchungsdesign

4. Ergebnisse

Nachfolgend werden ausgesuchte Ergebnisse vorgestellt. Betrachtet man die Ergebnisse der statistischen Auswertung für die Einstellungsmessungen zusammenfassend, so stellt man fest, daß vor allem signifikante Einstellungsänderungen in den Bereichen ergeben, die mit den in den Workshops behandelten Themen in direktem Zusammenhang stehen, sowohl in positiver als auch in negativer Hinsicht. Es kann also grundsätzlich davon ausgegangen werden, daß IPW Einstellungsänderungen bewirken können. Hinsichtlich der Verhaltensbeobachtungen kann festgestellt werden, daß sich in allen drei untersuchten Bereichen (Arbeits- und Verkehrssicherheit und Gesundheitsschutz) statistisch bedeutsame und maßnahmenbedingte Veränderungen feststellen lassen. Die Einstellungs- und Verhaltensänderungen erweisen sich in einer Langzeitmessung als dauerhaft und zeitstabil.

Unternehmen/ Branche	Rahmenbedingungen						Effizienzkriterien						
	Fahrzeug-Typ	Anzahl der Workshops	Führungskräfte in WS integriert?	Einsatzbereitschaft Management	Einsatzbereitschaft Teilnehmer	Organisationsstrukturen	Umsetzungseffizienz	Moderatoren- Verhalten	Verhalten A	Verhalten V	Verhalten G	Einstellung	Prozeß - Evaluation
Telekommunikation NL A	LKW	4	Ja	hoch	hoch	partizipativ	21/21/21	n.e.	Ja	Ja	Ja	4	+
Telekommunikation NL B	PKW	4	Nein	niedrig	mittel	hierarchisch	16/2/1	n.e.	Nein	Ja	Ja	3	+
Telekommunikation NL C	PKW	4	Nein	niedrig	niedrig	hierarchisch	7/1/1	n.e.	n.e.	n.e.	n.e.	1	-
Spedition (Chemie)	LKW	4	Ja	hoch	hoch	partizipativ	21/13/13	-	n.e.	n.e.	n.e.	0	-
Milchwirtschaft	LKW	5	Ja	mittel	niedrig	hierarchisch	3/2/1	-	n.e.	n.e.	n.e.	1	-
Spezialbaumaschinen	LKW	6	Ja	mittel	hoch	hierarchisch	10/10/7	+	Nein	Nein	Nein	1	+
Hoch- und Tiefbau	LKW	5	Nein	mittel	niedrig	kooperativ	3/0/2	-	Ja	Ja	n.e.	4	-
Großbäckerei	LKW	5	Nein	niedrig	niedrig	hierarchisch	7/2/4	n.e.	Ja	Ja	Ja	3	-

Tabelle 2:
Ergebnisse

Bezüglich der erarbeiteten Lösungsvorschläge kann konstatiert werden, daß die Anzahl der Lösungsvorschläge in starkem Maße variiert. Durchschnittlich werden 2,38 Lösungsvorschläge werden pro Workshop erarbeitet. Hierbei wirkt sich die Benennung von Paten für einzelne Vorschläge positiv auf die Realisierung dieser erarbeiteten Lösungsvorschläge aus. Ferner läßt sich feststellen, daß die durchschnittliche Umsetzungseffizienz 1,35 realisierte Lösungsvorschläge pro Workshop beträgt, d.h. pro Workshop wird etwas mehr als ein Lösungsvorschlag auch tatsächlich umgesetzt. Es kann angenommen werden, daß die fehlende Integration von Führungskräften in einigen Projekten innerhalb der Workshops sich negativ auf die Gesamteffektivität und auf die Umsetzungseffizienz ausgewirkt hat.

Der Gesamterfolg der einzelnen Projekte ist in nicht unwesentlichem Maße von den Rahmenbedingungen in den jeweiligen Unternehmen abhängig. Als bedeutende Einflußfaktoren seien in diesem Zusammenhang die Einsatzbereitschaft des Managements und der Mitarbeiter genannt oder die innerbetrieblichen Organisationsstrukturen. Einzelne ungünstige Rahmenbedingungen können im Rahmen des Projektes kompensiert werden, wobei eine große Anzahl negativer Rahmenbedingungen offensichtlich den Erfolg des *Beratungskonzeptes Fuhrpark* gefährden.

5. Diskussion

Aufgrund der Ergebnisse der wissenschaftlichen Begleitforschung erscheint das *Beratungskonzept Fuhrpark* grundsätzlich als sehr geeignet, die betriebliche Verkehrssicherheitsarbeit in Unternehmen mit einem eigenen Fuhrpark zu verbessern. Trotzdem zeigt sich weitergehender Diskussionsbedarf. Einige der durchgeführten Maßnahmen fanden während starker innerbetrieblicher Umstrukturierungen statt. Die Einführung partizipativer Elemente in eine Organisation zu einem Zeitpunkt starker organisatorischer Umstrukturierungen wird jedoch grundsätzlich als nicht sinnvoll erachtet (vgl. z.B. von Rosenstiel, 1987), da Interferenzen auftreten, so daß die Partizipationseffekte von den Umstrukturierungsmaßnahmen überlagert werden. Es zeigt sich, daß der Einfluß der Workshops auf das Verhalten offensichtlich bedeutender, ist als der Einfluß auf AVGU-relevante Einstellungen. Der Umsetzung der erarbeiteten Lösungen kommt oft entscheidende Bedeutung zu, da an ihr die Beteiligten den Erfolg oder Mißerfolg einer derartigen Maßnahme messen und prüfen, ob die Ergebnisse zu tatsächlichen Veränderungen in ihrem Arbeitsalltag führen. So ist eine wichtige Voraussetzung der für die Glaubwürdigkeit von Zirkel-Konzepten, daß die erarbeiteten Lösungen zügig umgesetzt werden.

6. Literatur

Aschenbrenner, K. M./Biehl, B./Wurm, G. W. (1992): Mehr Verkehrssicherheit durch bessere Technik? Felduntersuchungen zur Risikokompensation am Beispiel des Antiblockiersystems (ABS). Bericht zum Forschungsprojckt 8323 der Bundesanstalt für Straßenwesen (BASt). Bergisch Gladbach: BASt

DVR (1996): Beratungskonzept Fuhrpark – Leitfaden für Betriebsberater. Ein Programm des deutschen Verkehrssicherheitsrates und der gewerblichen Berufsgenossenschaften. Bonn, Sankt Augustin

Falkenberg, L. (1998): Konzeption von Workshops zur Verkehrs- und Arbeitssicherheit und ihre Durchführung in der Praxis. In H. von Benda & D. Bratge (Hrsg.): Psychologie der Arbeitssicherheit. 9.Workshop. 171–176

Geiler, M. (1991): Systembetrachtung von Straßenverkehr und Verkehrsverhalten: Ein Thema für die Aus- und Fortbildung. In: H. Schmöle (Hrsg.): Lernziel Sicherheit: Psychologische Beiträge zur Aus- und Fortbildung im Arbeitsschutz. Bonn: Deutscher Psychologen Verlag. 24–39

Hürlimann, F./Hebenstreit, B (1987): Verkehrssicherheit in der Praxis. Grundlagen–Realisierung–Exemplarische Modelle. Bern: Hans Huber Verlag

Kalveram, A. B. (1998): Evaluation der Wirkung integrativ-partizipativer Verkehrssicherheitsarbeit auf die Einstellung. Bochum: Unveröffentlichte Diplomarbeit der Ruhr-Universität Bochum, Fakultät für Psychologie

Kalveram, A. B./Oberkötter, R./Trimpop, R. (1998): Verkehrs- und arbeitssicherheitliche Ergebnisse partizipativ-integrativer Workshops. In H. von Benda & D. Bratge (Hrsg.): Psychologie der Arbeitssicherheit. 9.Workshop. 177–183

Oberkötter, R. (1997): Evaluation der Wirkung integrativ-partizipativer Verkehrssicherheitsarbeit auf das Verhalten. Bochum: Diplomarbeit an der Ruhr-Universität Bochum, Fakultät für Psychologie

Reiß, S. (1995): Umfang der Versicherung, Unfälle und Berufskrankheiten sowie Leistungsaufwendungen bei den gewerblichen Berufsgenossenschaften im Jahre 1994. Die BG, 08/95, S. 415–431

Rosenstiel, L. von (1987): Was *„bringen"* partizipative Veränderungsstrategien? In L. von Rosentiel, H. E. Einsiedler, R.K. Streich & S. Rau (Hrsg.): Motivation durch Mitwirkung. Stuttgart: Schäffer. S. 12–38

Trimpop, R. (in Druck): Organisationaler Wandel im Arbeits-, Verkehrs-, Gesundheits- und Umweltschutz. Nord-West Verlag

Trimpop, R./Adolph, L./Rabe, S. (1996): Evaluation betrieblicher Verkehrssicherheitsmaßnahmen im Rahmen eines integrativen Gesundheitsmanagementansatzes. In B. Ludborzs, H. Nold & B. Rüttinger (Hrsg.): Psychologie der Arbeitssicherheit. 8. Workshop. Heidelberg: Asanger. 401–414

Rüdiger Trimpop

Verkehrssicherheit und betriebliche Organisation

Das Hauptziel eines Wirtschaftsunternehmens ist der Gewinn bei möglichst niedrigen Kosten bei angemessener Gesundheit und Zufriedenheit der Mitarbeiter. Somit müssen Unternehmen kalkulieren, wann sich welche Mittel lohnen, um Gesundheitsgefahren und Unfälle abzuwehren. Darin gehen selbstverständlich nicht nur wirtschaftliche sondern auch ethisch-moralische und Imageüberlegungen mit ein. Man kann jedoch nicht erwarten, daß der Sicherheits- und Gesundheitswert in einem Unternehmen höher ist als im Durchschnitt der Bevölkerung und ihren politischen Vertretungen. Viele Menschen in den Industrieländern haben sich für hohe Mobilität und das Gefühl von (Bewegungs-)freiheit, niedrige Preise mit schnellerer Beförderung von Personen und Gütern durch den motorisierten und individualisierten Straßenverkehr entschieden und nehmen damit -billigend- in jedem Jahr mehrere hunderttausend Tote und Millionen Verletze in Europa und Nord-Amerika allein in Kauf. Hier entscheiden sich die Gesellschaften für ein bestimmtes Maß an „Opferbereitschaft". Ähnliche Kalküle werden in Unternehmen und vom Gesetzgeber getroffen. Gefährdungen sind nach den Gesetzesvorschriften soweit zu vermeiden, wie es für die Branche möglich oder akzeptabel erscheint. In einem produzierenden Gewerbe erscheint deshalb eine höhere Unfallrate „zumutbar" als in einer Verwaltungsbranche mit weniger und berechenbaren Gefährdungen. Andere Formen der Gesundheitsgefährdungen, wie z. B. Streß, Mobbing, ergonomische Belastungen, bauliche Gefahrstoffe etc. sind davon jedoch zunächst unbetroffen, da sie alle Branchen betreffen. Ein solches Kosten/Nutzen-Kalkül in der Sicherheits- und Gesundheitsarbeit wird besonders dann schwierig zu treffen, wenn entweder die Kosten eines Unfalles sehr hoch sind oder nur sehr wenig Einflußmöglichkeiten wahrgenommen werden. Beides ist im Bereich der betrieblichen Verkehrssicherheit der Fall. Mit nur ca. 10% der meldepflichtigen Unfälle im Verkehr gegenüber z. B. ca. 45% Stolper-Umknickunfällen, ist der betriebliche Verkehrsunfall nicht im unmittelbaren betrieblichen Gesichtsfeld. Viele der Unfälle geschehen als Wegeunfall, d.h. auf dem Weg von und zur Arbeit, was es zudem schwierig macht, die betriebliche Verantwortung und Handlungsmöglichkeit zu erkennen. So scheint es klar, daß Verkehrssicherheitsarbeit bisher nicht im Fokus der betrieblichen Aufmerksamkeit stand. In den letzten 15 Jahren sanken die Unfallzahlen im Arbeitsschutz deutlich ab. Im Gegensatz dazu ist diese Tendenz im Bereich der betrieblichen Verkehrssicherheit nicht festzustellen, in vielen Branchen ist die Entwicklung sogar gegenläufig. (HVBG, 1996). Bei den schweren Unfällen, mit ca. 20% der neuen Unfallrenten und ca. 60% der tödlichen Unfälle auf Arbeitswegen, ist der Handlungsbedarf jedoch für alle Beteiligten offensichtlich.

Unter zunehmendem Kostendruck wird jedoch gerade der betriebliche Verkehrsunfall mit besonders schweren Folgen und langen Ausfallzeiten für die Unternehmen ein ernstzunehmender Kostenfaktor. Die personelle Reduktion und lange Anlernzeiten lassen längerfristige Ausfälle durch betriebliche Verkehrsunfälle als Störgröße im Betriebsablauf auftreten und es wird verstärkt nach Gegenmaßnahmen gesucht.

Hat der Betrieb Einflußmöglichkeiten außerhalb des Werksgeländes?

Es liegt für Unternehmen nahe, zu sagen, sie haben keinen Einfluß auf solche Geschehnisse. Erschwerend ist, daß auch privater Ärger oder massive Veränderungen, einen Einfluß auf die Fahrweise und das Arbeitsverhalten haben, wie z. B. Scheidung, Erwartung eines Babys, neue Liebe. Auch Restalkohol von der abendlichen Feier, oder sogar das „Verlegen" eines Sportunfalles auf den Dienstweg können in die Zahlen der betrieblichen Wegeunfälle eingreifen. Sie sollten jedoch auch auf die übrige Arbeit negativ wirken, was jedoch nicht der Fall ist, wie die sinkenden Arbeitsunfallzahlen zeigen. Meist ist sogar der Heimweg unfallgefährdeter als der Hinweg.

Trimpop und Kirkcaldy (1994) und Kirkcaldy und Trimpop (1997) zeigten dagegen, daß in ca. 2000 Kleinunternehmen mit mehreren Tausend Befragten im medizinischen Bereich, der Faktor Arbeitsstreß, Partizipations-(Einfluß-)möglichkeit und Arbeitsklima einen statistisch bedeutsameren Einfluß auf das Unfallgeschehen haben, als andere Faktoren. Dies betraf sowohl Wegeunfälle, Dienstwegeunfälle (z. B. Kunden- oder Patientenbesuche, Tagungsbesuche etc.) als auch Arbeitsunfälle und sogar private Verkehrsunfälle. Diese Befunde gehen einher mit Daten von Frankenhäuser und Johansson (1986), die zeigen, daß LKW Fahrer nach Ärger mit den Vorgesetzten auch in der Nacht danach unruhig schliefen und hohe hormonelle Belastungswerte noch am nächsten Morgen im Urin hatten. Der Streß hört somit nicht am Werkstor auf, sondern man nimmt ihn mit heim. Er sorgt für weniger Aufmerksamkeit im Verkehr, in extremen Fällen sogar zu Abreaktionen des Ärgers. Umgekehrt beginnt der Streß morgens mit den Gedanken auf dem Weg zur Arbeit, besonders, wenn man zu spät ist, sei es durch zu spätes Aufstehen oder durch unvorhersehbare Staus. Man gibt sich dann große Mühe darum, rechtzeitig anzukommen, auch auf Kosten der Verkehrssicherheit. Daraus läßt sich schließen, daß das Unternehmen tatsächlich einen Einfluß auf das Verkehrsunfallgeschehen seiner Mitarbeiter hat.

Gestaltung verkehrssicherheitsrelevanter Maßnahmen

Im folgenden ist eine – unvollständige – Liste von Einzelmaßnahmen aufgeführt, die im Bereich der Arbeits- und Verkehrssicherheit eingesetzt werden: Poster, Plakate, Filme, Einzelaktionen, Sicherheitstrainings, Kontrollen, Incentiveprogramme, Unterweisungen, Beurteilungssysteme, Zirkelansätze.

Poster und Plakate wurden bisher kaum in ihrer Wirksamkeit wissenschaftlich untersucht (siehe Ruppert, 1994; Wenninger, 1991). Zu Filmen gibt es im Arbeits- und Gesundheitsschutz europaweit nur wenige Untersuchungen, die den Kriterien der Anforderungen für Medienuntersuchungen genügen (Zimolong und Trimpop, 1995, Nachreiner, 1992). Es zeigte sich, daß der Einsatz eines einzelnen Mediums, selbst wenn dieses optimal auf die Bedürfnisse der Zielgruppe abgestimmt ist, lediglich 2-15% des Verhaltens und der Einstellungen kurzfristig beeinflussen kann. Untersuchungen über die Wirkungen solcher Medien im Straßenverkehr liegen in systematischer Weise nicht vor.

Eine mögliche strukturelle Maßnahme besteht in der Einbindung der Sicherheitsarbeit in ein Beurteilungs-/Beförderungssystem. Durch die Bewertung besteht die Chance und Gefahr durch Sicherheitsleistung eine Beurteilung/Beförderung selbst zu beeinflussen. Somit werden organisatorisch initiierte Motivationsimpulse gesetzt (siehe Trimpop, 1994 und 1994a). So müssen in einigen Unternehmen (z. B. RAG und Dow Chemical) Führungskräfte eine Ausbildung in Arbeits- und Gesundheitsschutz nachweisen, im Bereich Verkehrssicherheit sind solche Aspekte nicht explizit berücksichtigt.

Incentiveprogramme, also Belohnungssysteme, können sehr effektive Instrumente zur Verhaltensbeeinflussung sein. So zeigte eine Studie von Fox et al. (1987), daß die Unfälle im Bergwerk auf nahezu Null reduziert werden können, wenn man die Hälfte des Einkommens an diese Sicherheitsbedingung knüpft. Auch im betrieblichen Straßenverkehr erwiesen sich Belohnungssysteme über Jahrzehnte hinweg als erfolgreich, (Kraft-Studie, siehe ausführlich Wilde, 1994). Solche Systeme haben jedoch den Nachteil, daß sie zur Vertuschung leichter Unfälle führen und, daß sie nur solange verhaltenswirksam bleiben, wie ein großes Maß an Aufmerksamkeit und Kontrolle darauf gelenkt wird. Nur in seltenen Fällen resultiert aus dem Verhalten eine eigenverantwortliche Einstellungsänderung (z. B. Kontrollsystem von DUPONT), wobei offen bleibt, ob diese Grundeinstellung nicht bereits vor der Einführung des Systems vorherrschte. Sicherheitstrainings wurden bei reiner Schwerpunktsetzung auf das Fahrzeughandling („Schleuderkurse") als sicherheitsgefährdend eingestuft, da sie zu trügerischer Sicherheit und zu risikoorientierter Fahrwiese verleiten (siehe Trimpop, 1994). Lediglich psychologisch-pädagogische Trainings weisen den erwünschten Erfolg auf, wie eine Studie von Gregersen et al. (1995) bei 4000 Mitgliedern der schwedischen Telekommunikationsgesellschaft zeigten. Es wurden deutliche Unfallreduktionen im Straßenverkehr (ca. 30%) nachgewiesen. Noch erfolgreicher schnitt in dieser Untersuchung der partizipative Verkehrssicherheitszirkel mit Einflußmöglichkeiten der Teilnehmer auf die fahrrelevanten Organisationsstrukturen ab. Hier wurden Unfallreduktionen nach einem Jahr von bis zu 56% erzielt. Diese Untersuchung zeigte weiterhin, daß klassische Unterweisungen kaum Erfolg hatten und daß es in der lediglich medial beeinflußten Gruppe sogar zu einem leichten Unfallanstieg kam. Trimpop, Adolph und Rabe (1995), Trimpop (1997) und Kalveram, Oberkötter und Trimpop (1998) konnten die Effekte von Sicherheitszirkeln im Straßenverkehr, allerdings in kleineren Gruppen auch in deutschen Unternehmen nachweisen. Jedoch zeigte sich, daß in den Unternehmenszweigen, in denen die Führungsebene nicht hinter der Maßnahme und deren Umsetzung stand, deutlich weniger oder gar keine Wirkungen auftraten. Als Konsequenzen aus diesen Untersuchungen gelten:

1. Die Beteiligung der Mitarbeiter an sicherheitsrelevanten Arbeitsstrukturen und Arbeitsabläufen können die Unfallzahlen deutlich reduzieren.
2. Nur wenn Maßnahmen in ein Gefüge von Aktionen mit Führungsunterstützung in den Betrieb integriert werden, haben sie Erfolg.

Der Weg zu einer positiven Unternehmens- und (Verkehrs-)sicherheitskultur besteht aus einer Vielzahl kleiner Schritte und großer Einsatzbereitschaft aller Beteiligten. Natürlich können und sollen vorhandene Strukturen, wie Arbeitssicherheits- oder Qualitätszirkel genutzt werden. Ein wesentlicher Beitrag zur Effizienzsteigerung für das Unternehmen besteht in der Schaffung formeller und informeller Strukturen zur Erhöhung der Zusammenarbeit und der Kommunikationsfähigkeit zwischen verschiedenen Abteilungen der Organisation. Häufig bestehen nicht nur Verbesserungsmöglichkeiten im Gespräch innerhalb einer Führungsebene, sondern auch über mehrere Führungsebenen hinweg. Ziele, Aufträge sowie Verbesserungsvorschläge gehen bei vertikaler Vermittlung (von oben nach unten und umgekehrt) häufig verloren oder kommen nur unvollständig an. Übergeordnete Aufgaben (z. B. Logistik, Transport) müssen deshalb tätigkeits- und bereichsspezifisch von allen getragen und in einen gesamten Arbeitsablauf umgesetzt werden. Deshalb sollten hierarchieübergreifende Lenkungskreise zur Realisierung der Verkehrsicherheitsstrukturen und Maßnahmen eingeführt werden. Nach der Entwicklung organisatorischer Strukturen müssen sie zur langfristigen Motivationserhaltung und selbständigen Weiterentwicklung in konkrete Handlungen umgesetzt werden. Dazu dienen z. B. Methoden der themenspezifischen Gruppenarbeit (z. B. Qualitäts- Sicherheitszirkel). Maßnahmen sollten Ergebnis der gemeinschaftlichen Zielsetzungs- und Planungsprozesse sein.

Maßnahmen auf der individuellen Ebene zur Sensibilisierung, Motivierung und Wissensvermittlung können ebenfalls gewisse Erfolge erzielen, sind aber eindeutig nachzuschalten, da sie in ihrer Wirksamkeit eher dann erfolgversprechend sind, wenn der betriebliche und organisatorische Rahmen unterstützt und fördert.

Als Fazit läßt sich somit feststellen, daß betriebliche Verkehrssicherheit durch organisatorische Maßnahmen erreichbar ist, wenn Maßnahmen aufeinander abgestimmt sind und alle Mitarbeiterebenen einbeziehen.

Literatur

Fox, D. K./Hopkins, B. L./Anger, W. K. (1987): The long-term effects of a token economy on safety performance in open-pit mining. *Journal of Applied Behavior Analysis*, *20*, 215–224

Frankenhäuser, M./Johansson, G. (1986): Stress at work: psychobiological and psychosocial aspects. *International Review of Applied Psychology*, *35*, 287–299.

Gregersen, N. P./Brehmer, B./Moren, B. (1996): Road safety improvement in large companies: An experimental comparison of different measures. *Accident Analysis and Prevention* (28, (3), 297–306)

HVBG (1996): *BG-Statistiken für die Praxis. Aktuelle Zahlen und Zeitreihen aus der Unfallversicherung der gewerblichen Wirtschaft.* Sankt Augustin: Hauptverband der gewerblichen Berufsgenossenschaften

Kirkcaldy, B./Trimpop, R. (1997): Arbeitsorganisation und Unfälle in Arztpraxen. In H. von Benda & D. Bratge (Hrsg.): *Psychologie der Arbeitssicherheit: 9. Workshop.* Heidelberg: Asanger

Kalveram, A./Oberkötter, R./Trimpop, R. (in Druck): Verkehrs- und arbeitssicherheitliche Konsequenzen partizipativ-integrativer Workshops. In H. von

Benda & D. Bratge (Hrsg.): *Psychologie der Arbeitssicherheit: 9. Workshop.* Asanger

Nachreiner, F. (1992): Methodologische Überlegungen zur Evaluation von Medienwirkung. In B. Zimolong & R. Trimpop (Eds.), *Psychologie der Arbeitssicherheit. 6. Workshop 1991* (188–220). Heidelberg: Asanger

Ruppert, F. (1994b): Wofür und für wen werben Arbeitssicherheitsplakate? In F. Burkardt, & C. Winklmeier (Eds.), *Psychologie der Arbeitssicherheit 7. Workshop 1993* (43–58). Heidelberg: Asanger

Trimpop, R./Adolph, L./Rabe, S. (1996): Evaluation betrieblicher Verkehrssicherheitsmaßnahmen im Rahmen eines integrativen Gesundheitsmanagementansatzes. In B. Ludborsz & B. Rüttinger (Hrsg.), *Psychologie der Arbeitssicherheit: 8.Workshop.*(S. 236-245). Heidelberg: Asanger

Trimpop, R.(1994):Motivation zur Arbeitssicherheit. Der *Sicherheitsingenieur 4/5*, 28–46

Trimpop, R.M. (1994): *The Psychology of Risk-Taking Behavior.* New York, Am sterdam: North Holland, Elsevier

Trimpop, R. (1997b): *Betriebliche Verkehrssicherheit.*(73–104). In: U.Schulz und U. Tränkle (Hrsg). Wahrnehmungs- Entscheidungs- und Handlungsprozesse beim Führen von Kraftfahrzeugen. Münster: Lit.

Trimpop, R.M. (1999): Organisationaler Wandel im Arbeits- und Gesundheitsschutz. (Nord-West Verlag)

Trimpop, R.M./Kirkcaldy, B. (1997): Organisatorische und individuelle Faktoren im Arbeits- und Verkehrsunfallgeschehen in Tierarztpraxen. (BGW-Berichte zur Verkehrssicherheit)

Wenninger, G. (1991): *Arbeitssicherheit und Gesundheitsschutz: Psychologisches Grundwissen für betriebliche Sicherheitsexperten und Führungskräfte.* Asanger

Wilde, G. J. S. (1994c): *Target Risk.* Toronto: PDE Publications

Zimolong, B./Trimpop, R. (1995): Entwicklung und Erprobung eines Konzeptes zur Gestaltung und zum Einsatz von Sicherheitsfilmen für die Verbesserung des Sicherheitsbewußtseins im Bergbau. Dortmund:Bundesanstalt für Arbeitsschutz

Rainer Lenz

Innovative Trainingskonzepte zu Sicherheit und Gesundheit

Sicherheit und Gesundheit ist in Unternehmen ein ständig aktuelles Thema. Vergleicht man Statistiken über Verbandsbucheinträge, meldepflichtige Arbeitsunfälle und Fehlzeitenquoten aufgrund arbeitsbedingter chronischer Erkrankungen oder Arbeitsunfälle, so kann man einen alternierenden Aufwärts- und Abwärtstrend bei generell sinkenden Unfallzahlen feststellen.

Herkömmliche betriebliche Maßnahmen zur Senkung von Fehlzeiten und Unfallzahlen sind erfahrungsgemäß meist kurzfristig angelegt und fokussieren in der Regel ein Thema explizit auf einer konkreten Interessentengruppe des Unternehmens (z. B. einzelne Plakat- Aktionen).

Deshalb ist es erstrebenswert, Interventionsprogramme so zu gestalten, daß sich ihre Wirkung stabilisiert. Dies ist jedoch nur dann zu erreichen, wenn bei dem einzelnen Arbeitnehmer durch ein Training eine Bewußtseinsbildung und damit einhergehend eine Verhaltensänderung initiiert wird, die zu sicherheitskonformen Verhaltensweisen am Arbeitsplatz führt. Dabei sollte eine Verhaltensänderung aufgrund einer eigenen Überzeugung, angeregt durch Interventionen, und nicht durch Vorschriften erzwungen, stattfinden, da dies nur zu Reaktanz seitens der „Bevormundeten" führt (Geiler 1991).

Gesundheitsförderliches Verhalten ist ein wesentlicher Faktor für den betrieblichen aber auch für den privaten Alltag. Unternehmen sind verpflichtet, Arbeitsbedingungen so zu gestalten, daß Arbeitnehmer möglichst schadensfrei ihre Arbeitstätigkeiten verrichten können (d.h., weder kurzfristige Beeinträchtigungen erfahren, noch langfristige Beanspruchungsfolgen erleiden). Aus betriebswirtschaftlicher Sicht bedeutet ein wirksames Sicherheitsbewußtsein eine Reduktion von Fehlzeiten, damit höhere Produktivität als auch Produktqualität. Im Sinne der Nutzen- Maximierung für das Unternehmen und im weitesten Verständnis für die Gesellschaft (z. B. Frühverrentung, Umschulungen) wird deshalb nach effektiven Methoden gesucht, um Wissen über sicherheitsgerechtes Arbeiten zu aktivieren und im Verhalten zu etablieren.

Erfahrungen lehren, daß tradierte Schulungskonzepte (Unterweisung, Vorträge, Frontalunterricht etc.) zwar Wissen vermitteln, dieses jedoch oft nicht in die Praxis umgesetzt und somit wirksam wird. Das Ziel ist es daher, neuartige Schulungen mittels innovativer Methoden zu konzipieren, so daß Sicherheitsbewußtsein auf allen Ebenen im Betrieb gelebt wird. Vor dem Hintergrund eines ganzheitlichen Ansatzes sollen verschiedene betriebliche Abteilungen (z. B. Betriebliches Vorschlagswesen, Qualitätsabteilungen, Betriebsarzt) in die Kampagnen einbezogen werden und kooperieren, um Synergieeffekte zu nutzen, und sowohl auf das Arbeitsumfeld als auch auf das Arbeitsverhalten optimierend einzuwirken.

Der Ansatz bedient sich aus der Konsumwerbung bekannter Instrumente (z. B. Großdisplays mit einprägsamen Slogans, Videos, Schriftstücke) unter Verwendung eines auffallenden Layouts, Design und Farben. So werden verbal, interaktiv und visuell Themeninhalte präsentiert, die einerseits den Ansprüchen der Teilnehmer an die Botschaftsvermittlung gerecht werden, andererseits durch hautnahes Erleben Neugierde, Bereitschaft zur Teilnahme, langfristiges Sicherheitsbewußtsein sowie Verhaltensänderung bewirken. Deshalb findet die Schulungsarbeit nicht isoliert im Seminarraum statt, sondern geht zu den Mitarbeitern in die Produktion. Umgesetzt wird diese Idee in Form eines sogenannten 'Ereignisfeldes' (ähnlich einem Messestand, angepaßt an die Rahmenbedingungen der jeweiligen Unternehmen), welches an zentraler Stelle im Betrieb errichtet wird.

Mit Parcours, Mannschaftswettbewerben, *Spiel ohne Grenzen*, Quiz, Kleinkunstadaptationen und einer fachlich versierten Moderation (Infotainment) werden betriebliche Teilnehmer zum Mitmachen, Ausprobieren und Trainieren animiert. Zusätzlich zu dem Konzept 'Ereignisfeld' werden flankierende Maßnahmen gestartet (z. B. Aufkleber, Faltblätter, Belohnungssysteme für Verbesserungsvorschläge, Giveaways), die Erinnerungsimpulse senden und zu neuerlicher Kommunikation anregen. Neben dem Ziel, die Teilnehmer für Risikopotentiale zu sensibilisieren, d.h. deren Wahrnehmung, Interpretation und Bewältigungsmöglichkeiten zu verändern, soll die informelle Kommunikation gesteigert werden. Dadurch läßt sich ein firmeninternes als auch – externes Positivimage schaffen. Diese Schulungskonzepte werden von den Mitarbeitern als Statement des Managements verstanden, und somit wird die Nachricht transportiert, daß das Wohlbefinden und die Unversehrtheit der Arbeitnehmer für das Management relevant ist. Ferner bietet das Konzept den Arbeitnehmern durch eine Teilnahme die Möglichkeit, Verantwortung für sich und die Kollegen zu übernehmen. So wird z. B. aufgerufen, potentielle Risiken am Arbeitsplatz ausfindig zu machen, sie – wenn möglich – selbständig zu entfernen oder Verbesserungsvorschläge dazu einzureichen. Möglichkeit zur Partizipation bei Veränderungen am Arbeitsplatz erhöht deren Akzeptanz und vor allem auch die Bindung der Arbeitnehmer an das Unternehmen und die Unternehmensziele („Die tun was für uns und unsere Meinung ist ihnen wichtig.").

Exemplarisch möchten wir an dieser Stelle die Implementierung des Aktionsprogrammes zum Thema Schnittschutz bei einem führenden deutschen Automobilhersteller präsentieren. Problematisch sind hier Bereiche in denen wegen des benötigten Fingerspitzengefühl PSA nur eingeschränkt oder gar nicht getragen werden kann. Hier kann nur vorsichtiges Handling scharfer Teile helfen. So ist diese Schnittschutzaktion darauf angelegt, daß Fingerspitzengefühl der Mitarbeiter zu schärfen. Sind korrektive Maßnahmen – so die Beseitigung potentieller Gefahrenstellen – möglich, dann ist natürlich dieser Weg vorzuziehen.

Dazu wurde ein Aktionsprogramm entwickelt, das aktives Mitmachen unter Anleitung versierter Moderatoren – u.a. durch Showelemente aufgelockert – erlaubt. In einem Mannschaftswettbewerb mit Gewinnspiel (Incentives bewegen zum Mitmachen) sollen Gruppen scharfe Gegenstände in einer Videorevue erkennen und behalten. Bei der anschließenden Aufzählung wird sich in Diskussionen über die Gefährlichkeit bestimmter wahrgenommener Gegenstände ausgetauscht. Am Grabbelschlauch (12 m Schlauch, 50 cm Durchmesser, nicht einsehbar, Eingriffsöffnungen für die Hände, siehe Abbildung) müssen die Gruppen scharfe Gegenstände vorsichtig ertasten, um sie hinterher benennen zu können.

Da das Ereignisfeld nicht alle Mitarbeiter durchlaufen können, werden Multiplikatoren wie Meister, Gruppensprecher und Sicherheitsbeauftragte zu den Aktionen eingeladen. Dieser Personenkreis erhält ein Vertiefungsseminar, um in Form z. B. von 5- Minuten- Gesprächen möglichst viele Mitarbeiter in ihren jeweiligen Abteilungen mit dem Thema vertraut zu machen. Zu diesem Zeitpunkt werden dann – nach dem Prinzip des Grabbelschlauchs – mobile Grabbelkisten in die Abteilungen gestellt, so daß jeder Mitarbeiter vor Ort an der Aktion teilnehmen kann. Anreiz zum Mitmachen ist auch hier wieder ein Gewinnspiel.

Als eine der zahlreichen flankierenden Maßnahmen wird betriebsweit die Aktion 'Der übelste Handschuh' gestartet. Es gilt, den schlechtesten Handschuh ausfindig zu machen. Dieser wird prämiert und an den Galgen gehängt um zu demonstrieren, daß PSA nur sicher ist, wenn sie noch ihre Funktion erfüllen kann. Das Ziel dieser Einzelmaßnahme ist eine Fokussierung auf das Thema 'PSA' ähnlich der in der klinischen Psychologie üblichen 'Paradoxe Intervention'. Daneben wird das Betriebliche Vorschlagswesen einbezogen. Die Gruppensprecher sollen ihre Mitarbeiter anhalten, scharfe Kanten aufzufinden, gemeinsam zu überlegen, wie diese abgeschafft werden können und ob eventuell Verbesserungsvorschläge einzureichen sind.

Wie erfolgreich – in Bezug auf die Vermittlung von Wissen oder die Steigerung der Kommunikation über Themen der Sicherheit – die durchgeführten Schwerpunktaktionen sind, wird über Beteiligungsquoten, Fragebögen und Verhaltensbeobachtungen erfaßt. Erste Ergebnisse zur Aktion 'Schnittschutz', die im April 1999 gestartet wurde, liegen zur Zeit noch nicht vor. Evaluierte Ergebnisse zu bisher erfolgreich durchgeführten Aktionen (z. B. 'Stolpern und Straucheln', 'Werkzeugwechsel') werden ausführlich in dem in diesem Band ebenfalls veröffentlichten Artikel von Oberkötter, Kalveram & Trimpop (in Vorb.) dargestellt.

Literatur

Geiler, M. (1991): Systembetrachtung von Straßenverkehr und Verkehrsverhalten – ein Thema für die Aus- und Fortbildung. In H. Schmöle (Hrsg.), Lernziel Sicherheit. Psychologische Beiträge zur Aus- und Fortbildung im Arbeitsschutz (S. 24–39). Bonn: Deutscher Psychologen Verlag.

Oberkötter, R./Kalveram, A. B./Trimpop, R. (in Vorb.): Ergebnisse der Wirkungsmessung im Ereignisfeld. Beitrag für den Arbeitskreis „Multimediale Beeinflussung der Arbeits- und Verkehrssicherheit (events)" auf dem 10. Workshop Psychologie der Arbeitssicherheit vom 10.–12. Mai 1999 in Mannheim

H. Stricker

Betriebliche Erfahrungen mit dem SIC

Mitarbeiter können nur einbezogen werden, wenn ihnen regelmäßig rückgemeldet wird. Allein die Vielzahl von Rückmeldungen, Botschaften und Verhaltenswünsche über Plakate, Balken- und Torten- Diagramme usw. führt zu Wahrnehmungsproblemen. Soll es nicht bei Sprechblasen bleiben, sondern sollen konkrete Verhaltensweisen folgen, muß mit modernen Mitteln und innovativen Methoden gearbeitet werden.

Pflichtunterweisungen zur Sicherheit bzw. 5-Minuten-Gespräche für die Sicherheit werden im Werk 11 der Adam Opel AG Bochum erlebnisorientiert durchgeführt.

Ca. 500 Multiplikatoren (jeder 7 Mitarbeiter) werden 5 mal im Jahr für 45 Minuten freigestellt, um im „S-Att"-Center „Sicherheit und Gesundheit" zu erleben. Hernach sind die Führungskräfte aufgefordert, mit ihren Mitarbeitern am Center zu arbeiten. Die Gruppensprecher werden motiviert, autonome Besprechungszeiten (1 Std/Woche) am Center durchzuführen und dem Thema „Sicherheit und Gesundheit" zu widmen.

Jedes Thema beginnt mit einer Veranstaltung für das Management. Auch das Management ist Zielgruppe und auch dort beginnt „Sicherheit und Gesundheit" im Kopf. Aktionen und Kampagnen müssen vom Management getragen werden, Jeder muß seine Rolle, Funktion und Verantwortung begreifen. Den Mitarbeitern wird deutlich signalisiert, daß dem Management an der Gesundheit der Mitarbeiter liegt und daß sicheres und gesundes Arbeiten gewünscht wird.

Jede Aktion zur „Sicherheit und Gesundheit" wird nach dem Prinzip „Top down and Bottom up" angelegt. Motivation und Aktivierung der Mitarbeiter, Sog, Weisung, Erwünschtheit und Kontrolle vom Management. Die Werksleitung ist bei jedem Themenkomplex daran interessiert, möglichst viele innerbetriebliche Kräfte und Abteilungen einzubeziehen. Durch die Definition von Zeit und Raum zu einer Aktion werden Vernetzungen mit Qualität, Betriebliches Vorschlagswesen, Arbeitsmedizinischer Dienst, Krankenversicherungen und Berufsgenossenschaft usw. möglich.

Das Management hat sich zur Aufgabe gemacht, augenscheinliche Verbesserungsvorschläge beispielhaft und unverzüglich umzusetzen und den Mitarbeitern zu visualisieren.

Durch diese und andere Maßnahmen hat das Werk 11 im GM Standortvergleich die niedrigsten Unfallquoten erzielt und Erstmalig über mehrere Monate völlig unfallfrei gearbeitet.

A. B. Kalveram, P. Oberkötter und R. Trimpop

Ergebnisse der Wirkungsmessung im Sicherheits-Info-Center SIC

Vorgestellt werden die Ergebnisse einer Studie zur Wirkung des Sicherheits-Info-Center (SIC, vgl. a Lenz, 1998) auf Einstellung und Verhalten der Mitarbeiter eines Automobilkonzerns. Im SIC werden mit Hilfe von Experten, Aktionen, Objekten, Schriftmaterialien usw. in vier- bis achtwöchigen Intervallen Themen der Sicherheit und Gesundheit präsentiert. Mit einem integrierten Maßnahmenbündel an dem sowohl alle betrieblich relevanten Gruppen beteiligt werden (z.B. BVW, BKK, QM etc.) als auch in Kooperation mit externen Organisationen und Institutionen (z.B. BG'en Gewerkschaften, BAuA, etc.) wurden Aktionen gestartet. Ziel des Maßnahmenbündels war es, mit dem SIC eine innerbetriebliche Netzwerkfunktion zu etablieren, mit der Synergieeffekte in der betrieblichen Sicherheitsarbeit genutzt werden sollen.

Die Einführung des SIC im Unternehmen wurde über einen Zeitraum von einem Jahr wissenschaftlich begleitet. Vorgestellt werden exemplarische Ergebnisse der Wirkung des SIC auf der Einstellungs- und Verhaltensebene. So wurden bspw. integrierte Maßnahmenpakete zur Vermeidung von Stolperunfällen bzw. zur Vermeidung von Wegeunfällen auf ihre Wirksamkeit untersucht. Ferner wird der Einfluß des SIC auf betriebliche Kennzahlen analysiert. Abschließend soll diskutiert werden, ob das SIC eine Option für zukünftige erfolgreiche, integrierte betriebliche Sicherheitsarbeit sein kann.

Die Vorstellung der Ergebnisse wird gekoppelt mit einer Demonstrationen an einzelnen Ausstellungsexponaten des SIC.

Arbeitsgruppe 6

Psychologische Unfallnachsorge

Rüdiger M. Trimpop

MARUS: Umfassende Rehabilitation und Unfallprävention

Eine zentrale Aufgabe der Unfall- und Rentenversicherung besteht in der Rehabilitation von erkrankten und verletzten Arbeitnehmern. Dazu bedienen sie sich eines hochwertigen Netzwerkes an Rehabilitationskooperationspartnern. Die Rehabilitationsleistungen beginnen bei der Akutversorgung und erstrecken sich bis zur beruflichen Wiedereingliederung. Die medizinischen, berufsfördernden und ergänzenden Maßnahmen sind darauf ausgerichtet, daß körperlich, geistig oder seelisch Verletzte und Behinderte möglichst wieder auf Dauer in Arbeit, Beruf und Gesellschaft eingegliedert werden. Durch die immensen wirtschaftlichen und für die Patienten und ihre Angehörigen persönlichen Kosten, ist es nicht verwunderlich, daß von den Kostenträgern und den beteiligten Kliniken ständig neue Wege gesucht werden, um Krankheiten körperlicher, seelischer und geistiger Art, gut, schnell und kostengünstig zu heilen oder Schäden und Folgen zu kompensieren. Das traditionelle Rehabilitationssystem hat sich über Jahre bewährt, stößt aber nun auf veränderte Ansprüche und finanzielle Grenzen. So erfolgen beispielsweise die Maßnahmen nacheinander in separaten Institutionen, wodurch Zeit- und Informationsverluste entstehen. Auch ist der berufliche Bezug einzelner Maßnahmen nicht immer unmittelbar gegeben. Die ohnehin schwierigen Rückkehrbedingungen für die Patienten und Patientinnen werden zum Teil noch dadurch erschwert, daß sie auch während ihrer Behandlung arbeitslos werden. Eine ganzheitliche Rehabilitation muß also unter Umständen auch berufsdiagnostisch und -vermittlerisch arbeiten können. Aus der aufgabenteiligen Organisation erwächst ein weiteres mögliches Behandlungsproblem. Eine psychische Rehabilitation und Betreuung der Patienten wird meist nur bei speziell diagnostizierten massiven psychischen Erkrankungen in psychosomatischen Kliniken durchgeführt, während psychische Probleme, die als Begleiterscheinung einer Erkrankung oder eines Unfalles auftreten, teilweise unentdeckt und, in rein medizinischen Rehabilitationseinrichtungen, weitgehend unbehandelt bleiben. Gerade aus onkologischen Erkrankungen erwachsen jedoch durch die Lebensbedrohlichkeit der Krankheit und durch die Aggressivität der Behandlung und deren Folgeerscheinungen häufig Traumata mit weitgehenden psychischen Problemen in der Bewältigung mit allen persönlichen, beruflichen und familiären Konsequenzen. Diese allein können zu einer Verlängerung des Behandlungsprozesses führen oder tragen gar zu einer Frühverrentung bei. Demgegenüber belegen Studien, daß die Heilungschance, ja sogar die Überlebensdauer, z. B. von an Krebs erkrankten Menschen, signifikant durch psychische Faktoren wie gesteigerte Lebens- und Arbeitsmotivation verbessert wird. Die größte Effektivität wird dabei Behandlungen zugesprochen, die sich die positiven Gruppeneffekte zunutze machen.

Eine Schwierigkeit besteht im Nachweis einer qualitativ hochwertigen Rehabilitation mit überdauernden Erfolgen. Hier stehen kaum wissenschaftliche Daten oder qualitätsorientierte diagnostische Instrumentarien zur Verfügung. Das Rehasystem soll qualitativ nachweislich optimiert werden, um den Anforderungen einer modernen, ganzheitlichen, beruflichen Rehabilitation zu entsprechen. Ziel des Masserberger Rehabilitationssystems **Marus** ist es, die Einzelstationen der Rehabilitation zu einem ganzheitlichen System zu optimieren. Die vier Komponenten (Abbildung 1) Diagnostik, medizinische, psychologische, berufliche und soziale Therapien werden mit der Reintegration in den Arbeits-/ Lebensalltag zeitlich eng gekoppelt und inhaltlich von einem interdisziplinären Team koordiniert.

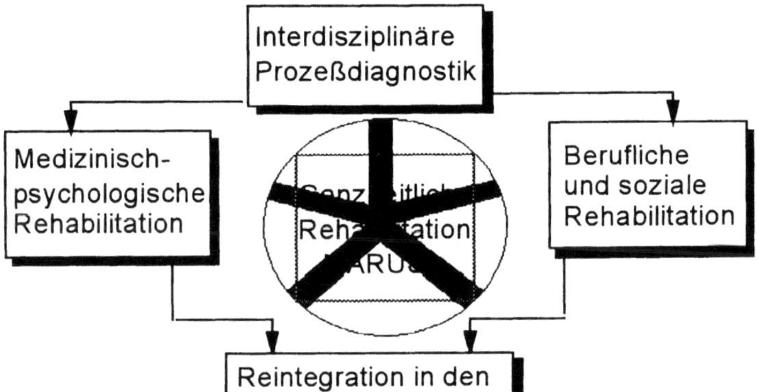

Zusätzlich zur Verbesserung der physischen Gesundheit wird eine Erhöhung der Lebens- /Arbeitsmotivation angestrebt. Die beruflich-soziale Rehabilitation beginnt bereits sehr frühzeitig und bezieht möglichst Familien und Arbeitgeber (z. B. die Betriebsärzte) ein. Sie reicht von Arbeitssimulationen in der Klinik unter kontrollierten Bedingungen über Berufserprobungen in auf ihre Rehabilitationstauglichkeit geschulten und qualitätsüberprüften Wirtschaftsunternehmen bis – wenn nötig – zur Eignungsdiagnostik und Erprobung alternativer Berufsbilder. Diese werden in standardisierten Verfahren und Einzelgesprächen ermittelt. Zusätzlich wird optional die Unterstützung der Reintegration in die Berufstätigkeit durch Beratungsleistung angeboten. Eine prozeßbegleitende interdisziplinäre Diagnostik sorgt für eine Erkennung und umfassende Behandlung aller psycho-physischen Problembereiche. Um die abschließenden Gutachten auf eine breit fundierte, valide Basis zu stellen, werden die Beobachtungen der Marus-Teammitglieder aus Behandlungen und Arbeitssimulation sowie Berufserprobungen in einem *Gesundungsprofil* zusammengetragen. Dieses stellt die Einzelkomponenten des Rehagnostikums in einem Verlaufsprotokoll überprüfbarer Gesundungsfortschritte umfassend dar. Regelmäßigen Teambesprechungen dienen der Behandlungsoptimierung und Beschlußfindung.

Komponente I:
Individuelle, integrative und interdisziplinäre Diagnostik

Die Rehabilitationspatienten durchlaufen zunächst eine interdisziplinäre medizinische, psychologische, bewegungstherapeutische und arbeitsbezogene Einzel- und Gruppendiagnose, um sie den entsprechenden Zielgruppenprogrammen optimal zuordnen zu können. Diese Diagnose wird in einzelnen Komponenten während des gesamten Rehabilitationsprozesses mehrfach wiederholt. Als Diagnoseinstrument dient das *REHAGNOSTIKUM,* ein interviewbasiertes Erfassungsverfahren, daß auf etablierten medizinischen, klinisch- und arbeitspsychologischen, sowie beruflichen Einzelerfassungsinstrumenten beruht. Hier werden im Interview und durch Fragebögen der momentane Gesundheitsstand sowie der berufliche Hintergrund erfaßt. Durchführende sind Mediziner, Psychologen und Bewegungstherapeuten in unabhängigen Gesprächen und Messungen. Die gewonnenen Erfahrungen dienen sowohl der Behandlungsoptimierung als auch der Wirkungsmessung, um Erfolge und Optimierungsnotwendigkeiten längerfristig nachzuweisen und zu dokumentieren. Es soll so ein überprüfbares und mit anderen Verfahren vergleichbares Gesundungsprofil entstehen, das im Abschlußgutachten aussagekräftige Fakten liefert. Da auch im kontinuierlich begleiteten Gruppenprozeß wesentliche Gesundungsdaten diagnostiziert werden (z. B. Bewältigung psychischer Probleme, besondere Körperhaltungen), entsteht somit ein Langzeitprofil, basierend auf und validiert durch verschiedene Erhebungselemente. Bei Fragen bezüglich des Arbeitsumfeldes, aus dem der Patient stammt und in das er oder sie reintegriert werden soll, wird in Absprache mit den Kostenträgern ein arbeitsmedizinisches Gutachten erstellt, daß mit der Klinikdiagnostik die Grundlage und Zielsetzung der Rehabilitation darstellt. In geeigneten Fällen werden die Betriebsmediziner (§ 75 SGBV und Arbeitsschutzgesetz) der jeweiligen Unternehmen kontaktiert, zum einen, um die Patientenangaben zu validieren und zu spezifizieren, was besonders bei offenen Verrentungsgerichtsverfahren notwendig sein kann, zum anderen, um die Rückkehr der Patienten in das Berufsleben frühzeitig mit den Betriebsmedizinern abzustimmen. Bei erwerbslosen und solchen Patienten deren medizinische Diagnose stark nahelegt, daß sie ihrer bisherigen Tätigkeit nicht wieder nachgehen können, wird ein Berufseignungs- und Berufsinteressenprofil erstellt. Weiterhin wird eruiert, welche Alternativtätigkeiten für den Patienten medizinisch und psychisch eine erfolgversprechende Perspektive bieten.

Komponenten II/III:
Klinische/berufliche Rehabilitationsmaßnahmen

Aus der Diagnostik erwächst, neben der individuell abgestimmten Behandlung, eine Klassifikation in verschiedene Gruppenbehandlungsmodule. So werden die Patienten in solche Gruppen von 10-12 Personen eingegliedert, die einen ähnlichen Stand des Gesundungsprozesses, bzw. der beruflichen Situation vorweisen (z. B. Bildschirmarbeitsgruppe, Bewerbungstraining).

Die Patienten kommen häufig unmittelbar im Anschluß an eine Behandlung (Operation, Bestrahlung, Chemotherapie) zur Rehabilitationsmaßnahme (Anschlußheilbehandlung, AHB, AR). Für diese Patienten stehen im Marusprogramm die medizinischen und klinisch-psychologischen Aspekte im Vordergrund. Vorrangig ist die Herstellung der körperlichen und psychischen Fähigkeiten, die Aufarbeitung von Unfall- und Krankheitstraumata und die Vermittlung neuer Motivationen oder ein konstruktives Bewältigen der gesundheitlichen Unabänderlichkeiten. Gruppenprozesse fördern den Gesundungsprozeß sehr und wirken sich im Kontext des realitätssimulierenden Arbeitslebens positiv auf die Gewinnung von Eigenverantwortung aus. Ein Ziel der körperlich leichten Arbeitssimulationen ist die Fokussierung der Patienten weg von den behindernden Einschränkungen hin zu ihren ständig wachsenden Fähigkeiten zu lenken. In Gesprächen und Rollenspielen werden realistische Ziele und individuell sinnvolle Anspruchsniveaus entwickelt. Durch das Umsetzen der erarbeiteten Verhaltensmuster gewinnen die Patienten an Selbstsicherheit. Das Erleben von erfolgreich bewältigten Arbeitsaufgaben fördert die Motivation, selbst das eigene Leben voll verantwortlich zu steuern. Durch die ständige Betreuung von Fachpersonal werden Bewegungsabläufe so optimiert, daß auch der körperliche Gesundungsprozeß verstärkt vorangetrieben wird. Für eine Berufserprobung unter Wettbewerbsbedingungen ist es jedoch- zustandsbedingt – meist noch zu früh. Andere Patienten befinden sich in einer stabileren Phase der Genesung mit überwiegend funktionsorientierten Therapiebedürfnissen. Hier wird ein Anforderungsprofil erstellt und mit einem Fähigkeitsprofil verglichen. Die Behandlungen werden tätigkeits- und arbeitsspezifisch konzipiert. Die gemeinsame Bewältigung von Arbeitsaufgaben liefert Diagnosewerte und fördert Arbeitsmotivation, Einsatzbereitschaft, Leistungsfähigkeit und Kooperationsfähigkeit. Die Tätigkeiten werden von Sport-/Bewegungs-/ Ergotherapeuten und Arbeitspsychologen optimiert. In verhaltensorientierten Schulungen wird Gesundheitswissen und Präventionsverhalten vermittelt (z. B. Ernährung, Wegeunfallverhütung) und individuell optimiertes Gesundheitsverhalten trainiert. Da in dieser Gruppe auch Patienten mit langjährigen Krankheitsgeschichten zu finden sind, hat die psychische Bewältigung von Krankheitsfolgen und die bewußte Umorientierung auf die Zukunft und die optimale Nutzung der verbliebenen und neu zu entwickelnden Fähigkeiten einen hohen Stellenwert im Behandlungsprogramm. Diese Umorientierung erfolgt z. B. durch Gespräche, Rollenspiele, systemtherapeutische Ansätze, die auf die berufliche Zukunft und die Familiensituation ausgerichtet sind. Bei wieder anderen Patienten in der Endphase der Behandlung steht fest, daß sie aus medizinischen oder Arbeitsmarktgründen nicht in ihre alte Tätigkeit oder ihr ehemaliges Unternehmen reintegriert werden können. Im Marusprogramm wird eruiert, welche Tätigkeitsalternativen gesundheits- und leistungsfähigkeitsbedingt noch ausgeübt werden können und wollen. Dabei sollten Tätigkeiten, die auf bestehendem Wissen aufbauen, Umschulungen vorgezogen werden, da möglichst auf bereits erworbenem Wissen und Fähigkeiten aufgebaut werden sollte.

Komponente IV:
Eingliederung in den Lebens- und Arbeitsalltag

In der letzten Phase werden die Rahmenbedingungen in der Kooperation von Kostenträgern, Rehaberatern, Patienten, Familie, Arbeitgeber, Führungskräften, so gestaltet, daß sich die Wahrscheinlichkeit eines Rückfalles oder neuerlichen Gesundheitsschadens reduziert. Dazu wird dieser Personenkreis, in Absprache mit der BfA, frühzeitig kontaktiert und eingebunden. Gestützt werden kann diese Phase durch betriebliche und außerbetriebliche Fachkräfte vor Ort (z. B. Betriebsarzt, Hausarzt, Marus- Arbeitspsychologen, Arbeitsvermittler). Somit werden die Patienten auch nach ihrer Klinikentlassung – soweit möglich – begleitet, damit die dort erzielten medizinischen und psychischen Fortschritte nicht in Leerlaufzeiten wieder abgebaut werden. Dadurch wird der Rehabilitationsprozess verkürzt und dennoch gefördert. Eine regelmäßige Kontaktaufnahme mit Erhebung des jeweiligen Gesundheitsstandes bietet wichtige Rückmeldungen zur Optimierung des Systems und bietet den Patienten die Chance, auf das Know-how des MARUS-Teams auch nach Verlassen der Rehaklinik zurückzugreifen. Eine private Berufsvermittlung unterstützt optional die berufliche Eingliederung. Darüber hinaus wird die Möglichkeit eruiert, Selbsthilfegruppen im näheren Lebensumfeld der Patienten einzurichten, sowie regelmäßige Treffen unter Einbeziehung der Familien in der Klinik zu organisieren. Beide Ansätze beruhen auf der Erkenntnis, daß der Übergang vom koordinierten, psychologisch unterstützenden Team in die Isolation der Wartezeit auf eine berufliche Tätigkeit unbedingt kompensiert werden muß, um die positiven Behandlungseffekte, die durch das ganzheitliche Rehabilitationssystem Marus erzielt wurden, dauerhaft aufrecht zu halten.

Evaluation der Maßnahme

Derzeit läuft eine Evaluation der Maßnahme durch den Autor dieses Artikels. Erste Ergebnisse der Langzeituntersuchung zeigen, daß das subjektive Erleben der Patienten, die Arbeitsmotivation und die Einsatzbereitschaft für die aktive Gestaltung des weiteren Berufslebens bei ca. der Hälfte der Patienten deutlich ansteigen. Die interdisziplinäre Gutachtenerstellung und die koordinierte Zusammenarbeit der Rehabilitationspartner führt außerdem zu verkürzten Leerlauf- und Wartezeiten für die Patienten. Geplant ist, eine größere, vergleichende Untersuchung durchzuführen, in der verschiedene berufsbezogene Rehabilitationsprogramme gegenüber traditioneller, überwiegend medizinisch ausgerichteter Rehabilitation verglichen werden können, um so eine Behandlungs- und Verlaufsoptimierung voranzutreiben.

Christian G. Nentwig, Wilhelm H. M. Castro und M. Becke

Psychologische Ursachen für Beschwerden nach Auffahrunfällen

1. Problem: „Schleudertrauma" als Diagnose und Ursachenbestimmung

Verkehrsteilnehmer, die bei einem Unfall in dem Fahrzeug sitzen, auf das aufgefahren wurde, beklagen – häufig gerade bei geringeren Kollisionsgeschwindigkeiten – Symptome eines „Schleudertraumas". Diese bestehen meist aus Schmerzen im Nacken- und Kopfbereich, die z. T. in die Arme ausstrahlen, Bewegungseinschränkungen der Halswirbelsäule, Übelkeit und Schwindel. Die Diagnose „Schleudertrauma" ist jedoch nicht angemessen, da sie sowohl die Beschreibung der Symptome wie auch eine vermutete Ursachenbestimmung beinhaltet: sinnvoller ist die Bezeichnung „posttraumatisches Cervicalsyndrom nach Beschleunigungsverletzung" (Krämer, 1994). In einem größeren Teil der Fälle sind die Beschwerden vorübergehend, bei etwa 30% der Betroffenen dauern die Symptome länger als drei Monate, z. T. über viele Jahre an. Sehr häufig läßt sich bei medizinischen Untersuchungen kein organisches Korrelat der Beschwerden finden. Die volkswirtschaftliche Bedeutung dieser Diagnosen ist erheblich: Allein in Europa entstehen jährlich Kosten in der Höhe zwischen 10 und 20 Billionen DM, die Versicherungen für die Entschädigung der Betroffenen aufbringen müssen (Castro, Schilgen, Meyer, Weber, Keuper & Wörtler, 1997).

Die Bedeutung psychologischer Variablen sowohl für die Genese entsprechender Symptome als auch in Hinblick auf psychische Folgen der Beschwerden ist umstritten. Als mögliche psychische Folgen des Posttraumatischen Cervicalsyndromes werden eine Steigerung der Depressivität, der Ängstlichkeit, Symptome einer posttraumatischen Belastungsstörung (u.a. Ein- und Durchschlafstörungen, sich aufdrängende Erinnerungen an den Unfall, Vermeidungsverhalten) und kognitive Störungen (Aufmerksamkeitsdefizit, Gedächtnisstörungen) diskutiert (zusammenfassend: Radanov, 1999).

Für den Einfluß psychologischer Faktoren bei der Genese und Aufrechterhaltung der Symptomatik spricht, daß für die Chronifizierung von Beschwerden der Wirbelsäule eine Reihe psychologischer Faktoren eine erhebliche Rolle spielen. Die chronifizierende Wirkung von erhöhter Depressivität, Ängstlichkeit, externaler Kontrollüberzeugungen und geringer Arbeitszufriedenheit wurde in zahlreichen Studien nachgewiesen (Krämer & Nentwig, 1999).

Hinzu kommt, daß die in kontrollierten Studien belegten psychischen Folgen von Verkehrsunfällen weitgehend mit den psychologischen Chronifizierungsfaktoren übereinstimmen. Zu den international nachgewiesenen psychologischen Wirkungen von Verkehrsunfällen zählen eine gesteigerte Depressivität, phobische Symptome und posttraumatische Belastungsstörungen (Frommberger, Stieglitz, Nyberg & Berger, 1997; Nentwig, 1998). Wenn also durch das Erleben eines Verkehrsunfalles die Ausprägung eben der Faktoren gesteigert werden kann, die ohnehin als Prädiktoren eines chronischen Verlaufes von Wirbelsäulenbeschwerden gelten, so mag eine psychologische Verursachung chronischer Beschwerden nach einem Auffahrunfall naheliegen.

Die Spekulation um psychische Ursachen von Beschwerden nach Auffahrunfällen ist auch dadurch genährt worden, daß Untersuchungen auf Crash-Anlagen ergeben haben, daß die Kollisionen, die täglich tausendfach in den Autoscootern der Jahrmärkte stattfinden, durchaus in einem Beschleunigungsbereich stattfinden, der auch in zwei Dritteln der Verkehrsunfälle nicht überschritten wird, die zu gerichtlichen Klagen der Betroffenen führen (Castro et al., 1997).

Um das Ausmaß der Wirkungen psychologischer Faktoren auf das Erleben von Beschwerden nach einem Auffahrunfall zu quantifizieren, wurde deshalb auf einer Crash-Anlage ein Auffahrunfall simuliert, bei dem tatsächlich gar keine Beschleunigung des aufgefahrenen Fahrzeuges stattfand.

2. Methode: Pseudo-Crash-Versuchsanordnung

Versuchspersonen waren N = 51 Freiwillige (33 Männer und 18 Frauen, mittleres Alter = 32,4 Jahre), die sich auf ein Zeitungsinserat für die Teilnahme an einem Auffahrversuch gemeldet hatten. Der Vp wurde die Versuchsanordnung gezeigt, die ein stehendes und in 15m Entfernung ein auffahrendes Fahrzeug umfaßte, beides Fahrzeuge der deutschen Mittelklasse. Die Vp wurde in das vordere Fahrzeug gesetzt und angeschnallt. Ein Vorhang wurde über die Heckscheibe gezogen. Die Vp hörte dann den aufholenden Motor des sich von hinten nähernden Fahrzeuges, dann einen Knall und Glassplittergeräusche, und verspürte eine Erschütterung des Fahrzeuges. Tatsächlich wurde das Fahrzeug der Vp jedoch nicht berührt; die akustischen und haptischen Eindrücke wurden durch das Ausklinken einer Bleiplatte im Kofferraum verursacht, die auf eine Glasflasche fiel.

Unmittelbar vor der Versuchsdurchführung wurde für jede Vp ein orthopädischer Befund mit besonderer Berücksichtigung der Halswirbelsäule erhoben. Außerdem füllte jede Vp vier Subskalen des FPI-R (Fahrenberg, Hampel & Selg, 1994) aus: „Lebenszufriedenheit", „Körperliche Beschwerden", „Gesundheitssorgen" und „Emotionalität".

Unmittelbar nach dem scheinbaren Auffahrunfall (t_1) wurden Beschwerden erfragt, nach drei Tagen (t_2) und nach vier Wochen (t_3) füllten die Versuchsteilnehmer einen entsprechenden Fragebogen aus.

3. Resultate: ein Fünftel hat Beschwerden

Unmittelbar nach dem Pseudo-Crash berichteten 9 Vpn (17,6%), nach drei Tagen 10 Vpn (19,6%) und nach vier Wochen 5 Vpn (9,8%) über charakteristische Beschwerden (Kopf-, Nacken-, Schulterschmerzen; Übelkeit).

Vpn mit Beschwerden zum Zeitpunkt (t_1) hatten höhere Werte in den Subskalen „Körperliche Beschwerden" *($p < .05$)* und „Emotionalität", geringere Werte in der Skala „Lebenszufriedenheit". Vpn mit Beschwerden zum Zeitpunkt (t_2) hatten höhere Werte in den Subskalen „Körperliche Beschwerden", „Gesundheitssorgen" und „Emotionalität" *($p < .05$),* geringere Werte in der Skala „Lebenszufriedenheit". Diese Unterschiede wiederholen sich für die Messung nach vier Wochen (t_3), jedoch erreichen sie für keine der Subskalen statistische Signifikanz (U-Test nach Mann-Whitney).

Bei gleichzeitiger Berücksichtigung aller vier vor dem Pseudo-Crash erhobenen Subskalen können diskriminanzanalytisch den Gruppen mit und ohne Beschwerden korrekt zugeordnet werden:

t_1 :	87%
t_2 :	83%
t_3 :	92%

4. Diskussion: Psychologische Prädiktoren der Beschwerden

Daß in einer Versuchsanordnung ohne jede mechanische Beschleunigung bis zu einem Fünftel der Versuchsteilnehmer Beschwerden berichtet, die denen nach Auffahrunfällen entsprechen, spricht für einen erheblichen psychologischen Faktor bei der Genese entsprechender Beschwerden. Die Interpretation der Situation und daraus folgende Erwartungen spielen offenbar eine wichtige Rolle für das Erleben der Beschwerden.

Hinzu kommt, daß nicht alle Personen gleichmäßig betroffen erscheinen, sondern daß erhöhte Werte für Gesundheitssorgen, Körperliche Beschwerden und Emotionale Labilität sowie verminderte Werte für Lebenszufriedenheit die Wahrscheinlichkeit für die Entwicklung von Symptomen steigern. Daraus ergeben sich Konsequenzen für die Begutachtung und Behandlung von Patienten mit der Diagnose eines Posttraumatischen Cervicalsyndromes.

Literatur

Castro, W. H. M./Schilgen, M./Meyer, S./Weber, M./Peuker, C./Wörtler, K. (1997): Do „whiplash injuries" occur in low speed rear impacts? European Spine Journal, 6, 366–375

Fahrenberg, J./Hampel, R./Selg, H. (1994): Das Freiburger Persönlichkeitsinventar. Göttingen: Hogrefe

Frommberger, U./Stieglitz, R. D./Nyberg, E./Berger, M. (1997): Die psychischen Folgen von Verkehrsunfällen. Psychotherapie, 2, 45–51

Krämer, J. (1994): Bandscheibenbedingte Erkrankungen: Stuttgart: Thieme

Krämer, J./Nentwig, C. G. (1999): Orthopädische Schmerztherapie. Stuttgart: Enke

Nentwig, C. G. (1998): Psychologische Faktoren bei Schmerzen nach HWS-Schleudertrauma. In: W.H.M. Castro, F. Schröter & F.E. Ludolph (Hrsg.): Das HWS-Schleudertrauma. Stuttgart: Enke

Radanov, B. P. (1999): Zur Kontroverse über die Folgezustände nach milde kraniozervikalen Traumen mit besonderem Schwerpunkt auf der neurobiologischen Basis der kognitiven Störungen. Praxis, 88, 365–373

Edith Grzesitza

Betreuung nach belastenden Ereignissen – das Programm der Deutschen Bahn AG

1. Die Vorgeschichte

Die Psychologie hat bei der Deutschen Bahn eine langjährige Tradition. Seit 1917 werden Eignungsuntersuchungen durchgeführt, vor allem für Tätigkeiten, die erhöhe Anforderungen an die Leistungsfähigkeit stellen, z. B. sicherheitsrelevante Tätigkeiten im Betriebsdienst. Heute ist der Servicebereich Psychologie Teil des DB Gesundheits-Service, der alle gesundheitsbezogenen Dienstleistungen aus einer Hand anbietet.

Schon vor den neunziger Jahren hat es vereinzelt Betreuungsgespräche mit belasteten Mitarbeitern gegeben, allerdings nicht im Rahmen eines umfassenden Betreuungsprogramms. Ansätze des Servicebereichs Psychologie, ein Betreuungsprogramm einzuführen, stießen noch Ende der achtziger Jahre auf geringe Resonanz. Im Jahr 1994 änderte sich dies und die Betroffenen forderten für sich ein Betreuungsprogramm, das auch noch im selben Jahr eingeführt wurde.

2. Tätigkeitsspezifische Risiken bei Bahnbetrieben

- bei Arbeiten im Gleisbereich schwer verletzt oder getötet werden
- miterleben, wie ein Kollege im Gleisbereich getötet wird
- Personen überfahren
- bei Zusammenstößen mit anderen Fahrzeugen verletzt werden
- Anblick von schwerverletzten Personen oder Leichen(teilen)
- Sachschaden in erheblichem Ausmaß durch Handlungsfehler verursachen
- Personenschaden durch Handlungsfehler verursachen
- tätlich angegriffen werden
- mit dem Leid Hinterbliebener konfrontiert werden

Das Traumatisierungsrisiko für Triebfahrzeugführer

- 3 Unfälle mit Personenschaden bzw. Suizide im Gleisbereich pro Tag
- je Lokführer durchschnittlich 2 Vorfälle im Berufsleben

- z.T. erhebliche Häufungen z. B. in der Nähe von psychiatrischen Kliniken
- Hilflosigkeit durch extrem lange Bremswege
- min. 90% der Suizidversuche mit tödlichem Ausgang
- Verletzungen häufig stark entstellend
- Verunsicherung durch Ermittlungen der Staatsanwaltschaft
- manchmal Vorwürfe oder Drohungen von Angehörigen
- sensationslüsterne Darstellung in den Medien

Anlässe für Betreuungsgespräche

– Suizid im Gleis	54,8 %
– Unfälle im Gleis, an Bahnübergang	11,3 %
– private Probleme, gesundheitliche Beschwerden	11,3 %
– arbeitsbedingter Streß, Beinaheunfälle	9,7 %
– fremdverschuldete Unfälle (z. B. Entgleisungen)	6,5 %
– selbstverschuldete Unfälle (z. B. Auffahrunfälle)	6,5 %

Aufgeführt ist der vom Betroffenen genannte Anlaß, häufig liegt Mehrfachbelastung vor.

3. Präventive Maßnahmen der Deutschen Bahn

- zweitägige Schulung während der Ausbildung („Streßimpfung und Konfliktmanagement")
- eintägige Informationsveranstaltung für bereits ausgebildete Mitarbeiter
- zwei- bzw. dreitägiges Training für Vertrauensleute (Laienhelfer)
- eintägige Informationsveranstaltung für Vorgesetzte
- Schulung von Notfallmanagern
- Schulung von Mitarbeitern der Lokdienste
- Schulung von Lehrlokführern
- Broschüre „Umgang mit Streß und besonderen Belastungen"
- Video „Der Schock kommt später"

Ablauf der Betreuung für Triebfahrzeugführer

vor Ort

- am Unfallort durch Notfallmanager, Vertrauensleute oder Dritte
- über Funk durch Mitarbeiter der Lokleitung

danach

- durch Vertrauensleute und / oder Vorgesetzte

- auf Wunsch durch den regionalen Psychologen
- gegebenenfalls durch externe Therapeuten bzw. Kliniken

beim Wiedereinsatz

- auf Wunsch Begleitung durch Lehrlokführer oder Vertrauensleute

Beispiele für Schulungsinhalte bei den Vertrauensleuten

Es werden jeweils Handlungsanleitungen für die einzelnen Phasen der Belastungsreaktion gegeben, die sich aus den spezifischen Beschwerden der Betroffenen ergeben, wie z. B. für den Schockzustand dargestellt:

Von Unfallopfern beklagte Belastungen (nach Lasogga/Gasch, 1995)

- alleingelassen werden
- angegafft werden
- drängendes Ausfragen
- Schuldvorwürfe

Die 4-S-Regel der Psychischen Ersten Hilfe (nach Lasogga/Gasch, 1995)

- Sage, daß du da bist und daß etwas geschieht!
- Schirme den Verletzten vor Zuschauern ab!
- Suche vorsichtigen Körperkontakt!
- Sprich und höre zu!

In der Schulung der Vertrauensleute werden zwar zunächst theoretische Inhalte vermittelt, der Schwerpunkt liegt jedoch auf Rollenspielen mit Videofeedback und Umgang mit eigenen Belastungen, um im Gespräch flexibel reagieren zu können und der Gefahr eines „burn-out" vorzubeugen.

4. Ausblick

Das Programm wird ständig optimiert, zur Zeit finden Besprechungen mit den Kunden der verschiedenen Transportbereiche statt. Im Gespräch ist u.a. eine stärkere Verlagerung der Betreuung auf die neu geschaffenen Teamleiter (analog dem Modell der Niederländischen Bahnen).

Auch sind eigenständige Programme für andere Mitarbeitergruppen im Aufbau begriffen, z. B. Zugbegleiter, die wieder durch andere auslösende Situationen belastet sind, z. B. Gewalt oder sexuelle Belästigung im Zug.

Zur Zeit steht das Qualitätsmanagement im Vordergrund; ein Projekt zur Evaluation der Betreuung lief Anfang 99 an. Das Projekt beinhaltet auch die regional begrenzte Erprobung neuer Maßnahmen (Betreuungsbereitschaftsdienst rund um die Uhr). Erste Daten weisen auf dramatische Senkung der Fehlzeiten bei intensiver Betreuung hin.

Auch aus der Betreuung der Eschede-Betroffenen, die von der Universität Köln wissenschaftlich begleitet wird, werden sich voraussichtlich neue Erkenntnisse für die interne Betreuung ergeben.

Literatur

Lasogga/F./Gasch, B. (1995): Psychische Erste Hilfe bei Unfällen. Edewecht: Stumpf & Kossendey

Bilanz

H.-Peter Musahl

15 Jahre „Psychologie der Arbeitssicherheit“: Bilanz – Veränderungen – Perspektiven

1. Vorbemerkung

Zur Eröffnung des 8. Workshops im Mai 1995 hat Carl Graf Hoyos einen Plenarvortrag mit dem Titel „10 Jahre Workshops ‚Psychologie der Arbeitssicherheit‘“ gehalten – ich habe diesen Beitrag vor wenigen Tagen nochmals (1) mit großem Interesse gelesen und ihn (2) nicht mitgebracht, um mich für den heutigen Anlaß vor der Gefahr des Plagiats zu schützen. Statt dessen will ich der mit dem Titel vorgezeichneten Gliederung folgen: Eine ‚Bilanz‘ ist für mich, den gelehrigen Sohn eines norddeutschen Buchhalters, eine tabellarische Übersicht von Aufwand und Ertrag. Unter den ‚Veränderungen‘ will ich den Wandel der thematischen Orientierung oder auch der Gesamtrichtung der Workshops aufgrund von Zieländerungen in der Zeit verstehen. Und die ‚Perspektiven‘ bedeuten für mich den Blick auf den aktuellen Standort und in die Zukunft vom Standpunkt des Beobachters aus. Dieser Beobachter bin ich, ein Teilnehmer an den Workshops seit 1989, also gerade einmal seit 10 Jahren – im Vergleich zu manchem anderen ein relativer Neuling.

Eine um so größere Freude und Ehre war es für mich, als ich gebeten wurde, den 9. Workshop auszurichten. Daß ich einmal, 1995 in Laubach, verweigert habe, wurde mir zugebilligt; es gab mir Zeit für andere wissenschaftliche Aufgaben. Der Verlauf dieses 10. Workshops hat, wie ich hoffe, bei den Teilnehmer nicht den Eindruck hervorgerufen, dies sei nun lediglich ein Gehorsamkeitssprung gewesen.

2. Bilanz

Nach der Vorbemerkung ist eine Bilanz in einer tabellarischen Übersicht vorzunehmen – die Fülle der Informationen wird hier in zwei Tabellen zusammengefaßt: Tabelle 1 gibt zunächst einen Überblick über die Historie des Workshops, in Tabelle 2 wollen wir uns dann strukturellen Aspekten und dem quantifizierten Ertrag zuwenden.

Termin	Leitung	Titel und Thema
Oktober 1984	Carl Graf Hoyos u. Gerd Wenninger	*Gefahrenbewußtsein und sicheres Handeln: Psychologische Sicherheitsforschung für die Praxis*
September 1985	Friedhelm Burkardt	2. Workshop – Psychologie der Arbeitssicherheit *Psychologische Beiträge zum Arbeitsschutz*
März 1987	Heiner Erke	3. Workshop – Psychologie der Arbeitssicherheit *Arbeitssicherheit als betriebliche, psychologische und kommunikative Aufgabe*
Mai 1988	Boris Ludborzs	Psychologie der Arbeitssicherheit – 4. Workshop 1988 *- wirksame Information* *- Unfallschwerpunktanalyse u. Verhaltensmodifikation* *- gruppenbezogene Methoden*
Dezember 1989	Carl Graf Hoyos	Psychologie der Arbeitssicherheit – 5. Workshop 1989 *- Verhalten in gefährlichen Situationen*
November 1991	Bernhard Zimolong u. Rüdiger Trimpop	Psychologie der Arbeitssicherheit – 6. Workshop 1991 *- Sicherheit als betriebliche Führungsaufgabe*
Mai 1993	Friedhelm Burkardt u. Claudia Winklmeier	Psychologie der Arbeitssicherheit – 7. Workshop 1993 *- Praxisrelevanz und Wirksamkeitskontrolle* *- Sicherheit und Qualität* *- „Beinahe-Unfälle", ein neues altes Thema*
Mai 1995	Boris Ludborzs, Helmut Nold u. Bruno Rüttinger	Psychologie der Arbeitssicherheit – 8. Workshop 1995 *- Arbeits- und Gesundheitsschutz* *- Systemsicherheit und Umweltschutz*
Mai 1997	Helmut von Benda u. Dietmar Bratge	Psychologie der Arbeitssicherheit – 9. Workshop 1997 *- Auswirkungen der europäischen Richtlinien* *-„ganzheitlicher" Zugang* *- AGU und Qualitätsmanagement*
Mai 1999	H.-Peter Musahl u. Thomas Eisenhauer	Psychologie der Arbeitssicherheit – 10. Workshop 1999 *- Beiträge zur Förderung der Sicherheit und Gesundheit in Arbeitssystemen*

Tabelle 1:
Die Veranstalter und die Themen der Workshops „Psychologie der Arbeitssicherheit" von 1984 bis 1999.

3. Zur Historie des Workshops

Ende Oktober 1984 führte Carl Graf Hoyos gemeinsam mit seinem Mitarbeiter Gerd Wenninger am Lehrstuhl für Psychologie der Technischen Universität München einen Workshop mit dem Thema „Gefahrenbewußtsein und sicheres Handeln: Psychologische Sicherheitsforschung für die Praxis“ durch. Unter der Leitidee „Sicherheit ist unteilbar“ sollten Fachleute aus dem Feld der Arbeitssicherheit den gemeinsamen Gegenstand aus den jeweils unterschiedlichen Sichtweisen von Forschern und Anwendern, Ingenieuren und Psychologen aus Wissenschaft und „Praxis“, beleuchten.

Aufgrund ihres Erfolgs war diese Veranstaltung der Anfang einer Reihe von Begegnungen, die sich von nun an als eine feste Institution etablieren sollte (Tabelle 1). Den 2. Workshop, bereits mit dem neuen Titel „Psychologie der Arbeitssicherheit“, führte Friedhelm Burkardt – dessen wir zu Beginn dieses 10. Workshops gedachten – im September 1985 im Institut für Psychologie der Johann Wolfgang Goethe Universität in Frankfurt am Main durch. Der 3. Workshop fand mit dem Leitthema „Arbeitssicherheit als betriebliche, psychologische und kommunikative Aufgabe“ im März 1987 unter der Leitung von Heiner Erke im Institut für Psychologie der Technischen Universität Braunschweig statt.

Mit dem 4. Workshop, 1988 von Boris Ludborzs im „Zentrum für Arbeitssicherheit“ der BG der chemischen Industrie in Maikammer durchgeführt, begann eine neue Entwicklung, die seitdem das Treffen kennzeichnet: die Kooperation mit Fachleuten aus den Berufsgenossenschaften, die ihrerseits den organisatorischen Rahmen gewähren konnten, und die Herausgabe eines Tagungsberichts nicht mehr in Form des universitären Eigendrucks, sondern beim Verlag Roland Asanger in Heidelberg. Dieses Erfolgsrezept hat sich überaus bewährt, ermöglicht es doch mehrtägige Veranstaltungen in zumeist schöner und ruhiger Umgebung, damit auch Pausengespräche mit intensivem Nachfragen und neuen Kontakten, die vielgeschätzten Postkolloquien und abendlichen „Klönschnacks“, also genau das, wozu man im Alltag zumeist keine Zeit hat. Und die Reihe der Workshopbände ist zu einer vielzitierten und nützlichen Referenzquelle geworden.

Die Teilnehmer der folgenden Workshops konnten stets die Gastfreundschaft großzügiger Hausherren genießen: Dies waren die Zentralstelle für Ernährung und Landwirtschaft in Feldafing bei München (5. Workshop 1989, Carl Graf Hoyos, TU München), die BauBG in Haan bei Wuppertal (6. Workshop 1991, Bernhard Zimolong und Rüdiger Trimpop, Ruhr-

Jahr	Struktur	Referate
1984	4 Themenbereiche	15
1985	3 Teile	16
1987	4 Themenbereiche, 3 Gesprächskreise	17
1988	4 Rahmenthemen, 3 Arbeitskreise, 5 Filme, 4 Ausstellungen	17 Plenarvorträge, 19 Arbeitskreisreferate
1989	Plenarvorträge, 12 Arbeitskreise	7 Plenarvorträge, 40 Arbeitskreisreferate, 8 Poster
1991	Plenarvorträge, 12 Arbeitskreise	4 Plenarvorträge, 50 Arbeitskreisreferate
1993	Plenarvorträge, 12 Arbeitskreise, 3 Filme, 1 Ausstellung, 4 EDV-Programme	9 Plenarvorträge, 55 Arbeitskreisreferate
1995	Plenarvorträge, 13 Arbeitskreise	4 Plenarvorträge, 60 Arbeitskreisreferate
1997	Plenarvorträge, 13 Arbeitskreise	4 Plenarvorträge, 62 Arbeitskreisreferate
1999	Plenarvorträge, 6 Arbeitsgruppen mit 15 Arbeitskreisen, 3 Events, Postern, EDV-Demonstration	6 Plenarvorträge, 83 Arbeitskreisreferate

Tabelle 2:
Strukturelle Kennzeichen und Beiträge zu den bisherigen Workshops „Psychologie der Arbeitssicherheit".

Universität Bochum), die Norddeutsche MetallBG in Bad Bevensen (7. Workshop 1993, Friedhelm Burkardt und Claudia Winklmeier, J.-W.-Goethe-Universität Frankfurt/Main), erneut die BGChemie im neuen Zentrum für Arbeitssicherheit in Laubach (8. Workshop 1995, Boris Ludborzs, Helmut Nold und Bruno Rüttinger, TH Darmstadt), die Süddeutsche MetallBG in Lengfurt (9. Workshop 1997, Dietmar Bratge und Helmut von Benda, Universität Erlangen-Nürnberg) und jetzt die BG Nahrungsmittel und Gaststätten (10. Workshop 1999, Thomas Eisenhauer und H.-Peter Musahl, Gerhard-Mercator-Universität Duisburg).

4. Strukturen und Erträge

Vier Themenbereiche mit insgesamt 15 Referaten kennzeichneten den ersten Workshop, seine Ergebnisse werden in einem 16. Beitrag zusammengefaßt. An diesem strukturellen Rahmen orientierten sich auch die beiden folgenden Workshops; Tabelle 2 stellt dies im Überblick dar. Dabei wird erkennbar: Auch für die strukturelle Gestaltung und den Umfang der Workshops war der 4. Workshop 1988 ein wichtiger Einschnitt: Mit der Einrichtung von Arbeitskreisen konnten deutlich mehr Themen behandelt werden: „Der Workshop versuchte einen Kompromiß zu finden zwischen umfassender Information und intensiver Diskussion im kleinen Kreis" (Ludborzs, 1989, S. 14). Der Preis dieses Kompromisses war, daß die Teilnehmer nicht mehr das vollständige Programm verfolgen konnten – auch in diesem Merkmal war der Workshop nun wohl (leider) erwachsen geworden. Geblieben war aber ein bewährtes Forum: „Keine andere Veranstaltungsreihe diskutiert so ausführlich und praxisnah den jeweiligen Stand der gemeinsamen Anstrengungen von Fachpsychologen und technisch qualifizierten Experten zur Erhöhung der Arbeits- und Anlagensicherheit" stellt Ludborzs nach dem 4. Workshop im Ausblick fest (ibid., S. 16).

Plenarvorträge und Arbeitskreise waren die durchgängigen äußeren Merkmale, häufig ergänzt um Poster und die Vorführung von Filmen oder auch spezieller Software. Die Anzahl der Beiträge nahm deutlich zu und damit auch, wie dies Abbildung 1 veranschaulicht, der Umfang des jeweiligen Berichtsbands. Den bisherigen Höhepunkt markiert der Bericht über den 8. Workshop – und es war wiederum die BGChemie, deren großzügiger Unterstützung die Herausgabe eines Berichtsbandes zu verdanken war, der auch die Diskussionen in den Arbeitskreisen mit aufzunehmen gestattete. Denn der Berichtsband markiert eine Begrenzung der Möglichkeiten des Workshops: So wünschenswert eine umfangreiche Dokumentation der Arbeit ist, so sehr fordert er doch den Löwenanteil der mit dem Tagungsbeitrag gewonnenen Mittel. Und dieser Beitrag sollte keinesfalls eine so hohe Hürde sein, daß er negative Auswirkungen auf den Teilnehmerkreis haben könnte. Ausdruck des Versuchs, die Diskrepanz zwischen maßvollem Tagungsbeitrag und umfangreicher Dokumentation ist die mit dem 9. Workshop begonnene Umfangsbeschränkung des Berichtsbands – die Veranstalter des 10. Workshops haben versucht, diesen Trend fortzusetzen.

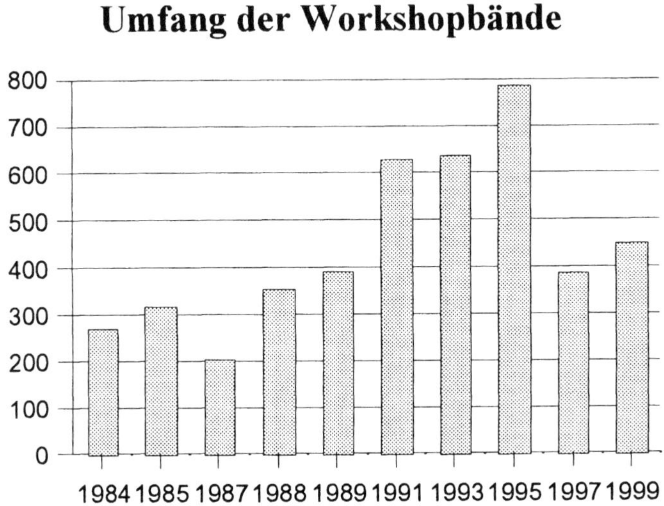

Abbildung 1:
Der Umfang der Tagungsbände (Ordinate: Seitenzahl), die zunächst im Universitätsdruck, ab dem 4. Workshop im Verlag Roland Asanger erschienen, nahm bis zum 8. Workshop kontinuierlich zu – bis er die Grenzen des Finanzierbaren zu sprengen drohte. Der künftige Umfang wird sich bei ca. 500 Seiten einpendeln (und durch Internet-Kommunikation ergänzt?).

Wem Seitenzahlen zu wenig vom substanziellen Ertrag berichten – was gehört noch dazu? Graf Hoyos hat in seinem Rückblick darauf hingewiesen, daß man auf den Workshops immer wieder die gleichen Personen sieht – und sich darüber freut und daß aber auch immer wieder neue hinzukommen (Hoyos, 1986, S. 20). Trotz dieses Nachsatzes hatte diese Feststellung, wie ich sie gelesen habe, einen bedauernden Unterton. Das kann man auch anders sehen: Ich habe auf keinem Workshop überwiegend Teilnehmer mit einem eher olympischen Verständnis – „Dabeisein ist alles!" – getroffen, wie dies auf vielen Kongressen der Fall ist. Es handelt sich nach meinem Eindruck vielmehr um eine wirkliche Arbeits-Tagung, auf der Werkstattgespräche stattfinden dürfen, auch Themen-Marketing, Kontaktsuche zwischen Praktikern und Wissenschaftlern, zwischen Anbietern und potentiellen Abnehmern.

Die Workshops sind Treffen engagierter Akteure im Arbeits- und Gesundheitsschutz, ob nun als die klassischen ‚Praktiker', d.h. Handelnde bei der Übersetzung von Erkenntnissen in die betriebliche Wirklichkeit, oder als die anderen ‚Praktiker', d.h. Handelnde bei der Produktion von Wissen und Erklärungssätzen für die Wirklichkeit (s. hierzu Kant, 1793).

Diese Gemeinde ist Teil des Lebenswerks von Carl Graf Hoyos – Danke.

5. Veränderungen

Veränderungen werden am besten am Wandel der inhaltlichen Schwerpunkte im Verlauf der bisherigen Workshops deutlich – sie waren immer mehr als nur „Arbeitssicherheits-Seminare". Dies widerlegt übrigens auch den möglichen Vorwurf thematischer Erstarrung, der angesichts des Markennamens unserer Workshops erhoben werden könnte und im übrigen bei der Planung immer wieder zu Diskussionen darüber führt, ob „Psychologie der Arbeitssicherheit" den tatsächlichen Gegenstand noch hinreichend umschreibt.

Die bisherigen Schwerpunkte, die häufig in den Untertiteln deutlich wurden, waren:

- Gefahrenbewußtsein und sicheres Handeln: Psychologische Sicherheitsforschung für die Praxis
- Psychologische Beiträge zum Arbeitsschutz
- Arbeitssicherheit als betriebliche, psychologische und kommunikative Aufgabe
- Wirksame Information, Unfallschwerpunktanalyse und Verhaltensmodifikation, gruppenbezogene Methoden
- Verhalten in gefährlichen Situationen
- Sicherheit als betriebliche Führungsaufgabe
- Praxisrelevanz und Wirksamkeitskontrolle, Sicherheit und Qualität, „Beinahe-Unfälle" als ein neues altes Thema
- Arbeits- und Gesundheitsschutz, Systemsicherheit und Umweltschutz
- Auswirkungen der europäischen Rahmenrichtlinien, ganzheitlicher Zugang, AGU und Qualitätsmanagement
- Beiträge zur Förderung der Sicherheit und Gesundheit in Arbeitssystemen.

Es wird deutlich: Gerade die Themen der letzten Jahre werden vom Wandel der zentralen Begriffe bestimmt: Aus der früheren „Unfallpsychologie" über die „Sicherheitspsychologie" wurden psychologische Beiträge zum AGU (dieses Kürzel versteht hier jeder), zur Systemsicherheit und zum Qualitätsmanagement – eine Veränderung, die mit der nationalen und der europäischen Gesetzgebung einherging und darüber hinaus gut mit den internationalen Entwicklungen zu neuen Studiengängen im Bereich des „Risikomanagements“ übereinstimmt. Der Präventionsleiter dieses Hauses, Professor Radandt, ist beteiligt an der Konzeptualisierung des Curriculums für einen entsprechenden Studiengang an einer renommierten amerikanischen Universität.

6. Perspektiven

„Sicherheit ist unteilbar“ war eine Botschaft des ersten Workshops (Hoyos & Wenninger, 1985, S. 6) – gemeint ist immer die „relative Sicherheit“ und dazu erlauben wir uns nur insofern Aussagen, als unsere Paradigmen und Analyse Werkzeuge es zulassen. Welche Hoffnungen und Aufgaben, kurz: Erwartungen verknüpfe ich mit künftigen Workshops? Dies sind zumindest drei Aspekte:

1. Die Wahrung und Vertiefung der Kommunikation zwischen den Akteuren,
2. die Einlösung des Anspruchs und der Verpflichtung zur „Ganzheitlichkeit“ und
3. die Öffnung für den öffentlichen Diskurs zur Bedeutung von Sicherheit und Risikomanagement.

6.1 Kommunikation zwischen den Akteuren

Die offene und freundschaftlich-kollegiale Kommunikation zwischen den hier versammelten Akteuren ist schon fast ein „Wert an sich“. Sie findet in den Arbeitssitzungen, den Kaffeepausen und Flurgesprächen sowie schließlich in den abendlichen Klönschnacks statt.

Hinsichtlich der Gesprächsmöglichkeiten in den Arbeitssitzungen bin ich mir übrigens gar nicht mehr so sicher; vielleicht war es etwas blauäugig, zu hoffen, daß über 80 Beiträge in 15 Arbeitskreisen bei Nutzung der unterschiedlichen Präsentationsformen zu bewältigen sind – ohne daß Hetze aufkommt. Vermutlich müssen wir (a) das Poster als Beitragsform grundsätzlich aufwerten und (b) nach schnellen und möglichst umfassenden Vorinformation für die Teilnehmer suchen, um wieder Zeit für die Diskussion im Arbeitskreis zu finden. Aber dazu müssen vielleicht besonders wir Universitätsmenschen lernen, Beiträge schon zeitig *vor* dem Workshop fertig zu haben – ich selbst zögere bei diesem Vorschlag und versuche, ihn mit dem Verweis auf die dann fehlende Aktualität der letzten Daten abzuwehren, vermutlich ein ziemlich durchsichtiges Abwehrgefecht. Aber sicher ist: Der Workshop benötigt noch andere Formen und Anlässe für informelle und kollegiale Gespräche als den gemütlichen Abend.

Zur Kommunikation gehört aber auch noch ein anderer Punkt: Aus dem Glücksfall der Begegnung von Praktikern mit besonderen Handlungswissen und solchen mit besonderem Analysewissen ergibt sich immer wieder das Dilemma von Verständigungshürden. Das ist natürlich nichts Neues. Aber vielleicht können wir dies umso mehr und leichter überwinden, je klarer wir uns die Frage nach der Bewährung unserer Maßnahmen in der Realität stellen, also *gemeinsame systematische Evaluationsstudien* durchführen – eine beständige Forderung von Friedhelm Burkardt. Auf diese Weise wird eine Aufgabe, zu der ein realer Betrieb weder Zeit noch Geduld hat, von denjenigen übernommen, deren therapeutischen Empfehlungen die Praktiker sonst ausgesetzt sind. Eine solche Zusammenarbeit sollte die bessere Vertrautheit mit den Denkweisen unserer unterschiedlichen Disziplinen durch praktisches Handeln fördern.

6.2 „Ganzheitlichkeit“

Der zweite Punkt gilt der Forderung, den Begriff der „Ganzheitlichkeit“ anhand unseres wissenschaftlichen Instrumentariums präziser zu fassen und ihn methodologisch zu übersetzten. Andernfalls verkommt er zum wohlfeilen Etikett und zum Danaer-Geschenk – dies war schon einmal in der jungen Geschichte der Psychologie der Fall: Der Forderung nach Ganzheitlichkeit folgte schließlich die Öffnung der Psychologie für sog. geisteswissenschaftliche Methoden, das „Waterloo für die experimentelle Psychologie“ (Lüer, 1991, S. 34) und die würdelose Auslieferung einer Wissenschaft an die Nazis – aus Psychologie wurde ‚Seelenwissenschaft', ein Erbe, mit dem gelegentlich heute noch zu kämpfen ist.

Wenn Arbeits-, Gesundheits- und Umweltschutz ganzheitlich zu sehen sind, gelten für sie dann die gleichen oder zumindest *vergleichbare wissenschaftliche Paradigmen?* Haben sie ähnliche Erklärungsansätze zum Verständnis menschlichen Verhaltens in diesen Zusammenhängen und führt dies zu ähnlichen Handlungskonsequenzen? Gibt es – um ein Beispiel zu nennen – Untersuchungen zu subjektiven Gesundheits- oder Umwelt-Kognitionen ähnlich denen zur Gefahrenkognition? Gelten diese Überlegungen analog zum Qualitäts- und zum Risiko-Management? Oder müssen wir erneut dem Umweg über entsprechende Motivationskonzepte machen, die sich schon im Arbeitsschutz als ziemliche Flops erwiesen haben – den Begriff der ,Qualitätsmotivation' hört man gelegentlich sogar schon von Psychologen.

All dies gilt es zumindest zu prüfen, zuerst am Schreibtisch, dann im Labor, dann in der betrieblichen Wirklichkeit – es könnte spannend werden.

6.3 Öffentlicher Diskurs

Auf diesem Workshop wurde, wie auf früheren, auf die Zusammenhänge zwischen gesellschaftspolitischen Bedingungen und der Situation im Arbeits-, Gesundheits- und Umweltschutz hingewiesen – die deutsche Übersetzung des Leitbilds der Europäischen Rahmenrichtlinie zum Arbeits- und Gesundheitsschutz, nach dem das Ziel „adapting the work to the individual" schlicht mit dem Begriff vom „menschlichen Faktor" übersetzt wurde (s. hierzu Kothe, 1998), ist ja kein unpolitischer Vorgang.

Natürlich hatte unser Tun schon immer eine politische Dimension. Das war einigen der prominenten Vertreter unserer Zunft durchaus bewußt:

- Kurt Lewin, den wir so gern zitieren, ein deutscher Jude, der in sozialistischen und sozialdemokratischen Organen publizierte und vor den Nazis emigrierte,
- Willy Hellpach, zeitweilig badischer Kultusminister und Staatspräsident, der gemeinsam mit Lang über die Einführung von Gruppenarbeit bei Mercedes berichtete und deren politische Dimension erkannte oder
- Otto Lipmann, engagierter Vertreter einer wissenschaftlichen Arbeitspsychologie, dessen Institut für angewandte Psychologie der Gesellschaft für experimentelle Psychologie 1933 von den Nazis verwüstet wurde.

Nein, die Forderung heißt nicht: „AGU in den Bundestag!". Aber müssen wir schweigen, wenn landauf, landab nach Unfällen und Katastrophen von „menschlichem Versagen" schwadroniert wird? Wenn ein Grund in den Nachrichten gemeldet werden muß und eine schnelle dumme Antwort allemal besser ist als eine gründliche Frage? Wenn das Finden eines Schuldigen wichtiger ist als die Suche nach den zumeist komplexen „systemischen" Ursachen? Und wenn dabei die Opfer flugs zu Tätern gemacht werden? Hierzu können wir – gerade als Psychologen – doch Gewichtiges sagen, statt daß wir uns nur an das kluge Buch von Reason mit dem unglücklichen deutschen Titel erinnern (Reason, 1994).

Machen wir unsere Mitmenschen damit vertraut, daß bestimmte Denkformen und Problemlösungsstrategien hardware-bedingt sind. Diese Regeln des Denkens und typische Trugschlüsse haben übrigens nicht erst Tversky und Kahneman untersucht (Kahneman, Slovic & Tversky, 1982) – mehr als

350 Jahre vorher haben die philosophischen Väter des Empirismus hierzu Grundlegendes geschrieben. Diese Prinzipien im Hinblick auf AGU-Fragestellungen zu studieren, halte ich für eine lohnende Aufgabe einer ganzheitlich orientierten *experimentellen Sicherheitspsychologie*. Dazu gab es einige interessante Beiträge auf diesem Workshop. Es gehört zu meinen Hoffnungen, daß auf dem 11. Workshop, den die Kollegen Trimpop und Zimolong mit der MaschinenbauBG ausrichten werden, weitere Beispiele dafür finden werden, die zeigen, daß unsere Disziplin – um eine Formulierung von Heckhausen (1988, S. 671) aufzunehmen – „gleichzeitig ‚gut' und ‚praxis-relevant'" ist, daß sich unsere Konzepte auch im Labor einer anwendungsorientierten Grundlagenforschung bewähren.

Literatur

Heckhausen, H. (1988): Kleine Fibel für eine Angewandte Disziplin. In D. Frey, C. Graf Hoyos, D. Stahlberg (Hrsg.): *Angewandte Psychologie: Ein Lehrbuch* (670–671). München: Psychologie Verlags Union

Hoyos, C. Graf (1996): Zehn Jahre Workshops „Psychologie der Arbeitssicherheit". In: B. Ludborzs, H. Nold & B. Rüttinger (Hrsg.), Psychologie der Arbeitssicherheit. 8. Workshop 1995 (17–22). Heidelberg: Asanger

Hoyos, C. Graf/Wenninger, G. (1985): *Gefahrenbewußtsein und sicheres Handeln: Psychologische Sicherheitsforschung für die Praxis. Workshop Oktober 1985.* Bericht Nr. 13. München: TU München, Lehrstuhl für Psychologie

Kahneman, D./Slovic, P./Tversky, A. (1982): *Judgment under uncertainty: Heuristics and biases* (p. 463–489). Cambridge: Cambridge University Press

Kant, I. (1793 / 1992): *Über den Gemeinspruch: Das mag in der Theorie richtig sein, taugt aber nicht für die Praxis*. Herausgegeben von J. Ebbinghaus. 5. Aufl. Frankfurt am Main: Klostermann

Kothe, W. (1998): Ganzheitlicher Gesundheitsschutz nach dem neuen Arbeitsschutzgesetz. In H. von Benda & D. Bratge (Hrsg.), *Psychologie der Arbeitssicherheit: 9. Workshop 1997* (S. 32-39). Heidelberg: Asanger

Ludborzs, B. (1989): Einleitung. In B. Ludborzs (Hrsg.), *Psychologie der Arbeitssicherheit: 4. Workshop 1988* (S. 11-16). Heidelberg: Asanger

Lüer, G. (1991): Psychologie im Spiegel ihrer wissenschaftlichen Gesellschaft: Historisache Fakten, Entwicklungen und ihre Konsequenzen. Bericht des Präsidenten zur Eröffnung des 37. Kongresses der Deutschen Gesellschaft für Psychologie in Kiel 1990. In D. Frey (Hrsg.), *Bericht über den 37. Kongreß der Deutschen Gesellschaft für Psychologie in Kiel 1990*, Bd. 2 (30-43). Göttingen: Hogrefe

Reason, J. (1994): Menschliches Versagen: Psychologische Risikofaktoren und moderne Technologien. Heidelberg: Spektrum Akademischer Verlag